JN314782

上野千鶴子

ケアの社会学

太田出版

当事者主権の福祉社会へ

ケアの社会学

当事者主権の福祉社会へ

初版への序文

ケア——共助の思想と実践

1　大震災のあとで

本書（『ケアの社会学』）を大震災後のいま、世に送り出すことにかくべつの感慨がある。東日本大震災の被災者の全貌はまだあきらかにならないが、死者・行方不明者の総計は二万人を超えると予測されている。すでに（二〇一一年四月一七日）あきらかになっただけでも死者は一万三八〇二人。そのうち六五％が高齢者だと報じられている。地震、津波、火災をかろうじて逃げ延びて避難所に身を寄せたひとびとのあいだでも、高齢者はつぎつぎに亡くなっていった。

非常事態が起きたとき、高齢者は災害弱者になる。障害者も病人も、子どもも女も災害弱者になる。非常事態には、弱者が弱者であることがきわだつ。強い者、そなえのある者、情報や才覚のある者は助かるだろうが、阪神・淡路大震災のときも、今度の東日本大震災でも、子どもを呼びに家にもどった親や、老いた父母を連れ出しに家のなかへはいった息子や娘たちが、同じように火に巻かれ、波に呑まれた。

今回の震災でとりわけ感じいったことがある。病院で動けない病人を必死で安全な場所に誘導し、高齢者施設で車椅子の高齢者たちをおぶって上階へと引き上げた。そのために命を落とした職員もいると聞く。その報道が美談として伝えられ、病人や高齢者に対して、命の軽重を問うような反応が聞かれなかったことだ。非常時には自然が人間を強者と弱者とに淘汰する……この野蛮な選択淘汰の説を、わたしは高齢者や障害者のケアを論じる場で、どれだけ聞いてきたことか。どこかに潜在しているかもしれないこうした論調は、少なくともメディア上にあらわれることが抑制された。

その背後には、日本における専門職の職業倫理の高さがしばしばあげられる。医師や看護師、ケアワーカーらの職業人は、消防隊員や自衛隊員と同じくらい、命を賭しても自分たちの職業的使命を果たそうとした。

だがもうひとつ、それに加えて、介護保険以降の十年余が、「高齢者のいのちとくらしをまもること」を職業的使命とするひとびとを大量に生み出し、そのひとびとを支えることを国民的な合意としてきたことをあげたい。おそらく……とわたしは想像する、被災地における高齢者への配慮は、介護保険以前と以後とでは、あきらかに違いがあったことだろう。だから……この大震災が介護保険以後に起きたことを、せめてもの幸いとしよう。いや、誤解を受ける言い方を避けるなら、介護保険が大震災が起きる前に成立していたことを、せめてもの救いとしよう。そしてこのような災害弱者への配慮を、文明の成熟の証としよう。

2 ケアの主題化（第I部）

本書は介護保険制度が成立しなければ書かれなかった。

なぜならば、介護保険によって歴史上はじめて、「要介護高齢者」が誕生し、「介護サービス」という準市場下のサービス商品が成立し、介護を職業とするひとびとが全国で三〇〇万人以上登場し、介護サービス商品市場がおよそ年間八兆円の規模で生まれ、介護に関わる研究対象——すなわち政策と制度、事業者とワーカー、利用者とその家族、現場の諸実践等々——が生まれたからである。

どんな理論も研究も、現実の変化のほうを後追いする。わたしは現実の変化にともなって、介護保険法施行前夜からこの分野に参入した。またわたし自身の加齢という個人史上の変化が、この社会史上の変化と足並みをそろえたのは、研究者としての幸運でもあった。

本書は高齢者介護を主たる研究主題とするが、その際、「ケア」という上位概念を採用する。その理由は、これまで主として「育児」の意味に限定して使われてきたこの概念を、育児・介護・介助・看護・配慮などの上位概念として拡張して再定義することで、家事・育児に典型的にあらわれた「不払い労働」、のちに「再生産労働」と呼ばれるようになった分野に関わる理論が、すべて利用可能になるからである。だがそのためには、いくつかの理論的な手続きを経なければならなかった。

第I部ではまず前提となる理論的な立場を提示した。

1章「ケアとは何か」では、まず対象領域を確定した。そこであきらかにされたのはケアとは歴史構築的な概念であることである。ともすれば「他者への配慮」「世話」と無限定に拡大されがちなケアという概念——なかには「自己へのケア」という用例まである——の研究史上の用例を検討し、「育児」に限定されていた用法が、介護・看護・介助へと拡張解釈されていく過程をたどった。さらに日本語圏において、翻訳をともなわない「ケア」の用語法が、いかに普及し定着したかを検討した。

そのうえで本書がメアリ・デイリーらにしたがって採用するのは、ケアの以下の定義である。

> 依存的な存在である成人または子どもの身体的かつ情緒的な要求を、それが担われ、遂行される規範的・経済的・社会的枠組のもとにおいて、満たすことに関わる行為と関係　[Daly 2001: 37]

このようにケアを定義することから、本書の理論的な立場はすでにあきらかであろう。

第一にケアを複数の行為者が関わる相互行為、相互関係ととらえることである。したがってケアは何よりも社会学的な研究主題となる。社会学とは、行為の研究であり、行為とは何よりも社会的行為、すなわち相互行為であり、間人格的な現象 interpersonal phenomena だからである。

第二に、「依存的な存在」を第一義的なニーズの源泉とすることで、当事者主権の立場を鮮明にすることである。当事者主権については3章で詳論する。

第三に、「他者に移転可能な行為」としてのケアを、労働としてとらえることである。ここには生存に関わる諸行為のうち、「他者によって代替不可能な生命維持活動」と「他者に移転可能な生命維持・再生産活動」との区別、「不払い労働」論にいう「家事労働の第三者基準」があてはまる。だからこそ、ケアには、これまで蓄積されてきた「不払い労働」の理論、さらにのちになって展開した「再生産労働」の理論がすべて適用可能となる。

2章「ケアとは何であるべきか——ケアの規範理論」では、ケア研究のうちでもっとも先行しているケアの倫理学を検討した。社会学といえども規範理論から自由なわけではない。それどころか、本書で提示したケアの定義にあきらかなように、ケアが遂行される文脈には、「規範的・経済的・社会的枠組」が関与する。だが、これまでのケアの規範理論の批判的検討からあきらかになったのは、その（実態に反する）ジェンダー・バイアスであった。そのジェンダー・バイアスは、英語圏でも日本語圏でもくりかえされている。

「不払い労働」の理論はもともと「女性が家庭内でおこなう家事・育児・介護等」の労働に、それまでの経済学が「ジェンダー・ブラインド」であることからスタートした。何よりも女性の「見えない労働」であった「ケア」が主題化されるにあたって、それが脱ジェンダー化されることで女性の関与がなかったものとされるのは、これもまたジェンダー・ブラインドであると批判されなければならない。

ケアの倫理学に代表される規範理論に対して、本書が提示する立場は以下のふたつである。

第一は、ケアが、つねに「よきもの」とはかぎらない両義性を持つことを忘れないことである。ともすれば「よきもの」とされるケアは、ケアする側にとってもケアされる側にとっても、できれば避けたい負担、重荷、やっかいごとととらえられることもある。

第二は、ケアがケアする側とケアされる側との相互行為であることを前提に、ケアを以下の四つの権利の集合からなる「ケアの人権 human rights to care」アプローチを、本書は採用する。このなかにもケアがありがたいものでも、ありがたくないものでもありうる両義性が含まれている。

その四つの権利とは以下のとおりである。

(1)ケアする権利
(2)ケアされる権利
(3)ケアすることを強制されない権利
(4)(不適切な)ケアされることを強制されない権利

したがって「よいケア」とは、ケアされる者とケアする者双方の満足を含まなければならない。この議論は10章の「福祉経営」へとつながる。

それに加えて、本書において核となる規範的立場は、3章「当事者とは誰か――ニーズと当事者主権」に展開した「当事者主権」であると言わなければならない。本書はケアの定義に複数の行為者による相互行為性を前提としているが、それと同時に、この相互行為の非対称性はいくら強調してもしたりない。ケアはニーズのあるところに発生し、順番はその逆ではない。ニーズは社会構築的なものであり、ケアの受け手もしくは与え手、あるいはその双方が認知しないかぎり、成立しない。そしてニーズの帰属先を当事者と呼び、そのニーズへの主体化が成りたつことを当事者主権と呼ぶ。

ケアは自然現象とは違う。ニーズ――「必要」と訳される――が認知されないかぎり、おのずから満たされることはない。赤ん坊でさえ、泣いたり身体の徴候によってニーズを表出し、それを養育者が認知することを通じて相互行為が成立する。「母性愛」が自然でも本能でもないことがあきらかになった今日、赤ん坊のいかなるニーズに応え、いかなるニーズに応えないかもまた、文化と歴史によって変化する社会構築的なものである。

ケアの受け手と与え手の関係は非対称である。なぜなら相互行為としてのケア関係から、ケアの与え手は退出することができるが、ケアの受け手はそうでないからである。この非対称な関係は、容易に権力関係に転化する。うらがえしにケアに先立って存在する権力関係を、ケア関係に重ねることもできる。家族の支配・従属関係、ジェンダー、階級、人種など、ありとあらゆる社会的属性が、ケア関係の文脈に関与する。このなかで搾取や強制、抑圧や差別が生じる。ケア関係の非対称性とは、このような社会的文脈におけるケアの抑圧性を、ケアする側・ケアされる側の双方から、問題化することを要請する。

ケアの相互行為性は、ケアする側、ケアされる側の双方がケア関係の「当事者」であることを想定するが、その場合でも、その非対称性においてケアされる側が第一義的にニーズの「当事者」であることは、くりかえし強調されなければならない。

「当事者」とはニーズの帰属先であるという際に、本書が採用するのは厚生経済学のアマルティア・センの「潜在能力アプローチ」である。潜在能力アプローチは、当事者ニーズを主観的かつ客観的に測定し、比較することを可能にする。すなわち、ケア関係から離れてもケアされる側のニーズはなくならないが、ケアする側のニーズは、ケア関係にとどまることによってはじめて生じる二次的ニーズであり、ケア関係から退出すればなくなる性質のものだからである。

ケアという相互行為に関与するさまざまなアクターをすべて「当事者」とする代わりに、一義的なニーズの帰属先と、それ以外のアクターとを区別することで「当事者」インフレーションを避けることは、理論的にも実践的にも必要であろう。

3 「よいケア」とは何か(第II部)

第II部ではケアを高齢者介護に限定して、さらに理論的考察をふかめた。

4章「ケアに根拠はあるか」は、おそろしい問いである。ケアを「高齢者介護」に限定したとき、この問いは「育児」に根拠はあるが、「介護」に根拠はあるか、と問うている。「育児」に限定的に用いられていたケアを上位概念として、育児から介護へと拡張解釈したとき、実は「再生産労働」という概念は再定義を迫られている。4章で引用した大岡頼光[2004]が批判するとおり、わたし自身を含めてケアの研究者は、日本語圏でも英語圏でもこのケアの拡張解釈を、理論的な検討抜きになしくずしにおこなってきた。この章でわたしは、わたし自身が『家父長制と資本制』[1990; 2009d]から『ケアの社会学』(本書)へと展開してきた理論的な系譜を、自己批判的にたどる必要に迫られた。そこでの発見は、それまでの理論装置における国家というアクターの不在である。

高齢者福祉を射程に入れるとき、再分配の制度を考察の対象にせざるをえない。そして近代社会では、強制力のある再分配の制度は国家以外にない。「再生産」コストを再分配する制度が社会福祉だが、何が「再生産」にあたるかもまた社会構築的なものである。再生産領域の拡大にともなってケアの拡張解釈をおこなってきた研究史は、わたし自身をも含めて、現実の変化に追随してきたものであった。学問が現実の変化を先導するよりたんに追随するにすぎないことは、学問にとって不面目なことかもしれないが、それでも現実の変化に追随するほうが、そうしないよりはずっとましなことにはちがいない。

今日福祉国家として知られている諸国のなかでは、再生産コストのうち、育児コストの再分配より高齢者の扶養コストの再分配(すなわち年金制度)のほうが歴史的には先行している。それは納税者たちが高齢者の扶養コストを(エスピン-アンデルセンの用語を使えば)「脱家族化」することに、早い時期に合意したことを意味する。それを「再生産」費用とは呼んでこなかっただけである。したがって高齢者福祉が「再生産」に含まれてこなかった理由は、家族のなかにあって見えないコストとなっていた「不払い労働」の主たる対象が「育児」に集中してきた歴史的現実を、これまでのケア研究が反映していたから、といってもよい。だが、扶養ばかりでなく介護もまた「見えない労働」、しかも核家族イデオロギーのもとでは、たとえそこにあっても「認知されない労働」であった。その労働がヨーロッパ社会においてもようやく目に見えるようになってきた。超高齢社会の到来にともなって、扶養以上に介護の負担が可視化されてきた、ということもできるだろう。文明社会は要介護期間の長期化をもたらしたからである。だがこれについてもまた、介護費用を「脱家族化」するかどうかについては、国民的な合意が成立しなければならなかった。

そう考えれば、5章「家族介護は「自然」か」という問いがおのずと浮かび上がる。この章では、「家族介護の神話」とでもいうべきものを批判的検討の対象とした。ここで「神話」と呼ぶのは、「根拠のない信念集合」の別名である。この章の検討をつうじて、「昔はよかった」「昔の家族には介護力があった」というノスタルジックな言説に、根拠がないことが示される。介護問題の専門家のあいだでは、家族介護が「神話」であることはほぼ共通の了解であり、反対に、「家族介護」こそきわめて近代的な問題として登場したことがあきらかにされる。

6章「ケアとはどんな労働か」と7章「ケアされるとはどんな経験か」とは、相互行為としてのケアの複数の担い手の、それぞれの視点から「ケア」を分節する。「ケア」は論じられることが多いわりに、与え手・受け手双方にとってどんな経験かが、実のところよくわかっていない。ケアは、与え手にとってはサービス(の提供)であり、受け手にとってはニーズ(の充足)である。ケア関係とは、したがってサービスとニーズの交換と言いかえてもよい。ニーズの充足は第三者に代替してもらうことはできないが、サービスの提供は第三者に代替することができる。この「第三者基準」が、サービス(提供)が、労働である根拠である。ケア関係を人格化することで「かけがえのない」「とりかえのきかない」関係と見なし、したがってケアを労働と見なすことを拒否する立場[Himmelweit 1995=1996]もあるが、本章ではこれを批判的に検討する。

ケアを労働と定義することによって、他の労働と比較することがはじめて可能になる。「不払い労働」の理論の最大の理論的貢献は、「女が家庭でやっていること」を「労働」と定義することで、他のあらゆる労働との共約可能性 commensurability を獲得することであった。その結果、労働としてのケアの価値を他の労働と比較し、その交換価値、すなわち市場価格を論じることが可能になる。本書がさまざまなシミュレーションからあきらかにするのは、いかなる計算方式を採用しても、「ケアワークの値段」があらゆるサービス労働のうちで低い評価しか与えられないことであった。その検討をつうじて、「ケアワークの値段はなぜ安いか?」という巨大な問いが浮かび上がる。

7章「ケアされるとはどんな経験か」は、「ケアとはどんな労働か」以上に、さらにめったに論じられることのない主題であった。なぜなら、これまでのケア論のなかには、強いパターナリズムがはびこってきており、ケアされる側はこれまで恩恵の対象であっても権利の主体となってこなかったからである。当事者主権の立場からは、ケアされる側のニーズの充足とはどんな経験かが問われる。そこで直面するのは、ケアされる側の沈黙であり、ケアする側がケアされる側の声を聞いてこなかった現実である。

ケアされる側の数少ない発言のなかには、「ケアされるプロ」(小山内美智子)[1997]としての障害者の発言がある。ケアを受けることは自分の身体を他者に預けるギャンブルのような行為であり、うまくいくこともあればうまくいかないこともある。それはケアを必要とする当事者にとってさえ、できれば避けたい行為であったりする。リスクを冒してもケアする側にニーズを表出する障害者にくらべれば、日本の高齢者がニーズの主体として「当事者になっていない」ことが、データからはあきらかになる。

8章「「よいケア」とは何か——集団ケアから個別ケアへ」は、当事者主権の立場をいっそうおしすすめたものである。当事者主権の立場からは、ケアの質とは、ケアを受ける側の判定によるほかない。当事者主権とは、何が必要かを専門家や第三者が判定するパターナリズムに、もっとも対抗する立場だからである。したがって「よいケア」の基準は以下のようになる。集団ケアに対して個別ケア、施設ケアに対して在宅ケア、雑居ケアに対して個室ケア——総じて当事者の個別性に応じたカスタム・メイドのケアとなろう。認知症ケアではperson-centeredが唱えられているが、「当事者中心」の個別性への要請は、認知症ケアにかぎられるわけではない。認知症ケアでは、認知症のあらわれ方の個別性に、これまでの生活史がより臨界的にあらわれるというだけのことであろう。

「個別ケア」の理念からすれば、集団ケアや施設ケアの限界はあきらかだが、逆に、在宅ケアだから、個室ケアだからという理由だけで、個別ケアが保証されるわけではない。在宅や個室はハードの条件にすぎず、必要条件ではあっても十分条件ではない。個別ケアの流れのなかで、住宅(ハード)と介護サービス（ソフト）との分離をすすめることが推奨されている今日、施設内個室ケアを推進しようとしたユニットケアは、将来回顧的に見れば、歴史の過渡期の産物だったということになるかもしれない。

つけくわえておけば当事者主権とは、当事者の即自的な欲求の充足を意味しない。「よいケア」を求めるためには、当事者もまたサービスの質の判定能力を身につける必要がある。サービス利用者の「消費者教育」が必要なのである。ケアの相互関係のもとでは、ケアの与え手も、ケアの受け手も、共に成長していかなければならない。

4 協セクターの役割（第Ⅲ部）

第Ⅲ部では、介護保険下のケア事業の実践について論じた。その前提になるのは、ケアサービスの提供を誰が担うのかという、「不払い労働」論では「再生産費用の分配問題」として知られる問いに答えることである。

9章「誰が介護を担うのか——介護費用負担の最適混合へ向けて」では、ペストフ、サラモン、京極、エスピン－アンデルセンらの先行研究を批判的に検討したうえで、官／民／協／私の四元図式を提示した。官／民／協／私は、国家／市場／市民社会／家族のセクターを、わたしの用語で言いかえたものである。先行の論者のうち、ペストフ、サラモン、京極らは国家／市場／市民社会の三元図式に、エスピン－アンデルセンは国家／市場／家族の三元図式にそれぞれとどまる限界を持っていた。福祉は「補完主義の原理」で成りたってきたが、その際、「市場の失敗」を補完するのが国家であり、その「国家の失敗」を補完するのが「市民社会」であると考えられてきた。

「家族の失敗」はそれより先に前提とされていたが、そこでいう「家族の失敗」とは、「失敗した家族」すなわち死別や離別で家族から見離されたひとびとだけを指していた。だからこそ福祉の対象は、孤老やシングルマザーなどに限定されてきた。逆に家族がそろっていさえすれば問題はないと見なされてきたのが、家族依存の「保守主義的福祉レジーム」だが、その家族がとっくに空洞化していることを、二〇一〇年にメディアを賑わした「消えた高齢者」事件はあきらかにした。近代家族論があきらかにしたのは、まともに見える家族そのものがケアという重荷を負った「積みすぎた方舟」［Fineman 2004=2009］だったことである。歴史的に見れば「家族の失敗」は織りこみ済みだった、ただ政府と研究者がそれを認めなかっただけで。

「家族の失敗」「市場の失敗」「国家の失敗」が示すものは、いかなるセクターにも限界があるということだ。ＮＰＯ論者が強調する「市民社会」セクターにも限界はある。ＮＰＯだけで、「家族の失敗」「市場の失敗」「国家の失敗」のすべてを補完することはとうてい無理であろう。いずれのセクターにも限界があり、したがってそれぞれのセクターが補完し合ってその役割を果たす必要があるという考え方が、福祉国家論にとって代わるようになった、福祉多元社会論である。福祉のアクターは国家だけではない。

カール・ポランニ［Polanyi 1944=1975］の経済（財とサービスの生産と分配のシステム）の定義にしたがえば、家族、市場、国家、市民社会セクターはそれぞれ、贈与、交換、再分配、互酬性の領域に対応する。歴史上いずれの社会にもこの四種類の経済が同時に存在しなかったことはなく、たんにそのあいだの配分が違うだけだとするなら、この四つの領域のうち、どれかがどれかにとって代わるのではなく、それらのあいだの「最適混合」が問題となる。たとえば「介護の社会化」がいかにおこなわれようと、家族の役割はなくなることはない。長期にわたる生活歴にもとづく「ケアの絆」［Fineman 2004=2009］は、ケア関係においても代替不可能な役割を果たすだろう。同じように、国家も市場も、それぞれに代替不可能な役割を果たす必要がある。福祉多元社会においても、唯一法的な強制力を持つ再分配制度としての国家は、福祉の基盤整備の制度的な条件を整える責任を担っている。

回顧的にいえば、近代とは家族、市場、国家の三点セットが席捲し、その万能性が疑われなかった時代だった、と言ってもよいかもしれない。二一世紀とは、この家族、市場、国家の近代トリオがその限界をあらわにした時代だと呼ぶことができるだろう。

そのなかに登場した第四のアクター、市民社会こと「協セクター」に多くのひとびとは期待をつないでいる。わたしも例外ではない。なぜかといえば、家族、市場、国家の近代トリオが目の敵にして解体しようとしたものがコミュニティだったからあり、「市民社会」と呼ばれる領域はこれまでつねに、この近代トリオの「残余部分」でしかなかったからである。そしてこの「残余部分」から、従来と異なる新たな共同性が生まれつつある。わたしはこれを旧来の「共同体の復権」とは考えない。それは近代を一巡したあとで、「家族の失敗」「市場の失敗」「国家の失敗」が身に沁みたひとびとによって担われた新しい共同性、自助でもなく公助でもない共助のしくみだからである。

この協セクターもまた歴史的な産物である。サラモンが非営利セクターとして提示した対象は、彼の定義によってはじめて概念化された領域である。だがそれはそこに存在しなかったわけではない。名づけられることによってはじめて可視化されたが、そこにあって無視できない領域として成長してきた活動であり、気がついたときにはアメリカのGDPの一割近くを占めるに至っていた。

同じように日本でも協(非営利協同とも呼ぶ)セクターは急速に成長してきた。それが無視できない存在となってからはじめて研究者は主題としてとりあげるようになった。日本における協セクターの追い風になったのは、九八年に成立したNPO法と介護保険法である。前者はそれ以前には存在しなかったNPOという事業体をつくりだし、後者はそれが成りたつための基盤を提供した。それ以降、日本においてNPOが、とりわけ福祉分野における介護系NPOが、雨後の筍のごとく簇生するに至ったことは周知のとおりである。

そのなかでもわたしは、とりわけ生協系の福祉事業に強い関心を持った。その理由はふたつある。ひとつは生協系の事業はNPO法が成立する前から共助の理念にもとづいて福祉サービスの担い手になってきたという前史があるからである。もうひとつは、生協系の福祉事業の担い手たちは、そのほとんどが家事・育児経験のある中高年の既婚女性たちであり、彼女たちが家庭でやってきた「不払い労働」が、外にでてやれば「支払い労働」になるという歴史的変化をひきおこす条件を、介護保険法が整備したからである。

10章「市民事業体と参加型福祉」から11章「生協福祉」、12章「グリーンコープの福祉ワーカーズ・コレクティブ」までの章は、介護保険施行前夜から施行後にかけての生協福祉事業の変貌を、九州に拠点をおくグリーンコープ連合の福祉ワーカーズ・コレクティブ活動を事例として、実証研究したものである。

介護保険はたしかに協セクターの事業体に、有償ボランティアにすぎなかった共助け活動を、経済活動として事業化する千載一遇のチャンスを与えた。だが同時に生協にとっても、食材からサービスへと事業を展開するにあたって経営戦略のうえでの重要なステップとなった。当初の連載になかったが本書で収録した13章「生協のジェンダー編成」は、生協の経営戦略上のジェンダー編成を、歴史的に検証したものである。

福祉ワーカーズ・コレクティブが生協の組織論上・運動論上の「獅子身中の虫」となるだろうというわたしの予測は、共同研究者のひとり、朴《パク》姫《ヒ》淑《スク》によって「上野のワーカーズ・コレクティブへの片思い」と酷評を受けた[千田 2011: 372]。そうかもしれないし、そうでないかもしれない。歴史的に見れば環境の変化のつど、ジェンダー編成はくつがえることなしに、たんに再編をとげてきただけだという冷厳な事実が浮かび上がる。戦争も不況も情報革命も、ジェンダー編成を転覆することはなかった。介護保険も例外ではない、というにすぎないかもしれない。だが、介護保険施行からおよそ一〇年、歴史が結論を出すにはまだ早いだろう。

さらに10章では「福祉経営」の概念を提唱した。どんな事業にも運動にも「経営」は不可欠である。だが、協セクターの経営は、営利事業の経営と同じであってよいだろうか。福祉事業の目的は福祉の達成であって、営利の追求ではない。ふたたび相互行為としてのケアの定義にたちかえれば、「福祉経営」とは、たんなる顧客満足や効率の追求ではなく、「ケアする側とケアされる側との双方の利益が最大化する」ような経営をめざさなければならない。なぜなら「よいケア」とは相互の満足のもとではじめて成立する関係だからであり、またケアする側の不満はかならず非対称な弱者としてのケアされる側にしわよせされるからだ。だが同時に、それは持続可能な事業を可能にするものでなければならない。

先行研究の検討にもとづく本書における福祉経営の定義は以下のようなものである。福祉経営とは、(1)ケアの受け手と与え手双方の利益が最大化するような、(2)持続可能な事業の、(3)ソフトとハードの両面にわたる経営管理のありかたであり、それに加えて(4)市民の合意と資源の調達能力と、(5)社会的設計の提案と実践能力をともなうものとする。事実、多くの協セクターの先進事例は、以上の条件にかなう福祉経営を達成しており、あまつさえその成功例では、納税団体として利益まで計上しているのだ。

14章「協セクターにおける先進ケアの実践——小規模多機能型居宅介護の事例」では、生協以外の他のNPOの福祉事業の実践事例をとりあげた。なかでも小規模多機能型居宅介護と呼ばれるユニークな実践のうち、その先進事例である「このゆびとーまれ」という事業所を研究対象とした。「小規模多機能型」とは、九三年にこの事業所が開設するまでは、この世に存在しなかった福祉サービスである。介護保険もそのころは影もかたちもなかった。「小規模多機能型」をとりあげたのは、それが「在宅支援」を含む「個別ケア」の理念にもっとも近い通所事業だからである。まったく前例のない事業にのりだしたパイオニアたちが、その種まきをし、ついには二〇〇六年に厚労省指定のモデル事業にまでなった。だが行政が関与してモデル事業化された「小規模多機能型」とは、協セクターのパイオニアたちがつくりだしてきたものと似て非なるものであったことは本文を読んでほしい。

15章では、協セクターとの対照事例として「官セクターの成功と挫折——秋田県旧鷹巣の場合」をとりあげた。中央政府であれ地方政府であれ、有権者の負担の合意さええられれば、理想に近い福祉コミュニティをつくることは可能である。いったんはその合意の調達に成功し、「日本一の福祉の町」をつくりだしたと見えた秋田県旧鷹巣町の「栄光」は、だが、長くは続かなかった。高水準の福祉を維持するための住民負担をめぐって反対派のキャンペーンが功を奏し、合意はくつがえり、「鷹巣福祉」は瓦解した。「鷹巣福祉」はなぜいったんは成功したのか？　同じ有権者たちによって、その「鷹巣福祉」はなぜ挫折したのか？　研究者はこの両方の問いに同時に答えなくてはならない。鷹巣福祉をめぐってはさまざまな先行研究があるが、このふたつの問いに同時に答えているものは少ない。

その背後には、九〇年代から二〇〇〇年代にかけての地方分権改革、市町村合併の大波、そして受益者負担を原則とする福祉のネオリベ改革——応益負担の介護保険制度はその一環だった——など、一地方自治体の裁量の範囲を超える政治環境の激変があった。だが、それだけでなく、官への過度の依存を指摘しなければならない。善政であれ悪政であれ、官は官にちがいない。協セクターの成功事例とくらべれば、官と協の違いはきわだつ。協セクターの事業の担い手たちは、制度の変更や政権の交代にふりまわされない事業のありかたを模索してきた。そしてそれは現場のニーズに密着しているからこそ、可能なことであった。

16章「協セクターの優位性」では、第Ⅲ部の議論をまとめて、官／民／協／私の四つのセクターのうち、今日ではまだ大きなシェアを占めているわけではないが、今後成長が期待される協セクターについて、なぜそれが他の三つのセクターにくらべて競争優位にあるか、を先行研究の検討にもとづいて結論した。

「小規模多機能型」にかぎらず、NPOの事業には「先進的」と呼ばれる事例が多い。しかもその多くを女性が担っている。NPOは「待ったなし」の当事者ニーズに応えてきた前史を持ち、介護保険でとつぜん登場したわけではない。福祉NPOの事業は本書の立場である当事者主権にもっとも近い理念を持っており、事実、調査によれば利用者の満足度は高い。また先進事例として知られる事例は介護保険以前から事業を継続してきた例が多く、介護保険施行前後の移行期間を軟着陸したものである。介護保険は彼女たちの事業に、安定した経営基盤を与えた。

NPOの事業が先進的であるのは、ボランティア活動の三つの条件、(1)自発性、(2)無償性、

(3)先進性を満たしているからである。NPOの場合は、(2)無償性は「非営利性」と読み替えられよう。わたしがNPOを含む協セクターに期待するのは、当事者ニーズにもっとも近い位置にいて先進的な事業モデルを創造する役割を果たしてきたからである。そうした事業が採算ベースに乗ることが証明されれば、もっと大きな資金力を持った営利法人がそれに追随して事業に参入するであろう。営利法人に追いつかれたときには、協セクターはもう一歩先にいっていなければならない。その意味では、「先進性」とは、協セクターの強みでもあり、課題でもある。協セクターとは市場との一歩違いの競争に、つねに勝ちつづけていなければならない宿命のもとにおかれている。

同じ介護保険制度のもとにあってなぜ特定の事業体は「先進的」という評価を獲得し、他の事業体はそうではないのか。同じ準市場のもとで出来高払い制というイコール・フッティングの競争のもとにおかれながら、「よいケア」とそうでないケアとのあいだに、なぜこれだけの落差が生まれるのか?「先進事例」が協セクターに多く見られることは事実だが、そうした協セクターの成功事例には、いくつかの共通点が見られる。

それは(1)理念と志の高い経営者が、(2)モラルと能力の高いワーカーを、(3)低賃金で調達できるという条件である。ここでは高い「理念」と経営者の「献身」はワーカーの低い労働条件への不満を抑制する効果を持っていると言いかえてもよい。場合によっては利用者サービスの向上を前提に、労働条件の切り下げにみずから合意するワーカーすらいる。

この「成功」を「奇跡」と呼んだのは、「社会科学的でない」と副田義也氏からご指摘を受けた[上野・副田 2011: 23]。そのとおりであろう。だが、この「奇跡」のなかにこそ、協セクターの危うさと希望の両方が含まれている。

5 ケアの未来（第Ⅳ部）

第Ⅳ部では、ケアの未来について検討した。そのなかでくりかえし問われるべき問いは、「ケアワークの値段はなぜ安いか?」という問いである。前章における「奇跡」もまた、この問いに関わっている。ケアという、この社会的には重要でありながら報われることの少ない労働に、いったいいかなるひとびとが動員されているのか? そしてこれからますますケア労働力が逼迫すると予想される将来に、いかなるひとびとが動員されるのだろうか?

17章「ふたたびケア労働をめぐって――グローバリゼーションとケア」は、この問いに応えたものである。

ケアワークの供給が逼迫するという危機感は、「現在の労働条件が変わらないかぎり」という前提を、与件としている。労働市場もまた受給バランスによる価格メカニズムにしたがうとすれば、供給を誘導するには価格を上げればよいのは見やすい道理であろう。ケアに関わる職種のうち、医師は3K職場と言われながらも志望者は絶えない。負担と責任が重くても、それに見合う高い社会的地位と報酬が伴うからである。他方、看護師と介護士は、「つくられた労働力不足」というべきであろう。介護士に関していえば、介護福祉士有資格者のうち活性化率は約五〇%にすぎないというデータがある。介護支援専門員ことケアマネージャーも、その資格取得のハードルが高いにもかかわらず、実際の有職率は約半分と言われている。介護福祉士も介護支援専門員も介護保険以前には存在しなかった職種である。介護保険施行の初期には絶対数の不足が言われ、多くの志願者が殺到した。養成機関も各地に設立され、時ならぬ専門学校ブームが起きた。にもかかわらずその養成ブームはほどなく鎮静し、学校によっては定員割れを起こすところもでた。メディアが「介護崩壊」のキャンペーンを張り、介護労働者の労働条件の劣悪さや将来展望のなさについて訴えたからである。現場の経営者たちは、メディアのネガティブな効果を責めるが、もちろんメディアのキャンペーンには事実にもとづく根拠があった。

そこに参入してきたのが外国人ケアワーカーである。協セクターにおける介護労働の「価格破壊」を批判的に論じることができるのは、労働市場が国内で閉じているあいだだけであることを、わたしは早い時期から指摘してきた。福祉先進国である諸外国を見れば、それは火を見るよりあきらかだった。福祉先進国の高い介護水準が低賃金の移民労働力によって支えられていることを、否定できるひとはいない。

現状のままの低い労働条件が続くかぎり、介護の労働力不足が起きる。それなら条件を変えないいま、その労働条件に合意してくれる労働者をよそから調達すればよい——グローバリゼーションとは、労働力の移動をますます容易にする世界史的な変化のことであった。諸外国の例を見れば、「労働鎖国」の日本だけが例外に見える。

二〇〇九年度からスタートしたEPA協定のもとにおけるインドネシア人およびフィリピン人看護師・介護士の導入が、日本における「労働開国」の一歩にあたるのかどうかは、まだ予断を許さない。なぜならEPA協定のもともとの政策意図が日本国内における介護・看護労働力不足に応えることを目的としていないからであり、また年間五〇〇人規模の外国人の導入は介護・看護労働市場の全体の規模から見れば焼け石に水だからである。日本政府も経済団体も、本格的な「労働開国」へ向けて舵を切ったとはとうてい言えない。

だが、マクロ的に見れば、日本もまたグローバルなケア・チェーンの一環を占めることになるのは不可避であろう。日本の高齢者のケアを発展途上国のケアワーカーが担う。出身国では中産階級に属する移民労働者が祖国に残してきた家族のケアを、さらに低階層の家事労働者が担う。地方や農村出身の家事使用人の故郷の家庭では、祖父母が孫の世話をする。その孫たちが外へ出て行けば、高齢化した祖父母のケアを担う者は誰もいない。先進国の高齢者の手厚いケアが移民労働力で担われるいっぽうで、グローバル・ケア・チェーンの末端では、ケアの崩壊が起きる。

なぜならば、ケアワークの値段が安いから。ケアワークの値段を誰も上げようとしないから。

そしてそれはなぜなのだろう?

何度でもくりかえし問われなければならない問いがある。いまから二〇年以上前、一九九〇年の著作『家父長制と資本制』の最後の三行にわたしはこう書いた。

なぜ人間の生命を産み育て、その死をみとるという労働(再生産労働)が、その他のすべての労働の下位におかれるのか……この問いが解かれるまでは、フェミニズムの課題は永遠に残るだろう。

[上野 1990: 307-8; 上野 2009d: 389]

6 おわりに——希望は、ある

終章の18章では、「次世代福祉社会の構想」を論じた。希望はないわけではない。処方箋だってないとはいえない。制度設計も政策提言もすでにいくつもでている。その気になればアクション・プランだってある[上野・中西 2008]。あとは合意形成と実践あるのみ、なのだ、ほんとうは。

未曾有の大震災は、だが、予想されなかったわけではない。非常事態だというが、さまざまなトラブルは想定外ではなく、実のところ、これまで懸案でありながらとりかかることのできなかった課題をオモテに浮かび上がらせただけともいえる。だから、本書で論じたことがらを、3・11のあとに変更する必要を認めない。むしろ、いまこそ協セクターの重要性、共助けと支えあい、わかちあいの大切さが注目されている。

「災害ユートピア」ということばがある。「受難の共同体」は、わかちあいの理想を一瞬でも実現させる。行政も警察も機能しなくなったとき、日本ではホッブズのいう「万人の万人に対する闘争」、弱肉強食の野蛮状態は現象しなかった。

それを日本人の国民性に解消する必要はない。東北人の忍耐強さに還元しなくてもよい。前近代的な血縁・地縁社会が彼の地では生きているからだと想定しなくてもよい。民主主義と市民社会の成熟の証だと思えばよい。なぜなら市民社会とは、どんな条件下におかれた他者であれ、自分と同じ人格を持った個人として尊重するという想像力にもとづいているからである。受難はわたしだけではない、わたしは被災者ではないが他人事ではない、わたしにできることがあればできる範囲で助け合い、支えあおう、という市民意識が、地域と国境を越えて、これだけの規模とレベルで拡がったのだ。

そのなかで災害弱者に対するまなざしも育まれた。高齢者を高齢だからという理由で、助からなくてもよかった、とは誰も思っていない。避難所では医療ニーズだけでなく介護のニーズが求められた。医療関係者だけでなく、介護ワーカーにも出番が要請された。寝たきりや車椅子の人たちに、支援の手をさしのべる動きもあった。

わたしたちが到達した社会はこのようなものだ。

希望を持ってよい。

大震災のあとの春に

上野千鶴子

ケアの社会学

当事者主権の福祉社会へ

目次

目次

第8章 「よいケア」とは何か――集団ケアから個別ケアへ

第III部 協セクターの役割

第9章 誰が介護を担うのか――介護費用負担の最適混合へ向けて

第13章 生協のジェンダー編成 322

第14章 協セクターにおける先進ケアの実践――小規模多機能型居宅介護の事例 345

第15章 官セクターの成功と挫折——秋田県旧鷹巣の場合

第16章 協セクターの優位性

第Ⅳ部 ケアの未来

第Ⅰ部

ケアの主題化

第1章 ケアとは何か

1 なぜケアを語るのか

なぜケアを語るのか？

そこにケアを要する人々がいるから、という理由だけでは十分ではない。「ケアを要する人々」とは社会的に構築された概念であり、どのような状態が「ケアを要する状態」かは、歴史と社会によって変化する。『広辞苑』に「介護」という語が採録されたのは一九八三年の第三版からであるというし、「要介護高齢者」という概念そのものが歴史的に見て新しい。たかだか介護保険施行以降のこの一〇年間に登場した法律用語にすぎない。客観的に見て今日の「要介護状態」に相当する高齢者の多くが、歴史的には見捨てられてきたのは事実だし、ケアはおのずとわきでてくるような自然現象ではない。そもそもケアというカタカナ言葉が、日本語の文脈で翻訳されずに使われはじめたのは、最近のことにすぎない。ケアは「子どものケア（育児）」や「高齢者のケア（介護）」というように使われるが、障害者については、ケアという用語を回避して「介助assist」と呼ぶ人々もいる。

ケアは社会問題だが、それもケアが社会問題になったのは最近のことである。ケアが社会問題になったことを、超高齢化やそれにともなう介護負担の増大に帰する論者もいるが、社会が何を問題と認識するかは、その社会によって異なる。どんなにたくさんの高齢者がいても、それらの人々をケアの対象と考えず、それに対する責任を社会が負わなければ、ケアの負担は社会には発生しない。❖1 育児や介護が私的な領域に封じこめられているあいだは、誰もそれを「社会問題」とは認識しなかった。だが「私的」であると

❖1 「姥捨て」慣行を思い起こせばよい。「負担」が目の前から消えてくれれば、そこには「負担」はないことになる。

は、それを「公的領域」から排除し、見えないようにするための仕掛けにほかならず、「私的領域」こそは公的につくられたものであることを明らかにしたのはジェンダー研究だった。「個人的なことは政治的なことである」という標語を掲げたフェミニズムから出発したジェンダー研究は、「私的な領域」の政治化を遂行したのである。こうして私的な行為とされていたケアは、「目に見える」問題となった。

「なぜケアを語るのか?」は、それ自体歴史的な問いである。したがってその問いには、歴史的な意義がある。「ケア」という新しい用語は、それが登場することによってこれまで存在しなかった問いを浮かび上がらせ、それまで誰もが「問題」と思わなかったものを問題化する problematize 効果を持ったからである。❖2

本書は、ケアを主題として設定することで、ケアが問題として登場し、社会的に配置され、新しい社会領域を切りひらき、さらに代替的な社会的ビジョンを提示する可能性について論じることを意図している。だが、壮大な議論に入る前に、まず「ケアとは何か?」という基本的な問いから出発しよう。というのは、ケアというこの内包 connotation も外延 denotation もはっきりしりない用語は、論者によって、あまりにもまちまちに使われているからである。

2 ケアとは何か

英語の「ケア care」の語源は、ラテン語の cura に由来し、「心配、苦労、不安」の意味と、「思いやり、献身」のふたつの意味で使われていた[森村 2000: 84]。哲学者の森村修は「ケアの語源の cura」には、「重荷としてのケア」と「気遣いとしてのケア」という対立する意味があった、と指摘する。ケアが前者の消極的な意味を持っていることは、記憶しておいたほうがよい。管見では日本語圏の論者で、ケアが「できれば避けたいやっかいな重荷」であるという趣旨の指摘をしたのは最首悟ひとりである[最首 2005: 236]。ケアにはつねに倫理的な負荷がかかり、無条件に「よきもの」と見なされがちな傾向に対して、それを「解毒」する作用があるからである。

まず英語圏における care の用語法を検討しておこう。動詞の care は、care of(世話をする)のほかに、care about(配慮する、気にかける)、care for(ほしがる)などと多義的に用いられる。名詞としての care は、したがって、「世話、配慮、関心、心配」などの意味を持っている。「世話」に注目すれば身体的・物理的な側面を、「関心」や「配慮」に焦点があれば心理的な側面を強調することになる。形容詞としての caring は、自動的に母性と結びついて caring mother と用いられ、nurturing mother とほぼ同義に用いられてきた。研究史が示すように、ケアは第一義的に「子どものケア」を指し、その後、「高齢者介護」や「病人の看護」「障害者介助」、さらには「心のケア」

というように、拡張して使われるようになった。❖3

社会保障や福祉の領域で、ケアという用語が、いつごろから一般的に使われはじめたかは、はっきりしない。英語圏では八〇年代ごろから使われはじめ、九〇年代にはケアを主題とする研究書が次々に刊行されるにいたった。だが、その多くは、ケアを第一義的に、育児 child care と同義とみなしており、高齢者介護 elder care を含む包括的な用語としては、おずおずと使われはじめたにすぎない。ケアの社会化といえば育児への公的支援のことであり、ケアの担い手といえば母親(や両親) parent(s) であった。だからこそ、「ケアする娘」を主題化したエミリー・エイベルの業績[Abel 1991]は、九〇年代の初めには衝撃力を持っていた。核家族イデオロギーのもとで親と成人子の世帯分離が当然視される社会では、タテマエ上「高齢者問題」は存在しないことになっていたにもかかわらず、エイベルは、現実にはケアの負担を子ども(とりわけ娘)が背負っていること、しかもそれが現に存在するにもかかわらず目に見えないだけであることを訴えたからだ。

この事情は、日本語圏では逆転している。日本語では「子どものケア」については「保育」や「育児」という用語が確立しており、英語でいう child care center には、早くから保育園という用語が対応していた。日本語圏でケアという用語が使われはじめたのは、九〇年代以降、むしろ高齢者介護の分野が先だった。❖4 その後、英語圏の研究動向に影響されて、「育児」「介護」「介助」、場合によっては「看護」をも含むような包括的な用語として、他に代わる適切な日本語がなかったために、ケアはカタカナことばのまま流通するようになった。

ケアという用語の採用には、ふたつの系譜がある。ひとつは看護学、もうひとつは福祉分野である。前者は、医療 cure と看護 care を区別し、さらに看護の医療に対する職業的自律性を高めるという看護学業界の戦略によって、積極的に採用された。後者は、高まりつつある高齢者介護負担に対応して、介護を可視的な主題

❖2 その点で、「ケア」は、マルクス主義フェミニズムにいう「不払い労働 unpaid work」[上野 1990; 2009]に隣接している。だが、「不払い労働」が(1)マルクス主義の用語法をひきずっていたこと、(2)したがって生産労働か不生産労働かという分類法を持ちこんだだけでなく、(3)そのなかに生産労働をも不可避に含みこんでしまったこと、(4)それに比べればケアは再生産労働に限定されており、もっと直接に「家族」領域とジェンダーとを照準することができるという特徴がある。

❖3 エミリー・エイベルの "Who Cares for the Elderly?" [Abel 1991]は、care を高齢者介護の意味で特化して用いた先駆的な例である。同時にアメリカで介護問題が目に見えるようになる先駆でもあった。「自立」を理念とするアメリカでは、実際には家族介護が存在したにもかかわらず、なかったことにされていた。エイベルはこの本のなかで、娘による介護を実際には受けているにもかかわらず、理念的かつ感情的にそれを否認する高齢者について述べている。

❖4 九〇年代を通じての介護保険制度の検討の過程で、「ケアの社会化」という用語は、そのまま「介護(介助を含む)の社会化」と同義に使われた[市野川 2000]。この用語法のもとでは、不思議なことに「育児の社会化」は含まれていない。これは英語圏の論者の多くが、「ケアの社会化」を語るときに、主として「育児の社会化」を意味するのとは対照的である。

とし、福祉政策に組み入れようとする研究者によって自覚的に採用された。後者は、前者の医療改革にとっても、都合がよかった。社会的入院などの増大する高齢者医療費負担に対して、医療と介護を区別することは、高齢者福祉を医療政策から切り離す制度設計のうえでも、好都合だったからである。

比較的最近の研究動向を反映していると思われる『現代社会福祉事典』[秋元他 2003]には、「ケア」の項がない。ただちに「介護」の項目へ飛ぶようにと指示があり、「介護」の項目のもとには、「乳幼児の世話」や自立できない者に対する「援助」を指すという定義が示されている[秋元他 2003: 43]。さらに社会福祉学固有の概念としての狭義の「介護(福祉)」と、「広義かつ深遠な意味」での広義の「介護」とに区別される。後者は「人間が生きていくなかで基本的によりよい人と人との関係を追究する行為である」とされ、これが「ケアということばに近い意味をもっている」とされる。後者のケアの定義がないためにこの記述から類推するほかないが、この定義では「ケア」とは社会的に見てよい人間関係のすべてを含む広範な概念となり、これでは分析概念としては失効する。ここでは「ケア」という概念に、(1)広義の人間関係が対応すること、(2)それに「よきもの」としての規範的な含意があることを確認すれば足りる。

日本で刊行された書物のタイトルにケアが使われたもののうち、もっとも古いのは、ミルトン・メイヤロフ著の『ケアの本質』[Mayeroff 1971=1987]である。❖[5] アメリカの哲学者の手になるこの書物は、福祉や医療のどの分野の研究動向とも無縁なばかりか、邦題が示唆するような歴史超越的な本質主義志向をたしかに持っている。一九七一年に原著が刊行され、八七年に邦訳が刊行されたこの本の日本市場での受容はそれ自体、歴史的検証に値するが、それについては後論しよう。

メイヤロフによればケアの定義は以下のようなものである。

> 一人の人格をケアするとは、最も深い意味で、その人が成長すること、自己実現することをたすけることである。
> [Mayeroff 1971=1987: 13]

そのうえでメイヤロフが具体的なケアの事例としてあげるのは、母親や父親による子どもへのケア、それを拡張して教師が学生や生徒に与えるケア、さらには個人が自分のアイディアを育むことをも含む。この中には、高齢者の介護はまったく出てこない。

「ケア」をタイトルに使った書物は翻訳書を除いて多くない。そのこと自体が、「ケア」という用語の日本語としての熟し方が十分でないことを示唆するが、二〇〇〇年代になって、本書と書名を同じくする『ケアの社会学——臨床現場との対話』[三井 2004]という意欲的な書物があらわれた。三井さよ著のこの本は、医療社会学の分野での看護労働について論じたもので、ここでは育児も介護も出てこないために、題名から期待して肩すかしをくらわされる読者も多いことだろう。「ケア」の定義は三井によって、「他者の「生」を支えようとする働きかけの総称」[三井 2004: 2]と、きわめて非限定的なインプリケーションが与えられている。[❖6] だがこの程度の漠然とした定義では、ほとんどありとあらゆる人間活動がそれに含まれてしまうために、[❖7] 分析的にはなんの役にも立たない。総じて「ケア」をタイトルとして含む書物の多くは、「ケア」を定義せずに用いるか、定義を与えたとしても抽象的な本質規定か、さもなくば漠然としすぎているために、それ以降の議論の展開には意味をなさないものが多い。

3 ケアの定義

わたしはここで、メアリ・デイリーが編集したＩＬＯ刊行の“Care Work”[Daly 2001]の執筆者たちが用いている「ケア」の定義を採用する。その理由はまず、(1)ケア、とりわけ翻訳語としてのケアを論じるために、いつでも対照反訳が可能なグローバルスタンダードを採用すること、(2)二〇〇一年刊行時点でのこの本のケアの定義が、研究史にもとづいて受容可能なものとして妥当性を持っていること、(3)デイリーの編集にもとづくこの本では、執筆者のあいだで「ケア」の定義に合意が形成されていることによる。

デイリーによれば、これまでのところ、「もっとも妥当性のある」「ケア」の定義とは以下のようなものである。

> 依存的な存在である成人または子どもの身体的かつ情緒的な要求を、それが担われ、遂行される規範的・経済的・社会的枠組のもとにおいて、満たすことに関わる行為と関係。
>
> [Daly 2001: 37]

わたしはこの定義に同意するが、この定義を採用する効果には、以下の六つがある。第一は、この定義に社会的かつ歴史的な文脈依存性が書きこまれていること(つまり社会学的であること)、したがって社会的かつ歴史的に比較可能な概念であることである。

第二に、同じく社会学的であるメリットとして、それが相互作用的であることである。すなわち、ケアとは、ケアする者とケアされる者とのあいだの「相互行為 interaction」であって、複数の行為者 actor の「あいだ」に発生する。それ以外の多くのケアの定

❖5 ケアを歴史的な社会現象であるとする本書は、ケアの「本質」規定を排するが、原題をたんに“On Caring”とするこの本の邦訳題名を、あえて『ケアの本質』としたのは、ふたりの共訳者である。

❖6 ケアの定義が非限定的である反面、三井が扱っているケアの範囲は、看護職を中心としたパラメディカルな医療職の業務という限定的なものであり、タイトルの挑戦性にくらべて、内容は少しも挑戦的とは言えない。本書が考える意味での「ケア」の社会学は、まだ書かれていない、と考えるために、本書は重複をかえりみず、同名のタイトル「ケアの社会学」を採用する。

❖7 この定義では、生産活動や交換活動も「他者の「生」を支える行為」となってしまうために、看護や介護が他の社会的行為から識別できない。

義は、先述したメイヤロフのものも三井によるものも、ケアをケアの与え手の行為とすることで、その帰属先をケアする者に限定してしまう。その結果、多くの分析は、メイヤロフのようにケアを論じるにもっぱらケアする者だけを扱う結果に終わる。ケアの受け手は、せいぜいその効果の偶発的な反応体か測定器としかならない。他方で、ケアを受け手にとっての「サービス(商品)」と見なす立場では、ちょうど労働が労働者にとってそうであったように、ケアという行為は与え手から切り離された(「疎外された」と言ってもよい)行為のパッケージとなってしまい、あたかも商品のように手渡され交換可能なものと見なされてしまう。ケアをケアする者とケアされる者との相互行為とみなすこの定義の強みは、ケアをそのいずれかに帰属させることなく、社会的「関係」と見なすことにある。したがってケアを論じるには、複数のアクターに関与する必要がある。❖8

第三に、役割とその遂行の社会的配置を含むことで、この定義がジェンダー、さらには階級、人種のような変数を取り入れ、そのあいだの比較を可能にすることである。

第四に、この定義は成人と子どもを含むことで、介護、介助、看護、そして育児までの範囲を覆い、第五に身体と情緒の両方を含むことで、ケアの持つ世話と配慮の両面をカバーし、第六に規範から実践までを含むことで、ケアの規範的アプローチと記述的アプローチをともに可能とする。もっと正確に言えば、ケアの規範それ自体を社会的文脈の変数とすることで、ケアについての規範的アプローチを脱構築する点でも、すぐれて社会学的と言えよう。

4 ケアワークとは何か

ケアにワークをつければ、ケアワークとなるが、ケアとケアワークとはどう違うだろうか。

そのものずばり"Care Work"をタイトルとする英語圏の主要な編書、デイリー編[Daly 2001]とメイヤー編[Meyer 2000]のふたつの書物では、ケアとケアワークの定義は互換的に用いられている。後者の書物では、ケアについての明示的な定義はなく、その代わりにエイベルによる「ケアの歴史的パースペクティブ」[Abel 2000]という論文が収録されており、ケア概念が、歴史的にどう変化してきたかが論じられている。ケアが文脈依存的であるとすれば、当然それに対して(暫定的な定義のほかには)定義を与えることができない。そして、これらの著者たちは、ケアが愛情と労働の両方を含むことを認めるが、ケアがいつ愛情になり、どこから労働になるかもまた文脈依存的であるから、決定できないことになる。

多くはフェミニストの手になるこれらの著作が、ケアを論じるのに、ケアワークを自明の前提として概念化するのは、「家事労働」「不払い労働」「愛の労働」等の理論の蓄積がすでにあるからである。そしてケアワークという概念を用いるからこそ、ケアが労働ではない特殊ケースを理論化することができる。そして「不払い労働」という概念がすでに利用可能だからこそ、ケアワークのなかで、有償の労働と無償の労働の両方を考察することができる。❖9

たとえば先述のエイベルの「ケアの歴史的パースペクティブ」では、一九世紀には上流階級にとっては高齢者、病人、障害者、子ども等のケアは家事使用人の仕事であり、代わって家事使用人たちは自分の家族のケアに従事することができないディレンマを抱えていたことを指摘する。ケアが「中産階級」の「既婚女性」の無償の労働になったのは、近代家族成立以後のことであり、したがってケアには（家事と同じく）、ジェンダー、階級、人種（民族）が変数として色濃く刻印されていた。

本書でも、わたしは基本的にフェミニストのケアワーク論を継承する。その点で、デイリーらが主張する「ケアは労働として取り扱われるべきこと」[Daly 2001: 59]という立場を共有する。❖10

5 ケアの概念化

デイリーらの著作は、それ自体、ケアの概念化の試みでもある。事実、この著作には、「ケア」の定義をめぐるゆらぎとその発展のプロセスが見られる。

デイリーらの著作で「序論」に次いで冒頭に登場するのは、デイリーと「序論」を共同執筆しているガイ・スタンディングのものである。それによれば、ケアワークは「一人もしくはそれ以上の人々に対して、身体的、心理的、情緒的および発達上の必要を満たす労働」[Standing 2001: 17]と定義される。「発達上」が含まれていることは、ケアが主として育児を指すことを示唆している。

スタンディングはケアワークを以下のように定式化している。

> ケアワーク＝時間（所要時間＋待機時間）＋努力＋技能＋社会的スキル＋情緒的投資＋ストレス（ケアの受け手のニーズに応えられないのではないかという不安＋監督者や周囲の期待に応えられないのではないかという不安）。
>
> [Standing 2001: 18]

これらの項目がケアワークの諸要素について網羅性を持つかどうかには検討の余地があるが（たとえば、報酬という項目――社会的、経済的であれ、情緒的であれ――が欠けていることはただちに指摘できる）、この定義でもケアワークは主としてケアの与え手に帰属する活動や行為の一種であると見なされる。これに「関係」の概念を付け加えたのは、デイリーである。

デイリーは先に引用した定義にたどりつく前に、ケアの「慣習

❖8 そして個人の内部intra-personalでなく、個人と個人の「あいだinter-personal」に照準することこそ、社会学にとってもっとも妥当性のある「対象」領域だと言える。

❖9 その点では本書は、上野の「不払い労働」論である『家父長制と資本制』[上野 1990; 2009d]の直接の続編にあたる。

❖10 原文のデイリーの表現をいくらか変更した。

的定義」として「病人、高齢者、障害者および依存的な子どもを世話することに関わる行為と関係」[Daly 2001: 34]という定義をあげているが、ここからは次の段階に至るまでに、(1)「関係」という概念が付け加わり、(2)「依存的な」という形容詞が子どもだけにではなく、成人にまで拡張されている。また(3)この定義では、ケアを説明するのに「ケア(訳語では「世話」)」を用いているために、循環的な定義にしかならない。

もうひとつ、同じ著作の中で、この分野では代表的な論者の一人であるナンシー・フォルバーが、デイリーによる「慣習的定義」に対して重要な批判を与えている。デイリーの定義では、(1)「自分で動ける成人も、ケアを必要としている」[Folbre 2001: 176]ことを概念化できないこと、(2)「依存的」とはどういう状態をいうのかの判定がむずかしいこと、(3)「行為」のうち、ケアにあたるものとケアにあたらないものの境界線をどう引くかが決定できない、とフォルバーは批判する。フォルバーの批判は重要なものである。(1)の批判は、「依存的存在」を構築することで、かえって誰にも依存しないロビンソン・クルーソー的な「自立した個人」の神話を成立させてしまうことの危惧から来ている。実際には多くの成人(男性)が、他の成人(女性)によるケアの対象となっているのだから、成人間にケアがないとは言えない。(2)の「依存的」についての境界も、問題含みである。たとえば、何歳からを「依存人口」とするかはきわめて政治的に決定されるし、たとえ「依存人口」に含まれていても実際に「依存的」かどうかには個人差が大きい。また「自分で動ける成人」であっても、依存的な存在を抱えることで、結果として自分自身も依存的な存在になってしまうこと(幼児や要介護高齢者を世話する成人女性)もある。[11] (3)のケアとケアでないものとの境界線は、たとえば身体的・情緒的ケア以外の、洗濯や掃除はケアに入るのか入らないのか、[12] 買い物は、そのためにカネを稼ぐ行為は? と拡張していけば、ほとんどあらゆる活動が「ケア」に含まれてしまうことになる。そうなれば、ケアという概念は失効してしまう。

現実には、経験的研究のために、暫定的な境界線を(文脈依存的に)そのつど引くしかないことに彼女は同意し、「抽象的な概念論議を離れて、もっと錯綜した経験研究の領域に入ること」[Folbre 2001: 179]を提案する。

もう一度ここで、デイリーらの到達した暫定的なケアの定義を再掲しておこう。

> 依存的な存在である成人または子どもの身体的かつ情緒的な要求を、それが担われ、遂行される規範的・経済的・社会的枠組のもとにおいて、満たすことに関わる行為と関係。
>
> [Daly 2001: 37]

以上のような議論の経緯からすれば、ケアの概念定義それ自体には、それほどの意味はない。むしろ、ケアおよびケアワークの概念が文脈依存的であることが確認されればよい。その点では、本書の問いは、以下のように置き換えることができる。いかなる文脈のもとで、ある行為はケアになるのか？　またいかなる文脈のもとで、ケアは労働となるのか？

それは「不払い労働」論の過程で、フェミニストが立ててきた問いを反復することと同じである。たとえば家事とは何か、育児とは何か、あるいはセックスとは何か、という「本質主義的」な問いに代わって、フェミニストたちは、いかなる文脈（条件）のもとで家事、育児、そしてセックスは「愛の行為」となり、またいかなる文脈（条件）のもとで家事、育児、そしてセックスは労働となるのか？　と問いを立ててきた。というのも、第一に、これらの人間的な諸活動は、愛から労働までのすべてのスペクトラムを現実に含むからであり、また第二に、これらの活動が一方で「有償」でおこなわれるからこそ、それとの対比においてはじめて、「無償の労働」が概念化されるからである。そして同じことはケアについても言える。[13]

❖11 フェミニスト法学者のマーサ・ファインマン［Fineman 1995=2003］は、このふたつの依存を区別して、前者を「一次的依存」、後者を「二次的依存」と呼ぶ。

❖12 介護保険は「介護」の範囲を「身体介護」と「生活支援」とした上で、何が「介護」にあたり、何が「介護」にあたらないかについて詳細な「不適切利用」のリストを設けている。そのなかには、たとえ利用者がそれを求めるとしても、「犬の散歩」や「草むしり」は含まれない。

❖13 たとえばジョバンナ・フランカ・ダラ・コスタは『愛の労働』［Dalla Costa 1978=1991］の中で、有償のセックス・ワーカーの労働と対比することで、妻の「無償の労働」としての性行為を「愛の労働」として論じている。それによれば、自分の労働をタダでは売り渡さない点で、セックスワーカーの方が既婚女性よりも家父長制の搾取から相対的に「自立」していることになる。また加藤秀一は、「無償の性」概念が、「商品化された性」の成立と共に成り立ったことを論じている［加藤 1995］。一方でカネでアクセス可能な女性がいるからこそ、それと「差異化」するためにこそ、「素人女性」の性は封印されるか、さもなければ「無償」でなければならないとされる。

第2章

ケアとは何であるべきか

――ケアの規範理論

社会学における規範的アプローチは、ケアがそれ自身で「よきもの」であるという前提に立たない。そうではなく、ケアはいかなる条件のもとにおいて「よきこと」と見なされるのか、あるいはケアワークはいかなる社会的配置のもとで公正な労働となりうるのか、という社会学的な問いを含んでいる。行為が置かれた社会的な文脈を視野に入れる、このようなメタレベルの問題構制を通じて、はじめてその裏側にある問い、すなわちケアはいかなる条件のもとで耐えがたい「抑圧」や「強制」になるのか、あるいはケアワークはいかなる社会的配置のもとで不公正で劣悪な労働となるのか、という相対的な視点を含みこむことが可能になる。

本章ではケアの権利を広い意味で人権の一種、社会権のひとつとして捉える「ケアの人権アプローチ」という規範的立場に立つことを後で述べるが、その前に、人文社会科学のうちでも規範科学の性格を持つ哲学や倫理学、教育学の分野で、ケアがいかなるものであるべきかを論じてきた「ケアの規範理論」について触れておこう。

1 ケアへの規範的アプローチ

社会学のアプローチには記述的アプローチと規範的アプローチとがあるが、ケアの社会学は必然的に規範的アプローチを含まざるをえない。というのもケアを「愛の行為」としてではなく、「ケアワーク」として取り扱うという本書の問題意識が、もともとフェミニストの不払い労働論から出発しているからである。同じくフェミニスト研究者であるデイリーらも、「ケアが労働として取り扱われるべきこと」という主張を含む以下の三つの規範的主張をおこなっている。

第一に、ケアの価値は尊重されるべきこと。

第二に、ケアは労働として取り扱われるべきこと。

第三に、ケアはジェンダー公正の立場から配分されるべきこと[Daly 2001: 59]。

のとして語られてきたかを検討しよう。それというのも、規範科学のケア論を批判的に検討することを通じて、ケアが何でないか、を示すことができるからである。

2 ケアの規範科学

ケアへの規範的アプローチには、大きく分けてふたつの系譜がある。ひとつはそれ自体規範科学の一種である哲学のうちとりわけ倫理学、もうひとつは教育学である。これらの規範科学の特徴は、「ケアが何であるか」ではなく、「何であるべきか」についてより多く語るところにある。わたしがここで主として批判の対象とするのは日本語圏の文脈における「ケア」概念の受容であり、それも本質主義の系譜に属するものである。[❖1] それというのも文脈超越的な本質主義ほど、社会学的なアプローチと相容れないものはないからである。

1章で述べたように、ケアを題名に含んだ日本語の刊行物のうち、もっとも初期の著作のひとつが哲学者、メイヤロフの手になるものである。日本語圏では、哲学の鷲田清一、倫理学の川本隆史が、ケアというカタカナことばを翻訳なしに自覚的に用いてきている。

結論を先取りすれば、ケアへの哲学的・倫理学的アプローチには以下のような共通点がある。

第一は、ケアをそれ自体で「よきもの」とする規範性である。

第二は、ケアを扱う際の抽象性と過度の一般化である。したがって、ケアを論じるにあたって、どのような行為が実践的・具体的にケアにあたるかについての言及がきわめて少ない。

第三は、本質主義、すなわち脱文脈性もしくは文脈超越性である。別なことばでいえば、どんな文脈にも妥当するような普遍理論への志向をともなっている。

第四に、脱文脈性から帰結する効果のひとつとして、とりわけその脱ジェンダー性があげられる。社会的文脈のなかには、他にも人種や階級が含まれるが、とりわけジェンダーを強調するのは、ケアの主題化が主としてジェンダー研究者によって担われたにもかかわらず、本質主義的な議論のなかでは不思議と――故意に、と思われるほどに――現実のケアが色濃くジェンダー化されていることに対する配慮がないからである。現実に存在するジェンダー性の無視は、その否認と同じ効果を持つ。その結果は、現状追認のセクシズムに陥ることになる。

ケアの本質論は、「ケアとはそもそも何か?」という規範的アプローチをとる。実際にはケアとは文脈しだいで、愛の行為から抑圧、搾取、強制労働まで、さまざまなすがたをとりうる個人と個人のあいだの相互行為であるにもかかわらず。もしケアとは「本

❖1 ケアの本質論には他にも宗教学者、八木誠一によるもの等［八木 2004; 増田・山本 2004］があるが、いずれも以下の特徴を共有している。

質的」にXであり、現実のケアがYでしかなければ、YはXに合わせて「あってはならないもの」として否認されるほかない。この種の規範的アプローチは、ケアの実践的・具体的内容について関心を持たない傾向があり、結果として現状を追認する政治的効果がある。

　したがって本論の関心はそうでないアプローチ、すなわち次のようなものとなる。

（1）規範的アプローチから記述的（経験的）アプローチへ

（2）規範的アプローチそれ自体の文脈化（歴史化）へ

　以下は、これまでの脱文脈的な規範的アプローチを、再文脈化する試みであると言えよう。

3　「ケアの本質」

　メイヤロフの“On Caring”[Mayeroff 1971=1987]が刊行されて以来[2]、ケアを論じる古典的な文献としてこの本はしばしば言及されてきた[Kuhse 1997=2000; 森村 2000]。原題をたんに“On Caring”とするこの本の邦訳題名を、『ケアの本質』としたのは、共訳者たちによる。八七年に初版三〇〇〇部が刊行されてから二〇〇四年四月までの間に一二刷、推定累計二万部を越えるこの本は、文字どおり「ケアの本質」を語る数少ない著作として、今日でも読み継がれている。日本には比較的無名の著者と出版社、かつ原著から一五年以上経ってからの翻訳刊行という条件を考えれば、八〇年代から九〇年代にかけてのケア論への関心の高まりを背景に、タイトルに「ケア」というカタカナことばを用いたことが、この本の商業的成功の理由のひとつであると推論してもよいだろう。

　メイヤロフによれば、ケアの定義とは「一人の人格をケアするとは、最も深い意味で、その人が成長すること、自己実現することをたすけることである」[Mayeroff 1971=1987: 13]。ここでのケアの意味は、第一義的に「育てる」ことであり、その対象は、人格や理想、アイディアまで多岐にわたる。また人格も、親にとっての子ども、教師にとっての学生、友人や共同体まで幅が広い。ケアの活動の具体的な例として彼があげるのは、「子供が成長し、自己実現するのをたすけている父親の活動のようなもの」であり、また「父親が子供を最も重要な意味においてケアしている」[Mayeroff 1971=1987: 184]とされる。不思議なことに、ケアをテーマにする本書のなかには、母親のケアはほとんど登場しない。あたかも母親のケアが無視されているか、それとも動物のような母親の身体的ケアにくらべて、父親の精神的ケアのみが子どもの「人格」の「成長」と関わるかのように読める。

　上述のようなメイヤロフの定義によれば、ケアという行為はケアする者に帰属するから、ケアする者にとってのケアの意味を省察することが、彼の課題となる。ケアの「意味」とは、ケアする者自身の「自らの成長」であり「ケアを通しての自己実現」であり、「生の意味」と「居場所」の発見であり、ひいては「ケアの対象への感謝」である。そしてこのように理念的に語られたケアの意味は、「ケアの意味とはXである」という記述命題ではなく、「ケアの意味とはXであるべきだ」という規範命題を含意している。そうなれば「ケアを通しての自己実現」は、理念から強制(強迫)へと容易に転化する(「ケアを通して自己実現すべきだ」)。この命題からはケアを自己実現と考えられないケアの与え手は、未成熟な劣った人格と見なされるだろう。だが、この書物を書いていたメイヤロフ自身にとってはどうだろうか? 彼が既婚者かどうか、子どもの父であるかどうかはこの本からは直接にわからないが、❖3 少なくともこの本を執筆しているあいだは、彼は子どもをケアする時間を割くことができなかったはずだし、逆に「ケアを通しての自己実現」をすでに果たしていれば、このような書物を書く必要もなかったかもしれない。となれば、「ケアを通しての自己実現」を、彼は一体誰に向かって唱えていることになるのか? が問題となる。実際には男性以上に女性がもっぱらケアに従事しているのだから、ケアの与え手である女性に向かって、「ケアを通しての自己実現」を規範として強制する効果をこの本は持つことになり、そうなれば、女性に向かって、それ以外の自己実現など求めるな、という抑圧にさえなりうるだろう。こういう書物に対しては、デイリーが言うように、「お説教はたくさん Do not preach!」[Daly & Standing 2001: 2]とひとこと言っておけば足りる。

哲学者の森村修は『ケアの倫理』[2000]と題する著書の中で、メイヤロフを評価する。二〇〇〇年代においてもメイヤロフが参照されるべきケア論のパイオニアのひとりとして見なされているのは驚くべきことだが、彼がメイヤロフを評価するのは、わたしが批判した当の点においてである。彼はメイヤロフの次の文章、「自己と離れた何物《ママ》か、あるいは誰かに役立つことによってはじめて、私は自己充足ができるのである」を引いて、こう書く。

❖2 メイヤロフはニューヨーク州立大学コートランド校の哲学教授で、コロンビア大学哲学博士。この本はルース・ナンダ・アルシェンを統括編集者とする世界展望叢書の一冊として書きおろされたものであり、この叢書シリーズには他にエーリッヒ・フロム『愛の技術』、パウル・ティリッヒ『信仰のダイナミックス』、鈴木大拙『神秘主義』、ミルチャ・エリアーデ『神話と現実』などがある。共訳者のひとり、田村真は東北大学医学部教授、他のひとりの向野宣之は高校英語教師で、両者はナイチンゲールの著作の翻訳者たちである。あとがきで、彼らはこの本の翻訳に「一〇年前から関心を抱いてきた」と述べ、「小さくはあるが本書は類ない驚くべき書物である」[Mayeroff 1971=1987: 229]と賛辞を寄せている。一〇年前といえば、まだケアが用語としてこなれていないだけでなく、ケアそのものがまだ学問的に主題化されていなかった時代であるから、共訳者たちの関心は先駆的なものと言える。彼らの過去の経歴からは、看護への関心からケアを主題化したことがうかがわれるが、もし翻訳の刊行がこの年代でなければ、邦訳タイトルに「ケア」というカタカナ語が用いられたかどうかは不明である。

❖3 文中の事例が主として父親と大学教師としての経験から語られていることから見れば、彼自身が父親であることは容易に推測できる。自ら以外に「フィールド」を持たない哲学者の多くは、自分の経験から外に出ることができない、ということを、はしなくも彼自身が証明しているかのようである。

なぜ私たちはケアを必要とするのか？　なぜ〈自己〉や〈他者〉をケアしなければならないのか？　端的に言えば、ケアは、私たちの〈生〉に「意味を与える」ことができるからだ。

［森村 2000: 91］

森村はメイヤロフのケアの定義を拡張して、「他者へのケア」と「自己へのケア」とは同じものだとする。もう少し正確に言えば、「他者へのケア」を通じてはじめて「自己へのケア」が可能だとする。その「自己へのケア」の内実が「生の意味を与える」ことである。ここでもまたメイヤロフの場合と同じように、規範的な含意は容易に強制へと転化してしまう。すなわち「ケアするのは他者のためではありません、あなた自身のためです」というように。かくして「ケアする者」はケアそれ自体から報酬を得なければならない——もしそうできなければ、十分に人格的に成熟しているとはいえない——というもうひとつの抑圧にさらされることになろう。

だが規範的な含意に加えて、もう少し分析的にメイヤロフ批判を以下の四点にわたってあげておこう。

第一は、ケアの対象が人格からアイディアまでを含むような過度の拡張を経ることによって、かえって無定義概念と化し、分析や記述上の妥当性を失っていることである。

第二に、「ケア」の概念が「子どもへのケア」に限定されているために、病人、障害者、高齢者への言及がないことである。

第三に、ケアの対象が依存と保護、そしてコントロールの対象に限定されることで、パターナリズム（温情的庇護主義）をまぬがれていないこと。

第四に、「父親のケア」がしばしば述べられるのに対し、「母親のケア」はみごとに不可視化されていることを通じて、ここでは言説による脱ジェンダー化の政治が働いていることを指摘しておきたい。実践場面ではジェンダー化されていることが周知のケアを、あたかもジェンダー非関与であるかのように扱うこと自体が、脱ジェンダー化という言説遂行上の効果をもたらす。さらに言えば、この脱ジェンダー化の政治には、著者の性差別観が反映していることも指摘しておかなければならない。この著作を通じて、メイヤロフは、父親のケアのほうを母親のケアよりも価値の高いものとして提示しているからである。

ふたたびデイリーを引こう。

ケアが贈与であり、道徳的な行為であると説教する人々は、多くの人々にとって、贈与や道徳だのを考えるよゆうもないほど選択肢が限られているという事実を無視している。

［Daly & Standing 2001: 2］

メイヤロフは自発的に選択された父親のケアを高く評価するが、それが可能なのは、母親のケアという前提があるからこそだ、ということを忘れているか、故意に黙殺している。その点で彼の著作は(1)まず現実のケアにあるジェンダー性をみごとに脱ジェンダー化したうえで、(2)次にケアを男性的なものとして再ジェンダー化する言説の政治を実践していることになろう。

4　ギリガンの「ケアの倫理」

日本語圏におけるケアというカタカナ語の定着にあたって、フェミニスト発達心理学者、キャロル・ギリガンの『もうひとつの声』[4][Gilligan 1982=1986]の川本隆史による紹介が、重要な役割を果たしたことを忘れるわけにいかない。川本は『現代倫理学の冒険』[川本 1995]に「ケアと正義」という章を置いている。その内容は主としてキャロル・ギリガンの紹介と評価であり、リベラリズムの正義論に対比して、ギリガンの「ケアの倫理」を対抗軸として設定する意図のもとに書かれている。川本と同じく森村もギリガンを評価するが、森村の出典を見ればほとんどが日本語文献だから、ギリガンの著書そのものよりも、川本[1995]の影響下にあることが推測される。彼ら日本語圏の倫理学者の動向は、九〇年代以降、英語圏で「ケアの倫理 Ethics of Care」が倫理学の主題として登場したことを反映しているが、ここにも翻訳語をめぐる奇妙な政治を見てとることができる。

不思議なことにギリガンの邦訳書『もうひとつの声』のなかには、「ケア」という用語は一度も登場しない。原著で用いられているcareを、ギリガンの翻訳者は「心くばり（配慮）」と訳し、訳書には「責任の倫理」「心くばりの倫理」として登場する。これを「ケアの倫理」と命名しなおしたのは、川本である。[5] その点でギリガンの「ケアの倫理」を「ケアの倫理」として日本語圏の哲学・倫理学の業界に紹介した川本の功績は、大きいと言わなければならない。

ギリガンの著書は米国で刊行されたときから、高い評価を受けるいっぽう、マッキノンらのラディカル・フェミニストのあいだで手きびしい批判を受けた。[6] 日本でもギリガンをめぐって、フェ

❖4 原題は"In a Different Voice." Voiceには、「声」の意味と、文法用語の能動態・受動態の「態」の意味をかけてある。この本は、彼女の理論的指導者である発達心理学者コールバーグが、女性の道徳性に対して低い評価しか与えないことに挑戦して、一九歳から三三歳までの女性二九人に対する面接を通して、望まない妊娠の中絶をめぐる意思決定のなかにある道徳的ディレンマを論じたものである。そのなかで、彼女は責任と配慮、人間関係のネットワークをもとにした状況依存的な女性の意思決定のほうを、状況超越的な個人主義の立場より道徳的に優位とした。

❖5 川本は同じ著書の中で、「介護・世話・配慮——《ケア》を問題化するために」という章も置いていることから、ケアが「介護・世話・配慮」という多義的な訳語を持つことを十分に意識していたことがわかる。そのいずれかでなく、「ケア」というカタカナ語を採用したのは、したがって川本の選択である。川本編[2005]では、『ケアの社会倫理学』という書名が、いっそう明示的に採用されている。

❖6 ギリガンのこの著書は刊行後、アメリカ教育研究学会出版賞を受け、同年の雑誌『ミズ』誌上で、彼女は「今年の女性 The Women of the Year」に選ばれるにいたった。他方、スーザン・ファルーディは、『バックラッシュ』[Faludi 1991=1994]のなかで、ギリガン評価を、八〇年代フェミニズムの「家庭回帰」現象のひとつとして批判している。上野のギリガン批判は上野[2002a]を参照。

ミニストのあいだで論争がおこり、わたし自身は批判的な立場を採った。[7] だが、川本の精力的な紹介がなければ、ギリガンは日本において、フェミニスト・サークル以外の(男性主導)の哲学・倫理学界でとりあげるに足る思想家として語られることはなかっただろうし、ギリガン論争は、フェミニズム業界の「コップのなかの嵐」にとどまったことだろう。そしてもし、これが「世話の倫理」や「配慮の倫理」のままで流通していれば、これほどの注目を集めたかどうかは疑わしい。

だがこの翻訳の政治のなかで、見逃すことのできない言説の政治が遂行されている。第一は、ギリガンの再評価である。ギリガンによれば、ケア(配慮)とは、相互依存、配慮関心、義務と責任の観念を複合的に含む道徳的基準であり、権利の倫理のような首尾一貫性を欠くが、状況依存的であることでかえって優位にあるような、主として女性が発達させてきた道徳性を指す。彼女の師である心理学者、コールバーグの男性中心的な発達理論が、女性の道徳性を男性のそれに対して劣位に置くことに対する異議申し立てから出発した彼女の研究のジェンダー性は疑うべくもない。だが、それはすでに男性によって評価を与えられた「女らしさ」の特性を評価することで、ジェンダー本質主義——生物学的本質主義でないにしても、文化本質主義的な——を招き、性差の固定に寄与するという効果があった。森村もギリガンの「ケア倫理学 care ethics」が「女性(女らしい)倫理学 feminine ethics」(かっこ内引用者)と呼ばれ、「フェミニスト倫理学 feminist ethics」と区別されることを指摘する[森村 2000: 114]。それだけでなく、この本の刊行の時期が、レーガン政権下のバックラッシュのさなかであり、フェミニズムの中から生まれた「家庭と女らしさへの退却」が、保守派の読者によって歓迎されたという事情がある[上野 2002a]。奇妙なことに事実、ギリガンに対する評価は男性のあいだで高く、女性のあいだで低い傾向がある。

第二に、川本や男性の論者によるギリガン評価は、ギリガンのうちにあったジェンダー性をみごとに脱色し、脱ジェンダー化の政治を遂行する結果になった。ギリガンのように「正義の倫理」と「ケアの倫理」をそれぞれ男性と女性の道徳的性向に対応させる代わりに、相補的なふたつの原理としてジェンダーから独立させることで、男女を問わず利用可能な概念としたからである。同様なギリガン再評価は、フェミニストのあいだにも見られる[江原 2000; 山根 2004]。

川本はその後、二〇〇〇年代になってから『ケアの社会倫理学』[川本編 2005]を編んでいる。「私が望みうる最高のラインアップを揃え」たと彼が自負するように、この本にはたしかに、現在ケアを語るうえで欠かすことのできない重要な論者が含まれており、編者による「序論 《ケアの社会倫理学》への招待」も目配りのよいすぐれた論考である。この本を踏まえたうえで、先述の川本批判にいくらかの補足を付け加えたい。

第一にタイトルが「社会倫理学」となっているように、社会的文脈に配慮したものとなっており、そのことは経験的現場を持つ実践家を執筆者に多く起用した編集方針にもあらわれている。

第二に、したがって、ケアがつねに「よきもの」であるという前提には疑義が付されており、ケアが「しぶしぶやる」「やっかいごと」である可能性に対しても配慮が見られる。❖8

第三に、この本が扱う「ケアの四つの領域」とは、医療、看護、介護、教育であり、ここには育児と介助が含まれない。もちろん網羅性を意図したものではないかもしれないが、「育児」が周辺的にしか扱われないことは、ケア論の英語圏の文脈から見れば、きわめて特殊日本的と言える。

最後に、川本は「《ケアの社会倫理学》は、ジェンダー問題にどう対処すればいいのだろうか」と問いを立て、それに自ら以下のように答える。

> 「(介護が)日本の女性が歩まざるをえない『レール』だとしたら」(春日キスヨからの引用)という条件節をいったん括弧に入れて、「反事実的」に介護とジェンダーの望ましいつながりを構想するというのが、正攻法だろう(かっこ内引用者)。[川本編 2005: 27-28]

「正攻法」とはいったい誰にとっての「正攻法」なのだろうか？「(社会)倫理学」にとっての？ そして倫理学とは、与件としてのジェンダーを「いったん括弧に入れ」るアプローチのことなのだろうか？ フェミニスト倫理学者なら、それに合意しないだろう。倫理学のジェンダー批判とは、ディシプリンのこのような見かけの超越性(ジェンダー中立性)の持つ、政治性こそを批判の対象としてきたはずだ。たとえば、彼が「ケアの社会倫理学」のなかで自らに課した課題のひとつに、「「ケアの正しい分かち合い」をサポートする「後ろ盾となる諸制度」(『正義論』第四三節)を探り当てるという主題」[川本編 2005: 3]があるが、この「ケアの正しい分かち合い」を、ジェンダー研究者ならただちに「ジェンダーの分配公正」と呼び替えるだろう。ケアは「ジェンダーまみれ」の用語であり、ケア問題とはジェンダー問題である。「問題」とは何であり、誰にとって「問題」であり、そして誰によって何のために「問題化」されたのか？ ギリガンに学んだにもかかわらず、ケアの問題化の政治性

❖7 上野[2002]はギリガンをバックラッシュのひとつとして批判の対象としているが、江原由美子[江原編 1995]は中絶の自己決定権をめぐるギリガンの議論を評価している。ちなみに江原の監訳によるヴァレリー・ブライソン『争点・フェミニズム』[Bryson 1999=2004: 105]では、ギリガンについての言及のなかに、「責任の倫理」と「ケアの倫理」という訳語が採用されている。「配慮の倫理」とも訳されうることの訳語に、ケアというカタカナ言葉を採用したのは、この本の訳業が「川本以後」である影響かもしれない。

❖8 ただしこのケアの二面性への配慮は、文字どおり「配慮」にとどまり、じゅうぶんに理論化されているとは言えない。それに対して、本書のケアの人権アプローチはケアの自発性と強制性とをともに概念化することができる理論装置である。

そのものを脱政治化するとしたら、そこにはもうひとつの政治(脱ジェンダー化の政治)が遂行されていると言わざるをえない。

5 ギリガン以後の「ケアの倫理」論争

ギリガン以後の「ケアの倫理」vs「正義の倫理」論争を追った労作が品川哲彦『正義と境を接するもの――責任という原理とケアの倫理』[品川 2007]である。そのなかに論争史の的確なまとめがあるので、少し長いが引用しよう。

> ケアの倫理をめぐっては、ケア対正義論争と呼ばれる論争が展開されてきた。(中略)しかし、論争において対立する陣営はギリガンとコールバーグ派から、しだいにギリガンおよびその擁護者とこれを批判するフェミニストに移っていった。というのも、ギリガンの発掘したケアの視点は多くの女性が歴史的に経験してきた価値観を反映している反面、同じ理由から、歴史的な事実を倫理的に肯定し、女性に対する抑圧を再生産するおそれがあったからだ。ケアの倫理に対するフェミニストの反応はさまざまである。一方に、ケアの倫理を男性に好都合な女性観に女性みずから一体化する態度として厳しく否定する論者がいる。他方に、女性と結びつけるしかたでケアの倫理の道徳的超越性を語る論者がいる。前者の例はマッキノンである。(中略)後者の例はノディングズである。しかしその中間には、ギリガンの問題提起に触発され、ケアの視点を重視しながら、ケアの倫理をいっそう広い社会的文脈のなかに展開しようと試みる論者たちがいる。しかも、上記のスペクトラム全体はアンチフェミニストと対立する。後者の大半は正義の倫理を支持するだろう。 [品川 2007: 193]

事実、哲学・倫理学の主流だった「正義論」は、「ケアの倫理」をまったく歯牙にもかけず「ジェンダー・ブラインド gender-blind」に論じられてきたのだから、「ケアの倫理」論争に参入する男性の論者は「ケアの視点を重視しながら、ケアの倫理をいっそう広い社会的文脈のなかに展開しようと試みる」中間的な人々であり、自らが属するディシプリン内の少数者でもあることだろう。

品川が言及するようにギリガンの「ケアの倫理」をもっと極端に、かつより本質主義的なかたちで推し進めたのが教育学者のネル・ノディングズである。彼女の『ケアリング 倫理と道徳の教育』[Noddings 1984=1997]の副題には、「女性の観点から a feminine approach」とある。直訳すれば「女らしいアプローチ」とすべきだろう。今日「ケア」よりも「ケアリング」を選好する研究者の多くにとって、ノディングズのこの本が典拠となっており、「ケアリング・ソサエティ caring society」とは相互にケアしあう母性的な社会として理念化されている。

ノディングズにとって「ケアリング」とはケアされる他者の「福

利、保護、向上」のために、他者を「受容し、応答し、共感し、関わり合う」ことを言う。そのために必要とされるのは、対象への「没入」であり、「おのれを空しくして他者の経験を受け入れ、反応しなければならない」とされる。その典型は母子関係である。母子関係は「自然なケアリング」とされる。というのも「自然な関係から愛がおのずとわきあがる」からである。この他者との関係は、対面性・個別性を持った固有のものであり、したがって「私がケアする責務を負っているひとびとを見捨てないかぎり、アフリカの飢えている子どもたちへのケアをまっとうすることができないなら、アフリカの飢えている子どもたちをケアする責務は私にはない」[Noddings 1984=1997]として、「正義の倫理」の普遍主義を否定する。

ノディングズの立場は(1)ポスト構造主義のジェンダー論が否定したはずの生物学的本質主義を(ギリガンの文化的本質主義以上に)強化するばかりでなく、(2)経験的現実とも食い違っている。現実には、産んだわが子を愛することができず、ケアを放棄したり虐待したりする多くの母親がいることが知られている。

他方、同じ「ケアリング」という概念を用いながら、「正義の倫理」の側に立ち、ノディングズを厳しく批判するヘルガ・クーゼのような論者もいる[Kuhse 1997=2000]。クーゼは「ケアの倫理」は「正義の倫理」に統合可能だとして特殊主義的な「ケアの倫理」の限界を批判し、普遍主義的な「正義の倫理」の側に立つ。彼女は「ケアと正義の対立はジェンダーの問題ではない」とするが、だからといってアンチフェミニズムの陣営に与するわけではない。本当の問題は「ある倫理学理論が「男性的」か「女性的」ということではなくて(中略)その理論に男性優位の偏向があるかどうか、すなわち「女性の利益を否定し、男性に従属させる働きがある」ことを証明する」[Kuhse 1997=2000: 176]ことである。だからこそ彼女は「ケアリング」には賛成だが、ケアの看護倫理には反対である」[Kuhse 1997=2000: 179]ときっぱりという。というのも「ケアの看護倫理」、別名「ナース・エシックス」とは看護職という職業に特殊主義的な倫理を設定することで、看護師の無限定な自己犠牲や奉仕を誘発してしまうからである。こう考えるクーゼにとっては、ノディングズ流の無限定な「没入」を要請するケアは、教育という現場であれ、看護という現場であれ、危険きわまりない主張となる。

> すべての看護婦《ママ》と患者の出会いが、(ノディングズの主張するように)「あますところなき出会い」であることを要求したり、看護におけるケアリングの理想をそこまで高く設定することは非常に危険である。(中略)このようなほとんど達成不可能な目標に駆り立てることは、看護婦《ママ》を挫折感で満たすばかりでなく(中略)自分の仕事に対する自負心を失うことにもなるだろう(かっこ内引用者)。
>
> [Kuhse 1997=2000: 188-189]

このようなギリガンやノディングズの「ケアの倫理」は、たとえそれがフェミニスト的な動機と意図からもたらされたとしても、「フェミニズムの意に反する逆説」を生むことによって「現代のフェミニズムの危険な動向」とクーゼによって見なされる。品川も「ケアリングの倫理にはケアする者の搾取を抑止できない」というバベックのノディングズ批判を紹介している。「ケアする者としての役割を課せられた女性がこの倫理理論を内面化した場合、この理論は女性にケア関係の維持を強いる「抑圧的イデオロギー」[Bubeck 1995: 207]として働いてしまう」[品川 2007: 189]からである。看護職にとっても、「ケアの看護倫理」とは「看護婦《ママ》の役割を「補助的奉仕」に限定した古い隠喩《メタファー》の焼き直しに過ぎず、女性に対して差別的に働くいわゆる「ダブルスタンダード」を温存することになる」[Kuhse 1997=2000: 207]。

クーゼはノディングズに対して「お馴染みの説教を女が唱えただけ」[Kuhse 1997=2000: 207]と手きびしい。デイリーのいう「お説教はたくさん!」"Do not preach!"ということばは、男性論者だけでなく、女性論者に向けても発される、その理論のジェンダー的な効果が同様なものである限りは。

わたし自身もギリガンやノディングズには批判的である。だがケアの倫理を批判するために、クーゼのようにそれを否定して「正義の倫理」の普遍主義に参入し、「女も普遍主義に立つことができる」と証明してみせる必要はない。品川がいうように、ケアの倫理が「広汎な反応をまきおこしたのは、ケアの倫理が、近代の倫理理論のなかではあまり語られることのなかった異質な価値を提唱しているからである」[品川 2007: 145]。「ケアの倫理か正義の倫理か」の二者択一でもなく、一方の他方への「同化」や「統合」でもなく、品川が紹介するように、ヘルド[Held 2006]のいう「編み合わせ enmesh」が、ケア対正義論争の「ひとつの到達点」[品川 2007: 226]であることを認めよう。そのためにはケアの倫理と正義の倫理が相互に還元不可能であることを認めれば足りる。

6 臨床哲学の「ケア」論

もうひとつ、日本で独自に展開した臨床哲学のケア論を紹介しよう。臨床哲学を唱える鷲田清一は、近年ケア論への傾斜を深めているが、その著書『「聴く」ことの力』[鷲田 1999]の「第八章 ホモ・パティエンス」のなかでケアを論じている。ホモ・パティエンスとは「苦しむ人」の意。ペイシェント(患者)の語源でもあるパティエンスというラテン語から説きおこす彼のケア論は、臨床哲学と名のるように、医療臨床を想定しており、なかでも看護の現場を哲学化しようとする企図からきている。「なんの留保もなしに、「苦しむひと」がいるというただそれだけの理由で他者のもとにいること」[鷲田 1999: 245]は、苦しむ人の苦しみを軽減しようとしてそれに働きかけること(医療 cure)とは区別される。だからといって「無条件のコプレザンス」がケアだと言われれば、看護職も同意にためらうだろう。鷲田のような議論では、看護職のサービス残業や感情労働をさらに強化する結果につながり、バベックがノディングズを批判するように、「抑圧的イデオロギー」として機能するだろうからである。

その鷲田が、「ケアの原型」としてあげるのは、以下のような活動である。

> 乳首をたっぷりふくませてもらい、乳で濡れた口許を拭ってもらい、落としたおもちゃを拾ってもらい、便にまみれたお尻を上げてふいてもらい、髪を、顎の下、脇の下を、指の間、腿の間をていねいに洗ってもらった経験。［鷲田 1999: 252］

この記述はメイヤロフがあげる「ケアの活動」と興味深い対照をなしている。第一にその本質主義と言ってよいほどのジェンダー性（乳首を含ませてもらうのは母親に対してしかできない）、第二に、「ケアする経験」ではなく、「ケアされる経験」、しかもまったき受動性の経験が、ケアの経験の原型にくるという対照性である。メイヤロフにおいては、ケアはもっぱらケアする側から語られ、彼自身が「ケアされる側」にまわるかもしれないことは、まったく想定されていない。

そのまったき受動性が、鷲田によれば「ケアの根っこにあるべき経験」であり、それを彼は「存在の世話」と言い換える。立場を逆転すれば、「わたし、ほんとに、生きてていいんですか」という問いに対して、「いいんだよ、おまえは、そのままで」と応じる「無条件の肯定」が、鷲田にとってのケアである［鷲田 1999: 252］。ちなみにこの語法のなかにあるジェンダーと地位の指標にも、わたしは敏感にならずにいられない。日本語の語法は性別・年齢・地位の判定を容易にするが、鷲田のあげた例では、問いかける側が年少の女性、応じる側が年長の男性（もしくは男女を問わず上位者）と想定できる。この性別・年齢の配置が逆転する可能性（高齢者ケアではしばしばありうる）を鷲田が想定しているように思えない点で、彼のケア概念もメイヤロフに劣らず、パターナリスティックなものである。

鷲田は、川本と同様に、ギリガンに高い評価を与えている。「混乱、あいまい、どっちつかず、いいかげん」と思われてきた「女性の道徳上の弱点」は、「他者への配慮（ケア）」という点では、すべて「女性の道徳的強み」へと転化する。女性の男性に対する道徳的優位を説くギリガンの議論が、同じフェミニストからはきびしい批判を受ける一方で、川本や鷲田のような男性の哲学者たちからは支持されるというアイロニーはいったい何だろうか？ 鷲田は「ケア」を脱ジェンダー化していないが、逆に「ケアの原型」を本質化することで男を安全地帯に置く一方で、ケアを抽象度の高い普遍概念（「無条件の肯定」）へと飛躍させることで、川本と同じく脱ジェンダー化の言説の政治を実践している。

問われるべき問いは、自然化され本質化されたケアや、普遍概念としてのケアの対極にあるもの、すなわち歴史的・社会的・文化的な文脈のもとで、ケアがいかに配置され、遂行されるか、という経験的な問いなのだが、哲学者も倫理学者もそれに答えようとはしない。それは彼らの属するディシプリンの「本質」なのだろうか、それとも「限界」なのだろうか[❖9]。

7 ケアリングをめぐって

以上に加えて、本書が「ケアリング」という概念を採用しない理由をここで述べておこう。

これまで論じてきたように、ケアの規範科学には、主として(1)ケアをケアする側から論じる傾向があること、(2)そしてケアの相互性 mutuality を強調する傾向があること、を指摘した。とりわけ「ケアリング」という概念を選好する論者が、教育学(ノディングズ)や看護学(クーゼ)の分野に多いことは、ケアリングが教える、育てる、看るという行為に親和的であり、形容詞としての「ケアリング(配慮のある、世話好きの、気の付く、細やかな)」が教師や看護師など総じて「母性的」な職業に対応することと符合する。だが不思議なことに、ノディングズと同じように「教える」「育てる」ことをケアの核心と見なすメイヤロフの「父性的」なケア論は、ケアリングという概念を使わないし、同じく医療者であっても、看護学がケアリングという概念を選好するようには、医師には「ケアリングな医師」という形容辞はめったに用いられない。「ケアリング」の用例から見て、ケアリングという概念が、(1)主としてケアする側によって採用されていること、しかも(2)女性的なケアに言及する際に用いられる傾向があることを指摘することができる。

日本でも家族社会学の笹谷春美は「ケアリング研究会」を組織するなど、ケアリングという用語に特別の思い入れを持っているようだが、彼女のケアリング論を、すべて「ケア」という用語に入れ替えても論旨が変わるとは思えないから、ケアリングはせいぜいケアの代替詞として用いられていることがわかる。ある概念が別の概念と同義かどうかを判定する方法として、文脈を入れ替えて項を代入しても、意味が変わらないことを示すやり方があるが、ケアリングがケアと代替可能であれば、何もことさらにケアと区別してケアリングを用いる必要はない。

そうなればケア関係とケアリング関係とを区別することによって何が記述可能だろうか。ケアリング論者は、ケアする側の能動性や主体性を強調する傾向があるが、それならその逆、ケアされる側はケアリング論では「ケアド cared」と概念化すべきなのだろうか。

ここでケアリング論者がもってくるのは、ケアする者がケアされる者にケアされているというケアリングの「相互性 mutual caring」である。だが、次章で論じるように、実際のケア関係には圧倒的な非対称性があり、互酬的でも等価でもない。ケアリングの相互性を強調する立場は、(1)ケアのこの非対称性を覆い隠し、(2)そのことによってケアという行為を無条件に「よきもの」として構築し、(3)ケアする側にとってもケアされる側にとってもケアがネガティブな行為でありうる可能性を隠蔽する効果がある。以上が、本書がケアリングという概念を採用しない理由である。

8 ケアの文脈化

ここまで、ケアを鍵概念とする哲学・倫理学・教育学の規範的なケア論を、批判的に概観してきた。だが、これで哲学的・倫理学的なアプローチを網羅したかと問われれば、見落としもあるだろう。わたしの疑問は、規範的なアプローチを採用する哲学的・倫理学的アプローチが、論理必然的に(ディシプリン内在的に)ケアの社会的性格、とりわけそのジェンダー性を、無視し隠蔽する効果を持つのかどうかである。他方で、フェミニスト倫理学[金井 2005; 杉本喜代栄 2000; 内藤 2000]やフェミニストの哲学批判もないわけではないのだから、規範科学が必然的に脱ジェンダー的であるとは判定できない。むしろ本章で言及した論者は、そのなかでも、主としてフェミニストによって提示されたケアという問題系に敏感に反応した、良質な部分とすら言えるかもしれない。だが、それでもなお、あるいはそれだからこそ、彼らによるフェミニズムの成果の領有と、脱ジェンダー化の政治を見逃すわけにいかないのである。

皮肉なことにケアのジェンダー性(とそれに加えて階級性と)に自覚的であったのは古代ギリシャ哲学であったことを、フェミニスト政治哲学者の岡野八代は指摘する。岡野の紹介するハンナ・アーレントはギリシャ哲学のケア観に触れて、「肉体によって生命の欲求に奉仕する」労働者として、「女と奴隷は、ともに同じカテゴリーに属し」ていた[Arendt 1958=1994; 岡野 2010: 40]と指摘する。岡野はさらにジョアン・トロント[Tronto 1996]に言及して、アリストテレスが「奴隷労働とケア労働」とを同一視していることを示す。ケアは「低俗な」労働であり、分別ある市民がおこなうものではない[岡野 2010: 41]。むしろ政治的市民とは、このようなケア労働の負担から免れて――つまりこのような肉体的労働を女と奴隷とに押しつけて――より高尚な公的生活や精神生活に参加する者を言う。哲学(倫理学もその一分野である)の系譜に属するケア論の論者が、つねに典拠とする西洋哲学の源流であるギリシャ哲学をあたかも忘れたかのように、ケアを称揚するのはなぜだろうか。ギリシャ哲学がケアを、劣った者の劣った労働(苦役 labor)と見なしていたことは、第一に、なぜメイヤロフがケアをことさらに「父性的」で「精神的な」ものと見なしたがっていたかを説明する。また第二に、

❖9 おそらくディシプリンが、したがって守備範囲が違う、という答が返ってくるだろうが、「本質的な問い」というものがいかなる社会的条件のもとで成り立つかを考えれば、彼らの探求それ自体が文脈依存的であるといわざるをえない。もしそうでなければディシプリンそれ自体の保守性にあぐらをかくに終わるだろう。

哲学のケア論が忘れたがっているこれらの「古典」にわざわざ注意を喚起するのが、アーレントやトロント、さらには岡野のような女性の論者ばかりであるかをも、説明するだろう。ともあれ、ケアがたとえ「よきもの」「必要なもの」であっても、高貴な者にとってできれば避けたい苦役と見なされたことは記憶しておいてよい。

哲学者や倫理学者と違って、社会学者のケア論は、たとえ倫理を論じる場合にも、もっと経験的で実践的なものである。ケアの倫理を論じた社会学者の研究には、ダニエル・チャンブリスの『ケアの向こう側』[Chambliss 1996=2002]がある。組織論の研究者であるチャンブリスは、詳細な観察とインタビュー調査にもとづいて、看護職の倫理的ディレンマについて論じたが、彼の結論は明快である。倫理を問うためには、選択の自発性とそれにともなう責任がなければならないが、多くの看護職が置かれている状況は、医師との権力的関係における従属的なものである。看護職が「自律的決定者」であるという想定が非現実的であれば、看護職に「倫理」を問うことはむずかしくなる。そしてチャンブリスは、この状況が多くの女性(職)に共通することを指摘するのを忘れない。ケアの与え手に共通するのも、同じ状況である。ケアが強制労働であるような現実のなかで、倫理を問うことは何を意味するだろうか。彼がこのような結論に達することができたのも、彼が「ケアが何であるべきか」ではなく、「ケアが実際に何であるか」を、経験的観察にもとづいて、研究した結果である。「ケアの社会学」に必要なのも、このような態度であろう。そして組織論の研究者であるチャンブリスが看護労働を権力関係の文脈において理解したように、ジェンダーという変数は権力をめぐる変数にほかならない。

"Don't preach!"(お説教はたくさん)。ケアの規範的アプローチに対するフェミニストの応答は、くりかえすがデイリーらのこの一語に尽きる。ケアの社会学とは、このケアという行為の文脈化こそを意味する。

9 ケアの人権アプローチ

社会学にも規範的アプローチと記述的アプローチの両方がある。社会学が経験科学だからと言って、価値判断抜きの記述的アプローチだけに徹しているわけではない。むしろ記述的アプローチのもとで「何をいかに記述するか」の問いそのものに、規範的な判断が含まれており、それを経験科学から排除することはできない。たとえば「要介護高齢者」という概念そのものが、「介護を要する(介護されるべきでありながら、適切な介護を受けていない可能性のある)高齢者」という規範的な判断を含んでいる。高齢者にとっての「あるべき状態」「のぞましい状態」が前提されていなければ、そもそも「要介護状態」の判定など不可能である。

ケアの社会学は、ケアという行為の文脈化を図る、と前節で述べた。それは哲学や倫理学など規範科学のアプローチとは違い、ケアがそれ自体として「よきもの」であると見なす代わりに、どのような文脈のもとであればケアは「よきもの」や「のぞましい人間関係」となり、どのような文脈のもとであれば「抑圧」や「強制」となるか、を腑分けするためのものである。

ケアの社会学にとって前提となる規範的アプローチとして本書が提唱するのは、(1)ケアの人権アプローチと(2)当事者主権のふたつである。この両者がわかちがたく結びついており、かつ経験的な場面で実践的な効果を持つことを、以下に説明していこう。

1章でケアの定義をデイリーらに依拠することを述べたが、彼女たちは同時に「ケアの人権アプローチ human right approach to care」を提唱している。そのモデルが(1)ケアの相互行為性と(2)ケアの両義性との双方をよく説明できると判断するゆえに、デイリーらのモデルを一部修正して、修正上野モデルとして提示したい。

「人権 human rights」とは、文字通り複数形の「市民的諸権利の集合 a set of civil rights」を指す。そしてこの「諸権利の集合」の範囲は、歴史と社会の文脈によって変動する。[10] 歴史的には「生命と財産を守る」基本的人権に加えて、「肖像権」や「日照権」など多様な権利が「社会権」として認められてきた。わたしは「人権」の歴史超越的アプローチを採用しない。「ケアの権利」とは、特定の歴史的文脈のもとで登場したものであり、また特定の社会的条件のもとではじめて権利として成り立つ性格のものである。したがって、ケアの人権アプローチとは、規範的アプローチではあるが歴史性を持っている。ケアの権利の歴史性を強調することは、普遍主義的な規範を前提にしなくてもよいことを意味するだけでなく、次のふたつの効果を持つ。

第一に、それはケアを脱自然化する効果を持つ。つまり、ケアが「自然な関係」でも「母性的本能」でもなく、社会的権利として立てられるべき構築物であることを明らかにする。第二に、それは一定の社会的条件を明示することで、ケアの社会的再配置についてのビジョンを提示する働きをする。[11]

さて、まえおきが長くなったが、デイリーらのケアへの人権アプローチは、ケアの権利を以下の三つの権利の集合から成るとする。

(1)ケアする権利

(2)ケアされる権利

(3)ケアすることを強制されない権利

デイリーらはケアの権利を、まず「ケアする権利」と「ケアされ

❖10 人権と市民権の関係、およびその歴史性については、上野[2003b]を参照。

❖11 吉田民人の科学論[吉田 2010]の用語法を採用すれば、認知科学、評価科学に対して、設計科学の役割を果たすと言えよう。ここでの基準とは「ジェンダー公正」であり、したがってジェンダー研究とは、「設計科学」としての意義をつよく持っている。

る権利」とに分解する。ケアをケアの与え手と受け手の相互行為として定義する彼女たちの立場からは、複数の関与者を想定するこのロジックは納得できるものだが、これに彼女たちは「ケアを強制されない権利」を付け加える。だが、強制性の有無を基準に「積極的なケア」と「消極的なケア」とを対比させるならば、「ケアする側」に対してだけでなく「ケアされる側」にも「ケアされることを強制されない権利」をつけ加えなければ論理的には一貫性と網羅性を欠くことになる。[12] したがって次の権利を付け加える。

(4)ケアされることを強制されない権利

以下のケアの人権アプローチの四元モデルは、デイリーらが直観的に示した「ケアの人権」を論理的に分解して得られた修正モデルである。まずX軸上にケアの受け手と与え手をそれぞれ配置する。なぜなら1章で定義したように、ケアとは複数の関与者のあいだの「相互行為」だからである。Y軸上にケアの自己決定性の両極、すなわち積極性と消極性、能動性と受動性とを置くのは、ケアの両義性、「よきもの」でもあり「避けたいもの」でもあるケアの両面を相対化するためである。選択できるケアは「のぞましい」ものであるが、選択できないケアは「抑圧」や「強制」となる。ケアのこの両義性にはつねに留意する必要がある。後述するが、能力を資源配分に加えて機会集合で測定するアマルティア・センの定義は、この四元モデルにきわめて適合的である。

以上を論理的に図示すれば、以下の四元モデルが成立する【図1】。再論するが、デイリーらが三つの権利の集合としたケアの人権は、修正上野モデルでは以下の四つの権利の集合と見なされる。

ケアの人権　human rights to care
(1)ケアする権利　a right to care
(2)ケアされる権利　a right to be cared
(3)ケアすることを強制されない権利
a right not to be forced to care
(4)ケアされることを強制されない権利
a right not to be forced to be cared

上述のケアの四つの権利のうち、歴史的に最初に登場したのは「ケアする権利」である。[13] それは自分と親密な関係にある他者(子どもを含む)を自分の手でケアする権利をさすが、それというのも、ジェンダーと階級と人種の変数によって、多くの男女が「ケアする権利」を奪われてきたからである。家族史研究では「母性」が歴史的産物であることはすでに常識となっているが、それが登場したときから母性は同時に抑圧的でも解放的でもあった。自分の子どもを自分で育てる権利は、中産階級のイデオロギーであり、それは上流階級にも下流階級にも奪われてきたものだった。だが中産階級の既婚女性は「専業母親」となることで、労働市場からの排除を経験することにもなった。また母性イデオロギーは母性を自然化したが、そのおかげで母性は女親に抑圧的に働く一方、親権訴訟の場合には女親に圧倒的に有利に作用するようになった。

ケアする権利は、その裏面に「ケアすることを強制されない権利」を持つことで、自発性と選択性を含んでいる。その意味で、「ケアする性」の自然化というジェンダー・イデオロギーは、その自然性のもとに選択の余地のない強制性をもたらした。この観点から見れば、多くの家族介護が「強制労働 forced labor」である、とデイリーらは喝破する。現実のケアがしばしば「強制労働」だとするデイリーらの指摘は、多くの人々の実感（たとえば嫁の介護）を説明するものだろう。強制労働は収容所にばかりあるわけではない。出ていくことのできない家族もまたひとつの強制収容所でありうる。強制収容所同様、家族のなかにも虐待や強制労働があることは、歴史的にも証明されてきた。❖14

図1　ケアの人権アプローチの四元モデル

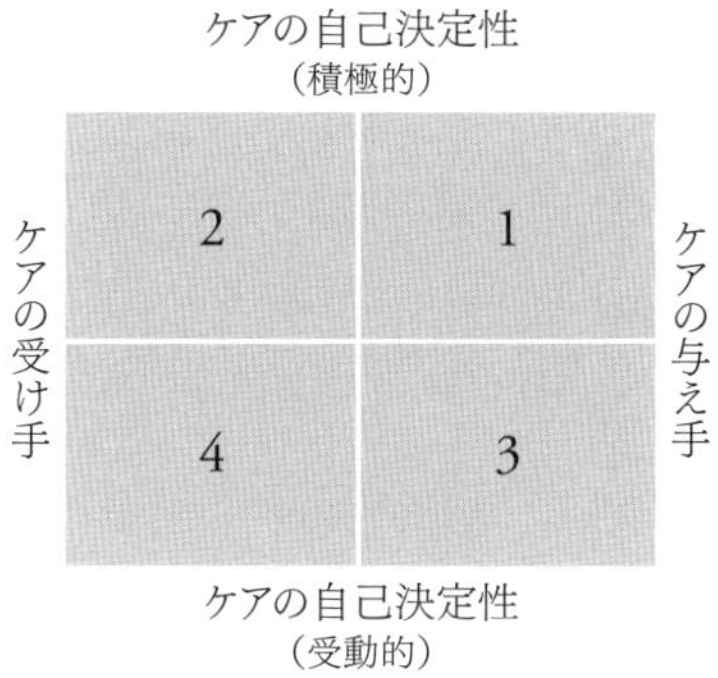

これに対して「ケアされる権利」は、歴史的には遅れて登場したものである。高齢者や障害者は無視や遺棄というほかない状況で長い間生きてきたし、子どももこの権利を行使してきたとはいいがたい。ケアされる権利は、子ども、高齢者、障害者などの社会的弱者の権利だから、国家や共同体がそのメンバーの福祉 well-being に責任を持つという福祉国家（もしくは福祉社会）とそのもとでの社会権の理念が登場しなければ生まれない。「国連子どもの権利条約」が他の人権条約に遅れて登場したのも、「子どもの権利」という概念自体の成立が遅かったことを意味する。

他方で、「ケアされることを強制されない権利」には、やや説明が必要かもしれない。この四番目の権利を概念化することに失敗している点で、デイリーらは以下のふたつの批判に値するだろう。

❖12 以上の指摘にもとづいたデイリー修正上野モデルの成立には、二〇〇四年度後期の東京大学文学部社会学特殊講義「ケアの社会学」を受講した大学院生、荒井歩の示唆が与っている。記して感謝したい。

❖13 事実、エイベルの「ケアの歴史的パースペクティブ」[Abel 2000]は、「ケアの権利」の歴史から説きおこされている。

❖14 心理カウンセラーの信田さよ子には『家族収容所』[2003]と題する著書がある。そこから逃れる選択肢のないメンバーにとっては、家族は強制収容所となりうる。

第一は、「ケア」の概念を相互行為と定義しながらその実「ケアする側」に帰属する行為と解する偏向があること、第二は、ケアをケアされる側にとって無条件に「よきこと」と解する傾向である。この「ケアされることを強制されない権利」に、「不適切な」とか「のぞまない」という形容詞を加えてみれば、この権利の重要性が理解できるだろう。「不適切なケアを強制されない権利」は、社会的弱者にとってきわめて重要な権利である。しつけの名における子どもの虐待や、保護の名における高齢者の拘束が日常化している状況のもとでは、「(不適切な)ケアを強制されない権利」は、「ケアされる権利」とならんで不可欠である。

それだけではない。ケアそれ自体の持つ暴力性や抑圧性にも注意深くある必要がある。たとえばケアする相手への無限定な受容や共感を強調するノディングズに対して、品川が以下のように指摘することは重要である。「ノディングズではいっそう自他の一体化が強調され、裏返していえば、ケアを通じて相手を併呑してしまうケアの暴力性に鈍感であるようにもみえる」[品川 2007: 176]。

ケアはそれ自体でつねに「よきもの」ではない。過度のケア、不適切なケア、ケアされる者がのぞまないケアは、抑圧や強制となる。このケアの両義性を論理的に析出しておくモデルを構築することの重要性は、あとで論じる当事者主権にも関わってくる。

ケアする権利がケアすることを強制されない権利と表裏で結びついているように、ケアされる権利はケアされることを強制されない権利と表裏で結びつくことで、ケアの受け手の自己決定権を保証する。その点では、措置のように、公的機関が利用者の意向にかかわらずケアの内容を専断的に決定する行政や専門家のパターナリズムは、この「ケアされる権利/ケアされることを強制されない権利」の侵害であると言える。[15]

もちろん多くの人権と同じく、多くの場合、「ケアの権利」も侵害されているし、一定の社会的条件がなければ行使することは難しい。デイリーらと同じく、わたしも以上のケアの権利が充足される度合に応じて、それが「よき社会」である、という規範的立場を共有するが、権利を主張するだけなら本書は規範的主張にとどまるし、たんなる理想主義に終わるだろう。本書が設計科学であるためには、それが「可能な条件 feasibility」を探求することにある。そして福祉国家(社会)論とは、それを主題としてきたものである。

それでは以上の四つの「ケアの権利」が保証されるための社会的条件とはどんなものだろうか。順に論じていこう。

ケアする権利が自己決定性をともなうためには、ケアを選択することで社会的な損失を受けないことが担保される必要がある。つまりケアの与え手が、ケアすることを選んでも選ばなくても、そのどちらの選択をしてもソンもトクもしない、「選択に中立的な」制度的条件が必要である。多くの場合、子どもや高齢者を自分でケアすることを選んだ当事者は、その代わりに経済的自立を失うことで自ら依存的な存在とならざるをえない。スタンディングはケアする権利について論じるなかで、「ケアを与えることは組織的に貶められている」[Standing 2001: 19]と指摘する。なぜならば、ケアすることを選択することによって、「労働の障害となることで依存的な存在となる」ばかりでなく、「社会的地位の低下を招き」、そのうえ「蔑視とあわれみの対象とさえなる」[Standing 2001: 17-19]からである。デイリーらが指摘するように、ケアとは、その行為の評価が高いにもかかわらず、その与え手の社会的評価がいちじるしく低い、奇怪な社会現象なのである。

ケアする権利を行使することで、社会的な損失を被ることを、「ケア・ペナルティ care penalty」と呼ぶ。ケアは社会的に称揚される一方で、それを選んだ者があたかも社会によって罰(ペナルティ)を与えられるかのように生涯にわたって損失を経験する。日本では育児による離職を選んだ女性が生涯賃金で失う逸失利益が一億二〇〇〇万円と試算されている[厚生省 1998]。これが「ペナルティ」でなくてなんだろうか。それを避けるためには、ケアする権利の行使を選んだ者に対して所得保障や就業保障がともなう必要がある。

他方で、ケアすることを強制されない権利は、ケアを選択しない場合の代替選択肢(第三者によるケアの供給や、ケアサービス商品の購入などの可能性)がどれだけあるかに依存している。代替性がなければこの権利はなきに等しく、ケアは強制に転じる。介護保険のような「介護の社会化」の目的は、この代替選択肢の供給を可能にすることにある。介護保険法策定の過程で、家族介護者への現金給付が議論の対象になったが、以上の議論に沿えば、この現金給付は、(1)第三者による代替サービスが利用可能な選択肢として十分に存在しており、(2)そのうえで代替サービスの利用を選択せず、自ら介護をになうことを選んだ家族介護者が、介護を選択しないで就労を継続した場合と同等の所得保障の水準に達するだけの金額が得られる場合にのみ、正当化されることになる。❖[16]

ケアの受け手はどうだろうか？　ケアされる権利／ケアされることを強制されない権利は、ケアする権利／ケアすることを強制されない権利以上に侵害されているといわなければならない。というのも、ケアする側とケアされる側とのあいだには、決定的な非対称性があるからである。なぜならケアする側がケア関係から退出するという選択肢をつねに持っているのに対し、ケアされるニーズを持っているケアの受け手は、この関係から退出することができない(退出することは生命の危険を意味する)からである。

ケアが複数のアクターを含む相互行為であることを前提したと

❖15 わたしは中西正司と共著で『当事者主権』[中西・上野 2003]を著したが、社会的弱者の自己決定権の主張というべき「当事者主権」とは、社会権としての「ケアの権利」の一部であると、今では言いうるだろう。

❖16 このラインに沿った議論をしているのは森川美絵[2004]である。ケアの選択性と強制性については後論する。

しても、このアクター間の非対称性を否定したことにはならない。にもかかわらず、多くの規範的ケア論が間違いを冒すのは、ケアの相互性を前提してしまうことだ。ケアリング・ソサエティの構想者たちは「ケアの相互性 mutual care」を強調するが、実際にはケアする側とケアされる側とは互換性を持たないことがしばしばである。子どもや高齢者、障害者のケアの与え手が、ケアの受け手から「ケアされ返す」可能性はほとんどない。子どもに対するケアは、やがて親が高齢になったときに返ってくるという時間差のある「互酬性」を世代間関係に想定する考えもあるが、現実にはその互酬性は不均等なことが多い。ましてやこの互酬性の原則では、育ててもらったわけでもない嫁が夫の両親をケアすることは正当化できない。このケアの「相互性」を言いくるめる理念が、「他者へのケア」が「自己へのケア」と同義である、というメイヤロフ流のレトリックである。「自己へのケア」、すなわち他者へのケアを通じて自分自身の生の意味や自己充足を手に入れることができる、とメイヤロフもノディングズも言うが、このレトリックはさらに、「他者へのケアから生の意味に到達すべきである」という規範命題に転化する。この相互性のレトリックがたんなるメタファーであるうちはよいが、それがケアする者にとって抑圧的イデオロギーとして働く効果は、すでに指摘した通りである。

ケアは与え手と受け手の相互行為とはいえ、決して互酬的でも対等な交換でもない。互酬性を持たない交換は、その与え手と受け手とのあいだに債権・債務関係を発生させる。その結果、社会的にはケアの与え手よりも受け手のほうが弱者となる。したがってケアされる権利については、第三者による権利擁護 advocacy が不可欠だが、その場合でも、代理・代行による当事者の意志決定権の侵害の可能性は残る。そのあいだに対等性を担保するのが、契約関係であり、金銭的な報酬である。ケアの有償性は、ケアする側とケアされる側の非対称性の緩和のために必要とされる。が、ここでも、ケアは無償であることで社会的な価値を高め、有償であることで価値を低めるという奇妙なディレンマに出会う。このようにケアについては、それが成立した歴史的な文脈における、規範的・社会的・経済的・心理的な諸要素の錯綜をときほぐしながら論じなければならないのである。

ケアを相互行為としてとらえる本書の立場は、以上のようにケアの権利をもまた、その与え手と受け手の複数性、しかも積極性と消極性の両義性においてとらえることを可能にする。

第3章

当事者とは誰か
――ニーズと当事者主権

1 当事者とは誰か

本書で採用するもうひとつの、より根源的な規範的理念は、「当事者主権 individual autonomy」である。人権のなかでももっとも基本的な人権は、たんに「生命と財産を守る」という消極的な権利だけではなく、「自己決定権」、自分の運命を自分で決定する自由である。国民主権とは、集団の自己統治権であり、わけても「参政権 right to vote」は、「諸権利のなかの権利 the right of rights」として第一義に置かれる。というのも参政権とは自分が属する集団の運命を自分で決定する権利のことであり、だからこそ女性運動は第一義的に参政権を要求してきたのである。

「当事者主権」とは、中西正司とわたしが共著『当事者主権』[中西・上野 2003]のなかで造語したものだが、「主権」という強い用語を当てたのは、「他者に譲渡することのできない至高の権利」という含意から来ている。人権の拡張によって得られた「ケアの権利」は、この当事者主権にもとづいていなければならない。だからこそ、ケアの権利の積極的／消極的の軸は、ケアすること／ケアされることの自己決定権の有無にもとづいて立てられたのである。

「当事者主権」と類似の概念には、「当事者主体」「利用者本位」「消費者主権」のような用語がある。社会福祉学には従来から「当事者主体」の概念があり、それはソーシャルワークにおける「バイステックの七原則」から来ている。この原則とは、ケースワーク関係においてクライアントが自分の問題について自分で判断し、自分で決定する自由があるという援助関係の原則のひとつである[秋元他編 2003: 164]。Self-determination という英語に対応することの「当事者主体」の自己決定原則は、クライアントの「結果責任」をともなう点で、リベラリズムの人間観、すなわち自己決定能力を持った主体が自己決定権を行使する、市民社会の契約の原理と区別することができない。たしかにソーシャルワークの援助論のなかに、対等な契約関係の原理を持ちこんだのは、被援助者の自己決定能力の尊重という点で評価に値するが、裏返せば「対等な個人」の擬制のもとに、潜在能力(後述する)の不均等をも覆い隠す効果がある。また「当事者」にあたる用語が、英語のクライアントであることにも、この用語法の専門家中心主義を見てとることができる。ワーカー−クライアント関係では、ソーシャルワーカーという職業が存在するからこそ、その「クライアント」が事後的に登場するのであり、その逆ではない。この関係の主格は、ワーカー側にある。同様に「利用者本位」にはサービス供給者側のパターナリズムが見てとれるし、「消費者主権」は、生産者や製造業中心の社会で、実は受動的な誘導の対象にすぎない消費者に、「決定権」があるとする皮肉なリップサービスのように聞こえる。ほんらいあるべき権利が尊重されないためにわざわざそれを言わなければならないという点では、「当事者主権」は「消費者主権」からの連想上にあるが、もちろんここで「当事者」と呼ぶ人々は、たんに「消費者」や「利用者」であるだけではない。

日本語の造語である「当事者主権」には、対応する英語圏のテクニカル・タームが存在しない。「自己決定権」を字義通り訳して self-determinism という訳語を対応させることは、先述したように「自己決定・自己責任」のネオリベラリズムの用語と混同されるおそれがあるため、採用を避けたい。当事者主権の訳語には、individual autonomy を暫定的に当てることとする。[❖1] それは社会的弱者の自己統治権を意味するからである。

「当事者主権」は「当事者」と「主権」というふたつの用語に分解できる。ところで「当事者」とは誰だろうか？「当事者」はこれまで社会福祉学の分野でもしばしば用いられてきた。1章でもふれた『現代社会福祉事典』では、「当事者参加・参画」「当事者の組織化」の項があげられているが、対応する英語は persons with disablities となっている[秋元他編 2003: 344]。日本語圏でも「当事者」は、暗黙のうちに「事件や問題の当事者」というようにネガティブな含意のもとに用いられてきた。「当事者」もまた日本語に固有のことばであり、英語圏に翻訳しにくい用語である。対照反訳すれば「当事者」は、たんに persons with disablities のみに限定されない拡がりを持っており、英語では the party involved とか、the person concerned, the person in question と訳される。the party involved とは「ある状況や問題に巻きこまれた複数の関係者のうちのひとり」を指すから、ケアの相互行為性を前提とする本書の立場にとってはふさわしいかもしれない。また the person concerned とは、「目下の話題や関心(配慮)の対象となっている当の人物」という意味だから、その人物は配慮や関心の客体であって主体でなく、つねに三人称として使われる。the person in question に至っては、「問題の人物」という意味だから、論外であろう。「話題の主」という含意もあるが、いずれの場合も三人称としての存在を指す。このように英語圏にまず(1)「当事者」を一語で表現する単語がないばかりか、(2)「当事者」という日本語の持つ主格的な位置を示すことがむづかしい。当事者については適切な訳語を探すより、Tojisha と日本産の用語として世界的に流通するほうがのぞましいという提案もある。

「当事者主権」という用語を日本で初めて用いたのは、立岩真也[1990]である。立岩は九〇年代の著作で一度だけこの用語を使い、その後の著作でそれ以降の展開をしていない。中西と上野は、立岩とは独立して「当事者主権」という用語を思いついたが、その時には立岩の著作にこの用語が既出していることを知らなかった。「利用者中心」「消費者主権」というような語からの類推であれば、複数の人々が独立して類似の概念を考えつく可能性は否定できない。という点で、「当事者主権」という概念は、たしかにオリジナルではあるが決して突出したものではなく、一連の障害学研究の動向[❖2]のなかに位置づけられるものである。

「当事者主権」という概念が障害学の分野から生まれたのは偶然ではない。というのも、「消費者主権」同様、援助の対象となっていながらその実、援助の内容についての自己決定権を長きにわたって奪われてきたのが障害者だったからである。障害者に限らず、女性、高齢者、患者、子どもなどの社会的弱者に「当事者能力」が奪われてきたことを前提に、それらの人々の「自己決定権」を主張するために、「当事者主権」という用語がつくられる必要があった。「当事者主権」とは何よりも社会的弱者を権利の主体として定位するために、必要とされた概念なのである。

2 ニーズの帰属する主体

中西・上野は当事者を、「問題状況の関与者」や「障害や問題を抱えた個人」としてではなく、「主権」の用語にふさわしく「権利の主体」として概念化した。前著から五年後の上野・中西共編著『ニーズ中心の福祉社会へ——当事者主権の次世代福祉戦略』[❖3][2008]では、「当事者」とは「ニーズの帰属する主体」と定義される。もちろん「当事者」とは「自己決定権」という「権利の主体」である点でリベラ

❖1 原ひろ子さんの示唆による。記して感謝したい。

❖2 障害学会は二〇〇四年に発足。初代会長は視覚障害者の社会学博士、石川准である。障害学の動向については石川・長瀬[1999]、石川・倉本[2002]を参照。

❖3 構成は以下の通り。

1章	当事者とは誰か?	上野千鶴子
2章	ケアサービスシステムと当事者主権	笹谷春美
3章	高齢者のニーズ生成のプロセス	齋藤曉子
4章	ニーズはなぜ潜在化するか	春日キスヨ
5章	福祉多元社会における協セクターの役割	上野千鶴子
6章	福祉事業における非営利・協同セクターの実践	池田徹
7章	3つの福祉政府体系と当事者主権	大沢真理
8章	これからの社会保障政策と障害福祉	広井良典
9章	楽観してよいはずだ	立岩真也
10章	当事者主権の福祉戦略	中西正司

リズムのいう「個人」にはちがいないが、それに加えて、その「権利」とは「自己のニーズを充足されるべき権利」の主体、と言うべきであろう。そのニーズとはケアされるニーズである。すなわち当事者とはニーズにおいて文字通りの「必要」がある点で、社会的不利益をこうむっているために、「社会的弱者」となった人々のことである。

当事者とはニーズの帰属する主体である。

ニーズの帰属先であることが「当事者」を定義する。そのためには「ニーズ」とは何か、を根本的に検討しなければならない。

「ニーズ need, needs」とは経済学の用語でもあり、社会福祉学の用語でもある。英語を直訳すれば「必要」、つまり満たされるべき要求が欠損した状態と定義される。

だが、すべてのニーズが実際に満たされるわけではない。経済学ではニーズのうち、購買力と結びついたものだけを「ディマンド demand」(需要)と呼ぶ。市場システムのもとでは、ディマンドとサプライが配分のメカニズムを決定する主要な変数である。したがってニーズ、とりわけ購買力と結びつかないニーズについては、市場外の配分メカニズムに依拠しなければならない。ここに(たとえ市場に対する補完原理としてであっても)福祉が召喚される根拠がある。

社会福祉学でもっとも広く受け入れられている三浦文夫[1985]による「ニーズ(ニード)」の定義は以下のようなものである。

> 何らかの基準に基づいて把握された状態が、社会的に改善・解決を必要とすると社会的に認められた場合に、その状態をニード(要援護状態)とすることができる。[秋元他編 2003]

この定義によればニーズとは第三者によって社会的に決定されるものである。ここには当事者の介在する余地はない。事実、社会福祉学におけるニーズ概念を検討すれば、ニーズの判定者は当事者ではなく、第三者優位の概念構成がなされているという事実に気がつく。❖4

社会福祉学ではニーズはその関与者によって「主観的ニーズ」と「客観的ニーズ」とに分類される。「主観的ニーズ」よりは「客観的ニーズ」のほうが、社会的承認をともなうことでより適切なニーズであるという規範的な含意がこの概念には前提されている。社会福祉学の一部にも独自のニーズとディマンドの区別があるが、ニーズは客観的必要に、ディマンドは主観的要求に対応するとされる。この用語法は、経済学におけるニーズとディマンドの用語法といちじるしく異なるのみならず、しばしば「ニーズに応じる必要があるが、ディマンドを受け入れすぎてはならない」とされる実践的な用語法に見られるように、ディマンドはあきらかに否定的な含意を持っており、この区別そのものがパターナリスティックなものである。後論するが「当事者主権」の理念は、このようなパターナリズムに鋭く対抗する。そのため本書ではディマンドをこの意味では採用しない。
　またニーズは援護水準によって「顕在ニーズ」と「潜在ニーズ」とに分類される。「顕在ニーズ」が当事者によって自覚されたニーズであるのに対し、「潜在ニーズ」とは、当事者によっては自覚されないが専門家や第三者によって判定されたニーズをいう。定義上、顕在ニーズより潜在ニーズの方が援護水準が高いと見なされているから、この用語法の背後には、当事者の判断能力を低く見て当事者に代わってニーズを判定する専門家の代行主義があるだけでなく、専門家が当事者にとってつねに「善意の他者」であるとするパターナリズムがある。実際には、この人にはこれだけの援護を、と決定する第三者がつねに善意の持ち主であるとは限らないし、当事者の主観的な顕在ニーズが第三者の判定する援護水準より高い可能性は考慮されていない。措置時代の「措置」❖5とは行政や第三者によって判定されたサービスの水準であったが、それが当事者の要求水準を下回っている場合ですら、「過度の援助はかえって自立を阻害する」というパターナリスティックなレトリックによって、第三者（ここではすなわち行政の担当者）の判定は正当化されてきた。否、むしろ現実には、社会保障支出を抑制したい自治体の「ニーズ」に応えていたというべきであろう。

　社会福祉学でよく引用されるブラッドショウの四類型は、「規範的ニーズ normative needs」「感得されたニーズ felt needs」「表出されたニーズ expressed needs」「比較ニーズ comparative needs」というものだが、このうち「規範的ニーズ」が「客観ニーズ」に、あとの三つが「主観的ニーズ」に該当する。さらに「主観的ニーズ」のうち「顕在的ニーズ」が「感得されたニーズ」と「表出されたニーズ」とに下位分類されている。たしかにその点では「感得」から「表出」までのずれを概念化した功績はあるものの、感得されるに至らない文字どおりの当事者の潜在ニーズについては概念すら与えられていない。「比較ニーズ」とは、他のケースとの相対的な比較によってニーズが顕在化されたものを言う。一見「潜在ニーズ」と似ているが、「潜在ニーズ」と「比較ニーズ」の違いは、前者の判定者が第三者、後者の判定者が当事者を含むことである。ブラッドショウの類型は当事者を主たる判定者としているが（たとえば第三者は「表出ニーズ」を知ることができるが、「感得ニーズ」は表出されない限り、第三者には知ることができない）、とはいえ「規範的ニーズ」を最優先させることで、ニーズの社会的決定性を当事者による決定より優位に置いているといえよう。

❖4 二〇〇八年一月二〇日に開催された「上野・中西編『ニーズ中心の福祉社会へ』を読み解く」の公開シンポジウムの席上、上野が「ニーズ論はこれまでまともに検討の対象となってきたことがなかった」と発言したことを受けて、会場の社会福祉学者からあとで「三浦ニーズ論は社会福祉学の手つかずの聖域だった」というコメントを受けた。

❖5 「措置」とは福祉サービスの対象と内容を、当事者の意向にかかわらず、第三者が行政権限をもとに決定し、提供する制度のことである。

本書では社会福祉学の伝統を離れて、ニーズを理論的に再定義してみたい。

　本書が一貫して採用して来た立場は、ケアとはケアの受け手と与え手のあいだの相互行為である、という立場であった。これをニーズの用語で言い換えれば、ケアとはニーズとサービスの交換行為であると言ってもよい。ニーズがあるからサービスが発生するので、その逆ではない。またニーズに合わないサービスは役に立たないだけでなく、不適切なサービスを押しつけることで抑圧ともなる。したがってニーズとは第一義的に何よりも当事者に帰属すべきものであるにもかかわらず、定義上社会的なものとされるニーズは、社会的承認を経てはじめて客観的ニーズとされる。

　ケアが相互行為であるように、ニーズもまた相互行為の過程で生成されるものだと仮定してみよう。そうなれば、(1)判定者によって当事者と第三者を区別し、かつ(2)ニーズの生成過程を字義通りの潜在と顕在とに区別することで、以下の四元図式を得ることができる【図2】。ニーズの潜在／顕在の軸は、当事者／第三者の双方に関わっている。その各象限に位置するニーズを以下のように命名しよう。

(1)承認ニーズ……当事者顕在・第三者顕在
(2)庇護ニーズ……当事者潜在・第三者顕在
(3)要求ニーズ……当事者顕在・第三者潜在
(4)非認知ニーズ……当事者潜在・第三者潜在

　以上の各ニーズを、従来の用語法と対応させてみると、その違いがよく見えてくる。

　(1)「承認ニーズ」は、当事者によって顕在化され、第三者によって承認された、社会的に満たされるべきニーズであり、従来の用語法では「顕在ニーズ」、「客観ニーズ」に対応する。承認を受けることはそれがただちに満たされることを意味しないから社会にとっては到達すべき目標となる点でしばしば「規範的ニーズ」にとどまる。

　(2)「庇護ニーズ」は当事者にとっては潜在的だが、第三者にとっては顕在的なニーズ、従来の用語法でいう「潜在ニーズ」にあたる。「潜在ニーズ」という用語法を採用しないのは、この用語法自体にニーズの判定者が第三者であるというパターナリズムが前提されているからである。これをあえて「庇護ニーズ」と名づけるのは、「あなたのために、よかれと思って」という第三者の「温情的庇護主義 paternalism」を含意するためである。しかし第三者がつねに善意の持ち主と仮定することはできないし、また善意がつねに適切であるとも仮定できないとすれば、この「庇護ニーズ」は、たんに「代弁ニーズ」「代行ニーズ」とニュートラルに言い換えたほうがよいかもしれない。

　(3)「要求ニーズ」は「庇護ニーズ」のちょうど対極、当事者にとっては顕在的だが第三者にとって潜在的なニーズ、ブラッドショウの用語では、「感得ニーズ」と「表出ニーズ」を指す。「ニーズ」の定義が社会的なものならば、このニーズの概念はそれ自体、自己矛盾的である。社会的承認を与えられない当事者の「主観的ニーズ」は、たんに「わがまま」とカテゴリー化されるに終わるからである。その通り、社会福祉の領域では、この概念はしばしば「ディマンド」と呼ばれてニーズと区別されてきた。裏返せば、「わがまま」から「ニーズ」へのあいだ、本書の用語では、「要求ニーズ」から「承認ニーズ」への移行の過程、言いかえれば福祉関係者のいう「ディマンド」と「ニーズ」のあいだにあるグレーゾーンこそ、ニーズの社会的生成過程そのものなのである。当事者運動はこの当事者ニーズの承認を求めて闘いとってきた、権利要求運動の軌跡であった。このようにして、障害者自立生活運動は、二四時間介護をともなう障害者の自立生活を「要求ニーズ」から「承認ニーズ」へと変えてきたのである[中西・上野 2003]。

図2　ニーズの四類型

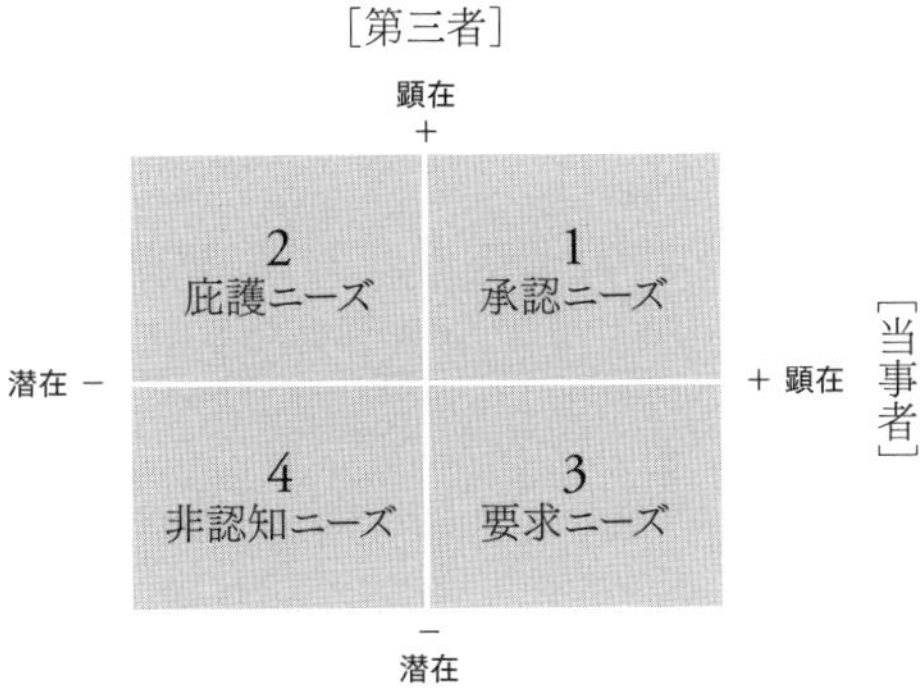

同じことは「庇護ニーズ」についても言える。「庇護ニーズ」という命名は、第三者の権力上の優位性を前提としている。というのも、権力とは何よりも「状況の定義」権にほかならず、自覚のない当事者に「あなたは病気だから、かくかくの治療が必要だ」と宣告する第三者(専門家や行政)の権力が決定するニーズが、「庇護ニーズ」だからである。そうなれば、「庇護ニーズ」から「承認ニーズ」への移行には、当事者によるニーズの顕在化、すなわち規範的なニーズの受け入れ過程がともなわなければならない。「庇護ニーズ」と「承認ニーズ」との境界は、(当事者の)「無知」や「抵抗」と「社会的ニーズ」とのあいだにあるグレーゾーンといえる。その移行過程には説得や納得、強制をともなう場合がありうるだろう。ただし「庇護ニーズ」から「承認ニーズ」への移行は、あらかじめ第三者によって定義された解への当事者の適応を要求するのに対し、「要求ニーズ」から「承認ニーズ」への移行は、承認ニーズそのものの規範的な変容をもたらす点で違いがある。すなわち変化に適応すべきなのは、前者では当事者であり、後者では社会の側なのである。

最後に、当事者によっても第三者によっても顕在化されない(4)「非認知ニーズ」をカテゴリー化しておこう。ブラッドショウによる「感得ニーズ」の手前、当事者が「感じる」こともできないニーズに、ニーズという名前を与えることは、定義上論理矛盾のように思える。だが、このカテゴリーをあえて設定しておくことには意味がある。潜在ニーズが顕在化するプロセスは、どこで境界を引くこともできないようなコンティニュアム(連続体)だからである。ブラッドショウの「比較ニーズ」をここに対応させてもよいかもしれない。なぜなら多くの場合、当事者や第三者が「いまだ知られていないニーズ」に目覚めるのは、他者との(あるいは他の社会や他の時代との)比較によることが多いからである。他者に(あるいは他の社会や他の時代に)可能なニーズの承認が、なぜ自分たち(の社会や時代)には、可能でないのか? 比較は相対的剝奪感をもたらし、ニーズを顕在化させる引き金となる。たとえば大熊由紀子は『「寝たきり老人」のいる国いない国』[1991]で、高齢者を「寝かせきり」にしない北欧の福祉先進国と比較することで、「寝たきり老人」を当然視する日本社会に警鐘を鳴らした。中西らの障害者自立生活運動も、施設から出ることなど思いもよらない当事者たちに先行的なロールモデルを示すことで、それが可能だとエンパワーしてきた。非認知ニーズを顕在化する過程で、承認ニーズの規範を書き換えるエージェントの役割は、当事者だけでなく、実際には第三者にも果たすことができるだろう。

比較とは、変数をコントロールした実験をすることができない社会学や歴史学にとって、欠かすことのできない重要な方法である。人間の想像力はそれほど豊かではない。社会や時代の比較によってはじめて、現在ある社会がべつなすがたをとりうる可能性、社会の潜勢態についての想像力を獲得することができる。[6] ミシェル・フーコーの系譜学も、そのような潜勢態を想像するための方法であった。ニーズを顕在化させることは、今のようではない社会をつくるための構想力と切り離せない。だからこそ、中西・上野は、『当事者主権』のなかでこう書いたのだ。

> ニーズはあるのではなく、つくられる。ニーズをつくるというのは、もうひとつの社会を構想することである。
> [中西・上野 2003: 3]

3 当事者概念のインフレ

ケアの相互行為性を強調する立場からは、「ケア」という場面に関与する主体には複数性がある、すなわちケアする側とケアされる側の複数のアクターがいることを指摘してきた。その一方に当事者性が想定されるのなら、他方にも当事者性が想定される理由がある。そうなれば、要介護者の当事者性のみならず、家族介護者の当事者性、ケアワーカーの当事者性……を想定しなければならなくなる。

「当事者」とは便利なことばである。中西・上野の共著書『当事者主権』[2003]は「当事者インフレ」を引き起こした。誰が当事者か？という問いをめぐって、要介護当事者に加えて家族介護当事者、ケアワーカーや専門家の当事者性、さらには社会的弱者を生み出すマジョリティを差別当事者、抑圧当事者と呼ぶような拡張的な用語法が可能になる。この用語法のもとでは、世の中に「当事者でない者は誰もいない」と言うことも可能になる程度に、当事者概念のインフレーションを招いた。

さらに当事者概念は、意図せぬ効果をもたらした。当事者研究のみならず、当事者をめぐるメタ理論的な研究領域、たとえば当事者概念の効用や限界、その権力性についての批判や内省までをもたらした[❖7][貴戸 2004; 野崎 2004]。そのなかには、「当事者にしか、ニーズの研究はできないのか」「当事者の言うことなら、すべて正しいのか」という批判も含まれる。

「当事者」概念を「ニーズの帰属主体」と限定的に定義することで概念のインフレを抑制したうえで、さらに議論を発展させるためには、ニーズの生成過程に関わる関与者を分節する必要がある。本書のニーズ類型論においては、当事者と第三者とのあいだに分割線を引いた。それというのもわたしは当事者が第一義的にニーズの帰属先であり、当事者ニーズを離れてどんなニーズもありえないという立場を採っており、この立場はどれだけ主張してもしたりないと今でも思っているからである。当事者ニーズが第一次的なニーズであるのに対し、介護者のニーズはあくまで当事者ニーズがあるからこそ発生した二次的なニーズである。何度でもくりかえすが、ケアされる側とはニーズから離れることができない主体であるのに対し、ケアする側はその関係から退出することができる(たとえ罪悪感や社会的制裁をともなったとしても)。したがってケアされる側とケアする側との間には圧倒的な非対称がある。当事者性の度合が違う、と言ってもよい。また第一次ニーズと派生的な第二次、第三次ニーズ……とを概念上、区別することもできる。

この「第三者」のなかには、多様な行為者が含まれる。家族、ピア(当事者同士)、ケアワーカー、事業者、専門家、官僚、政府、国家、国際社会などである。このアクターのそれぞれを分節し、そのアクターと当事者の、そしてアクター間相互の、相互行為と交渉過程のなかから「ニーズ」が生成すると考えれば、相互行為と交渉場面はさらに複雑になるだろう。

上野・中西共編著[2008]では、齋藤曉子が、ニーズの生成過程についてていねいに論じている。齋藤があげた例では、要介護者が通所しているデイサービスでのピアとの情報の交換や交流によっ

❖6 戦前の女性史家、高群逸枝は、熊本の女学校時代、『更級日記』を読んで、嫁入り以外の結婚のあり方に衝撃を受け、それが機縁で後に『招婿婚の研究』という大部の著作をものしたと伝えられる。

❖7 たとえば土場学[2007]が『社会学評論』の「テーマ別研究動向」のなかで、「当事者性」というテーマをとりあげるほど、この分野の蓄積は短期間のうちに増えていた。

て比較ニーズが生成したり、特定のケアワーカーの「気づき」や「汲み取り」によってニーズが顕在化したり承認を受けたりする過程が分析されている。べつな事例では、家族に対してはニーズの顕在化を抑制しない要介護者が、ヘルパーに対しては「感得ニーズ」の表出を抑制することにも触れられている。つまり齋藤のいう「関係性のなかでつくられるニーズ」とは、「提供者との信頼関係のもとでの(当事者の)ニーズの受け入れ」(かっこ内引用者)［齋藤 2008a: 85］によって生成するものであり、相互行為と交渉の産物である。そしてその交渉はつねに成功を約束されているわけではない。

4 潜在能力アプローチ

ニーズの類型学をいくらやっても、ニーズとは何か、について答えたことにはならない。前述の三浦のニーズ概念の定義、「何らかの基準に基づいて把握された状態が、社会的に改善・解決を必要とすると社会的に認められた場合に、その状態をニード(要援護状態)とする」は、「何らかの基準」についても、「状態」についても立ち入ったものではない。

本書では、上野・中西［2008］の共編著において、大沢真理が採用した「厚生経済学 welfare economics」の、アマルティア・センによる「潜在能力 capability」アプローチに依拠しよう。というのも、このアプローチを採用することで、なぜニーズが特定の人々に不均衡に帰属するのか、それを社会的に満たすための財・サービスの不均衡な配分を正当化する根拠は何か、なぜ要求ニーズのみならず庇護ニーズにも一定の役割があるのか、等々の疑問に、応えることが可能になるからである。

厚生経済学はその名のとおり、個人の「福利 well-being」に照準する。「ニーズ」概念の出自のひとつは経済学だが、センの潜在能力アプローチはこの「ニーズ」概念に依拠している。従来の経済学が個人の「選好 preference」を、それがいかなるものであれ、完全に価値中立的な変数として扱うのに対し、セン自身がその革新を図った新厚生経済学では、選好とニーズとを区別する。選好がニーズを反映しているとは限らないからである。

潜在能力の定義を、センの紹介者、後藤玲子が的確にまとめているので引用しよう。

> 本人が実際に選択した状態、あるいは、本人の評価に基づいて最大と見なされるような状態のみならず、本人の評価から離れて、本人が達成可能である状態の集まり、すなわちその機会集合。［セン・後藤 2008: 20］

大沢のまとめによれば、「人として生活が成り立ち社会に参加できるという(中略)潜在能力の欠損」を「必要(ニーズ)」と定義する［大沢 2008a: 180］。この潜在能力は、「財やサービスの配分を、効用 utility からではなく、個々人の(中略)福利 well-being の観点から評価する」ものであり、選択可能性という意味での「自由」と「不可分の関係」にある［セン・後藤 2008: 21］。

センのいう「福祉的自由 welfare freedom」とは、「疾病から逃れられること、栄養をバランスよく充足できること、自由に移動できること、自分の気持ちや考えを適切に表現できること、人々の行いや在りように関する情報を的確に理解できることなど、必要な基本的能力の豊かさを表す概念」［セン・後藤 2008: 77］である。これを「人並みの生活」と呼ぶとすれば、「一般的にどのような財・サービスが「人並み」の生活に必要不可欠であるかは、それぞれの時代の社会でゆるやかに合意されている」［大沢 2008a: 182］。

だが、どのような「暮らしぶりのよさ」であれ、それが「自由な選択」の結果でないとすれば、潜在能力において欠けているといわざるをえない。セン自身の言い方を借りれば「福祉を達成するための自由（あるいは機会）」とそれによって「達成された機能（成果）」とを区別したうえで、すなわち「機能は福祉の構成要素であり、潜在能力はこれらの構成要素を追求する自由」［Sen 1992=1999: 62］を含めてその両方を尺度とするものである。したがって財・サービスの配分（実質所得、富、資源、基本材等）からだけ「福祉」の水準を測定することはできない。

> ある生活様式を選択することは、どのようにそれが選択されても同じだというわけではない。［Sen 1992=1999: 73］

この潜在能力アプローチは、前章で示したケアの人権アプローチと高い整合性を持っている。同じように主たる家族介護者を引き受けている個人がいたにしても、それが自由な選択の結果か、代替選択肢のない「強制労働」の結果かでまったくインプリケーションが違う。また家族介護が「自由な選択」であったとしても、機会費用を失うことと引き替えの選択か、それとも所得保障をともなう福祉制度のもとの選択かでも、異なってくる。❖8

インド出身で貧困や不平等の研究を手がけたセンは、ニーズと選好がかならずしも一致しないことに気づいていた。「人は手に入るものしか望まない」傾向があるからである。選択肢にないものに対して個人が選好を表明することはめったにない。すなわち選択肢の集合（機会集合）の少ない個人は、潜在能力から見て高いニーズを持っているにもかかわらず、そのニーズを満たすよう

❖8 センがあげている興味深い例は、「断食」と「飢え」の違いである。「断食とは、他に選択肢がある場合に飢えることを選択することである。飢えている人の「達成された福祉」を検討する場合、その人が断食をしているのか、それとも十分な食糧を得る手段がないだけなのか、を知ることは直接的な関心事である」［Sen 1992=1999: 73］。また「達成された福祉」だけを評価基準とする立場をも、以下のように批判する。「標準的な消費者理論では、たとえ選択された最善の要素以外のすべての要素を選択可能な集合から取り除いたとしても、それは何ら不利益をもたらすものではない」［Sen 1992=1999: 73］。この立場が不適切なことは、開発独裁の結果もたらされた国民経済の繁栄が、国民による選択の自由（民主主義的決定）をともなわないかぎり、抑圧と変わらないことからも支持できるだろう。

な選好を表明することなく、低い水準で満足する傾向がある(したがって「効用アプローチ」が不適切な理由がここにある)。この機会集合の少ない個人を「自由」と呼ぶことはできないだけでなく、選択肢が少なければその帰結に対して、当人の責任を問うことも適切とはいえない。なぜなら責任とは自由にともなうものだからである。❖9

センの「潜在能力アプローチ」に依拠すれば、妊娠中の女性や、障害を持った個人にとっては、「人並みの生活」を達成するために、通常の財・サービスの配分以上の付加的な配分を要請する根拠がある。つまり他の人々よりも不均等に大きい欠損状態(ニーズ)を持った個人が存在するゆえに、こういう個人のニーズに応じて財・サービスを手厚く配分することは、「不公平」とはならない。

自身が視覚障害者でもある障害学研究者、石川准[2004]の「配慮」という表現を借りれば、この社会はすでに晴眼者に対して十分に「配慮」のある社会であり、この晴眼者社会とは、視覚障害者に対して「配慮の足りない」(したがって視覚障害者に不均等にニーズのある)社会である、と言い換えることができる。

後藤の説明にしたがえば、「ニーズ」の決定過程とは以下のようなものである。

> ある個人に対してどんな潜在能力を保障すべきかは、本人の意思だけでは決められないとしても、本人の意思からまったく離れて定められる事項でもないはずだ。それは、人々の主観的評価に還元されはしないが、人々の認識や評価を超越した客観的事実として理論的先験的に与えられるものでもない。それは、最終的には社会を構成する人々の社会的な選択によって決められなくてはならないだろう。
>
> [セン・後藤 2008: 22]

この過程は、「公共的討議を通じたニーズの発見」過程、すなわち「自分にとってのニーズ、自分たちにとってのニーズ、自分以外のより一般的なニーズを評価しようという個々人の内省的かつ公共的な営みの中を通じて、次第に形をとっていく」[セン・後藤 2008: 20]ものである。このように潜在能力アプローチがニーズの生成過程を重視するのは、定義上社会的なものであるニーズの、当事者と第三者とのあいだにおける交渉と相互作用による生成過程に対応している。ナラティブ・アプローチが、ナラティブ(語り)の生成が語り手と受容的な聞き手との相互交渉の過程で初めて成立することをあきらかにしたように、ニーズもまた(とりわけ表出ニーズは)、ニーズの主体とそれを受容する第三者との相互行為と交渉の過程を通じて初めて生成するものであることは、誰にも納得のいくものであろう。

5 一次的ニーズと派生的ニーズ

本書のニーズ類型論は、まず第一義的なニーズの帰属主体とそれ以外のアクターとをはっきり区別するために、当事者／第三者のカテゴリーを採用したものである。当事者ニーズを「第一次的ニーズ」と呼ぶならば、他の第三者のニーズはいずれも「第一次ニーズ」に派生して生じる「二次的ニーズ」「三次的ニーズ」というべきであろう。この用語法は、マーサ・ファインマン［Fineman 1995=2003］が「依存の私事化」と呼ぶ近代家族のもとで、子どもや高齢者の依存を「一次的依存 primary dependency」、それらの依存的な存在をケアする責任を背負うことで派生する女性の依存を「二次的依存 secondary dependency」と呼ぶことに倣っている。女性問題として理解されている女性の依存は、そのほとんどが「二次的依存」によるものであり、女性自身が「依存的」であることを意味しない。したがって「二次的依存」の問題が解決すれば、「女性問題」の大半（すべてではないが）は解決すると言えるだろう。

センの潜在能力アプローチを適用すれば、当事者はたしかに潜在能力の欠損（必要 needs）を経験していると言えるが、その家族やケアワーカー、事業者、専門家、官僚などの第三者に潜在能力の欠損があるわけではない。家族やケアワーカーは、当事者の一次的ニーズに応えるという相互行為を通じて、みずから派生的なニーズの当事者となる。この二次的、三次的ニーズにはケアする側に固有のニーズ——ケアすることから生じる負担や拘束のみならず、ストレスやバーンアウトなど——も含まれるだろう。また承認ニーズを満たすのみならず、それにケアする側からみて不適切と思われる当事者の要求ニーズとの絶え間ない交渉、ケアされる側が自覚していないが必要だと判断される庇護ニーズの提供など、さまざまな相互行為が想定できる。また家族のなかでも、続柄、同居別居の別、関係の濃淡、ジェンダーの違いなどで二次的ニーズには違いが生じる。

第三者のうちでも制度を設計したり執行したりする官僚や行政関係者の利害は、庇護ニーズですらない場合が多いことだろう。それは福祉予算を一定の水準に抑制するという省益や自治体益にすぎないかもしれない。

このように「第三者」に属するアクターには多様な次元があり、それぞれに固有の利害を持つ。彼らを「二次的」「三次的」「四次的」……な派生的ニーズの当事者と呼ぶことも可能だが、ここではいったん当事者を「一次的ニーズの帰属主体」と限定することで、「当事者」概念と「ニーズ」概念のインフレを抑制したうえで、各アクター間の分節化をはかりたい。だがそのことは、各アクターのあいだの相互行為や交渉過程の分析をすこしも妨げない。こういう理論的な分節化を通じて、わたしたちは初めて多様なアクター間のダイナミックスを明らかにできるようになる。

❖9 育児期間中の女性パートタイム労働者の多くが、「もしフルタイム雇用の機会があるとしたらそれを選択するか？」と問われて「ノー」と回答することをもって、女性パートタイム労働者がパートタイムを「選好」していると短絡的に結論することの誤りもここにある。

中西・上野が提起した「当事者主権」とは、この文脈で言い換えれば、どんな派生的ニーズよりも当事者の一次的ニーズが最優先されるべきだ、という規範的立場を指す。言うまでもないことだが、一次的ニーズのないところに派生的ニーズは生じないからだ。そしてどんな援助やサービスも、そして制度も政策も、この当事者の一次的ニーズとの対応によって検証されなければならない。

後藤はセンの潜在能力アプローチを、「個人の社会性を尊重しながら福祉の手立てを決定し、福祉を保障する手立てを講じながら個人の主体性を尊重するという、離れ業」［セン・後藤 2008: 22］と評する。ニーズを当事者と第三者との相互行為過程において生成・顕在化するものと見なす本書の立場は、ここでもセンの潜在能力アプローチと整合性を持つだろう。

例外は家族である。ケアが選択性を持たない強制である場合、言い換えればケアを選ぶほかに機会集合が乏しい個人（その大半は既婚女性である）は、たしかに潜在能力において欠損を経験しているといえる。だからこそ、デイリーらは家族介護を「強制労働 forced labor」と呼んだのである。その家族介護者ニーズに対して、特別な財とサービスの配分がおこなわれるべきであることを、潜在能力アプローチからは正当化することができる。だが、その場合であってさえ、当事者の「一次ニーズ」と、家族の「二次ニーズ」とは区別されなければならない。現場のワーカーや事業者たちは、この「一次ニーズ」と「二次ニーズ」とのあいだにしばしば葛藤が起きること、その結果、そのいずれを優先すべきかをめぐってディレンマを経験してきた。たとえば在宅を望む高齢の要介護当事者に対して、家族介護者の「二次ニーズ」は、少しでも家から出ていってほしいことであったりする。デイサービスやショートステイは当事者の「一次ニーズ」に応えてではなく、介護者の「二次ニーズ」に応えて作られたものであることは、各種の「ニーズ調査」が証明している。中西はもっとはっきり「福祉サービスは第一義的に当事者ニーズを満たすためのものであるという原則からいえば、選択肢として親・家族のニーズであるデイサービスやショートステイは排除される」とまで言う［上野・中西編 2008: 23］。

障害者自立生活運動では、当事者にとって最初の交渉相手は家族であった。家族は愛の名において、障害当事者の自立生活に立ちはだかった。だが、家族といえども、当事者ニーズを代表・代弁できるわけではない。家族には家族のニーズがあり、それは「おまえのために」を装ってはいるが、実は自分自身のニーズである。ここで家族（という第三者）に対して「ニーズ」という用語をレトリカルに使うことで、「ニーズ」インフレを起こすよりは、むしろ「利害 interest」と限定的に呼ぶほうがよいかもしれない。家族介護者は家族介護者としての、（要介護者とは区別された）固有の利害を持っている。それもまた社会的に認知されたニーズと考えれば、たしかに「ニーズの帰属主体」としての「家族介護当事者」が成立する。事実、シリーズ『ケア その思想と実践』[10]の第4巻「家族のケア家族へのケア」［上野他編 2008d］はそうした問題意識から編まれたものである。今日の日本社会では、家族介護者のケアにも、ケアワーカーのストレスに対するケアにも、社会的なニーズが承認されつつある。だが、ここでのニーズの次元もまた分節化して、相互に区別することが必要となろう。

6 当事者であることと当事者になること

当事者とは第一次的なニーズの帰属する主体である。

この定義には、(1)ニーズの帰属先であることと、(2)それに対する主体化の契機の二点が含まれている。したがって当事者とは、たんに客観的にニーズの帰属を判定されるような「問題を抱えた個人」であるだけでなく、「ニーズを顕在化させた個人」であることになる。「ニーズの帰属先」であるだけなら、それは特定の社会的属性を示すにすぎないが、その「位置 position」に対して能動的な「同一化 identification」、別言すれば「位置的主体化 positional subjectification」を果たしたときに、個人は「当事者」となる。『当事者主権』の中で、「当事者である」ことと、「当事者になる」こととは違う、と言ってきたのはこのことを指す。したがって同じような潜在能力を持った人々や、同一の社会的位置にいると客観的に判定される人々のすべてが「当事者」になるわけではないし、ましてや「要求ニーズ」の承認を求めて当事者運動の担い手になるわけでもない。ニーズの生成過程を重視する本書の動態的なニーズ論からは、当事者を「ニーズの帰属(を自覚的に引き受ける)主体」と定義することは、論理的な妥当性を持つであろう。❖11

本書に先立って二〇〇三年に刊行された中西・上野の『当事者主権』［中西・上野 2003］から、「当事者」の定義を引用しよう。このなかには、「当事者である」ことと、「当事者になる」こととのあいだの違いが、まだ直観的なかたちで示されている。

> 当事者とは「問題を抱えた人々」と同義ではない。問題を生み出す社会に適応してしまっては、ニーズは発生しない。ニーズ(必要)とは、欠乏や不足という意味から来ている。私の現在の状態を、こうあってほしい状態に対する不足ととら

❖10 共編者(編集委員)は上野千鶴子・大熊由紀子・大沢真理・神野直彦・副田義也、全六巻の構成は以下のとおり。①ケアという思想、②ケアすること、③ケアされること、④家族のケア 家族へのケア、⑤ケアを支えるしくみ、⑥ケアを実践するしかけ。

❖11 こう考えれば多くの差別論がつまずいてきた謎が解ける。それはなぜ被差別者は自らが解体したいと願う被差別カテゴリー(女性、障害者、同性愛者等)をいったんは引き受けるのか、という「矛盾」である。「位置」は社会的に決定されるカテゴリーだが、それに対する「位置的主体化」は主体のカテゴリーへの同一化を指す。ジュディス・バトラーが、アルチュセールの「呼びかけ」という用語を用いて説明しようとするのは、第三者によるこの「位置」づけであり、その位置への同一化を果たすことで、主体の同一性 identity は事後的に構築される。つまり「女性として」「障害者として」「同性愛者として」のカテゴリーを引き受ける(従属化＝主体化)することで、はじめて位置的主体化は成立するのである。

えて、そうではない新しい現実をつくりだそうとする構想力を持ったときに、はじめて自分のニーズとは何かがわかり、人は当事者になる。ニーズはあるのではなく、つくられる。ニーズをつくるというのは、もうひとつの社会を構想することである。

[中西・上野 2003: 2-3]

中西・上野[2003]は、「当事者」を、通常の用法「問題を抱えた個人」ではなく、「ニーズの主人公」と定義した。しかも「そのニーズが満たされることに社会的責任があると考える権利の主体」を、「当事者」と呼んだ。したがって、たんに「当事者である」というだけでは十分ではなく、「当事者になる」という契機がなければならない。

わたしはこのアイディアを、クィア・スタディズの研究者、シェイン・フェラン[Phelan 1994=1995]から得た。[12] ゲイであることを隠さなかったミシェル・フーコーから「懸命にゲイになる」という表現を援用して、フェランはゲイ／レズビアンであることの「カミング・アウト coming-out」とは、そのつどの「ビカミング・アウト becoming-out」である、と言う。「ゲイ／レズビアンであること」は、客観的に定義されるような状態を指すわけではない。「ゲイ／レズビアンであること」を引き受ける主体の戦略、性的主体化の過程を指す。カミング・アウトのたびに、そのつど、主体はゲイ／レズビアンになることという性的主体化を選びとっているのであり、その実践をフェランは「ビカミング・アウト」と呼ぶ。そしてこの性的主体化には、「ゲイ／レズビアンの権利」主張と、したがって差別への告発がともなっている。だからこそ、カミング・アウトとは、一度で終わらない不断の運動の過程なのだ。したがって同性愛行為をおこなうことと、ゲイ／レズビアン・アイデンティティを持つこととは決して同じではない。

同じように「要介護者」であることと、要介護ニーズの当事者になることとは、同じではない。[13] そのためにはニーズの顕在化と主体化の契機がなければならないからである。

ところで社会運動論には、当事者が潜在ニーズを顕在化するアクターとして重要な役割を果たすことによって、非当事者がニーズを事後的に充足される場合がしばしばあることが知られている。いわゆる「フリーライダー(ただ乗り)」である。社会的弱者のなかには、自分が要求したわけでもない権利を、他者に便乗して獲得する者がいるが、それとて自動的に与えられるわけではない。C型肝炎訴訟に見られるように、「当事者」を「権利を要求した者(訴訟に加わった者)」に限定するか、それとも客観的な判定基準に該当する者のすべてを対象とするかで、「ニーズ」の水準をいかなる範囲に拡張もしくは限定するかは、政治的な争点となる。

介護保険においても、「要介護者」とは、自己申告概念である。要介護を申告し、認定を受けない限り、「要介護者」とはならないからである。介護保険一号被保険者は、そのままで自動的に

「要介護者」であるわけではなく、自分の選択で「要介護者」になる。したがって「要介護者」の規模や水準を客観的に判定したり予想したりすることには、根拠も意味もない。要介護度区分の判定を見直した二〇〇六年の介護保険「改訂」に見られたように、「要介護状態」をいかに定義するかは、介護サービス供給の規模と水準をいかに設定するかという政治的配慮から逆算されて決定されることもある。

「要介護当事者」とは要介護のニーズを顕在化し、それが社会的に満たされるべきであることを要求した権利の主体を指す。そうでない高齢者は、客観的には同じような心身の状態にあっても要介護当事者とはならない。「当事者である」ことよりも、「当事者になる」ということに意味が発生するのは、介護保険のような卑近な例をとってみても理解できるだろう。

ところで当事者になることはいつも容易なわけではない。アディクション(依存症)・カウンセリングの専門家である信田さよ子は、アルコール依存症には「当事者がいない」という。

> 困った人がいる、その人に援助の手を差し伸べる、それが当事者にとって必要な援助であるといった、受け手のニーズと与え手のケアとの一致を前提とした予定調和的援助関係は望むべくもない。
> [信田 2008: 148]

というのも、アルコール依存症者の「選好」は、「酒をもっと飲みたい」という選好であり、それが自分の健康や家族関係、社会的地位を破壊するというリスクよりも優先されるからである。これを信田は「依存症の当事者たることを拒否している」と表現する。すなわち「依存症者と認めること＝当事者になることは、これまでの人生を手放し、まったく見知らぬ世界に入っていくに等しい」[信田 2008: 148]からである。❖14

依存症者が「当事者になる」のは、ことほどさようにむずかしいが、当事者能力を欠いた個人、子どもや認知症高齢者の場合はどうだろうか。信田は児童虐待を例にとって、専門家の「当事者性」を宣言する。自分に加えられた行為を虐待と認識することのでき

❖12 フェランについて最初に教示してくれたのは、松村竜也である。記して感謝したい。

❖13 日本の介護保険法では、要介護認定を受けるには、本人の申請がなければならないことになっている。いくら第三者機関が認定してくれるからといって、向こうから勝手にやってきて判定してくれるわけではないのだ、したがって要介護認定には、「介護を受ける権利」という被保険者の権利意識が最初からともなっている。保険利用をしないつもりで要介護認定を受ける高齢者はいないからだ。

❖14 これを信田は「どこか犯罪者と類似している。犯罪者に対する刑罰は、処罰と同時に加害者としての当事者性を持たせることを意図されて執行される」[信田 2008: 148]と指摘する。センが言うように、自由のないところに責任はない。そうなれば機会集合が豊富な(潜在能力の高い)個人が犯した罪と、機会集合の貧しい(潜在能力に欠損のある)個人が犯した罪とでは、責任に軽重があるのは、当然であろう。

ない幼児や子どもを虐待の被害者と判定するのは、それを「虐待」と定義した関与者、児童相談所の職員や学校の教師、相談を受けた医師や専門家である。ある事態を「虐待」と定義したとき、専門家はその専門性と権威において「状況の定義権」を行使していることになる。それは同じ事態を「しつけ」と定義した時とまったく異なる効果を生む。専門家はそこに庇護ニーズを発見し、その主体となる。したがって、信田は、「虐待と名づけたとき、そう名づけたあなたが当事者となる」といささか挑発的な言い方をする。なぜなら被虐待児の親からの分離という「ニーズ」を満たすためには、親権に対する公的介入を招くことも場合によっては必要になるからだ。信田［2003］は子ども虐待の援助者たちが、自分の「状況の定義」を共有し、支持し、対応策を提示してくれる同僚や専門家、行政関係者の関与なしでは、「援助」が成り立たないことを指摘する。被虐待児ニーズもまた、このような複数のアクター間の相互行為過程のなかでこそ、生成する。

だが、専門家には専門家固有の利害がある。援助の専門家は、被援助者の依存を必要とする。その点では派生的なニーズは、一次的なニーズに依存する。ちょうど母親が親業を失業しないために子どもの自立を妨げるように、援助者が被援助者に依存する倒錯はいくらでも起きうる。この相互行為の過程では、たしかに援助者や専門家も、ニーズの当事者にはちがいない。だがこのニーズはあくまで派生的ニーズであり、一次的ニーズがなければ成立しえない。そしてこの派生的ニーズの正当性は、一次的ニーズの帰属先である当事者によって最終的な判定をくだされなければならない。たとえ、その時点で「当事者」が不在だったり判定能力を持たなかったりしたとしても、事後的に「当事者になる」者たちによって。

このことをわたしに教えてくれたのは、不登校研究の貴戸理恵［2005］である。不登校経験者である貴戸は、長じて後、大学院での研究過程で不登校児としての当事者性を獲得していった。その研究のなかから明らかになったのは、不登校児のもっとも近くにいてその味方であった親や支援者もまた、当事者とは異なる利害を持っていたという事実である。「不登校も選択のうち」という支援の論理は、たしかに不登校児の心理的負担を軽減する効果を持っていたが、それ以上に、不登校の子どもを持ったことで自分の教育責任を責めつづけていた親に、自分自身と子どもとを同時に救済する言説資源となった。だが、この論理の直接の帰結を「責任」として背負うのは、親ではなく不登校児本人である。不登校児にとって、「不登校」は「学校へ行くのも、行かないのも、選択のうち」といった「自由な選択」を意味しない。いじめや抑圧など、圧倒的な機会資源の制約のもとで、やむにやまれず追い詰められた強制の一種である。しかも学校へ行くことと行かないこととは、等価な選択どころではなく、その後の人生に一生ついてまわる非対称な資源配分を帰結する。選択の論理は、責任の帰結をともなうことで、不登校児をさらに追い詰める結果となる。ここでの含意は次のようなことである。すなわち親や支援者が「代弁」した当事者のニーズは、最終的には当事者本人によって判定されなければならない。たとえそれが長期にわたる過程であっても。

この点で、上野・中西共編著［2008］に寄せた春日キスヨ論文「ニーズはなぜ潜在化するのか」は、示唆に富んでいる。春日は高齢者虐待の加害者のトップが、実子である息子となった現状を前提にしたうえで、「親子間（加害者が息子、なかでも単身無職の息子と被害者が母親）の虐待はなぜ顕在化しにくいのか」と問いを立て、加害者も被害者も当事者性を欠いたまま、「問題が潜在化」する構造を論じている。「生活が成り立たない」状況に追い詰められた息子が「養護者責任」を背負わされる現行の高齢者虐待防止法の問題を指摘し、以下のような処方箋を提示する。

「高齢者虐待防止」と「養護者支援」という二つの性格を併せもつ現行法から「養護者支援」という側面をはずし、問題当事者は要養護か否かを問わずすべての被虐待高齢者であるという性格を鮮明化し、それに応じた具体的な支援策と実効性を伴った財源措置をしていくことである。［春日 2008a: 122］

ここでも一次的ニーズの帰属先を明示すること、そして高齢当事者ニーズと、「養護者」ニーズとを区別すべきであることが示されている。

この場合も最終的なサービスや制度が適切かどうかは、一次的ニーズの帰属先である当事者によって判定されなければならないとしたらどうなるだろうか。ここで、児童虐待と高齢者虐待との非対称性があらわになる。児童虐待の場合には親子の分離が当然視されるような専門家による危機介入が正当化される場合でも、高齢者虐待の場合には被害者が配偶者や子どもとの世帯分離に同意しない場合も想定されるからだ。だが、潜在能力アプローチを採用すれば、機会集合の限定された高齢の母親が、子世代への責任を感じて年金への寄生のような経済的虐待や身体的虐待を受忍しているのは、それ以外の選択肢を想像することができないからにほかならない。

もし子ども（単身無職の中高年の息子）に、親に寄生する以外の選択肢があれば、母親も世帯分離を選択肢として選ぶことができるようになるだろう。これが子どもでなく夫による虐待（DV）なら、世帯分離はより容易になる。春日は近著『高齢者とジェンダー』［春日 2008b］で、暴力をふるう夫から離れて高齢者施設に入居を選んだ女性たちが、はじめて日常生活の平安を手にしたことを記している。機会集合の限られた当事者に、当事者の「選好」以外の選択肢を提供することも、支援の重要な一環であることだろう。

7 おわりに

おわりに、中西との共編著『ニーズ中心の福祉社会へ――当事者主権の次世代福祉戦略』[上野・中西編 2008] の「はじめに」から、以下の引用をして本章をしめくくろう。そこには、「誰のための、何のための福祉か?」と題して、こう書かれている。

どんなサービスもニーズを満たすためにつくられる。制度や政策の効果は当事者ニーズによって最終的に判定されなければならない。そうでない制度や政策は無益なだけでなく、ムダで有害でさえある。

[上野・中西編 2008: 3]

制度や政策、サービスの最初で最後の判定者が、第一次的なニーズの主体である当事者であることは、何度強調してもしすぎることはない。

第Ⅱ部

「よいケア」とは何か

第4章

ケアに根拠はあるか

1　なぜ高齢者をケアするのか

なぜ高齢者をケアするのか?[1]　この問いは、実はおそろしい問いである。なぜなら、それを正当化する根拠が、実のところ、与えられていないからである。そして歴史的に見れば、今日の基準から見て介護を必要とされる高齢者が必ずしもケアを与えられてこなかった現実がある。高齢者介護とは、理論的にも実践的にも新しく登場したニーズであり、あってあたりまえのものとして自明視することはできない。

1章「ケアとは何か」では、ケアが、育児から介助、介護、さらに教育から心のケアに至るまでの広範な概念であることを指摘してきた。ケアの一般理論は、それらがひとつのカテゴリーに包摂されるような共通性を持っていることを前提にしているが、同時に、そのあいだにある差異をも無視することはできない。本書は「ケアの社会学」を名のりながら、実際にはケアを高齢者介護に限定して論じるが、広義の「ケア」の概念のうち、育児と介護はどう違うか、「ケアの社会学」が高齢者介護を論じる根拠は何か、を検討しておかなければならない。欧米圏のケア論が、ケアを第一義的に育児に限定し、高齢者介護を事後的につけ加えるようになったことには理由がある。「自然早産」の状態で生まれる子どもをケアすることは人間の社会にとっては不可欠であり自明視されるが、高齢者へのケアは自明でも不可欠でもないからである。

スウェーデン留学経験のある若手の社会学者大岡頼光は『なぜ老人を介護するのか』[2]［大岡 2004］という核心を衝く題名の著書のなかで、フェミニズムのケア論に対する疑義を提起している。

---

[1] 本書では原則として「高齢者」という用語を使い、「老人」や「お年寄り」は他の論者からの引用以外には用いない。

欧米圏でケアが育児を指すことが自明視されたように、欧米における比較福祉レジーム論へのジェンダー批判もまた、ほぼ対象を育児支援に限定し、高齢者介護をほとんど扱ってこなかった。大岡は、福祉国家論のジェンダー批判の書として有名な、ダイアン・セインズベリ編の『福祉国家のジェンダー化』[Sainsbury 1994]のなかから、オランダの論者、J・ブッセマカー＆K・ファン・ケルスベルゲンをとりあげ、彼らがオランダでは「男性稼ぎ手 male breadwinner——女性ケア係 female care-taker」モデルのもと、保育サービスの発展が阻害されてきたことを批判するが、他方で、同じモデルのもとで「老人福祉」(大岡の用語)が発達したことを説明できていない、と批判する。

事実、福祉国家の社会政策の発展はアンバランスなものである。育児、介護、介助をめぐる諸政策、具体的にいえば育児支援策、高齢者福祉政策、障害者福祉政策の三つのあいだに、相互に一貫性も統合性もないことは、歴史的にもあきらかである。育児支援策にいたっては、大岡の呼ぶ「児童福祉」政策ですらない。もともとは女性を労働力化するための労働政策であり、さらに言えば「女性にやさしい」政策どころか、女性労働力化のコストを、その労働力の直接の受益者である私企業に負担させる(企業託児所 on-site child care)代わりに、国家が負担する(公的託児所 public child care center)、その実「企業にやさしい」政策であった。[3] また高齢者福祉政策が、ほんとうに高齢者の「福祉」や、「人権」や「尊厳」への配慮から成立したかもうたがわしい。むしろ政策決定過程から見れば、介護現役世代の介護負担軽減への国民的合意から成立したという側面もある。

大岡が鋭く指摘するように、育児についてあてはまることがそのまま介護にあてはまるわけではないし、その逆もまた真である。となれば、ケアの概念のもとに、無媒介に育児、介護、介助を含めることには慎重であるべきだろう。そしてフェミニストのケア論が、いつのまにかなしくずしに、当初育児に限定的に使われていた「ケア」の概念を拡張して介護を含めるようになったことには、理論的な再検討が加えられてしかるべきだろう。

大岡の批判は、労働力再生産論とマルクス主義フェミニズムに向かう。そしてその批判のターゲットには、わたし自身も含まれる。彼は労働力再生産論では、高齢者介護は説明できないとする。「福祉国家は「労働力の再生産」のためにあるという論理構成では、老人や障害者など「今後労働力となることが期待できない者」の介護を福祉国家に要求することはできない」[大岡 2004: 18]。したがって「労働力の再生産という視点から見れば、児童福祉と老人福祉が要請される論理は同じではありえない」[大岡 2004: 18]とする。[4]

大岡は、わたしの旧著[上野 1985; 1990]を克明にたどりながら、上野が「再生産労働」の概念を、育児から介護へと拡大していったこと、しかもその概念の拡張を、理論的な再定義抜きに暗黙裏におこなったことを批判する。たしかに大岡の批判には、傾聴すべき点がある。

批判の内容を要約してみよう。図3と4は、『家父長制と資本制』から「再生産労働」の概念を説明した模式図[上野 1990: 8-9]の再録だが、市場が外部化した「家族」という領域で、人間が生産・再生産されるサイクルをあらわしている。大岡はこれを衝いて、(1)育児は「再生産労働」にあたるかもしれないが、(2)介護と介助は次世代の労働力の再生産にはあたらず、上野のマルクス主義フェミニズムは前期と違って後期には「再生産」の概念を説明抜きに拡張している、と批判する。

大岡の指摘する通り、一九八五年刊の海鳴社版『資本制と家事労働』[上野 1985]では上野は「再生産労働」の概念をほぼ「育児」に限定して使用している。❖5 つまりマルクスの言うように、出産・育児

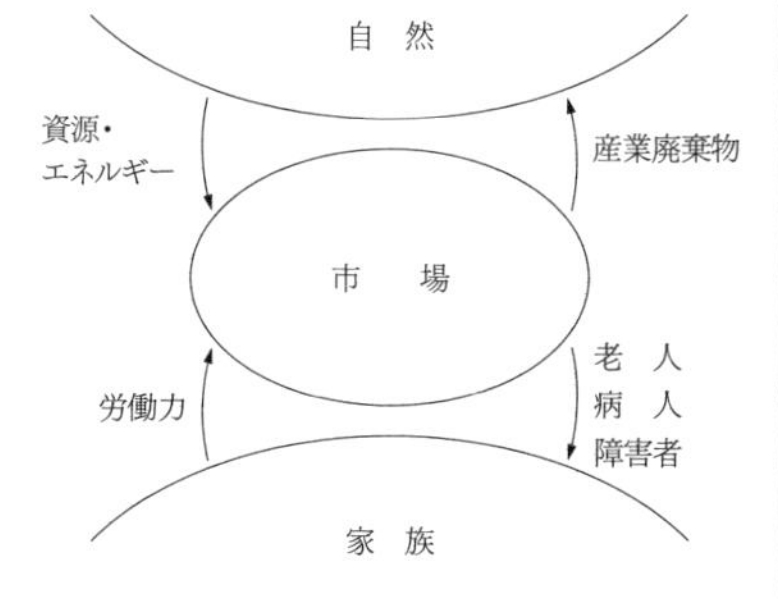

図3

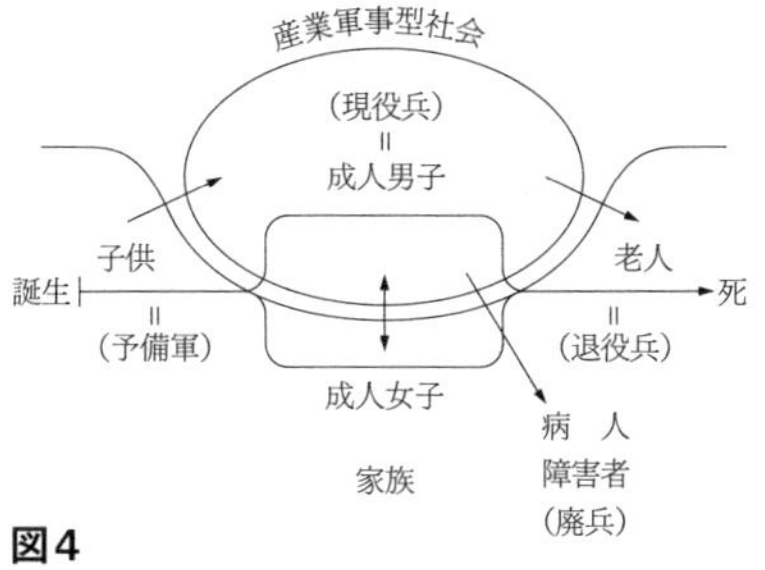

図4

を「他人の再生産」としてとらえ、資本制が市場化することのできない最後の人間労働、それを市場化すれば市場自体が成り立たな

❖2 なお、大岡と類似の書名に、増田・山本編の『解く　介護の思想――なぜ人は介護するのか』[増田・山本 2004]があるが、宗教学者から歯科衛生士まで幅広い著者を網羅したこの共編著は、問題関心がばらばらで、一貫性がない。主としてキリスト教倫理学の立場に立つこの本で、副題にある問いにとりくんでいるのは、聖書学者の八木誠一などだが、それも「介護の本質」を「人格関係」ととらえる「形而上学的」なものであり、「ケア」に介護を含めないメイヤロフよりは本書の問題関心に近いとはいえ、本書の問いにとってはまったく役に立たない。「ケアの本質」はかくあるべきだが、現実のケアはそうでない、それではどうすればよいのか、という実践的な問いに答えない(答える関心を持たない)点において、こうした超越的なケア論は、本書2章のケアの倫理学的アプローチに対する批判と同じく、"Do not preach!"と言っておけばたりる。

❖3 一九八六年のアグネス論争(別名子連れ出勤論争)を思いだしてほしい。子連れ出勤をしたいなら、当然母親労働者の受益者である企業が企業託児施設を完備するべきだ、という主張があったが、これは日本では主流にならなかった。というのは、六〇年代の「ポストの数ほど保育所を」の運動を通じて、すでに国際的には高水準の入所率を達成した公的託児施設が日本には成立していたからである。他方、既婚女性の就労率がいちじるしく高まったアメリカでは、公的託児施設への要求が低調だっただけでなく、普及も十分ではなかった。それというのも(既婚)女性労働者の採用によって受益する企業の負担を、納税者が代わって背負う理由はない、という議論が主流だったためである。事実、日本でもっとも最初の託児所は、旧電電公社(現NTT)が設置した企業内託児施設である。熟練労働者である電話交換手が、出産後も長期就労継続ができるように、という「企業利益」からだった。旧共産圏ではどこも公的託児施設が充実していたが、それも「国家総動員体制」のもとでの女性の労働力化のためであって、女性政策ではなかったことは、歴史的にあきらかにされている[アグネス論争を楽しむ会編 1988; 上野・前・田中 1993]。

くなる外部コストとしてとらえた[6]。だが、その当時すでに家庭内で大きな負担となっていた高齢者介護が、上野の論点に含まれないことを竹中恵美子らから批判され、九〇年の『家父長制と資本制』［上野 1990］のなかでは、「再生産労働」のなかに「介護」を加えている。大岡の引用によれば（他人が自分の著作を引用している部分を再引用するのもおかしなものだが）、「二つの再生産労働、育児労働と老親介護労働」「老親介護という再生産（の終点にある）労働」［上野 1990: 240］、「人間の生命を産み育て、その死をみとるという労働（再生産労働）」［上野 1990: 307］という表現で、たしかに「再生産労働」に介護を加えている。「出産・育児＝再生産労働という上野の当初の定義をとるなら、老人介護は再生産労働ではないことになる」［大岡 2004: 20］にもかかわらず、上野は「なぜ「再生産」概念の出産・育児への限定を外し、老人介護を含むようにしたのか」［大岡 2004: 21］と大岡は問いかける。

上野は八五年には狭義の「再生産」概念を採用していたが、九〇年には広義の「再生産」概念を採用するに至った、と抗弁することも可能である。だが、大岡の言うように、その概念の拡張再定義を、理論的な説明も正当化も与えずに、なしくずしにおこなった、という批判は当たっているだろう。

大岡は、自分の立てた問いに対して自ら解を与える。だが、その答は当たっているとは言えない。彼は、上野が「家父長制」すなわち「労働の性別配置」だけを問題にした結果、介護をとりあげるに至ったとする。そして介護が「家族の中に閉じられていること自体は大きな問題とされない」というが、その指摘は正しくない。「労働の性別配置」は、「公私の分離」を通じて、「再生産の私的領域への配当」と結びついている。「家父長制」を「再生産費用の分配問題」［瀬地山 1996］に置き換えれば、それには「性別配置」だけでなく、「再生産の私事化（私的領域への配当）」への批判がともなっている。介護の問題には、「家族への閉じこめ」が重大な意味を持っていることは大岡の指摘の通りだが、そのことはわたしの著作でもすでに指摘したところである。

ひらたくいえば大岡の主張は、「育児支援」と「老人介護」とは違う、前者のコストを社会が負担することは労働力再生産論で正当化できる（子どもは何よりも次世代の労働力だから）が、後者はそれでは正当化できない、というものである。それなら「老人介護」にはべつの正当化根拠が要る。それが彼の問い、「なぜ老人を介護するのか？」である。

問いはよい。そこから大岡は、デュルケムの宗教社会学に依拠して思いがけない方向へと論を展開する。それが「老人介護の最終的根拠」としての「人格崇拝」説［大岡 2004: 30］である。さらに「人格崇拝」を、共同性を媒介として死者を含む祖先崇拝にまで結びつける。リベラリズムの理論にもとづく「人格」概念とは「自立した意思決定能力を持つ人格」のことだから、死者までを含みうるのか、人格崇拝がなぜどのように祖先崇拝に接続するのかは、大岡の議論を読んでもあきらかにならない。そればかりか、国家を「拡大された〈家〉」(そう言えばstateを「国の家」と訳す日本語の言語感覚自体が、何かの陰謀だと思うが)と見なし、死者に同一化する民族的共同性を想定することの根拠は示されない。❖7

「老人福祉の根拠は弱者保護のために「国民の家」があるという、拡大された〈家〉の境界の論理からしか出てこなかった」[大岡 2004: 36]という大岡の指摘は、「国民の家」理念を持つスカンジナヴィア諸国にはあてはまるだろうが、普遍性があるとは言えない。だが、「拡大された〈家〉」に境界があるという彼の指摘は、福祉国家の排他性をうまく説明している。このような「家族国家」観も「人格崇拝」のような死者との共同性も、ベネディクト・アンダーソンの言葉を借りれば「想像の共同体 imagined community」にほかならないのだから、いずれも「根拠のない信念集合」したがって「宗教」と呼ぶしかないものである。そしてデュルケムにならって「宗教」を「集合表象」とするならば、それは社会的な合意による歴史的な産物だから、時代と文化によって変容することになる。そのような規範を「最終的根拠」と呼ぶのは適切ではない。

なぜ高齢者をケアするのか？

この根源的な問いに対して、大岡の議論は、前半の批判は正しい(マルクス主義フェミニズムの再生産論は、高齢者介護の正当化根拠にならない)が、後半の解答に至って、自らの宗教社会学の土俵に議論を引き入れるための牽強付会なものとなる。すなわち前半で高齢者介護の無根拠性をあばく彼の議論は、そのまま自らの議論の無根拠性をも示すことで破綻に終わっている。❖8

ここでは、彼自身がその問いに答え得たかどうかはともあれ、

❖4 大岡は同書の注(14)で「老人福祉は、ホームヘルプサービスのおかげで、在宅の女性が働きにでることができるようになるという形で女性の労働力を作り出しうるので、「労働力の再生産」に当たる面もある」[大岡 2004: 29]と留保をつけている。だが、これでは(1)ケアという行為が「再生産労働」である、という定義に合わなくなるだけでなく、(2)在宅の高齢者を「ケアすべき」という規範の存在抜きには説明できなくなる。というのも高齢者をたんにネグレクトするという選択肢もまた可能だからである。「なぜ老人を介護するのか？」という根拠を問う大岡の立論にとっては、介護すべき高齢者を前提としてその代替選択肢を論じるのは、たんなる循環論法となろう。

❖5 わたしが依拠したナタリー・ソコロフ[Sokoloff 1980=1987]は家事労働に介護をまったく含めておらず、それには介護の不可視性というアメリカ的バイアスがかかっているかもしれない。また国家の役割についても十分な配慮が足りないのは、これもアメリカ的バイアスと言えるかもしれない。

❖6 再生産コストに第一次社会化過程のみならず、第二次社会化コストまでを加えたのは、子どもの社会化期間が長期化する近代の歴史的背景を織りこんだものである。

❖7 高齢者は死者ではなく、「死にゆく人」と同義でもない。死者との共同性があったからといって、それが高齢者介護の根拠になるとは言えない。姥捨て慣行のある社会でも、死者の供養や祖先崇拝はおこなわれただろうからである。

❖8 前半のマルクス主義フェミニズム批判と後半のデュルケミアン宗教社会学的立場とはその問題系をまったく異にしており、前半で立てられた問いに後半の議論が答えているようには論文は展開されていない。その点で前半と後半とのあいだには断絶があり、整合的な議論がなされているとは言いがたい。

次の三点を確認しておこう。それは(1)彼の立てた問いが根源的であること、(2)マルクス主義フェミニズムに対する彼の批判は的確であること、したがって(3)高齢者介護は依然として無根拠のままであること、である。

2 介護は再生産労働か

問いを再生産論にさしもどそう。ここでの問いは以下のふたつである。

(1)再生産労働に「介護」を含めることは妥当か?

(2)そうすることで、再生産論に何が可能になるか?

第一の問いには、理論的な答と経験的な答とがある。

理論的には、生産・再生産のサイクルには、生産・流通・消費に加えて移転・廃棄・処分の過程があること、そして後者の過程を見逃してきたことが汚染や廃棄物などの「外部コスト」の過小評価につながったことをあげることができる。上野の旧著[上野 1990; 2009]のなかでも、産業廃棄物と産業社会の「廃兵」との論理的なパラレルがすでに指摘されていたのだから、この解釈の妥当性は主張してよい。このサイクルのなかに、物質的な財のみならず生命を含みこむとしたら、[9] 生命の生産・再生産のサイクルに、生産に加えて廃棄・処分の過程をつけくわえるのは、たんに生産論が見落としていたファクターを補うことにすぎない。「生命の廃棄・処分」という表現は一部の人々に眉をひそめさせるだろうが、文明社会とはこの「廃棄・処分」の過程が長期化した時代、言い換えれば生命維持のコストが高くなった時代と言ってよい。財や生命の生産のみならず、廃棄・処分の過程を公的な領域から排除して不可視化したことが、すなわち死や病や障害を見えなくしたことが、ケアというその「外部コスト」の過小評価につながったのだと、両者のあいだの論理的なパラレルを主張することはできる。

理論モデルの拡張解釈を促す根拠には、経験的な現実の変化がある。すなわち人口高齢化にともなう介護問題の可視化という歴史的要因である。理論が現実の変化を予告するよりは、その逆に、現実の変化に理論が追随する場合のほうが一般的だから、人口高齢化という未曾有の歴史的事態に直面して、あたらしい対象領域が登場し、それにともなって概念の拡張が要請されたというのは、経験的には妥当である。

だが、それだけでは十分ではない。産業社会が「外部コスト」を支払うことにひさしく同意してこなかったように(もちろんそのために、事後的に汚染や公害のような大きな負債を支払わされることになったのだが)、人間の再生産における「外部コスト」が存在することの認識と、その支払いに社会が合意するかどうかはべつな問題だからである。また人口高齢化が、ただちに「外部コスト」の増大を招くかどうかも検証の必要がある。高齢化そのものは、栄養水準や衛生水準、医療水準、介護水準などの上昇の結果であって、原因ではない。平均寿命の延長は、総じて高齢者の生活水準が上がったことに帰因する。裏返しに言えば高齢者を放置しておけば[❖10]彼らの平均余命は下がるだろう。介護の手厚さと寝たきり期間の長さとには相関関係があるから、所得階層による平均余命を測定すれば、ミもフタもない結果が出ることだろう。

マルクス主義フェミニズムの家事労働論によれば、「家事とは何か」という問いに対して、理論的な答を出すことはできない。もろもろの家事の項目を列挙することで、経験的な答を出すこともむずかしい。「家事」とは記述概念であって分析概念ではない。「家事」を定義するこころみは、「家事とは、産業化の過程で、市場の外にとりのこされた不払い労働のうち、都市の賃労働者の世帯にわりあてられた再生産労働」という歴史的で経験的な定義にとどまるほかない。「市場の外にとりのこされた不払い労働」には、農家の自家消費のための生産労働も含まれる。しかしサブシステンス経済（実体経済、自給自足のこと）のもとでも、どこまでがマルクスのいう生産労働で、どこからが不生産労働かを、線引きすることは困難である。家事とは、都市の賃労働者世帯のなかで、主として女性に配当された不払い労働として事後的に発見されたものであり、それをクリスティーヌ・デルフィ［Delphy 1984=1996］は、家事労働の「都市的基準 urban criteria」と呼んだのである。[❖11]

したがって、どこまでが家事労働か？　という範囲は、歴史的に変動する。第一に、「家事」の水準が（主として技術と階層要因によって）歴史的に変動するからである。洗い立てのシーツに寝て、温かい料理を食し、いつも清潔な下着を身につけるという、かつてなら上流階層の人々にしか可能でなかった生活を多くの人々が送るようになると、家事の要求水準はいちじるしく上昇する。これを「擬装労働」と呼ぶ論者もいるが［梅棹 1959; 上野 1982］、「文化的な最低限の生活」水準は、いったん成立すると社会規範として機能するから、それを無視することはできなくなる。第二に、家事労働もまた商品化される、すなわち市場と市場の外部とに配置された家事労働の境界は歴史的にシフトする。家事にはもうひとつ、「他者に移転可能な」という「第三者基準」があるから、たとえば洗濯を妻に委ねることも、家事使用人に委ねることもできるし、またクリーニング業者のサービスを買うこともできる。家事労働の歴史研究が教えるのは、かつて家事使用人がおこなっていた労働を、やがて使用人を失った中産階級の主婦が自分でおこなうようになり、その後、サービス商品として市場化が進行した、という経緯である［Oakley 1974=1986］。

さてここで、「家事労働」という記述的な概念を、マルクス主義フェミニズムの用語法にしたがって、「再生産労働」と概念化して

❖9 経済学ではヒトも人材や人的資源として、生産や配分の対象となる。人的資源の生産を問題にするなら、その廃棄をも再生産のサイクルに含めるのは妥当だろう。

❖10 これをネグレクトという名の虐待、と呼び始めたのは最近のことである。

❖11 家事労働の「都市的基準」が成り立ったのちに、はじめて農家の主婦の生産労働と家事労働とのあいだの経験的な区別が可能になった。

みよう。育児を例にとれば、以上のふたつの歴史的変動過程がよくあてはまる。第一に、育児に要求される期待水準がいちじるしく上がったために、世帯内の育児コストは高くつくようになった。近代家族論のなかではこれを「子ども中心主義」と呼ぶ［Shorter 1975=1987; 落合 1989; 山田昌弘 1994］。近代化にともなって出生児数が減少したのは、この「子ども中心主義」の結果であって、原因ではないことは近代家族論の今や常識となっている。中世までは、子捨て、子殺し、子売り、里子などの慣行があり、そのために子どもの生存率は低かったが、だからといって以上のような行為が「児童虐待」として非難されることはなかった。

第二に、育児（という「他人の再生産」）にも「第三者基準」はあてはまる。出産を除いて、その直後から授乳を含む他のすべての養育行動は「外注」すなわち「他者への移転」が可能だからである。前近代には上流家庭では乳母に、中流家庭では里親に委ねていた育児が、やがて生物学的母による「専業育児」にとって代わり、それもまた女性の労働参加によって「社会化」されるようになる（育児の「社会化」には、市場化オプションと非市場化オプションの二種類がある）。それどころか、生殖技術の進歩によって、受胎や妊娠、出産まで「外注」可能になったのだから、「再生産の市場化」は、もしかしたら夢――もし悪夢でなければ――ではないかもしれない。

3 階層問題としての介護

同じことは介護についても言えないだろうか。

歴史的に考えれば、第一に、高齢者介護の要求水準が上がり、その結果として介護が長期化した。それ以前に栄養水準、衛生水準、医療水準の向上による平均寿命の延長がある。つまり人はかんたんに死ななくなった、のである。介護負担の増加には、この要介護の重度化と長期化という要因を避けて通ることはできない。

第二に、介護の「外注」すなわち代替選択肢が存在しないことがあげられる。前近代社会や近代奴隷制下のアメリカでは、上流階級の高齢者や障害者には、召使いや奴隷が奉仕していたことが知られているが、大衆的な規模の高齢化そのものが歴史的に前例のない経験であるところでは、家族介護に代わる代替選択肢が歴史的に未成熟である。そもそも家族介護が一般的であったかどうか、過去の家族に介護力があったかどうかも疑わしい。「昔の家族は……」育児力があったとか、介護力があったとかいうノスタルジーは、現在の育児や介護に要求される水準を考慮に入れない点で、「ありもしない過去の想像的な回顧」という「ノスタルジー」の定義に、みごとにあてはまる。すなわち「介護の家族化」そのものが歴史的には新しい現象なのである。

以上に加えて、介護には育児にはない、以下のふたつの要因が関与している。高齢者のストック（資産）と子世代のフローという経済要因である。

前者については、子どもと違って高齢者は、年少の者を統制する権力や威信、それに富という財を持っている。貨幣経済のない社会でも、高齢者は権力を威信財に変えて、若年者をコントロールする長老支配をおこなうことがわかっている。家父長制のミニマムの定義は、「男性による女性および年少の男性に対する支配」[上野 1990; 2009d]だが、この定義のなかには、ジェンダーだけでなく世代という変数が含まれている。高齢者の扶養には、「孝行」といった規範的な強制力だけでなく、富や威信というストックを介しての誘導や圧力もある。現在でも財産分与を手段として、複数の子どものあいだを高齢者が操作することはよくある。

後者については、子世代の余裕の有無がある。扶養能力のない子世代にとっては、(たとえ親が要介護状態であっても)「介護」は「問題」とならない。皮肉なことだが、介護が「問題」となるのは、子世代にそれを選択する余裕があるときだけである。よく知られている日本社会における高齢者同居率をとりあげてみよう。西欧社会に比べて日本の高齢者同居率(六五歳以上の高齢者が子世帯と同居している割合)は、年々低下しているとはいえ、二〇一〇年の時点でもまだ四〇%台を維持している。だが、これに階層変数をクロスしてみると、上層と下層では同居率が下がり、中層でのみ高くなる、というパターンを示すことが知られている。階層と同居率に相関がない、というこのデータの示す事実をどう解釈するかといえば、以下のようになる。すなわち、上層では自助能力の高い高齢者による選択的別居、下層では扶養能力のない子世代による遺棄型別居、それに対して中層では遺棄するには至らないが、別居を選択するまでのゆとりもない子世代による「しぶしぶ同居」が多い、と。同居していれば要介護の現実から逃れられないために、介護「問題」はフレームアップされる(その実、同居していても、無視・遺棄という「虐待」はいくらもある)。

このような経済要因を考慮に入れれば、「介護」とはその実、「階層問題」であり、その点では家事や育児と変わらない。家事専業や育児専従もまた、それを裏づける主婦イデオロギーや母性イデオロギーを含めて、階層イデオロギーであった。1章であげたエミリー・エイベルの「ケアの歴史的パースペクティブ」[Abel 2000]によれば、「介護する権利」は歴史的にあとになって登場したものにすぎず、低階層の人々にとっては最近まで存在しないも同然だった。

4 家族介護とは何か
——再び再生産費用の分配問題をめぐって

もういちど先にあげた問いに戻ろう。

(1)再生産労働に「介護」を含めることは妥当か？
(2)そうすることで、再生産論に何が可能になるか？

第一の問いに対しては、前節までで答えた。つまり「家事」の経験的定義のなかに、歴史的文脈のもとで「介護」が含まれるようになり、その比重が増大したことである。どのような理論的概念も経験的現実の変化に追いつくように変容を迫られるから、広義の「家事労働」に「介護」を含めることは妥当だろう。それは経験的現実をたんに追認することだが、そうしないよりは、そうするほうがずっとよい。さらに理論的には、それを「再生産労働」と呼びうるのは、「人間の生産」（または「生命の生産」ともいう）を指すに至った「再生産」の概念が、生産・流通・消費のほかに移転・廃棄・処分を含むと考えることができるからである。そう考えれば、再生産労働を、生誕から死亡までの人間の生命のサイクルのすべてにかかわる労働、と再定義することができる。そして再生産労働に育児・介護・介助を含めることで、これらすべてを包含する上位概念として「ケア」を用いることとする。生命の再生産のサイクルのうち、「ケア」の概念が主として「成長」に関わる概念と見なされてきたのは、前半のサイクルのみが強調され、後半のサイクルが見逃されてきた結果だと解することができる。同様に、財の生産のサイクルについても前半のサイクルのみが強調されてきた効果のひとつが、生産主義というものであろう。「ケア」にはたしかに再生産のサイクルの両面、成長期と衰退期の生命のサイクルのすべてがかかわっており、それにともなってケアの概念を育児のみならず介護、介助、看護へと拡張することができる。

したがってここでは、（1）「ケア労働」を「再生産労働」と同義に用い、（2）そのなかでも「育児」より「介護」のほうが歴史的に遅れて登場した概念であることを認め、（3）その上で、本論が主として「介護」場面に焦点をあてることを確認しよう。

理論的には、ケアを以上のように定義することを通じて、再生産労働論の枠組で論じることが可能になる。

ところで第二の問いがまだ解かれずに残っている。以上のように再定義することを通じて、再生産論に何が可能になるか、という問いである。

マルクス主義フェミニズムは、家事労働を再生産費用の分配問題として解いた。再生産労働を世帯内で完結するものと見なさなければ、再生産費用の分配問題の解決には、（1）私事化 privatization（2）社会化 socialization（国家化とも呼ぶ）（3）市場化 marketization（商品化 commodification とも呼ぶ）の三つの選択肢がある。[12]

もういちど、「家事労働」問題とは何だったか？をふりかえってみよう。（1）再生産費用という、社会が存続するために不可欠な労働を市場の外部すなわち家族に、（2）しかも不当に支払われない（価値を認められない）労働として、（3）ジェンダー分離のもとでもっぱら女性に性別配当したこと、が問題とされてきた。こういう問題を立てることではじめて、「なぜ女ばかりが家事をするのか？」という問いに対して、それは「不当だ」という解が与えられたのである。そして市場がその外部にひそかに依存していること、したがって「市場の自己完結性」とは虚構にすぎないことが、暴露されたのだ。

介護についても同じことが言える。「依存の私事化 privatization of dependency」[Fineman 1995=2003]の帰結の一つである「家族介護」は、「私事化」以外の選択肢が提示されない限りそもそも概念化されえない。ちょうど歴史的には家事労働が市場労働と同時に成立したように、家族介護は、非家族的な介護(社会化であれ、市場化であれ)との対比のもとではじめて概念化されたものである。福祉国家の起源を一九世紀の救貧法に求めるなら、国家というアクターは、市場の成立と同時に、「市場の失敗」に対してそれを補完する制度を準備していたのだし、その背後には、暗黙裡に「家族の失敗」が前提されていたはずである。こういう言い方では正確ではない。近代家族の形成期には、家族は失敗する以前に成立さえしていなかった。ファインマンがいうように、近代家族はその形成過程を通じて「依存の私事化」すなわち再生産費用の家族領域への配当を、事後的に可能にしてきたのだ、と。

以上を再確認しよう。介護を「再生産労働」に含めることで、理論的にも実践的にも何が可能になるか？　答はそれによって、介護という再生産費用の分配問題の解を、歴史的に解くことが可能になることである。すなわち家族、市場、国家、言いかえれば、私事化、市場化、国家化の三つの領域のあいだの歴史的な配当の変容を論じることで、家族介護を相対化することができるようになる。理論的には育児と介護はたしかに相互に独立したふたつの人間活動だが、「ケア」を両者の上位概念とすることで、これまでの再生産労働論の蓄積がすべて利用可能になる。そしてこの問題構制はそのまま、エスピン-アンデルセンらの比較福祉レジーム論[Esping-Andersen 1990=2001]の家族化、商品化、脱商品化の議論と接続する。

5　援助は正当化されるか

「家族介護」は別名「私的扶養」とも、非家族的な介護は「社会的扶養」とも呼ばれる。家族介護が非家族的な介護と同時に成立したように、私的扶養も社会的(公的)扶養と同時に、かつ相互に排他的に概念化された。そのうえで、社会的扶養、言い換えれば「援助」がいかに正当化されるか？　という根源的な問題を、障害者福祉を専門とする岩崎晋也[2002]が立てている。❖13

❖12　ここで用語法を整理しておこう。「再生産」という概念がマルクス主義の「生産・再生産」の概念を離れて、フェミニズムの文脈で「生命の再生産」活動を含意するように再定義されて流通しているように、「私領域」という用語は、マルクス理論では本来市場を含むが、近年の用語法では「家族」や「世帯」を限定的に指示するようになった。他方、「社会化 socialization」には、もともと公共化と市場化のふたつのオプションがあるが、ここでは国家をアクターとする公共化の意味に限定して用いることで、「国家化」という用語を採用する。もっと詳しく言えば、公共化もまた、公(共)化すなわち国家化と、(公)共化すなわち市民社会化とに下位分割することができるが、これについては9章で後述する。社会化のうち市場化については商品化と互換的に用いるが、近年の比較福祉レジーム論が「商品化」という概念を定着させてきているために、商品化のほうを採用したい。

大岡の介護の正当化根拠といい、岩崎の「援助の正当化問題」といい、こういう根源的な問いを立てるときの論者は、用語法のうちに介護すなわち「社会的介護」、援助すなわち「社会的援助」を意味しており、したがって暗黙の前提として「家族介護」は自明視されている。彼らの問いは、その実「社会的介護はいかに正当化されるか?」「社会的援助はいかに正当化されるか?」とおきかえることができる。その裏側にある、「家族介護はいかに正当化されるか?」はけっして問われることがないのである[14](家族介護については5章で扱う)。

社会福祉(「介護」や「援助」を含むジェネリックな用語として、一般に使われるこの用語を採用しておこう)が社会的に正当化される根拠としてしばしば持ち出されるのが「社会連帯 social solidarity」説である。だが岩崎はこの「手垢がついて誰も信じなくなった言葉」[岩崎 2002: 119]を採用しない。そしてもっと合理性のある根拠を求める。その姿勢はよい。

「社会連帯」説は、社会の成員が互いに尊厳を認め合うという「利他」説に立つ。だが、(1)他の倫理的な立場と同じく、人間に本来そのような利他性がある、と想定することは、主観的願望にすぎないか、さもなければ、たんに論証も反証も不可能な公準命題にすぎない。(2)また「連帯」の基盤にある「帰属」、すなわちどの範囲までを互いに「集団の成員(なかま)」と認めるかによって必然的に排他性をともなってしまうことは、福祉国家論のなかではよく知られた批判である。

もちろん「援助」に規範性がはいってくることは避けられない。岩崎によれば、「援助システム」とは、「(援助という)社会規範にもとづく制度化された(社会の)システム」[岩崎 2003: 71]のことである。「社会規範」は、「社会的合意」とおきかえてもよいから、この定義はたんに歴史的なものであって、なんら超越性も倫理性も要求しない。岩崎は「援助(たすけること)」に、「慈善、友愛、惻隠の情」といった「内発的動機」をあげるが、こういう利他的な「人間の本質」をもちださなくても、「たすけること」が「社会規範」でありさえすればこのシステムは制度的に(ということはつまり慣習的に)成り立つ。人は愛情がなくても「援助」をすることはできるし、また「援助すべし」という社会規範があれば、援助しないことで「罪悪感」を覚えることもありうる。

そのうえで、岩崎はリベラリズムの近代市民社会理解にもとづいて、「自立社会の失敗コスト」として「援助システム」をとらえる。その前提にあるのは「自立社会の神話」、すなわち「自立した功利的個人」からなるはずの市場システムが、その実それだけでは完結していない、というマルクス主義フェミニズムと共通した認識である。

彼は自立社会である近代市民社会が、以下の二重の分配システムから成るという。ひとつは自立主体による合理的な財と労働の交換からなる市場システム、もうひとつは私的扶養による二次的な分配システムである。「援助システム」とは、両者のいずれでもない「第三の分配システム」すなわち「援助から私的扶養を除外し、労働力の交換でも私的扶養でもなく、ニーズを基盤に財(モノやサービス)を社会的に再分配するシステム(第三の分配システム)」とする。

この議論は、福祉国家論の「市場の失敗」説と重なるが、それに加えて「家族の失敗」を論理的に含む構成となっている。リベラリズムの市民社会論そのものが、一方では市場における「合理的(功利的)個人」を前提しながら、他方で家族内で自分の利益を無条件にわかちあう「利他的個人」を想定するという人間観の二重基準を採用するというように、一貫性を欠いたものである。岩崎の市民社会理解はこのリベラリズムにもとづいているが、彼は市民社会の二重性を指摘する点で、「自立主体からなるシステム」が、その実、すこしも「自立」も「完結」もしておらず、第二と第三の分配システムによって補完されるほかないことを明らかにする。

ただし、岩崎も「第二の分配システム」である「私的扶養」を自明視しており、この領域に主婦と子どもを「従属者」として配置する。だが、女は子どもという「一次的依存」を引き受けることで「二次的依存」をかかえるだけで、女性がはじめから「自立主体」でないわけではない。裏返せば、「自立主体」とは再生産労働を女性に依存することで、その実「依存的存在」でありながらそれを忘れていられる(男性)主体(フォルバーにしたがえば)にほかならず、岩崎のいうように「自立社会」とは、「神話」にすぎないというべきであろう。

まとめよう。「援助システム」には「市場の失敗」と「家族の失敗」の両方を補完する役割があたえられている。それは「自立社会」を維持するためのコストであり、それが「集合的利益」を最大化するための手段なのだ、と。ここから岩崎は、「障害者」とは、自立社会が生み出した派生的カテゴリーであり、「自立社会」の理念によって「できなくさせられたdisabled」人々のことであるとする。❖15 したがってノーマリゼーションとは「自立社会や国家の作為・不作為」によって「価値を低められた人」たちによる、その「損害に対する補償要求」のことである、と「ニーズ」を定義していく。倫理的な議論を禁じ手にしたうえで、「自立社会」が自らの論理によって「援助」を正当化する、という岩崎の論理の展開はあざやかだが、それでも解決できない問題がいくつも残る。

❖13 岩崎が「援助」という用語を採用するのは、障害者介助を射程に入れているからである。

❖14 大岡の「国民の家」という概念も、「家」における介護の自然性を自明の前提としており、「家」を拡大したときに「国家」による介護が正当化されるという立論をとっている。他方、「家」の内部に彼の議論が立ち入ることはなく、それが彼の「家父長制」概念への無理解とつながっている。

❖15 「障害disability」を、障害者が原因で「できないことdisable」から、社会が原因で「できなくさせられたことdisabled」と見なす立場を、障害の「社会モデル」と呼ぶ。この社会モデルの成立には障害学disability studiesが大きく貢献した。障害学については、石川准や長瀬修等の著作を参照してほしい[石川・長瀬 1999; 石川・倉本 2002]。

第一に、「市場の失敗」と「家族の失敗」のコストを、「国家」が支払わなければならない根拠はない。「福祉国家」論は、国家以外の多元的なアクターを含む「福祉社会」論〔武川 1999〕へと道をゆずりつつあるが、「失敗」のコストを家族・市場・国家・市民社会のいずれが支払うべきかの分配問題はべつに議論される必要があるだろう。

第二に、「自立社会」は当然にもこのコストを軽減しようとするであろう。そうなれば、このコストの発生そのものの抑制、すなわち優生政策へはあと一歩である。世界でもっとも福祉先進国と言われてきたスウェーデンが、比較的最近まで、長きにわたって障害者の断種手術を実施してきたことは、スウェーデンを理想視する人々にショックを与えたが、福祉国家の合理的選択と考えればなんら驚くべきことではない。大岡の言うようにスウェーデン社会は「人格崇拝」や「個人の尊厳」のために高度の福祉を実践してきたのではなく、所得格差を少なくする強い再分配政策を国民的合意によって採用したために、「合理的」にコストの軽減をはかったのだ、と理解することもできる。

それにしても、介護や援助やケアの根拠を語るどの議論にもおどろくほど共通するのは、「私的扶養」とも呼ばれる「家族介護」の自明視である。市場で自己利益を最大化すべく利己的にふるまう功利的な個人が、家族に対してはどこまでも寛大にわかちあう利他的な家長である、というリベラリズムの人間観は、一貫性を欠いたまことにあやしむべきものだが、フェミニズムはこの世帯内に分け入って、「ケアの私事化」の内部にあるジェンダーの政治を問うた。そして「ケアの私事化」とは、家族介護に根拠はあるか、という問題化をもたらす効果を持った。

6 家族に介護責任はあるか

家族介護はほんとうに自明なのだろうか？　家族に介護責任はあるか？　このめったに問われたことのない、これもまたおそろしい問いには、意外な答が待っている。

「日本型福祉」において家族は「含み資産」としてあてにされ、家族介護は自明視されてきた〔大沢編 2004〕。2章と3章では、家族介護は他に代替選択肢がないことで、「強制労働」ともなりうることを論じた。だが、「介護をどこまで誰の役割として強制できるか？」——この問いを立てたのは、民法学者の上野雅和〔2001〕である。ここでいう「強制」とは「法的強制」を指す。彼は家族介護責任に「法的根拠」があるか、を問う。

結論から言えば、現行の民法のもとでは家族に（法的）介護義務はない。これが彼の答である。

一九四八年の改正民法のもとで、民法上の扶養義務の範囲は（1）直系親族間および（2）夫婦間に限定された（親族間には互助義務のみがある）。直系親族間の扶養義務は、さらに①親から子への生活保持義務と、②子から親への生活扶助義務とに分けられる。①生活保持義務とは、たとえ自分の生活を犠牲にしても子の生活を支える義務であり、②生活扶助義務とは、自分の生活にゆとりがあれば援助する義務であって、親と子のあいだの扶養義務には非対称性がある。①親から子への生活保持義務には、親権にともなう監督・教育義務がある。他方、夫婦間には、同居、協力のほかに、扶助義務があり、併せて協力扶助義務という。

ところで以上の直系親族および夫婦間に、身辺介護が必要な事態が生じたらどうなるか？ 上野(雅和)によれば、民法が規定する義務は「生活扶助義務」という経済的義務だけであり、身辺介護義務は存在しない、という。

> 介護は扶養義務者によって任意に履行されれば、扶養義務の履行といえる――対価の請求権はない――が、これを法的に強制することはできない。［上野雅和 2001: 93］

それでも介護が必要な親族がいた場合、法が可能にするのは、第三者による介護によって発生した費用を、直系親族に請求することまでである。介護には費用負担を引き受ける給付介護と、同居によって介護負担を引き受ける同居介護があるが、後者の同居介護の場合、当事者の介護ニーズに対して無視・黙殺・遺棄をした場合でも、民法ではこれを法律違反とすることはできない。現行の民法には身辺介護を法的に根拠づけるどのような裏づけも存在しないのである。

法の解釈しだいでは、「生活」のなかに経済的要素だけでなく、介護ニーズを含めて拡張解釈することも可能かもしれない。その場合も、介護ニーズの判定者は誰か、その充足の責任者は誰か、と考えていけば、たとえ子であっても、介護責任を果たさなかったことを理由に、法的処罰が可能になるとは考えにくい。同居子であっても責任が問いにくいとなれば、別居子ならなおのこと問いにくいだろう。また子の配偶者なら、ますます責任を問われることがないはずである。なぜなら法は、直系親族間の扶養義務しか規定していないからである。ただし親子関係のうち親から子に対する関係については、子に対する養育のネグレクトは虐待という名の犯罪となった。これを拡張解釈するなら、高齢者についても同じ虐待責任を問うことができるが、その帰責の対象が誰なのか、がさらなる争点となることだろう。直系親族だとしたら同居子・別居子を含めて子のすべてなのか、同居子の責任がより重いのか、同居子の配偶者は含まれるのか。それとも別居子は同居子以上に、「ネグレクト」の責任を強く問われるのか(そもそも別居によって介護ニーズを「ネグレクト」することによって)。こういうシミュレーションが無意味であると感じられるのは、このような法の成立が、どんな保守的な家族原理主義者によっても、支持されるとは考えにくいからだ。

民法の限界を補うために、二〇〇六年に高齢者虐待防止法が成立し、虐待のなかに殴る・蹴るのような身体的虐待だけでなく、拘束やネグレクト（食事を与えないことや遺棄・放置）が含まれるようになった。この法律は、「養護者」責任を問い「養護者」支援を謳うが、「養護者」とは親族以上に定義しにくい概念である。法律が定義する「養護者」とは「高齢者を現に養護する者であって、養介護施設従事者等（業務に従事する者）以外の者をいう」（かっこ内引用者）と定義されるが、この定義には親族関係上の続柄等の定義がいっさい含まれていない。それなら他人であっても同居していれば嫁が「養護者責任」を問われ、別居している実子は責任を問われないのか、同居者のうち息子とその嫁はどちらがより重い「養護者」責任を背負うのか、「現に養護する者」がそれをネグレクトするのは法律違反だが、要介護状態の老親に対してこれまでもこれからも介護に手を出さなかった子どもは「養護者」責任を問われるのか、業務でやるわけでないなら親族でない者がボランティアで介護にあたって虐待した場合もこの法律の適用対象となるのか、などとさまざまな疑問がわきあがる。

新民法成立にあたっては、介護義務どころか、親に対しては扶養義務すらないという認識が、「戦後の市民常識」として広く行き渡っていた。湯沢雍彦は、一九四八年の改正民法施行後二年経った一九五〇年に、川島武宜が次のように記したエピソードを引いて証言する。

> 民法は家族制度を廃止したのだから、当然に親扶養義務も廃止したのだ、との認識は（中略）広く行き渡っていた。
>
> ［湯沢 1998: 239］

家族法制史研究者が教えるのは、第一に家族介護に法的根拠がないこと、第二に社会意識のうえでも親の扶養義務（まして介護義務）があるとは認識されていなかったことである。

にもかかわらず、家族介護はいつから、どのようにして自明視されるようになったのか？　そして家族介護は、ほんとうにのぞましいのか？　家族の外部にあるもろもろの「介護の社会化」の選択肢は、本来あるべき家族介護の不十分な補完物、二流の代替物にすぎないのか？　……こうした問いは、わたしたちを、もっと核心的な問いに導く――家族介護がいちばんよい、か？

7　まとめにかえて

本章の議論を整理して確認しておこう。

「ケアに根拠があるか」という規範的な問いに、本書は本質主義的でかつ普遍的なしかたでは答えない。なぜなら規範もまたそのときどきの歴史的な文脈のもとでつくられた社会的な構築物であるゆえに、文脈超越的で普遍的な規範など存在しないからである。大岡や岩崎の「ケアに根拠があるか」という問いを、社会学的にメタ化して問い直せば、「いかなる社会的文脈のもとで、人々はケアにいかなる根拠を求めるか」と言いかえることができる。そのかぎりで、「祖先崇拝」も「社会連帯」も、その時代に動員される言説資源の一種にほかならない。

それよりも本章があきらかにしようとしたことは以下のことである。大岡や岩崎に限らず「ケアの根拠」や「ケアの正当性」を求める論者は、暗黙のうちに「公的(社会的)ケア」の「根拠」や「正当性」を問うことで、かえって「私的(家族的)ケア」を自明視、自然視して問いから排除する傾向がある。国家を「大きい家」と見なす大岡の信念そのものが、「(小さい)家(=私的領域)」におけるケアの自然性を前提としている。家族介護の自然性が不問に付されるからこそ、「祖先崇拝」の「大きい家(=国家)」への概念の拡張の正当性は問われても、祖先崇拝そのものの根拠は問われない。

わたしの立場は徹底的に文脈依存的で社会的なものである。もし社会が存続すべきものだということを与件とすれば、その社会には生産(財・サービスの生産・再生産)と再生産(生命の生産・再生産)が共に必要である。ここまでは公準命題である。だが、何を生産と呼び、何を再生産に含めるかは歴史と社会によって変わる。わたしたちが経験的に知りうるのは、「再生産」領域の範囲が歴史的文脈によって変化してきたことであり、それに対する資源配分もまた変化してきたことである。その変化を起こしたのは社会的なコンセンサスだが、それとて紆余曲折を経て葛藤のもとに置かれてきた。たとえその合意の「根拠」に「社会連帯」という言説資源が動員されたとしても、その連帯の範囲はつねに問題含みであった。事実上、社会がその再生産に責任があると見なすメンバーのあいだには、排除と包摂があり、そのあいだには選別と序列づけがともなってきた。社会によっては再生産に値しないと判定された生命も存在した。その意味では「祖先崇拝」も「社会連帯」も、普遍主義的理念ではありえない。

もしかしたら「もし社会が存続すべきだとすれば」という与件そのものが、疑わしいかもしれない。歴史上には、レミングが集団自殺をするように、滅亡へとなだれこんだ社会があるかもしれない。痕跡が残っていないために、わたしたちがそれを知りえないだけで。生産も再生産も「自然過程」ではありえない。そうでもなければ、自ら再生産しないことを選ぶ生涯非婚者がこれほどの規模で増加していることも説明できないだろう。マルクスが言うように「市場が労働力の再生産を安んじて労働者の本能に委ねることができた」時代は、とっくに過去のものになった。もっと正確にいうなら、そんな時代はかつて歴史上いちども存在したことがなかったと言うべきだろう。

以上を前提にしたうえで、本章が論じたのは、まず第一に、再生産過程に高齢者の介護を含むことには経験的な妥当性があり、また理論的にも有効性があることである。第二に、「公的ケアに根拠があるか」と問う前に、「私的ケアに根拠があるか」と問いなおすことである。この問いに対する答は、法的には「ない」というものだった。それでは規範的には？　私的ケア(家族介護)は、規範以前のものとして自然視・自明視されてきた。だからこそ、問いは「家族介護は自然か？」そして「それはなぜ自明視されたのか？」に向かう。「家族介護」が無条件で「よきもの」と見なされるあいだは、その呪縛から解きはなたれないだろうからである。「家族介護」の神話は解体されなければならない。そうしないかぎり、公的ケアはいつまでたっても「家族介護」の補完物、二流の代替物にとどまりつづけるだろう。

次章では「家族介護」モデルを検討する。

第5章

家族介護は「自然」か

本章ではそれを検証し、家族介護の新しい動向を論じ、家族介護をとりまく現実をあきらかにし、家族介護のミクロとマクロの配置を考察する。

1　はじめに

動物の世界には育児行動はあっても、高齢者介護はない。介護とはすぐれて人間的な行為であり、何が介護かは歴史と社会によって変動する。「孝」という徳があること自体が、介護が自然現象ではなく人為的におこなわれる規範的な行為であることを示す。家族史研究は、母性愛もまた本能ではなく、歴史的な構築物、したがって規範的な制度であることを証明する。もし母性愛が「自然」であり「本能」であるとしたら、その「喪失」や「崩壊」が起きるわけがないからである。❖1

前章では家族介護には何の法的根拠もないことを示した。それなら家族介護は慣習もしくは習俗なのだろうか？　守旧的な人々が懐古的に語る「家族介護」は、日本的な家族制度のもとでの保守すべき「伝統」なのだろうか？　そもそも家族介護とは何か？

2　「家族介護」とは何か

ホブズボウム［Hobsbaum & Ranger 1983=1992］が言うように、今日多くの人々が「伝統」と考えるものは、その実、歴史の浅い社会現象であり、近代の成立にともなって登場した「創られた伝統」であることが、次々とあきらかにされてきた。日本における「家」制度も、「伝統」であるどころか、明治国家の発明品であることは、多くの法制史学者が指摘している。それどころか、千田有紀［1999; 2011］

❖1　田間泰子は克明な言説分析を通じて「母性愛という制度」［田間 2001］の構築のされ方をあきらかにした。

の指摘するように、「家」は戦後になって「近代的家族」(「近代家族」ではない)との対比のもとに「封建遺制」として再構築されたとすら考えられる。

その戦前の「家」のもとでの高齢者介護は、歴史的に見てどういうものだっただろうか？　介護福祉の専門家たちは、「家族介護」そのものが、社会現象として歴史的に新しいことを指摘する。

第一に、平均寿命の短さがあげられる。日本で国勢調査が始まったのは一九二〇(大正九)年、信頼に値する人口統計はこの年を遡らないが、この時代(大正一〇年—昭和五年)の平均寿命は女性が四六・五四歳、男性が四四・八二歳、死亡原因の一位は結核などの感染症である。栄養水準が低く、衛生水準も低い多くの社会で、多くの人々は四〇代までに感染症で死亡していき、「高齢期」を迎える人々は多くない。代わってがんが死亡原因の一位になるのは、感染症が制御されて、加齢にともなう疾患が優位になってからのことである。[2]

もちろん平均寿命の算定法はゼロ歳時の平均余命というものだから、乳幼児死亡率の高さを割り引いて考えれば、この時期を生き延びた人々の多くは五〇歳までは生きるという「人生五〇年」を想定していたかもしれない。だが五〇歳に達したときに、自分自身の親が生存している確率はきわめて低かった。それは今日の五〇代が、高齢になった親に対する「介護適齢期」であることときわだった対照をなしている。

このように高齢者[3]の人口学的な存在そのものが、歴史的には新しい現象である。人口高齢化率は、長寿化と少子化の関数だが(長寿化が進行しても出生率が低下しなければ高齢化は起こらない)、国連統計によれば、二〇〇〇年の人口高齢化率は、いわゆる「先進地域」で一四・三%であるのに対し、「開発途上地域」では五・一%。高齢者人口比七%以上の社会を「高齢化社会」、一四%以上の社会を「高齢社会」と呼ぶが、それにしたがえば、日本は一九七〇年に「高齢化社会」に突入し、一九九四年に「高齢社会」の段階に入った。つまり少なくとも高齢化社会になるまでは、高齢者そのものが、人口学的な少数派にとどまっていた。

しかもこの人々が、「介護を要する高齢者」かどうかはべつの問題である。なぜなら要介護状態になってからの延命は、経済水準、栄養水準、衛生水準、医療水準、介護水準等に依存するために、戦前には「要介護期間」は長期化しなかった、と考えられるからである。

第二に、同居にともなう扶養慣行はどうだろうか。日本における六五歳以上の高齢者の子どもとの同居率は、長い間八割近くと高い水準を示してきた。これが徐々に減少傾向を示し、五〇%を割るのが一九九九年、二〇〇八年には四四%台に低下した。家督相続が扶養期待とセットであることは前提されてきたが、親世代は本当に「被扶養者」だったと言ってよいだろうか？　前近代社会における隠居慣行の年齢は、四〇代から五〇代、母屋を子世代の夫婦にゆずって隠居屋に移っても、農家世帯では一家総出の家族労働が継続する。高齢者のカテゴリーにまだはいらない親世代は、家族の一員として家計に貢献するばかりか、長く家計の実権を握り続けているケースもある。自営業者の多くがそうであるように家族が経営共同体であるところでは、同居の親世代を「被扶養者」と呼ぶのはふさわしくない。生産労働に貢献しない場合でさえ、生産力として価値の高い嫁に代わって、家事や育児の負担を引き受けてきたのは祖父母の世代であった。

第三に、三世代同居家族の同居期間が、現在よりはずっと短いことがあげられる。戦前のファミリー・サイクルの平均値によれば、長子に嫁が婚入してから舅が亡くなるまでの平均が八年、それから姑が亡くなるまでが三年、たとえ長男に嫁いでも舅姑と同居する期間の長さは平均一一年と短い❖4。そのうえ同居期間の大半を、親世代は活動的なまま過ごすのだから、同居期間すなわち扶養期間とは限らないばかりか、扶養期間であったとしても介護期間とは限らない❖5。

第四に、人口学的に見て、子世代の親との同居確率の低さがあげられる。近代社会はどこも多産多死から多産少死への人口転換を経験してきたが、戦前女性の平均出生児数は五人台と多い。親からみた子世帯との同居率が八割台と高くても、子世代からみた親との同居率は、きょうだい数に応じて低くなる。国勢調査第一回の核家族率が、「家」制度のもとでもいちじるしく高かった(五四・〇%)ことは、長く社会学的説明を要する問いとなってきたが、それは現在では、第三にあげたファミリー・サイクル上の同居期間の短さと、人口学上のきょうだい数の多さから説明されている[盛山 1993; 落合 1994]。すなわち出生児数が五人台なら男子はその半分で約三人、そのなかですべての長男が親と同居したとしてもその確率は三分の一となる。また戦前家族の平均的なファミリー・サイクルである二七年間のうち、一一年間を同居したとしても残りの一六年は、長男世帯であっても(次の子世代が結婚するまでは)核家族で過ごすことになるから、計二七年分の一一年、これも約三分の一である。事実、大正九年の世帯構成のうち、直系家

❖2 九九年の人口動態調査によれば、死亡原因の上位三位は、悪性新生物(がん)、心疾患、脳血管疾患が占めるが、いずれも加齢にともなう疾病であり、裏返して言えば、これらの疾患が死因になるほど日本人が長命になった証拠と言える。

❖3 日本の人口統計では一九六〇年までは六〇歳以上を「老年人口」としていた。一九五六年に国連が六五歳以上を「高齢者」と定義したことを受けて、日本でも国勢調査で六五歳以上を「老年人口」としたのは一九六五年からである。

❖4 湯沢雍彦編『図説家族問題』[1973]、国立婦人教育研究会編『平成6年度版 統計にみる女性の現状』[1994]等の資料による。「家」制度の「悪」としてしばしばあげられる「嫁姑問題」は、前近代よりは近代的な問題であることを、女性史家は指摘する[ひろた 2005]。それというのも平均寿命の延長によって、嫁と姑の同居期間がいちじるしく長期化したからである。

❖5 一九二〇(大正九)年と一九九一(平成三)年とを比較すれば、老親扶養期間は前者で平均五・三年、後者で平均二〇・三年と約四倍になっている[国立婦人教育研究会編 1994: 17]。

族率約三一%という数字は、以上のシミュレーションが説明力を持っていることを証明する。合計出生率、すなわち女性が一人あたり一生のうちに産む平均出生児数が五人台から二人台にドラスティックに減少するのは一九六〇年代の一〇年間のことである。日本ではこれ以降初めて、「長男長女時代」の少子化世代が登場する。

以上をまとめれば、高齢者介護のうち、同居家族による家族介護は、けっして一般的でもなければ、人口学的にみて多数派の経験でもなかったのである。

3 「家族介護」はいつから問題となったか

前節で見たように、「家族介護」とは歴史的に新しい現象である。そしてそれは「問題化 problematization」されることを通じて、可視化されてきた。本節では、日本における高齢者介護の問題化の歴史を、主として『増補　高齢者生活年表 1925－2000 年』[河畠・厚美・島村 2001]をもとに再構成してみる。

一九八二年の国際連合主催「世界高齢者問題会議」は、高齢者人口比七%以上の社会を「高齢化社会」、一四%以上の社会を「高齢社会」と規定した。その規定にしたがえば、日本社会は一九七〇年に「高齢化社会」に突入し、一九九四年に「高齢社会」の段階に入ったことは前節で述べた。この国連会議が、その名称に「問題」という用語を含んでいることに注意したい。高齢化の進行は、その成立の当初から、対処すべき「高齢者問題」として登場したのである。

高齢者問題が政策課題として焦点化したのは、一九六三年に老人福祉法が成立したことをもって画期とする。❖6 この法律は一部の低所得層の高齢者対策を超えて、すべての高齢者を対象に、人権や生活、就労保障などをうたった一貫性のある施策を整備するものだった。それに至るまでの高齢者福祉の前史を、簡略に述べておこう。

一九二五(大正一四)年第一回全国養老事業大会が開催され、救護法の制定を決議した。救護法は一九二九(昭和四)年に公布、三年かかって一九三二年に施行された。対象となった高齢者は約三万人、施設収容者は約二〇〇〇人。

> 収容施設は養老院で、一汁一菜、八人とか十人の雑居生活が中心であった。[河畠・厚美・島村 2001: 4]

高齢者の施設収容が救護法起源であることは、春日井典子が『介護ライフスタイルの社会史』で指摘するように、「収容老人にたいする世間の差別的なまなざし」を生み、「『お上の世話』になることを恥とし、施設介護を忌避する心性」[春日井 2004: 30]を定着させた。このような福祉のスティグマ化は、他方で「家族に在宅介護を強いる圧力として作用した」と春日井は述べる[春日井 2004: 30]。

一九三八年には厚生省(当時)が設置される。福祉国家の戦争起源説はもはや常識となっているが[冨江 2007; 副田 2008]、戦時体制のもとで高齢者施策は後退する。[7] 統制経済のもとで、高齢者は一般成人より配給の量を減らされるなど、[8]「老幼者」は「足手まとい」として地方への疎開を奨励されたという[河畠・厚美・島村 2001: 6]。他方、農村部で男手を奪われた農業生産を実質的に支えたのは、女性と高齢者だった。

一九四七年の臨時国勢調査にひき続いて、一九五〇年になって、戦後第一回の本格的な国勢調査が実施された。総人口八三二〇万人のうち、高齢者の人口比は七・六%と発表されたが、このときはまだ、六〇歳以上が「老年」のカテゴリーに含まれていた。平均寿命が女性六一・四歳、男性五八・〇歳となり、「人生六〇年時代」を迎えたともてはやされた。[9] 人口学上の「老年」の定義が、「六五歳以上」とされたのは、一九五六年の国連報告書において六五歳以上の人口比が七%以上の社会を「高齢化社会」と呼んだことからきているとされる。

「老人問題」が徐々に社会的に認知されるようになったのは、高度成長期になってからである。一九五六年には「第一回日本ジェロントロジー学会」、五七年には「老人の健康と福祉を高める国民会議」、六一年には第一回老人クラブ全国連合大会が開かれている。五六年には第一回の厚生白書が刊行され、「老齢者対策」が一項目としてあげられ、高齢者問題が「社会問題」であるとの認識が登場した[10][河畠・厚美・島村 2001: 24]。

もうひとつ特筆すべきは一九五九年に国民年金法が制定されたことである。社会保障制度は、所得保障(貨幣給付)と対人サービス給付とが車の両輪をなしているが、本書ではもっぱら介護というサービスについて扱い、所得保障や所得再分配の制度については扱わない。

こういう時代背景のもとに、一九六三年、老人福祉法が制定さ

❖6 本書では一貫して「高齢者」という用語を採用しているが、歴史上の概念として「老人」「老人福祉」等の用語が出てくる場合には、出典にしたがう。

❖7 4章で論じた「介護の正当化問題」は、ここでも妥当する。福祉はすべての分野にわたって一体となって前進するわけではない。戦時下で高齢者福祉は後退したし、障害者福祉は切り捨てられたばかりか、ナチの優生政策に見るように、断種や施設収容がおこなわれた。したがって、児童福祉、高齢者福祉、障害者福祉等々には、それぞれ異なる正当化根拠が必要であるとする大岡頼光の主張は正しい。

❖8 米の割り当て配給にあたっては、成人は一人一日二合五勺、六〇歳以上の高齢者は二合一勺に制限されたという。

❖9 この年に、兵庫県ではじめて九月一五日を「としよりの日」と制定。翌一九五一年には全国的に拡がり、五四年に「老人の日」と改称。六六年には国民の祝日、「敬老の日」となった。

❖10 「老齢者対策」という用語法は、女性政策が登場した初期の行政の対応を想起させる。初期の担当部局の中には、「女性対策係」のような名称を持つものがあった。当時、行政の「対策」の対象とされていたのは暴力団ぐらいだったから、「女性」と「暴力団」とはいずれも行政から見て「対策」の対象なのか、と揶揄されたものである。同様に、「老齢者」もまた、「対策」されるべき対象であったことが、この用語法から見てとれる。

れ、翌六四年には、厚生省に社会局老人福祉課が設置された。この法律で「老人家庭奉仕員制度」が初めて盛りこまれ、公的な在宅介護サービスがスタートしたが、対象は低所得者層に限られていた。高齢者施設は、この法律のもとで、養護・特別養護・軽費と三種類の老人ホームに整備された。施設・在宅ともに低所得者に限られ、行政の判断でサービス給付の内容が決められ、施設への「収容」(当時の行政用語)がおこなわれた。救護法の系譜を汲んだ生活保護法とともに、この法律のもとでの高齢者福祉は、行政のパターナリズム(措置)とサービス利用のスティグマ化をともなった。のちに介護保険法について触れるように、二〇〇〇年の介護保険法が、高齢者福祉を「措置から契約へ」「恩恵から権利へ」[炭谷 2003; 中西・上野 2003]と変化させたことは、ドラスティックなパラダイム・シフトであった。

施設介護に加えて今日では「在宅介護」として知られるホームヘルプサービスが初めて実施されたのは一九五六年長野県の「家庭養護婦」の導入による。それ以降、大阪市、布施市、名古屋市等で次々に実施、六一年までには一八市町村に導入され、「独居老人家庭巡回奉仕員」という名称で呼ばれた。六二年には東京都がホームヘルパー制度を導入。[11] 対象者は「生活保護を受けている六五歳以上の身寄りのない高齢者」。この時期以降も家庭奉仕員は低所得世帯の独居高齢者を対象としており、家族の外にはみだした高齢者が「対策」の対象とされ、同居家族がいる場合には、サービス給付の対象とならなかった。裏返して言えば、家族は介護資源として自明視されていたと言える。

以上の歴史的経緯を通じてあきらかになるのは、「高齢者福祉」とは、前章で述べた「市場の失敗」と「家族の失敗」の補完物として位置づけられていたことの再確認である。福祉の対象となる高齢者はもっぱら家族の援助を受けられない人々に限定されていた。

こういうなかで、同居家族のいる高齢者の「家族介護」が問題化されるには、六〇年代末まで待たなければならない。六七年に東京都と長野県の社会福祉協議会が、全国で初めて「寝たきり老人実態調査」を実施した。[12] さらに六八年に全国社会福祉協議会(全社協)が全国一三万人の民生委員の協力のもとに、全国規模で「居宅寝たきり老人実態調査」を実施、その結果を発表した。それによれば「居宅寝たきり老人」は全国で約二〇万人、そのうち排泄介助が必要な者が五五%、介護者の続柄は、嫁が四九%、配偶者(ほとんどが妻)二七%、娘が一四%という調査データが公表された。

六九年には厚生省が六〇歳以上の高齢者九〇〇〇人を対象に、「全国老人実態調査」を実施、その結果を発表した。それによれば子どもと同居している高齢者は約五割、夫婦のみの世帯が一一%、単身世帯が四・二%。このうちあとの二つの世帯類型はこれ以降も増加の一途をたどり、最新の国勢調査にもとづく二〇一〇年には夫婦世帯が二八・六%、単身世帯が二〇・二%と急速に増加している。だがこの時期までの「老人問題」とは、単身、低所得、病弱、と経済資源も介護資源も持たない人々に限定されていた。「家族の中の老後」が自明視されていた時代には、行政は「家族の外」にはみだした高齢者だけを「対策」していればよかったのである。

この状況に警鐘を鳴らしたのが、一九七二年に刊行された有吉佐和子の『恍惚の人』[有吉 1972]である。もとから社会派の作家を自任していた有吉は、当時勃興しつつあったジェロントロジー(老年学)を専門家に取材し、痴呆性老人[13]の家族介護の壮絶な現実を描いた[14]。構築主義の社会学[Spector & Kitsuse 1987=1990; 中河・平 2000]の用語を採用すれば、この小説は嫁の介護負担を描いて「クレーム申し立て」をおこなうことで、「家族介護」の「社会問題化」を喚起したことになろう[15]。『恍惚の人』の主人公、夫の父を介護する嫁の昭子は、作中で行政の援助を求めて市役所を訪れるが、応対した老人福祉指導主事は「老人を抱えたら誰かが犠牲になることはどうも仕方がないですね」、「主婦の方にしっかりして頂くより方途がない」と言い放つ[有吉 1972]。刊行当時の『赤旗』の書評が指摘するように、その時代には「日本の現実の老人政策はそこで行き止まり」であった。

六八年の初の「居宅寝たきり老人実態調査」でわかった「寝たきり老人」は全国で二〇万人、それが七八年には三六万人、九三年には痴呆性老人を含む要介護状態の高齢者が九〇万人、九七年には「痴呆性老人」と「寝たきり老人」の合計は一〇〇万人を超えた。厚労省の推計によれば、二〇二五年にはこの数は二三〇万人に達するという[若尾他 1997; 上野 2000: 63]。

だが実態調査はまだ介護を要する高齢者の現状把握に向けられていたにすぎない。家族介護者の負担が問題化されるのは、それよりずっとあとのことである。一九八六年に全社協が全国初の「在宅痴呆性老人の介護者実態調査」を実施。九割が家族介護に依存し、しかも「公的援助のない家族内介護が浮き彫りに」[若尾他

❖11「ヘルパー募集には八百人余りの女性が応募し、選考の結果六五人が採用された」[河畠・厚美・島村 2001: 34]とある。

❖12「寝たきり」という言葉は当時まだ普及しておらず、「臥床老人」という用語も考えられたという。のちに朝日新聞元論説委員の大熊由紀子ら[大熊 1991; 朝日新聞論説委員室・大熊 1996]が、「寝たきり」ではない、「寝かせきり」だと、キャンペーンを展開した。

❖13 二〇〇四年から「痴呆症」は「認知症」と改称されるようになったが、本書では当時の歴史的名称を採用する。

❖14 この小説は、二〇〇万部を超える「戦後最大のベストセラー」[木本 1988]となり、版元の新潮社は社屋を増築して「恍惚ビル」と呼ばれたという。

❖15 有吉のこの作品は、呆け不安を煽り老化への恐怖を問題化する側面と、介護負担(とりわけ嫁の家族介護)を問題化する側面の両方があった。高齢の男性読者は前者のメッセージを受け取り、中年の女性読者は後者のメッセージを受け取る傾向があったことは、作者の平野謙との対談のなかでも示されている。ただし有吉にとっても「嫁の介護」は自明視されており、その「負担の重さ」が問題化されているにすぎない。わたしは『上野千鶴子が文学を社会学する』[上野 2000]のなかで、有吉のこの作品を「老人介護文学」として論じ、その二三年後、一九九五年に刊行された佐江衆一の『黄落』[佐江 1995]と比較したが、佐江の作品のなかでは「嫁の介護」そのものの自明性が揺らいでいることを見てとることができる。

1997]された。

それまではもっぱら家族介護者の自助努力が続いた。八〇年には京都で「呆け老人をかかえる家族の会」が発足。一周年を迎えるころには、全国一〇ヵ所、会員数九六〇人を擁するに至った。八三年には一部の保健所でようやく精神衛生相談の一部として「ぼけ相談窓口」を開設、ただし、低所得でもなければ家族介護資源がないわけでもない高齢者に、公的支援の選択肢はなかった。わずかに各地の「家族の会」が月に一回程度のデイケアをボランティアで提供することで、家族介護者の負担を軽減していたにすぎない。

同じ年、全国最大の生協、灘神戸生協で「コープくらしの助け合い活動」がスタート。有料で在宅福祉サービスを提供する事業を始めた。9章で詳しく論じるが、今日、「協セクター」と呼ばれる市民事業体のはしりである。これらの人々は、介護負担の重さにあえぎながら、公的支援の期待できない待ったなしの現実のなかで、共助の理念を実現しようと動き始めた人々であった。

同じく八三年に「高齢化社会をよくする女性の会」が発足、人口高齢化率が一四%を超えた九四年には、「高齢社会をよくする女性の会」と改称した。おなじ頃、新聞のコラムニストでもあった横浜の高齢男性(八六歳)が、介護疲れから痴呆症《ママ》の妻を絞殺するという事件が報道され、ショックを与えた。「高齢社会をよくする女性の会」の代表、樋口恵子は、「要介護になると、妻は夫に殺される」として、介護のジェンダー・バイアスを批判した。[16] 痴呆介護に焦点化された家族介護者の介護負担は、このようにしてしだいに問題化されるようになってきた。「高齢社会をよくする女性の会」は、会員を対象に独自の調査・研究を次々に実施し、その結果を世に問うてきたが、九七年の第二回「家族介護についての実態調査」によれば、家族介護者の高齢化に加えて、介護の長期化・重度化・多重化が指摘されている。

そういうなかで、九四年に細川内閣の「新ゴールドプラン」が策定され、介護保険構想が浮上した。およそ六年にわたる検討を経て、九七年に国会で可決、二〇〇〇年四月から施行されたことは周知の通りである。その過程で、「介護の社会化を進める一万人市民委員会」とならんで、「高齢社会をよくする女性の会」は、政策決定に重要なアクターとしての役割を果たした。それまで低所得者層、独居老人に限定されていた公的サービスを、家族介護者のいる中間層の在宅高齢者にまで拡大した点で、介護保険は画期的な制度であり、「家族介護」の脱自然化に向けて、一歩を踏み出したものと言える。介護保険の評価と検証は7章以降で扱うことにして、本節では「家族介護」が「問題化」されるプロセス自体が、比較的最近の現象であることを確認しておきたい。

4 「家族介護者」とは誰か

「家族介護」は字義通り、「家族」の一員によって担われる。ところで「家族介護者」とは、いったい誰のことだろうか？

厚労省の「国民生活基礎調査」は、「要介護者から見た主な介護者の続柄」を、配偶者、子、子の配偶者とカテゴリー化しており、これにジェンダーの区別を含めるようになったのはごく最近のことである。二〇〇二年の統計によれば、要介護高齢者のうち、親族と同居しているのは全体の七一・一％、その内訳は、配偶者二五・九％、子一九・九％、子の配偶者二二・五％となっている。これでは、配偶者が妻なのか夫なのか、子の配偶者が嫁なのか婿なのか、データからだけでは読みとれない。こういう統計を、「ジェンダーに非関与な gender indifferent」統計という。「ジェンダーに非関与な」とは、「ジェンダーに中立的な gender neutral」という意味ではなく、むしろ「ジェンダーに敏感でない gender insensitive」統計にほかならない。2章でケアをめぐる言説の脱ジェンダー化の政治について論じたように、現にそこにあるジェンダー化された現実を無視し反映しない統計は、実際の役に立たないばかりか、中立性の見かけのもとにその実、「ジェンダーに偏りのある」現実すなわちジェンダーの政治を隠蔽する効果があることを、「ジェンダー統計」は問題にしてきた［伊藤 1997］。

そのため、二〇〇二年の「国民生活基礎調査」は、「同居の家族等介護者の男女別内訳」という付表をつけている。それによれば、性別を加えた家族介護者の続柄は、多い順番に嫁（息子の妻）二二・一％、妻一七・六％、娘一二・三％となり、この三つのカテゴリーだけで五二・〇％を占める。次に夫八・二％、息子七・六％と続く。その他の女性親族一・九％は、孫や姪であることが推定され、それにつづくのが婿（娘の夫）の〇・五％である。このところ家族介護者のうちで男性の割合が漸増しているが、それは高齢者の夫婦世帯が増加している結果、「配偶者」カテゴリーに入る男性、つまり夫による妻の介護が増えてきたことを反映している。このデータからもわかる通り、家族介護者としての女性の役割、とりわけ嫁の介護は依然として根強いが、しだいに減少傾向にある。

これまで「家族介護者」と言えば、「同居の親族」であることを自明の前提としてきた。だが近年の調査では、高齢者の世帯分離の傾向から、「家族介護者」に「別居親族」も含まれる状況が生まれてきた。これまでは同居と扶養、そして介護とが三点セットのように論じられてきたが、その三つが分離してきたのである。同居と介護とが分離してきた動向を背景に、高齢者の世帯構造の変化と同居規範のゆらぎを検討しておこう。

さまざまなデータを総合すると、九〇年代以降、以下のような変化が急速に起きていることがわかる。

第一は、高齢者と子世帯との世帯分離の傾向である。高齢者の三世代同居率は低下する一方、代わってしだいに増えているのが

❖16 被告の夫に世論は同情的で、その後法廷は、被告に懲役三年執行猶予三年の「温情的」な判決を出した。だが、これが介護疲れからの妻による夫の殺害、もしくは嫁や娘による老親の殺害だったら世論の反応はどうだっただろうか？

夫婦世帯であることはすでに述べた。今日では、夫婦が揃ってい るあいだは、別世帯を維持する慣行が定着している。夫婦の一方が要介護状態になっても別居が維持される傾向は、家族介護者のうち「配偶者」の比率をおしあげる結果となった。家族介護者の男性比率が高まっているのは、この「配偶者」カテゴリーのうち、男性、すなわち妻の介護をする夫が増えていることを意味する。夫妻の年齢差は日本では高齢者ほど大きく、一般に夫が妻より年長の傾向があるが、要介護状態になる順番は年齢どおりとは限らない。

第二は、同居の場合も、同居の相手が長男とは限らない、という長男規範のゆらぎである。これを「修正直系家族」「選択的拡大家族」と名づける家族社会学者もいる。長男の嫁と気が合わないから次男の世帯と同居するとか、長男が海外赴任しているために近くに住んでいる三男の一家と同居を選ぶというケースや、娘夫婦と同居という選択肢も増えてきた。また子どもが順番に婚出していった結果、最後に残った未婚の子どもと同居するという「パラサイト」型の同居も少なくない。二世帯住宅や近接異居のケースもあり、[17]この場合は母系型(妻方親族寄り)居住が選好される傾向がある。とりわけ女性の就労率が高まるにつれ、出産を前提に実家の母親の育児支援を期待して、娘世帯が居住地選択を決める傾向が、都市部で強まっている。また同居相手の選択にともなって、親の側でも扶養や介護に貢献度の高い子どもに、遺産を案分して多く残そうとする傾向も見受けられる。また逆に遺産の分割を手段として、複数の子どものあいだを親がコントロールする傾向もある。

第三は、同居開始時期が遅れる傾向である。子の結婚と同時に同居が始まるケースは減少し、代わって親の高齢化や要介護状態の発生、配偶者に先立たれて単身になるなどのライフサイクル上の変化を契機に、遅れて同居を開始する傾向がある。これを中途同居と言うが、その多くは「呼び寄せ」型同居であり、居住地の移転を迫られるのは親世代のほうである。また同居にともなって、すでに確立した子世帯の「家風」に合わせることを求められるのも、親のほうとなる。高齢期や要介護期になってから同居を開始した親は、成長期をともにしてきていない孫からはなじみが薄く、また同居の当初から、家族に貢献するメンバーとしてではなく家族の負担となるメンバーとして加わることで、コミュニケーションがうまくいかないこともある。高齢者の「幸福度調査」では、中途同居の高齢者の幸福度が、他の居住形態に比べて低いことが知られている。

第四は、たとえ同居の場合でも、強い家計分離の傾向があることである。かつては同一世帯は同一家計が前提であり、したがって、親との同居すなわち扶養という「常識」が通用していたが、年金権の確立によって高齢者が必ずしも経済弱者ではなくなるにつれ、親世代の扶養と介護費用の「受益者負担」の原則が急速に普及していった。家族はかつては「家計共同体」であり、世帯主のシングルインカムがそのまま「シングル・ポケット」（財布がひとつ）となっていたが、ダブルインカム世帯が一般化するにつれ、一つの世帯に「ダブル・ポケット」、「トリプル・ポケット」があることはあたりまえになってきただけでなく、介護の有償化と外注が進むにつれ、この「受益者負担」（介護費用は要介護本人の年金の範囲で）が一般化してきたことは、介護費用の出所を尋ねる各種の調査からもわかっている❖18［春日 2001a；上野 2005］。このことは無年金や低年金の高齢者にきびしい状況を強いる結果となった。

以上のように、高齢者の「同居」の内容は、急速に変容を遂げてきている。同時に、子世帯との同居が高齢者の幸せ、親との同居が子のつとめ、という「同居規範」も変容を迫られている。事実、子との同居についての意識調査を見ると、世代が若いほど「同居」をよしとする人々の数は、男女とも減少傾向にある。

世帯分離は、子世帯が遠隔地に住んでいるという物理的な理由や、子世帯や親世帯それぞれの事情といった余儀ない理由ばかりで起きているわけではない。経済階層別の同居率のデータを見ると、高齢者同居率は高経済階層と低経済階層で低く、中間層で高い、山型を描くことが知られている。したがって別居にも同居にも、経済階層ごとにそれぞれ異なった理由があることが想定される。高経済階層は二世帯を維持できるゆとりがあれば別居を選好する「選択的別居」、低経済階層は子世帯に親をひきとる余裕のない「遺棄型別居」、これに対して中間層では、遺棄するにはしのびないが世帯分離を維持するまでのゆとりもない人々の「やむなく同居」「しぶしぶ同居」が多いことが推測される。つまり選ぶ余裕さえあれば、すすんで別居を選好する高齢者は少なくないのである。「同居」が即幸せ、という同居規範は揺らいできていると言うべきであろう。

興味深いことに、高齢者の自殺率統計のうち、同居親族のいる高齢者と単身高齢者とを比べると、前者の方が自殺率が高い、ということもわかっている。うつ病患者がその回復期に自殺を図るように、自殺は能動的な行為であり、エネルギーを必要とする。また自殺は、自分の周囲にいる他者に対する、ことばにならないメッセージという性格も帯びている。そう考えれば、同居親族のいる高齢者の自殺率が高いことは少しも不思議ではない。子どもの家族に無視されたとか、虐待されたとかの理由で、高齢者

❖17 世帯構成の統計では「近接異居」はカテゴリー化されておらず、同居か別居かの区別しかわからない。またどの程度を「近接」というかについては、定まった定義がない。空間距離から時間距離までを考慮に入れれば、同一敷地内隣居から、クルマによる移動一五分圏内まで、人によって「近接」の程度は異なる。八〇年代大阪府下での調査では、新婚夫婦の新居住地選択にあたっての条件は、「妻の実家から都市交通機関を使って乗り換えなしの一五分圏」というデータが出た。この時期からすでに、母系型選好が見られる。

❖18 春日キスヨも近年の家計分離の傾向を指摘している。わたし自身の調査からも「介護の費用負担」のうち「本人」の割合が高いことがわかっている。

は「あてつけ自殺」をすることもある。世代間の世帯分離が自明視されている西欧や北欧の高齢者に対して、日本の家族制度を支持する保守的な人々は、単身高齢者を「孤独な老人」と呼んで北欧の高齢者の自殺率の高さを折にふれとり上げてきたが、高齢者自殺率の国際比較からは、それもデータによって反証されている。北欧より日本の高齢者の自殺率の方が高いからである。日本でも高齢者と子世帯の世帯分離は急速に「常識化」してきた。第三者の視線や内面化された「同居規範」から「強制的」同居を選ぶことは、高齢者にとっても、子世代にとっても、双方にとって必ずしも望ましい選択とは言えない。

5 「家族介護」は福祉の含み資産か

にもかかわらず、日本の高齢者福祉は、同居の家族介護者がいることを自明の前提として組み立てられてきた。介護の社会化を謳った介護保険ですら、利用料の上限を設けることで、「利用者本位」と言いながら家族介護を暗黙の前提としている。要介護度5の利用者で利用料の月額上限約三六万円は、単身世帯の在宅高齢者の必要量に足りないことは、最初から織りこみ済みだった。というよりも、介護保険の制度設計そのものが、「利用者本位」のかけ声の裏で、当初から家族介護者の負担軽減をめざしたものであり、そのような政策意図のもとに合意形成されたものだった。そして制度設計の意図通り、介護保険によってほっと息をついたのは、中産階級の家族介護者（とその配偶者）たちだったのである。

それまで不可視の存在とされていた家族介護が、政治的に可視化されたのが七〇年代である。昭和五三年版の『厚生白書』［厚生省 1978］は、家族介護を「社会福祉の含み資産」と呼んだ。先進諸国で福祉国家化が政策課題となっていたこの時期に、「日本型福祉社会」は、家族介護者の不払い労働を組みこんだ「安上がり福祉」の構想として浮上し、政治が高齢者福祉をさぼる口実を与えた。このときに想定された「介護資源」とは、四〇代の無業の主婦の存在である。❖[19]「同居の嫁はヘルパー三人分」と言われたが、それは政府が同居家族の無償介護労働の価値を、有償の労働との比較で認知していたことを示唆する。

「高齢化社会をよくする女性の会」（当時）の代表、樋口恵子はキャッチフレーズの名手としても有名だが、これを批判して家族介護を「日本社会の含み損」と呼んだ。当時すでに大量に進行していた女性の職場進出を背景に、無業の主婦が家庭にとどまることを「社会的損失」と捉えたからである。わたし自身も同じ状況を指して「よい嫁は福祉の敵」と呼んだ。その当時もまだ一部の地方で残っていた「孝行嫁」表彰などに示されるとおり、「嫁のがんばり」が政治の責任逃れを助長し、福祉を遠ざけてしまう逆説があることを指摘したものである。「嫁」の介護は当事者にとっては選択の余地のない、2章でいう「強制労働」の性格を持っていた。

「日本型福祉」のなかで「無業の主婦」の貢献をどう評価するかは、

政策課題のひとつであった。八六年には、年金制度のもとで、三号被保険者[20]、つまり被雇用者の無業の配偶者の保険料免除が制度化される。八七年に税制の配偶者特別控除(年収一〇三万円までの配偶者控除に加え、一三〇万円までは世帯主の「被扶養家族」として年金・保険料の負担を免除する制度)がつくられる。八〇年代に次々と実施されたこれらのいわゆる「専業主婦優遇策」は、高齢社会を視野に入れた「日本型福祉」の基盤整備であったことに注意したい。その意味で、「日本型福祉」の歴史は浅く、決して日本の「伝統」でも「慣行」でもないことははっきりしている。

三号被保険者問題は、今日に至るまで尾を引き続けている。八六年の制度改革は、二号被保険者(被雇用者)の無業の妻の保険料納付を免除し、しかも夫の年金とはべつに個人年金権を保障するものである。それまでは専業主婦も年金保険料を負担していたから、この制度改革は「専業主婦優遇策」と呼ばれた。二〇歳以上の国民全員が強制加入を求められる年金制度のもとで、「収入がないから保険料を免除する」という根拠を主婦にだけ適用するのは合理性がない。というのは、二〇歳以上であれば、たとえ学生や失業者であれ、保険料納付の延期は認められても「免除」は認められないからである。そのうえタテマエ上、年金は自分が払いこんだ保険料を高齢になってから受け取るという保険制度にもとづいているため[21]、受益者負担の原則にきびしいことは、健康保険でも介護保険でも共通している。保険料未払い者が中途障害を負った場合に、障害年金の受給権があるかどうかが、法廷で争われてきたが、それならばなぜ無業の主婦だけが、「保険料免除」の特典を得ることができるのだろうか?

この「専業主婦優遇策」は、働く女性と専業主婦を分断・対立させるものとしてフレームアップされた。保険料を負担している二号被保険者には、無業の妻を持った被雇用者の夫のほかに、共働きの夫と妻(さらにシングルの男女)が含まれていたから、将来専業主婦の受け取る年金の原資は、これらの男女労働者の支払う保険料のなかから支出されることになる。したがって「専業主婦」は年金の「タダ乗り」をしており、もし主婦も自分の保険料を納付するとしたら、すべての二号被保険者の保険料が年額約二七〇〇円程度軽減される、というシミュレーションも示された。とりわけ働く女性の不公平感はもっともであった。それというのも、働いてい

❖19 日本大学人口問題研究所は日本介護資源地図なるものを作成しているが、それは全国四七都道府県の人口に対する、四〇代無職既婚女性(専業主婦)比率を表示したものである。彼らの「常識」では、四〇代で無業の主婦であれば、介護資源となることが自明視されている。この中にあるジェンダー・バイアスは言うまでもない。
❖20 年金制度では一号被保険者が自営業者とその家族就業者、二号被保険者が被雇用者、三号被保険者が二号の無業の配偶者、すなわち被雇用者の無業の妻、となっている。
❖21 実際には年金財政はとっくに積立制から拠出制へと移行している。つまり現在年金を受給している人々の財源は、過去の積立金ではなく現在の年金支払者の拠出したお金である。

るからといって主婦役割が軽減されるわけでも、介護負担から逃れられるわけでもなかったからである。

だがわたし自身が他のところでも論じたように［上野 2005］、この「専業主婦優遇策」は、その実、無業の妻を持った男性雇用労働者と、その雇用主である大企業との「優遇策」にほかならない。八三年に既婚女性のうち就労者が半数を超え、無業の妻すなわち「専業主婦」は少数派に転じていた。妻が無業であることは、夫のシングルインカムだけで家計を維持することを意味するが、この時期までに勤労者世帯のダブルインカム率は六割に達しており、「共働き」は世帯を維持するための必要条件と化していた。この時代に妻を専業主婦として無業にとどめておける男性世帯主とは、相対的に高い賃金を得ている大企業被雇用者であり、これらの人々は労働者のうちで二〇％に満たなかった。

三号被保険者の保険料免除は、次のような効果を持つ。

第一に、本来ならば夫の収入の中から支払わなければならない本人負担の保険料を免除することで専業主婦の夫の負担を軽減する。

第二に、保険料負担は被雇用者と雇用主とが折半することになっているので、妻の分の保険料負担を顧慮せずに済むことで、夫を雇っている企業の負担を軽減する。

第三に、この「無業の妻」はその実「無業」ではなく、配偶者特別控除のもと、年収一三〇万円までは「無収入」と見なそうという「みなし専業主婦」である。これらの女性は実際にはその多くが、年収が上限額を越えないように就労調整をしながらパートやアルバイト等の周辺労働で働いていることがわかっている。多くの企業はこれらの女性の非正規雇用の恩恵を受けながら、彼女たちの保険と年金を負担しないですんできた。

つまり三号被保険者制度とは、「専業主婦優遇策」どころか、その夫と、夫と妻それぞれの雇用主である企業の優遇策なのだが、これに加えて第四の効果をあげよう。

八六年の制度改革で無業の妻の個人年金権が確立されたが、夫の死亡時に残された妻は、自分の年金の受給を続けるか、遺族年金（夫の年金の半額）を受け取るかの二者択一を迫られる。妻に遺族年金の受給資格がないのは、夫死亡時の前年に年収が七〇〇万円を越えた場合だけだから、このようなケースはまれであろう。ほとんどの妻にとっては、自分の年金より夫の遺族年金の額面のほうが高いため、妻は自分の年金を放棄する結果になる。したがって、保険料を納付してきた働く女性であっても、自分の個人年金額が低ければ、夫の死亡後にはそれを放棄することになるから、何のために年金を支払い続けてきたのかわからないということになりかねない。この年金制度の効果は、熟年離婚の抑制である。❖22

こうした「ジェンダーに偏りのある」制度は、第一に「介護適齢期」の中高年女性を介護に縛りつけ、第二に夫に対する「看取り保障」として働く。政策立案者にこのような政策意図があったことを窺わせる証言がある。

全国婦人税理士連盟は、「三号被保険者」問題の不合理に取り組んで、長いあいだ反対運動をおこなってきた。その元会長、遠藤みちが、八〇年代の末に請願書を携えて大蔵省(当時)をたずねた時のエピソードを印象的に語った場面にわたしは遭遇した。遠藤らと面会した大蔵省の官僚は、こう答えたそうである。

「それなら年寄りのお世話は、誰がするんですか」

語るに落ちる、というべきだろう。制度設計者の政策意図のなかには、高齢者介護の「含み資産」としての「専業主婦」が、「介護資源」としてカウントされていた。三号被保険者の「優遇」とは、その貢献に対するわずかな(安上がりの)国家からの報酬だったのである。そう理解して初めて、失業者や学生など「収入のない」者に対しても保険料免除のない国民年金制度のもとでの、「専業主婦優遇」の「謎」が解ける。

確認しよう。「日本型福祉」とはけっして日本の「伝統」などではなく、八〇年代に、近未来に到来しつつある「高齢社会」を視野に入れたうえで、「家族介護」を資源として設計された政策の集合のことにほかならない。

6 家族介護者のストレス研究

春日キスヨが『介護問題の社会学』で指摘するように、「「介護問題」が日本に誕生したのはそう古いことではない」[春日 2001a: V]。「「介護」という社会問題のカテゴリーはここ三〇年あまりの間に成立していったのである」[春日 2001a: V]。春日がここでいう「介護問題」とは、主として「家族介護問題」のことである。すなわち「家族介護」が「問題」として成立したのはごく最近のことにすぎない。先述したように、「高齢者問題」とは主として身寄りのない(しかも低階層の)高齢者の扶養や介護の問題であり、家族のいる高齢者は問題として見なされてこなかったからである。

家族介護を主題とする先行研究は主として、介護者の介護負担や、介護ストレスをめぐって蓄積されてきた。春日によれば、今日における家族介護は、(1)高度化した介護水準、(2)高密度な介護関係、(3)長期間の介護生活[春日 1997: 91-93]等の要因のために、かつてないほどにストレスフルで負担の大きいものとなった。その結果、家族介護者の「バーンアウト」[和気 1998]すら問題となっている。これまでも家族介護の問題化は、介護者の過労や共倒れ、さらには先述したような介護殺人のような悲惨な事件を通じて、ようやく社会の関心を惹いてきた。それらの問題化を通じて、家族介護もようやく研究主題として焦点化されるように

❖22 熟年離婚とは結婚経過年数二〇年以上の離婚を言う。二〇〇六年四月から年金の離婚時分割制度が実施されたが、これが実施されたら高齢者層の離婚率が上昇するだろうという予測は裏切られた。施行初年度に一時的に離婚率が上昇したほかは、翌年度から旧に復したからである。離婚時分割は結婚年数に応じて最大でも二分の一、これに対して遺族年金は年金額の四分の三だから、多くの妻は夫を看取って遺族年金を受けとるほうを選択したと推定される。

なってきた。

それでは「家族介護問題」とは、これまでどのように捉えられてきたのだろうか？

家族介護をめぐる研究分野は心理学、福祉学、社会学等にわたり、量的・質的な実証研究が蓄積されてきている。ここでは先行研究のうち、心理学の統計的調査からその代表的な研究のひとつである石井京子の『高齢者への家族介護に関する心理学的研究』[石井 2003]と、福祉分野のソーシャルワーク論における和気純子の家族ストレス研究[和気 1998]をとりあげ、社会学的な研究との違いを検討してみよう。

心理学者である石井は、メイヤロフらにならってケア概念の心理的側面に注目し、家族介護を経験した家族成員とその家族集団とが、介護によっていかなる心理的影響を受けるかを、精緻な統計尺度をもって測定しており、典型的な心理学的調査研究と言える。石井の研究はいくつかの複合的な調査から成り立っているが、その特徴は、介護の心理的影響のうち、負担感としてとらえられるマイナスの側面だけでなく、人間的成長のようなプラスの側面を尺度化していることである。「高齢者介護経験が介護者にもたらす発達的成長感」によれば、柔軟さ・自己抑制・視野の広がり・運命の受容・生きがい・自己の強さとカテゴリー化された六つの類型のうち、家族介護を経験した介護群はそうでない非介護群にくらべて「これらすべての人間発達側面に有意に高い得点を示し」たことを実証する[石井 2003: 124]。なかでも介護関係以前に高齢者と家族がポジティブな関係を持っていた場合には、「自己抑制」と「視野の広がり」が強く認知され、ネガティブな関係にあった場合には「運命の受容」に有意に影響を受けていた、という。これらの結果をもって、石井は、メイヤロフのいう「介護が与える人間的発達への影響」を検証したというのだが、ほんとうにそうだろうか。

彼女が「人間的発達」とカテゴリー化する項目を仔細に見ていくと、「自己抑制」には「忍耐力」「人の和を考える」「他人の立場を汲み取る」などの指標が並ぶ。これらは「自己利益より他人のつごうを優先する」という、これまで女性に多く求められてきた徳目、1章でふれたギリガンの唱えた「ケアの倫理」に重なる。「運命の受容」には、「義務感」や「つとめ」があげられ、それには嫁として、娘としてのような社会的規範の受容が含まれる。これらの項目における有意な得点を、「人間発達」の指標と捉えるか、それとも反対に「抑圧」の指標と捉えるかは、分析者の拠って立つ立場に応じて変わるだろう。要介護者との関係がポジティブな場合に認められる「視野の広がり」でさえ、必要な介護資源を必死になって求める家族介護者の姿を想起させる。「自己抑制」も「視野の広がり」も、ましてや「運命の受容」も、強いられた状況を受容するための介護者の懸命な営みの効果と考えられ、望んで得た選択とは言いがたい。事実、石井の被験者たちは「介護有無別世帯の高齢者介護に対する好ましさ」という調査項目に対して、「高齢者介護を行っている介護世帯が、非介護世帯と比べると家族のみによる在宅介護が有意に低く、介護負担となる病院や施設の利用に評価が有意に高い」〔石井 2003: 54〕という結果をもたらしている。つまり石井の調査自体が、家族介護は介護者が望んだものではなく、もし他に利用可能な介護資源があればそれを利用したいと考えていることを実証した結果となっているのである。ここにあるのは、人間の心理的な変化を「発達」の指標としてとらえる、エリクソン以来の発達心理学アプローチの問題点である。❖23 そしてまた、2章で指摘したように、ケアの倫理学が前提とする、ケアを無前提に「よきもの」と見なす、研究者自身の倫理的な規範意識でもある。

心理学的アプローチは、現象を個人の「心理 psyche」という場 locus において生起するものと捉えるために、社会問題であるかもしれないことがらを、心理問題に還元する傾向がある。「社会の心理学化」(「心理主義化」とも言う)という用語で批判的に言及されるように、問題の帰責先を個人(の内部)に置くことで、社会の責任を免責し、問題の解決をせいぜい個人の(心理的な)「認知変容」(心の持ち方の変化!)に求める結果になりがちである。

もうひとつ、ソーシャルワーク論の和気純子のストレス研究〔和気 1998〕を検討してみよう。心理学的アプローチに比べれば、社会福祉学の分野では「家族介護問題」は、より社会的な「問題」として構築されることが期待されるからである。和気によれば、これまでの心理学的な「ストレス—対処」モデルには、「問題解決」型、「認知変容」型、「回避・情動」型の三つがあり、そのいずれの「対処」にも失敗した介護者は「バーンアウト」や介護の破綻を経験することになる。このうち後二者は消極的な対処法だが、前者の「問題解決」型が、ソーシャルワークの方法論に近い。和気自身はそれに対してさらに、「エンパワーメント・アプローチ」という一歩踏みこんだ介護者支援モデルを提示する。彼女によれば、「エンパワーメント・アプローチ」の利用可能な資源は以下のとおりである。

(1)介護者カウンセリング
(2)介護者への教育的支援(介護知識・技術/運営管理/家族関係/社会的側面)
(3)家族の会等を利用した相互支援(セルフヘルプ・グループ)
(4)ショートステイ(休息ケア)

以上のリストのうち、(1)から(3)まではノウハウ、関係、感情処理などを含んだ心理的なものであり、社会的資源を利用したものは、最後のひとつ、それも休息ケアとしてあげられているショートステイだけにすぎない。ソーシャルワーク論と言いながら、利用可能な社会資源のないところでは、心理主義的な問題解

❖23 エリクソンの「アイデンティティ」概念が「発達」(成長)と「統合」という規範的含意をもっていることについては、上野編〔2005〕を参照。

決に頼らざるをえない現実が逆説的に浮かび上がる。和気が依拠した調査が九〇年代の初めに実施されていること、また同書が一九九八年と介護保険施行前夜に刊行されていることを考慮に入れれば、介護資源の制約は理解できなくもないが、和気のいう「エンパワーメント・アプローチ」は、介護者個人の心理的な「エンパワーメント」に終始し、社会的資源の「エンパワーメント」には結びつかない。

和気のあげるショートステイは、緊急避難的な意味を持ったひかえめな選択肢である。なぜ、和気の「支援」のリストの中に、「介護のアウトソーシング」が登場しないのだろうか? 介護保険以前だから利用可能な介護資源そのもののメニューが少ないという事情もあるだろうが、それ以前からも、介護の市場化のもとで、派遣の家政婦やホームヘルパーの利用は選択肢として存在していた。「あなたの介護負担を軽減するために、他人の助けを借りましょう。そのためにお金を使うことはぜいたくでもわがままでもありません」とソーシャルワーカーはなぜ言えないのだろうか。経済力の問題なのか、それとも代替サービスを利用すること自体に抑制が働いているのだろうか。良質で低価格の介護サービスを政治は提供する責任があります、とソーシャルワーク論はなぜ主張しないのだろう。介護保険以前という事情を考慮に入れても(九七年にはすでに介護保険法は成立していた)、施行二年前に刊行された本にしては、「社会資源」の利用という選択肢があまりに貧弱である。これではソーシャルワークの名前が泣くというものだろう。この背後には、「家族介護」が最善であり、それを他の社会資源に代替することは次善、三善の策であるという暗黙の前提があると考えられないだろうか。

7 家族介護とジェンダー

上記にあげた先行研究はいずれも、「家族」「介護者」という概念を抽象化して用いることでそのジェンダーを問わず、また家族内のミクロ・ポリティクスについても言及しない。上にあげた研究だけでなく、「家族介護」についての多くの研究は、介護者のジェンダーについて言及することが少ない。ひとつには「ジェンダーに敏感でない」ためか、もうひとつは家族介護者が女性であることを自明の前提としているからである。家族介護がジェンダーまみれの現象であるにもかかわらず、介護とジェンダーを主題とする研究は多くない。そもそも介護研究の中で「家族介護」を研究テーマとするものが多くないだけでなく、さらにそのなかでジェンダーを焦点化したものは多くない。

なぜ女ばかりが看取るのか? この問いを問題化したのが、「介護とジェンダー」という主題系である。それは家族介護を主題としながら、介護関係にある家族のあいだの権力関係に踏みこむものとなる。

家族介護とジェンダーを主題に、先駆的な研究を積み上げてきた社会学者に、日本では春日キスヨ[1997, 2003]、笹谷春美[1999]、春日井典子[2004]などがいる。それに加えてイギリスの社会学者、クレア・アンガーソンの研究を付け加えよう。これらの研究の共通点は、家族介護者への聞き取りを中心とした克明な事例調査にもとづいて、家族介護のミクロ過程をあきらかにした質的な調査にある。これらの実証研究を通じて、わたしたちは「家族介護」とは何か？「家族介護者」とは誰か？　人はいかに「家族介護者」になるか？「家族介護」のなかにある自発性と強制性の配分はどうなっているのか？　等々の問いに答える「家族介護」のミクロ・プロセスについて知り、かつそのなかで行使される介護者のエイジェンシーについても理解することができるようになる。

介護とジェンダーのミクロ研究では、イギリスのアンガーソン[Ungerson 1987=1999]が先駆的である。訳者によって『ジェンダーと家族介護』と邦題をつけられた著書の翻訳刊行年は一九九九年だが、原著は八七年刊。原題の“Policy is Personal: Sex, Gender and Informal Care”は、あきらかに第二波フェミニズムの標語「個人的なことは政治的である Personal is political」を意識したものである。アンガーソンはこれをひっくり返して、Policy is personal としたが、そこには政策が個人の生活に影響を及ぼすこと、個人的と見えることがらに社会規範や社会制度、社会資源などの要因がふかくからまりあっており、そしてそれは政治的な選択によって変更可能であることが含意されている点で、すぐれてフェミニスト的なアプローチとなっている。イギリスでも日本でも、「なぜ女ばかりが看取るのか」という介護とジェンダーをめぐる問いは、フェミニズムを経たジェンダーの脱自然化のあとにしか、発されることがなかった。

わずか一九例のケーススタディをもとに書かれたアンガーソンの研究書は、代表性が乏しく安直に見えるかもしれない。が、彼女は家族介護者の生活歴を克明に聞き取り調査することを通じて、どんな大量調査も及ばない緻密で繊細な発見を次々にもたらした。その研究成果は、今日でも少しも古びていない。アンガーソンが採用したのは、ライフサイクル・アプローチである。彼女は次のような問いを立てる。

> ある家族関係の中からどのようにして特定の介護者が出現してくるのか。介護者たちが、自分の担っている介護の仕事に対して感じていることをどのように語り、どのように解釈しているのか。介護をする者とされる者との関係に対して、介護そのものがどのような影響を及ぼすのか。
>
> [Ungerson 1987=1999: 2]

なぜならほぼ自動的に養護者の決まる育児と違って、介護の場合には、親の介護者となる可能性のある子どもは複数おり、また親族のあいだでも複数の候補がいるからである。とりわけ長男の嫁が介護して当然という長男規範のないところでは、複数の候補者のなかから「誰が介護を担うのか」は、自明の選択とはならない。

アンガーソンが対象とした一九例のなかには、以下の介護関係の五類型が含まれる。

夫婦間介護　(1)夫→妻……………愛情
　　　　　　(2)妻→夫……………義務感・罪悪感
親子間介護　(3)娘→母……………愛情・義務感
　　　　　　(4)娘→父……………義務感
　　　　　　(5)嫁→義母…………義務感・責任感

このうち(1)夫→妻の類型を例外として、残りの四類型の介護関係のうち家族介護者のジェンダーはすべて女性である。(1)の類型は、現実には夫が退職者である場合にしか成立していない。夫がフルタイム雇用者である場合には、妻の介護による退職という選択肢は存在しない。収入源を確保して代替介護サービスを購入する方が安くつくからである。

以上の五類型に対応する「動機の語彙」は下段に示されている。「愛情」という語彙は、(1)夫→妻、(3)娘→母の場合にしか登場しない。他の介護関係は「義務感」や「責任感」から選択されている。

アンガーソンは、これらの女性介護者たちが、介護役割を最初に引き受けた時のライフサイクル上の要因を重視する。介護開始期には、Ⅰ 育児期、Ⅱ 子どもの学齢期、Ⅲ 子どもが学齢期以上、Ⅳ エンプティ・ネスト(空の巣)期の四つの段階があるが、それぞれの時期に応じて、介護を引き受ける動機は異なる。Ⅰ 育児期には、(かつて要介護者が提供した)子どもの世話との交換という互酬性の要因が働くが、介護の長期化にともなってこの交換は不均衡な交換になる。Ⅱ 子どもの学齢期には、「有給の仕事に代わる正当な選択肢としての介護」が選択される。もっと露骨に言えば、「有給の仕事につかない」言い訳として介護が選択される。イギリスでは学齢期(五―一六歳)の子どもを持つ女性の五七%が働いており、その大部分がパートタイム就労である。夫の社会的地位にふさわしいような就労機会がないこと、たとえあったとしてもそれに就くための訓練や資格が不足しているために、女性はキャリア介護者としての役割を「自己選択」する。Ⅲ 子どもが学齢期以上の場合でも、キャリア形成や仕事志向を持たない場合には、介護が「生きがい」として選択される場合がある。アンガーソンはインタビュー対象者のひとり、義母を在宅で介護しているバーンズ夫人の発言を引用する。「おばあちゃまが逝ってしまったら、一体私は何をしたらいいのかわからないわ」。

さらにⅣ 空の巣期について、「ほかに介護の役割を引き受けられそうな人が何人かいたにもかかわらず」母親の介護を自ら買ってでたジャクソン夫人について、アンガーソンは「エンプティ・ネスト症候群を避けるために介護を引き受ける」という皮肉な観察をしている。

> この時期(エンプティ・ネスト期)から大体15年間(夫の定年である六五歳まで)は、ほとんど空になった家を守り続ける以外に何もすることがない(略)。そこで、高齢の親族を介護する機会は、天の賜物のように思われても不思議はない。なぜなら(略)「何もしていない」ことが正当化され、時間が有効に活用でき、さらに(略)ひとりぼっちで退屈そうな生活を避けることができたように感じられるからである(かっこ内引用者)。
> [Ungerson 1987=1999: 96]

介護開始の初期において、ほとんどの女性は「自己決定」をしている。それは(1)要介護者に対して自分に介護責任がある、という義務感や責任感と、(2)施設介護よりは在宅での家庭的な介護のほうがのぞましい、という規範意識や選好の組み合わせから成り立っている。だが、アンガーソンは、家族介護者の「「自発性」を強調することは、どの女性も「ボランティア」で介護者になったのではないという当然の事実を見失うことにつながる」[Ungerson 1987=1999: 101-102]と警告する。❖24

結局、誰が家族介護者になるのか? という問いに対する答は、以下の複合的な要因から説明される。社会的な要因としては(1)当の女性の労働市場における地位、(2)世帯内の資源、(3)女性自身のライフサイクル、それに加えて、イデオロギー的な要因として(4)「世話する性」としての「女らしさ」の規範、さらに(5)親族間の介護者の優先順位についての家族規範が作用する。これらが複合して、介護を選ぶ女性の「愛情」と「罪悪感」なるものをかたちづくっている。となれば、アンガーソン自身が立てた「どの程度まで「自ら志願した」のか?」という問いに答えるのはむずかしいことだろう。介護が強制労働か否かの判定は、「自己決定」を語る「当事者のナラティブ」からだけでは判断できない。

さらにアンガーソンは、当の女性自身によって「よきもの」として選択された「家族介護」についても疑問を呈している。女性の「自発性」の背後には、代替選択肢としての施設介護に対して、在宅介護のほうがのぞましいという選好が働いているが、これはアンガーソンによれば「思いこみ」にすぎない。「親密な他者」による介護は「介護の明白な障害」になるという例として、彼女は異世代間介護とりわけ実の親子のあいだの介護をあげる。親子関係が悪い場合には「もともと難しかった関係が一層悪化」することを、親子関係がよい場合にも役割や権力関係の逆転を「受け容れることへの抵抗」を、双方が経験することを指摘する[Ungerson 1987=1999: 144]。アンガーソンは、介護者のひとりの発言、「介護を行う(care

❖24 笹谷はイギリスにおけるフィンチらのケアリング研究[Finch 1983]を紹介している。「まず暗黙の前提で女性が選ばれ、その次はきょうだい間の交渉(negotiation)によって絞られていくプロセスが明らかにされている」[笹谷 2000: 69]。

for)ためには、気遣う(care about)ことをやめた方がずっとやりやす[25]い」を引用しながら、こう言う。

> 社会サービスの配分を担当する職員が、最も問題が少ないとみなすのが、このような(気遣うことをやめた)近親者間の関係であるということは、実に皮肉なことである(かっこ内引用者)。
>
> [Ungerson 1987=1999: 149]

日本における家族介護には、以上のほかに「嫁の介護」という特有の類型が加わる。親族間の介護責任の優先順位には、イギリスでは娘が一番に来るが、日本では長男の妻が来るからである。優先順位の高い家族成員はたとえ「自己決定」を行使して介護責任を回避したとしても、その結果「罪悪感」や「社会的評価の低下」に苦しむことになる。ここではアンガーソンと対比しながら、日本の代表的な研究をいくつか検討してみよう。

笹谷は「家族ケアリング」という概念を用いて、早くから「家族介護」を相互関係としてとらえてきた社会学者である。彼女は『家族ケアリングの構造分析』[笹谷 2000]をテーマに、一九九八年に寝たきり・痴呆などの重度の要介護者を在宅で介護する家族介護者一八二名に郵送でアンケート調査をおこない、さらにそのなかから面接に同意した五三名に面接調査を実施した。北海道内の地方都市在住者を対象とした調査から、世代と性別とをクロスして得られた主要な類型は、多い順に以下の四類型である。

(1)娘→母……二二・三%
(2)妻→夫……一九・七%
(3)嫁→義母……一七・八%
(4)夫→妻……一七・八%

これらの類型の分散は、全国統計で得られる家族介護者の続柄のデータとほぼ重なっており、現在の日本ではこの四類型が家族介護の主要な類型であると判断してよい。そして笹谷が言うように、日本では「このような細分化された類型まで降り立った実証的研究がまだ進んでいないのである」[笹谷 2000: 25]。

四つの類型ごとに、「なぜ介護を引き受けたのか」という動機の語彙を見ると、多い順に次のようになる。

(1)娘→母……「自分しか介護者がいない」「肉親の愛情」
(2)妻→夫……「自分しかいない」「愛情」「責任」「家族だからあたりまえ」
(3)嫁→義母……「自分しかいない」「嫁としてのつとめ」
(4)夫→妻……「自分しかいない」「愛情」「責任」「あたりまえ」

以上のような介護関係の類型の分析を通じて、笹谷は「望まれる―望む」関係と、「望まれない―望まない」関係とを析出したうえで、それぞれの問題点をあきらかにしている。

調査を通じて、もっとも「望まれない―望まない」ケアリング関係は、(3)嫁―義母関係であることが再確認された。笹谷の表現を借りれば以下のようである。

> 嫁は家父長的な力関係のもとに置かれる。夫や親は、嫁が一人で介護に耐えるのは当然と考え、協力もしないだけでなく、外部サービスを利用するのも拒否する。(中略)義きょうだいたちも、長男の嫁がするのは当たり前と考えているので、口は出すが手助けはない。孤独で二四時間の重介護が強いられる。そこでのストレスは口で言い表すにも難しいほどである。しかも、嫁の立場として夫にもきょうだいにも苦しい立場を話せないからである。夫はそのような妻を配慮するどころか、仕事を理由に辛い介護から逃げる傾向にある。夫を共同介護者と考える嫁はいなかった。［笹谷 2000: 72］

このような「長男(＝嫁)規範」は、笹谷によれば、実のところ、きょうだいが介護逃れをするためにご都合主義的に動員される「にわか規範」にほかならない。その証拠には、遺産分割に際しては、同じきょうだいが均分相続を主張する「平等主義規範」を持ち出すからである。ここではさまざまな社会規範は、それによって行動を制約するというより、自分の行動を事後的に正当化するための言説資源として利用されている。

長期にわたって介護家族の聞き取り調査を実践してきた春日も、夫婦仲のよさから「長男の責務を果たしたいという夫のたっての願い」を受けて同居介護を引き受けた妻の「して当たり前と思われるのが一番いやでしたね」［春日 2001: 159］という発言を引きだしている。妻にとっては「夫への愛情」からの介護の「代行意識」が、「自発的な選択」をさせたわけだが、被介護者の側には規範意識からの当然視しかない。夫に対してぐちをこぼそうにも、夫は「妻の愚痴を聞くどころか、それを自分自身への批判として受け取ってしまい、共感どころか不快感さえ示し、妻の苦悩をなおさら深めることもある」［春日 2001: 161］。

「もともと夫婦仲のよかった」はずのこのカップルは、家族介護を機に、娘の目から見て「些細なこと、些細なことの積み重ね」から「サラサラと崩れて」いったという。そうなれば「家族介護問題」とは、介護者のストレスにとどまらず、家族崩壊をも引き起こす原因となる。

他方、笹谷によればもっとも「望まれる―望む」ケアリング関係は(1)娘→母関係であり、家族介護を引き受ける理由も「愛情」や「互酬性」などの「自発的」理由が多いことが指摘されている。母親

❖25 べつのインフォーマントは「義理の親の方がずっとやりやすい」と発言している。

のほうも娘なら気心が知れているだけでなく、同性介護の安心感もある。だが娘が働く女性である場合には時間資源の制約が、専業主婦である場合には経済資源の制約から夫への遠慮が出てくる。被介護者の側でも「娘には世話になりたくない」「嫁いでいる娘の世話になって婿に申し訳ない」という遠慮がある。

娘による介護の引き受けには、長男(=嫁)介護の破綻が引き金になっていることが少なくないことを、笹谷は指摘する。娘介護には長男家族との葛藤がともない、関係が断絶して介護協力が得られない場合もある。一般に日本では「主たる家族介護者」に、親族内の協力者が少なく、孤立しがちな傾向があることが知られているが、春日が指摘するように、娘の介護では、兄弟の援助が得られないばかりか、夫に対する負い目から、嫁の場合には期待できる夫からの協力も得られにくい。もっとも「望ましい」とされる娘の介護は、介護負担のジェンダー的な偏りを逆説的に強化する効果を持つ。

(2)妻→夫関係と(4)夫→妻関係とはその中間に位置するが、そのあいだには強い非対称性がある。いずれの場合も、「夫婦がそろっているあいだは、夫婦のあいだで」という家族介護規範が働いており、「介護者が自分しかいない」「責任」動機がつよい。(4)夫→妻関係の場合には退職者の「第二の仕事」として選択されていることは、アンガーソンの場合と似ている。だが被介護者の妻の側には「夫の配慮や気配りに不安・不満が残」り、夫の方は、「どちらかといえば自分の気持ちを満足させるためにケアをする」ことを笹谷[1999]は指摘する。他方、(2)妻→夫関係では、「夫の依存性が強いこと、(妻の)介護は当たり前という傲慢さ」、そして夫が「外部サービスの利用を嫌がる」ことが多いために、妻の負担は重い。一般に夫婦間介護は「老老介護」(佐江衆一)であるために公的援助を受けやすいが、(4)夫→妻関係にくらべて(2)妻→夫関係の場合は利用度が低いことがわかっている。

以上のように家族介護は、介護者と要介護者との関係の組み合わせから成る類型によって、一筋縄ではいかない多様性を持っている。そしていずれの場合も、ジェンダーの非対称性は、介護関係にも強い影響を与えている。

もうひとつ、春日井典子の「介護ライフスタイル」研究を紹介しておこう。春日井は九八年に阪神地域で要介護高齢者を抱える二三ケース計二五人の家族介護者に面接調査を実施した。事例数はアンガーソンの一九例に近い小規模なものだが、この種の質的調査としては貴重な調査研究である。春日井は介護を選択した動機の語彙を規範性―任意性、有用性―共感性の軸に分けて分類する。彼女があげる各基準を構成する原理とは以下のようなものである。

規範的原則基準……イエ的直系性原理／老親扶養原理／配偶者扶養原理／核家族の自律性原理／性別分業原理

任意的原則基準……介護者の意思／要介護者の意思／家族愛原理
有用基準……互酬性原理／専門性原理／社会的評価原理
共感基準……性愛原理／血縁原理／コンボイ原理／相性原理

さらにそれぞれの基準の組み合わせからなる介護動機をA、B、C、D型プラス折衷型の計五種類に類型化する。

A型動機＝規範的原則＋有用性……四例(娘二、嫁二)
B型動機＝規範的原則＋共感性……六例(妻五、夫一)
AB型……四例(娘二、嫁二)
C型動機＝任意性＋共感性……一二例(娘六、嫁四、妻一、息子一)
D型動機＝任意性＋有用性……該当なし

以上の分類にもとづいて春日井は、B型動機を典型的には「夫婦間介護」に、C型動機を「娘による引き取り介護」に代表させる。

批判的に検討すれば、春日井の分類は、(1)笹谷によるような介護関係の組み合わせによる分類でもなければ、(2)「当事者のナラティブ」にもとづく帰納法的な分類でもない。その上で(3)動機の基準をウェーバーの行為の類型論にもとづいて演繹的に類型化しているばかりか、(4)「規範的原則」のなかに互いに競合する複数の規範(例えばイエ的直系性原理と核家族の自律性原理)をともに含めるなどの矛盾があり、(5)しかもその基準が相互に排他的であり独立しているという仮定にも論理的な根拠がない。春日井自身が認めるように、「ここで提示した異なる基準からなる原理は、介護行為を理解するために社会学者の立場から作られた理念型であって、介護者自身が認識して使っている原理ではない」[春日井 2004: 97]。その結果として、以上の分類に説得力がないばかりか、せっかくの豊かな事例を解釈枠組にあてはめて「複雑性の縮減」(ルーマン)を図ったかのような憾みが残る。

また書名にもある「介護ライフスタイル」を、春日井は「このような複数の原理からなる「介護の動機」をもった複数の関与者、たとえば、要介護者の夫だけでなく、子どもたち、その他の親族、および介護の専門家(ケアマネージャー、医師など)が、要介護者の意思を尊重し配慮しながら交渉を行い、合意により決定されて行われる介護のあり方」と定義する。定義から見て、介護ライフスタイルを春日井は、「民主的な交渉において決定される介護関係のあり方」として理念化していることがわかる。「介護のライフスタイル化」という不自然な用語法が登場するのもそのためであろう。だが特定の生活様式を表す従来の「ライフスタイル」という用語法から見て、「介護のライフスタイル化」(介護が生活様式の一部となって組みこまれること)など、ごめんこうむりたいと多くの人は思うことだろう。

いくつもの問題点にもかかわらず、春日井の研究もまた、質的な事例研究ならではの創見に満ちている。たとえば任意性を強調するC型動機の介護者は、社会的な介護サービスの導入に対して積極的であることとか、ひるがえってC型動機を維持するためにこそ、社会的な介護資源の利用が不可欠であることとかの指摘は重要である。[26] また「主体的な介護」を意味する（らしい）「介護ライフスタイル」において、「主体性と自己責任のディレンマ」、別言すれば「自発性のパラドックス」が起きることも指摘されている。[27]

以上検討してきたように、日本でも家族介護をめぐる実証的な事例研究はようやく始まったばかりである。だがアンガーソンのように長期にわたるプロセスとして、しかも個人的、家族的、社会的な複合的要因の関数として介護関係を読み解く研究は多くない。アンガーソンの研究が今日においても古びていないのはそのためである。

8　「家族介護」はほんとうによいか

家族介護の先駆的な研究者である春日キスヨは、家族介護を「よきもの」「のぞましいもの」とする当事者および研究者の暗黙の前提に苦言を呈する。もっとも望ましいとされる「愛情」動機からなる介護、春日の類型ではC型動機による同居介護においてさえ、「愛情のパラドクス」すなわち「親を引き取って同居したために、かえって……親を受容することが出来ない」〔春日 2001: 152〕事態が発生することを指摘する。「息子の家族に引き取られる場合より、「家族の愛情」という論理で親の介護が始められることが多いであろう娘の介護の場合」に、「「親と同居してやるのが愛情」とみなす「三世代同居」の伝統的扶養観に則ってなされた「愛情」行為が、個々人の気持ちの通いあい・触れあいという相互交流次元の「愛情」を涸らしていく」〔春日 2001: 156〕例を、春日は「愛情のパラドクス」としてあげる。そして場合によっては、「家族で生きる不自由」に対して「施設で生きる自由」もあることを対比させる。

「家族介護がよい」という介護規範は、「意地でも施設には入れん」という選択につながり、施設に入れた場合には家族の後ろめたさや罪悪感につながっていく。だが、家族介護はそんなによいか？　他の選択肢がある場合にも、家族介護はほんとうに「最善」なのだろうか？

家族介護規範の陰に隠れて、家族介護の実質は問われずにきた。家族介護者によるケアの水準はほんとうに高いのか？　家族介護者の「愛情」はケアの質を補ってあまりあるのか？　家族介護に対する不満や要求を、要介護者はほんとうに表出することができているのか？　家族介護の名のもとで、要介護者は「不適切な介護」を強制されてはいないか？

春日は施設で介護を受けている高齢者のほうが、在宅で家族による介護を受けている高齢者より、「はっきり自己主張する人が多い」ということに気づく。それというのも、「介護を受ける側の苦悩とは、身体が不自由なことへの嘆き、介護者への不満、障害を持ちつつ生きる人生への疑問といったようなことに関わっている」が、「それを家族の面前で言うことは、意図せずして、介護者への不足不満をあげつらう」ことにつながるために、「語ること自体」が抑制されているからだと分析する［春日 2001: 170］。

介護の社会化にともなう社会的な介護サービスの多くは、「家族介護」を目標とすべきモデルとしてきた。そのために多くの介護施設は、「家族のような介護」や「家族のような関係」を標語としてきたのである。そのことは、これらの社会的な介護資源が、「家族介護」を最善として、それに及ばない二流の代替選択肢であることを自ら認めることを意味する。ほんとうにそうなのだろうか？　家族介護が望ましいという根拠のない信念は、家族の闇のなかにある高齢者虐待をも見えなくさせてきた。

家族介護はほんとうによいか？　次節以降でも、それを検討していく。

9　家族介護はのぞましいか

これまで論じたように、家族による介護は自然でも自明でもない。これに加えて、たとえ家族による介護が自明でも自然でもないとしても、さらには家族の介護能力が高くないにしても、家族による介護がほんらいもっとものぞましい、とする家族介護規範が残る。この家族介護規範は、他の代替選択肢を、家族介護より劣る、次善、三善の策とケアに関わる当事者たちに思わせる効果がある。実際には家族による介護虐待があることを考えれば［坂田 2001; 春日 2001; 高橋 2003］、家族介護は、ときにはのぞましくないことすらあるにもかかわらず、虐待はあってはならない、あるべきでない逸脱事例として処理される。

前章では公的福祉というものが、第一には「市場の失敗」の結果として、第二には「家族の失敗」の結果として、公的セクターの責任となることを論じた。これが福祉の「補完主義」の原則である。もういちど論点を確認すれば、福祉国家が「市場の失敗」の責任を社会連帯の名のもとに引き受けるのは、「個人」が家族からむきだしの「個人」として理念化されているリベラリズムの個人観による。実際には、フィリップ・アリエスも指摘するように、「近代が共同

❖26 アンガーソンと同じく春日井も、介護の「動機の語彙」が長期にわたる介護関係のなかで変容していくプロセスを重視する。介護の長期化にともなって、「任意性」と「共感性」のもっとも高いC型介護動機に変化していく傾向を彼女の調査は実証しているが、逆に言えば、長期にわたって維持することが可能だった介護関係だけが、C型動機への変容を示したとも解釈できる。すなわちその背後にあるのは、C型動機を持たない介護関係は長期化する前に、破綻したり、施設介護に移行したりする可能性である。

❖27 例示されているケースは離別した娘が自発的に母親の介護を申し出た結果、二人のきょうだいの協力を得られなくなったケースだが、この事例の分析は、「自発性のパラドックス」によってよりも、笹谷や春日のように、きょうだい間の介護の優先順位をめぐる葛藤や婚出した娘に対するジェンダー規範、離別シングルである娘による介護と同居の対価性などの複合的な要因から説明したほうがよく理解できるだろう。

体から自由にした」のは、「個人」ではなく「家族」だったのだから、「市場の失敗」がただちに公的扶助につながる前に、バッファーとしての「家族」が存在することが前提されている。その「家族」すら福祉機能を果たさない／果たせない場合に、すなわち「市場の失敗」に「家族の失敗」が折り重なったときに初めて、公的福祉が登場する。福祉の「社会連帯」説は、(1)あらかじめ「家族の失敗」を「個人」化の与件として前提しているか、さもなくば(2)理論上、「家族の失敗」を組み込んでいない点で、リベラリズムの個人主義と前提を共有している。逆にいえば、「家族による福祉」は自明視されることを通じて、問題化それ自体を阻まれてきたのである。家族が機能していれば、福祉国家は必要ない――それが日本型福祉社会論の含み資産説だった。

3節の家族介護の社会史的検討のなかでも見てきたように、「老人福祉」の主たる対象者は、家族のいない単身高齢者であった。彼らは「市場の失敗」と「家族の失敗」の二重の犠牲者と見なされた。もしかれらに介護能力をいくばくかでも持った家族がいたとしたら？　第一に、その家族が生活保持義務の持ち主だとしたら、対象者が公的福祉を受ける必要があると認定されるためには、家族はその介護能力を限界まで行使し、もはや残存能力がないことを(共倒れによってでも)証明しなければならないだろう。第二に、もしその家族が生活扶助義務を持った子世代だとしたら、親の介護も相続も共に放棄する意思決定をともなわなければ公的扶助の対象とならないことになろう。第三に、そういう意思決定を子に強いることによって、アンガーソン［Ungerson1987＝1999］が指摘したような道徳的な「罪責感」(そうすべきであり、そうできるのに、そうしなかった自責の念)を子世代に背負わせることになろう。

いずれの場合も前提にあるのは、(1)もし家族がいるならば、介護責任は第一義的に家族が担うべきであり、しかも(2)要介護者にとっても家族介護がいちばんのぞましい介護である、という規範である。これがすでに述べた「家族介護規範」と呼ぶべきものである。このなかには、(1)当然である、という規範と、(2)もっとものぞましい、という理想化のふたつが含まれている。前章の最後に確認したように、この家族介護規範を前提にする限り、他のどんな提供者による介護も、家族介護の不完全な代替物と見なされる。そして介護の専門的な提供者たちが、「家族介護」を理想視しつづける限り(「できるだけ家族的な介護を心がけています」)、自分たちの介護を家族介護に劣る二流、三流の介護と位置づけるほかない(「やっぱり、ご家族が介護するのがいちばんね」)。

わたしが家族介護をことさらに問題化し、「家族の失敗」を「市場の失敗」とならんで強調するのは、以下の理由による。

第一に、家族介護の領域を可視化し、それが自然でも自明でもないことをあきらかにするためである。

第二に、「市場の失敗」が現実には公的福祉以前に「家族」によって補完されている事実を認識するためである。

第三に、現実には多くの高齢者は家族と同居しているか別居家族がおり、まったく身寄りのない単身高齢者は多いとはいえないが、家族がいるからといって家族の介護機能が十分だと前提することはできないからである。家族介護の社会史は、家族介護がいかに惨憺《さんたん》たる家族介護者の犠牲のうえに成立してきたかを示す。超高齢社会では、家族介護の負担は家族の負担能力の限界をもはや逸脱するまでに介護者にとって重荷となってきている。

「家族介護」問題とは、高齢化にともなう新しい社会問題であることは、これまで検証してきた通りである。のちに詳しく論じるが、介護保険は、その理念上の見かけ(「利用者本位」)に反して、その実、家族介護負担の軽減を意図して政策設計され、そしてその意図通りの政策効果を持った。介護保険の利用者が痛感しているように、在宅支援サービスは自宅に家族介護者がいることを前提に、制度設計されている。すなわち単身世帯の高齢者を支えるようにはできていない。介護保険は「家族(介護)の部分的な失敗」に対する部分的な対策として登場したもので、「家族の失敗」は、制度設計のなかに織りこみ済みである。そしてこの「家族の失敗」が社会的に認知されるまでに、どれほどコストと時間がかかったかは、家族介護の社会史が雄弁に語っている。

家族介護は自明か？　歴史的には自明でないことがあきらかになった。第二に、家族介護は「のぞましい」か？　これには「文脈に応じて」と答えるほかない。家族介護は、文脈に応じて、のぞましい場合とのぞましくない場合がある、といえば、多くの家族介護の経験者にとっては、これこそ自明な真理であろう。

わたしは1章で「ケア」を「ケアの与え手と受け手のあいだの相互行為」と定義した。相互行為としてのケアは、ケアの与え手がケアの対象と内容を選択し、ケアの受け手がその与え手のケアを選択したときに、双方の行為者にとって「のぞましい」ものになる。言い換えれば、(1)ケアの与え手にとってケアしたいと思う人(と内容、以下同じ)をケアすることが選べ、ケアしたくない人のケアを避けることができるという条件とともに、(2)ケアの受け手が、ケアを受けたい人からのケアを受け、ケアされたくない人のケアを避けることができるような条件のもとで、ケアが相互行為として成り立ったときにはじめて、ケアという「相互行為」は「のぞましい」と言える。家族間の介護も例外ではない。もちろんこう言えば、ケアの現場にいる人々は、受け手も与え手も、ため息をつくにちがいない、どうすればそのような「のぞましい」条件がつくりだせるのか、と。ケアの相手(と内容)を選べない点では(家族介護においても)、ケアの与え手のみならず、ケアの受け手も同じ「不自由」のもとにおかれているからである。だが、2章で宣言したように、本書は、それが可能になる条件をさぐるための規範的・記述的なアプローチであることを、もういちど、確認しておこう。家族でなければ誰が介護を担う(べきなの)か？　この問いについては9章以降で再びとりあげる。

第6章

ケアとはどんな労働か

1　ニーズとサービスの交換

1章で、わたしはケアとはケアの受け手と与え手とのあいだの相互行為であるという定義を示しておいた。ケアとは、依存的な他者のニーズを充足する行為、そのためにケアの与え手と受け手という複数の行為者が時間と空間とをシェアする行為を指すからだ。

ケアは、複数のアクターによって成り立つ。この相互行為を、受け手の側からは「ニーズ(の充足)」と、与え手の側からは「サービス(の提供)」とに分節化し、分析カテゴリーとして区別しよう。受け手と与え手にとっては異なる意味を持つ点で、ケアは相互行為ではあるが、非対称な相互行為である。この「サービス」は「サービス労働」となることもならないこともあり、またこの「サービス労働」は「支払い労働」になる場合も「不払い労働」になる場合もある。

ケアとは、ニーズとサービスの交換である。ニーズのないところにサービスは存在しない。ニーズとは3章で論じたように「承認ニーズ」すなわち社会的構築物であるから、ニーズの内容と水準は社会的文脈によって変化する。

本書が採用する「当事者主権」[中西・上野 2003; 上野・中西編 2008]の立場からは、ニーズが何かは、ニーズの当事者つまりケアの受け手による定義が最優先される。したがってニーズに応じたサービスの過剰・過少、適切・不適切は、ケアの受け手が判定する。対するに、ケアの受け手のニーズを、専門家または第三者が定義し判定することを、「温情的庇護主義 paternalism」と呼ぶ。いずれの場合にも、ニーズとサービスの交換には、ミスマッチや不適合がありうる。

本章では、ケアがその与え手にとって持つ側面、つまりサービスを提供する労働について論じたい。そしてこれ以降、ケアに関わるサービス労働をケアワークと名づけよう。

2 ケアワークの概念化

ケアは与え手の側から見れば、サービス(奉仕)である。それを労働と呼ぶことに、抵抗を感じる人々もいるに違いない。サービスには、字義通り「召使いの使役」から、「ボランティアの献身」、「神への奉仕」、さらには市場で取引される「商品としてのサービス」に至るまで、文脈に応じて多義性がある。また兵役義務や服務中の軍人にも使われる。サービスは労働である場合もあれば、そうでない場合もあるが、わたしがここで、ケアを与える行為は、ケアの与え手にとってはケアワークという名のサービス労働である、とするのは以下の理由による。

サービスとは、受け手のニーズに応じて提供される行為であり、同じ行為が提供者にとっては、サービスを生産する行為となる。すなわちサービスを中心に見れば、与え手はサービス生産者であり、受け手はサービス消費者である。サービスを生産する行為が労働なら、ケアというサービスを生産する者は、ケアワーカー、すなわち労働者である。この労働には、不払い労働と支払い労働の二種類がある。またケアサービスには商品となるものとならないものがあり、市場で交換されれば、サービス商品となる。このようにケアサービスの生産をケアワークとすることによって、これまで不払い労働について論じられてきた理論がすべて適用できるようになる。

ケアワークは広義の家事労働の一部であり、したがってこれまで家事労働について論じられてきたことの多くは、ケアワークにもあてはまる。だが、家事労働論争のなかで生じた、「家事は労働か?」という問いと同じく、「ケアは労働か?」と問い返す人々もいる。家事は労働である、しかも不当に支払われない不払い労働である、という命題に、昔も今も不快感を示す人々は多いし、その担い手自身ですら(家事労働の場合は主婦)、家事労働という概念にプライドが傷つけられるとして異義を唱える傾向がある。わたし自身も、『家父長制と資本制』[上野 1990; 2009d]のなかで、「家事はほんとうに労働か?」という問いを立てた。人間を産み育て、その死をみとる行為が労働として扱われることで、何が可能になり、逆に何が失われるのか?

家事労働論争の教訓を通じて、ケアを「労働」に含めることに警鐘を鳴らすのは、スーザン・ヒメルワイトである。彼女は「〝無償労働〟の発見——〝労働〟概念の拡張の社会的諸結果」[Himmelweit 1995=1996]のなかで、七〇年代の家事労働論争のなかで用いられた「不払い労働」の概念が、暗黙のうちに市場的な商品生産労働に「労働」概念を依拠したために、ケアのような「個人的・情緒的・人間関係的な活動」を扱うには不適切だと論じ、「労働」の定義にあてはまらない人間的な活動の領域を積極的につくりだすべきだと主張する。

ヒメルワイトが「家事労働」を「労働」と呼ぶための根拠としてあげるのは、次の三点である。(1)他人のためになされること、(2)分業を形成していること、(3)誰がおこなったかは問題でない、すなわち家事労働とそれをおこなう人とが分離できることである[Himmelweit 1995=1996: 118-119]。ところが、ケアにはこの三つめの条件、「労働者とその労働との間にある十分な分離」が欠けている、と言う[Himmelweit 1995=1996: 120]。「ケアリング労働がそれをしている人と切り離せない活動であること」「世話をする人とその労働との関係が極めて重要であること」を彼女は指摘する。この労働の人格性は、ケアの相互行為性を考えれば理解できないものではない。

だが、ケアという労働は、現実に代替も移転もされている。[1] 代替不可能な人格的関係、たとえば親族関係やそれ以外の親密な関係があっても、それがケアと結びつく必然性はない。生まれたての赤ん坊を乳母に預ける母親がいても、母子関係の人格性は損なわれない。また身体介護は家族でなければ、と第三者の手を拒否する要介護者は今でもいるが、当の家族に介護の能力も意思もない場合にはどうすればよいのだろうか。ケアの受け手が、職業的なケアの与え手に人格的な関係を求めることもある。だがヘルパーに人格的な関係を求めても、お門違いというものだろう。相互行為における人格性の要請は、一方の当事者の選択だけでは決まらない。逆にいえば、ケアを移転可能な労働だと見なすことを通じて、何が移転も代替も不可能なのか、をあぶりだすことが可能となる。[2]

「もしケアリングや自己充足活動が生産/消費の優位にチャレンジすべきならば」とヒメルワイトが提案する処方箋は、「時間と貨幣の分配における家庭内でのより一層の平等」[Himmelweit 1995=1996: 130]である。すなわちその戦略は、ナンシー・フレイザーの「普遍的ケア提供者モデル universal caregiver model」、平等主義フェミニストのあいだでおなじみの性別役割分担の否定、「仕事もケアも」夫婦が平等に分かち合う「半分こイズム」である。だがファインマンが批判するように、この「平等主義カップル」が実現される蓋然性はきわめて低い。[3] たとえ世帯内の(夫婦間)所得格差が縮小されても世帯間の所得格差(女女格差)が大きければ、つまり、ケア労働の代替コストが安ければ、ケアを外部へ移転する傾向をくい止めることはできないだろう。

とはいえ、以下のような彼女の意図を、わたしは共有している。

> もし社会に対する女性の貢献が認識されるべきであるなら、男性が資本制経済に入っていった方途に沿うように設定されたカテゴリーへの女性の適応を主張することによって、二項対立を強化するのではなく、むしろ我々はそれを乗り越える必要がある。 [Himmelweit 1995=1996: 131]

たしかに商品生産労働の延長上にすべての人間的な諸活動をとらえることは、グロテスクには違いない。だからこそ、『家父長制と資本制』の最終章で、わたしは不払い労働という概念は最終的に乗りこえられるべきだと論じたのだが、マルクス主義フェミニズムのもたらした「不払い労働」の概念は、それを極限まで思考実験することを通じて、その限界を明らかにしたいという課題をともなっていた。ここでもこの問いを受け継いで、ケアワークという概念が可能にする分析を、その極限までおしすすめてみたい。というのも、この概念化を通じて、はじめて得られる認識利得があるからである。「概念装置 conceptual apparatus」とはつねに現実を理解するための「分析ツール analytical tool」であり、ツールに合わせて現実があるわけではない。「ケアは労働である」、という事実命題に代わって、「ケアを労働と見なす」という作業仮設によって、何が言えるようになるか？　を問うことが重要である。

逆に、ケアを労働から区別することで、何が困難になるだろうか？　ヒメルワイトの「反省」は、ケアを労働と区別することで、かえってケアを人格的で代替不可能な特権的な領域に囲いこむ結果になる。彼女の論文のタイトルをもじれば、「労働」概念を拡張することによって得られる「社会的諸結果」同様、それを拡張しないことによって得られる「社会的諸結果」もまた、問題であるというべきだろう。ケアがすでにこれだけサービス商品となって流通している今日、誰によって担われるにせよ、ケアを労働の一種と見なすことは、ケアの代替可能性を前提することで異なる領域における労働の比較可能性を担保するために、必要不可欠な理論的装置なのである。とりわけ、福祉多元社会におけるケアワークの配置を論じるためには、領域の異なるセクターにおける活動のあいだに、相互に比較可能性と、したがって共約可能性 commensurability がなければならない。そしてその比較を通じてはじめて、何が代替可能であり、何が代替不可能かもまた、最終的に明らかになるであろう。

3　ケアは労働か

前節にしたがって、ケアを労働だと見なした上で、労働だとしたら、いったいどんな労働なのか？　それを通じて、家事労働一般とケアの違いを検討してみよう。

家事の定義のうちには、「第三者基準」というものがある。人間が生命・生活を維持するために不可欠な諸活動のうちには、食事、

❖1 多くの事業者で利用者によるケアワーカーの選好や指名を避けているばかりでなく、リスク管理のためにも、専属の指名は避けたほうがよいと考えられている。
❖2 ケアを受けている患者や高齢者にとって、親密な他者の手を握り続けていることは、それ以外の他人には代替不可能な人格関係かもしれない。だが、医療や看護、排泄ケアや褥創ケアなどは完全に代替可能である。
❖3 育児については妥当する「夫婦の協力」も、介護については成立するとはいえない。老親は夫婦の一方の親でしかないからである。育児についてすら、両親のそろった家庭を想定することは無条件の前提とは言えなくなっている。

睡眠、排泄のように第三者に代替してもらうことのできない活動がある。NHKの生活時間調査では、これを第一次活動と呼ぶ。次いで生活や生計維持のためになくてはならない諸活動が第二次活動であり、さらに一日二四時間から第一次活動時間と第二次活動時間とを差し引いた、余暇と呼ばれる自由裁量時間を、第三次活動時間と呼ぶ。第二次活動には、収入をともなう狭義の「労働」と収入をともなわない「家事」とが含まれる。[4] 最近まで、「労働時間」とは、第二次活動のうち「支払い労働時間」のみを指していた。だが、家事もまた「不払い労働」という名の労働だという社会的なコンセンサスが成り立つようになって、ようやく「労働時間」とは「支払い労働時間」と「不払い労働時間」の合計を指すようになった。日本における官庁統計のうち、「労働時間」統計が両者の合計時間として表示されたのは九〇年代以降であり、その結果、支払い労働時間と不払い労働時間とを合計した総労働時間のジェンダー差、すなわち女性のほうが男性より長時間労働であることが統計的に証明されたことは、記憶に新しい。このようなジェンダー統計は、世帯内の活動と世帯外の活動とを「労働」概念のもとに「共約」することではじめて可能になったものである。

以上のように、第一次活動と第二次活動、さらに支払い労働と不払い労働の区別から言えることは、家事とは、世帯内で生命・生活を維持するなくてはならない活動のうち、自分以外の他者に移転できる活動をいう。これが家事の「第三者基準」である。[5]

家事労働論争のなかで、家事が労働でないのはそれが生産的でないからだ、というものがあった。だとすれば家事は消費活動で、それ以外が生産活動か、と言えば、生産と消費のあいだの境界はこれも文脈に応じて変動するから、この定義を採用することはできない。自家菜園で野菜を栽培し、収穫し、調理し、食卓に運ぶまでのプロセスの、どこまでが生産でどこからが消費かの線引きはむずかしい。前近代の農家の主婦にとっては長い生産過程であったものが、都会の主婦にとっては短時間の買い物ですむ消費活動になる。このように何が家事かは、歴史的・社会的(階級的にも)にその範囲が変動するから、クリスティーヌ・デルフィは、これを家事労働の「都市的基準 urban criteria」と呼んだ[Delphy 1984=1996]。すなわち、生産手段から切り離された都市雇用者世帯の妻の労働を「家事」と呼ぶことで、農家の妻の労働のうち、何が生産労働で何が家事かが事後的に定義可能になったのである。家事の定義はこのように歴史的なものであるから、誰もが既製服を買い求める時代に、テマヒマかけてセーターを手編みする行為が「趣味的」な「擬装労働」(梅棹忠夫)と呼ばれることにもなった[上野 1982]。

ところでケアは、家事とはどう違うだろうか? ケアはまず(1)依存的な(ニーズを持った)他者の存在を前提とし、(2)消費されるその時・その場で生産されるために、ニーズを持った他者とその時・その場を共有することを要求し、したがって(3)省エネ化も省力化もできないサービスの提供を指す。他者のニーズに応じたサービスの提供というケアの性格は、ケアという概念にいくつかの条件を与える。

まず第一に、ケアはあくまで複数の当事者を含む相互行為であり、他者のニーズに応える行為であることである。したがって自分自身のニーズに応える行為をケアと呼ぶことから除外する。そのことは、メイヤロフのようなケアの用法、たとえば自己への配慮を除くことを意味する。また「アイディアを育む」、というような人格を対象としないケアの隠喩的な用法をも排除する[Mayeroff 1971=1987]。ケアはあくまで自分以外の他者のためのサービスである。

第二に、ケアはニーズの発生するその時・その場で生産され、消費されるために、他の商品生産のように大量生産や在庫調整、出荷調整が効かない。ケアのこのような性格は、対面的なコミュニケーション行為を必須とするために、時間と空間を共有する、つまり「共にある sharing」ことがそれ自体、手段であり目的となる。

第三に、ケアのコミュニケーションとしての性格は、他の家事サービスの場合には成り立つような省エネ化、省力化となじまない。もちろん介護補助具や福祉機器を用いることで、介護者の腰痛を予防する省エネ化や、介護ロボットを利用することによる省力化はありうるだろう。だが、ケアが当事者のたんなる安全の確保や、自立支援という名のもとでケアのミニマム化を目的とするのでない限り、コミュニケーション行為としてのケアが省力化するとは考えにくい。育児ロボットを考えつく人はいないのに、介護ロボットを考えつく人がいることは、このコミュニケーション行為としてのケアの性格を無視した、高齢者差別のあらわれであろう。❖6

ケアが労働であるためのもうひとつの条件は、それが完全に第三者によって代替可能であることである。ケアの一種である育児を例にとってみよう。しばしば代替不可能だと思われている母乳育児ですら、乳母や里親によって代替可能である。産育の社会史的研究が明らかにしたのは、自分で出産した赤ん坊を自分の乳で育てるという慣行は、歴史的には比較的新しく、近代家族のもとで成立した中産階級的なハビトゥス（身体化された慣習的な行動様式）（ブ

❖4 第一次／二次／三次活動をそれぞれ必需行動／拘束行動／自由行動とも呼んでいる。たとえば、通勤時間のようにその時間は収入が発生していない活動でも、「労働」のために不可欠な時間と認められれば、拘束行動のうちに入る。

❖5 第三者に移転可能であるという基準さえ満たされれば、それを自分自身のためにやろうが、自分以外の他者のためにやろうが、労働であることに変わりはない。したがって単身世帯の生活者にも「家事労働」はある。自分自身のためにおこなう料理という行為ですら、外食や調理済み食品によって一〇〇パーセント外注することができるのだから、それを自分でやっても「労働である」と定義することができる。だがそれをケアとは呼ばない。

❖6 この点ではわたしはヒメルワイトのケアの人格性の主張を支持する。だが人格性は代替可能性を排除しない。

ルデュー)であったことである。上流階級の女たちにとっては出産までが任務で、あとは育児をまったくしなくてもすんだ。また母を産褥熱で失った子どもや捨て子でも、親業の代替者がいさえすれば育つから、母親の存在は絶対とは言えない[7]。介護も同様である。子がいても子から無視される高齢者がいる一方で、施設で家族からよりも手厚い介護を受ける高齢者もいる。ケアは完全に第三者に代替・移転可能な点で、その担い手にとって、一〇〇パーセントの労働から一〇〇パーセントの自己充足的な関係[8]に至るまでのスペクトラムのうちにある。

したがってセックスや家事など他のさまざまなサービスと同様に、「ケアは労働か?」と本質主義的な問いを問う代わりに、「どのような条件のもとで、ケアは労働となるか?」「どのような条件のもとでケアは自己充足的な「関係のための関係」になりうるか?」という問いの文脈化を図ることのほうが重要であろう。となれば、ここでケアを労働として扱うことは、「ケアは労働である」という命題を提示することではなく、むしろ、労働と労働でないものとのあいだに連続性を仮設することで、両者を比較可能なカテゴリーのもとに置くためである。そしてまた、家族介護とそれ以外の介護とをケアワークという同一カテゴリーのもとに置くことで、両者は初めて比較可能になる。これまで、「愛」というマジックタームが——あるいは「私的領域」の神話が——家族によるケアとそれ以外のケアとを切断し、比べることすらタブーとしてきたことを思えば、両者を比較不可能なものとして概念構成するよりは、比較可能なものとして概念構成するほうがはるかに大きい認識利得が得られるだろう。それが、わたしがヒメルワイトの意図に賛同しつつ、その主張を採用しない理由である。

4　ケア労働と家事労働の比較

家事労働論争の際に、家事を労働と見なすことにもっとも抵抗したのは、男性たちだけでなく、ほかならぬ家事専従者たち、つまり主婦であったことは先に述べた。家事・育児は愛の行為であり、喜びである。相手の成長や感謝がそのまま報酬となる尊い無償の行為であって、それを労働と見なすのは、ましてやそれを「不払い労働」と見なして「家事労働の値段」をあれこれ計算するのは、家事・育児の価値をおとしめるものである。なぜなら愛には値段がつけられないからであり、他の行為とは比べることができないからである……というのが、反論の主旨であった。以下、これを「ケア」と置き換えて、同じ議論が成り立つかどうか、検討してみよう。

以上の反論のなかにはいくつかの異なる論点が含まれる。(1)ケアが愛という名のもとに代替不可能であること、(2)ケアがそのまま喜びであること、(3)ケアには相手からの反応という情緒的な報酬があること、(4)ケアには値段がつけられないこと、の四つである。順に論じていこう。

(1)ケアが愛の行為であるというのは、相互行為としてのケアが互いに相手を偶然ではなく必然の絆で結びつけていることを指す。「愛」というのは、代替不可能な関係(「この人でなければ……」)を正当化する、無根拠の根拠だからである。だが、親子や夫婦のような必然の絆が、愛だけでなく憎悪で結ばれていることがあるのは周知の事実だし、自分で子どもを生んだ母親でさえ、実の子どもをつねに愛するとは限らない。❖9 たとえ親族の絆があっても、選択性のないところでは、ケアが強制労働となることはすでに述べた。となれば、この命題は、「ケアは愛の行為であってほしい／あるべきだ」という規範命題にほかならず、事実命題としては、「ケアは愛の行為であることもあれば、そうでないこともある」というほかない。またすでに指摘したように、ケアは完全に第三者に移転・代替が可能なのだから、「愛の関係」のもとでも、「愛のない関係」のもとでも、事実上、ケアは遂行される。

(2)次に、よく言われるのは、相互行為としてのケアが、その担い手自身にとって喜びである、という指摘である。これも(1)と同じく、「ケアが、その与え手にとって喜びであってほしい／あるべきだ」という規範命題でしかないことは、メイヤロフ批判でも述べた通りである。実際には、「ケアは喜びであることも、苦痛であることもある」行為であり、それは同じ行為者にとってすらその両義性を持っている。そしてある行為が、行為者にとって「喜び」であることは、それが「労働」でないことを意味しない。語源学的に言えば、「労働 labor」には、「陣痛 labor」という意味があり、苦痛をともなう身体の行使や苦役という含意がある。だが、労働がつねに喜びと背反しあうわけではない。どんな単調な労働からでも労働者がささやかな達成感や熟練の「喜び」を味わうことはありうるし、労働が趣味と一致している幸運な人々もいる。行為者がその行為から喜びを引き出すかどうかは、それが労働であるかどうかとは関与しない。ましてや、その労働が喜びであるから、報酬は要らない、または低くてもよい、ということにはならない。

(3)労働は、それが他者のためにおこなわれたときには対価を発生する。それが支払われたときには支払い労働となり、支払われなかったときには不払い労働となる(誰が、いつ、どのように、いくら、支払うか? という問いは、棚上げにしておく)。ところでケアに関わる議

❖7 一部の哺乳動物は、母親を失うと子は死へ追いつめられる。匂いで子を選別する動物の母親は、自分の子以外の子に対して養育行動をとらないからである。だが人間はそうではない。有名なボウルビィの「母親剝奪理論」も、母親の絶対的必要性を説いたものではなく、母業を代替する親密な他者がいさえすればよいことを逆説的に証明したものとも言える。

❖8 **self-consumatory relationship** すなわち関係を持つことそれ自体が目的である関係。

❖9 出産に対して否定的な感情を持っている産婦が、マタニティ・ブルー(産後抑鬱状態)になることは知られているし、この状態の母親のもとに子どもをおいておくよりも、むしろ引き離したほうがよい場合もある。

論がしばしば陥るのは、ケアはその対象からすでに十分に報われている(だから、それ以上の報酬は要らない)という主張である。家事ならば、夫や家族からの感謝によって、育児なら子どもの成長によって。ケアの場合はどうだろうか？　育児のように、相手の成長が報酬だとしたら、老いや死に向かう高齢者や病人を世話するケアワーカーや医療者にとっては、相手の死を報酬と見なさなくてはならないことになる。また子どもは感謝をことばで表すことは少ないが、成人の高齢者をケアする場合には、「お年寄りから、ありがとうを言われるのが生きがい」と語るケアワーカーは多い。だが、ケアワーカーは、「感謝」を求めてケアを提供しているのだろうか。相手から感謝が返ってこようがこまいが、ケアワーカーはケアという行為をおこなうだろうし、ケアはそれが必要なところに与えられなければならない。感謝を目的にケアをするわけではない。同じことは、似たようなケアの専門家たちのあいだでの、奇妙な序列と差異化にわたしたちの目を向けさせる。医師は患者の感謝を受けるが、だからといって、それが医師が報酬を受けとらない理由にはならないし、報酬が安くてよい理由にもならない。(2)の場合と同様、その行為に喜びがともなうかどうかと、その行為に感謝や手応えがともなうかどうかは、それが労働であるかどうかとは、非関与である。にもかかわらず、ケアが女の手でおこなわれるときに限って、また同じケアワークというカテゴリーのなかでも下級職にあたる場合に限って、ケアの「目に見えない」「情緒的な報酬」が強調される傾向があるのは、いったいなぜだろうか？

(4)最後に、ケアが労働だとしたら、そのうえ不当に支払われない「不払い労働」だとしたら、いったいいくら(誰によって、いかに)支払われるのが正当なのか？　という問いが残る。「ケアの値段」である。これについては以下の節で詳論しよう。

5　サービス商品と労働力商品

ただしここでも注意しておかなければならないのは、「ケアサービスの値段」と「ケアワークの値段」とは違う、ということである。もっと専門的に言うと、「ケアというサービス(労働)商品」の価格と、「ケア労働者という労働力商品」の価格とは違う、すなわち労働と労働力の区別である。ケアサービスは、サービス商品市場に属するが、ケア労働者は、労働力市場に属する、つまりサービスと労働力とは、それぞれ異なる市場に属しており、このふたつの市場は異なる原理で作動している。

一般的な誤解を解いておけば、ケア労働者とはケアサービスという商品をケアの消費者と貨幣で交換している当事者ではない。サービス商品の価格は別な要因で決まっており、ケア労働者は商品市場のもとで価格決定メカニズムに参与する直接のアクターではない。消費者の契約の相手は事業者であり、サービスの料金は事業者に支払われ、多くの場合、労働者には雇用関係にある事業者から支払われる。つまりケアワーカーにとって直接の支払者は事業者であって、利用者ではない。

ちょうどフリーランスの独立自営セックスワーカーを想定することが困難なように、完全に独立自営で、価格の交渉能力を持ったケアワーカー、という存在を想定することはむずかしい。このアナロジーが成り立つように、サービスの料金とワーカーの報酬との関係は、セックス産業の場合に似ている。よく誤解されるが、売買春とは、セックスワーカーと顧客とのあいだに成立するサービスと貨幣との交換、ではない。完全に独立自営で価格の交渉能力を持ったセックスワーカー、という存在を例外として、売買春とは、性産業の事業者と顧客とのあいだのサービスと貨幣との交換であり、ここではセックスワーカーはサービスを生産する労働者であって交換の当事者ではない。江戸期の性産業である遊廓を研究した近世史家の曽根ひろみ[1990]は、売春に関与するアクターとして以下の五つを挙げる。

(1)顧客
(2)業者
(3)娼婦
(4)家族
(5)国家

(1)顧客のニーズが市場を生み、(2)業者がそのニーズに応えるサービス商品を市場に送りだし、(4)家族の事情がセックスワーカーを労働者として市場に押しだし、(5)国家のレギュレーションがサービス産業の条件を規定するという、以上の文脈のなかで、(3)娼婦は交換の客体であって主体ではない。そして当然のことだが、提供された性サービスに対して顧客から支払われた価格と、業者からセックスワーカーへと支払われる賃金とは一致しない。[10] この五つのアクターは、そのままケア産業にもあてはまる。不謹慎なたとえだ、と困惑する向きもあろうが、性産業もサービス産業の一種であり、性産業についてよく考えぬかれてきたことは、他のサービス産業にもあてはまるというだけのことである。

サービス商品の価格と労働力商品の価格とが異なることは、ケアの場合にも言える。たとえば、介護保険下のケアサービスには、二〇〇六年度改訂で身体介護一時間四〇二〇円、生活援助二〇八〇円という価格がついている。正確に言えば、この価格は市場メカニズムによって決定される市場価格ではなく、官によって統制された公定価格であり、このサービスが属する市場は「準市場quasi-market」である。このサービス価格はそのまま、サービ

❖10 江戸期のように娼婦の供給源が無限であると考えられ、娼婦が再生産すら求められない使い捨ての消費財であったところでは、彼女たちは生存ライン以下の条件で労働を強いられた。

ス労働者すなわちケアワーカーの賃金に連動しているわけではない。一〇割負担なら利用者にとっては必ずしも安いとは言えないサービス価格だが、だからといってそれを提供している労働者の賃金が相対的に高いわけではなく、実態はまったくその反対である。あとで論じるが、多くのケアワーカーの賃金水準は、単身者の生計をぎりぎり維持する程度に設定されており、その結果として、この労働力市場に参入する人々を、既婚女性か若年単身者、そして高齢年金生活者に制限する効果を持っている。

6　ケアの値段(価格)

ところで、ケアというサービスの値段(価格)は、どうやって決まるのだろう?　ケアに値段をつけるとすればどれだけが妥当なのだろうか?

マルクスが言うように、ケアの価値と価格とは違う。他のすべての財・サービスと同様、ケアには「使用価値」と「交換価値」とがあり、前者には個別性/固有性があるため、比較することも交換することも不可能だが、後者は貨幣と交換されることによって、その社会的な価値が他の財・サービスと比較可能になる。価格とは、貨幣価値で評価された財・サービスの交換価値のことである。

介護保険のもとでは、ケアサービスの値段は、公定価格によって統制されている。一時間あたりのサービス、身体介護四〇二〇円、生活援助二〇八〇円の価格は何を根拠に決定されたのかは明らかでないし、また現場のケアワーカーからはこの二つのあいだに線引きがむずかしいという声があがっているにもかかわらず、両者のあいだに価格差が維持されている根拠も示されない。

この価格が市場における需給メカニズムによって規定されるなら市場価格となるが、介護保険のもとでは需給バランスにかかわらず価格が変動しない公定価格として統制されている。だが、保険外利用のケアサービスについては、市場に委ねられており、公定価格のままその一〇割負担を利用者に要求するか、それより低価格にするかは、事業者の裁量次第となっている。

ここでも家事労働論争のなかから生まれた「家事労働の値段」についての議論が参考になるだろう。「家事労働の値段」については、北京女性会議の行動綱領を受けて、経済企画庁[1997]が試算したデータがある。家事は定義上、「世帯内で遂行されている、生存の維持のために不可欠な、第三者に移転可能な労働」のことだから、これが「不払い労働」である場合にその貨幣価値を算定する方法には、次の二方式による計三種類がある。

(1)機会費用法　Opportunity Cost Approach

(2)代替費用法　Replacement Cost Approach

(2-1)スペシャリスト・アプローチ　RC-Specialist Approach

(2-2)ジェネラリスト・アプローチ

RC-Generalist Approach

このうち(1)機会費用法とは、家事労働の価値を、その家事に従事している個人が他の職に就くとすれば得べかりし「逸失賃金 lost income」と同じだけの貨幣価値を有するものと見なすことをいう。機会費用の算定は、労働市場における性別年齢別の平均賃金によっている。この算定根拠の持つ問題についてはあとで述べよう。

(2)代替費用法とは、もし特定の家事労働と同じサービスを市場で商品として購入した場合の価格をもって算定することをいう。このうち(2-1)スペシャリスト・アプローチは、炊事、洗濯、介護等のそれぞれの専門職種に従事するサービス労働者からサービスを購入した場合の価格、(2-2)ジェネラリスト・アプローチは、家政婦やメイドなど家事全般をこなす家事労働者のサービスを購入した場合の価格による。❖11

表1 無償労働の男女別評価額(1991年)

単位:10億円

	男性	女性	計
OC	14528	84330	98858
RC-S	9724	74303	84027
RC-G	7044	59684	66728

女性の構成比(OC) 85.3 %

[経済企画庁 1997: 16]より作成

以上の三種類の方法で貨幣価値換算した男女別の無償労働評価額❖12が表1である。一九九一年のデータにもとづく算定結果はOC>RC-S>RC-Gの順番に価値が低くなる。また女性の寄与率は八五・三%であり、男女合計した無償労働の対GDP比は二一・六%となる[経済企画庁 1997: 15]。

この試算をおこなった経済企画庁は、女性一人あたりの無償労働評価額を年間平均一六〇万円、専業主婦の平均額を二七六万円とはじきだした。だが、この金額にはほとんど意味はない。この経済企画庁の報告書には「あなたの家事の値段はおいくらですか」

❖11 実際の算定法は詳細にわたり、たとえばスペシャリスト・アプローチの場合でも、介護・看護の専門職に比べて家族介護者の熟練度や専門性が劣ると想定して、看護師ではなく無資格の「看護助手」の賃金水準を当てるなど、細かい基準がある。炊事の場合も、専門調理師との生産性格差を前提として、スペシャリストのなかでも「調理師見習い」を該当させるなど、家事従事者の専門性や熟練度は低く見積もられている。

❖12 わたしを含むジェンダー研究者は一般に「不払い労働」を使うが、日本政府は「無償労働」の訳語を採用している。いずれも原語は unpaid work である。引用に際して出典に準じる場合には「無償労働」の用語を本書でも採用する。

と紛らわしいタイトルがついているが、もともと算出した値段を、国家や企業や夫が支払うことを想定したものではなく、九五年の国連北京女性会議における行動綱領を受けて、女性の不払い労働を国民計算SNA（System of National Account）のサテライト勘定へ含めることを意図したものであった。[13] 七〇年代における家事労働論争の「家事労働に賃金を」というスローガンそのものが、実現可能性を持ったものではなく、世帯内で遂行される女性の無償の労働に社会的関心を集めるための戦略的な主張であったことはその提唱者自ら認めており、誰が誰にどれだけどのように支払うかについてのすべてのシミュレーションは、いずれも実現の困難性にぶつかっている。[14]

この計算結果からわかることは何か？

第一に、家事労働を市場に外注して第三者に代替したほうが、女性の機会費用より安くつく、という事実である。経済学では、一般に機会費用が代替費用より低ければ女性は家にとどまり、逆に機会費用が代替費用より高ければ女性は外へ働きに出る傾向があるとされる。機会費用の算定根拠は同一年齢の女性の平均賃金だから、女性の賃金上昇にともなって女性の就労率が高まる傾向がある。裏返して言えば、たとえ家事が市場化しても、家事労働者は女性の平均賃金を下回る低賃金労働者にとどまることがわかる。このことから言えるのは、女性は家事を第三者に委ねて働きに出たほうが有利である、ただし家事労働以外の分野で、という「経済合理性」である。

第二に、この計算方法には根本的な欠陥がある。それは機会費用を「性別年齢別平均賃金」で算出するというアプローチを採用していることにある。男性の平均賃金のほうが女性の平均賃金より高いから、男性の機会費用が女性より高くなるのは当然である。その結果生じるのは、同じ家事を一時間しても男性の評価額のほうが女性より高くなり、結果として寄与率も高くなるという詐術といっていいようなデータのバイアスである。同じ九一年の生活時間調査をもとに、男性の平均家事時間（二四分）を女性の家事時間（三・五二時間）と合計して時間による寄与率を計算すると九・三％だから、時間寄与率と貨幣評価による寄与率（一五・三％）とはバランスがとれない。こういう結果が出るのは、男性の平均賃金が高いからであり、貨幣価値による評価が高いにしても、男性による家事労働のほうが熟練度や生産性が高いことを少しも意味しない（実際はしばしばその逆であろう）。[15] もし時間という資源がすべての男女に平等に分け与えられているとしたら、世帯内で生活を維持するために不可欠な労働を女性が担っても男性が担っても同じ価値がある、と考えなければならない。それなら機会費用換算の根拠を、男女別ではなく、全労働者の平均賃金で算定する必要があろう。もしそうすれば、OC法とRC法の差はますますきわだつだろうから、家事に関連する仕事に従事する労働者が、労働市場のなかでいかに低く見積もられているかが逆にあきらかになるだろう。

図5　OC法による評価額とRC-S法による評価額との差

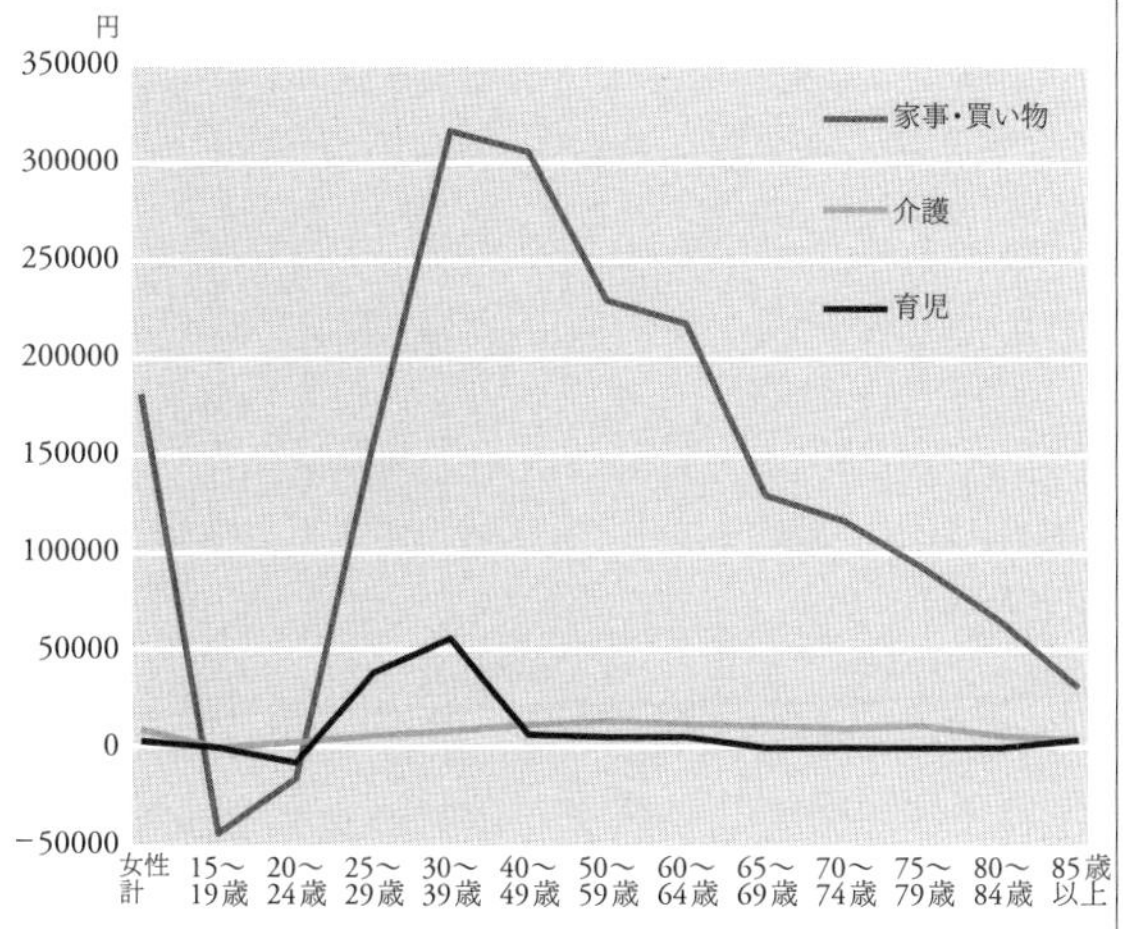

[経済企画庁 1997: 26]

経企庁のレポートはもうひとつ、OC法とRC-S法との評価額の差について興味深いデータを示している。それが図5である。このグラフの特徴のひとつは、家事、育児、介護を三つのサブカテゴリーに分解しているところだが、これによれば家事の代替費用がもっとも安く、介護が次に、育児がその次にくる。このグラフから言えることは、機会費用の高い年齢(二五―三九歳)のあいだは家事を外注して働きに出たほうが経済的には有利であること、

育児に限ってみれば機会費用の低い年齢(二〇代前半)で母親になったら子どもを預けて働くより育児に専従したほうが有利であり、その後三九歳まではその逆だが、四〇代以降機会費用は低下の一途をたどるから、就労のインセンティブは低下するという事実である。介護については、このような年齢別の変化がほとんどない。ということは、介護労働については機会費用と代替費用とがほと

❖13「不払い労働の経済評価」がいかに理解を得にくかったかは、国連の行動綱領ののちも、そのアジェンダにしたがうことを多くの発展途上国がしぶったことからもわかる。発展途上国では世帯内の無償労働の比率が高く、それがGDPに加算されることによって国民経済の規模が見かけ上大きくなることから、国連分担金の拠出額が増えることを怖れたためである。実際は国連が求めたのは、サテライト勘定というヴァーチュアルな数値であり(その結果は、国連人間開発レポートに反映されている)、本体のGDPには影響しない。だからこそ、経済企画庁の報告書でも、家事労働の評価額の対GDP比が問題になる。

❖14立岩真也[2006]は「家族・性・市場」という『現代思想』上の連載のなかで、「不払い労働」論の検討をおこなっているが、「不払い労働」論が、夫や企業からの支払いを求める議論ではないことは、すでに家事労働論争のなかで結論が出ている。このようなシミュレーションが目的とするのは、「支払い労働」との(交換)価値の比較可能性という課題に(限界のある、しかも不十分なやり方で)応えることである。

❖15同じ奇妙な結果は、UNDPの報告書[UNDP 1995]にも見られる。無償労働の対GDP比を国際比較してみると、先進国の男性の寄与率が不釣り合いに大きい傾向があるが、それというのも単位時間に対して、先進国男性の機会費用すなわち平均賃金が高いからにほかならない。つまり同じように家事を分担していても、発展途上国の男性より先進国男性の家事労働の経済評価が高く、また同じ国なら女性より男性の家事のほうが、たとえ非熟練であっても、経済評価が高いことになるのだ。

んど変わらない均衡点にある、つまり介護を外注するメリットが経済的には少ないことを意味する。[16]

7 ケアとはどんな商品か

ケアは他のサービスと同様、市場に置かれれば商品となる。サービス商品とは一般的な商品とちがって、特殊な性格をもった商品である。サービスはニーズが発生するその時・その場で同時に生産・消費されるほかないために、受け手と与え手が、時間と空間を共有することを必要とする。したがって他の商品のように在庫調整や出荷調整をおこなうことができない。またそのために、他の商品のように生産拠点の国外移転のような戦略を採用することもできない。グローバリゼーションのもとでは、製造業が生産拠点を海外に移転することが可能なのに対し、ケア産業ではニーズの発生する地域への労働力の国際移動をともなう結果になる。

広井良典によれば、産業としてのケアは、供給の面からみて、以下のような特性を持っている。(1)労働集約的であること、(2)女性の比重が大きいこと、(3)非営利組織の比重が大きいこと[広井 1997: 141]、これに加えて、日本以外の先進諸国では、(4)外国人労働者の比重が大きいこと、を付け加える必要があるだろう。

(1)労働集約的であることは、他の資本集約型や知識集約型の産業と違って、初期投資(資本)も、特別な資格やノウハウ(知識)も要らないことを意味する。そのためケア産業は、特別な社会資源を持たない人々にとって、参入障壁の低い部門である。[17]

(2)女性の占める比率がいちじるしく高いことは、だが上記のような理由だけからは説明できない。ケア労働は、家族と市場のいずれの領域においても、いちじるしくジェンダー化されているが、ケアが「女性向き」の職業だからと考えられているばかりでなく、これらの女性が就労を求めながら他に選択肢が得られないことの反映でもある。

このジェンダー化は、しばしば労働力の非正規化をともなっている。女性向きの仕事と考えられているからケアワークは周辺化され、周辺化されるから女性の参入が増える、という悪循環がここにはある。事実、非正規雇用の登録ホームヘルパーの平均月収が三万円から五万円の水準にあるという現実は、家計支持者が他にいることを前提とする。その結果、家計補助収入を求める既婚女性か、自活をしないですむパラサイト・シングル、年金をあてにできる高齢者しか、この労働市場には参入できなくなる。

(3)非営利組織の比重が高いことは、一方でのぞましいことでもあるが、他方で営利企業にとっては利益率の低いうまみの少ない産業であることをも意味する。介護事業は、原価の大半を人件費が占めるため、利益を上げようと思えば人件費の抑制のほかに手段がない。しかも、対人サービス業では、規模のメリットが働かない。非営利事業体の参入は、理念や志《こころざし》にもかかわらず、ケアの値段を引き下げる方向へ働いてきた。

以上の条件はすべて、そのままケアワーカーの不安定雇用や低賃金につながっている。施設系のフルタイムワーカーですら、他業種に比べると低賃金にとどまる。平均して週二回、三日に一回程度の夜勤をこなし、長時間労働と重い責任に耐える対価にしては、同じような条件下にある他の医療系の職等と比べてもいちじるしく低い。その結果は、介護職の高い離職率となってあらわれる。介護労働市場をめぐってすでに指摘されているのは、労働崩壊こと人材不足だが、その不足は、たんに少子高齢化による労働力供給の絶対的縮小によるものではなく、看護師不足と同じく、人為的に「つくられた不足」であると考えられる。[18]

こうした「労働力不足」の解消の解決策は実は容易である。労働条件を向上し、賃金水準を上げさえすれば、労働力の移動が起きるだろう。医師の労働条件がどんなに過酷でも参入者が絶えないのは、医師の社会的地位と報酬とがそれに見合うほど高いからである。

だが、人口減に転じた日本の将来の労働力需給が楽観できないことは、誰でも予想できる。その労働力不足に対して、日本が現在採用していない切り札があることを、使用者側はもとより、政府もよく承知している。それが(4)外国人労働者の導入である。国際経済格差を背景に、低賃金で就労する外国人労働者の存在が、欧米「福祉先進国」を支えていることはもはや常識となっており、家事・介護労働者の門戸を開くよう、フィリピンのような「労働力輸出国」からの国際圧力も増大している。ナショナリズムと排外主義、経済格差や人種差別などにともなう社会的コストへの配慮を除けば、日本が外国人労働者の導入を制限する政策にも限界が来ている。ケアの労働市場にグローバルな労働力予備軍の参入が想定されるとすれば、ケアワーカーの賃金水準が上昇する客観的な条件は当分ないといってよい。グローバリゼーションのケア労働市場に対する効果は、17章で詳述しよう。

❖16 一九九七年には介護費用は、他の家事労働サービスに比べて、市場に代替してもメリットがない程度に高価だった、と言えるが、介護保険で利用者一割負担が導入されてからは、コスト意識は大きく変わった。

❖17 とりわけ、女性は、育児や介護の経験がそのままノウハウと結びつくため、介護系の市民事業体には女性を担い手とするものが多い。またこれらの女性たちは、みずからの介護経験から、他者の介護ニーズに応えたいという動機付けを持っている。わたし自身の調査からも、調査対象の在宅介護ヘルパーの多くに介護経験があること、そしてその介護経験に悔いを持っており、要介護者支援と介護者支援とに「人助け」という高い動機付けを持っていることがわかっている［上野・肥口 2000］。

❖18 看護師「問題」と同じく、介護労働市場においても、有資格者が就労せず休眠状態になる傾向が起きている。一時あれほど不足がさわがれた介護支援専門員(ケアマネジャー)において、すでにその傾向はあらわれている。むずかしい専門資格試験に合格したにもかかわらず、仕事の負担と賃金水準とが見合わないために、せっかくの資格を生かさない人々がいるのは、構造的な「看護師不足」と同じである。介護福祉士有資格者の活性化率は、約五〇%にすぎない。

8　ケアワークと感情労働

ケアが他の労働とちがって持つ固有性を、感情労働という概念で説明する人々がいる。これについても批判的に検討しておこう。

「感情労働 emotional labor」とは、社会学者のアーリー・ホックシールドが造語した概念である。感情労働とはホックシールドによれば次のように定義される。「公的に観察可能な表情と身体的表現を作るために行う感情の管理」であり、「賃金と引き換えに売られ、したがって〈交換価値〉を有する」［Hockshield 1983=2000: 7］。

「感情労働」の概念の含意は、以下のふたつにある。第一は、感情が社会的構築物であること、第二は感情もまた労働でありうること、したがってサービスとして交換可能な価値を持つことである。感情が社会的構築物であることは、ホックシールドだけの発見ではない。人類学や比較文化論は、喜怒哀楽の感情のみならず、色覚や痛覚のような感覚に至るまで文化と社会の構築物であることを示してきたし、したがって、感情が社会学的考察の対象になることに不思議はない。だが、第二の、感情が労働であることを示したのは画期的であった。このために感情労働の概念は、成立と同時に多くの研究者に影響を与えた。日本でも武井麻子［2001］や崎山治男［2005］がこの概念を看護師労働に、春日キスヨ［2003］や渋谷望［2003］がケアワーカーに適用した研究がある。

ホックシールドは上述の「感情労働」を、「感情作業 emotional work」と区別し、「感情作業」と「感情管理」とを「私的文脈における同種の行為を意味するもの」と定義したうえで、「それらは〈使用価値〉を有する」という。この区別は同じような感情の統制・管理を、公的文脈／私的文脈、交換価値／使用価値の二元図式のもとで下位区分するものであり、前者を「支払い労働」とするなら後者を「不払い労働」とおきかえてもよい。この点を付け加えれば、彼女の感情労働の第三の含意は、感情労働には「支払い労働」と「不払い労働」の二種類がある、ということになる。[19]

感情労働は、それが「交換価値」を持ち、正当に支払われている限り、抑圧でも疎外でもない。ホックシールドが推定するように「現在アメリカの労働者の三分の一が、実質的に彼らに感情労働を要求するような仕事に就いている。さらに働く女性のうち約二分の一が、感情労働を必要とする仕事に就いている」（この推計の根拠はあきらかでない）とされるが、彼女が例にあげる典型的な感情労働者のひとつ、スチュワーデスことフライトアテンダントは、ほほえみやなだめのような感情労働に対して、他の平均的な女性労働者の賃金以上に「支払われて」いる。[20] 感情労働からくる感情麻痺のような「労働疎外」も、キーパンチャーがキーボードを叩き続けて頸腕症候群に陥るのと同じような一種の職業病や労働災害というべきだろう。どんな労働者にも職業への過剰同一化は起こりうる。教師もまた感情労働者の一種だが、職業が人格化して「家庭でも教師のようにふるまう」人を、「労働疎外」と呼ばないとしたら、ほほえみがはりついたフライトアテンダントを同じように呼ぶ理由はない。感情労働者には、カウンセラー(文字どおり「こころの専門家」)やバーのホステスも含まれるが、彼らの労働に対しては高い賃金が「支払われ」ている。感情労働を天職として志す人もいるのだから、そしてそれが市場で高い「交換価値」を持つこともありうるのだから、それが(1)職業として選択可能で、(2)正当な報酬と、(3)それに見合った社会的評価とをともなうかぎり、ある労働が「感情労働」であること自体は問題にはならない。

わたしの問いは、「感情労働」という概念を導入することで、論者が説明したいと思う対象の、(それなしには説明できない)何が説明可能になるか? ということである。その裏面には、同じ概念を導入することによって、どのような危険が生じるか、という問いをともなっている。

自らも看護師である武井麻子は、日本ではいちはやく「感情労働」という概念を看護職に適用したひとりである[21]。武井は、看護職を医療職から分かつものが「感情労働」であるとする。それ以前から看護学には、キュア(治療)とケア(看護/介護)とを区別し、医療に対して看護に、それとは異なる独自の専門性を認める論調があった。看護がケアを専門とする職業のひとつであるとするなら、看護労働についてあてはまる議論は、すべて介護労働についてもあてはまると考えられる[22]。

武井は、看護師にバーンアウトが多いことを指摘して、それが看護師労働の「感情労働」としての特質によると説明する。看護師に求められる感情規則、すなわち「その職業にふさわしい適切な感情の表出と、不適切な感情の抑制」[武井 2001: 40]には、以下のようなさまざまな要求が含まれる。「患者には優しく親切に」、「患者に対して個人的な感情を持ってはならない」、「患者に対して怒ってはならない」、「泣いたり取り乱したりしてはならない」、さらには「患者さまに何を言われても、決して言い返してはいけません」[武井 2001: 42-43]など。そのような、ときには無体なといってよいほどの感情規則のもとで長期間にわたって感情労働を継続したコストは、彼女によれば、バーンアウトのみならず、自己欺瞞、抑鬱、嗜癖、感情麻痺、アイデンティティの危機等々である。このように聞けば、看護師労働がそれほど疎外された労働

❖19 介護している高齢の親に疲れた顔を見せないように努める娘や、がん告知を伏せた夫につとめて明るくふるまう妻などは、この種の私的な不払いの感情労働(ホックシールドの用語では、感情作業)をおこなっていることになる。

❖20 ホックシールドはあからさまには言わないが、フライトアテンダントは暗黙裡に容貌や容姿に対しても「支払われている」と考えられる。この職業の志望者たちが、エステやシェイプアップに自己投資するのはそのことに自覚的だからであろう。

❖21 武井は「看護婦」という用語を使用しているが、本書では今日の用語法にしたがって「看護師」を採用する。

❖22 ここでのわたしの課題は、看護労働論を展開することにはなく、看護労働論を参照しながら、介護労働の特質について検討を加えることにある。というのもケアワーカーに「感情労働」を適用した先行研究は、春日や渋谷を除いて(あとで検討する)、まだ多くないからである。

なのか、と疑いたくなるが、他方でこれほどまでの感情労働のコストを支払って看護師が得るものは何か？　という問いも成り立つ。看護職の感情労働としての側面を強調することで、武井が獲得しようとしているものは何だろうか？

その答は、医師に対する看護職の固有性・専門性の自己主張(医者にはできないケアを看護師は担う)によって、医療職ハイラーキーのなかでの相対的な劣位の挽回にあると考えられないだろうか。看護師は長い間、医師との権力関係のもとで劣位に置かれてきた。医事法にいう通り、看護師は「医者の指示のもとで」治療をおこなう、という文言は、彼(女)らの職業的自立を妨げ、医師に従属する地位においてきた。それに教育歴の低さ(医師六年に対して看護師は三年から四年)、専門資格取得のバイパスの存在(准看護師資格)などがともなって、医師と看護師とのあいだのいちじるしい社会的地位と賃金の格差を正当化してきた。日本看護協会のような看護師集団の職業的利益はこの格差を縮小することにあり、したがって、彼らは(1)医師に匹敵する教育歴をめざして看護学士や修士資格という高学歴化をめざし、(2)専門資格の高度化のために准看護師資格の廃止を求めてきた。[23]

ところで看護師は医者にはできないケアを担当する感情労働者である、という命題は、たしかに医療職相互のあいだの「境界の定義」に貢献し、専門職のあいだの職能分担と看護師の専門性の確立に資する。また「気働き」や「愛嬌」などの自然言語で語られてきた看護師の職能を「感情労働」と呼びかえることで、正当に評価され報酬を支払われるべき専門的な労働であることを示すことができる。武井と同じく看護職を「感情労働」と見なした崎山は、医師と看護師に求められる患者との葛藤回避の方法の違いを、以下のように説明する。

> 医師は、診断を優先させ、患者との距離化を図る「合理性」をより優先させることによって葛藤を回避することが強調される。他方、看護職の場合には、複雑な感情管理を行うことで、個別の患者への配慮を行い、自身と患者の「感情性」に対処することが求められる。
>
> [崎山 2005: 125]

この区別のなかにあるのは、合理性／感情性、客観性／個別性のような二項対立である。だが、このような看護職の医師に対する差別化は、いったい何をもたらすのだろうか。

感情労働は、看護師に医療職としての専門性以外の「付加価値」を与えているのか？　もしそうだとして、その「付加価値」に対して、看護師は対価を支払われているのか？　それとも不当に支払われていないのか？　看護師の高学歴化と高度の専門化は、感情労働を(医師なみに)不要にするのか？　医療現場のハイラーキーのもとで、看護師の感情労働のコストのしわよせは、どこへ行くのか？　弱者としての物言わぬ患者か、それともより地位の低い准看護師や無資格の看護助手、病院労働者へか？　そして看護師が感情労働者なら、医師はそうでなくてよいのだろうか？　また同じケアの担い手であり感情労働者として、看護師は介護士とどう差別化するのか？　まとめて言えば、感情労働は、看護師の専門性と地位の相対的な低さに対抗する優位の根拠となるのか？　という問いが残る。

結論から言えば、看護職への「感情労働」の概念の導入は、（1）それが目的とした当初の課題を達さないばかりか（感情労働を導入しても医師―看護師間の格差は解消されない）、（2）かえってマイナスの効果をもたらし（感情労働の「業務独占」による医師との差別化を通じて、医師を感情労働から免除するばかりか、看護師を医師と同じ医療職としての合理性や専門性から遠ざける）、したがって（3）不適切である（感情労働という概念を導入しても看護師の職務についてこれまでの概念、ストレスやバーンアウト等に代わる説明力をもたらすわけではない。概念の認識利得に比べて、ネガティブな副次的効果が大きすぎる）。看護師が感情労働者である、ということは、医師が感情労働者でなくてすむ、という免罪のために使われてはならず、広い意味では医療職全体が、感情労働をともなう対人サービスというべきであろう。もし感情労働という概念をあえて使うとすれば、医療を含む対人サービス業務全般に用いられるべきであり、そうなれば（1）医師と看護師とを「感情労働」の有無で差別化することはむずかしくなり、また（2）看護職と介護職を差別化することもできなくなる。裏返していえば、現に存在する医療／看護／介護間の職業上の序列は、それとはべつの理由で説明される必要があり、したがってそれとはべつの方法で解消されるべきである、ということになる。

同じことは、介護職に「感情労働」を持ちこんだ場合にも言えないだろうか。春日はユニットケアへの移行にともなう施設ケアワーカーの労働強化を、「感情労働」の概念で説明する。なるほど、春日でなくても多くの研究者は、介護現場の労働に、ホックシールドの「感情労働」という概念を導入したいという誘惑に駆られるだろう。ユニットケアとは、個室利用を基本として、六室から八室を一単位として共同室を設け、集団ケアから個別ケアへの流れをつくりだした施設ケアの新しいスタイルである。高齢者の尊厳とプライバシーを守るためには個室が当然、と福祉先進国スウェーデンからユニットケアを日本に持ちこみ、その普及に尽力したのは建築家の外山義［2003］であった。施設関係者は、コストがかかるだけでなくケアワーカーの負担が増えるとユニットケアへの移行に難色を示したが、外山グループによる調査の結果、多床室の集団ケアでも個室ユニットの個別ケアでも、ケアワーカー

❖23 ちなみに日本医師会の職能集団としての利益はこれにまったく対立しており、看護師を医師の従属的地位に置きつづけること、したがって低賃金で使いやすい労働力として維持することに集団利益を持つために、彼らは准看護師資格の廃止に今日に至るまで反対を続けている。そして日本政府に対する政治的影響力は、その規模に反して、看護師団体より医師団体のほうが圧倒的に強い。

の負担は変わらない、という実証データにもとづいて、ユニットケアは厚生労働省(当時)によって「国策」として採用され、推進された。[24] にもかかわらず、現場では、ユニットケアになって労働がきつくなった、というワーカーの「実感」が寄せられた。春日は、このケアワーカーの「実感」を、労働強化という量の変化ではなく、「感情労働の強化」という質の変化で説明しようとする。

ユニットケアの基本は、集団ケアから個別ケアへの移行にあり、したがってケアの与え手と受け手とのあいだの関係の個別性は高まる傾向にある。だが、ユニットケアのケアワーカーがそのために過度の感情管理から感情麻痺やバーンアウトに陥りがちである、という結論を引き出すとすれば、武井が看護職について冒したと同じまちがいを冒すことになるだろう。ユニットケアワーカーに「感情労働」を持ちこむことによって、説明できることと、かえって隠蔽されることがある。看護職について生じたさまざまな疑問が、ここでも同じように生まれてくる。

ユニットケアワーカーが感情労働者であるとして、それなら集団ケアには感情労働は必要とされないのだろうか? 集団ケアが感情労働抜きにおこなえるということ自体が、ケアという相互行為にとって問題ではないのか? 集団ケアによる感情の距離化が、かえって失望や疎外感からくる施設ワーカーのバーンアウトをもたらす可能性もあることをどう見るのか? 個別ケアにおける関係の個別性は、メリットとデメリットの両面を持つが、ユニットケアと、それ以前の集団ケアの両方を経験したケアワーカーのほとんどが、ユニットケアにおける労働に、負担感とともに、高い満足を示している事実をどう判断するのか?[25]

ユニットケアについては、のちに「ケアの質」の項でさらに詳論するつもりだが、わたしたちが独自におこなった調査[東京大学文学部社会学研究室・工学部建築学研究室 2006]によれば、ユニットケアでは明らかに労働強化が起きていた。その点では、外山グループの調査は、べつなデータによって反証可能である。だが、その労働強化を「感情労働」で説明する必要はない、というのがわたしの考えである。「感情労働」という概念は、かえって実質的に起きている労働強化を隠蔽する効果を持つことになりかねない。

三〇人の入居者を五人でみる集団ケアと、六人のユニットを一人でみるユニットケアとでは、入居者一人あたりの人員の配置は変わらないが、ユニットケアではワーカーはユニットでその大半の時間をひとりで過ごす。誰かの個室に入って個別ケアをしていれば、共同室にも他の入居者の個室にも目は届かない。そのあいだにも、ベッドから落ちる利用者がいるかもしれず、転倒する利用者がいるかもしれない。責任の分担ができない状態で、すべての利用者の健康と安全がひとりの肩にかかる。それがユニットケアではワーカーに絶えまない緊張を強いているという実態が、わたしたちの調査からは浮かび上がった。

あえて言うなら、この負担は「感情労働」と言うより、「責任労働」と言うべきものであろう。そして「ケア責任」という概念を導入するなら、それは多くの家族介護者の「実感」にも即することだろう。ケアマネージャーを最大限活用し、サービスをほぼ一〇〇パーセント、アウトソーシングすることが可能でも、主たる家族介護者から最後までなくならないのが、このケア責任である。そのなかには、要介護者にとって何がいちばん適切かを(当事者がそれをできない場合には)代行して決定する意思決定労働が含まれる。肉体的な負担を軽減することはできても、この責任を第三者に移転することはむずかしい。家族関係のなかではこのケア責任は、代替不可能な個別的な人間関係にもとづいている。私的セクターが他のセクターに移転することが困難な/あるいは移転しないほうがよいケアというものがあるとしたら、このケア責任であると言えるだろう。

ユニットケアでは、ケアワーカーが、「他に代替不可能」なケア責任を一定の時間と空間のうちで背負わされてしまう。❖26 もしユニットケアワーカーの労働強化の軽減を図るというのであれば、人員配置を手厚くし、ユニットを一人職場にすることを避ける、これしか解はない。ユニットケアは人手がかかる――外山らの主張に反して、わたしたちはそう結論する。そしてこのような解を引き出すにあたって、「感情労働」という概念は少しも必要でない。

9 ケアワークはなぜ安いのか

わたしは九〇年刊の『家父長制と資本制』の結びで、こう書いた。

なぜ人間の生命を産み育て、その死をみとるという労働(再生産労働)が、その他のすべての労働の下位におかれるのか……この問いが解かれるまでは、フェミニズムの課題は永遠に残るだろう。

[上野 1990: 307-308; 上野 2009d: 389]

❖24 二〇〇三年から厚労省は特別養護老人ホームの新設にあたって、新型特養(個室ユニットケア)以外は補助金を出さないという政策を推進したが、二〇〇五年の介護保険見直しでホテルコストが発生し、利用者の負担が増えた。この政策の転換を「梯子をはずされた」と怒る現場の人々は多い。

❖25 付け加えるなら、多床室と個室ユニットの両方を経験した利用者のほとんどは、個室に高い満足を示している。「カリスマ」理学療法士、三好春樹[2006]はユニットケアを推進する厚労省の動きを苛烈な口調で批判するが、よく読めば彼の批判も、画一的な個室の押しつけに対する反対であって、選択肢が増えることそのものに反対しているわけではない。もし利用料が変わらず、個室と多床室とを完全に同じ条件で選べるとすれば(あるいは個室と多床室の両方を経験してもらってから自由に選択してもらうとすれば)、圧倒的に多くの利用者は個室を選ぶことだろう。だが、二〇〇五年の介護保険見直しによるホテルコストの導入によって、外山らの理想主義によって推進されたユニットケアは、いまやホテルコストの負担に耐える経済階層の高齢者のみに、利用が制限される結果となった。

❖26 とはいえ、その労働が時間と空間によって限定されていること(限定責任)が、ケアワーカーの特徴である。その反対に家族のケア労働は、「無限定」に大きくなる傾向がある[井口 2002]。

この問いには、何度でも立ちかえる必要がある。

これまで見てきたように、ケアワークの値段はけっして高いとは言えない。ここでふたたびケアの価格の二重性、つまりケアサービスの価格とケアワークの価格との区別を導入しよう。ケアサービスとケア労働力とは異なる市場に属する。どちらも交換価値を持つ限り、商品にはちがいないが、前者は財・サービスの商品市場に、後者は労働力(商品)市場に属する。介護保険のもとでケアサービスは脱商品化(エスピン-アンデルセン)しており、かつ公定価格と利用料負担とは同じではない。もし利用者一〇割負担を前提とするなら、在宅支援のうち、身体介護一時間あたり四〇二〇円というサービス利用価格は、おおかたの利用者にとって負担の重い高価なサービスだと感じられることだろう。だが、ケアワーカーが受けとる一時間あたりの賃金は、利用料と同じではない。民間企業に雇用されているホームヘルパーの平均賃金(時給)は一三〇〇~一五〇〇円程度、有資格職でありながら、専門職パートの標準と言われる時給一八〇〇円~二五〇〇円程度にも及ばない。他方、有償ボランティア型の市民事業体では、奇妙なことにどの地域でも、ケアワーカーの報酬は地域最低賃金よりやや低めに平準化される傾向にある。「有償ボランティア」とは地域最低賃金以下で女性を動員するためのイデオロギー装置なのか、とあやしまれるほどである。

ケアの値段はなぜこんなに安いのか?

それに対する説明は、いくつもなされてきた。

第一は、ケアの有償化そのものの持つディレンマ、つまりケアの担い手の抵抗である。スタンディングは「ケアが支払われる労働になれば、ケアの与え手にとってその価値が下落する」と言う。というのは「贈与の関係 gift relationship が減少するから」[Standing 2001: 32]である。[27] この事情は、ケアの与え手がみずから有償化に抵抗し、またケアの値段を切り下げることを説明する。とりわけケアが有償・無償のボランティアでなされる場合には、他の低賃金のケアワーカーと自らを差別化し、ケアの受け手に対して相対的優位に立つ心理機制が働く。ケアが支払い労働になることへの抵抗は、この優位を手放すことへの抵抗であり、この抵抗には市場化されたサービス労働への差別化と蔑視をともなう。有償ボランティア価格が地域最低賃金をわずかに下回る程度に平準化されていることの謎は、これで解ける。「わたしをお手伝いさん扱いしないで」という有償ボランティアのプライドは「お手伝いさん」に対する蔑視からきており、それと差別化するためにこそ、彼女たちは市場の「お手伝いさん」よりも自らのサービスの値段をすんで切り下げる。その価格は、低賃金のパート労働に出ざるをえない人々を排除し、わずかの価格差で、「崇高な奉仕」という正当化をあがなうためのイデオロギー価格なのだ[28][上野 2004a]。

ケアの値段が安い第二の理由を、それが「感情労働」であることに求める説がある。ルイスはジェームズを引いて「感情労働が含まれれば含まれるほど、その報酬は低くなる」という「法則」を紹介している[Lewis 2001: 73]。すなわち感情労働は、同時に感謝や手応え、生きがいのような感情的報酬をともなうために、ケアワークの値段は以下のように定式化される[Lewis 2001: 64]。

ケアワーク＝低賃金＋感情的報酬

だが、この定式はいかにも奇妙なものである。なぜなら、ホックシールドの「感情労働」の検討を通じてあきらかにしたように、世の中には感情労働でありながら、高額の報酬をともなう労働がいくらでもあるからだ。医師や弁護士やカウンセラーは専門性だけを売っているわけではない。また感情労働の度合の高いフライトアテンダントやバーのホステスたちは、その感情労働に対して高く支払われている。感情労働の有無は、報酬の高低とは独立しているにもかかわらず、ここには、因果関係の倒錯がある。すなわち感情的報酬があるから賃金が安い、のではなく、賃金が安いからこそ感情的報酬があるとされるのである。

ルイスの紹介する定式化のもとでは、賃金と感情的報酬とはトレードオフの関係にある。それなら「感謝をあらわさない利用者に対しては、高い報酬を請求すればよいのか」とつっこみを入れたくなるが、この奇妙な「法則」にしたがって、ルイスは「ケアが商品化されるとケアへの動機付けが減少する」と言う。だが、逆に、ケアがうんと高額化すれば、ケアへの動機付けが減少するとは言えなくなるだろう。医師や弁護士の志望者は後を絶たないが、彼らの報酬は高額であるばかりでなく、感情的報酬にも恵まれている。ケアについて言われることは、いずれもそれが低賃金であることを事後的に正当化するために言説資源として動員されているにすぎない。そして、感情的報酬は、低賃金の労働について言われても、高賃金の労働について言われることはまずないのだ。❖29

ケアの値段が安い第三の理由には、ジェンダーが深く関与している。女が「ケアする性」だと考えられているからばかりではない。この背景には、(1)ケアが女の仕事と考えられており、(2)しかも女なら誰でもできる非熟練労働だと考えられており、(3)さら

❖27 ホマンズとブラウの交換理論によれば、贈与の関係のうちで、贈与の与え手は受け手に対して債権―債務関係に入り、権力的に優位に立つ。この権力格差を相殺しようとすれば、債務の支払いをおこなわなければならない。貨幣で対価を支払うのは、その債務解消の一手段であり、これによって権力関係はふたたび平準化される。ケアサービスの有償化および、ケアの受け手によるダイレクト・ペイメント方式の根拠については、別の章で論じる。

❖28 渋谷望[2003: 28]も「介護労働の二重性」と彼が呼ぶもの――「労働としての社会的評価の低さ」と「ボランティアとしての社会的評価の高さ」――が「賃金の面に跳ね返る」として、これが「感情労働と呼ばれる労働のカテゴリーと共通性を持つ」とする。

❖29 渋谷[2003: 30]はホームヘルパーの経験する「苦境」(精神的ストレス)が「しばしばポジティブなものとして経験できるという意味で両義的である」とし、これが〈コスト〉としてではなく、むしろ仕事に付随する〈特典〉と解釈され、低賃金を正当化する口実となる」という。だがなぜ同じことが、医師、弁護士、教師、カウンセラーについては言われないのだろうか。

に供給源が無尽蔵だと考えられている、という三つの前提がある。現実には、(1)ケアには男性も参入しているにもかかわらず、それは不可視化され、(2)非熟練どころか経験と熟練を要することは経験者の誰もが証言している。また単身者の生計維持水準さえ下回るような賃金の労働に対して、(3)供給源が無尽蔵だと考えられる根拠は、家計支持者を別に持った無業の既婚女性、つまり主婦層という供給源があるからだと想定されているからだが、この人々は歴史的に一過性の存在であって、これから人口学的に増大するとは考えられない(ただし、外国人移民労働者の参入がありうるとしたら、この想定は崩れる)。また実際には、母子家庭の母親で家計支持者である女性たちもケア産業に参入しているが、その事実は考慮されない。中高年の既婚女性だけでなく、若年の男女単身者、高齢男性等の参入にともなって、「ケアは女の仕事」という前提はいずれも思いこみと言ってもよい、今では神話的なものになりつつあるが、こうしたジェンダー要因はいっこうに崩れそうもない。これまで「タダで」手に入ったサービス(=不払い労働)に、価値を認める必要がない、ということだろうか。

ケアの値段はなぜ安いか? これにジェンダー要因で答えるとするなら、答は明快である。なぜなら「女の仕事」と考えられてきたから。

ヴェロニカ・ビーチィ[Beechy 1987]はかつて周辺化されたパートタイム労働について、「低賃金労働だから女が就いている」のではない、「女向き」に作られているから低賃金になるのだと喝破した。ジェーン・ルイスはケア労働について、「価値が低い、報われない労働を女性がしている」というより、「女性がしている労働」だから「価値が低い」のだ、と指摘したうえで、次のように予言する。

> 男がケアにもっと従事するようになるまでは、ケアの価値が今より高くなることはほぼないだろう。[Lewis 2001: 74]

男がケアに参入する以前に、外国人(女性)がケア労働の不足を埋め合わせる蓋然性ははるかに高いだろう。ケアが家族領域から市場へ移転したとしても、その価値が高まるわけではなさそうだ。これを私的家父長制に代わって、公的家父長制と呼ぶ。

第7章 ケアされるとはどんな経験か

1 ケアされること

前章ではケアとはどんな労働か、を論じた。それではその反対側にある、ケアされるとはどんな経験なのだろうか。本章ではこれについて論じる。

> 二一世紀は高齢社会に突入し、日本は世界的にも経験のない〝ケア社会〟になる。誰もが見知らぬ人と出会い、助け合っていかなければいけない社会である。
>
> 介護を教える学校が全国に増えつつあるが、ケアを受けたことのない人たちが教科書をつくってもいいのだろうか。(中略)ケアする側の意見ばかり多すぎるのではないだろうか。
>
> ［小山内 1997: 4］

一九九七年、今から一五年前に、「ケアを受けるプロ」を自称する札幌の重度障害者、小山内美智子が書いた。

二〇〇〇年には介護保険制度がスタートし、二〇〇五年には障害者自立支援法が成立した。とりわけ介護保険ができてから、ケアする側の、労働や事業、経営についての情報や研究はいちじるしく蓄積したが、今日になっても「ケアされる側」について、わたしたちは何を知っているだろうか？　ケアはケアする側とケアされる側との相互行為であるにもかかわらず、ケアする側についての情報と、ケアされる側についての情報のあいだの落差はあまりに大きい。

ケアされる側に比べてケアする側に情報や経験が蓄積することには理由がある。ケアする側には、専門性があり、経験的な知識の体系化や情報の共有、さらには資格や権威の付与がおこなわれるのに対して、ケアされる側にとっては自分の心身の状態の変化は初めての体験であり、ケアされることにも経験の蓄積がない。同じことは医療についても言える。医師はプロだが、患者はそのつどアマチュアである。医療について情報の非対称性が言われるように、それと同様な非対称性がケアについてもある。そのため、ケアされる側は自分の心身について何が起こっているか、的確に認識し判断することがむずかしい。

　とはいえ、ケアする側の情報と経験の蓄積は、同じ時間を共有しながらケアされる側の情報と経験の蓄積に比べてふつりあいに大きい。なぜだろうか？　その理由は第一に、ケアされる側の人々が、その経験について語ってこなかったからであり、第二に、ケアする側の人々が、ケアされる側の人々に、ケアされるとはどういう経験か、たずねてこなかったからである。すなわちケアされる側の沈黙とケアする側のパターナリズムがその原因であるが、それに加えて、ケアされる側の経験を対象とする研究を、研究者がネグレクトしてきた怠慢があげられよう。「社会学的」と名のる多くの調査や、自治体や各種の団体の調査も、主として質問紙法のような量的調査に偏っており、この種の調査では、高齢者本人ではなくその家族介護者が代わって回答者となることを、暗黙のうちに容認してきた。寝たきりの高齢者ならその人のもとを訪ねなければならず、言語障害があればコミュニケーションがむずかしく、認知症をともなっていれば本人の意思を確かめるには長時間にわたる観察や熟練がいる。質的調査を不可欠とするこの分野の研究が、テマヒマのかかる効率の悪い調査であるため、研究者は被介護者の「介護される経験」を主題化することを怠ってきた。それだけでなく、これらの障害を抱えた被介護者を対象とする調査の技法や判定の尺度も確立していない。だがこの状況にも、最近になっていくらかの変化が見られるようになった。この分野の研究はまだ十分に成熟しているとは言えないが、ここで論じておきたい。

2　介護されるという経験

ケアすることがつねに「よきこと」であるとは限らないように、「ケアされること」がつねに「よきこと」であるわけでもない。「ケアされる権利」があったとしてもその権利はないよりあるに越したことはないが、だからといってその行使がいつも歓迎できることは限らない。

高齢者にとって介護されるという経験には、これまでつねに否定感がともなってきた。

いささか旧聞に属するが、ＰＰＫ（ぴん、ぴん、ころりの略）運動が始まるずっと以前、七〇年代に、ポックリ信仰で有名な奈良県斑鳩《いかるが》の清水山吉田寺に参詣に来る高齢者のインタビュー調査を、東京都老人総合研究所（当時）の井上勝也が試みた結果がある［井上 1978; 上野 1994］。ポックリがＰＰＫと呼び名が変わっても、介護される状態を忌避する社会的な価値観に、この三〇年間変化がないことがうかがわれる。否定的な社会的価値を当事者が内面化すると、自己否定感となる。高齢者にとっての深刻な問題は、老いるという経験に対する自己否定感であり、そのなかには、他者から介護を受ける依存的な状態を受けいれにくいという感情が大きな部分を占めている。

井上の調査によれば、平均年齢七〇・三歳、男性六名女性三七名計四三名の参詣者は、「なぜポックリ寺へ参詣に来たのか?」という問いに対して、「中風などで寝たきりになり、他人に迷惑をかけたくないから」が九三%と圧倒的だった。あとは「ガンなどの病苦に耐えられない」「年齢《とし》をとって生きる希望を失った」「若い人たちに邪魔にされる」とつづく。この回答のなかに、「看護者の迷惑に対する思いやり」と「自分が相手から厄介者視されることへの悲しみや怒り」を見てとった彼は「迷惑をかけたくない」と答えた回答者に、たたみかけてもうひとつの問いを発する。「もしあなたの家族が寝たきりであっても少しも迷惑がらず、一日でもよいから長生きしてほしいと願い、心から暖かく看護してくれるとしたら、あなたはもうポックリ往くことを願わないか?」この問いに対して、回答者の八二%は「もしそうであればたいへんうれしいが、しかしやはりポックリ往きたい」と答えている。

八六年の「老人問題と老後問題の落差」と題する論文❖1で、井上の研究を紹介したわたしは、次のようにコメントしている。引用しよう。

> 「他者への迷惑」要因をとりのぞいてもなお「寝たきり老人」になることを拒否する参詣者の気持ちには、他人の世話になる「無力な自己」を積極的に拒否するプライドや、その裏返しの攻撃性がある、と井上氏は見る。
> [上野 1986; 1994: 268]

井上の調査から約三〇年、アメリカから「サクセスフル・エイジング」の思想が紹介され、元気な高齢者のシンボル的存在である日野原重明がこの概念を広く日本に拡めようとしているのを見ると、要介護状態になることへの高齢者の自己否定感はなくなっていない、と言わざるをえない。「サクセスフル・エイジング」の考え方には、「死の直前まで中年期を延長すること」という「生涯現役」思想がある。❖2 エイジングに「成功 success」があるなら、「失敗 failure」も存在することになるが、要介護状態になることは、サクセスフル・エイジングの考え方からは、さしずめ「失敗したエイジング」ということになるのだろうか。

高齢者の社会的地位や否定的アイデンティティについては、これまで文明史的考察や比較人類学研究が積み重ねられてきた[片多 1979; 天野 1999; 上野 2005]。だが、被介護者に焦点化して「当事者の経験」を対象にした研究は決して多くない。井上の先駆的研究も、

❖1 同論文はのちに「生きられた経験としての老後」と改題されて、上野[1994]に収録された。
❖2 ジェロントロジストの秋山弘子[2008]から教示を得た。

被介護者予備軍ともいうべきまだ健康な高齢者であり、介護された経験を持っているわけではない。被介護者が「もうしわけない」「なさけない」という否定感を持つことは知られているが、それは、介護者に対する対人関係上の「迷惑」や「厄介視」からくる感情である。井上が調査した当時は、家族介護以外の選択肢が限られていたため、その「迷惑」の負担の重さは想像に難くない。だが、介護の社会化によって負担の軽減がはかられた今日も、同じように高齢者は感じているのだろうか。また対人関係上の問題が解決されてもなお残る「介護される経験」について、わたしたちは何を知っているだろうか。そう問いを立てた時に、わたしたちは介護される経験については、ほとんど何も知っていないことについて呆然とする。

その理由のひとつに、誰も被介護者にその経験をたずねてこなかったという事実がある。言語障害や認知症等によって、コミュニケーションがとりにくいという事実があるにせよ、意識も表現能力もはっきりした被介護者はたくさんいる。にもかかわらず、相手に何が必要かを介護の与え手が代理判断するパターナリズムのおかげで、被介護者は、ニーズの当事者にはなってこなかった。

それだけではない。被介護者自身が、「介護される経験」を、ことにそれが否定的な経験である場合には、言語化してこなかったという事情がある。介護とは相互行為である、とわたしはくりかえし書いた。そうであるからには、被介護経験が不快だったり、不満足だったりすることは、介護の与え手に不満をいうことを意味する。家族介護や施設介護など、他に選択の余地のない被介護状態に置かれた介護の受け手にとっては、介護の与え手に感謝こそすれ、文句をいうことなど許されない。これまでの調査でわかった範囲でも、被介護者は不満があってもそれを言語化することを抑制する傾向があること、ましてや家族介護者に対してはその傾向が強いことがわかっている。家族介護については不満を言わない同じ被介護者が、通所施設や訪問介護については具体的な不満を述べる例を見ると、被介護者が家族介護を選好し、それに満足していると単純に解することはできない。家族介護については抑制されていた不満が、外部化された介護については抑制されない、と解するのが妥当であろう。少なくともこのような被介護者は、自分の被介護ニーズについて自覚的であり、それを満たすことについて言語化できるだけのコミュニケーション能力を持っていると判断できる。わたしたちに欠けているのはただ、当事者の声に耳を傾けることである。

3　要介護者の誕生

日本で「要介護者」が誕生したのは、二〇〇〇年である。

と言うと、奇異に思われるかもしれない。要介護状態の高齢者は、それ以前から存在しただろうからである。だが、要介護者と被介護者とは違う。5章で歴史的に検討したように、要介護状態であっても被介護者とならない(介護を受けられない)高齢者はたくさんいたし、その逆もある。高齢者のどういう状態が要介護状態なのか、という判定は、歴史的文脈に依存する。要介護者という名の高齢者が、客観的に存在するわけではない。

「要介護者」とは歴史概念である。とりわけ、二〇〇〇年四月一日介護保険法施行以降の、法律用語である。この日以降、日本では大量の「要介護者」が歴史的に登場した。「要介護者」の成立には、(1)高齢者が介護を要する状態にあると第三者が認定し、かつ(2)その要介護状態のニーズを満たす公的責任があることに社会的な合意があるというふたつの条件が満たされなければならない。介護保険はこのふたつの条件を満たした。❖3

わたしは介護保険を「家族革命」と呼んできた[上野 2005]。というのも、介護保険法は、介護の責任、言い換えれば要介護者のニーズを満たす責任を(限定つきではあるが)、私的領域から公的領域へと移転したからである。もっとわかりやすく言えば、「介護は家族の責任ではない」――保守派の揚げ足取りに配慮してもう少し慎重に言えば、「介護は家族だけの責任ではない」――ということに、社会的合意が成り立ったことを意味するからである。❖4

この言い方でも正確ではない。5章でも論じたように、日本の家族法は家族の介護義務を規定していない。したがって介護を要する高齢者を遺棄・放置することに対して、別居している家族は責任を問われない。子どもの場合には親権にともなって発生する扶養義務を怠ったことに対して親の責任が問われるが、親権のような権利義務関係は、老いた親に対して子の側には発生しない。

二〇〇六年一一月、高齢者虐待防止法(二〇〇七年四月一日施行)が成立し、「虐待」のカテゴリーのなかには、殴打や傷害のような身体的虐待に加えて、「無視」「放置」「遺棄」のような行為が含まれるに至った。だがその責任を問えるのは「養護者」であって、家族ではない。養護者とは誰なのか? 同居していれば非親族でも養護者責任を問われ、別居していれば血縁者でも養護者責任はないと言えるのか?

高齢者虐待の先駆的な研究者オマリーを引用して、デカルマーとグレンデニングは「放置」を「利用できる資源を認知しながら、ケア提供者が重要なニーズを解決するための介入をしないこと」[O'Mally et al. 1983: 1000; Decalmer & Glendenning 1993: 11]と定義する。つ

❖3 ただし「要介護状態」の認定基準には政治判断がともない、したがってその境界が変化することは、二〇〇六年の介護保険「見直し」ですでに経験済みである。「要介護状態」とはこのように社会構築的なものであるから、どの時代やどの社会にどれだけの「要介護者」がいるか、などといった歴史的推移や国際比較は意味をなさない。

❖4 介護保険法は二〇〇〇年施行に先立つ三年前、一九九七年の国会においてさしたる反対もなく成立したが、あとになって保守派がこの法律の成立を快く思わなかったことは、施行直前の九九年秋に当時の自民党幹事長亀井静香が「子が親を看る美風」を唱えて政治介入し、半年間の一号被保険者の保険料徴収猶予を強行したことからも推測できる。

まり、「何もしないこと」、「不作為」や「怠慢」が不法行為に問われる可能性が生まれるわけだが、この責任をいったい誰に問うことが可能だろうか？

そもそもニーズの判定を誰がするのか？　「利用可能な資源」とは何なのか？　体力と時間の限りを尽くして、燃え尽きるまで家族は介護をしなければならないのか？　「ケア提供者」の責任は、同居家族にだけ問われ、別居家族には問われないのか？　それならさっさと家を出て行った別居家族は、ニーズに直面せずにすむために、「遺棄」の責任を問われずにすむのか？　そしてこの「家族」の範囲はどこまでか？　親族ではないが同居している嫁や婿は入るのか、入らないのか？

親権の保持者を特定することはできても、介護義務の保持者を特定することはむずかしい。児童虐待について成り立つ法理を、そのまま高齢者虐待に持ってくることには困難がある。高齢者虐待防止法が成立しても、その運用には多くの問題がともなうであろう。❖5

以上の検討を踏まえれば、介護保険法は、介護の責任を私的領域から公的領域へと移転したという表現が正確ではないことが了解されるであろう。むしろ、歴史上はじめて、介護の公的責任を部分的に認めたのが介護保険法である、と言ったほうがよい。それにともなって、これも歴史上初めて、「要介護者」というカテゴリーの人々が公的に誕生したのである。

4　障害者運動に学ぶ

だが、日本の要介護者は、まだ十分にニーズの当事者になっているとは言えない。すなわち、介護のニーズ（必要）があると第三者（介護保険のもとでは各自治体の要介護度認定委員会）が判定することは、必ずしも本人が自分に介護を受けるニーズがあると認知することと同じではなく、ましてやそのニーズが満たされる権利があると考えることと同じではない。

「問題」も「ニーズ」も社会的なものである［上野編 2001］。したがって、何が「問題」であり、何が「ニーズ」であるかは社会的に変化する。「高齢者問題」という「問題」も同じである。高齢者介護の水準が低いところでは、「ニーズ」の水準もまた低いと言わなければならない。そしてニーズは当事者がそれを顕在化（要求ニーズ）しない限り、ニーズとして成立しない。介護保険は介護ニーズを、「要介護度」という名のもとに第三者機関が判定するしくみをつくった。だが、「客観的」に（もっとあからさまに言えば行政基準によって）判定されたニーズと、本人のニーズのレベルは同じではない。本人が「ニーズ」を自覚し、それを他者に対して要求する権利があると考えるときに初めて、「要介護者」は、「ニーズの帰属先」、「権利の主体」として「当事者になる」ことを本書は主張してきた。

介護保険が成立したとき、第三者のサービスを利用することに抵抗があるだろうという予想が各地にあった。わたし自身もこんな声を聞いたことがある。「このへんじゃ、年寄りの世話に他人を家に入れるなんてことはやりませんよ」、「世間様のお世話になるくらいなら、わたしは保険料を払っても、それを使うなんてことはやりませんね」。この予想は、介護保険が始まってほどなく、要介護認定率もサービス利用率も年々軒並み上昇する事実によってくつがえされたが、それというのも保険料支払いにともなう権利意識の高まりと、利用者側の経験の蓄積によるものであろう。「保険」という制度は「受益者負担」の原則を持ちこむことによって、公的サービス利用に対する措置時代のスティグマをなくす効果があった。その意味では、介護保険が当事者を育てた、のである。

　行政が判定したニーズと、本人のニーズのレベルは同じではない、と書いたが、場合によっては、本人のニーズのレベルが、制度が保障するサービスのレベルを下回る場合もある。利用料の上限に対して利用率が下回るのは、自己負担一割の支出にも耐えられない経済的理由からだけではない。「できるだけ自立して生きたい」と介護保険の利用を抑制する高齢者や、「うちは家族以外の者の手が入ることをいやがりまして……」と家族以外の介護を拒否する高齢者もいないわけではない。だが、センの「潜在能力アプローチ」をここでも採用すれば、代替選択肢のあるところでの利用の抑制と、それがないところでのサービスの不在とは、客観的には似たような状況であっても、「潜在能力」において同じではない。介護保険が「ニーズの当事者」にとっての機会集合を拡大したことはたしかである。

5　高齢者運動はあるか

　以上のように「当事者」を定義すれば、日本の高齢者の多くは、まだまだ「当事者」になっているとは言いがたい。3章で論じたように、「ニーズの権利主体」になるという契機を欠いているからである。社会的弱者が「当事者」として主体化する契機の多くに、「集団的主体化」がある。それぞれに個性も固有性もあり、その経験において互いに共約可能性をほとんど持たない個人が、「当事者」として主体化するためには、高齢者、障害者、女性、マイノリティのような「社会的弱者」に与えられた集合的カテゴリーを、いったんは引き受けなければならない。つまりカテゴリーへの同一化が先行しなければならない。社会的弱者が連帯するのは、たんに数において劣るために連帯の必要があるからだけではない。社会的弱者の主体化のためには、この集合的カテゴリーへの同一化の契機が先行しなければならず、その主体化は必ず集団的な主体化を前提とするからである。

　そう考えると、現在の日本では権利の主体としての高齢当事者の集団的主体化は、まだ成立していないことがわかる。その結

❖5 このような状況を考えれば、高齢者虐待防止法が施行されても、その実際の運用はきわめてむずかしいと言わなければならない。

果として、高齢者の組織化も育っていない。アメリカには会員三五〇〇万人を超す全米退職者連盟AARP(American Association of Retired Persons)があり、政治的な影響力を発揮しているが、アメリカに比べて日本には「高齢者は多いが組織化は進んでおらず、高齢者を政治や政策へと媒介する当事者組織は欠如しており、それを解決しようとする社会運動もまだ少ない」と、安立清史は指摘する[安立 2006: 287]。

日本には高齢者四〇団体(二〇一一年現在)が連携した高連協[6](高齢社会NGO連携協議会)があるが、組織化は十分でない。これまでの高齢当事者運動(安立によれば「シニアムーブメント」)はいずれも活動の中心が前期高齢者にあり、現役世代の延長としての高齢者の権利主張をおこなってきた。AARPの要求は「エイジズム ageism」(年齢差別)への対抗としての強制定年制の撤廃と雇用における年齢差別禁止法の改訂であった。高連協の要求も、高齢者雇用の促進にプライオリティがある。

安立のいうように、「どこでもこのような高齢者の当事者組織が、NPOや社会運動の形で出現してもおかしくない」[安立 2006: 275]にもかかわらず、後期高齢者、それも要介護状態の高齢者が担い手となる当事者運動は、世界的に見てもまだ存在しないと言ってよい。

実のところ、利用者主体を謳う介護保険そのものが、要介護当事者の要求から生まれたものではなく、介護世代の有権者の利益に配慮して、家族介護の負担軽減を政策意図としてつくられたものであった。介護保険制定過程において、利用者となるべき対象者の利益団体は、その当時も、そして現在も、存在していない。「せっかく保険料を払ってるんだから使わなくちゃ」と権利行使しているのは、介護世代の家族のほうであり、高齢者自身の選択かどうかはわからない。「利用者本位」にいう「利用者」とは、要介護高齢者本人なのか、それともその家族なのかには問題が潜んでいる。「利用者家族」に加えて「家族利用者」という用語法まであることは、介護保険の「真の利用者」とは誰か、という疑問を起こさせる。「当事者」を「第一次ニーズの帰属主体」と限定し、家族をそれから厳密に区別する本書の立場は、「当事者」の「一次的ニーズ」と、たとえどんなに親密な間柄であれ、「当事者家族」の「派生的ニーズ」とは同じではない、という立場に立つ。介護保険が要介護者の当事者ニーズから成立したわけではない、という事情は介護保険にさまざまな限界をもたらしている。

だが、介護保険法施行に続いて、二〇〇三年四月に施行された障害者支援費制度はそうではない。この法律は障害者のニーズから発する、長きにわたる当事者運動の成果としてかちとられたものであり、介護保険法がその潜在的モデルとしたものだと中西は自負する。支援費制度はその後、二〇〇六年に障害者自立支援法として介護保険に準じて整備されたが、そこに介護保険同様の応益負担の原則を持ちこんだことで、当事者団体から厳しい批判を浴びた。制度設計者たちは高齢者の「自立支援」と障害者の「自立支援」とを一本化して、老障統合を図ろうと一貫して追求してきたが、その試みはこれまでそのつど、障害者の当事者運動のはげしい抵抗にあって挫折してきた。それというのも、制度設計者の側は、利用料に制約のある介護保険の側に障害者支援を合わせようとしてきたからである。その結果、障害者自立支援法は、介護保険法とは分離された制度として成立した。二〇〇六年の障害者自立支援法の成立にあたっては、介護保険並みに利用料上限を設定しようとする政策に対して、障害者団体は車椅子デモで抗議をあらわし、これを撤回させた実績がある。応能負担のみは制度上残ったが、これに対しても施行後はげしい批判が起き、二〇〇九年九月の自民党政権から民主党政権への政権交代にともなって、長妻厚労大臣(当時)にこの法律の廃止を約束させている。二四時間介助が必要な重度の全身性障害者にとっては、(1)利用料上限があることは死活問題であり、(2)主として障害者年金(全盲や移動性障害など一級の障害者で年間約八〇万円程度)で暮らす多くの障害者にとっては、応益負担は実質的にサービスの切り下げを意味し、地域での自立生活から施設や家族のもとへ戻るしかない選択を余儀なくされた人々を生んだからである。

障害者の当事者団体の抵抗と要求によって、障害者自立支援法は、さまざまな点で介護保険法よりも当事者ニーズにより沿ったものになっている。それはふたつの法律の使い勝手の違いにも現れている。もしこれから将来にわたって再び老障統合が政策課題になることがあるとしたら、それは障害者のサービスの水準に、高齢者のサービスの水準が一致する場合であり、その逆ではないことについて、障害者の当事者団体ははっきりした認識を共有している。ひるがえって介護保険については、同じような権利要求をする当事者団体が存在しないのだから、その点では高齢者は、障害者運動に学ぶべき点が多い。

6 障害者運動の歴史

中西・上野の『当事者主権』にもとづいて、障害者運動の歴史をかんたんにふりかえっておこう[中西・上野 2003: 23-29]。

障害当事者が「われら自身の声」をあげ始める端緒をつくったのは、一九七二年にアメリカでカリフォルニア大学バークレー校の学生であったエド・ロバーツが始めた自立生活運動であった。彼自身が車いすの生活者であったロバーツは、介助サービス、車いす学生寮、車椅子修理サービス、障害者へのピアカウンセリング❖7の障害学生支援を提供し、七二年に初の「自立生活支援センター」CIL(Center for Independent Living)を設立した。障害者自身がサービ

❖6 国連の「一九九九年国際高齢者年」をきっかけに、高齢者関連の民間団体三九団体が加盟して一九九八年に設立された「高齢者年NGO連絡協議会」(略称・高連協)がもとになっている。共同代表は、堀田力(財団法人さわやか福祉財団代表)と樋口恵子(NPO高齢社会をよくする女性の会代表)の二人。

スの受け手から担い手になり、福祉サービスを提供する歴史が、ここに始まった。

日本での障害当事者の運動は、神奈川県で障害児の養育に疲れた母親が、脳性麻痺のわが子を殺すという事件(一九七〇年)をきっかけに起きた。その母親の減刑嘆願運動が起こり、執行猶予つきの寛大な判決が出されたことに反対して、脳性麻痺者たちの当事者団体であった「青い芝の会」が、「母よ、殺すな」と裁判所の判決に対して不服を申し立てたことによる。

同年、東京都下の府中療育センターにおいて、障害者の人権侵害に対する抗議運動が起きた。入居時に、施設側の処遇に本人も親も反対しないという同意をさせられたうえで、脳をロボトミーされたり、女性は子宮を摘出されるなどの人権侵害が横行していたことに対して、入居者らが都庁前にすわりこみをするなどして抗議したものである。この結果、施設の個室化を勝ちとっただけでなく、東京都では全国で初めての重度脳性麻痺者介護人派遣事業が成立した。この制度は後に全身性障害者介護人派遣事業へと発展した。

一九八六年には、日本で初めての本格的な自立生活センターである「ヒューマンケア協会」がスタート。府中闘争を担った障害者の一部と、地域で自立生活を志向する全身性障害者とが合流して、東京都と同様のサービスを国の制度とすることを求めて、八八年に全国公的介護保障要求者組合がつくられた。九一年には全国自立生活センター協議会が結成され、全国公的介護保障要求者組合の一部も加わった。九二年には全国障害者介護保障協議会が結成され、全国自立生活センター協議会とともに、障害者に対する公的介助保障を求めて共闘していくことになる。[8]

『当事者主権』の共著者の中西正司は、この過程に二〇年以上の長期間にわたって関わり、全国自立生活センター協議会の代表を務めた。[9] 彼には、介護保険の原型をつくったのは、自分たち障害者だ、という強い自負がある。利用者ニーズに応じたサービス給付を求め、その供給の責任を中央政府もしくは地方政府が公的に負う、という「利用者中心」の理念と制度の原型は、たしかに障害者介護保障への要求から出発している。こうしたニーズの当事者としての彼らの運動から見れば、現実に成立した介護保険は、彼らの要求に遠く及ばない不十分な制度にすぎなかった。

介護保険法成立時、対象者に高齢者のみならず障害者をも含めるかどうかをめぐって議論があった。加齢にともなう場合でもそうでない場合でも、あらゆる形態の障害に対応して自立生活を支援する、という理念から言えば、介護保険には両者を統合する(老障統合という)根拠があったからである。

だが、中西らは介護保険への老障統合に強く反対し、この課題は持ち越された。それというのも、介護保険が利用限度額を設定しているために、(1)二四時間介助が必要な在宅障害者にはまったく不足であること、(2)それまで自治体が提供してきたサービス水準に比べても、確実にサービスの低下が起きることが予測されること、さらに(3)保険料の徴収と利用者一割負担をともなうことで、措置の時代にはなかった新たな経済的負担が増えることから、新たな制度によって障害者のサービス切り下げが起きることが容易に予想されたからである。

その結果、介護保険は、「加齢にともなう」障害のみに利用を限定してスタートし、障害者に対しては別の枠組をつくることで二〇〇三年に支援費制度が成立した。だが、老障統合の課題はその後も継続しており、二〇〇六年には障害者に対して、介護保険に準じて応益負担を求める障害者自立支援法が成立した。「介護保険に準じる」という基準ができたせいで、障害者福祉はかえってワリをくらっているのである。

現在二本立てになっている高齢者福祉と障害者福祉とを、制度的に一元化することは政府の福祉政策の課題となっており、長期的には二〇歳以上のすべての国民を対象に、公的障害保険制度が成立する可能性がある。中西らの立場からすれば、介護保険は、公的介護保障を求めた障害者運動の成果のただ乗りであり、かつ障害者福祉を高齢者福祉の低い水準のほうに合わせることを意味し、とうてい容認することはできないだろう。

この制度の二本立て状態は、介護保険の利用者にとっても奇妙な結果を生んでいる。つまり高齢で生活的自立ADL(Activities of Daily Living)に困難がともなう場合、介護保険の要介護度認定を受けて利用者になるより、障害者手帳を申請して支援費制度の適用対象となるほうが、はるかに制度の使い勝手はよく、またサービスの水準も高いからだ。たとえば介護保険の外出介護は、病院への通院や役所の窓口へ出向くなど本人が移動せざるをえない場合に利用が限られているが、支援費制度のもとの外出介助は、友人宅を訪問することや社会的な活動のために外出する際にも利用することができる。このような二重基準を放置しているのは、もっぱら高齢者の側に、ニーズの当事者としての権利主張をおこなう運動体を欠いているためである。

高齢者はすでに人口学的には二一・五%(二〇一〇年)を超え、有権者人口のなかではヴォリューム・ゾーンを占める。政治的にはまとまれば強力な利益団体interest groupになるはずであるにもかかわらず、要介護当事者としての利益を代弁する団体はいまだに成立していない。つまり要介護者はいるが、彼らはニーズの「当事者」にはまだなっていないのである。

❖7 ピア・カウンセリングとは直訳すれば専門家によらない「仲間同士のカウンセリング」。同じ問題を抱えた当事者同士が、経験を共有し、感情を解放して支え合う。自助グループもこの一種である。日本では安積遊歩が推進している。

❖8 「介護」と「介助」の違いについては1章で論じた[上野 2005]。注意してもらいたいのは、この時点までは障害者団体も「介護」という用語を採用していたことである。

❖9 現在は理事・副代表。

7　利用者満足とは何か

介護保険が生まれて、要介護者は介護サービスの利用者となった。すでに述べたように、サービス利用者を対象にした調査は、(1)そもそも当事者ニーズを聞こうという姿勢を欠いたパターナリズムから、また(2)高齢による寝たきり、言語障害、認知症等に対する調査の技術的困難から、そして(3)それらを口実とした行政や研究者の怠慢によって、おこなわれずに来た。その背後には、当事者意識を欠いた高齢者の長きにわたる沈黙がある。利用者が何を求め、何を感じているかを直接に問いかけた調査研究は、介護保険そのものの歴史的な経験が一〇年経っても、まだ数が少ない。そのなかでもいくつかの先駆的な研究を紹介しよう。

介護保険はサービスの準市場化をすすめ、サービス・プロバイダーを市場競争のもとにおいた。そうなればどんな商品にもともなう「利用者満足(消費者満足ともいう) consumer satisfaction」を調査する必要性と可能性が生まれる。だが、介護については、「利用者満足度調査」をおこなうことがいちじるしくむずかしい。というのは、(1)介護サービスの利用経験が浅く、また(2)サービス提供者に十分な選択肢が供給されていない状態のもとでは、(3)利用者に他と比較するほど十分な被介護体験がなく、かつ(4)提供者に不満を言いにくい状況があるからである。

事実さまざまな「利用者満足度調査」の結果からは、以下のことがらがすでにわかっている。すなわち、(1)利用者は利用を継続している限りは、サービスに「満足」と答える傾向があり、(2)サービスに不満があればそれを口にしないか、黙って利用の継続をとりやめる傾向がある、ということである。したがって利用者満足度調査は、あてにならないか、やっても無駄な場合が多い。

それ以前に、「利用者」とは誰なのか？　というもっと根本的な問いがある。介護サービスの利用者は、ほんとうに要介護者本人なのか、それとも家族介護者なのか？　介護保険そのものが、高齢当事者のためより介護家族のためにつくられたことはすでに見てきた。

また多くのサービス利用調査が実際には家族を対象とし、家族のニーズや家族が求めるサービスを調査の結果報告としてきたことは否定できない。というのも、調査票に、「もし利用者ご本人がお書きになれない場合は、ご家族の方が代わって記入してください」とあるものが大半で、これでは家族の代理記入を防げないからである。たとえば地方の自治体が実施するサービス利用調査では、「今後求めるサービスの内容」に、「在宅サービスの充実」よりは通所型のデイサービスやショートステイ、施設への入所が容易になることが上位にあげられる。実際には多くの高齢者が「最期まで在宅で」を望むことに反して、家族のほうはできるだけ高齢者が家から離れることを望む傾向がある。北陸のある自治体の首長が、「調査をしてみたらうちの自治体では、ホームヘルプよりデイサービスのほうがニーズが高いんですよ」と発言する現場に居合わせたことがあるが、この「ニーズ」は、いったい誰の「ニーズ」なのだろうか？

8 高齢者と障害者の比較

ほんとうに要介護者本人を対象にしたことが確実な調査は、数が多くない。そのなかには量的な調査と質的な調査とがある。

量的な調査のひとつに、日本高齢者生活協同組合連合会（略称・高齢協）が全国自立生活センター協議会（CIL）と協力して実施した『高齢者・障害者のサービス利用の実態・意識調査』[2004]がある。❖10 調査は日本財団の支援で「高齢者エンパワメントシステムの調査・研究事業」の一環として二〇〇三年五‐六月におこなわれた。エンパワメントとは報告書によれば、「当事者が、当事者による支援を受け、自己尊厳を獲得・回復し、また経験を積み重ねながら生活能力、自己決定能力をのばしていくこと」[高齢協 2004: 104]と説明されている。

この調査は、(1)介護保険、支援費制度それぞれの施行後の経験にもとづいて、(2)要介護／介助の当事者を対象にしたことが確実で、(3)高齢協、CILというそれぞれ当事者主体のサービス提供事業をおこなってきたNPOの利用者に対して協セクターの事業の質を問い、そのうえで(4)高齢者、障害者のサービス利用についての実態と意識の比較をおこなう点で、画期的なものであった。この調査結果からは、障害者と高齢者の「当事者意識」の落差について、さまざまな発見が得られる。一部を紹介しよう。

「サービス利用における抵抗感」は、「ない」と「あまりない」を加えて、高齢者が七五％、障害者が八二％。「サービス利用に抵抗感のない理由」として「自分の権利」と答えたのが高齢者で二一％、障害者で四五％と落差がある。対象者がいずれも高齢協や自立生活センターの利用者であるという点ではこのサンプルは平均的な利用者よりは権利意識の強い自覚的な利用者であるというバイアスがかかっていると考えられるが、それでさえ、これだけの権利意識の差がある。障害者に比べて高齢者が、「ニーズの主人公」「権利主体」としての「当事者」になっていない、ということがこのデータからも言えるだろう。

「サービス利用への抵抗感の理由」には、「自宅に他人が入る」こととか「他人と接するのは緊張する」といった両者に共通する理由を除けば、高齢者に特徴的なのは「家族に介護してもらいたい」

❖10 高齢者については高齢者協同組合・労働者協同組合の在宅サービス利用者のうち、要介護度3以上で本人が回答可能な者二〇〇人、有効回答数は一七三票、回収率は八六・五％である。障害者については自立生活センターのサービス利用者のうち、上肢と下肢の両方に障害を持つ障害者一級もしくはこれに準じる者、東京および大阪の大都市圏各二五〇人、それ以外の地域で二五〇人をめどに、計七四七人を対象とした。有効回答数は四六四票、回収率は六二・一％である。調査法は、障害者については郵送法、高齢者については質問紙による面接調査法、面接員には「くれぐれもサービスの利用者である高齢者の方にご回答頂いてください」と指示がある。

（一六％）という希望であり、障害者の側では「できるだけ自分でやりたい」（二三％）が理由としてあげられている。これから推測できることは、高齢者が家族介護を望む一方で、在宅サービスの利用を決定しているのが家族の側であるという事情だ。自立生活を実践している障害者に「家族介護」の選択肢がないのはもとよりだが、彼らはむしろ家族介護を拒否して「自立」を選んでいる。その彼らにして、サービスを受けることは、たとえ権利の行使であれ、できれば避けたい選択肢（「家に他人が入ることに抵抗感」二二％、「他人と接すると緊張」二四％、「できれば自分で」一八％）であることがうかがわれる。サービス利用の上限をはずすと利用高が天井知らずになるとしばしば言われてきた批判は、このデータからは当たらない。「自分でできない」からこそ他人の介助を得るという経験は、当事者にとっても必ずしも好ましい経験とは言えず（つねに他人の監視下におかれるとかプライバシーがないなど）、できれば避けたい経験として抑制される傾向があるからだ。事実、「全く抵抗感がない」人の利用合計時間平均は長く、「抵抗感がある」人の利用合計時間平均は短いことを、報告書は指摘している。

この違いは利用時間の長さの違いにもあらわれる。介護サービスの月平均利用時間は高齢者が三九・五時間、障害者は二八四時間と圧倒的な差がある。報告書は「障害者の支援費制度では単身の重度障害者であっても地域で自立した生活をおくれているが、介護保険制度では単身で家族介護を受けられない人の在宅生活は難しいという実態を浮かび上がらせている」と指摘する［高齢協 2004: 96］。

社会参加の希望と経験を聞いた項目では、高齢者と障害者の落差がきわだつ。障害者は多い順に買い物（八五・五％）、泊まりがけの旅行（七八・九％）、趣味を楽しむための外出（七六・四％）、映画やお芝居を観に行く（六八％）、学校や仕事に行く（五三・六％）、「友人との外出・デート」（五〇・一％）を希望し、その希望をほぼ達成しているのに対し、高齢者はすべての項目にわたって二〇％台以下の希望率となり、しかもその希望はほとんどかなえられていない。対照的なのは、「迷惑をかけるので望まない」という答の数値が障害者二・四％に対し、高齢者が二〇％と約一〇倍もあることである。このデータからは、高齢者の「ニーズ」の水準そのものが低く抑制されていることが推測される。

この調査でずばり利用者満足度にあたるのが「介護（助）者の評価」という項目である。「評価できる」の回答率を一〇〇点を満点とする満足度得点とすれば、回答平均は高齢者が八一・三、障害者が八〇・七といずれも高い。だが、評価項目の内容を比べると、ここでも対照的な違いが浮かび上がる。「高齢者と障害者の差が目立つ項目」としてあげられるのは、「介護者／介助者に望むこと」として「あなた（＝利用者）の指示に従う」高齢者八一・八％、障害者九四・八％、「頼まなくても動く」高齢者七六・七％、障害者四一・八％となり、報告書は「高齢者のほうが介護者に対して依存的であり、障害者のほうが介護者に対しても自己決定の尊重を求めていることがわかる」と分析する。

　そのうえで、報告書は「高齢者と障害者の介護サービスに対する意識は大きく違い、高齢者は「自己決定」「権利性」「社会参加」の視点が弱い」と言い、「今後のエンパワメントシステムを考える上で」「高齢者の意識と制度の両面に課題がある」と結論する［高齢協 2004: 97］。本書のこれまでの議論を裏づける貴重なデータである。

9　当事者と家族の比較

　もうひとつ、高齢社会をよくする女性の会が二〇〇六年に独自に実施したアンケート調査報告書『高齢者と家族が介護職員に期待するもの』をあげよう。[11] この会は独自の調査研究を次々に実施してきているが、「要介護認定を受けている（中略）高齢者を対象に、アンケート調査を行うのは今回が初めて」であるとし、「全国的にもほとんど先行例はないであろう」と自負する。高齢社会をよくする女性の会は、これまでどちらかと言えば介護世代の利益を代弁してきたが、会員の高齢化にともなって要介護世代へと目を向けるようになってきた。この調査はその徴候のひとつであり、もし日本に要介護高齢者の利益団体が成立するとしたら、この会がそのひとつの受け皿となりうるであろう。

　報告書は、「調査の動機と目的」を、「措置時代の要介護者は「もの言わぬ人々」であった」としたうえで、次のように説明する。

> 　関係者の「介護の質の向上」への熱意にもかかわらず、肝心の現に介護を受けつつある高齢者の意見は、間接的にしか伝わってこない。サービス提供者側（事業者・職員）の発言力に比べれば、利用者（要介護高齢者）が発言する機会は乏しく、当事者団体のような組織を含め、いまだ意見反映のシステム化がなされていない。事業者・介護サービス提供者側を通して以外は、個別のメディアの取材、研究者のケーススタディを通じて浮かびあがってくる程度である。[12]
>
> ［高齢社会をよくする女性の会 2006: 8］

　この調査には「介護職員に期待する内容」はあるが、現状に対する満足度を問う調査項目はない。だが「期待」の裏側に現在の不満が浮かび上がり、詳細に書きこまれた自由回答欄から具体的な個々の不満の内容を知ることができる。

「介護職員に必要とされる人柄や態度」では要介護者と家族に違いがある。要介護者が期待する項目のベスト・スリーは「対応が

❖11 対象者は高齢社会をよくする女性の会の各地の会員およびその関係者で、要支援から要介護度5までに認定された高齢者とその家族に、同一の質問票を配布し、聞き取りもしくは自記式で回答を求めたもの。回答数は要介護者本人が三五八票、家族票を含めて七八四票、うち要介護者と家族票がセットで得られたものが一六二セット三二四票にのぼる。配布方法の性格から、回収率は不明。

❖12 この序文に署名はないが、代表の樋口恵子であることがわかっている。

やさしい」「話を聞いてくれる」「責任感がある」だが、家族になると「責任感がある」「対応がやさしい」「仕事に喜びを持っている」の順になる。要介護者は相互関係に関わる要因を重視し、家族はよりプロとしての側面を期待していることがわかる。要介護者の年齢が上がるほど、「対応がやさしい」「話を聞いてくれる」の項目の期待度が上昇する傾向がある。在宅と施設(特別養護老人ホーム、老人保健施設、有料老人ホーム、ケアハウス等)の利用者の間でも違いがあり、「対応がやさしい」は在宅五一・四%に対して施設五八・四%、「話を聞いてくれる」が在宅四三・二%、施設五一・九%といずれも後者に高く、施設入居者が人間的なコミュニケーションをより強く求めていることがわかる。裏返しに言えば、施設職員が入居者とのコミュニケーションの時間もとれないほど、忙しいことの反映でもあろう。

「介護職員に必要とされる専門性や技術」では、期待される項目のベスト・スリーは要介護者で「状態の変化に応じた介護」「身体介護が上手」「相談事に対応できる」、家族では一、二位までが同じ、三位に「ケアマネとの連絡」が来る。他にあげられている項目は、多い順に「家事能力が優れる」「調理が上手」「専門知識が豊富」「福祉制度に詳しい」「他の職種との連携」「医療行為への心得」(いずれも原文のママ)だが、これらの項目は、要介護者の居住、要介護度、身体状況、同居家族の有無等々の条件によって個別に大きな違いがあるから、平均を出すことにどれくらい意味があるかはわからない。また「専門性や技術」の項目として以上の項目群が選択肢としてあげられていることも、どのようなシミュレーションにもとづくものかも、報告書では明らかでない。この種の議論には、ケーススタディにもとづく質的な調査が不可欠であろう。

資格要件については要介護者は「人柄がよければ資格は不要」と考え、家族は「実務経験のある中高年有資格者」を求めている。要介護者本人は介護者に学歴も国家資格も期待していないが、それを要求しているのは家族のほうである。現場のヒヤリングでは資格と能力に相関がないことはたびたび耳にした。ケアプランの実質的な意思決定権を持つ家族は、「介護の質」のクォリティ・コントロールのために客観的な指標を必要としているのであろう。そのことは「介護職員を選ぶ」基準にも反映している。全体では八割近くが「人柄・態度」を選び、二割弱が「技術・専門性」を選択しているが、「人柄・態度」の選好は家族より要介護者に、男性より女性に、そして年齢が上がるほど、高い。要介護度別では要介護度が重度になれば「技術・専門性」が若干上昇する傾向があるが、報告書が指摘するとおり、「すべての年齢、すべての要介護度で『人柄・態度』が圧倒的」[高齢社会をよくする女性の会 2006: 42]に選好されている事実がある。ケアが相互関係であることを考えれば、当然の結果であろう。その結果、自由回答欄には、「多ぜいのヘルパーで変わることなく決まった」(原文のママ)人に対応してほしいという希望が出てくるが、介護者の固定についてはさまざまなリスクをともなう可能性を考慮する必要がある。

ただ注意すべきは、「人柄・態度」は客観的に判定される介護職員の属性ではない、ということである。離婚理由のうちの「性格の不一致」という項目が、いわく言いがたいさまざまな理由の「ブラック・ボックス」であるように、「人柄・態度」も「技術・専門性」で測れない人間関係上の諸要因を示している。ある職員が特定の要介護者と折り合いが悪くても、他の要介護者とはうまくいくこともある。またその関係は日時や状況によっても変化する。ケアにおける関係の相互性とは、関係の個別性と必ずしも同じではないし、ましてや関係の固定性と同じでもない。

この調査は「外国人の介護職員」の是非についても問うている。五〇％以上の要介護者が「原則日本人で」を期待するのはたんなる排外主義ではない。コミュニケーションや生活習慣の違いに、要介護者が不安を持っていることのあらわれであろう。「施設職員なら（外国人でも）よい」の回答が家族では二位に来て、要介護者の回答を上回っているのは、家族が当事者ニーズを代弁するわけではないことを証し立てる。外国人を介護ロボットと同一視するわけではないが、資格や技術さえあればそれでよしとする家族と要介護者本人との期待には、落差がある。

報告書は「まとめ」で「期待される介護職員像」に以下の一〇項目をあげる。（1）三年以上の介護経験を積んでいる、（2）四〇代・五〇代の女性である、（3）実生活で介護経験がある、（4）原則日本人である、（5）国家試験を経た有資格者である、（6）責任感がある、（7）対応がやさしい、（8）この仕事に喜びを持っている、（9）話を聞いてくれる、（10）状態の変化に応じた介護ができる。「介護サービス利用者が期待する介護職員像」がこれで「わが国で初めて明らかになった」と言うが、この結果は正確に言えば、「利用者とその家族」の回答を総合した結果である。もし利用者本人にのみ限定すれば、介護職員に期待されるプロフィールは、以上のデータからはもう少し力点の置き方が違うように描かれるであろう。

この調査結果をもとに、報告書は以下の提言をおこなっている。

（1）時期を定めた数値目標を設定し、行動計画による実施に着手すること
（2）介護職を魅力と働きがいのある仕事として確立すること
（3）介護職員の定数の見直しと待遇改善
（4）事業者の「介護の質の向上」への責任と経営努力
（5）今後の研修システム・研修内容に利用者とくに要介護者の声を反映させること
（6）介護者の資格や研修の実施状況に関する情報公開
（7）利用者および社会全体が、介護および介護者の重要性を認識し、介護保険利用にあたっては節度を保つこと
（8）高齢者介護の障害者介護との関連、外国人労働力の導入

など、これから避けて通れない問題を視野に入れつつ、介護の専門性、介護職員のあり方について、ひろく国民的論議を行うこと　［高齢社会をよくする女性の会 2006: 18-21］

なかには調査項目が扱わない提言も含まれているから、結論はこの会のかねてよりの主張と重なるが、いずれももっともなものばかりである。とりわけ(5)の介護者研修への「ニーズの当事者」参加の確保は不可欠であろう。

　介護保険法は、そのなかに住民参加のしくみを、介護保険事業計画策定委員会の名のもとに含んでいた。策定過程に関与した樋口恵子は、これを「住民参加のDNAを仕込んでおいた」と表現する。だが、実質的にはこの委員会は指名委員で大半を占められ、公募委員の制度がないか、あっても少数にとどまることで、制度の設計企図どおりには機能していない。積極的に参加を求める公募委員も、事業者側か、さもなければ家族の会の関係者などにとどまっており、肝心の利用者の声が反映されるしくみにはなっていない。ちなみに事業体におけるこの傾向を防ぐために、自立生活センターでは、代表および理事の半数以上をかならず障害「当事者」とする規定を持っている。事業者と利用者、介護の与え手と受け手の乖離を防ぐためである。ここまでしないと当事者の利益は守られない、と言うべきだろう。

10　利用者によるサービス評価

　実は、利用者調査は高齢社会をよくする女性の会のものが「わが国で初めて」ではない。わたし自身が主導したもので、介護保険施行後の二〇〇〇年七月に、東京大学文学部社会学研究室が九州のグリーンコープと共同で、グリーンコープ連合に属する福祉ワーカーズコレクティブの訪問介護利用者を対象に、実施した調査がある［東京大学文学部社会学研究室・グリーンコープ福祉連帯基金 2001］。この調査は量的調査と質的調査とを組み合わせたもので、量的調査のほうは、高齢社会をよくする女性の会と同じく、共通した質問票を要介護者と家族の双方に対して配布し、当事者ニーズと家族ニーズが比較できるようにした[13]。さらにそのうちから要介護度別に六類型計一三事例を選び、各事例について本人、家族、ケアマネジャー、ワーカーに対する半構造化自由回答法[14]による面接調査を実施し、計五四件のインタビュー・データを得た。

　定量調査から見た「福祉サービス利用への抵抗感」は、「抵抗あり」「やや抵抗あり」を合計して本人が四二・七%、家族が二六・六%、抵抗の理由のベスト・スリーは本人で「自宅に家族以外の人が入るのに抵抗がある」五五・二%、「介護は家族にやってもらいたい」一七・二%、「近所や親族の手前利用しにくい」一七・二%、家族は「自宅に家族以外の人が入るのに抵抗がある」六八・八%、「近所や親族の手前利用しにくい」二五・〇%、「介護は家族で行いたい」一八・八％と、温度差がある。家族のニーズは、介護を外注することに抵抗はない(七三・四％)が、家に他人が入ってもらうのはわずらわしい、というわかりやすいものだ。家族介護規範についても、「家族として介護するのはあたりまえである」に同意するかどうかでは、「とても思う」は四六・七％に対し、「やや思う」が四〇・二％、「あまり思わない」が一二・三％、つまり親を看る気がないわけではないが、過重な負担は避けたい、というホンネが見える。

肝心の利用しているサービスへの評価はどうか？　利用者本人による「満足している」五六・〇％と「やや満足している」三二・七％の合計は八八・七％と圧倒的だが、「他の事業所を利用した経験がない」利用者が二四・七％、そのうえ、この利用者調査には、サンプリングに致命的な欠陥があった。というのも、調査当時にグリーンコープの福祉サービスの利用を継続している利用者を対象に、事業者を経由してお願いしたために、いわば満足度の高い優等生の利用者ばかりに偏るというサンプリング・バイアスが生じたからである。その証拠に、他の事業体のサービス利用の経験者に、グリーンコープと他事業体の比較をしてもらったところ、一例を除いて、全員がグリーンコープを相対評価においても高く判定した。評価の理由は(複数回答)、多い順番に「ヘルパーが自分の考えを理解してくれる」三九・五％、「ヘルパーと家族の関係がうまくいっている」三〇・二％、「利用料金に見合うサービスを受けている」二八・八％、「利用料金が安い」二七・〇％、「ヘルパー同士の連携がとれている」二六・五％。上位五項目のなかに、ふたつも料金に関する回答があり、このふたつの両方もしくはいずれか一方を選択した人を合計すると四〇％にのぼり、トップに来る。この費用対効果の評価については、説明しておかなければならないだろう。

調査時点は介護保険法施行直後、保険料と利用料との負担から、従来以上に利用者の要求がきびしくなったとヘルパーらが受け止めていた時期であったから、「利用料金に見合うサービスを受けている」に対する回答は高い満足度を示す。だが、介護サービスは全国一律の公定価格だから、「利用料金が安い」という項目はおかしいと思われるかもしれない。グリーンコープ連合の福祉ワーカーズコレクティブは介護保険の指定事業所として参入を決めたが、利用者の多くはそれ以前からの継続的な利用者であり、限度額を超える保険外利用については(民間の事業者が公定価格どおりの利用

❖13 対象者はグリーンコープ連合福祉ワーカーズコレクティブの利用者とその家族で本人票と家族票をそれぞれ別個に留め置き調査員回収法で回収した。本人票の有効回答数は二一五票(回収率七一・七％)、家族票一八〇票(回収率六〇％)、本人票と家族票が揃った統合票は一七八票(回収率五九・三％)にのぼる。

❖14 共通の設問をベースに比較可能性を担保しながら、当事者の自由な回答を誘導する面接技法のこと。共通の質問項目には、介護保険のサービス利用内容、要介護者・家族・ワーカー・ケアマネジャー間の関係、介護保険制度の評価等がある。

者一〇割負担を求めるのに対して）従来通りの「生協価格」を維持してきた。[15]しかも地域によっては、社会福祉協議会等の団体が保険内の有利な業務を独占するなかで、時間外、保険外、困難事例など対処のむずかしいケースをワーカーズコレクティブに回すなどの傾向があり、それをヘルパーたちは「家族的な介護」で支えてきたのだ。事実、他の事業所を利用して「よくなかった点」にあげられるベスト・スリーは、「ヘルパーが決められたことしかやらない」、「ヘルパーの経験や知識が乏しい」、「早朝や夜間など必要な時に利用できない」であり、逆にグリーンコープのヘルパーたちが、このすべての裏返し、つまりいかに「フレキシブル」な対応をしてきたかが推測できる。主として四〇代から上の主婦層で支えられる「家族的（主婦的）な介護」の問題点については、のちに論じよう。

計一三事例の質的調査からはさまざまな実態がうかびあがったが、報告書の結論は「利用しているサービスの内容についてはおおむね満足しているが、一方で、利用したいサービスというニーズは満たされていないため、介護保険制度自体には満足しきれていない」、したがって「はっきりと顕在化しないニーズをいかに介護サービスとして結実させるか」〔東京大学文学部社会学研究室・グリーンコープ福祉連帯基金 2001: 207〕が課題となることを指摘している。利用者としての経験が浅いことも含めて、要介護者がニーズの当事者になる道は遠い、というのがこの調査からも明らかになった。利用者満足度調査に対して、わたしが信頼感を持たなくなったのもこの調査の経験からである。

ニーズは社会的なものであり、ニーズの水準は歴史的に変動する。わたしは中西との共著で「ニーズの当事者になるとは、新しい社会を構想することである」と書いたが、「いま、ここにないもの」を、「満たされる権利のある要求」として自覚できることそれ自体が、「当事者になる」という経験であり、高齢者には、その経験がまだ不足していると言わなければならない。

11　認知症高齢者の経験

高齢社会をよくする女性の会の調査報告書が指摘するように「要介護高齢者から聞き取りをする技法・方法論が確立されているわけではない」〔高齢社会をよくする女性の会 2006: 9〕。この困難がとりわけ問題となるのは、認知症高齢者を対象とする場合である。認知症高齢者の被介護経験については、井口高志の労作「呆けゆく者の自己をめぐるコミュニケーション」〔井口 2006〕があるが、残念なことに、彼の研究は認知症高齢者本人を対象としたものではなく、家族介護者に対する綿密な聞き取り調査から要介護者の状態を再構成したものである。タイトルに反してこの論文は、正確には「呆けゆく者の・自己をめぐるコミュニケーション」ではなく、「呆けゆく者の自己をめぐる・介護者のコミュニケーション」を論じたものであり、そのような主題（つまり要介護当事者ではなく、家族介護者を対象とした研究）については緻密な論考だが、要介護者自身について

語るわけではない。❖16

近年、若手の社会学者出口泰靖[2004a; 2004b; 2004c; 2004d]や天田城介[2003; 2004]らによる、認知症高齢者と生活の場をともにしながら、臨床の場で参与観察をおこなう質的研究が登場してきた。また認知症研究の第一人者といわれる精神医学者小澤勲[2003; 2006; 小澤・土本 2004]によるすぐれた著作などもあるが、いずれも医療者や介護者の経験であり、要介護者の当事者経験とは言えない。認知症研究で近年注目されるのは、字義どおり「認知能力に障害がある」と思われていた当の患者たち、つまり当事者能力すら認められていなかった人々が自ら発言を始めたことであり、さらに驚くべきことは、専門家が彼ら当事者発言に耳を傾けるようになったことである[Boden 1998=2003; McGowin 1993=1993; 浦河べてるの家 2002]。

中西が主張するように、長いあいだ障害者の当事者能力は奪われてきた。ようやく彼のような身体障害者が声をあげたのちも、障害者のなかでも、認知能力や判断能力に欠陥があると見なされた知的障害者や精神障害者は、当事者能力を持たないと見なされてきた。『当事者主権』を刊行した後に共著者のわたしたち二人がしばしば受けた問いは、「あなた方はよい、知的障害者や精神障害者はどうなるのか」「認知症の高齢者はどうすればよいのか」という問いであった。だが、精神障害者についても『べてるの家の「当事者研究」』[浦河べてるの家 2005]のような当事者発言が登場し、「わたしがほんとうにしてほしいこと(ニーズ)」について、誰の代弁をも受けず発言する人々が登場するようになった。さらに重要なことは、医療の専門家たちがそれに学ぶ姿勢を見せるようになったことである。その点では、高齢者は人口学的にはボリュームゾーンに属するにもかかわらず、発言力のすこぶる弱い集団に属する。介護保険制度下の「介護される経験」については、ようやく事例が蓄積してきたところである。介護者の研修等では、事例研究がよく紹介されるが、それらはもっぱら介護の与え手側の経験であり、視点である。今後は受け手の経験についての事例研究が蓄積されるだけでなく、受け手からの経験の言語化という意味での当事者発言が登場することが期待される。

12 被介護経験のエキスパート

わたしはこの章で、「介護されるとはどのような経験であるべきか」については、語ってこなかった。「ケアの倫理」を論じた章

❖15 ワーカーズコレクティブ運動の理論的指導者、生活クラブ生協・神奈川名誉顧問横田克巳によると、「コミュニティ価格」ともいう[横田 2002]。調査時点における一時間あたりの保険外利用料金は、それ以前と同じ七〇〇円であった。他方、ヘルパーの報酬配分は、保険内/保険外で差をつけない、というこれもワーカーズコレクティブ・ルールである。

❖16 そのためか、学位論文をもとにした単著のタイトルは、『認知症家族介護を生きる——新しい認知症ケア時代の臨床社会学』[井口 2007]と家族にシフトしている。

でもそうだったように、「介護(する／される)とはどのような経験(であるべき)か」を論じるよりは、「介護する／される」という経験は、現実にどのような経験であるかを、経験科学の手法でアプローチすることが本書の課題だからである。その意味では、被介護者の経験を論じるに足るほどには(介護者側の経験の研究にくらべて)、まだ実証研究のデータは十分に出そろっていない、というのが本章の結論であろう。

被介護者のニーズが十分に満たされ、それに対する権利意識を当事者本人が持っている場合でさえ、「介護される」という経験は、当事者にとって必ずしも歓迎したい経験とは限らない。そのような経験のレポートは、被介護経験のエキスパートである障害者たちから寄せられている。そう思っていたときに、金満里の介護論に出会った。

三歳のとき小児麻痺で全身性障害者になった金は、排泄介助を含む二四時間介助の必要な重度障害者であり、また日本における自立生活の先駆者でもある[金 1996]。いわば被介護経験のベテランとも言える彼女は、同時に劇団「態変」の主宰者兼座付き作者・演出家として、障害者の身体表現について実践を重ねてきており、介護されるという身体経験を言語化するうえで考え抜かれたことばを持っている。彼女が「重度の身体だから必要となる介護という、身体を通して必死に考え抜いたこと」に耳を傾けてみよう。

> 介護者の手の力の入れ方、引き受けるコツと気持ちのなさ、といったものへの説明不可能な苛立ち。そういったものがありながらも、怒ることさえもできない半ば諦めに似た笑い。(中略)私達障害者にとって、健常者は介護できるというその身体で又は態度で、意識するしないに関《ママ》わらず、いつでも私を殺すことのできる立場に立っている。[金 2003: 49]

こうした経験は、介護を受ける高齢者にとっても親しいものであるにちがいない。

「肉親以外の介護を毎日違う人達によって受けることで見えてきたもの」を、「介護とは——私は私の身体が自分の意思で動かすことは出来ないので、他人の身体を使って、自分の身体を管理しているということ」[金 2000: 26]として、金は「私の介護論」を展開する。

> 重度障害者にとっての介護とは、自分の命に関わる、介護する相手の身体じたいである。[金 2004: 71]

> 自らの身体を命がけで、介護という他者に預けることで、他者としての身体を必死にとらえようとする。[金 2004: 70]

ここでは介護とは、身体と身体との相互行為という水準でとらえられている。それより重要なのは、他者の身体が自分のものか他人のものかわからないという以前に、自分の身体もまた自分のものかどうかわからない、という身体感(覚)である。

ラカンの「自己とは他者である」にならって言うなら、身体とは最初の他者である、と言ってもよい。同じことを金は、「身体の(持つ物としての)自律性」[金 2004: 69]と呼ぶ。身体障害者の身体は、自分の意思の統制のもとにしたがわない。むしろ「健常者」のほうが自分の身体が自分の意思の統制にしたがうことを、うかつにも疑わない。❖17 だが、ラカンが「鏡像段階」説で論じるように、子どもが自己アイデンティティを持つのは、身体の統制への感覚と自己像とが一致したときなのだ。ピアジェならば、同じことを「運動感覚の統合」というだろう。もっとわかりやすく言えば、鏡を見ながら右手をあげたいと思ったときに鏡像の右手が、左足を出したいと思ったときに鏡像の左足が、意思にしたがって「随意に」動くことを確認したときに、その身体感覚と身体像とが統合され、「自己」なる意識が芽生える。もし身体が自己の意思にしたがわなければ、身体は自己にとってよそよそしい他者にとどまる。この統合が発達段階上のものであるなら、老化という現象は、その裏返しの過程、すなわち身体が他者になっていく経験と言ってよいかもしれない。

「身体は自己のものだろうか?」という金の問いは、その意味で根源的なものである。わたしはここでも「本質的」という語の使用を避ける。というのは、障害や介護を通じて金が得た問いは、「根源的」ではあるが、あらゆる人々にとって共有されているとはいえない、つまり文脈依存的だからである。すなわち多くの「健常者」は、「身体は自己のものだろうか?」という問いを忘れている(いられる)からである。逆に言えば、この問いを忘れていられる状態のことを、「健常」と呼ぶこともできる。だが、いったん病気や障害、老化などを経験すれば、この問いはただちに甦る。老化とは、「昨日できたことが今日できなくなり、今日できたことが明日できなくなる」経験である点で、中途障害者と似ている。脳梗塞で半身麻痺になった高齢者にとっては、「身体が他者になる」経験は痛切に身に覚えがあるだろう。

このように介護は身体と身体との交渉の過程として経験される。それ以前に、まず自己と(他者としての)身体との交渉の過程としても、経験される。障害者はこうした身体経験の先達であり、被介護経験のエキスパートである。脳性麻痺で車椅子生活者の熊谷晋一郎は『リハビリの夜』[2009]で、意のままにならない身体とのつ

❖17 金は「身体芸術研究所」の主宰者でもあるが、彼女の「身体芸術」とは、ふつうの身体表現とは違う方向を向いている。ダンスやスポーツのような身体表現は、意思による身体の統制を極限まで推し進める方向に向かうが、彼女の身体表現は、「できない」ということをも身体の「能力」のひとつとして、その自律性を解放する方向に向かう。その点では、かえって障害の有無にかかわらない身体表現上の普遍性を持っている。

きあいを当事者視点から描いて第九回新潮ドキュメント賞を受賞した。熊谷は拷問のようなリハビリ経験の後にうちのめされた身体感覚を「敗北の官能」とまで呼ぶ。

　障害者はなにも「高齢者がそれから学ぶ」ために、生きているわけではない。だが、彼らの命がけの試行錯誤から[❖18]、高齢者が自由に学ぶことはできる。「介護される」という経験においては、高齢者は、「あとから来た者 late comer」たちだからである。

13 ケアされる側の作法と技法

わたしは『おひとりさまの老後』のなかで、「介護される側の心得一〇ヶ条」を書いた。それというのも、介護する側の技法や作法について多くのことが語られる一方で、介護される側の技法や作法について、あまりにノウハウも情報の共有も少ないと感じたからである。ケアが相互行為であるなら、その技法や作法が一方にのみ要求されるわけではない。

　その一〇ヶ条を以下に再録しよう。

(1)自分のココロとカラダの感覚に忠実かつ敏感になる
(2)自分にできることと、できないことの境界をわきまえる
(3)不必要なガマンや遠慮はしない
(4)なにがキモチよくて、なにがキモチ悪いかをはっきりことばで伝える
(5)相手が受けいれやすい言い方を選ぶ
(6)喜びを表現し、相手をほめる
(7)なれなれしいことばづかいや、子ども扱いを拒否する
(8)介護してくれる相手に、過剰な期待や依存をしない
(9)報酬は正規の料金で決済し、チップやモノをあげない
(10)ユーモアと感謝を忘れない

[上野 2007a: 197]

この一〇ヶ条のなかには、守るべきルールやしくみという意味での技法と、礼儀やマナーという意味での作法との両方が含まれている。

　実を言うと、わたし自身は短期間の入院経験を除いて、要介護の経験がない（子どものときは別である）。したがって「当事者経験」にもとづかないこのようなノウハウを書くことには内心忸怩たる思いがあった。これらのノウハウは、実際にケアが実践される現場の取材から、わたしが学んだものである。

　高齢化は誰もが中途障害者になることに似ている。加齢や脳血管障害などで、四肢の麻痺や言語障害などが残れば、障害者になる。中途障害者にとっては麻痺や障害の経験は初めての経験であり、ケアを受けることにも手探りのアマチュア状態であろう。

　だが、ケアを長期にわたって受けてきた人の場合はどうか。冒頭で言及した小山内は四三歳のときに、「四三年間、人のケアを受けてきたプロ」と自分を呼ぶ。ケアする側よりケアされる側の

ほうが情報も経験も蓄積の大きい場合はいくらもある。障害者の多くは、ケアを長期にわたって受けてきた筋金入りのプロである。中途障害者が他の障害者に学ぶように、障害業界の新参者である高齢者が、障害者の経験に学ぶことはたくさんあるように思われる。

「ケアされるプロ」の小山内の経験は、上記と多くが重なるが、わたしにとって盲点と思われる「ケアを受ける側」の智恵がいくつも発見できる。それを列挙してみよう。

(1)プライドを捨て、「わがまま」と言われるのを怖れない
(2)排泄介助には、自分のお尻だと思ってケアしてもらう
(3)相手がボランティアでも、言うべきことははっきり言う
(4)「もういい?」は、ケアする側にとって禁句
(5)自信過剰になり、迷いを失ったケアには落とし穴がある

「心地よいケアを受けることは自分との戦いであり、命がけのギャンブルのようなもの」[小山内 1997: 25]と、小山内は言う。嫌われたり、気まずい思いをしたり、もう来てもらえないかもしれないリスクを冒しても、相手との対等な関係を切り結ぶためのコミュニケーションの技法である。

小山内のケアの技法は、次の一文に尽きる。

「なにをしてほしいかは、わたしに聞いてください」。

これこそが「当事者主権」の思想である。その際に、「手慣れた・自信のある・迷いのない」プロのケアに警鐘を鳴らすところには、虚を突かれた。「迷いを失ったとき、プロのケアは堕落する」と彼女は言う。関係は個別的なものだ。その関係の個別性と、場面の固有性、そのもとにおけるケアする者とケアされる者との相互行為を重要視する立場からは、そのつど、手探りで相手との間合いを計っていく繊細な感度とコミュニケーション能力とが要求される。

その要求にもとづいて、小山内はさらに踏みこんだ提案をする。(1)ケアする人と受ける人が対等でなければならないことと、(2)介助者を自分で選べるようにすること、である。

小山内は、「対等である」ことからさらに、「介助を受ける者が上に立たなければならない」と主張する。そのくらいの主張をしてようやく、両者の「対等性」を確保することができる。というのは、ケアという非対称な交換関係には権力の格差が発生するからである。ボランティアのように対価をともなわない場合には、ケアする行為は贈与となり、この非対称性はさらに強まる。この債権/債務関係を対等にもどす技法が「支払い」である。貨幣の機能はこのためにあり、したがってケアが有償であることには、ケアする者にとってだけでなく、ケアされる者にとって深い意味がある。

❖18 事実、二四時間介助を要する重度障害者の地域における自立生活は、介護者が来なければ生命の危険が発生しかねない「野垂れ死に」覚悟の実験的な実践であった。

現行の介護保険では、ケアというサービスの消費者（利用者）と購買者（保険事業者すなわち自治体）とが異なっている。このしくみのもとでは、ケアの提供者はおのずと購買者の利益のほうを優先するだろう。ケアの消費者と購買者とを一致させるしくみが、ダイレクトペイメント方式［岡部 2006］である。どのみち原資は保険料と税なのだから、現金を利用者にわたし、ケアの料金を直接利用者からワーカーに支払うという方式にすれば、ケアサービスの授受をめぐる債権／債務関係が解消できる。ケアの有償性とは、それが食える労働になるというケアの与え手の都合ばかりでなく、構造的に弱者の立場に置かれるケアの受け手が、対等性を確保するためのしくみだから、その交換関係が目に見えてシンプルになるほうがよい。この技法が採用されないのは、今日に至るまで利用者の当事者能力を、政策立案者が信頼していないからである。[19]

もうひとつの技法、介助者の指名も、踏みこんだ提案である。要介護者のあいだにもヘルパーを交替させないでほしいという希望はあるが、今のところ事業者はそれに応じていない。[20]ヘルパーのサービスが非人格的に標準化されること、それによって他のヘルパーによって代替可能になることには、事業者にとっても利用者にとっても、リスクを分散するメリットがある。他方でケアが人格的な相互行為であり、相手によって変わることや相性があることも事実である。障害者自立支援法では、無資格の介助者でも利用者が指名すれば有償の介助者となれるしくみがあった。関係のほうを重視したからである。同じように介護保険でも、ヘルパーの指名制度を導入することは考えられてもよい。学歴や資格が能力と相関しないことは現場の人は誰でも知っている。利用者から人気の高いヘルパーに指名が集中すれば、指名料をとって報酬を増額すればよい、とわたしは本気で考えている。これも相互行為としてのケアを実現するための技法のひとつであろう。

そのうえで、小山内は「働くことへのケア」に対するニーズを要求する。自立支援法も介護保険法も、障害者や高齢者が食事と排泄をして生きつづけることにしか支援をしない。だが介助さえあれば、小山内は、社会福祉法人の経営に携わり、原稿を書き、講演に飛び回り、報酬を得て税金を払うこともできる。金も同じである。介助があれば、彼女は劇団を主宰し、演出し、海外に公演に出かけ、これまで誰も達成したことのないまったくオリジナルな身体表現をこの世にもたらすことができる。だが制度の壁は彼女らに「働くな」、という。

「働く」ことは、ここでは自己表現や自己実現のひとつの選択肢である。人はただ呼吸をして生きつづけているのではない。他者との関係のなかで自己実現しながら生きている。それをサポートしない制度が、「自立」支援と謳われている。介護保険では、高齢者は働いていないことが前提とされており、障害者にならば提供される外出介助もメニューにない。それというのも「自立」の概念が、日常生活動作ＡＤＬ(Acting of Dayly Living)の自立、とあまりに狭く定義されているからである。すなわち介護保険にいう「自立」とは、保険を使わないことをもってよしとするあまりに狭い「自立」概念であり、「当事者主権」における「自律」とは概念を異にしている。

❖19 現金を利用者にわたせば、他の目的に流用されたり、アルコール依存や浪費に使われたりするかもしれない、また第三者に横領されるかもしれないという当事者の管理能力への疑いから来ている。それが心配ならば、サービス利用に限定したバウチャー(利用券)制度にする方法もある。だがこれにも転売される可能性などに疑念が生まれる。

❖20 介護保険前の助け合い事業や家政婦派遣事業には、指名制度を導入しているところもあったのだから、介護保険以後、利用者の選択権は少なくなったともいえる。利用者は困った介護者を忌避することはできるが、気に入った介護者を選ぶことはできない。

第8章

「よいケア」とは何か
——集団ケアから個別ケアへ

1 「よいケア」とは何か

当事者主権の立場から言えば、「よいケア」の究極のあり方は、「個別ケア」である。したがって「よいケア」は標準化されることも、第三者によって客観的に判定されることもできない。ケアの相互関係のもとで、「ケアの質」を判定するのはケアの受け手当事者であり、第三者ではない。その点では、ケアの受け手はただのサービスの消費者ではなく、中村義哉[2008]のいうように、プロシューマーのような創造的消費者である。ケアの与え手と受け手の両者が相互行為する関係のもとで「よいケア」が達成されるとすれば、「ケアの質」は、ケアの受け手と与え手の双方によって判定される必要がある。

相互行為としてのケアのとらえ方のもとでは、ケアの与え手と受け手の相互交渉のもとに、はじめて「よいケア」が達成される。

ケアは相互行為そのものであり、したがってアクターや文脈が変われば、そのつど変化する個別性、一回性を持っている。その前提にあるのは、(1)ケアの受け手をたんなる受動的な消費者や利用者としてとらえない、そして(2)利用者満足のために、ケアの与え手の犠牲や抑圧を許容しない、それどころか、ケアの与え手の満足がなければ、ケアの受け手の満足が成り立たない、またはその逆でもある、という双方の利益の最大化モデルを採用しているところに、他のアプローチとの違いがある。[1] この関係はゼロサム・モデルではなく、一方の満足が他方の満足を引き出すウィン&ウィンのモデルである。だが、何度もくりかえすが、この関係は非対称なものであり、ニーズが先行するからこそサービスが発生するのだから、ケア関係の原因であり結果であるケアの受け手の「ニーズ」とその「満足」が、ケアの究極の目的となる。「当事者主権」の立場からの「一次的ニーズ」の所在を間違えてはならない。

高齢者は、それぞれが固有の生活歴を持っており、ケアがその人らしい生活を支援することを目的とするなら、「個別ケア」がのぞましいことを否定する人はいないだろう。介護保険は「措置から契約へ」「恩恵から権利へ」という高齢者介護の流れをつくり、ケアプランを利用者に合わせてオーダーメイドするしくみをつくることで「個別ケア」へと一歩を踏み出した。「個別ケア」のひとつのあり方が、在宅ケア、すなわち高齢者をその暮らしの場で支えるしくみである。

その対極に施設ケアがあると考えられてきた。多床室、集団的処遇、生活時間管理をともなう施設ケアは、利用者にとっても、ケアワーカーにとっても、できれば避けたい選択肢と見なされてきた。利用者にとっては、プライバシーと自由のない管理下の生活によって、ケアワーカーにとっては非人格的な流れ作業によるバーンアウトによって、ケアの受け手と与え手の双方にとって歓迎したい選択肢とは考えられてこなかった。施設介護とは、家族介護を不幸にして得られない事情のある要介護の高齢者が――実際にはしばしばその家族が――消極的に選択するものと見なされてきた。それに加えて施設介護の設備や条件の劣悪さから、施設入居にはスティグマが付されてきた。

だが介護保険は、その政策意図に反して、在宅志向より施設志向を促進し、あまつさえ「権利」意識の高まりとともに、施設入居に対する利用者（とりわけ中産階級の利用者とその家族）のスティグマを軽減したとさえ言われている。施設入居は、利用者の当事者ニーズではなく、家族ニーズであることは、くりかえし指摘しておかなければならない。

そのなかでも高齢者の暮らしを支えるケアとして、施設ケアを少しでも個別ケアに近づける試みがおこなわれてきた。その試みのひとつに新型特別養護老人ホームことユニットケア型施設がある。もちろん個別ケアとユニットケアとは相互に独立した概念である。施設ケアだからといって個別ケアができないわけではないし、ユニットケアだからといって個別ケアが保証されるわけでもない。だが、日本におけるユニットケアは、介護保険制度上、特異な位置を占めるに至ったことで注目されるようになった。本章では、個別ケアの選択肢のひとつとして、ユニットケアについてとりあげ、その可能性と問題点を論じ、ケアの今後を占う指針としたい。

2 ユニットケアとは

厚生労働省の定義によれば、ユニットケアとは、「施設の居室をいくつかのグループに分けて、それぞれをひとつの生活単位とし、少人数の家庭的な雰囲気のなかでケアを行うもの」をいう。

❖1 だが、7章で示したように、ケアに関しては「消費者満足」調査の信頼性が低いことはすでに述べた。

ユニットケアの条件に個室化がある。したがって「個室ユニットケア」と呼ぶこともある。

それまでの施設が、四人部屋や六人部屋などの多床室に高齢者を「収容」していたことに比べて、高齢者の暮らしの場として施設をとらえかえしたときに、「個室が基本」という考えが成立した。その前提は、医療と介護の分離である。

介護保険が医療保険の財政破綻を免れる窮余の策としての一面を持っていたことは周知の通りである。医療保険の財政を圧迫していたのは、高齢者の「社会的入院」であった。この人々を医療保険の対象者から相対的に給付が低くてすむ介護保険へと移行させることが、介護保険の目的のひとつであった。病院施設が四人部屋や六人部屋などの多床室であることは、(1)医療のための緊急の経過措置であること、(2)集中管理のために医療者にとっての都合が優先されていること、(3)一時的な滞在であるために受忍範囲と考えられていること、などによって正当化されてきた。だが、医療から介護を切り離すことで、ケアは、高齢者の暮らしの支援となり、施設は高齢者の暮らしの場となった。

暮らしの場としての高齢者施設のソフトとハード両面における劣悪さはつとに指摘されてきた。介護施設が救貧の側面を持っていた措置時代には、これも受忍の範囲内と考えられてきたが、介護保険の導入にともなって、利用者の権利意識が高まり、在宅に対して見劣りのしない暮らしの場としての施設に対する需要が高まってきた。その条件として個室へのニーズが高まった。

ユニットケアとは現在、次の三つの条件を備えたハードとソフトのセットを指す。(1)個室であること、(2)八〜一〇人程度をユニット(生活単位)とするユニットケアを原則とすること、❖2 (3)簡単な調理、食事、談話などを通じて交流が図られるよう、ユニットごとに共有スペースを設けること。建築的にいうなら、個室(プライベート・ゾーン)、共有スペース(セミパブリック・ゾーン)、公共スペース(パブリック・ゾーン)の三つの空間から成り、個室の集合と共有スペースからなる「生活単位」を「ユニット」と呼ぶ。これらがすべて満たされている場合を「ユニットケア」と呼び、ひとつでも欠けている場合には「ユニット風ケア」と呼ぶ[東京大学社会学研究室・建築学研究室 2006: 364; 外山 2003]。

厚労省は介護保険施行時からユニットケアの導入に熱意を示した。二〇〇〇年施行時には、特養にグループケアユニット加算をつけ、二〇〇三年の「見直し」にあたって、二〇〇四年度から新設の特養についてはユニットケアを組みこんだ新型特養でなければ補助金を出さないという強力な政策的誘導をおこなった。老人保健施設についてもユニットケアがのぞましいという指導を実施した。

だが、上述した通り、「個室化」にはハードの条件が前提となる。多床室を基本とした従来型の施設では、ユニットケアにはにわかに対応できない。また新築の場合にも個室の広さが標準で一三・二平方メートル求められるためにかつての多床室よりは大きな空間が必要となり、建築コストがかさむ傾向がある。ユニットケアはハードの条件に強く制約を受けるだけでなく、事業者にとってはより大きな初期投資を必要とする。にもかかわらず、厚労省の強力な誘導は功を奏した。厚労省の平成一八年介護サービス施設・事業所調査の概況によれば、二〇〇四年に介護老人福祉施設のうち個室の比率は四八・三％であったものが、二〇〇五年には五五・〇％と対前年度比二三・三％と急増、ユニット型に限れば前年度比五〇・三％の増加を見た。そのほか、老人保健施設、短期入所施設、認知症対応型共同生活住居においても、ユニットケアの割合は増加している。

二〇〇五年の介護保険法改正にあたって、厚労省は想定した以上に増大した施設介護の負担を抑制するために、個室に対して「ホテルコスト」をかけるように利用料を改訂した。厚労省の言い分は、在宅介護を受けている高齢者はソフトのほかに住宅施設・設備に対して自己負担しているのに対して、施設入居者が介護というソフトに対する利用料のみを負担し、居住部分に対するハードの使用料を負担しないのは公平を欠く、というものである。その結果、利用料負担が他の特養並みの月額三万円台から一挙に一一〜一三万円台に上昇した施設もある。とりわけ全室個室化を実現した事業者にとっては、ホテルコストの負担に耐えない利用者を多床室に移動して利用料負担の軽減を図るといった柔軟な運用ができず、退去を余儀なくされた利用者もいる。結果としてホテルコストの負担に耐えうる経済力を持った利用者のみがユニットケアの受益者となり、費用負担に耐えられない低所得階層の利用者は従来型の多床室を利用せざるをえないという二極化をともなう利用者格差が拡大し、それを厚労省は制度上容認した。

二〇〇四年のユニットケア推進から二〇〇六年のホテルコスト導入に至る短期間のうちに、厚労省が制度の改変をおこなったことは、現場にいちじるしい混乱をもたらした。厚労省の場当たり的な制度変更に、現場はふりまわされ、ユニットケア推進策に乗った事業者のうちには、「二階に昇ったあとに、梯子をはずされた」と怒りの声も聞かれた。

ユニットケアの政策的導入にあたって初めから一貫性のある制度設計をすればよかった——つまり個室利用をコストをともなう選択肢のひとつとして提供する——のかもしれないが、この制度変更の背後に見えるのは、依然として多床室による介護を「標準介護」と見なす日本の高齢者介護の貧しさである。すなわち高齢者の暮らしの場として「個室が当然」という考え方が、介護の「標準」とはなっていない現実である。

近年、施設志向が強まるにつれ、厚労省の発表(2009年)で待機高齢者数は全国で約四二万人と言われるようになった。その過程

❖2 厚労省はユニットの規模は通常八〜一〇人まで、最大一二人としている。

でせっかくつくった個室を分割して二人部屋にするとか、新たに設立する特養に、多床室をつくることを容易にするような動きもある。また個室基準を緩和して、現在ひとりあたり八畳程度の広さを、地域によっては六畳程度、また地価の高い大都市では四・五畳でよしとする「規制緩和」を、「地方自治」の名のもとに求める地方自治体もある。いずれもユニットケア推進に対するゆりもどしである。待機高齢者を減らそうというこの動きは、ひとりでも多くの高齢者を施設に収容するためなら施設・設備は劣悪でもかまわない、という「姥捨て」策にほかならない。

個別ケアを理念として個室ユニットを標準とし、理想を追求したユニットケアは、どんな運命をたどったのか。その経緯をたどりながら、個別ケアの今後について検討してみよう。

3　ホテルコストとは

さんざん不評を得たホテルコストは、そんなに問題なのだろうか。ホテルコストへの肯定的な評価がないわけではない。

もともと有料のケア付き住宅を提供してきた事業者の目からは、ホテルコストには合理性がある。ホテルコストを居住コストとケアコスト、すなわちハードとソフトの分離を果たしたとして歓迎する人々もいる。全室個室の新型特養「風の村」【図6】を推進してきた生活クラブ生協千葉の池田徹は次のように言う。

> 私がホテルコストの徴収を評価する理由はただひとつ、それが「家賃」だからである。ホテルコストとはつまり家賃である。家賃を払うということは賃貸住宅に住むということである。ホテルコストとケアコストとが分離されれば、施設という概念は意味がなくなる。
>
> ［特別養護老人ホーム「風の村」2002: 15］

高齢者専用賃貸住宅というハードとケアサービスというソフトの組み合わせを歓迎する浅川澄一［2007］も、高齢者専用賃貸住宅が普及していけば、ホテルコストの問題はなくなる、と言う。賃貸だろうが分譲だろうが、ハードとソフトの分離は、最終的には脱施設化への流れをつくりだす。自宅で在宅介護を受ける高齢者が、資産の有無にしたがって住宅のクォリティの違いを経験するのなら、賃貸住宅にもコストによって差が生じるのはあたりまえである。そうなれば、どの程度のコストを支払ってどのような居住空間に住むかは、利用者の選択と負担能力によって決まることになる。

社会福祉法人、株式会社、NPOと多様な法人格を組み合わせてユニークな介護施設経営を実践していることで有名な岐阜の新生苑の代表石原美智子も、コストによって居住空間の広さや設備が違うのは当然だと考える。新生苑には、月額利用料三〇万を超す、都市ホテル並みの個室を備えた有料の介護棟と、標準的なコストの多床室の介護棟とがあり、前者には負担能力のある経済階層の利用者が入居している。❖3 ただしケアに差はつけない。石原の言い分はこうである。

ファーストクラスだろうがエコノミークラスだろうが、航空会社のサービスは、お客を目的地に安全に届けるというサービスでは同じ。居室は違ってもケアに差はつけない（ヒヤリングより）。

図6 「風の村」3Fユニット平面図 ［「風の村」提供］

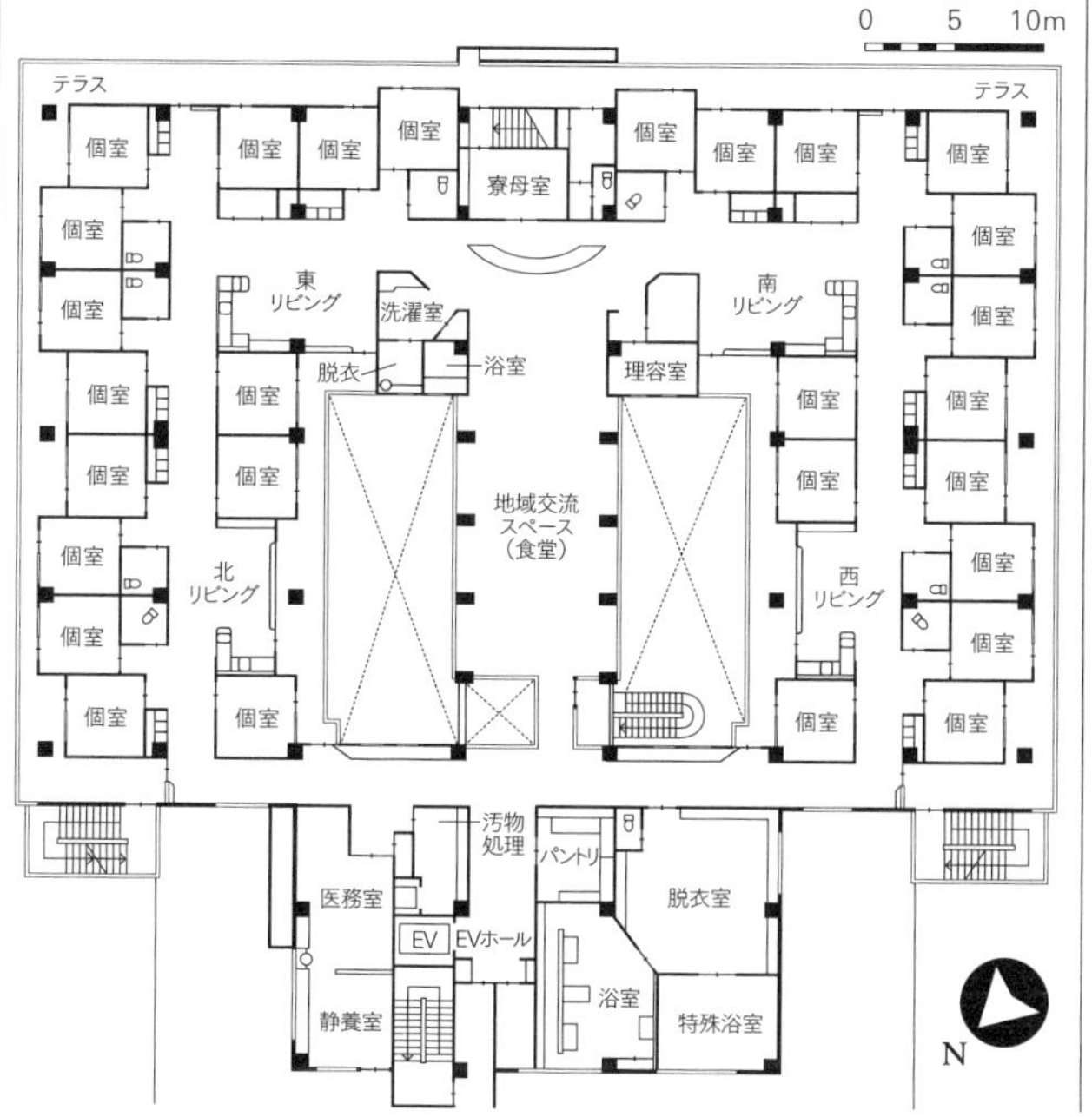

そうなれば当然、負担能力によって、居住条件は変わってくる。「資産や所得の違いが老後の生活に一定の格差をもたらすことは止むを得ないことであるが」と池田は書く。

憲法で保障された「健康で文化的な最低限度の生活」とは、例えば風の村入居者程度の生活を下回るものであってはならないと思う。

［特別養護老人ホーム「風の村」2002: 15］

その水準の維持には「個室」が前提である。あとは広さや設備でコストの差がつくのは病院の差額ベッドの使用料と同じ理屈である。現状では多床室が標準であるために、個室であることだけで付加価値がつく。個室が居住空間と捉えられるなら、個室にトイレやキッチンが付設していないのはおかしい、という批判もある。また、ホテルコストが「家賃」と同じなら、地域標準の賃貸価格に見合わない一律のコストを徴収される不合理を指摘する論者もいる。個室が賃貸住宅と見なされ、それに、ケアがオーダーメイド

❖3 新生苑が個室棟をつくったときには、まだ厚労省のユニットケア推進策は存在しなかった。後に多床室に加えて個室ユニット棟を新設したが、有料個室棟からそちらへ（家族の意向で）移動した利用者もいるという。後者のほうが月額負担が軽いからである。

で付け加わるなら、集団処遇を前提とした施設ケアから、個別ケアへの大きな転換であろう。

4　ユニットケアの起源

ユニットケアには、ふたつの起源がある。ひとつはハード面から、もうひとつはソフト面から、言い替えれば建築学的な起源とグループホームなどの実践現場からの起源である。

前者の「ユニットケアの源流」には、福祉先進国であるスウェーデンの「痴呆《ママ》性高齢者グループホーム」［外山 2003: 77］から、ユニットケアの理念を日本に持ちこみ、積極的にそれを推進した建築家の外山義《とやまただし》がいる。八二〜八九年にわたってスウェーデンに留学した外山は、スウェーデンの高齢者福祉の水準に、日本との大きな落差を感じてショックを受けた。彼はスウェーデン王立工科大学において高齢期における人と住環境との相互浸透関係についての研究に取り組み、博士号を取得して帰国後、八九年に厚生省（当時）の国立医療・病院管理研究所地域医療施設設計計画研究室長を務めた。その後、東北大教授、京大教授を経て二〇〇二年に五二歳で死去。設計作品にはユニットケアの先進施設として有名な「ケアタウンたかのす」（一九九九年）【図7】、「風の村」（二〇〇〇年）【図6】などがある。本書のもとになった共同研究［東京大学社会学研究室・建築学研究室 2006］の特徴のひとつは、社会学と建築学との学際研究にあり、建築チームには、外山の関係者が含まれ、前述のふたつの外山の代表作を、事例研究の対象にとりあげた。本書がユニットケアを対象に、その実践現場における効果と問題点を主題のひとつとしたのは、以上の事情による。

もうひとつの起源は、認知症対応のグループホームや高齢者介護施設におけるケアの改善の試みの帰結である。先述した厚労省のユニットケア調査❖4によれば、認知症対応型グループホームでもユニットケアは取り入れられ、二〇〇五年における事業所総数は八三五〇、平均ユニット数は一・七、一ユニットあたりの定員の平均は八・九人となっている。それまでの施設における五〇人から一〇〇人程度の大規模な集団ケアの流れ作業に疑問を感じた現場のケアワーカーの不満から、フロア単位のグループケアへ、さらに小規模のユニット風ケアへと、ソフト面の変化が起きてきた。個室ケアに踏み切るにはハードの制約があり、完全な個室ユニットケアとはならないが、既存の施設を工夫してコーナーや仕切りをつくり、ユニット風ケアを創案してきた人々の試みがある。そのなかで、ユニットケアの導入が、ケアワーカーの満足につながり、入居者の状態の改善（認知症者の状態が安定し、入居者の笑顔が増え、食事の摂取量も増える等）が見られるという手応えを得られた。そのような現場の実践からのノウハウの蓄積が、ユニットケアのもうひとつの源流である。

前者のハード＝建築主導型は、スウェーデンを先進モデルとした理念先行の理想主義的な動きであり、後者のソフト＝サービス改善型は、現場の実践から生まれた自然発生的な動きであった。
日本型ユニットケアは、この両者の流れが出会うことによって、普及し定着したと考えられる。のちに論じるが、ユニットケア批判の急先鋒である三好春樹は、「近代と権力」に侵されたユニットケアは認めないが、現場からの自然発生的なユニットケアなら認める、という立場を採っている❖5［高口 2004］。だが、「スウェーデン・モデル」を「近代主義」とラベリングし、厚労省による制度化を「権力」による統制と見なす三好の立場は一面的にすぎる。

図7　「ケアタウンたかのす」平面図
［外山 2003:82］

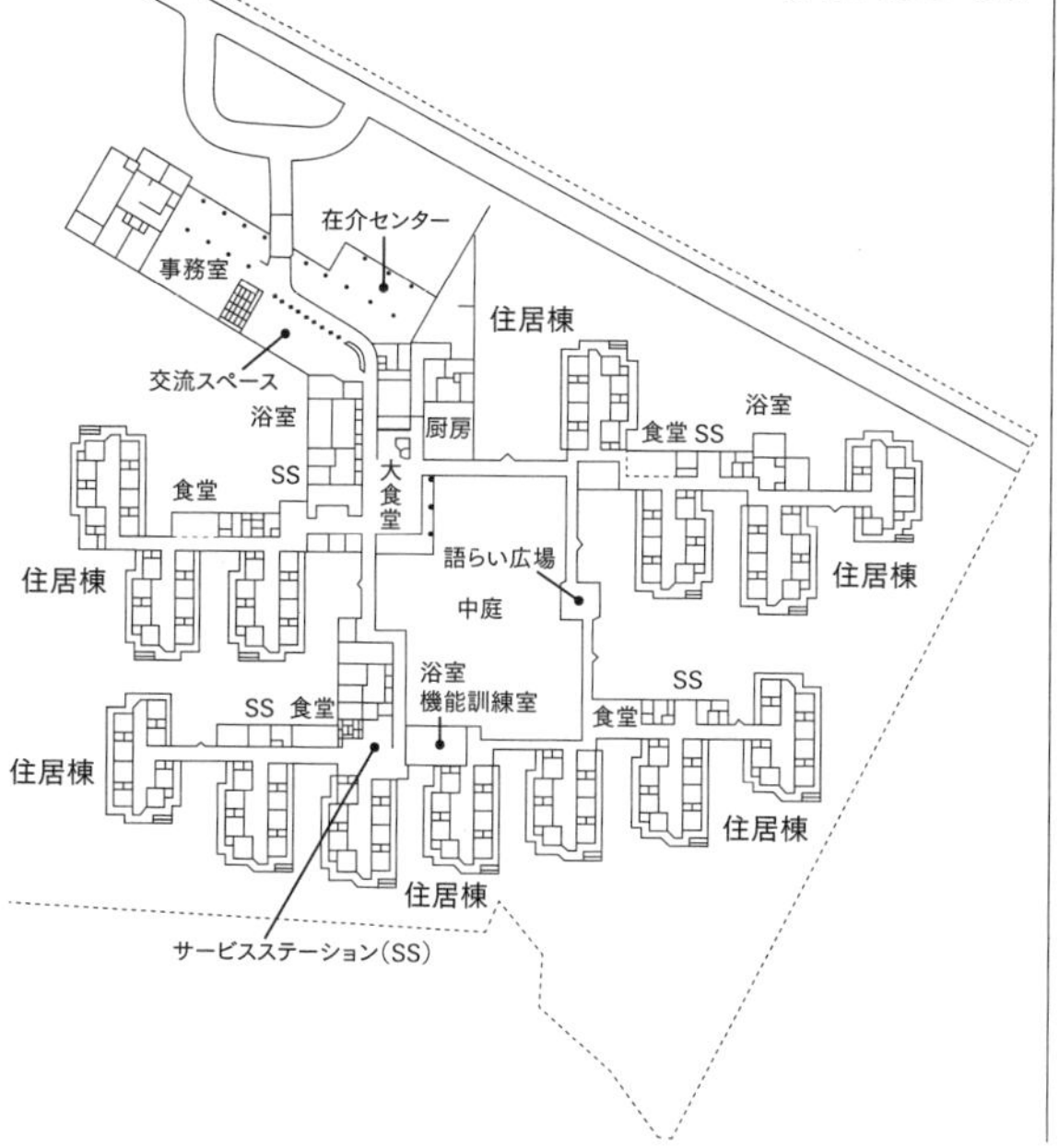

事実、多くの介護施設が現場の悩みを改善する試みの過程で、集団ケアへの反省から始まった自然発生的なグループケアは、事後的に「ユニットケア」という概念を発見し、それに結びついた。興味深いことに「グループケア」とは文字通り訳せば「集団ケア」を意味するが、実践現場における「グループケア」とは、大規模な集団を小規模な単位に分割することを当初は意味していた。それにユニットケアという概念と空間のゾーニングというコンセプトとを与えたのは、外山らの理想主義であり、「啓蒙」であったことを否定することはできない。両者ともに、「集団ケア」から「個別ケア」への志向を共有していたことは疑いないが、外山の場合には、「個別ケア」が「個室」を基本とするという個人主義の前提に立っていた点で、よりラディカルでもあり、かつ理念的でもあった。現場は実践の過程で「ユニットケア」という概念に出会い、それを積極的に取り入れていった。ユニットケアの「普及」は、両者の流れの出会いによってもたらされたと考えるのが妥当であろう。

　ケアの現場がためらいながらユニットケアを取り入れていく試

❖4 厚労省の調査報告書に付された(注)によれば「共同生活住居(ユニット)とは、認知症の状態にある要介護者が共同生活を営むべき住居をいい、居室、居間、食堂、台所、浴室等の設備のあるものをいう」とある。
❖5 高口は「近代と権力が絡んでいなければ、三好さんももうちょっとユニットケアに優しかったかもね(笑)」と揶揄している［高口 2004: 146］。

行錯誤の過程を、亀山老人保健施設の若山ひとみが証言している。少し長いが引用しよう。

十年くらいまえ、法人のなかの特養部門に二〇〇床という大規模施設がありました。二〇〇床を三フロアーに分け、一フロアー七〇人という大人数の介護単位でケアをおこなっていました。当時、ケアワーカー四・一対一の配置で七〇人の利用者に対応するため、お年寄り一人ひとりが見えない状態にありました。

幾度かの検討を重ね、一人のケアワーカーが利用者を理解・把握し対応できるのは一五人から二〇人までだという見解から、一フロアー七〇人を三つの介護単位に分けてケアするというグループケアが始まりました。

このグループケアにヒントを得て、ハードとソフト両面のノウハウをもとに平成一一年四月に亀山老健が開設されました。しかし開設当初からグループケアができていたのかというと、決してそうではありませんでした。(中略)スタッフの意識はどうかというと、集団的ケア、画一的で流れ作業的なケア、利用者は集団のなかの一人にすぎません。そして時間内に業務を終えることを主眼としており(中略)介護効率優先、利用者主体ではなく、職員中心の介護で職員が利用者をお世話してあげているという感覚が常にありました。しかし、そんななかで約一年半経過した後、ソフト面での充実がなされていない現状にスタッフ間から少しずつ疑問の声があがるようになり、幾度かの勉強会やスタッフ間のミーティングを重ねていきました。そしてできることから少しずつ始めてみようということになり、まず、ユニットごとにスタッフの担当を決めました。(中略)しかし、その頃はまだ「ユニットってなに？　ユニットにすると人がいない、死角ができる、見守りができない」などと否定的な意見が強く、スタッフの意識的な変化はあまりみられませんでした。

そして、開設三年目に入り、ようやく「このままではいけない、なんとかしなければ……。もう一度ケアのあり方を一から見直そう」ということで、本格的にユニットケアの取り組みが始まりました。

［高口 2004: 74-78］

亀山老健の建築は、個室ユニットにはなっていない。四人部屋の多床室が基本となっており、正確にはユニットケアではなくユニット風ケアである。だが、上述の証言からわかるのは、ユニットケアの理念は「個別ケア(に少しでも近づけること)」にあり、ハードの条件だけで一義的に決まるわけではないことである。

5　ハードとしてのユニットケア

高齢者施設に入居している認知症高齢者に、「ここはどこですか」とたずねる。よく返ってくる答が次のようなものである。

「ここは学校ですよ」。

建築家の外山が紹介するエピソードである［外山 2003: 25］。

多くの特養では、幅四〜五メートルの広い廊下を挟んで、多床室が並ぶ。そこで時間管理にしたがった集団ケアがおこなわれてきた。通常の生活空間とはスケールの違う空間で、時間どおりに日常が仕切られ、しかも職員は「指示形、禁止形、教育調」で入居者に話しかける。この空間を「学校」と見なす高齢者の空間認知を、外山は「なんと鋭い感覚だろう」［外山 2003: 25］と感嘆する。日本の高齢者施策のなかに、「ユニットケア」の理念が取り入れられた経緯には、厚生省（当時）の内外における外山の功績を無視することはできない。

だが若山の証言にあるように、ユニットケアの導入に当たっては、現場のケアワーカーの不安、「ユニットにすると人がいない、死角ができる、見守りができない」をぬぐい去ることができなかった。さらに建築コストのみならず、より利用者によりそった「個別ケア」をめざすユニットケアが、より多くの人手を要することで、人件費コストを圧迫するのではないか、もし現行のままのシフトで対応せざるをえないとすれば、必然的に労働強化を招くのではないか、という経営側とワーカー側、両者の不安にも応えなければならなかった。また、多床室を擁護する立場には、高齢者は孤独でさみしい思いをしており、個室だと引きこもりになってコミュニケーションを阻害する、という主張もあった。

以上のような懸念や不安、思いこみに対して、外山は実証データを積み重ねることで、ひとつひとつ反論していく。その方法は徹底的に経験的な実証研究である。外山が実証データをもって反論した「実証的「個室批判」批判」を検証してみよう。❖6

その第一は「多床室＝活発な入居者間の交流」神話である。このため外山は研究室のスタッフを動員して、六人部屋特養において七〜一九時に至る一二時間のあいだ、一分ごとに入居者の行動を記録するという定点観測の手法を採用した。その結果得られたのが、図8である。

「この図からわかるように、入居者はほとんどの時間、同室者に対し背を向けた姿勢をとって過ごしている。同室者同士は交流するどころか、むしろ互いにかかわりを避けて生活している様子がうかび上がってきた……。夜間の同室者のポータブルトイレの使用やいびきによる睡眠中断、物取られトラブルなどによるストレスに対して、同室者同士は互いに目に見えない壁をつくり、感覚を閉じ合うことによって生活が続けられているのだ」［外山 2003: 59］と外山は指摘する。その結果、入居者の容態の急変に対して

❖6 データは九五〜九六年に実施された厚生省（当時）委託研究、『特別養護老人ホームの個室化に関する研究』［外山 2003］による。同報告書は、全国社会福祉協議会・高齢福祉部から九六年に刊行された。他に外山研究室で独自におこなわれた調査データにも依拠している。

図8　多床室における顔の向きと姿勢　［外山2003: 59］

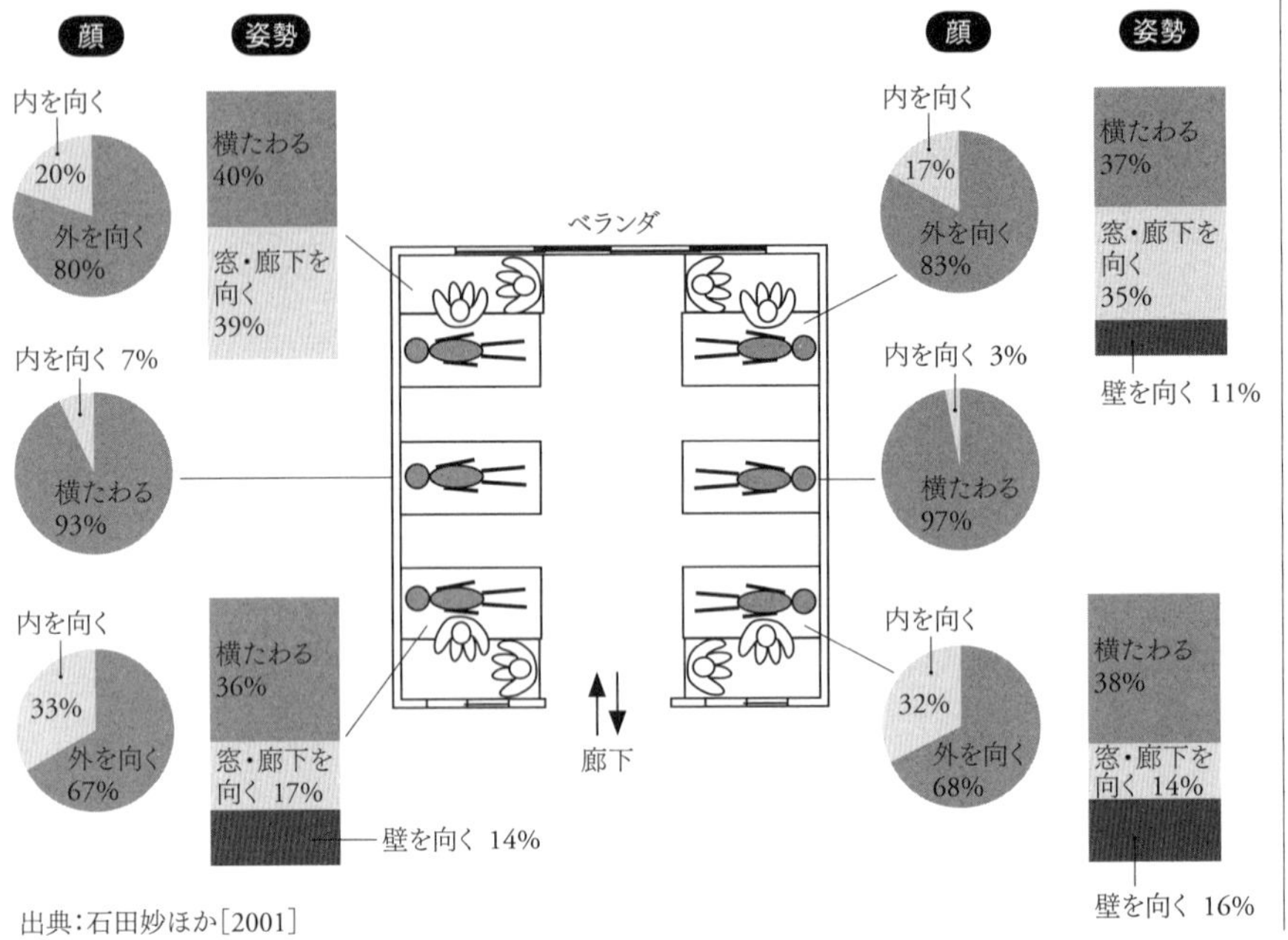

出典：石田妙ほか［2001］

も、同室者の通報は少なく、巡回してきたスタッフによって発見されるケースがほとんどであることがデータとして導かれる。外山はこれを解説して「同室者の容体《ママ》が急変してもわからないくらい互いに無感覚・無関心になることによって、高齢入居者はかろうじて多床室内に自分のテリトリーを守っているのである」［外山2003: 59］という。

人類学では、このような人為的なテリトリーの形成を、「儀礼的距離化 ritual distanciation」という概念で呼ぶ。たとえば身体を密着せずには乗車できないラッシュアワーの車両内で、互いに顔を背けて無関心を装うとか、客人のいる居間で家の女性が顔の半分を覆うベールをつけることで境界を区分するとかの工夫を指す。物理的に密接な空間のなかで避けあうことがむずかしい場合、「見ないふり、聞かないふり」をすることで、自他のテリトリーを侵さないための対人関係の技法である。そう考えれば、六人部屋という環境は入居者にとって余儀ない選択であるために、そこでサバイバルするための距離化の身体技法を彼らが身につけるに至ったと推察される。したがって多床室は、当事者からけっして歓迎されるものではなく、介護施設のような暮らしの場にはふさわしくないだろう。❖7

外山らは、「個室＝引きこもり」説の反証もおこなった。四人部屋と個室それぞれ二施設計四施設について入居者のタイムスタディ（一五分ごとの行動観察記録）を実施し、日中の居室滞在時間を測定した。その結果、「個室型特養のほうが多床室型特養よりも居室への滞在率が高い」という仮説が成立しないことを明らかにした。これに対して外山は以下のような解説を加える。

居室の個室化は、それによって一人ひとりの身の置き所を保障し、一人になる逃げ場(自分を取りもどせる空間)を保障することをとおして、他者と交流する意欲がわいてくることを促す。

[外山 2003: 55]

外山は付け加える。

かれら高齢者は、そもそも個室か多人数居室かを選択したり、判断したりする状況に置かれてはこなかったのである。

[外山 2003: 56]

高齢者の「選好」を知るには、高齢者にそもそも選択肢がなければならない。個室と多床室の両方を経験した入居者でなければ、両者の比較はできない。わたしたちの調査対象には、ユニットケアに、他の多床室型施設から移動してきた利用者が複数いた。ユニットケアを経験した利用者は、「元に戻りたいとは思わない」と異口同音に語る。彼らの証言に耳を傾けてみよう。

前の病院では四人部屋にいた。そのためショートステイの個室は、一人だと広いなと思ったが、慣れてくると個室はやっぱりよい(「ケアタウンたかのす」、七〇代、女性)。

前のところでは四人でいた。一人のほうが面倒でなくてよい。気を使わなくてもよいから。仲間といると楽しいこともあるが、けんかしたりすると面倒だ。一人は楽でよい(「風の村」、九〇代、女性)。

一人部屋ほどいいものはない。自分の部屋は落ち着く。病院のときは五人部屋だった。一人部屋だから不安だということはない。ボタンを押せば職員が来てくれるし、誰かのところへ行きたいときには行ける(「風の村」、九〇代、女性)。

例外的に、「ケアタウンたかのす」の利用者に、「個室は要らない」という意見もあった。この利用者はショートステイからユニットに入居して、自分の部屋に入ろうとしないことがあったが、自宅にいるときも個室がなかったからという事情があることがのちに判明した。ここからわかることは、個室が基本かどうかは、

❖7 医療機関における多床室は、患者の生命力が低下していることからテリトリー意識が著しく低下し、そのために受忍可能となっているという指摘もあるが、差額ベッド代がかからないとなれば、個室を選好する患者は多いことが考えられる。

それまでの住環境の習慣性によることもあるということである。

三好はユニットケア批判の急先鋒だが、主張の内容は官の押しつけは批判するが、「選択肢があればよい」とごくまっとうなものである。選択肢があれば、そして負担能力がともなえば、個室を選好する利用者はそうでない利用者より多いだろうことは、上述の経験者の証言からも推測できる。

三好の個室批判は、認知症高齢者(彼は「痴呆老人」とあえて呼ぶ)の身体感覚に及ぶ。「痴呆老人がくっつきあって寝てるなんてことは(現場の者でなければ)見えない」(かっこ内引用者)[高口 2004: 141]という三好は「誰でも個室を」という画一的な処遇は現場を知らない者のいうことだ、と主張する。空間の身体感覚が学習によって獲得されるものだとすれば、またキネスティックスの教えるように❖8テリトリー感覚が自我の感覚と結びついているとすれば、自我の境界が変容するにつれ、空間的なテリトリー感覚も拡大したり縮小したりする可能性を想定することはできる。だが、認知症高齢者が誰でもそのような身体のテリトリー感覚の崩壊を経験するかどうかは、検証に待たなければならない❖9。なぜなら外山が紹介した個室・ユニットケアは、もともと北欧の高齢者介護施設をモデルとしたものであり、そこでは認知症高齢者も個室で暮らしているからである。そうなれば認知症高齢者は個室に暮らせない、ということではなく、たんになじみのある生活空間を高齢者から奪わない、ということが重要だということになろう。空間の身体感覚は習慣的なものである。子ども時代から個室に慣れた身体は個室を快適だと感じるように、高齢者の身体感覚もそれまでの生活歴を反映する。そうとすれば、学習される身体感覚に、文化差や地域差、階層差、歴史的文脈の違いがあるのも当然であろう。三好が現在見ている高齢者(自宅に個室を持ったことのない世代)と、これから登場するであろう高齢者(子ども時代から個室を与えられた世代)とは異なる身体感覚を持っていると考えられる。それを「近代主義」と一括して批判することは適切とは思えない。

利用者を「入居者およびその家族」にまで拡大してみると、個室化は明らかに家族との関係に、よい効果をもたらすことも確認されている。「個室化のすすんだ特養では、家族の訪問が目に見えて多い」[外山 2003: 61]と外山は指摘する。家族との関係は「個室であるというハード条件だけで変化が期待できる」効果のひとつである。個室であれば(1)他の入居者に遠慮なく喜怒哀楽の感情をあらわすことができる、(2)他の入居者に気を使わずにいつでも自由に訪ねることができる、(3)他の入居者に気兼ねなく好物を持参し食べさせることもできる、(4)場合によっては同室で泊まることもできるなどの理由があげられている。事実「ケアタウンたかのす」では利用者家族(六〇代、女性)から「個室ということで、家族が自由に入れてよかった」という声が聞かれた。同じくユニットケアを実現した老人保健施設「虹の苑」の施設側からは「利用者の家族ともスムーズにコミュニケーションがとれるようになり、利用者の外出や外泊が増えたことが大きな成果」［高口 2004: 99］という報告もある。

6　ユニットケアの効果

個室化・ユニットケアの意義は、厚労省によれば、以下のようにまとめられる［東京大学社会学研究室・建築学研究室 2006: 364］。

(1)入居者は個性とプライバシーが確保された生活空間を持つことができる。
(2)個室の近くに交流できる空間を設けることにより、他の入居者と良好な人間関係が築け、相互の交流が進む。
(3)自分の生活空間ができ、少人数の入居者が交流できる空間もあることで、入居者のストレスが減る（認知症高齢者の徘徊などが少なくなる例も多い）。
(4)家族が周囲に気兼ねなく入居者を訪問できるようになり、家族関係が深まることにもつながる。
(5)インフルエンザ等感染症の防止に効果がある。

ユニットケアの効果は、実際に導入した現場からさまざまな証言が得られている。相互行為としてのケアの双方の当事者にとって、ユニットケアにポジティブな効果があることについての証言は、枚挙にいとまがない。

「入居者の笑顔が多くなった」「利用者と会話する時間が増えた」「食べる喜びが増し、食事摂取量が増えた」「利用者の希望に応じた個別の外出ができるようになった」「ユニットになったらその人のお誕生日にお誕生会をやるようになって、その人の好きなものをおやつにだしてもらえるようになった」「認知症の利用者が落ち着いた」等々［東京大学社会学研究室・建築学研究室 2006］。

利用者の変化は、ケアワーカーにもよい影響をもたらしている。「利用者のそばにいて関わる時間が増えた」「スタッフの動線が短くなった」「スタッフ間でのより密な話し合いの時間が増えた」「家族ともいろんな話ができるようになった」「スタッフのペースで利用者に関わるのではなく、利用者のペースにできるだけ合わそうという思いになった」［高口 2004: 89］と、全体的に「個別ケア」への傾向が強まったことがうかがえる。

集団ケアからユニット風ケアへの移行を経験した職場では、ケアワーカーの評価はとりわけ高い。特養「ラポール藤沢」の例をとりあげよう。ユニットケア導入以前の一九九四年に生活クラブ生

❖8 身体距離学と訳す。エドワード・T・ホールが提唱した［Hall 1996=2000］。
❖9 建築学の長澤泰らの調査によれば以下の通りである。「認知症高齢者グループホームで、新しい建物に入居してからの約半年間を観察した調査では、その期間に入居者が自分の居室を利用する頻度が増加し、共用空間などを職員に誘導されて利用する頻度は減少した。（中略）入居者間の会話頻度は増加した」［長澤・伊藤・岡本 2007: 153］。

図9　「ラポール藤沢」平面図　ユニット風ケア

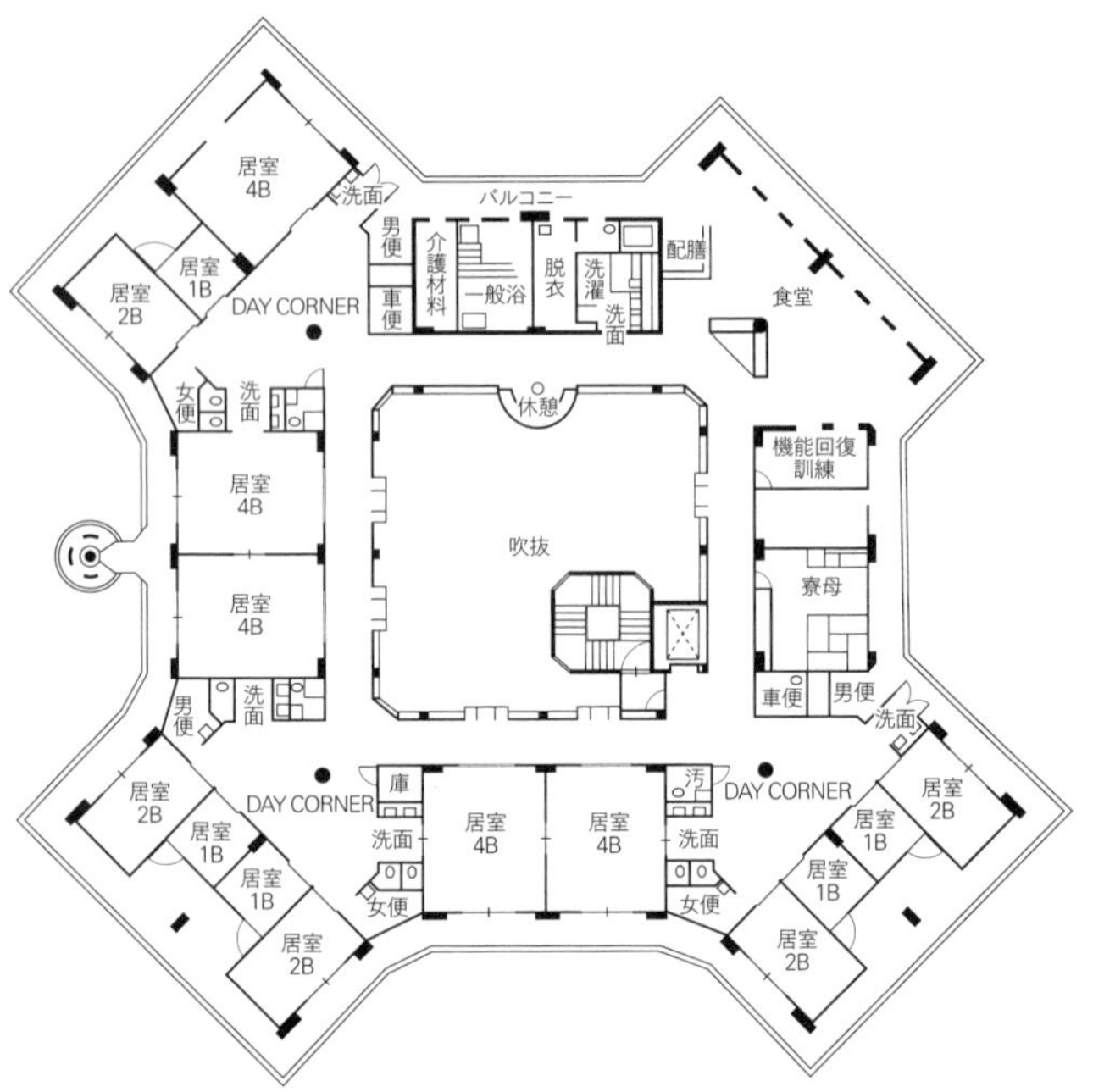

協神奈川が出資した社会福祉法人いきいき福祉会によって設立された「ラポール藤沢」は、ハードの条件に制約されて、完全ではないがコーナーを利用したユニット風ケアへの移行に踏み切った【図9】。職員はユニット風ケアへの移行を高く評価している。

「利用者の雰囲気がすごく変わった。個別ケアのほうが、利用者の顔が歴然と違う。利用者の声が聞こえるようになったし、排泄ケアを待ってもらうことが少なくなった」と職員は証言する［東京大学社会学研究室・建築学研究室 2006: 170］。

　利用者についてはよいことずくめだが、他方、ケアワーカーの負担はどうだろうか。ユニットケアが労働強化を招くか否かは、事業者と労働者にとっては重要な関心事であった。これについても、外山らのグループはたまたま六人部屋中心の多床室型から全室個室・ユニット型に建て替えられた高齢者施設を対象に、建て替え前と建て替え一年後にかけて同一スタッフ四名に計四回の労働量の調査をおこなった。方法は加速度センサーつきの小型運動記録器を装着してもらい、日勤帯における一日の歩数と消費運動量を測定するという、これまた徹底的に実証的な方法である［外山 2003: 96］。

　その結果、多床室型からユニットケア型への移行にともなって、移行の直後はたしかに歩数と運動量は一時的に増えたものの、しだいに元に戻り、移行後一年たつと移行前より歩数、運動量ともに減少しているというデータが得られた。建て替えにともなう個室化によって、施設全体の床面積は以前の三・五倍に増加したにもかかわらず、である。むしろユニット内で作業が完結するために動線が短くなり、動きもゆっくりとなり、職員が入居者に話しかける回数も増えたという結果が得られた。この調査結果から外山は「個室化・ユニット化が職員の負荷を増大させる」とは一概に言えない、という結論を導きだした［外山 2003: 96］。

これらの経験的データは、ユニットケアは「労働強化につながるのではないか」「職員配置を増やさなければならないのではないか」と懸念していた関係者を説得する強力なデータとなり、厚労省がユニットケアを推進する論拠となった。

だが、ユニットケア導入後の現場の経験からは、違う声が聞こえてくる。また私たちの調査結果からも、外山のデータを反証するような発見が得られた。それについては後述しよう。

その反面、ユニットケアによってもたらされた困難も報告されている。

第一に、ユニットケアの導入の現場は、かならずしも理念通りに運用されているわけではない。高口がまとめるように、以下のさまざまな問題がある。

(1)ユニットを構成するために利用者を「分別」する必要がある。それまでの人間関係を無視して機械的に割りふったり、よくあるのは、要介護度別の分別である。その結果、最重度のしかも認知症利用者がひとつのユニットにまとめられる傾向がある。高齢者のあいだでは認知症ユニットがスティグマ化されたり、そのユニットに配当された利用者のプライドを傷つけることもある。また認知症ユニットの多くは、オートロックのかかるフロアに配置され、利用者は狭い生活空間のなかに「拘束」されている。この「監禁」も広義の高齢者虐待の一種である。

(2)ユニットごとに責任者を置く必要があるが、中間的なリーダーの養成に多くの施設が追いついていない。スタッフの合意が形成されず、未熟なままにユニットケアに移行し、混乱を招くこともある。

(3)ユニットごとにチームが細分化し、自分のユニットの利用者しか知らないということが起きる。情報の共有が課題となり、そのためのしくみが必要となる。

(4)個室ユニットでは死角が増え、職員が利用者の個室にはいってケアをしていると他の利用者に目が届かない。そのため、介護職員の都合で個室から利用者をすべて共有スペースに集めて、一ヵ所で管理する傾向もある。

(5)せっかく個室ユニットにしても入浴設備があいかわらず元のままで、集団的な入浴ケアが変わっていない。

(6)厨房の協力を得ずにユニットケアにしたために、ユニット単位の食事介助の実があがらない(逆に言えば、ユニットケアの導入には厨房スタッフの協力が不可欠である)。

(7)利用者の要求が増え、一対一の関係のなかで職員が精神的に追い詰められることもある。

理念と現実との落差を語る以上の指摘に加えて、ユニットケアについてとりわけ大きな問題として指摘されてきたのが、労働強化と、ひとり職場の問題点である。詳論しよう。

(8)「ユニットケアにしてもケアワーカーの労働は変化しない」(それどころか軽減する)という外山の調査結果に反して、ユニットケア導入の現場では、ケアワーカーに労働強化の実感がある。それを高口は次のように表現する。

ユニットケアを取り入れている施設の職員のほとんどは泣いていますね。職員はへとへとです。なんでこんなことになったのだろうかと、恨むがごとくです。「ユニットケア憎し」というのが、現場の率直な感想のように思います。
[高口 2004: 102]

厚労省が根拠とした外山のデータによれば、ユニットケアにしても職員配置を変えずにすむはずであった。コストを変えずに利用者のQOL(Quality of life)を改善することができる……これが厚労省がユニットケア推進に踏み切った理由のひとつだった。だが、経験的な実感から、介護保険にいう標準的な職員配置、三対一体制(利用者三人に対して常勤換算で職員一人の配置)ではユニットケアの目的を果たすことはできないと、高口だけでなく多くの施設関係者は断言する。

(9)もうひとつの、そしてユニットケアの最大の問題点は、一人職場の孤独と孤立である。

高口は言う。

ユニットケアを導入すると一人で過ごす時間があまりにも長くなる。これまでは、お年寄り六〇名を二人で夜勤をしていたのに、三〇名を一人でみるというしんどさと怖さと不安。決定的な孤独感。
[高口 2004: 148]

三好もこれに同調する。一人夜勤の「目の前のことを共有してくれる人がいない」という孤独感は、家族介護者の孤独感に通じるという[高口 2004: 148-149]。ユニットケアの導入によって「全室個室は独房と化」[高口 2004: 102]し、「密室性を高め」た職場は、「介護職を追い詰めて虐待を招いている」[三好 2007: 4]とふたりは口をそろえる。

一人職場の問題は、ユニットケアに限らない。グループホームは上述したように、平均ユニット数一・七を持つ究極のユニットケアの現場である。小規模であればあるほど、施設は密室化し、夜勤は一人職場にならざるをえない。

二〇〇五年二月一一日、石川県のグループホームで起きた老人虐待致死事件はまだ耳新しい。二八歳の男性職員が、八四歳の入居者が「寒い」と訴えるのに対して石油ファンヒーターの熱風を当てて、やけどによるショック死に至らせた事件である。青年は就職してから一年半のあいだに週三回の夜勤、月に平均して一二〜一四回の夜勤をしていた。グループホームはNPO法人の経営、理事長は人間関係を築くのが苦手に見えた青年を「一人勤務という環境に適している。夜勤に向いていた」という。青年が「一人職場に向いている」というが、一二人の重度の要介護高齢者の生命を一人で預かる重圧に、施設経営者の想像が及んでいるとは思えない。

認知症高齢者に対する先進ケアで全国的に有名な宅老所「よりあい」の代表下村恵美子は、『あれは自分ではなかったか』〔下村・高口・三好 2005〕のなかで、「他人ごとやなか」と発言する。「グループホームでは、小規模であるがゆえに職員配置がままならず、一人夜勤が当たり前であり、週二回の夜勤、もしくはパートで夜勤だけの職員を雇って、なんとか日々がまわっている」のが現実、という。下村の問いは、ひるがえって「なぜ「よりあい」の夜勤者は利用者に暴力や虐待を起こさずにすんだのか」〔下村・高口・三好 2005: 34〕に向かう。その背後にあるのは、この事件がどの職場でも起こりうるという想像力である。

彼女の提案する解決策はこうである。

(1)入居者が入居に至る過程を、利用者、家族とともに職員が共有している。
(2)職員は日勤、夜勤の両方を経験しているから、利用者の昼の顔と夜の顔の両方を知っている。
(3)失敗やもめごとを共感してくれる仲間と共有できる。

〔下村・高口・三好 2005: 34-35〕

小規模であることが無条件でよいわけではない。小規模であることは、密室性や閉鎖性につながる。何より、一人職場をもたらす。八人の小規模多機能ホームを持つ「よりあい」も、夜勤の一人体制を避けられないが、それを虐待からからくも防いでいるのが、職員と利用者、職員同士のあいだの共感的で支持的なコミュニケーションなのである。

ユニットケアは個別ケアである。個別ケアは人手がかかる……このあたりまえの現実を、制度が受けいれさえすればよい。死角の問題、「民族大移動型ケア」や「放牧ケア」〔高口 2004: 100〕と高口が揶揄する集団管理、一人職場の孤立と孤独……等々の問題は、いずれも人手不足がもたらす問題群である。手厚い介護には手厚い人員配置を、ということになれば、当然職員配置も充実しなければならない。

究極の個別ケアは一対一である。事実重度の要介護者については、一対一のケアが必要だと感じるワーカーは多い。だが、もしユニットケアがハードだけでなくソフトのコストアップを要求することがわかっていたら、厚労省はユニットケアを推進しただろうか。外山のデータはユニットケアの制度化を推進することに貢献したが、その結果としてケアワーカーたちの労働強化を招いた。

下村は言う。

根本的には、人に関わる福祉や介護の仕事の評価が、あまりに低くすぎます。

［下村・高口・三好 2005: 26］

7　ユニットケアの現実――実証データから

以上のような経験を裏づけるデータがわたしたちの事例研究から得られた。本書のもとになった調査に、建築学の専門家が参加していることはすでに述べた。調査対象には、外山の代表的な作品であるふたつの施設、「ケアタウンたかのす」と「風の村」が含まれており、その両者でユニットケアの職員の動きについて、建築学的な手法で定点観測を実施した。具体的には、施設内で九時から一八時までのあいだ、共有スペースにおけるケア行為の回数、時間、行為者、用いられる空間・用具・器具などを一〇分間の間隔で観察し、記録紙にプロットしたものを行為種別にカウントし、利用者、職員、その他という三種類の行為者に分類して集計し、時間ごとの行為数の変化をグラフに示したものである。「ケアタウンたかのす」を例に、あるユニットのスタッフの行為数に絞ってグラフ化したものを示そう【図10】。

人数の変動をみてほしい。共有スペースにスタッフが「ゼロ」の時間帯が多いことに気がつくだろう。レポートの報告者は次のように指摘する。

スタッフの姿が見られない時間が多い。もちろん、個室内あるいはユニット外でケアを行っているためであるが、その間は共同生活室にいる利用者を介助する人はいない。

スタッフ不在の時間帯が見られないユニットはない。

［東京大学社会学研究室・建築学研究室 2006: 336］

調査時点（二〇〇五年七月）における「ケアタウンたかのす」の職員配置は一・五対一、基準介護の職員配置三対一の倍である。この「ケアタウンたかのす」にして、職員ゼロ時間と一人職場の実態が、調査からはくっきりと浮かび上がった。八人ユニットの夜勤は、もちろん一人職場である。

ユニットケアで利用者との関わりは増えた一方、人手がより必要になったことはたしかだと関係者は証言する。元看護部長（四〇代、女性）によると、「ケアタウンは夜は他の施設の倍の職員が要る。だが、夜間は八人のユニットに一人いるかいないか。一人職場になってしまう」。

元専務理事（三〇代、男性）はユニットケアの功罪をこう指摘する。「四人部屋の施設で働いてきた職員は、「自分の求めていた介護ができる」とやる気を持っている」一方で、「ユニットだと職員は一匹狼になりやすく、他のユニットの職員とコミュニケーションを図ったり、ケアの評価を得ることがむずかしい。また一人で判断することが多く、職員は不安を抱いている」。この発言を裏づけるような証言もあった。施設オープン時に職員を公募したところ、

図10 「ケアタウンたかのす」 Aユニットの、スタッフの行為と人数
［東京大学社会学研究室・建築学研究室 2006:335］

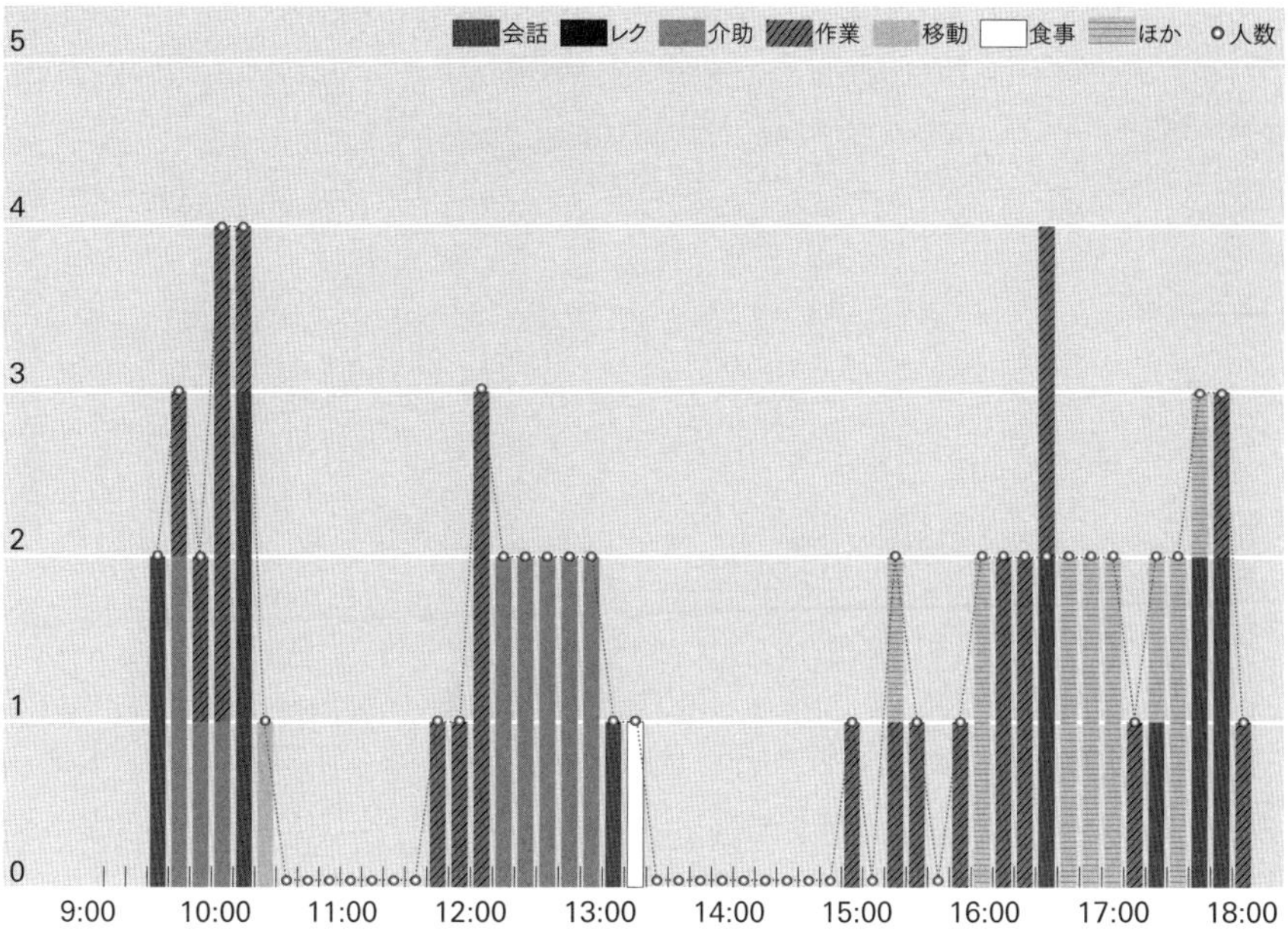

集団ケアをしている他の施設から「何か違うと思って」応募してきたスタッフもいる。こういう職員に対してユニットケアはたしかに集団ケアとは違う手応えを与えているが、それが労働強化につながらない保証はない。

　ユニットケアはたしかに職員に満足とやりがいをもたらしている。だがそれは彼らの労働強化とひきかえに、である。わたしたちの共同研究者のひとり、阿部真大［2007］が「ワーカホリックなケアワーカー」と指摘するように、彼らは利用者の満足と自分自身のやりがいとを求めて、よりきびしい労働条件のもとへ自らを追いこんでいく。阿部はこれを「やりがいの搾取」と呼ぶ。ユニットケアへの移行が職員の合意でおこなわれた場合や、すすんでユニットケア施設へ転職した場合には、そのツケをワーカーは他に持って行くことができない。事実、「ケアタウンたかのす」では、時間が来ても帰ろうとしないワーカーや、休日も出てきてしまう「熱心な職員」がいた。ユニットケアは利用者との個別的な関わりをつくりだすことで、ワーカーのサービス残業や超過労働を招く傾向もある。

　三好のようにユニットケアを目の敵にする必要はない。だが、ユニットケアとは個別ケアのことであり、個別ケアには手厚い人手が要るという合意のないところでは、ユニットケアの導入がさまざまな弊害をもたらす可能性は否定できないだろう。

8　ユニットケアと感情労働

以上のようなユニットケアにともなうケアワークの変化を、「感情労働」という概念で説明しようとする人々がいる。

「感情労働 emotional labor」とは、社会学者アーリー・ホックシールドが用いた概念で、「公的に観察可能な表情と身体的表現を作るために行う感情の管理」と定義され、「賃金と引き替えに売られ、したがって、〈交換価値〉を有する」とされる[Hockshild 1983=2000: 7]。ホックシールドが主としてフライトアテンダントについて概念化したこの「感情労働」を、ケアワークに関して適用しようと試みる人々がいる。武井麻子[2001]や崎山治男[2005]は感情労働を看護職に、春日キスヨ[2003]は介護職に適用する。感情労働の問題点については、6章で論じた。ここではとりわけユニットケア施設におけるケア労働にこの概念を適用した春日をとりあげて批判的に検討しよう。

春日はユニットケアの導入によって施設にもたらされた「新しい働き方」[10]を「「感情労働」がより強化される方向への変化」ととらえる[春日 2003: 220]。春日が「ユニットケアに深刻に現れる問題点」として指摘する以下の諸点、「(1)見守りの不十分な時間が生まれる、(2)問題発生時の相談相手がいない、(3)情報の共有化が出来ず、自分のケアでいいのか不安、(4)急な欠員がユニットの処遇に大きな影響をもたらす、(5)スタッフの情熱が日頃の多忙さにかきけされそうな実態が窺える、(6)職員の精神的ケアが出来ない」[春日 2003: 221]は、いずれもユニットが「一人職場」であることで十分に説明可能である。

> 少ない人員配置のもとでの重労働、なかでも大きな問題と考えられるのは同僚との関係性における「孤立」の問題である。(中略)ユニットケアではひとりで判断し対処しなければならない場面が多くなる。[春日 2003: 222]

これを「身体労働」から「感情労働」への「労働の質の変化」ととらえるのは適切だろうか。むしろ「感情労働」という概念を持ちこむことで、問題がかえって隠蔽されるのではないかとさえ考えられる。第一に、あたかも集団ケアでは「感情労働」が不必要であるかのような誤解が生まれる。感情労働がユニットケアに限定されず、その反対にユニットケアが感情労働を保障するとは限らないことをくりかえし主張するのは高口や三好である。

第二に、感情労働がもたらすストレスはしばしば看護職や介護職のバーンアウトにつながるとされるが、実際には集団処遇をおこなっている施設職員のバーンアウトのほうがよく指摘される。感情労働のなかには感情の抑制も要求されるが、人は感情の管理だけでなく、抑制によってもストレスを感じる。感情労働はストレスだけでなく報酬をもたらす場合もあるから、個別ケアを実践している職場では職員の定着率が高いという傾向もある。したがって感情労働とバーンアウトとの間に一義的な対応関係はない。

第三に、感情労働には「対価が支払われる」(ホックシールド)が、ケアワーカーについてはそうではない。ましてや集団ケアがユニットケアに変わったからといって給与が上がるわけではない。それならユニットケアのワーカーは感情労働に対して「不当に支払われないunpaid」労働者なのだろうか。もしそうなら、彼らの感情労働にはどれだけの「交換価値」があり、どの程度の価格が適切なのだろうか……という派生的な問いが次々に生まれる。

第四に、感情労働を強調することによって、ワーカーにはどのような利益があるのだろうか。武井の看護職＝感情労働者というとらえ方には落とし穴があり、同じ罠を介護職の場合も共有しているように思える。すなわち感情労働の専門家であることは、専門性において劣位であることを追認する言説となる。それに加えて感情労働にともなう心理的報酬が、賃金の安さを補償する口実にすら使われる可能性があることは6章で指摘した。

以上論じてきたように感情労働という問題含みの概念を使うまでもなく、わたしには春日がはっきり示す「少ない人員配置のもとでの重労働」、すなわち「ひとりのケアワーカーにかかる責任が大きくかつ孤立した関係のなかでの労働」[春日 2003: 222]が、ユニットケアにおける労働を表現するのに、必要かつ十分だと思える。もちろんこうした状況は彼女が指摘するように「精神的ストレス」をもたらすが、そのストレスは感情労働だから生まれるわけではない。

裏返せばユニットケアにおけるワーカーの状況を改善するには、(1)人員配置を手厚くし、(2)ワーカーの孤立を避けるしくみがあればよいことになる。

このように誰が見てもはっきりわかる「労働強化」の現実を、「感情労働」という概念で粉飾する必要は少しもない。

ユニットケアであろうがなかろうが、集団ケアよりは個別ケアのほうがよい。ユニットケアは個別ケアを保障しないし、個別ケアはユニットケアを前提としない。そこまでは三好や高口に同意してもよい。そしてもし感情労働という概念を使うとすれば、ユニットケアであろうがなかろうが、感情労働をともなわないケアはない。そうなればユニットケアに最後に残る違いは、個室ケアかどうか、という空間の条件だけである。念のために補足しておけば、個室ケアは個別ケアの必要条件ではあるが十分条件ではない。

ユニットケアは、個室ユニットというハードの条件に加えて、個別ケアというソフトの条件が加わらなければ完成しないことを論じてきた。そしてその「ソフトの条件」とは、個別ケアを可能に

❖10 春日は適切にもユニットケア化を「いわば施設のグループホーム化」と呼んでいる[春日 2003: 218]。

するような手厚い人員配置である。ソフトがともなわなければ、ハードはかえって桎梏にもなりうる。その例が「ケアタウンたかのす」のたどった運命であろう。一時期は基準配置を超えて一・五対一までを実現していた職員配置は、行政改革と市町村合併の波に呑みこまれてあっというまに「ふつうの特養」並みへと低下した。建築というハードの条件はにわかには変えられない。「ケアタウンたかのす」の事例については後述するが、激動にともなって職員が次々に辞めていき、そのあとを補充できない状況のなかで、良心的な職員はかつてと同じ水準のケアを維持するために、労働強化を味わい、疲弊していた。ユニットケアは、短期間のうちに、ポジティブな変化のみならずネガティブな変化をも経験しているのである。

9 ユニットケアは「家族的」か

ユニットケアを「家族的な介護」と見なす考え方に対しても、異を唱えておきたい。厚労省のユニットケアの定義のなかには「家族的な雰囲気のなかで」という表現が含まれている。たしかに個室には利用者の持ち物やなじみの家財を持ちこむことができ、自宅の延長のように居室を使うことができる。小規模であることも、「家族的」であることをイメージさせる。だが、「ユニットで形成されている人間関係を（中略）簡単に「大家族」に擬すことが誤りであるという事実」を春日は指摘する。

ある施設職員、Yさんの発言を引こう。

> ユニット＝大家族、居室は当然個人の部屋、で、デイルームはみんなが集まる「居間」という風に思いこんでいたのです。でも、皆さん、口を揃えてデイルームは集会所、ユニットは町内、居室は住居と言われるのです。個人の部屋であり、居間であり、大家族であって欲しいというのは私の思いであり、利用者さんの感覚はそれではなかったなぁって。
>
> ［春日 2003: 233］

外山が分類した(1)プライベート・ゾーン、(2)セミパブリック・ゾーン、(3)パブリック・ゾーンという命名は、利用者の空間感覚にうまく対応している。ユニットの共有スペースは(2)セミパブリック・ゾーンであって、決して(1)プライベート・ゾーンの延長ではない。家族が集う「居間」ではなく、なじみの対面関係をあらわす「町内」とは、言い得て妙であろう。しかもこの「町内」は、互いに選び合ったものではない。

だが、利用者は自分では変更できない空間の与件を、馴致することで身体化していく。「ケアタウンたかのす」は、設計者のプランではきものをはいたまま全室移動可能な連続した空間であった。入居者は、そこに結界をつくった。開設後しばらくして、当時「日本一の福祉の町」の異名をとった鷹巣町のこの施設に見学者が殺到した頃、外部の参観者の目を遮るために、各ユニットの入り口にのれんがかかるようになった。そして入居者はその境界ではきものを脱ぐようになり、あとから職員が入居者の習慣を尊重してそれに追随するようになった。日本人にとって、はきものを脱ぐ場は、外と内を隔てる結界の役割を果たす。入居者はみずから編み出した儀礼的な慣習によって、与件としての空間を馴致していったのだ。そして設計者の考案したセミパブリック・ゾーンは、当初の想定通り、プライベート・ゾーンとパブリック・ゾーンとのあいだのバッファ(緩衝材)の役割を果たすようになった。だが、だからといってこれを「家族」と呼ぶのは、過剰な幻想にほかならない。

10 施設から住宅へ——施設の住宅化

わたしたちの共同研究者のひとり、建築学者の岡本和彦は、「施設度」(「施設っぽさ」)とは何だろう、と問いを立てて、次のように答える。

施設度を決定するパラメーター(変数)には、(1)人間、(2)空間、(3)時間の三つがある。そのそれぞれについてまとめると以下のようになる[長澤・伊藤・岡本 2007: 198-201]。

(1)人間:少数のスタッフによる入居者の集団管理、制服による統一感や年齢・性別などの属性の共通性の高さ。

(2)空間:周囲から孤立し、入居者の生活が施設内で完結している度合いが高い。

(3)時間:プログラムが細部まで決定され、また集団プログラムが多い。時間の無限定性が高く、いつ帰れるか(退去できるか)がわからない。

以上の三つのパラメーターにおいて人間の斉一的な管理、空間の自己完結性、時間の管理と無限定性が極大に高まると、施設は「全施設化」し、入居者にとって施設は「全世界化」する、と岡本は卓抜な表現を与える。

このような究極の「施設」は、監獄や強制収容所であるが、高齢者施設もまたその「施設度」の高さにおいて、ひけをとらないというべきではないだろうか。同じように、高齢者施設を『出口のない家』と呼んだのは、小笠原和彦[2006]である。彼は高齢者施設の警備員として働いた経験をもとに、この本を書いた。『出口のない家』とは、もちろん入居したが最後、死体になって出るほかに選択肢のない高齢者施設のメタファーである。この表現はただちに、わたしたちにナチの強制収容所を連想させる。「ユダヤ人問題」の「最終解決」をめざしたナチの強制収容所のなかには、別名「絶滅収容所」とも呼ばれ、死ぬほかに出ることを許されない施設があった。従来の高齢者施設の多くもまた、利用者本人によってではなく、その家族によって入居が決定され、死に至るまで退去を家族によって期待されない施設だった。

このような施設を脱施設化しようとする試みが施設の「住宅化」であり、その実践のひとつがユニットケアである。居室は利用者の「住宅(暮らしの場)」であり、それにカスタム仕様の個別ケアが付随する。そうなれば、暮らしの場である住宅で高齢者の在宅生活を支援するために、注文仕様の訪問介護を提供することと基本的に変わらない。このハードとソフトの結合を「個別ケア」と呼ぶとすれば、ユニットケアは、施設が住宅化する脱施設化の動きの過程で、「過渡期の産物」とあとになって呼ばれることになるかもしれない。

ユニットケアを(1)個室を居住空間とし、(2)個別ケアをともない、(3)それに加えて共有スペースにおける小規模のデイサービス機能の組み合わせ、と分解して再定義するなら、トポロジカルにも機能的にも在宅+居宅支援の小規模多機能サービスにかぎりなく近くなる。二〇〇五年に厚労省がモデル事業に指定した小規模多機能型施設とは、この理念に沿ったものである。すなわち在宅に加えて、(1)通い(デイサービス)、(2)泊まり(ショートステイ)、(3)暮らし(グループホーム)、(4)緊急時や夜間のホームヘルプまで、を包括契約定額制で請け負う。一見利用者にとって有利に見えるこの制度の問題点は14章で論じよう。

この施設の住宅化の流れを、反対側(住宅の施設化)からたどったのが、高齢者専用賃貸住宅(略称高専賃)および適合高齢者専用賃貸住宅である。適合高専賃、通称ケアハウスとも呼ばれるこの高齢者用の賃貸住宅は、高齢者介護施設の増設を抑制しようとする行政のスキを衝いて、許認可条件のゆるい集合住宅建設の分野へと、折からの不況に苦しんでいた建設業界がのりだしたものであった。高専賃とは、高齢者円滑入居賃貸住宅のうち、もっぱら高齢者を入居者とする集合住宅を言う。高専賃のうち、以下の条件を満たし、都道府県に届け出たものを適合高専賃という。その条件とは(1)床面積が二五平方㍍以上、(2)各住戸に台所、浴室、便所がついていること、(3)入浴、排泄、食事の介護、食事の提供、掃除洗濯等のサービスを提供すること、の三つである。部屋ではなく、独立した住宅であるから、台所と浴室が共用であることまでは許容されたが、最低でもトイレは不可欠と見なされた。この認可を受けると、事業者にとっては、有料老人ホームの定義から除外されるために、老人福祉法の適用を免れるうえに、介護保険法の適用対象となるメリットがあった。

高専賃または適合高専賃では、ホテルコストは最初から「賃貸料」として織りこみ済みである。これに中付け・外付けでケアがつく。住宅とケアの分離、ソフトとハードの独立は理念上はのぞましいが、外付けの場合は入居者の介護に最終的に責任を負う者が誰もいない、という事態が起こりうるし、中付けの場合は、外から監視や監督の目が入らない完全密室化の危険がある。二〇〇九年三月群馬県渋川市で起きた「たまゆら火災事件」がその危険な実態をあばきだした。特養ならぬ「静養ホームたまゆら」は、老人保健法にもとづく届け出をしていない住宅型高齢者入所施設であり、厚労省からも国交省からも監督の入らない盲点ともいうべき施設だった。

住宅か施設か、は二者択一ではない。施設の住宅化(住宅のような暮らしの継続が確保できる施設)も、住宅の施設化(施設のような安心をともなう住宅)も、いずれものぞましい。その目標とするところは、いずれも当事者の個別性に見合った、「個別ケア」である。

11 新しい雑居部屋への動向

二〇〇九年夏に歴史的な政権交代が起きてから、自民党政権下で成立した社会保障費の総量規制という「経済財政諮問会議の呪い」(大熊由紀子)がいったん解けたかに見えたが、その後、「地方分権改革」の名においてユニットケアに対するゆりもどしが始まった。直接のきっかけは、前に述べた「たまゆら火災事件」が引き起こした「行き場のない高齢者」問題である。二〇〇九年春に厚労省は施設入居を待つ全国の「待機高齢者」四二万人、という数値を発表し、施設収容力の拡大は、待ったなしの喫緊の課題であるとした。そこでやりだまに挙げられたのが、個室ユニットケアである。

ユニットケアの個室基準は一三・二平方㍍(約八畳)、そこにホテルコストが発生すると、総額で一三万円程度の負担に耐える経済階層の高齢者しか入所できない、という利用者間の格差が生じる。全室個室のユニットケア型特養では、すでに入居している高齢者の退所を迫られるところもあり、個室と多床室を併設している特養では、負担能力のない高齢者は個室から多床室へ移動を迫られることもあった。個室ユニットケアでは収容力に限界があり、増床するための建設コストも高く付く。厚労省は二〇一〇年六月個室基準を一〇・六五平方㍍(六畳)に緩和する方針を決めた。施設増床をめざす自治体や事業者のなかには、ユニットケアの個室を分割して二人部屋にしては、という提案も登場するようになった。

二〇〇三年に厚労省は、これからの特養は全室個室が標準で、新築には個室型特養以外に補助金を出さないという「新型特養」推進政策に踏み切った。それに対して、建設コストを抑え、少しでも収容力を高めるために、個室基準を緩和し、多床室の併設を認めてほしいという要請が地方自治体から起きた。それが折からの「地方分権改革」の声に乗ったのである。地方自治体にとっては厚労省の基準は中央政府による統制と映り、地方の実情に合わせた「規制緩和」が唱えられた。自治体首長のなかには、「貧乏人が多床室に入るのはやむをえない」と公言する人物もあらわれた。

同様の「規制緩和」の波は高専賃にも起きている。個室特養と違って、こちらは「住宅」であるから台所、浴室、洗面所の設備が必須である。ただし台所と浴室は十分な共用スペースが確保されていれば、各室に設置されていなくてもかまわない、とされる。国土交通省が定める高齢者専用住宅の基準面積は二五平方㍍、台所と浴室等に十分な共用スペースがある場合一八平方㍍、と個室特養よりはやや広めだが、これも都道府県が独自の基準を設定できる方向に動きつつある。この流れを受けて、東京都は副知事の猪瀬直樹を座長として「東京都高齢者住宅プロジェクトチーム」の報告書を二〇一〇年春に発表、それによれば、東京のように地価の高いエリアでは、この基準をさらに緩和して「四・五畳」という数値を設定し、二〇一四年までに急遽六〇〇〇世帯の高齢者住宅を建設することを提案している。高齢者が住宅弱者であることは知られているが、都市振興財団（旧住宅公団）が単身者用に建設している賃貸住宅より、さらに劣悪な住環境を高齢者向けに提供することが、「たまゆら火災事件」から都が学んだ教訓であるようだ。この高専賃に食事とケアのサービスがつけば適合高専賃となるが、辛辣な人々はこれを「四畳半賄い付き高齢者下宿」と呼ぶ。賄いつき四畳半下宿と言えば、戦前に学生下宿として大学周辺に建設されたものだが、住環境が改善された今日では、一〇代の若者ですら見向きもしなくなって久しい。若者が入りたがらない住宅に、高齢者なら入れてもかまわないという道理はない。

雑居部屋特養の建設にせよ、「規制緩和」によって劣悪化した高専賃にせよ、建物はいったん建てたらおいそれとはとりこわせない。旧来型の雑居部屋特養の職員たちが、個別ケアに転換するにあたって個室ユニットに建て替えることができないために、制約の多い空間をやりくりしながら「ユニット風ケア」を実践しているように、ハードの条件はソフトの条件を大きく規制する。劣悪な建物は、立て替えが必要となるまで今後数十年にわたって、「負の遺産」となって自治体や現場の人々を圧迫し続けるであろう。

「特養をよくする市民の会」の本間郁子らは、「規制緩和」への危機感から二〇一〇年夏に各地で「あなたは雑居部屋で老いたいですか？　雑居部屋特養を許さない緊急集会」を開催。また、全国四七都道府県を対象に、今後雑居部屋特養の建設を推進するかどうかについてのアンケート調査を実施したところ、約半数の自治体が「今後も個室を推進する」、残りの半数が「雑居部屋も視野に入れる」と回答している。

雑居部屋特養は少なくとも高齢者の当事者ニーズではない。個室化は個別ケアへの十分条件ではないが必要条件のひとつである。ようやく高齢者介護の「標準」となった個室ケアを、もとに引き戻すような「規制緩和」の波は、押しとどめなければならない。より根本的には個室特養を含む施設ケアを、脱施設化する方向を推進しなければならない。待機高齢者の数に象徴される強い施設ニーズとは、高齢者を隔離したい家族ニーズである。「待機高齢者を減らせ」というかけ声のみが大きく、「脱施設化」の声が聞かれない今日の高齢者の状況は、脱施設化の運動を四〇年間にわたっておこなってきた障害者運動と比べても当事者性を欠いているばかりか、高齢者の当事者運動への道はいまだ遠いと言わざるをえない。

12 おわりに

ケアに関するある講演会場でのことだ。一人の中年女性が立ち上がって、次のようにわたしに質問した。

「わたしは長いあいだ、障害を持った夫の介護をしてきました。私の考えでは、高齢者の介護と障害者の介護とでは大きな違いがあると思います。その違いは何だと先生は思われますか」。

いささか挑戦的なその女性の緊張した声を聞きながら、わたしの答は決まっていた。

「障害者の方の障害の内容や程度がおひとりおひとり違うように、高齢者の方の要介護状態の内容や程度もおひとりおひとり違います。わたしは高齢者の介護も障害者の介護も同じだと思います。どちらにとってもよい介護とは、その方に合った個別ケア、これしかありません。お考えに合いましたでしょうか」。

高齢者の介護はマニュアル化できるが、障害者の介護はマニュアル化できない——そう答えることを期待していたらしいその女性は、わたしの答を聞いて、大きくうなずいた。長年の経験にもとづいた自信と、介護を引き受けてきた者の矜持がほのみえる対応だった。

一一月一一日は「介護の日」。いつから誰が決めたかよくわからないこの日[11]のための紙面特集［上野 2008f］の取材に、新聞記者がやってきた。質問はあらかじめファックスで送られていた。「理想の介護とは何ですか?」という、いかにもなこの質問にも、わたしの答ははっきりしていた。

「理想の介護とは、個別ケアです」。

「高齢者の尊厳を尊重する介護」とか、「高齢者の自立を支援する介護」とかの答を予想していたらしいインタビュアーに、この答は「理想の介護」は答がない、と言ったのも同然だった。そう、その通り。理想の介護には答もマニュアルもない。「どうしてほしいかは、当事者に聞いてほしい」——これしか答はない。当事者が一〇〇人いれば一〇〇通り、ひとりの当事者でもそのときどきの状況に応じて千変万化するだろう。つまり、ケアとは対人関係そのものなのだ。そしてこのことは、何度強調してもしすぎることはない。

❖11 厚労省が二〇〇八年に制定。「いい日、いい日」にかけた語呂合わせというが、わたしは「介護」の「介」の字を分解して1111と表示したのかと思った。

第Ⅲ部
協セクターの役割

第9章

誰が介護を担うのか
——介護費用負担の最適混合へ向けて

1　家族でなければ誰が

5章の「家族介護は「自然」か」では、家族介護の規範と実態を検討の対象としてきた。そして家族介護が自明でも自然でもなく、かつのぞましいわけでもない、と結論した。

では、家族でなければ誰が、高齢者介護の負担を引き受けるのだろうか？　代替選択肢のないところでは、「家族介護」を相対化しても無意味であろう。

家族でなければ誰が？　この問いに答えたのが、福祉多元社会論である。

ここ近年の福祉社会論の蓄積はめざましく[❖1]、福祉国家論は国家以外の多様なアクターを含む福祉社会論へと変容した[❖2]。ここでは用語を簡略に説明しながら、理論的枠組を再構成し、それに対して批判的検討を加えることにしよう。

福祉国家論のなかでは、福祉の公的アクターは、国家と見なされてきたが、それが「福祉国家の危機」論を経て、福祉社会論へと移行した［武川 1999; 大山他 2000; Pierson 1991=1996］。回顧的にふりかえれば、福祉社会論は、福祉国家の現実の変貌を通じて、たんに理論的にのみならず経験的な現実を説明するために、事後的に発展してきたと言ってよい[❖3]。

❖1 武川正吾［1999］は、副題に「福祉国家と福祉社会」という用語を採用しているが、二〇〇〇年代になって武川らが中心になって編んだ『講座　福祉社会』（全一二巻、ミネルヴァ書房）では、タイトルに「福祉社会」が採用され、どの巻のタイトルからも「福祉国家」はなくなっている。

❖2 ちなみに社会福祉学と福祉社会学とは異なる領域である。社会福祉学が福祉の現場における技術や実践を主として対象とするのに対し、福祉社会学は社会学の下位分野であり、福祉という社会現象に対する社会学的アプローチを指す。日本では二〇〇三年に福祉社会学会が創設された。福祉社会学会創設の背景については、初代会長副田義也による『福祉社会学宣言』［副田 2008］が詳しい。

「福祉国家」と「福祉社会」との違いは、「社会」が「国家」以外の多様なアクターを含んでいる点である。そのアクターには、市民社会領域や市場領域が含まれる。具体的に言えば、家族や地域社会のみならず、教会やNPO、民間企業などのアクターである。

国家と社会との区別は、リベラリズムの国家観にさかのぼる。国家は個人が契約を結ぶことで成立する人為的な統治共同体であり、その残余が市民社会である。したがって社会は国家には還元され尽くさない。国家と社会の用語法には、互いを対立的なものと見なす相互に排他的な二元論もあるが、今日ではむしろ国家を社会に包摂し、その特殊な一部と見なす、より包括的な社会の定義が採用されている。福祉多元社会論は後者であり、国家をアクターのひとつとして、他のアクターとの相互関係のもとでその全体の布置を論じることを意図している。福祉多元社会論のひとつに複合的なアクターを含む異なるセクター(領域)間の責任と資源の配分を組みこんだ福祉レジーム(体制)論がある[武川・イ 2006]。

初期の福祉国家論は、国家財政のうちの福祉予算の比率をもってその「先進性」を測るといった、比較的単純な理論構成を持っていた。だが「高福祉高負担」による福祉先進国の国家財政の破綻から、日本では「福祉国家」がスタートするやただちに「福祉国家の危機」が叫ばれるようになり、「福祉国家」は成熟に至るまえに挫折する運命をたどった。北欧福祉先進国を理想視する人々が多かったにもかかわらず、「高福祉高負担」や「経済の停滞」等の脅迫的言説によって、日本ではその政策シナリオの採用はありえない、と政財官界が合意し、その結果、それ以降の日本型福祉社会では、家族を含み資産として、自由主義的な福祉予算の抑制基調が続くことになった。

福祉多元社会論は福祉のプロバイダーを多元的な社会領域に置くことで、国家に対する依存を相対化しようとするものである。そして理論的にも経験的にも福祉の責任を国家だけが背負っているわけではないから、多様なアクターを想定することは理論的に適切であるばかりか、現実的でもある。また、今日における到達点から理論を再構成することは、より分節化した理論から、未分化な理論を相対化できるメリットがある。

2 官／民／協／私の福祉多元社会

とはいえ、福祉多元社会論にいう多元性は、けっして無限ではない。

1章であげたデイリーとスタンディングは、これを「国家state」「市場 market」「市民社会 civil society」「家族 family」の四領域に分けている[Daly 2001: 2]。彼らだけでなく今日さまざまな論者がさまざまな用語で呼んでいる領域を総合すると、福祉多元社会は、そのアクターの種別によって大きく以下の四つの領域に分けられる。

(1)官セクター(国家)

(2)民セクター(市場)
(3)協セクター(市民社会)
(4)私セクター(家族)

本書では国家／市場／市民社会／家族の各領域を官／民／協／私と呼ぶ用語法を採用したい。理由は、(1)「官セクター」には中央政府と地方政府の両方が含まれるため、「国家」の用語はふさわしくない。(2)「民セクター」は「市場セクター」とも呼ばれるが、行政が「民間活力の導入」と言うときには主として市場化を指してきた経緯から「民」を採用する。「民セクター」は私益を追求するアクターのプレイする場である。(3)「協セクター」は、「市民社会」とも「協同セクター」とも呼ばれてきた。公共性の複数の担い手として、「公 public」と「共 common」とをそれぞれ「国家」と「市民社会」に配当する見方もあるが、今日の「協セクター」はかつてのコモン(入会地)のような共同体的な基盤を必ずしも持たないし、それがのぞましいともいえない。したがって「協」の概念を採用する。(4)「私セクター」は、家族を「私領域」と呼んできた用語法にしたがう。(1)と(3)を合わせて広義の「公領域」と、(2)と(4)を合わせて広義の「私領域」と呼んでもよい。公領域に「官」と「協」とを含めるのは、行政府だけが公益、すなわち「公共性」の担い手ではない、という立場からである。❖4「公益性」の担い手には、NPOのような各種の公益法人もこのなかに含まれる。行政府を「公」ではなく「官」と名づけるのは、公共性を「官」が独占することへの批評意識がこめられているだけでなく、これまでの官が公益ではなく文字通りの「官益」を追求してきたことへの批判も含まれている。

以上の官／民／協／私の四元図式を図示すれば、図11のようになる。

3　二元モデルの限界

この分節化した四元モデルからは、より未分化な公私の二元モデルや、さらに福祉の三元モデルの問題点を指摘することができる。福祉の分野では公私の二元論にもとづいて、公助と自助が区別されてきたことはすでに述べた。公助とは自助能力のない個人に対する行政的措置のことを指していた。ここで自助の概念をはっきりさせておかなければならない。もし「自助能力」を個人に還元するなら、究極の自助とは、まったく誰にも依存しないで個人が生活を維持できることを意味する。もし本人が要介護状態にあれば、自助とは貨幣費用を自己負担したうえで、市場からサービス

❖3 福祉社会論が「福祉国家の危機」をきっかけに登場したことで、福祉社会論が「福祉国家」の責任を免責する傾向があるのではないか、と警戒する論者もいたことを武川[1999: 298-299]は指摘している。事実、家族を含み資産と見なす「日本型福祉社会」は、「福祉社会」と呼ばれるが、「日本型福祉国家」とは呼ばれない。武川はこういう「福祉社会」の理解を「時代錯誤的」と呼ぶ。

❖4 したがって、「公・共セクター」とふたつに分割する論者もいる。

を調達する能力のことを意味するだろう。世の中には身分や地位、権力、そして経済力で第三者のサービス(文字通りの「奉仕」)を調達する能力のある人々がいないわけではないから、究極の自助能力とは、こういう人々の持つ能力のことを指すであろう。だが、多くの場合、「自助」とは家族福祉のことを指しており、くりかえすが、「自助能力がない」ことには、「市場の失敗」のほかに「家族の失敗」が含まれていた。

このように、慣習的に自助とは、家族による貨幣費用の負担や労働費用の負担をも含んできた。[5] 定義上、ケアが受け手と与え手の相互行為だとすれば、「私セクター」のケアとは、家族介護を指すが、これを正確に言えば「自助」と呼ぶのは適切でない。家父長制的な家族批判を通過したあとのわたしたちは、家族のなかの権力と資源の不均等分配について、すでに十分自覚的だからである。だとすれば、個人と家族集団とを同一化することで、家族介護を「自助」と呼ぶことは避けなければならないだろう。つまり家族介護は「私的」ではあるが、決して個人的な「自助」とは言えない。

マルクス主義もまた公私二元論を採用する。マルクス主義の用語法では、市場セクターは「私的領域」に入る。市場とは私権を有する個人または法人というプレイヤーが私益を求めて交換というゲームに入る場だから、公共的であるとは見なされない。さらに国家を「国家独占資本主義」のように「総資本の利益代表」と見なす立場からは、国家もまた資本の集合的な私益のためにプレイするアクターのひとつと見なされる。だがこの用語法のもとでは、私的領域のうち、市場領域と非市場領域とを区別することができないだけでなく、公的領域がほんとうに「公益」のもとに働くアクターであるかどうかにも疑義が残る。[6]

4 三元モデルの批判的検討——福祉ミックス論の系譜

福祉多元社会の担い手を理論化する試みのなかから、「福祉ミックス」という概念が生まれてきた。福祉ミックス論は理論によってではなく、現実の変化によって領導されてきた。その背後にあるのは「公でもなく私でもない」領域の実践が成熟してきたという歴史的事実である。福祉社会論には、この「第三の領域 the third sector」を理論化しようとしたさまざまな三元モデルがある。それらの先行研究を検討し、本書で提示した四元モデルから見た欠陥を指摘しておこう。

その「第三のセクター」に登場するアクターは、非営利団体「Non Profit Organization」と総称されるものである。英語圏のNPO研究から出発した論者は、NPOを文字通り「非営利組織 Non Profit Organization」一般をさすジェネリックな用語として用いる傾向がある。他方、日本では一九九八年に成立・施行された特定非営利活動促進法(略称NPO法)以降、この法律のもとで特定非営利法人(略称NPO)として認可を受けた法人団体を限定的に指す用語法が定着している。厚生労働省の開設主体事業所分類でも、

NPOはこの意味に限定されている。地域福祉、参加型福祉、コミュニティ福祉などと呼ばれてきた領域の担い手には、さまざまな非営利型、非市場型の公益団体や共助組織、NPO法人、生協、農協、高齢協、ワーカーズ・コレクティブ、場合によっては有限会社、株式会社等の法人が含まれる。そうなれば、逆に英語圏の意味での非営利組織の集合を指す上位概念を欠くことになるから、NPO法人格の有無にかかわらず市民を担い手とする非営利事業

図11　官／民／協／私の4セクター

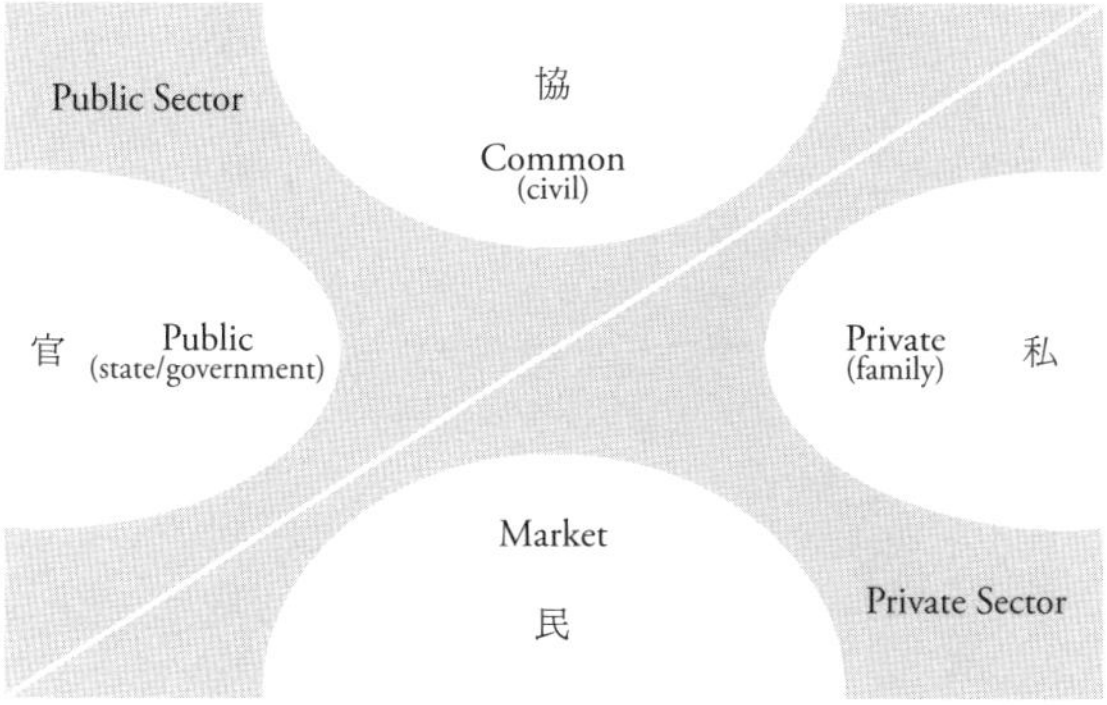

体を総称して「市民事業体」という上位概念を用いる。

NPO論者として有名なレスター・サラモン[Salamon 1995=2007]は、国家と市場、ボランタリー・セクターからなる三元図式を提示する。サラモンの最大の功績は、あまりに多様で多義的な存在だった市民の非営利活動にNPOという概念を与え、それをひとつのカテゴリーにまとめて事業規模を示したことにある。いわばNPOという領域は、サラモンら研究者のカテゴリーの構築によって、その存在を可視化させた領域なのである。

サラモンとアンハイヤ[Salamon & Anheier 1997]によるNPOの定義は、以下の六つの条件を満たす組織である。

（1）組織性
（2）非政府民間活動
（3）非営利（利潤の分配をしない）
（4）自己決定性

❖5 このなかにはリベラリズムの個人観が反映されている。すなわち個人を家族と同一化して、家族集団のなかに「愛他性」という個人主義に抵触する原理をもちこむことによってのみ成り立つ奇妙な論理、もっとはっきり言えばリベラリズムの破綻によってのみ、この「自助」の概念は成り立っている。しかもこのロビンソン・クルーソー的な自助が実際には成人の男女にとっても成り立たないことは、デイリー[Daly 2001]やフォルバーらがくりかえし強調するとおりである。

❖6 この理論構成の限界は、マルクス理論の家族領域への無関心（ジェンダー・ブラインドネス）を反映したものである。

(5)自発性
(6)公益性

さらに以下の四つの機能を果たすことが条件とされている[Salamon 1992, 1999: 15; 安立 2008]。

(1)サービスの提供
(2)価値の擁護
(3)問題の発見と解決
(4)コミュニティ(社会的資本)形成

そのうえでNPOセクターに属する活動の規模をあげると、一九九五年当時で全米で一六〇万団体、GDPに占める比率は八・八％、雇用者数に占める比率は七％と巨大な経済規模を持つ「決して社会のなかで小さな部分ではないということを、統計的にも証明してみせた」[安立 2008: 25]。

この定義からNPOセクターの雇用の国際比較をしてみると、日本では農業以外の雇用に占めるNPOの雇用力は三・五％、フランスの四・九％、ドイツの四・六％と比べてもそれほど遜色がない。

NPOは「市場の失敗」と「政府の失敗」を補完するものとして第三の公共的なサービスの担い手としての役割を期待された。その点で、福祉多元社会論に接続している。

福祉多元社会を念頭に置いた非営利セクター論は、主としてヨーロッパで発展してきた。論者のひとり、ペストフ[Pestoff 1992=1993]は「福祉三角形 welfare triangle」という三元図式を提示し【図12】、国家でも市場でもコミュニティでもない中間領域を「第三セクター the third sector」と名付けた。エヴァースとラヴィルはこの「サードセクター」論を継承する。彼らは、アメリカ主導のNPO論が、欧州がたどった各国の独自の歴史的経験を無視する傾向があることを批判する。サラモンらのNPOの定義では「非営利」が狭く定義されているために、ヨーロッパで歴史的に大きな役割を果たしてきたアソシエーション、そのうちの協同組合や共済組合が除外されてしまうと指摘する。というのは、協同組合や共済組合は利潤の組合員への一定の還元を可能にしているからである。だが、その利潤の分配に制約があることや、公益性を目的としていること、また実際に共済組合が社会保障の重要な役割を果たしてきたことなどを理由に、ヨーロッパ系の論者は、これらの法人格を「サードセクター」に含める用語法を採用する。ペストフを継承するエヴァースとラヴィルによる「サードセクター」に属する組織の定義とは「営利を目的としない、すなわち利潤の私的・個人的な取得を制限するという法人格を持った組織」という、よりゆるやかなものであり、このなかには「慈善団体やボランタリー組織、アドボカシーグループとして出発するアソシエーションだけでなく、影響力のある「社会的経済」をも包含する」[Evers & Laville 2004=2007: 19]。

サードセクターの境界を、「営利か非営利か」ではなく、「市場経済（資本主義的組織）か非市場経済（社会的経済）か」のあいだに引かれなければならないとするこの「あいまいな定義」は、社会的企業論にも共有されている。「社会的企業 social enterprise」もヨーロッパ出自の概念であり、ヨーロッパ各国の独自の歴史的経験に多くを負っている。それによれば、社会的企業かどうかはたんに法人格で判断することはできない。『社会的企業』の共著者、ボルザガとドゥフルニの定義によれば、「社会的企業」とは以下の「四つの経済的基準」と「五つの社会的基準」を満たす組織である[Borzaga & Defourny 2001=2004]。

図12　ペストフの「福祉三角形」

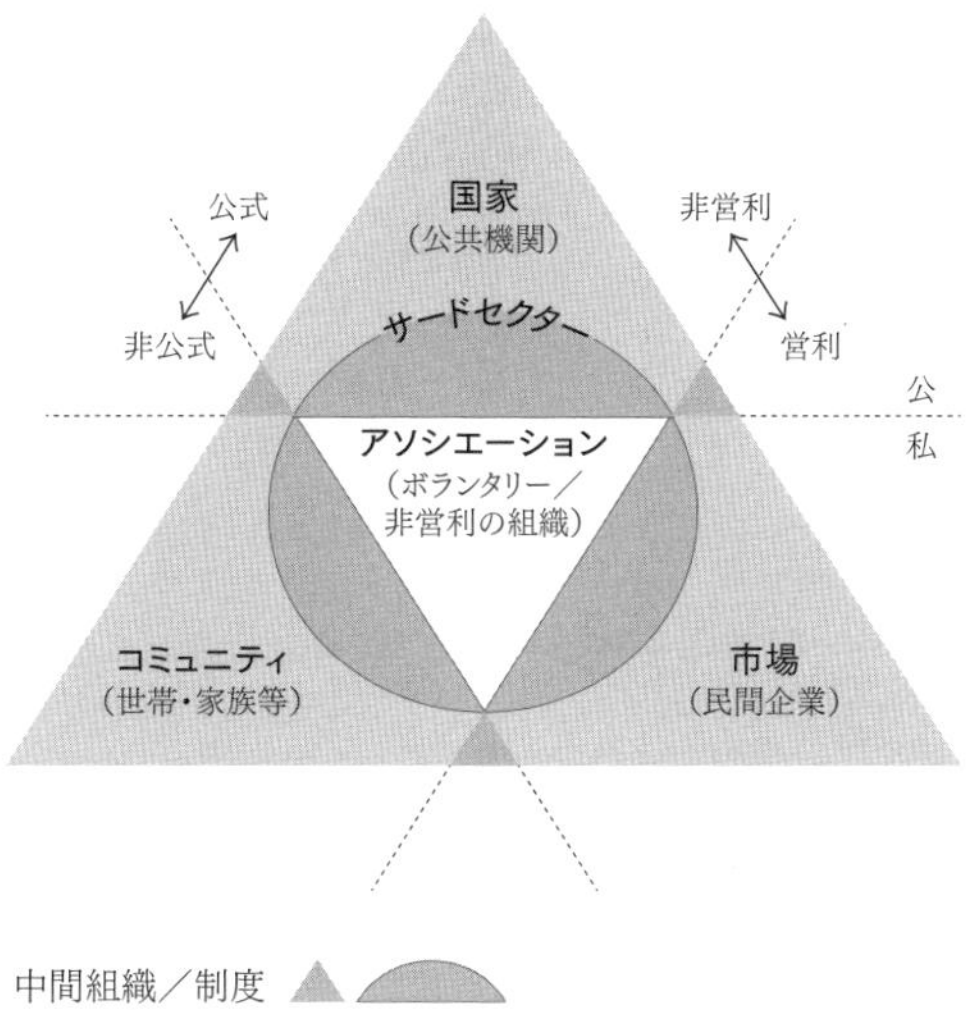

Pestoff［2009: 9］より作成

四つの経済的基準
(1)財・サービスを継続的に生産・供給する
(2)一定の人々が自発的に創設し自律的に管理する
(3)経済的リスクを負う
(4)有償労働を最低限は組み込む

五つの社会的基準
(1)コミュニティへの貢献という明確な目的
(2)市民グループが設立する組織
(3)資本所有にもとづかない意思決定
(4)活動によって影響を受ける人々の参加
(5)利潤分配の制限

を満たす事業体

社会的企業とNPOとの異同についてかんたんに触れておこう。社会的企業とは、上述の四つの経済的基準および五つの社会的基準から見て、NPOとの共通性が多く、概念上互換的に用いられることがある。また組織の法人格を問わないから、任意団体、NPO、協同組合、有限会社、株式会社などを含み、NPOよりも適用範囲が広い。したがって社会的企業はその法人格によっては定義できず、活動の理念や内容、経営や組織形態から総合的に判断するほかなく、より一般的ではあるがそのためにより定義しにくい概念である。

サードセクター論も社会的企業論も、そのアクターを、複数の多元的経済領域(市場経済/非市場経済/非貨幣経済、言い換えれば市場/国家/家族・コミュニティ)にまたがる領域横断的な存在ととらえる[Pestoff 1992=1993; Evers & Laville 2004=2007; 大沢 2008b]。記述概念としては、たしかにそのほうが実態に即するだろうが、それでは福祉多元社会論が当初意図したように、多元的セクター間の関係を分析的に理論モデルとして構成する理論的効果がない。したがって現実のアクターが複数の領域にまたがって存在していたとしても、そのアクターの果たす役割が公共セクターのうちで非政府領域にある場合を、協セクターと名づけて析出する。さらに、NPOを日本の国内法のもとでNPO法人格を取得した団体と限定し、その他の法人格を含む上位概念として「市民事業体」を採用する。生協およびそのもとにあるワーカーズ・コレクティブは、NPO法人格を持たない場合でも、市民事業体に含まれる。

NPO論やサードセクター論の問題のひとつは、「ボランタリー・セクター」では奉仕と事業との区別がつかないことである。欧米系のNPO論者にとって重要な課題のひとつは、「非営利セクター」を、伝統的な教会活動から区別することだった。宗教団体が慈善活動をする伝統のあるところでは、いわば国家内国家ともいうべき教会が公共性において占める領域が大きく、教会は国家と競合してきた。だが、サラモンが対象としたのは、もっと世俗的で市民的な、制度化されない、文字通りの「新しい公共性」の担い手であった。

もうひとつの問題は、公益法人との区別がつきにくいということである。日本には公益法人は数多く、また半官半民の「第三セクター」も多い。だがペストフの「サードセクター」の概念は、日本における慣習的な「第三セクター」の用法とはいちじるしく異なっている。NPOが登場したとき、それを「第三セクター」に含める議論に多くのNPO論者は抵抗した。というのも、「官でもなく民でもない」文字通り「第三」のセクターをさすはずだったこの領域は、日本ではそのほとんどが一〇〇パーセント官出資の外郭団体を指しており、予算も人事も官の統制下にあることは周知の事実だったからである。逆に世古一穂のように、「第三セクター」を「市民セクター」と等値することを主張し、「主務官庁から自立・独立していない外郭団体等を第三セクターと呼ぶべきでない」[世古 2009: 22]という立場もある。NPO論ではこうした官の外郭団体を「疑似政府組織QUANGO(Quasi NGO)」と呼んできた。したがって本書でも、官セクターに含めることとする。いずれにせよ、「第三セクター」論は、その用語法から、三元モデルに限定される制約があるためにこの用語を採用しない。

福祉ミックス論を唱える論者の問題意識には、市民社会セクターを国家と市場から分離して概念化したいという共通の動機があり、わたしもまたこの動機を共有している。だが福祉ミックス論の三元モデルには以下の限界が指摘できる。

ペストフやサラモンにならって、日本で福祉サービスの供給システムの三類型――公共的、市場的、自発的福祉サービス――を提示したのは、京極高宣［京極 1984; 2003a］である【図13】。京極は、自助、公助、共助を、自立生活を支える「三本の矢」という比喩で呼んでいる❖7［京極 2003b: 19］。サラモンのいう「ボランタリー・セクター（京極では自発的福祉サービス）」に対応するのは「共助」であるが、このうち「自助」はどのセクターに対応するのだろうか。「家族」というアクターを欠いた三元モデルでは、「自助」は「市場」セクターに対応することになろう。もし「自助」が家族セクターに対応するとしたら、この三類型は「家族」をアクターとして欠く点で、第一に三元論の限界があり、第二に市場に登場するアクターとして、個人を家族と同一化することで家族主義のバイアスに陥っているというべきだろう。

図13　京極高宣の福祉供給システムの類型

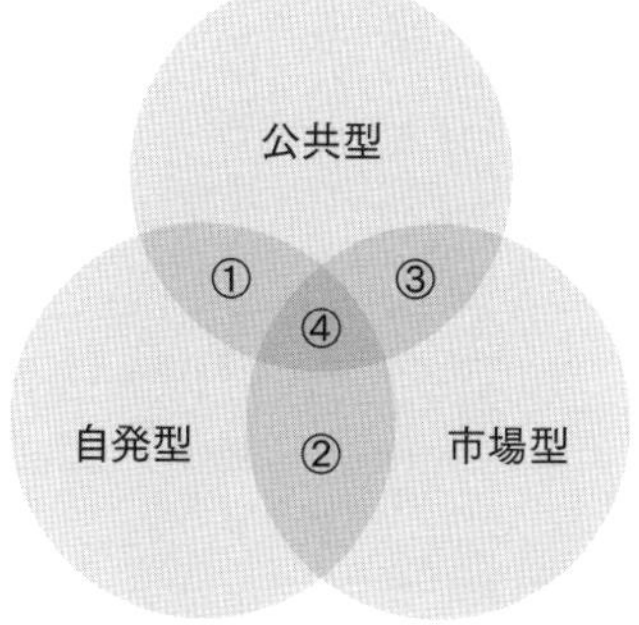

出典：［京極 2003a：19］

「地域福祉」をもっとも早い時期から唱導してきた右田《うだ》紀久恵もまた、福祉ミックスにおける「公私協働」を「新しい「公共」」と呼ぶ［住谷・右田 1973; 右田 2005］。川村匡由は、右田の「新しい「公共」」概念を、七三年という早い時期に「社会福祉の領域では右田が初めて提起した」［川村 2005: 5］と評価する。右田の「私」領域も民間すなわち市場領域をさしており、家族というアクターを欠いている。

福祉ミックス論の三元図式と、先述の官／民／協／私の四元図式との違いを言えば、「私」領域を概念化することで、家族を福祉のアクターとして明示的に可視化するところにある。公的福祉論者は、公私の二元論にもとづき、「市場の失敗」を補完するものが公的福祉だと言うが、福祉ミックス論者は、「市場の失敗」に加えて「政府の失敗」を補完するものが「市民セクター」だと考える。い

❖7 彼の三類型は、福祉ミックス論が登場してから、その先駆的な業績として、さかのぼって評価を受けることになった。八六年の著書を再録した二〇〇六年刊行の『京極高宣著作集』第三巻の有塚昌克による「編集幹事あとがき」［京極 2003a］によれば、「最近になって経済学者の社会福祉政策研究で八〇年代の著者の業績が注目されている」としたうえで、丸尾直美の「京極高宣教授は一九八六年に三つの部門を含む福祉ミックス型の福祉政策を提唱」という評価を引用している。

ずれも「家族の失敗」を概念化しないことで家族介護を自明の前提とし、私領域の費用負担を不問に付す傾向がある。

福祉ミックス論が「家族」をモデルに含めないのは、それがもともと「社会保障」や「福祉の社会化」の領域のみを対象としているからだという理由があるだろう。だがそれにも反論する必要がある。(1)家族は私的だが、社会的でないわけではない。5章で検討してきたように、「私的な家族」とは社会的に構築されたものであり、福祉が一義的に家族に割り当てられたことそれ自体が歴史的な構築の結果である。私的な領域に公的な介入がなされないこと自体が、社会的な選択の結果であることを考えれば、私的な領域の私的な性格は自明でも不変でもない。(2)「福祉の社会化 socialization」には市場化(商品化)オプションと非市場化(脱商品化)オプションとがある。「市場」のもとにある限り、福祉は「自助」、すなわち私的な領域に含まれることになる。(3)市場を含みながら家族を排除する京極の三元モデルの前提には、「家族福祉」を自明とする前提が潜んでいると疑うことも可能だろう。(4)他方ペストフ流の三元モデルでは、かえってコミュニティと家族との区別がつけられない。このように福祉の三元モデルには、いずれも限界がある。それを解決するには三元モデルを脱して、公私の領域を含み、それをさらに下位区分した「福祉の四角形 welfare quadrangle」になるべきであろう。

以上の三元モデルに対して四元モデルを採用することには、(1)家族セクターにおけるケアが自明の前提ではないこと、(2)これら四つのセクター間の責任と費用の分担には変動があり、政治と歴史が関与することを明示するという認識利得がある。

5 もうひとつの三元モデル ——比較福祉レジーム論

福祉ミックス論とはべつの三元モデルを提示したのが、比較福祉体制論を提起して「福祉レジーム」という概念を構築したエスピン-アンデルセンである[Esping-Andersen 1990, 1999]。

エスピン-アンデルセンの比較福祉レジーム論は、すでに福祉社会学/経済学の論者のあいだでは共有財産となっているため、専門家にとっては冗長に思われるかもしれないが、簡略に概要を説明しておこう。

一九九〇年に"The Three Worlds of Welfare Capitalism"[Esping-Andersen 1990=2001]を著し、そのなかで福祉レジームの三つの類型を提示したことで、エスピン-アンデルセンはいちやく世界的に有名になった。この本は大きな影響力とともに、多様な批判をひきおこし、その批判を受けてさらに比較福祉レジーム論を改訂・発展させたものが、一九九九年の"Social Foundations of Post-Industrial Economics"[Esping-Andersen 1999=2000]である。いずれも翻訳されている。二冊の書物のあいだには約一〇年間の時差があるが、そのあいだに受けた批判を取り入れて理論を発展させているので、この二冊の成果を以下にまとめて扱うこととする。

エスピン–アンデルセンの比較福祉レジーム論が広く受け容れられたのは、以下の理由による。

第一に、そのタイトルが示すとおり、彼は「福祉国家の危機」以降の論者として、国家、市場、家族をアクターとする福祉多元社会の立場に立ち、市場経済と整合的な「福祉ミックスの政治経済学」として「福祉体制 welfare regime」を包括的にモデル化したことである。❖8

第二に、福祉支出のような一元的尺度によらない類型論によって、発展段階論ではない体制間比較を可能にしたことである。

第三に、「脱商品化」「脱家族化」のような重要な概念を提示することで、複数の領域間の費用移転の方向を記述することが可能になったことである。

彼は以下の三つの福祉レジームの類型を提示する。

(1)自由主義福祉レジーム(アングロ＝サクソン型)
(2)社会民主主義福祉レジーム(北欧型)
(3)保守主義福祉レジーム(中・南欧型)

(1)自由主義福祉レジームは、小さな国家、リスクの個人責任、市場中心主義によって特徴づけられ、福祉は「市場の失敗」を補完するもの(残余主義)と限定的に位置づけられる。このレジームに対応する現実の国家は、アメリカ、イギリス、オーストラリアなど、アングロ＝サクソン型とも言える。

(2)社会民主主義福祉レジームは、これに対して大きな政府、市民権にもとづく普遍主義、平等志向を持ち、スウェーデン、ノルウェー、デンマークなど、北欧諸国に対応する。労働力の脱商品化の度合ももっとも高い。

(3)保守主義福祉レジームは、家族主義とコーポラティズム(企業中心主義)との協働によって特徴づけられ、福祉は「家族の失敗」に対する補完性の原理で供給されるため、逸脱的な家族に対するスティグマ化の効果がある。他方で共同体主義的な社会連帯の原理から、強制加入の国民皆保険制のような国家主義の傾向も強い。地理的にはドイツ、オーストリア、フランス、イタリアなど、中・南欧に分布する。

国家、市場、家族の三つの領域のそれぞれの原理の組み合わせからなるエスピン–アンデルセンの三つの類型モデルは、その説明力の大きさで影響力を持ったが、同時に厳しい批判にさらされることになった。邦訳書の共訳者のひとり、宮本太郎は、その批判を以下の四点にまとめている[宮本 2001: 260-266]。

❖8 彼の論のなかでは、「福祉社会」が「福祉国家」と相互に排他的・対立的に使われている場合もある。たとえば日本語版への序文では「高度に発達した福祉社会」では福祉国家は不要になる、なぜなら市場と家族が十分に機能しているから、という用法がある。

(1)フェミニストからの批判
(2)レジーム類型をめぐる批判
(3)福祉国家の環境変容にかんする批判
(4)非営利組織研究からの批判

本書の関心の射程から言えば、(1)フェミニストからの批判は、比較福祉レジームのジェンダー批判とも言い換えられ、また(4)非営利組織研究からの批判は、本論の用語法を使えば、協セクターの理論化の不在とも言える。順に詳論していこう。

(1)比較福祉レジームのジェンダー批判については、すでに多くの論者が関与し、日本にもその論点は紹介されている[Lewis 1992, 2001; Orloff 1993; Fraser 1993; Sainsbury 1994; Shialoff 1994; Daly 2001; Daly & Rake 2003; 大沢 2004; 久場 2001; 白波瀬 2006]。批判の焦点はふたつある。

第一に、比較福祉レジーム論は、国家、市場、家族の三領域の相互関係を扱うといいながら、その実、「脱商品化 decommodification」という概念でもっぱら国家と市場との関係を焦点化しており、家族の内部構造にたちいらないばかりか、第二に男性を主たる稼得者とする家父長的家族を前提とすることで「ジェンダー・ブラインド gender-blind」であることである。

これらのジェンダー批判については、エスピン-アンデルセンもこれを認め、九九年の著作では「脱家族化 defamilialization」という指標をもちだすことで、この批判に答えようとした[9]。

これらのジェンダー批判からは、フェミニストの福祉レジーム類型論の展開が生まれた。例えばアン・オルロフ[Orloff 1993]は、「脱商品化」指標は、男性にはあてはまるが、アンペイドワークの担い手である女性にはあてはまらないとして、女性の「ペイドワークへの接近」と「家計を維持する能力」とを指標に加えることを提案する。またジェーン・ルイス[Lewis 1992]は、性別役割分担を前提とする「男性稼得者モデル male-breadwinner model」のなかでも、家父長的な「強い男性稼得者国家 strong male-breadwinner state」(イギリスなど)、女性の家事と育児の両立を国家が支援する「修正男性稼得者国家 modified male-breadwinner state」(フランスなど)、女性の自立を支援する「弱い男性稼得者国家 weak male-breadwinner state」(スウェーデンなど)を区別するという独自の類型を提示する。

さらにナンシー・フレイザー[Fraser 1993]は「男性稼得者モデル male-breadwinner model」に対して、「普遍的(両性)稼得者モデル universal bread winner model」と「ケア提供者対等モデル caregiver parity model」、さらに「普遍的(両性)ケア提供者モデル universal caregiver model」を提示する。「普遍的(両性)稼得者モデル」は男女ともに稼得者になる代わり、家庭内のケア労働は外部化するオプション、「ケア提供者対等モデル」は、両性のいずれかが(ほとんどの場合女性であろう)ケア役割を選ぶことによって損失を被らないように、制度的な補填がおこなわれるオプションである。そのいずれも家父長制的な家族にとっては彌縫策にすぎない。フレイザーが代替案として提示するのは、「普遍的（両性）ケア提供者モデル」、すなわち両性がともに、ケアという不払い労働を均等に担うモデルである。

フレイザー・モデルには、これといって新味はない。ペイドワークとアンペイドワークの両性のあいだにおける均等な分配は、性別役割分担の解消策として、早くから提示されてきた。だが理論的にはともかく経験的にはこの「平等主義家族 egalitarian family」[Fineman 1995=2003] に実現の蓋然性がいちじるしく低いことは、すでに多くの論者によって指摘されてきた。機会費用の高い男性はそれを犠牲にしてまで家庭内のアンペイドワークを担おうとはしないし、❖10 また機会費用の高い女性もまた、男性と同じ選択をするだろう。アンペイドワークの両性の均等分担という「理想」は、その外部化の選択肢が限られ、機会費用とサービス購入費用とがほぼ同じという均衡点に達する歴史的・社会的な文脈においてのみ、かろうじて成り立つオプションにすぎない。❖11 フレイザー・モデルに対するもっと根本的な批判は、このモデルがあくまでヘテロセクシュアルでモノガマスなカップル（異性愛の単婚夫婦）を前提としていることである。ファインマンが指摘するようにひとり親の世帯が増加すればこのようなモデルの基盤そのものが崩れるだろう。

フレイザーを含めた以上のフェミニスト・モデルはすべてケアを「育児」の意味で限定的に使っており、介護を射程に入れていない点で、本論にとっては直接有効な議論とはならない。ジェンダー間の負担の均等分配についても、ヘテロセクシュアルなカップルを前提にする限り、育児にとってはカップルはたしかに共同責任者だが、老親の介護にとって子の配偶者は、直接の責任者ではないからである。

日本では福祉社会学の武川正吾[1999]が「脱家父長制化」という独自の指標を付け加えることで、比較福祉レジームの修正モデルを提示している。武川もまたジェンダー批判を共有し、「脱商品化」が家族内権力配置の構造と非関与であることを前提に、「脱商品化」とは独立の概念として「脱家父長制化」を置く。一九九九年に出版された武川の著作は、九九年のエスピン-アンデルセンの

❖9 Esping-Andersen [1990] の訳者宮本はこれを「脱家族主義化」と翻訳しているが、familialize に家族主義の含意はないし、その後の論者のあいだでは「脱家族化」という訳語で定着しているので、こちらを採用する。

❖10 その結果、先進国の男性が短時間でもアンペイドワークに従事すれば国民勘定システムSNAのうちに占める男性の比率が上昇する、などというトリックも起きる。

❖11 グローバル経済のもとで労働力の国際移動が大きい今日、コストの安い外部化の選択肢が目前にあるとき、メイドやナニーなどの解決法を採用しないカップルがいることは想像しにくい。その現実は移民労働力がふんだんに調達可能なアメリカのダブルキャリア・カップルを見ればよくわかる。

著作にある「脱家族化」という概念をその時点ではまだとりこんでいないが、その概念を組みこんでも武川の論理は成り立つ。「脱商品化」がジェンダーに非関与であるように、「脱家族化」も理論上、ジェンダーに非関与だからである。「脱家父長制化」における「家父長制」の概念を、世帯内ジェンダー構造（私的家父長制）にとどまらず、公的家父長制へまで領域を拡張すれば、ジェンダーを独立の変数として福祉レジームに組みこむことで、さらに多元的なモデルが成立可能であろう。二〇〇五年の著作では、武川は「脱家父長制化」という概念に代わって、シアロフ［Shialoff 1994］に倣って「脱ジェンダー化」という概念を採用している。あとで論じるが、ケアの脱商品化が、市場における労働のジェンダー化を強化する結果になることはいくらでもある。ジェンダー変数は、家族領域にその作用を限定することはできない。

（2）レジーム類型をめぐる批判については、さまざまな国の研究者が自分の属する社会の類型化について異論を唱えた。そのなかで、日本のケースに限って論じておこう。エスピン－アンデルセンは、日本を三つの類型のいずれかに分類することに困難を感じ、「日本語版への序文」のなかで、日本を「保守主義レジームと自由主義レジームとの中間形態」と類型化する。「保守主義と自由主義のユニークな連合」として「日本型福祉国家」の特質を説明しようとする［宮本 2001: 263］ことは、理論的には三つの類型論の包括性に疑問を付す逸脱事例の存在を示し、また経験的には「儒教」をキイワードとすることで「日本型福祉レジーム」を特殊化することにつながる。彼は日本が「福祉資本主義の第四の世界」に該当するかどうか、という問いを立てるが、ここで「第四の世界」と類型化されているのは、三つの類型に属さないすべての事例が入る「カテゴリーのゴミ捨て箱」であり、説明力を持たないばかりか、事例の数だけ類型が増えていけば比較類型論の理論的効果は失われる。

この日本特殊性論を「福祉オリエンタリズム」と呼んで、完膚なきまでに反論を加えたのは武川である。武川は、エスピン－アンデルセンの福祉オリエンタリズムには（1）スウェーデン中心主義、（2）ヨーロッパ中心主義、（3）エスノセントリズムの三つの特徴があるという［武川 2005: 58］。彼は「儒教」のようなマジックワードを用いて、日本や韓国を「アジア的」とひとまとめに論じる代わりに、日韓福祉レジーム比較を通じて、福祉国家の「離陸」の時期と経済のグローバル化を経験した時期とがどう対応するかによって「日本型福祉国家」の「特質」を説明し、さらに福祉レジームが自由主義型（日本）と社会民主主義型（韓国）とに分岐することに明快な分析を与えた。すなわち人口高齢化率が七％に達した一九七三年を日本の福祉国家の「離陸」の年とするなら、それからただちに始まったグローバリゼーションのもとでの経済危機と政治危機とによって、未成熟な日本型福祉国家は、自由主義的な色彩を強めたとする。もし「日本的特質」というなら、「福祉国家の形成と危機が同時に進行した点で独自」[武川 2005: 69]である、と武川は言う。それに対して韓国はIMF危機下で達成した政治的求心力のもとで「福祉国家の超高速拡大」を実現し、「社会民主主義的福祉レジーム」をめざした点で、対照的である。こうした日韓の違いを「アジア型」の名のもとにひとまとめにすることはできない。

武川の以上のような批判は、(3)福祉国家の環境変容にかんする批判とも連動し、エスピン-アンデルセンの静態的な類型論を越える、動態的な類型論の可能性を示唆する。

最後に(4)非営利組織研究からの批判に言及しておこう。NPO系の論者は福祉レジーム論の三元モデルが「市民社会セクター」を欠いていると批判した[宮本 2001: 260-266]。訳者である宮本太郎が指摘するように「エスピン-アンデルセンがレジームを構成するものとして対象とするのは、政府、市場、家族の三つのセクターであって(中略)非営利セクターをこれと区別して第四のセクターとして立てる発想は見られない」[宮本 2001: 265]。その理由を、宮本は、福祉レジーム論においては対人的な福祉サービスの供給が関心の射程にないために、民間非営利組織が視野に入らなかったからであろう、と説明する。

だが、逆に京極がその典型であるように、武川が批判するとおり、これまでの福祉ミックス論は、ケアサービスの供給の局面に限定して多元的な供給主体を論じる傾向があった。本書が提示する官/民/協/私の「最適混合」の解とは、サービスの供給に限らず、ケアの責任と費用の領域間の分配問題に対しても答を与えることでもある。

6　ケアの脱家族化と脱商品化

ところでエスピン-アンデルセンが「労働力の脱商品化」(労働者が市場に依存しないで生計を維持できる程度)という意味で使った「脱商品化」という用語を、ケアの領域に援用するにはいくらかの手続きがいる。実際のところ、フェミニストのケアワーク論者のなかでは、「脱商品化」「脱家族化」の概念は、それぞれ「ケアワークの市場セクターからの移転」および「家族セクターからの移転」という意味で用いられており、そのことにともなう混乱もすでに発生している。例えば、「ケアの脱商品化」が「市場セクターからの移転」であることはたしかだとしても、それが「国家セクターへの移転」なのか「市民セクターへの移転」なのか、両義的でわかりにくい場合や、場合によっては「脱商品化」が「再家族化」を指す場合すらある。また「脱家族化」が「市場化」と「国家化」のどちらを指すのか、はっきりしない場合もある。

またケアのコスト配分という際、貨幣費用なのか、労働費用なのか、それもはっきりしない。福祉レジーム論はしばしば(貨幣)費用負担の領域間配分のみを対象として論じられてきたために、不払いの労働費用についてはジェンダー・ブラインドの傾向を示してきたが、わたしはここでケアの貨幣費用と労働費用とを、概念上区別しておきたい。労働費用を独立して概念化することと、労働費用が「支払われているか否か」（ペイドワークかアンペイドワークか）という問いとは理論上独立である。というのは、(1)「不払い」のときにのみ、労働費用が発生するとは考えないということを意味するだけでなく、(2)仮に貨幣と（ケア）労働との見かけ上の「交換」がおこなわれている場合にも、「この支払いは、妥当な支払いか？」という問いを立てることができるからである。

ケアの貨幣費用については、長い間、「男は家計を支えているのだから、ケア（家事・育児・介護）の費用を支払っている」、「企業は家族賃金を支払っているのだから、妻と子どもの再生産費用も負担している」という論理が通用してきた。これを根底からくつがえしたのが「不払い労働」論である。夫の賃金の妻への分配は（もしそれがあったとしても）、妻の家事労働の価値に、機会費用換算でも代替費用換算でも、遠く及ばない。だがそれなら「家事が十分に支払われ」（「家事労働に賃金を！」）さえすればよいのだろうか？

介護にこの問題を置き換えれば、介護というコストの分配には貨幣費用分配と労働費用分配の二面性がある。そしてこのふたつの分配の次元は相互に独立していて対応しているとは限らないから、それぞれの分配について四つのセクター間の分配問題が独立に成立する。

例をあげよう。家庭で夫に経済的に依存して介護にたずさわっている妻は、不払い労働としてのケアに従事している。夫の収入は介護の労働費用に及ばず、家族賃金も介護の発生を想定していないからである。私領域で介護負担が発生するか否かで賃金水準が変動するわけではないから、妻にとっては介護はまったく「よぶんな」労働であり、したがって「不払いの」労働となる。[12] この場合は、介護の貨幣費用も労働費用も私セクターが負担していることになる。

他方、介護労働が有償化し、国家によって家族給付として支払われながら家庭内で実の親の介護をしている子どもを、想定してみよう。[13] この場合、貨幣費用は国家セクターに移転しているが、労働費用は私的セクターに残ったままである。これを単純にケアの「脱家族化」と呼んでいいかどうかは留保を要する。家族給付が普遍的給付ではなく、所得補償型の給付である場合、同じ労働費用に対して異なる価格がつけられる（高額所得者のケア労働は高い！）こともある。他方、普遍的給付であっても問題がないわけではない。給付の水準が、市場での代替費用換算で決定される限り、労働市場におけるケアワーカーの低い賃金水準が給付にも反映されることになるからである。

もうひとつ別のケース、介護の外部化がすすんだ場合を想定してみよう。ケアのサービス商品市場が成熟したところでは、ケアを市場から貨幣で調達することは可能だが、その場合、労働費用は市場化していても、貨幣費用負担は私的セクターにあるから、これは私的介護にとどまる。他方、介護保険のもとでは、労働費用はたしかに「脱家族化」および「脱商品化」し（介護サービスは公定価格のもとにあり、市場のサービス商品とはならないため）、貨幣費用もまたその多く（保険料に加えて介護保険財源の二分の一が税による負担だから、その九割まで）が脱家族化しているとも言えるが、労働費用の分配には、国家セクター、市民セクター、市場セクターの選択肢がある。そしてその三つのセクターでは、介護保険のもとで公定価格を定められたケアサービスは市場メカニズムに左右されないが、他方、労働力は労働市場のもとでセクター間を移動するために、結果として賃金は平準化することになる。つまりここでは、労働は商品ではないが、労働力は商品となっているのである。労働力の供給が相対的に潤沢なところでは、労働力市場におけるケアワーカーの賃金水準は、高いほうにではなく、低いほうに平準化される傾向にあり、事実そのとおりの事態が進行している。さらに市民セクターでは、無償のボランティアによるケアの提供もあるから、この場合は、貨幣費用を誰も負担しない不払いの労働が、市民セクターによって担われていることになろう。それがケアの労働力市場における価格破壊につながる可能性は、たやすく予想できる。

すなわち、ケアの費用配分には、支払われない私的労働から、支払われる市場労働と非市場労働、さらに支払われない非市場労働まで、多様性があることになり、ケアの費用の分配問題には、これらすべてのケースを説明可能な枠組が求められるのである。

本書の関心は、比較福祉レジーム論そのものにはない。「ケアの社会学」という本書の問題関心に沿って、比較福祉レジーム論とそれへの批判を批判的に継承するとすれば、以下の三点となるだろう。

第一は、国家、市場、家族に付け加えて、福祉多元社会論にいう「非営利市民セクター」、本書でいう「協セクター」を含めることで、四元図式のもとにケアの費用配分を考察することである。

第二に、エスピン-アンデルセンから「脱商品化」「脱家族化」の概念を受け継ぎつつ、それをさらに厳密に使うことである。

第三に、ケアのジェンダー・アプローチを前提に、「脱ジェンダー化」の指標をこれに付け加えることである。

7 官／民／協／私の四元モデルの採用

以上の検討にもとづいて、あらためて本書が官／民／協／私の四元モデルを採用することをここで確認しておきたい。理論的には(1)公的領域と私的領域の二元性のもとで、(2)公的領域に

❖12 もっとも、このために妻をこれまで養ってきたのだ（先行投資？）、という言い分も夫の側にあるかもしれない。したがって介護適齢期に専業主婦であることは、リスクの高い選択であることは、5章の家族介護者の生活史分析でも証明されている。

❖13 介護ではないが、育児について同じことを実現しているのがスウェーデンの両親保険である。つまり育児休業中は、貨幣費用は国家から、労働費用は親が負担している。休業期間以降に公設の保育所に預けたとすれば、貨幣費用も労働費用も（部分的に）国家化していることになる。

官と協とを区別し、(3)私的領域を民と私とに区別したうえで、(4)かつ相互関係をともなわない究極の個人的な「自助」をこれから除外することを通じて、官／民／協／私の四元図式が成立する。

官／民／協／私の四つのセクターは、相互行為としてのケアが成り立つ場に与えられた分類であり、ケアの受け手と与え手は、登場する領域によって異なる関係を取り結ぶことになる。それを表示したものが、表2である。すなわちケア関係の発生する領域に応じて、ケアの受け手が、措置の「対象者」とも、ケア商品の「消費者」ともなり、また家族ともなるように、ケアの与え手もまた、家族介護者からボランティア、事業体に雇用されるケアワーカーまで、多様なアクターとなりうる。たとえ人格的にケアの与え手とケアの受け手が同一であっても、領域が変われば、ケア関係は同じではない。

以上のような四元図式のもとの福祉多元社会では、家族介護もまた多元的な選択肢のひとつとなる。また国家だけが排他的な福祉のアクターではないから、この四つの領域がそれぞれに分担と協力をしながら「最適混合 optimal mixture」を達成すればよいことになる。

福祉多元社会の最適混合とは、したがって私的介護がなくなることを意味しない。デイリーの言い方を借りれば「完全に私的 wholly private」なケアから「部分的に公的 partially public でかつ部分的に私的 partially private」なケアへの移行を意味することになる［Daly 2001: 2］。

8 ケアの社会化と協セクターの役割

エスピン－アンデルセンのいうケアの「脱商品化」と「脱家族化」は、べつな言葉で言うと「ケアの社会化」と呼んでもよい。これまでケアの社会化には、「市場化」オプションと「非市場化」オプションのふたつがある、と考えられてきたが、「社会化」を「脱家族化」と「脱商品化」の組み合わせとして理解し、公的セクターに官セクターに加えて協セクターも含め、市場セクターをこれに付け加えることで、これ以降、本書で提示した四元図式にしたがって、官／民／協／私の費用分担問題として論じることとする。

さらにケアの費用を貨幣費用と労働費用に分割すれば、「ケアの社会化」には「ケアの貨幣費用の社会化」と「ケアの労働費用の社会化」のふたつの次元があることになるが、本書ではこれまで主として「ケア」という名で「ケアワーク」すなわち労働費用を扱ってきたために、後者に問題を限定する。だが本書の最後に「ケアの貨幣費用の分配問題」に還ってくることにしよう。それというのも、「ケアの貨幣費用」問題とは、「誰が、いくらケアワークに支払うのか？」そして「どのようにケアワークの値段が決まるのか？」という問いが、その核心にあるからである。

ケアの社会化のうち、本書はとりわけ協セクターに注目して理論的・経験的分析を試みるが、それには以下の理由がある。

表2　各セクターとケア関係

	ケアの与え手	ケアの受け手	ケア関係
官	(準)公務員	対象者	措置関係
民	ケア労働者	消費者	商品交換関係
協	ケア労働者／ボランティア	利用者	協働関係
私	家族介護者	要介護家族	世話－依存関係

第一に、ケアの市場化オプションがのぞましくない、と考える積極的な理由があるからである。日本では日本型福祉社会のかけ声のもと、「民活」こと民間活力の導入の名の下に、シルバー産業の成長を促してきた歴史がある。自由主義的なエコノミストは、サービス商品の市場化が、その需要供給バランスのみならず、市場選択を通じて質的にも淘汰される、と市場の効果を楽観してきた。つまりケアというサービス商品についても他の商品と同じく、価格とクオリティとが連動する(カネさえ出せばよいケアが得られる)と期待されたが、実際にはそうならなかった。日本におけるシルバー産業約三〇年の歴史は、ケアというサービス商品には市場淘汰が働かないことを証明した。どういうことか?

公的福祉が一部の救貧策にしかならないところでは、自助能力を持つとされる中産階級の高齢者たちは、在宅で家政婦や看護師を雇うだけの資力がなければ、あとは受益者負担のもとにケアつきの民間有料老人ホームへ入るほかなかった。それらの有料ホームには、入居金が数千万円を超えるような高級物件もあったが、そのような富裕層向けの施設でさえ、要介護状態になった重度の高齢者たちが、管理的な介護や抑制・拘束のような虐待を受けていることが、大熊一夫のような果敢なジャーナリストの取材で明らかになった。❖14 吉岡充と田中とも江の『縛らない看護』[1999]は、ほとんどの介護労働者がすすんでかやむなくかを問わず、利用者の拘束や抑制を経験したことがあることをレポートしている。ベッドからの転落や車椅子から立ち上がろうとして起きる転倒のような事故防止を名目に、手足を縛ったり腰をベルトで拘束する、高齢者施設で広くおこなわれている抑制は、これまで「本人のため」にやむをえない措置と考えられてきたが、実際には介護の人手を「節約」するためにおこなわれてきた。高齢者の人権に注目が集まるにつれ、身体拘束や行動抑制は「虐待」の一種と見なされるようになった。同様に徘徊する認知症の高齢者を、鍵のかかる部屋に閉じこめたり、投薬によって行動抑制することも「虐待」にあたる。施設が有料かどうか、その価格が高価か否かに、このような

❖14 大熊一夫は、体当たり潜入ルポ『ルポ 精神病棟』[大熊 1973, 1985]で有名だが、のちに高級老人ホームに潜入した『ルポ 老人病棟』[大熊 1988]を著し、高齢者の拘束の実態に警鐘を鳴らした[大熊 1992]。家族を配慮して事故防止を専一に優先する有料ホームで、高級ホテルのような外観にもかかわらず、以上のような利用者の管理や虐待がおこなわれていることが大熊らによって暴露された。

対応が関与しないこともわかってきた。清潔さや外観だけではケアの質の判定はできない。利用者にとってほんとうにのぞましいケアは、高い料金を支払ったからといって手に入るわけではない。

その理由は、サービスの受益者と購入者が異なる、ケアという商品の特異性にある。サービス利用者と意思決定者、と言い換えたほうがよいかもしれない。たとえ本人の費用負担で入居していても、重度の要介護者の場合、その意思決定を家族がおこなう場合が多い。ケアサービスの「受益者」とは、高齢者本人なのか、それともその家族なのか、つねに議論が分かれるところだが、家族にとっては介護負担から免れること、すなわち施設から家に帰さないことが、最大のサービスになる場合がある。事業者は利用者より利用者家族の顔色を見ているから、サービスは費用負担の意思決定をする消費者、すなわち家族のためのサービスとなりがちである。[15] また他に選択肢の多くない現状では、高額の入居金を支払った後に、利用者を移動させることはむづかしい。それがケアサービス商品の市場淘汰を困難にしている。

ケアの与え手についてはどうか? サービス産業は労働集約型の産業だから、(1)在庫調整がきかず(消費されるその時・その場で生産されなければならない)、(2)規模のメリットが働かない(たくさんサービスを供給するからといって利潤率が上がるとは限らない)。したがって大量生産や機械化による労働生産性の向上が期待できない産業分野である。サービス商品も商品である以上、原価に対して利潤率が加算されねばならないが、ここでいう原価とは人件費率のことをさす。原価率を抑えれば利潤率は上がるが、それは当然人件費の抑制を意味する。となれば個々の労働者の雇用コストを抑制するほか経営パフォーマンスを上げる方法はない。もっとあからさまに言えば、サービス労働者が稼ぎ出した報酬からピンハネするほかに、経営者が利潤をあげることはできない。だが、非営利セクターであれば(経営コストの負担を除いて)このような不当な搾取を経験せずにすむ。

わたしは官/民/協/私の四つのセクターのうち、ケアのプロバイダーが民セクターに属すること、すなわち市場に依存するオプションを避けたほうがよいとかねてより考えてきたが、それは以上のような理由による。それだけではなく、実際に介護保険が始まってみると、民間営利企業のうちには、採算性に合わないために短期間で事業所を撤退するところが出てきた。営利企業の存在理由は利潤の最大化であり、赤字経営は株主に対する損害になる。採算が合わないからという理由で事業を整理するのは営利企業にとっては当然の選択だが、待ったなしの利用者とその家族は、翌日からただちに困窮におちいる。高齢者の命と健康を守るという責任のともなう事業を、私益追求の営利法人に委ねるのは適切ではない。[16]

それなら文字通りの公共団体、すなわち地方政府と中央政府を含む官セクターはどうか？　たしかに公益性を持っているとは言えるが、官セクターが担ってきた公的福祉は、5章で述べたように、「措置」という名の温情主義とスティグマ化をともなっていた。「お上のお世話になる」ということのスティグマ性は、今日でも介護保険の利用者のあいだにすら色濃く残っており、介護ステーションのサービス車両が自宅前に停まることを忌避する感情につながっている。それだけではない。自治体の公共事業には、これまでも経営コスト意識が欠けているために、出来高払い制の介護保険が導入されたとき、多くの官セクターの事業体はとまどいを見せた。各地の社会福祉協議会のような官製の事業体のなかには介護保険に参入すべきかどうか議論を重ねて参入を見送った例や、参入後しばらくして撤退した例もあると聞く。

　ケアの与え手にとっては、官セクターの雇用は有利だったと言える、少なくとも介護保険までは。社協や公社の職員は公務員に準ずる待遇を受け、雇用保障のみならず各種の保険保障も同様に享受していたから、有利な雇用機会として募集には高い倍率の応募者があり、採用された雇用者は羨望の対象となった。民間のケアワーカーと比べて労働条件がはるかによかったからである。だがそのことはケアサービスの供給単価をおしあげる結果になる。経営コストに無頓着な自治体直営事業やコストを斟酌しないですむ官製団体でなければ、このような経営は維持できないばかりか、同じような条件下で競争する民間事業体にとっては圧迫になる。だがこのような官セクターの経営も、介護保険下の独立採算制のもとではもはや成り立たなくなった。のちに検証するが、官／民／協のセクター間の経営コスト比較では、官＞民＞協の順番に高いことがわかっている。

　以上の理由から、（1）私的セクターにおける選択の自由に加えて、（2）ケアの社会化については市場化オプションを避けることがのぞましく、（3）ケア費用については国家化が、（4）ケア労働については協セクターへの分配が、福祉多元社会の「最適混合」についての現時点での最適解であることを主張したい。

　「最適混合」とは便利な言葉だが、その実、よくわからないマジックワードでもある。「最適混合」の解とは、言い換えれば介護コストの領域間の分配問題だと言い換えることもできるが、何が、誰にとって「最適」なのかをめぐっては、争点が成り立つだろう。再生産費用の分配問題をめぐって『家父長制と資本制』[上野 1990; 2009d]が書かれたように、介護費用の分配問題をめぐっても

❖15 ケアについては、育児の場合も介護の場合も、当事者の利益の代弁を当事者以外のアクターがおこなうことが避けられないため、「誰にとってのサービスなのか」がつねに問われる必要がある。これについては中西・上野の共著『当事者主権』[2003]を参照。

❖16 同様に病院や学校など、公益性の高い事業は、株式会社のような営利企業の経営に委ねるのは適切でない。質の管理がむずかしいだけでなく、倒産や統廃合によって、利用者が重大な打撃を受けるからである。

問いと答が成り立つ。そのなかには分配正義をめぐる規範問題だけでなく、政策論的、制度設計的な問題意識も含まれる。そしてわたしが「再生産費用の分配問題」を解いた八〇年代に比べて、歴史的にも経験的にも、ケアのアクターははるかに多様になってきている。

次章以降、この福祉多元社会のうち、協セクターにおけるサービスの受け手と与え手の相互行為について、さらに詳しく検討しよう。本書の拠って立つ「当事者主権」の立場からは、協セクターのケア実践にとりわけ注目するためである。

第10章

市民事業体と参加型福祉

1　はじめに

日本では二〇〇〇年四月以降、限定つきではあるが、高齢者介護に公的責任を認めた介護保険がスタートしたことで、ケアをめぐる環境条件がいちじるしく変わった。介護保険はドイツをモデルとしたと言われるが、その実、他のどこの社会にもない日本に独自の制度であり、そのもとでケアの実践経験がすでに一〇年にわたって蓄積してきたことから、世界的に注目を浴びている。介護保険下の日本のケア実践はすでに、外国から学ぶものであるより、外国へと情報発信していくべきものとなっている。

介護保険施行前夜から、官/民/協/私の最適混合のうち、わたしはとりわけ協セクターの果たす役割に高い期待を持ってきた。協セクターの非営利市民事業体のなかでも、生協の福祉事業に関心を持って担い手との共同研究を含む一連の調査研究を手がけてきた。

その調査研究は以下の三次にわたっている。❖1

グリーンコープ連合福祉連帯基金福祉ワーカーズ・コレクティブ研究会による共同研究

❖1 それぞれ報告書［グリーンコープ福祉ワーカーズ・コレクティブ研究会 2000a, 2000b; 上野 2002; 東京大学社会学研究室・グリーンコープ連合福祉連帯基金 2001; 東京大学社会学研究室・建築学研究室 2006］は刊行されているが、以下の本論には公刊されていない一次資料も採用する。調査の詳細については次章以降で説明する。また調査にあたっては、一九九九-二〇〇一年の三年次にわたるユニベール財団の研究助成「ケアワークの市民事業化——福祉ワーカーズ・コレクティブの新しい展開の可能性を求めて」、二〇〇一-二年度にわたる文科省科研費基盤研究「地域福祉の構築」（代表上野千鶴子）、二〇〇四-七年度にわたる同じく科研費基盤研究「ジェンダー・福祉・環境および多元主義に関する公共性の社会学的総合研究」（代表上野千鶴子）を受けた。記して感謝したい。

「福祉ワーカーズ・コレクティブ研究会レポート'99」
「思いから自立へ　ワーカーズの挑戦」
第一次団体およびワーカー調査　1998-2000
東京大学社会学研究室・グリーンコープ連合福祉連帯基金による共同研究
「地域福祉の構築——地域に根づくかワーカーズの挑戦」
第二次利用者調査　2001-2002
東京大学社会学研究室・建築学研究室による共同研究
「住民参加型地域福祉の比較研究」　2005-2006

以上の経験研究にもとづく知見をもとに、ケアの実践現場について論じたい。これ以降、「わたしたちの調査」と言えば、上述の一連の調査を指すものとする。

2　参加型福祉

官／民／協／私の最適混合も福祉ミックス論のひとつだが、いわゆる福祉ミックス論を唱える論者の問題意識には、わたし自身を含めて協セクターを官と民から分離して概念化したいという共通の動機がある。その背後にあるのは「公でもなく私でもない」領域の実践が成熟してきたという歴史的事実である。福祉ミックス論は理論によってではなく、現実の変化によって領導されてきたのである。

わたしの問題関心も、NPOや生協、ワーカーズ・コレクティブなどの非営利組織が担う「官(公)でもなく、民(私)でもない」第三の領域を概念化したいということにある。同じ領域に対して、「第三セクター」「市民セクター」「ボランタリー・セクター」などと多様な呼び方があるが、「協セクター」という用語法を採用する理由については、9章ですでに述べた。

介護保険下における協セクターの貢献を考えるなら、この部門には、地域福祉、参加型福祉、コミュニティ福祉などと呼ばれてきた領域があてはまる。その担い手には、さまざまな非営利型、非市場型の公益団体や共助団体、NPO、生協、農協、高齢協、ワーカーズ・コレクティブ等が含まれる。それらを総称して「市民事業体」という上位概念を用いよう。

福祉に「市民参加」というアイディアを持ちこんだのは、京極高宣がもっとも先駆的な論者のひとりだが、これが「地域福祉」と名を変えて「主流化」したと指摘するのは、福祉社会学者の武川正吾である。

地域福祉をめぐる公共政策の重要な転換点は、二〇〇〇年の社会福祉法の成立である。［武川 2006: 57］

社会福祉法成立以前には、「地域福祉」は法律上の概念としては存在していなかった、と指摘したうえで、武川は地域福祉の指標に、総合化と住民参加のふたつをあげる［武川 2006: 12-13］。この意味で地域福祉とは、これまで「住民参加型福祉」とか「自治型地域福祉」と呼ばれてきたものと類義語である。

だが、「住民参加」の内容は、しだいに変化してきた。「住民参加は数十年にわたって言われ続けてきたことだが、その中身は次第に変わってきた。例えば昔は審議会を置いたり、広報広聴活動を行ったりしていれば、それで立派な住民参加と言えた」が、今日では「計画の策定委員会のなかに個人としての公募委員がどれくらい参加しているかとか、策定委員会をどれくらいの頻度で開催しているかとか、コミュニティ・ミーティング（住民座談会や住民懇談会）に対してどれくらい熱心か」といった「新しい形での住民参加」をあげる❖2［武川 2006: 5］。だが、武川のあげる「参加」の事例はいずれも、意思決定への参加に限られている。

それに対して今日「住民参加型福祉」といえば、有償・無償のサービス提供事業に非営利型の民間団体が参加することを指す場合が多い❖3［村田・小林 2002］。

全国社会福祉協議会における住民主体による民間非営利在宅福祉サービスに関する研究委員会の定義によれば、住民参加型福祉サービスにおける「住民参加」とは、以下のようなものである［朝倉 2002: 43-44］。

(1)有償のサービスであるが、ボランティア精神がないとできない活動でもあり、高い価値観、精神性を必要とする。

(2)ある局面では住民が担い手であり、ある局面では受け手となる「住民相互の助け合いのシステム」である。

(3)活動のあらゆる利益を社会や地域に還元し、組織のための利潤活動をしない。

(4)単なる直接サービスの提供にこだわらず、コミュニティづくりを志向する。単に供給体としてサービスを供給するだけでなく、住民が主体的に取り組む活動であり、「社会福祉」を市民、住民に取り戻すための活動である。

❖2 たとえば介護保険法には、保険者である自治体が三年に一度構成する「介護保険事業計画策定委員会」に被保険者代表が参加することを保障した「住民参加のＤＮＡ」が組み込まれていると言われる（「高齢社会をよくする女性の会」代表樋口恵子の発言）。だが、多くの自治体におけるこの事業計画策定委員会の実態は、医療、福祉畑の「専門家」や「学識経験者」などの任命委員からなり、公募枠はないか、あっても二〇人中三人などと限られたものであることが多い。しかも公募委員の多くは、家族の会やＮＰＯ系の事業者代表であり、サービス利用者としての被保険者代表の発言権が確保されているとはとうてい言えない。「利用者主体」と言いながら、その実、利用者本人、すなわち要介護当事者の声を聞くしくみは介護保険のなかには制度的に保証されていないが、それについては「当事者主権」を論じた3章を参照してほしい。当事者参加を保証するには、中西正司［中西・上野 2003］らが自立生活センター活動を通して実践しているしくみ、たとえば理事会メンバーの過半数を障害当事者にするとか、代表は必ず障害当事者にするなどの、制度的な規定が必要となろう。

❖3 村田幸子・小林雅彦編著の『住民参加型の福祉活動』［2002］が「きらめく実践例」としてあげるのは、そうした事例である。

(5)従来の公的サービスが供給していた画一的なサービスの枠を越えて、さまざまなニーズに応じた柔軟、かつ、即時に対応できる最適レベルのサービスを供給できる。

住民参加型福祉サービスが主として在宅福祉に集中するのは、施設福祉には、一定規模以上の施設・設備や雇用者の配置、社会福祉法人格などの厳しい認可条件があり、初期投資が大きいためである。それに対して在宅サービスは労働集約型で、オフィスと電話さえあればほとんど初期投資を必要としないために、多くの市民参加型の事業体にとっては参入の敷居の低い分野であった。しかもNPO法以前には、これらの資金、資格、ノウハウともに基礎体力の弱い市民事業体が法人格を取得する可能性はいちじるしく低かったから、これらの団体が提供する福祉サービスは在宅型に集中する傾向があった。

朝倉美江によれば、住民参加型在宅福祉サービス団体は、一九八〇年代後半から急増し、一九八七年には一二一団体であったものが、二〇〇〇年には一六七四団体、二〇〇四年には二一二〇団体になった。

全国社会福祉協議会によれば、「住民参加型在宅福祉サービス団体」を設置者別に、(1)住民互助型、(2)社協型、(3)生協型、(4)ワーカーズ・コレクティブ型、(5)農協型、(6)行政関与型、(7)社会福祉施設型、(8)ファミリーサービスクラブ型と分類し、その団体数を把握している。以上の分類のうち、朝倉の関心は生協福祉にあり、彼女は生協を「住民参加型福祉」の典型例として捉えている。このような住民参加型在宅福祉サービス団体の嚆矢を、彼女は一九八〇年に設立された「武蔵野福祉公社」とする。だが、この分類では、わたしなら官セクターに分類するような行政主導の団体や社会福祉協議会等も含まれており、官と協との境界が明らかでない。旧来型の「第三セクター」を協セクターに含めることに多くの論者が抵抗を示すように、福祉公社を「住民参加型」と呼ぶのは概念の濫用というべきだろう。[4] 一〇〇パーセント官出資の福祉公社は、自治体の管理下にあり、職員は公社と雇用関係にある準公務員待遇である。同じように、理念上は協セクターにある社会福祉協議会や、社会福祉法人のような公益団体も、措置時代の長い歴史を背負っており、新しく登場した協セクターの担い手としてふさわしいとは考えにくい。こうした分類は現実の後を追いかける帰納的なカテゴリーにすぎない。実際には八〇年代、九〇年代に多様な福祉サービス提供主体が育つことを通じて、官と協との棲み分けを論じることが、現実の変化によってようやく可能になってきたというのが実情であろう。

介護保険施行後の厚生労働省の開設主体別事業所分類は、(1)地方公共団体、(2)公的・社会保険関係団体、(3)社会福祉法人、(4)医療法人、(5)社団・財団法人、(6)協同組合、(7)営利法人(会社)、(8)非営利法人(NPO)(9)その他、の九カテゴリーとなっており、このうち(6)協同組合と(8)非営利法人(NPO)のふたつが、「参加型福祉」の実質的な担い手にあたるだろう。わたしが「協セクター」の市民事業体として具体的に念頭に置くのも、このふたつである。介護保険施行時の二〇〇〇年に、NPOの構成比は全事業所の一%に満たなかったが、居宅サービス事業所に限れば、訪問介護で二〇〇四年度には四・七%、二〇〇六年度には五・三%、通所介護(デイケア)ではそれぞれ四・〇%、五・五%と急速な成長を示した。同じ時期に協同組合(厚労省の統計では生協と農協、高齢協、労働者生産協同組合等が区別されていないが)は、訪問介護で二〇〇四年度に四・二%、二〇〇六年度に三・六%、通所介護でそれぞれ一・七%、一・九%を占めた。とりわけNPOは二〇〇六年度に認知症対応型共同生活介護(いわゆるシルバーホーム)で五・八%と存在感を示しており、他方、協同組合は福祉用具貸与事業で三・三%とシェアを維持している。居宅介護支援事業全体では、二〇〇四年から二〇〇八年にかけて協同組合系は一貫して三%台のシェアを占め、NPOは二・三%から三・五%へと一・五倍の伸びを示している。

このように協セクターのシェアは、当初無きにひとしかった状態から、その存在感を示すところにまで成長した。それにあたっては介護保険が「追い風」になった、と言われるように、介護保険の成立と協セクターの成長には強い相互関係がある。

3 「市民」か「住民」か

「住民参加」か「市民参加」か、についても議論がある。武川は、「地域福祉」が成立した当初には、この用語は「コミュニティ・オーガニゼーション」と「コミュニティ・ケア」のふたつの概念の影響のもとにあったこと、にもかかわらずこの用語そのものは「国産の概念」であり適切な英訳が存在しないことを指摘する[武川 2006: 29-30]。岡村重夫[1974]はイギリスのコミュニティ・ケアをその語源とするが、その訳語を「地域福祉」とするか、「コミュニティ福祉」とするかにも、論者によって違いがある。

大別すれば、「地域福祉」と「住民参加」という用語系を用いる論者と、「コミュニティ福祉」と「市民参加」という用語系を用いる論者があり、その両者のあいだには、似たような概念をめぐって温度差がある。NPO関係の論者には前者が多く、生協系の論者は後者である。ちなみに代表的なNPO研究者のひとり、安立清史は、「地域福祉」をコミュニティ・ケアとしたうえで、「住民参加」を「当事者と専門家や機関との共同作業による地域福祉形成過程への、住民や市民の参加」と両方の用語を併記するが、どちらか

❖4 こういう概念の濫用がOKなら、自治体こそが住民参加型組織と呼ばれるべきだろう。「住民参加」がわざわざ概念化される必要があるのは、自治体がそれ自体の利益で動く組織と化しており、しばしば住民と対比されるような関係にあるからこそである。

といえば「市民参加」に傾いている〔安立 1998: 112, 116〕。

他方、『住民参加型の福祉活動』の編者である村田幸子と小林雅彦は「住民」という用語を「多少のこだわりをもって」採用すると宣言する〔村田・小林 2002: 4〕。それというのも、「現に自分が住んでいる地域社会への思いの強さやこだわりを持って活動している」ことを重視したからだという。武川も、それまでのコミュニティ形成論をふりかえりながら、「強い市民」からなる「市民社会」と「弱い市民」からなる「地域社会」とを対比して、前者を欧米出自の市民社会論を理想化した「セルフ・オリエンタリズム的な虚構」〔武川 2006: 62〕と断じる。以上のような論調のもとでは、「住民参加」に比べて「市民参加」は分が悪い。

これに対して「市民参加」を積極的に採用するのは、生協系の論者である。生協系の福祉事業を応援する京極は以前から「市民参加」の用語を採用しており、「地域福祉」が用語法として主流化したあとも、彼にはこの用語をとりさげた様子はない。「市民」には、自立性、都市性、コスモポリタン性、したがってエリート性があるとして忌避されてきたが、採用する側には同じ理由が肯定的な要素となる。

考えてみれば「市民」という用語をもっとも忌避してきたのは、保守系の戦後政治ではなかっただろうか〔小熊 2002〕。当初、「市民活動促進法」という名称だったNPO法が、「市民」という用語を避けて「特定非営利活動促進法」と看板を付け替えたのも、保守系与党への配慮からであった[5]。したがって行政用語においては「市民参加」は採用されず、「住民参加」が定着していったと考えられる。そうした文脈を考えれば、「住民参加」型「地域福祉」という用語を——わたし自身も実際に使ってきたが——無批判に踏襲することには留保があるべきだろう。

「自治型地域福祉」を提唱する右田紀久恵は、もっと明確な理由で「市民」という用語を採用する。なぜなら右田にとって「自治」の主体は「市民」だからである。

> これまで「住民」を当然のこととしてきたが、「市民」概念が歴史的に「国家」との関係において用いられた事実から見ても、今日の「福祉国家から福祉社会へ」という場合の「国家」に対応する「社会」構成員として「市民」を措定することは、きわめて重要な意味を持っている。〔右田 1993; 2005: 36〕

武川も『地域福祉の主流化』の副題を「福祉国家と市民社会」とする。というのは、住民とは違い、市民は歴史的で政治的な用語だからである。概念の歴史を無視してこれを「住民」と呼び変えることは、脱政治化の一種であろう。本書では、わたしはあらためて「市民」の用語を採用したい。

4　地域とは何か

武川がもうひとつ「地域福祉」の論拠とするのは、「ローカリティ」と「身体性」である。それはサイバー空間におけるヴァーチュアル・コミュニティのように、空間に媒介されない「共同性community」を過度に強調してきた昨近の社会学的コミュニティ論への批判でもあるが、だからといって、「地域福祉」にいう「地域」が、空間の共有や場所の近接性のみを契機として成り立つと短絡されてはならない。

「地域福祉」は、空前のボランティア・ブームとＮＰＯ法を生み出した阪神淡路大震災の影響を受けていることから、字義通りの意味での居住の近接性を意味する傾向が強かった。たとえばもっとも被災の大きかった神戸市長田区では、倒壊した家屋から高齢者を助け出すのに、「一階のどの部屋でおばあちゃんが寝ている」という情報を隣家の住人が知っていたために、救助が容易だったことが「美談」として語られた。だが「困っている隣の人を助けたい」という素朴な動機づけが「住民参加型」の「地域福祉」だと、これまた素朴な理解が横行することに対しては、やはり留保をつけなければならない。

地域福祉の潜在資源を調べるために、山田誠［2005］は、鹿児島県の中規模の都市Ｋ市で平均的な所得の都市住民を対象に、有償ボランティア方式による高齢者支援をおこなう条件が地域にどの程度あるかを探るという、まことに興味深い調査をおこなった。彼は町内会と小学校区を「地域」の単位として想定している。人口規模と人口移動の少ないＫ市は都市型というより農村型の「閉ざされた地域」だというが、その調査結果は「地域」における「有償ボランティア方式」の限界を示している。山田が潜在資源としてあげるのは、小学校区ごとの前期高齢期無職者および短時間雇用者、つまり退職後男性とパートタイム就労の中高年女性が占める人口比だが、これらの「人的資源」が潜在資源から顕在化するための条件が整っていないことを、後で述べるように彼の調査そのものが自ら証明する結果になった。

それ以前に、町内会、小学校区を「地域」の基礎単位とする「隣組」的発想それ自体が問いなおされなければならない。介護サービスの利用では家族のプライバシーが関わるため、字義通り「近接」した関係を避ける傾向があることが知られている。事実わたしたちの調査では、自宅と隣接したデイホームを避けて、わざわざ遠方にあるデイホームを選択する事例があった。小規模多機能型デイホームの先駆である富山型ミニデイも、いくつも類似の事業所が増えて一部のエリアでは市場飽和状態にあるが、複数の選択肢

❖5 憲法学者樋口陽一［1985］は、日本国憲法にも地方自治法にも「市民」は採用されておらず、「住民」という用語が使われてきたことを指摘する。樋口を援用して右田は戦後政治のもとで「公法上の用語として「市民」が不在」だったことに注意を喚起している［右田 2005: 36］。

のなかから利用者が選べることが強調されていた。小学校区でさえ、自由な移動のもとでの学校間競争が推奨されるようになった現在、地域包括介護センターからミニデイを一中学校区にひとつと割り当てられ、利用者に選択肢がなくなるほうがもっとマイナスだろう。

「隣人」という概念は、たんなる空間的近接を指すよりももっと比喩的なものである。価値観やライフスタイルを共にする人々の共同性を前提とする「コミュニティ」を物理的な近接だけで捉えるだけでは十分とは言えない。熊本県K市で世帯数一一四の集合住宅におけるソシオメトリーを調査した東京大学社会学研究室[2000; 上野 2002c]の研究によれば、人間関係のネットワークは設計した建築家が期待するようなフロアの近接や階段室の共有によってではなく、たとえば同じ年齢の子どもがいるといったライフスタイルの共有によって、階や棟を越えて成立していた。

「地域福祉」の名のもとにおこなわれている数多くの実践例は、通常の近隣空間の範囲を越える。すなわち居住の近接性だけでは説明できない選択性の高い「共同性 community」が成立しており、それが人口数万を擁し、数平方キロの拡がりを持つ空間に分散している。「ローカリティ」や「身体性」もその規模で捉える必要がある。この「参加型福祉」は、わたしがかつて提唱した「選択縁」のコミュニティ[上野 1988; 2008]と考えるほうが実態に即しているだろう。

5 有償ボランティアの不思議

だが、「住民参加」といい、「地域福祉」という際に注意しなければならないことがある。それは福祉多元社会のなかで、「家族の失敗」および「市場の失敗」のみならず、「(中央、地方を問わず)政府の失敗」もしくは公助の限界を補完する役割を、協セクターの地域福祉は期待されている、という事実である。全国社協による「住民参加型福祉サービス団体」の分類には厚労省の介護保険指定事業所には含まれない種類の事業体、すなわち有償・無償のボランティア団体が含まれている。

例えば堀内隆治[2003]は、「福祉国家の危機」を「克服する方途」として地域福祉に期待を寄せているし、右田も「福祉国家のゆらぎ」と「地域福祉」を結びつけて論じる。「補完性原則」と呼ばれるこの役割を、右田は積極的に評価する。

> 「補完性原則」は(中略)政府間関係において地方分権を実質化する方向と原則であり、同時に家族、コミュニティ、自助グループ、近隣、ボランティア等々の中間組織を「共同体」とする原則であるから、この原則の積極説にもとづき、地域福祉における公私協働の活性化の指針としてひとつの意味を有していることは事実である。❖6 [右田 2005: 46]

だが「補完性原則」には「消極面」もあることを忘れてはならない。協セクターに官セクターの「補完性」を期待することは、福祉の公的責任を免責し、いわゆる住民参加の「安上がり福祉」をもたらす、との批判を受けてきた。

この両義性を示すのが、いわゆる有償ボランティアである。先述した山田誠［2005］の調査によれば、対象とした高齢者のうち国民年金受給者が四五％を占める。経済的なゆとりはなく、この点でも地方都市の平均的な住民であると考えられる。調査結果は、「安価な謝礼でのサービス提供を求める（ケアサービスの）受け手」と「地域最低賃金を求める（ケアサービスの）与え手」（いずれもかっこ内引用者）の落差をくっきりと示した。地域最低賃金レベルに謝礼を設定すると、家事サービスと移送サービスの利用予測はそれぞれ三〇％、一五％と少なく、話し相手サービスの利用者はいない。逆にサービスを無料にすると、受け手はかえって嫌がり、与え手側は家事サービス、配食サービスにはゼロとなる。受け手にとっての「安価な謝礼」とは五〇〇円がもっとも多いが、そうなれば与え手は需要の二〇％に及ばない［山田 2005: 168-169］。

この調査を通じて、山田は「有償ボランティアは、ボランティア精神に依拠する無償ボランティア活動と比較すると、じつは、似て非なるものだ」という結論に達する。ケアの与え手はすでにケア労働の市場が存在することを知っており、労働力移動の可能性を含めて「地域最低賃金を意識」している［山田 2005: 169］からである。NPO論者の多くが、有償ボランティアは、本来の意味の無償ボランティアと有償の労働者とに分解するだろうと期待しかつ予測するが、そうなったときに協セクターはどうなるだろうか。

市民事業体は事業の主体であって、施しの主体ではない。わたし自身の立場を明らかにしておけば、高齢者の生命と健康を守るという重要で責任をともなう仕事、政府がそれに対して公的責任を認めた役割を、ボランティアという継続性の保証を欠いた恣意的な活動にゆだねることは適切でない。多くの市民事業体は、ビジネスとボランティア（これを「ビジランティア」〈限りなくボランティアに近いビジネス〉と呼ぶ）、運動と事業のグレーゾーンに位置するが、介護保険はそのグレーゾーンにはっきりした境界を持ちこんだ。それは介護保険指定事業所になるかならないか、という選択である。多くのボランティア志向の団体は選択と決断を強いられ、二極分解を促進した。理念上は「第三セクター」の市民参加組織であったはずの社協もまた同じ選択に直面し、地域によっては保険事業に参入しないことを選択したところもあった。保険事業の枠外にと

❖6　この「補完性原則」を積極的に評価するのが「さわやか福祉財団」の堀田力である。彼は介護保険の立案当時から「家事援助」のサービス利用に反対し、プロとしての専門性を要する「身体介護」以外の「家事援助」は、近隣コミュニティのボランティアで提供するべきだと主張してきた［堀田 2000］。この考え方の背後には、「家事」は特別の技能や訓練を要さない、「女なら誰でもできる」仕事であるという隠れたセクシズムがあることについては、別に指摘した［上野 2000］。

どまることを選択した有償ボランティア団体もある。介護保険以降、高齢者の健康と生活を支える地域福祉の活動は、保険内事業、保険外有償事業(枠外サービスとも呼ばれる)、無償のボランティア活動の三層に分解した。

わたしは介護保険が持ちこんだこの区分を歓迎している。これによって、市民事業体ははじめて事業体として成り立つ経済的基盤を得た。これ以降、わたしが市民事業体と呼ぶのは、介護保険下で指定事業所となり、他のセクター(官と民)の事業体と等しい条件のもとで利用者に選ばれるという競争に参入した事業体に限ることとする。それというのも、どのセクターが担うにせよ、介護を(1)能力と経験を必要とし、[7](2)社会的に責任のある、(3)適切な評価と報酬をともなう、社会的に「まっとうな仕事 decent work」[Daly 2001]として確立したいと願うからである。[8]

6 介護保険とNPO

日本におけるNPO研究の先駆者、安立清史は、「地域福祉における市民参加という課題に関して、今後もっとも注目されるのは、公的介護保険とNPO法が導入されて以降の地域福祉の動向であろう」[安立 1998: 116]と、介護保険施行前の一九九八年の段階で予言した。事態は彼の予想通りの展開となった。

介護保険制度は不十分とはいえ、日本に初めてNPOが存立できるような(社会経済的な)条件を生み出しつつある(かっこ内引用者)。[安立 2003: 41]

安立に限らない。協セクターにおける介護事業には、とりわけNPO論者が強い関心を向けてきた[9][安立 1998; 渋川 2001; 山岡・早瀬・石川 2001; 田中・浅川・安立 2003]。介護保険はNPOの「追い風」となり、財政基盤の弱いNPOに経済的な安定を与えた。多くはボランティアから出発したNPOが、介護系NPOに対しては「介護系NPOはNPOではない」と怨嗟の声を寄せるほどとなった。

田中尚輝・浅川澄一・安立清史は「介護系NPO」を次のように定義する。

「特定非営利活動促進法(NPO法)にもとづいて法人格を取得し、(介護保険発足にともない)介護保険指定事業者となって介護保険や枠外の地域福祉で活動している団体」(かっこ内引用者)[田中・浅川・安立 2003: 36]であり、福祉NPOのうちでも高齢者の生活支援を中心に介護保険サービスおよび枠外のサービスを有償で提供するものをいう。

この定義に見られるように、介護系NPOの成立には、NPO法(一九九八年成立、同年施行)と介護保険法(一九九七年成立、二〇〇〇年施行)という「ほぼ同時期に成立した」ふたつの法律が条件となった。というのも、(1)NPO法はボランティア活動などをおこなってきた任意団体に法的契約の可能な法人格を与え、(2)介護保険法は民間事業者の参入を前提とした介護の有償化によって、ＮＰＯに持続可能な事業体としての存立の根拠を与えたからである。安立によれば「日本においてはこれまで社会運動的な側面と、市民事業体という側面の双方を兼ね備えたＮＰＯらしい組織や団体はきわめて少なかった」[安立 2003: 40]が、介護保険は、日本のＮＰＯが成り立つ条件を大幅に変えた。田中は介護保険こそ、ＮＰＯの「真骨頂」[田中尚輝 2003: 7]を発揮できる場であり、ＮＰＯの「先頭を走る」のは介護系ＮＰＯであると、熱い期待を語る。

ＮＰＯ論者がＮＰＯこそ介護サービスの「真の担い手」[田中・浅川・安立 2003: 12]と、熱く主張するのは、以下の根拠による。それはＮＰＯが(1)公共性と(2)当事者性の担い手と考えられるからである。ＮＰＯはその活動の「公益性」を社会的に公認された特定法人である。細内信孝[1999]によれば、「私たちが主役であることを忘れてしまったパブリック（公《おおやけ》）の分野の一翼を担う、真の意味の〝市民〟をつくりだすもの」であり、彼がコミュニティ・ビジネスと呼ぶ事業が、はじめて現実性を持って可能になったのが介護系ＮＰＯであった。

ＮＰＯは「運動でもあり事業でもある」とはよく言われるが、そのあらわれがケアワーカーの経営参加である。ワーカーはＮＰＯと雇用関係を結ぶだけでなく、ＮＰＯの構成メンバーとして意思決定にも関与できる。働く者が自分の主人になれるという同じ方式は、労働者自主管理型のワーカーズ・コレクティブや高齢協などにも見られる。だが、「疎外なき労働」として理想化されたこの「新しい働き方」[天野 1997; 2005b]も、介護保険下で急速に変化しつつある。利用者にとって介護系ＮＰＯがサービス・プロバイダーの選択肢のひとつであるように、ワーカーにとってもＮＰＯは労働市場のなかで自分にとって有利な職場の選択肢のひとつにすぎない。介護系ＮＰＯにとっては介護保険制度下の準市場のなかで、他の事業体とイコールフッティングの対等な競争において、利用者、ワーカー双方に選ばれて生き残ることが問われているのである。

7　ＮＰＯの優位性

利用者にとってもワーカーにとってもそうであるように、保険事業主体である自治体にとっても、ＮＰＯは他の事業体とともに選択肢のひとつにすぎない。介護保険準市場のもとでのイコールフッティングの競争において、他の事業体にくらべてＮＰＯに「優位性」があると主張する根拠は何だろうか。

田中が営利事業者に比べてＮＰＯの優位を主張する点は、(1)

❖7 「資格」を必須としていないことに注意してほしい。資格と能力とが相関しないことは、現場の誰もが指摘する事実だからである。

❖8 ケアを、quality work をおこなう quality job と見なす立場もある。

❖9 安立らの『介護系ＮＰＯの最前線』[田中・浅川・安立 2003]では、ＮＰＯをＮＰＯ法人格を有する団体に限定している。

当事者性に加えて、(2)地域密着型、(3)自治体との協働(コラボレーション)、(4)経営参加方式、(5)ネットワーク型の五点である。順に論じていこう。

(1)当事者性

田中は「介護系NPOの本質」を「当事者性」としたうえで、「自分ならどんなことが嫌で、どんな介護をしてもらいたいか、自分だったらこうしてもらいたいということをやろうとする」[田中・浅川・安立 2003: 186]のが、NPOだという。こういう「本質」は、彼らがNPOの出自をボランティア活動に置くところから出てくる。ボランティアには、(1)自発性、(2)先進性、(3)無償性という三つの条件がしばしばあげられるが、「自分だったらこうしてもらいたいということをやろう」(自発性)とすれば、おのずと「既成の制度の枠にとらわれない」発想が生まれ(先進性)、枠外サービスも無償とは言わないが低報酬で提供できる、それというのも「金銭的な動機で動いていないから」(無償性)である。

とりわけ田中が介護系NPOの特質として特記するのが、介護保険の「枠外サービス」の提供である。もともと介護系NPOは、介護保険施行前から助け合い系の有償ボランティア活動を担う任意団体として活動してきたところが多い。その多くは、「待ったなし」の介護の現実に「いま・ここ」でのニーズに応えようとしたものだった。介護保険がそのニーズの一部に、しかも不十分なかたちで応えたものであることはこれまでも述べてきたが、だとすれば介護系NPOの役割は、「介護保険サービスの提供を担うだけでなく、枠外におけるさまざまなサービスの提供ができる」ことにあるとする。とはいえ田中も、この「枠外サービス」を無償で提供することを主張するわけではない。だが、「当事者性」の原則にもとづいて「わたしならほしいようなサービス」を「わたしなら出せる程度の低料金で」提供するのが、介護系NPOに求められる役割となり、その「低料金」が期せずして地域最低賃金をわずかに下回る程度に設定される「不思議」や、「おカネのために働かなくてもよい」担い手に集中する社会経済的な階層要因については、彼は触れようとしない。それについてはまた別に論じよう。

田中らにとっては「枠外サービス」が介護系NPOと営利事業者とを区別する指標となるほどに重要視されている。つまり介護保険でもうけた分を、採算を度外視して低料金の枠外サービスで還元するかどうか(自発性、無償性)が、介護系NPOの存在理由とされ、それをしないNPOはNPOの精神を忘れたものであり、一般の営利事業者と変わるところがない、とされる。

田中らの調査によれば、介護系NPOのサービス利用者の評価は概して高く、「事務的に仕事をしない」、「よく気がつく」、「頼みやすい」、「やさしい」、「ホームヘルプサービス以外のことも考えてくれる」などの声があがっている。だが、「利用者本位」をうたう民間の事業者も「気がつく」「頼みやすい」「やさしい」などの項目をヘルパーに要請するだろうし、「事務的に仕事をしない」、「ホームヘルプサービス以外のことも考えてくれる」という評価は、介護保険の不適切利用となりかねない過度のフレキシビリティを意味する場合もある。

事実、わたしが調査したグリーンコープ連合の福祉ワーカーズ・コレクティブの事例では、「家族的な介護」、「主婦の気配り」が営利事業者に対する優位を示す、担い手自身による自己評価となっていた。だが「よく気がつく」に象徴される「主婦の気配り」は、同時に介護に専門性がなくてもよいことのエクスキューズにしばしば使われることもあった。介護保険以降、「利用者の目がきびしくなった」と言われる状況のもとでは、「主婦の気配り」よりも「専門性」のほうが要求されるようになってきた。またフレキシビリティを発揮して利用者の要望に応えて犬の散歩や草取りまで引き受ければ、そしてそれを保険利用の時間内でおこなえば、ただちに「不適切利用」となる。その一方で、それらの作業を時間外に無償でおこなえば、ケアワーカーの「サービス残業」となるほかない。

非営利の市民事業体と民間営利事業体とが料金体系のもとで異なるのは、前者が保険の枠外サービスを別立ての低料金にしているのに対し、後者が生活援助であれ身体介護であれ、公定料金の価格を変えずに利用者一〇割負担としているという違いが大きい。介護系NPO団体にとっては、利用者が保険内サービスを保険の枠内で使ったうえで、枠外サービスを枠外サービスの利用料金システムのもとで拡大利用してくれることがもっともありがたいが、多くの利用者は、たとえ低料金であっても枠外サービスを積極的に利用するとは限らないことは山田の調査からもあきらかだ。つまり家事援助一時間一五三〇円(二〇〇〇年当時)の一割負担約一五〇円は払えても、枠外サービスにたとえ一時間七〇〇円や八〇〇円であっても、払うつもりはないし、払えない、という利用者は多いのである。7章のデータで示したように、生協系サービスの「よいところ」に「低料金」という理由が集中するように、市民事業体と営利事業体との「差別化」は、リアルに見れば、主として料金でおこなわれている。このような現実のもとでは、田中らの「枠外サービス」の強調は、協セクターのケアワーカーに無償のボランティアやサービス残業を求めることと変わらない結果になるだろう。

(2)地域密着型

田中らは、介護系NPOが地域福祉の担い手としてふさわしいことを力説する。というのも、NPOは「その存在そのものが地域密着型」であり、「NPOの事業には地域の目が光っている(中略)この緊張感がサービス水準を高める要因になる」[田中・浅川・安立 2003: 16]からである。NPOとは田中の卓抜な表現によれば、「夜逃げのできない」団体なのである。

彼らは二〇〇一年度の事業高をもとに介護系NPOの全国トッ

プ・テンを選び、それを調査の対象としているが、そのすべての事例に、介護保険施行前から活動を開始しているという共通点がある。地域ですでに積み上げた経験と実績とが、介護保険以降にも引き継がれ、制度の転換期に軟着陸したものであろう。この発見は、介護保険移行期に実施した福祉ワーカーズ・コレクティブについてのわたし自身の調査結果とも符合する。介護保険以前から事業を継続し保険事業に参入した事業体は、どこも順調に事業高を伸ばしたが、同時期に同じエリアで新規に開設した民間事業所のなかには、撤退や統廃合を余儀なくされたところもあった。制度の移行期に事業体の連続性が効果を持った例である。このように「地域密着型」の効果は実証されているが、この「地域」が何をさすかについてはすでに論じたように留保が必要であろう。

(3)自治体との協働(コラボレーション)

NPOが市民参加の公益団体であることから、「自治体との協働」(右田によれば「公私の協働」)をそのメリットにあげるのは、田中に限らない。だが、介護保険のもとでは、一定の条件を満たしていれば、官、民、協のどのセクターの事業者でも指定事業者となるし、保険事業者である自治体の同じ監督と規制のもとに置かれる。NPOが自治体から特別に優遇されるわけではない。NPOだからといってとりわけ信頼性が高いわけでもないし、サービスの質がよいとも限らない。事実生協系の事業者で無資格ワーカーを働かせたことで問題になった事例や、介護報酬の不正請求事件も起きている。

むしろ多くのNPOにとっては、介護報酬の出来高払いというまったく同じ条件の下で、他の事業者との対等な競争に勝ち抜いて利用者に選ばれることこそに存在理由が問われている。その点ではわたしもまた、NPOに限らず協セクターの市民事業体が営利事業者にくらべて競争優位にあることを疑わないが、その理由は田中らがあげる理由とは別のものである。

それどころか、NPO論者のひとり田中弥生[2006]が指摘するように、「自治体との協働」が成立したケースのなかでは、かえって「行政の下請け」化、「御用商人」化の危険がある。指定管理者制度のもとで、介護系に限らずNPOの「自治体との協働」はすすんだが、行政にとってはNPOだろうが営利事業者だろうが、契約条件が合えばどちらでも関係ない。「御用商人」化を避けるには、自治体というクライアントへの過度の依存を避け、自律性を保つほかない。そのため先駆的なNPOは、特定の「自治体との協働」への依存度を事業高の五〇パーセントまでに抑えるといった自衛策を講じているものもある。[10] 「自治体との協働」はNPOだけの特権ではないし、逆に自治体がNPOにとって信頼できるクライアントである保証もないのである。

（4）経営参加方式

ＮＰＯが「運動でもあり事業でもある」とはよく言われるが、そのあらわれがケアワーカーの経営参加である。ワーカーはＮＰＯと雇用関係を結ぶだけでなく、ＮＰＯの構成メンバーとして意思決定にも関与できる。働く者が自分の主人になれるという同じ方式は、労働者自主管理型のワーカーズ・コレクティブや高齢協などにも見られる。だが、「疎外なき労働」として理想化されたこの「新しい働き方」（天野正子）[1997; 2005b]も、介護保険下で急速に変化しつつある。介護系ＮＰＯの事業体と雇用関係を結ぶだけのワーカーや、生協の組合員を経由せずにワーカーズ・コレクティブのメンバーになる人々が、増えてきたからである。これらの人々にとっては、介護系ＮＰＯも生協系の介護事業も雇用機会の選択肢のひとつであり、労働移動の通過点となることもある。利用者にとって介護系ＮＰＯがサービスの選択肢のひとつであるように、ワーカーにとってもＮＰＯは労働市場のなかで自分にとって有利な職場の選択肢のひとつにすぎない。その際、「経営参加」が他の事業体に比べてＮＰＯの競争優位の根拠になるかどうかはべつに検討されなければならない。

ＮＰＯを含む協セクターの市民事業体と営利事業との違いは、「公益性」や「公共性」、すなわち個人の利益を越えた「理念」にあり、この「理念」という付加価値を共有できるかどうかが差別化の要となる。そしてこの「理念」を共有する創設者世代と、あとから参入したレイト・カマーとのあいだに「理念」をめぐる温度差があるところでは、この「経営参加」は、後者にとって付加価値どころかよけいなコストとして受け止められる傾向があることがわかっている。ましてや介護保険の保険事業者である自治体やサービスの利用者にとっては、ワーカーの「経営参加」の有無は「サービスの質」に関係しないかぎり、どちらでもよいことであろう。

（5）ネットワーク型

田中らがもうひとつあげるネットワーク型の特徴とは、地域密着型の介護系ＮＰＯがそれ以前から蓄積してきた地域の多様なボランティア活動との「ネットワーク」を意味する。利用者の多様なニーズに応えてさまざまな活動をつなぐネットワーク活動を、他の営利事業者には持てない「魔法の手」と田中らは呼ぶ。その例にあげるのが移動サービスと食事サービスとを連携した高齢者の外出や、高齢者と子どもとの交流サービスなどだが、それとてもＮＰＯの専売特許ではない。地域資源に十分な情報のあるケアマネジャーがいればかなりの連携が実現するし、先進的な介護施設でも積極的にこれらの地域資源をとりこんでいるところがある。枠外サービスの例に田中らがあげる介護予防サービスも、二〇〇六年の「見直し」で保険事業に含まれるようになった。「見直し」

❖10 「せんだい・みやぎＮＰＯ支援センター」代表、加藤哲夫へのヒヤリングによる。

で登場した地域包括支援センター構想も、この種のネットワーク化の一種と考えられる。行政は市民活動が先行したさまざまなサービスを事後的に次々と追認し制度にとりこんでいくが、これこそボランティア活動の持つ「先進性」のあらわれと言えないこともない。だが同時に、この先進性は、ワーカーの「サービス残業」のような「無償性」によっても支えられてきたのである。

田中らは、「NPOと株式会社がもっとも異なるといえる分野」として、ワーカー（田中の用語では「ホームヘルパー」）が「その活動を通じて自己実現をめざす」ことをあげる。そのように言えば、企業活動のもとでは労働者は自己実現をめざせないのか、と反論したくなるが、それはさておき、この「自己実現」という用語のなかには、NPOにおける「公共性」と「当事者性」の幸福な結合、社会学のテクニカル・タームで言えば、組織目標と個人目標の（稀有な）一致が前提されている。

「NPOに所属して満足を得られるのは、お金の価値ではなく、自分自身の人間的な成長であり、このことを自分自身が実感として確認できることが必要」としながら、その条件として田中は、「NPO法人のメンバーである限り介護保険部門での賃労働者としての労働の提供だけでは不十分であって、ボランティア活動への参加は当然のことである」とする。NPOの非収益部門である「枠外サービス」を彼が強調するのも、この理由による。したがってNPOのワーカーは「低賃金、あるいは無償で労働力を提供しなければならないことになる」［田中・浅川・安立 2003: 24-25］という結論に導かれる。

なぜこのような帰結が論理的に導かれることになるのか。仕事を通じての自己実現が、豊かな満足感とともに高い報酬をともなうことがあっても、何の問題もないだろう。医者や弁護士、あるいは一部の芸術家や起業家に許されるような自己実現と経済的成功の両立が、介護関係者についてはほとんどつねに非両立的に語られるのはなぜだろうか。その背後には、それと明示的に語られないが、ケアの社会的評価の低さがあると推論することも可能であろう。

田中はさらに介護事業におけるNPOの競争優位を「枠外サービス」に求める理由を、以下のように述べる。

> こうした分野（枠外サービス）をNPOが担わなければならないのは、営利事業者ではそれを提供することが困難だからである。なぜなら求められているサービスの質が要介護者の心のケアを含むものであること、また、細切れの時間帯、深夜、早朝を含む不規則な時間帯であること、あるいは長時間にわたるサービスであるため、そして安価な料金を当事者が希望するからである。これでは、営利企業の事業主側からすれば常用雇用型の人員によるサービスでは採算に合わない（かっこ内引用者）。
> ［田中・浅川・安立 2003: 7］

この論理のいちいちに反論することが可能だろう。「心のケア」すら商品化しうること、「細切れ」や「不規則な時間帯」なら割増料金を請求する根拠になること、「長時間にわたるサービス」ならむしろ安定的な雇用機会になりうる。「安価な料金」を利用者が希望するからという理由は、語るに落ちるというべきだが、医療や法律の相談なら、たとえ「安価な料金」を希望してはいても、実際にはそれを医者や弁護士には期待しない。それらの職業が応分の社会的評価と報酬をともなうことを人々が知っているからである。「安価な料金」を期待できるのは、それが「安価」に調達可能だと知っているからにほかならない。だが、介護サービスに「安価な料金」を設定したのはいったい誰だろうか。

皮肉なことに、意図した結果ではないが多くの介護系NPOは、田中のいうようなケースに動員される結果となった。たとえばグリーンコープの事例では、福岡県I市の介護事業の主力となった社協が主要な利用者を確保したあと、時間外や朝食、夕食時のように利用が集中する時間帯、また処遇困難ケースで社協ヘルパーが行きたがらない利用者を、ケアマネジャーが生協系事業所に回す傾向があったという。そして枠外サービスにおいて生協系事業所が利用者にポジティブな評価を受けたのは、主として「低料金」という理由からだった。

この「安価な料金」体系のもとでは、たしかに正規雇用者を維持することでは営利企業の採算は合わない。したがって営利事業、非営利事業を問わず、在宅福祉サービスの供給は、主として非正規の登録型ヘルパーによって担われており、その大部分は中高年の既婚女性である。だが、ここでふたたび“Unequal Work”の「女だからパートタイムに就いているのではなく、パートタイムワークが女向きにつくられているのだ」というヴェロニカ・ビーチィ[Beechy 1987]のことばを借りれば、「NPOだから低料金でよいというわけではなく、低料金にしか設定されていないからNPOの参入が期待されるのだ」というべきだろう。そしてここにジェンダーという変数を持ちこむなら、もし介護系NPOの担い手の多くが男性であったなら、田中は同じことを言っただろうか。疑問である。

以上、批判的に検討してきたが、田中らが列挙するNPOの優位性は、わたし自身の発見にもほぼかさなっている。田中らの先行研究の結果をも参照しながら若干の修正を加えてまとめてみると理念、経営、労働、連携・協働の四つの分野にわたって、以下の七点に集約できるだろう。それは(1)理念性、(2)ニーズ中心、(3)市民参加、(4)労働者の自己決定・経営参加、(5)経営効率、(6)労働分配率、(7)自治体・行政との協働である。順に説明していこう。

(1)理念性

市民事業体は、福祉や社会連帯などの「公益性」をともなう理念を掲げて活動してきた。介護保険枠外事業や保険外利用等にも柔軟に対応し、ボランティアもしくはボランティア価格でサービスを提供してきた。[11] 営利を目的としないため、経営者や出資者の利益を優先する必要がなく、事業の本来の目的にそった展開ができる利点がある。

(2)ニーズ中心

多くの市民事業体はもともとニーズを創出し、そのニーズの充足を追求してきた運動体としての経歴を持つ。これを「当事者主権」や「当事者性」と言い換えてもよい。例えば自立生活支援センターは「もっとも重度の障害者のニーズを優先する」という目標を掲げており、NPOの小規模多機能施設「このゆびと一まれ」は「利用者のどんなニーズにも対応する」という理念を持っている。

(3)市民参加

ここでいう「市民」とは、活動の担い手でもあり、受け手でもある。市民事業体の担い手は生活圏と通勤圏が重なっており、自分の居住する地域を拠点としているため、地域に密着しているだけでなく、営利企業のようにかんたんに撤退できない事情をかかえている。担い手の多くは自ら介護経験を持つ中高年の女性であり、介護経験を通じて、利用者ニーズにもっとも近いだけでなく、彼女たち自身が家族介護の当事者でもある。「社会的企業」の定義要件のうちに、「活動によって影響を受ける人々の参加」が含まれているが、これは利用者の経営参加と言い換えてもよい。支援費制度のもとでサービス提供事業を実施している自立生活支援センターのように、「理事会の構成メンバーの半数以上を障害当事者とすること」という規定のような、当事者参加の制度的保証を持つ事業体もある。

(4)労働者の自己決定・経営参加

NPOや労働者生産協同組合(ワーカーズ・コレクティブ)のような経営方式を採用しているところでは、労働者の経営参加と労働の自己決定が可能であり、これが雇用労働との大きな違いである。

(5)経営効率

運動やボランティアから出発した市民事業体に経営感覚がないことはよく指摘されてきた。だが官と比べても民と比べても、協セクターの経営コストが相対的に優位であることを証明するデータがある。それについては11章で論じよう。

(6)労働分配率

介護事業のような労働集約型の産業では、経営効率は直接に労働分配率に反映する。だが、営利企業と違って、株主や経営者の利益を考慮する必要がなく、また営業や宣伝に経費をかけることがないために、経営側にとってはコスト、ワーカー側にとってはベネフィットとなる労働分配率を相対的に高くすることができるのが市民事業体のメリットである。

(7)自治体・行政との協働

市民事業体は公益性の観点から行政との関係を築くのに熱心で、かつ行政も助成金等で市民事業体を支援してきた。先進的な介護事業体や障害者団体のように、現場のニーズにもとづいて、行政が追随するモデル的な事業を創出してきたところも多い。協働のなかには、たんに自治体の都合のよい下請け機関となる可能性も含まれるが[田中 2006]、それ以上に、新たなニーズを発掘し、それを実現可能な実践として提示し、制度や政策の提言能力、さらにそれを実行する政治力を蓄積してきた市民事業体は多い。

以上を総合して結論を先取りすれば、介護保険制度のもとのサービス提供事業において、官/民/協の三つのセクターのうち、官および民と比較しても協セクターの事業体が、相対的に優位にある、すなわち利用者にとってもワーカーにとっても利益が高く、かつ経営的に見ても持続可能な選択肢である、と判定してよい根拠がある。

8 NPO批判

協セクターの市民事業体の研究者には、その意義と理念とを高く評価するゆえに、実際の活動を理想化する傾向がある。それだけではない。モデル事例といわれる市民事業体の創設者や代表者は、福祉業界では全国レベルの「有名人」であることが多く、講演やシンポジウムでの公的発言や、著書や出版物等での情報発信力が大きい。しかも前例のない事業に挑戦するこれらの人々は、自分のやっていることを言語化するきわめて高い表現力を持っている。このような対象を前にして、研究者はきびしい問いにさらされる。

その第一は、情報発信力の高い当事者の発言をなぞるだけの、代弁者の役割を果たしてしまいがちなことである。多くの先行研究は、当事者が刊行した資料や当事者発言を検証なしに「紹介」するに終わり、自ら「広告塔」の役割を果たす傾向がある。

第二に、もっと深刻な問題がある。これほど自らを語ることに雄弁な当事者を前に、研究者に何ができるか、という問いである。「紹介」や「ルポルタージュ」が、当事者発言のできの悪い焼き直しや受け売りにすぎなければ、読者にとっては研究書よりはオリジナルに当たるほうがずっとよい。この問いは、研究とは何かとい

❖11 介護保険以降はその理念性の継承に断絶が生まれている。

う、より根底的な問いを招き寄せる。

第三は、にもかかわらず、当事者が「自分がやっていると自己申告すること」と「実際にやっていること」とは同じではない。調査・研究というからには、対象の自己申告を鵜呑みにして、それに感心してみせるだけでは十分ではない。とりわけケアのように複数の当事者が関わるところでは、視点や文脈を変えれば、意図と効果とのあいだにずれやねじれはいくらでも発見できる。当事者には見えない死角をも視野に収めることが研究者には必要であろう。

同じことはＮＰＯ研究についても言える。先述したように、田中らの『介護系ＮＰＯの最前線』[田中・浅川・安立 2003]は、二〇〇一年度における事業高トップ一六団体を紹介(著者らの表現によれば「ルポルタージュ」)したものであり、調査研究でも分析結果でもない。その「トップ一六」には、「コープこうべ」から誕生した「神戸ライフケアー協会」や、ボランティア課税[12]で話題を呼んだ「流山ユー・アイネット」などが含まれており、収入規模は、一位「たすけあい・ゆい」の二億八〇〇〇万円から十六位「わっく室蘭」の九六〇〇万円まで、億に近い単位にのぼる[13]。とりあげられている団体はいずれもたしかに先進的な事例と言えるものだが、その指標が「収入高」だけに還元されるのは、上述の田中ら自身の議論から見ても説得力に欠けるだろう[14]。

多くの論者が理想化する「参加型福祉」に批判的な立場をとるのは、渋谷望である。

> 参加型福祉社会では、対価として賃金を得る行為としての、つまり商品としての「労働」の意味と価値は相対的に切り下げられ、「活動」一般へと平準化される。ここにおいては、労働者と非労働者を峻別する意味は失われる。[渋谷 2003: 41]

ケアが利用者にとってはサービスとなり、ワーカーにとっては労働となった介護保険下で、協セクターの「メリット」は、渋谷が指摘するように、利用者、ワーカー双方のアクターのいずれかもしくはいずれにとっても、「デメリット」に転ずる可能性もないわけではない。

利用者にとって協セクターの市民事業体がサービスの選択肢のひとつであるように、ワーカーにとっても協セクターの市民事業体は、さまざまな雇用機会の選択肢のひとつにすぎない、とわたしは述べた。ＮＰＯや生協に限らず、協セクターのどの市民事業体も、介護保険のもとでは、(1)利用者にとってはサービス商品市場のもとで、(2)労働者にとっては労働市場のもとで、いずれも他の事業者と対等な条件のもとで競争に勝ち抜き、選ばれる必要のある選択肢のひとつである。労働商品(service)市場と労働力商品(labor)市場とのいずれにおいても、市民事業体が他の事業体に比べて競争優位にあるかどうか、すなわち利用者からもワーカーからも選ばれるかどうか、そしてそのことによって持続可能な事業体として成功するかどうかには、べつに検討が必要であろう。

9　福祉経営

「人が集団で社会的使命を果たそうとすれば、管理はどうしても必要である」と、介護アドバイザーの高口光子［2006: 11］は書く。高口は介護施設の人事管理のプロである。「管理」という言葉が「統制」を連想させるネガティブなイメージを持つとすれば、マネジメントと言い換えてもよい。介護保険にはケアマネジメントというしくみがあるが、これは保険の枠内で、当事者ニーズにとってもっともコスト・パフォーマンスのよいサービスの組み合わせを考える管理術である。

マネジメントは、べつに「経営」とも訳される。営利であれ非営利であれ、集団目標を達成しようとする集団には「経営」がなくてはならないが、これまで非営利の団体には「経営」が想定されないばかりか、営利事業を想起させるという理由で忌避すらされてきた。経営とはまず第一義的に「経営効率」という名のコスト・パフォーマンスの追求を意味し、利潤の最大化をめざすものと考えられたからである。NPOや社会福祉法人のような公益法人の多くはこれまで「経営」を念頭に置かずにきたことによって、「非効率」な活動を放置してきた。介護保険以後、どの事業者もまったく等しい出来高払い制の条件下に置かれることによって、この「非効率」は批判のターゲットとなり、事業の「持続可能性」が問われるようになった。

事業的な側面をともなわない運動にもマネジメントは必要だし、実際にはそれにあたる活動が存在するにもかかわらず、運動体のマネジメントは「見えない労働」となってきた。自発性や無償性を前提とするボランティアの側面を持つNPOでは、人的資源の動員は必須の条件であり、NPO論者はこれを「企業においては存在しないマネジメントであり、NPO独特の高度なマネジメント能力が要求されている」［田中・浅川・安立 2003: 25］と言う。というのは、企業の人事管理は、賃金とポストという報酬によってコントロールすることができるが、NPOではそれらを利用可能な資源とすることができないために、「自己実現」という目に見えない報酬を

❖12 国税当局が「流山ユー・アイネット」に対して、有償ボランティアによる助け合い事業は「請負業」であり、人材派遣業の一種として収益事業に対する課税対象になるとしたことに対して、二〇〇二年に「助け合い事業に対する法人課税は違法」として千葉県松戸税務署長を訴える裁判をおこした。一審で敗訴、二審で控訴棄却となって、敗訴が確定した［田中・浅川・安立 2003: 168-170］。

❖13 一六団体は上記にあげたもののほかに、以下の通りである。桜実会、たすけあい・あさひ、ぬくもり福祉会たんぽぽ、サポートハウス年輪、長寿社会支援協会、北九州あいの会、たすけあい泉、思いやり支援センターくまの、福祉サポートセンターさわやか愛知、はなまる会、たすけあい佐賀、りんりん。

❖14 事実、上位団体一六のうちグループホームを手がける五団体、そのなかで「富山型デイケア」を実践している富山市の「はなまる会」の紹介のなかでは、「富山型」の創設者である「このゆびとーまれ」の事例が出てくる。NPO系事業体で先進ケアを実践するモデル事例は、収入高だけでは判定できない。この「トップ一六」から「このゆびとーまれ」が洩れているからこそ、本文の中でわざわざ触れたものだろう。

用意しなければならないからである。運動体やNPOなどの現場でマネジメントに当たってきた人々が、企業経営者に比べても高いマネジメント能力を備えていることは経験が教えるところであり、この側面を田中はNPOの「人材養成機能」と呼ぶ。

福祉事業に「経営」概念を積極的に持ちこみ、「福祉経営」の概念をもっとも先駆的に導入したのは、京極高宣である。「社会福祉の経営（マネジメント）の側面を金もうけでけしからんと考える古い頭の学者も少なからずいるので、社会福祉研究者も発想の転換をしてもらわなければならない」[京極 2003b: 381]と彼は言う。一九九八年に彼は「ビジネス感覚と福祉の心の調和」としての「福祉経営」を提唱し、福祉経営を「福祉サービスの生産過程の経営管理」であると定義する[京極 1998: 121]。そのうえで、福祉経営の公準（原則）を、営利団体にも共通する（1）効率性 cost-performance だけでなく、（2）公平性 equity と、（3）接近性 accessibility であるとする[京極 1998: 122-123]。

京極は福祉経営の構成部門として、（1）サービス管理、（2）人事管理、（3）設備（施設）管理、（4）財務管理、それに加えて（5）ハードの施設環境整備の五部門を挙げる。（1）は福祉事業体が生産するサービスという財の品質管理であり、（2）（3）（4）はそれぞれ、ヒト、モノ、カネの管理にあたる。（5）のハードは、「経営の環境条件」というべきものであり、ワーカーの「処遇条件」にも影響する。彼は福祉経営学を、財政学、経済学、経営工学等の学際的分野とするが、そのなかに、ハードの施設環境という福祉工学も含める。わたしの考える福祉経営学は、彼が考えるよりもやや広く、それにはハードを扱う建築学を含む。

わたしたちの共同研究者のひとりである朴姫淑は、「福祉経営」という概念を分析に積極的に取り入れ、それを「事業体の目的である福祉と存続の条件である経営とをともに視野に入れた経営」[東京大学社会学研究室・建築学研究室 2006: 225]と定義する。朴はさらにこの概念を学位論文「1990年代以後地方分権改革における福祉ガバナンス――旧鷹巣町（北秋田市）の福祉政策から」[朴 2009]において、発展させている。朴によれば「福祉経営」とは「現状の福祉事業体から帰納的に導き出せる概念」ではなく、「これから福祉事業体が目指すべき経営の姿を指す規範概念」であるとしており、この点にはわたしも同意する。そのうえで彼女があげる「福祉経営」はまず第一義的に「デマンド demand」（需要）ではなく「ニーズ needs」（必要）に応じて財・サービスを提供する組織を対象とし、以下の五つの条件を備えたものと定義される。「①利用者に対する包括的支援（ケアの質）、②労働者の雇用条件の確保（労働力再生産）、③事業体の持続性（経営責任と経営効率性）、④地域との関わり（住民参加と地域資源との連携）、⑤制度・政策的提案能力（社会的行動）という五要素が相対的に最大化する経営」[朴 2009: 55]である。

わたし自身は「福祉経営」を、（1）ケアの受け手とケアの与え手双方の利益が最大化するような、（2）持続可能な事業の、（3）ソフトとハード両面にわたる経営管理のありかた、と定義してきたが[上野・中西 2008]、田中や朴の議論を参照しながらこれに、(4)市民の合意と資源の調達、および(5)社会的設計の提案と実践をつけ加えたい。詳論しよう。

(1)ケアの受け手とケアの与え手双方の利益が最大化するという条件は、これまで議論してきたように、ケアとは受け手と与え手との相互行為であるという前提にもとづく。ケアという特殊なサービス財が、ワーカーが生産するその時・その場で利用者によって消費されるという性格から、相互行為に関与する複数のアクターのうち一方だけの利益になるようなケアをよいケアとは言えない、という立場に立つからである。「利用者本位」「消費者主権」というスローガンは営利企業も掲げる。だが、「お客様第一」という企業の人事管理が、ワーカーのストレスや犠牲を招くなら、それを支持することはできないばかりか、ケアの現場でワーカーのストレスが、結局は弱者である受け手にしわよせされることを過去の経験は示してきた。ケアという相互行為に複数のアクターが関与するなら、ケアの質を、その一方の当事者である「消費者満足」だけで判定することはできない。

そして事業であれば、たとえ非営利であってもその(2)持続可能性が問われることは当然であろう。とりわけ介護保険準市場下における各セクターの事業体間競争が、公定価格のもとでの出来高払い制というイコールフッティングによる競争のもとに置かれるならば、限られた資源を効率よく使うコストパフォーマンスへの要請は、市民事業体だからといってなくなるわけではない。

(3)ソフトとハード両面にわたる経営管理をあげることで、ハード面を強調するのは、他の福祉経営論とは異なる点かもしれない。経営管理には、人事管理、財務、渉外、教育研修等のソフト面も重要だが、施設、環境、設備、機材等のハードを欠かすことができない。これまでのNPO論等で、ハード面の経営管理があまり重視されてこなかったのは、インフラ投資をともなわない主として労働集約型のタイプの活動に、従来のNPO活動が限定されてきたからであろう。だが、施設経営を視野に入れた京極の「福祉経営」論にはハードが対象に含まれているし、各種の介護施設にとって大なり小なりインフラ投資は不可欠である。ハード面への相対的な無関心は、まだ「福祉経営」がフローにのみ焦点化し、ストックとその形成とに関心を寄せてこなかった、あるいはその余裕がなかったことの反映であろう。わたしたちの共同研究は建築学の専門家を含んでいるが、ハード(空間設計)がソフト(ケアの質)を規定し、またソフトがハードに影響することも事実である。福祉経営にソフトのみならずハード面の経営管理を含めることはますます重要になるだろう。

(4)市民の合意と資源の調達は、多くの市民事業体の実践者たちが「地域への開放性」とか「ボランティアの動員」「地域資源との連携」と呼び、朴が「地域との関わり」と呼ぶものだが、それよりももっと広い概念である。同じことをNPO研究者の田中尚輝は、介護系NPOにはサービス利用者という「第一の顧客」のほかに、NPO会員である「第二の顧客」があり、NPOは「第二の顧客を対象としたマネジメントの能力を高めなければならない」〔田中・浅川・安立 2003: 25〕と表現する。「第二の顧客」とは市民事業体に同意と支援を与える市民の集団である。この人々を「地域」とか「住民」とかの名称で呼ばず、「市民」と呼ぶ理由はすでに説明した。市民的資源の調達には、地域のボランティアグループが高齢者の外出支援を手伝ってくれるような地域密着型のものもあるが、広域にわたる場合もある。NPOにとって、この「第二の顧客」はかならずしも会員や地域に限定されない。たとえば、「このゆびとーまれ」の開設にあたって創業資金の一部を東京都の一僧侶が小口の寄付を募って募金してくれたことなどがこの例にあたる。自らが直接の受益者にならなくても、事業体の趣旨に共鳴して寄付行為をおこなう人々が「第二の顧客」にあたる。財団からの助成や寄付も重要な市民的資源である。営利企業にとっては、「第二の顧客」とは株主にあたる。また公共事業として実施される福祉事業の場合には、その「第二の顧客」とは自治体の有権者に対応する。この「第二の顧客」の合意の調達に失敗した例が、15章で論じる旧鷹巣町であるといえよう。

　最後に(5)社会的設計の提案と実践をあげたい。NPOを含む多くの市民事業体は、現場のニーズに合わせてこれまでの制度にとらわれない、あるいは制度の枠を越えた柔軟なサービスを提供してきた。それらのなかには、「富山型」の名で知られる「小規模多機能型介護施設」のように、新しい制度・政策のシーズとなり、制度改革にあたって行政によってモデル事業化されたものもある。わたしがこれを「制度改革」「政策提案」に限定しないのは、これらの実践が「まだ存在しないが、ありうる社会を構想する」社会設計 social design のビジョンをともなっているからである。そしてたんなる提案機能ではなく、それを社会的に実現していくための合意調達を求めて、アクティビズムの側面を持つからである。市民事業体に「政策提案機能」をあげる論者は多いが、市民事業体はたんにコンサルティングやシンクタンク機能を持っているだけではない。自らに課したミッション(使命)を実現すべく、社会的合意を調達することをもタスクとしている。ふたたび富山の「このゆびとーまれ」を例にあげれば、彼女たちは介護事業を継続するだけでなく、少なからぬエネルギーを情報発信活動に割いている。「富山型小規模多機能施設起業家セミナー」を継続的に実施し、人材育成活動をおこない、その結果起業に至った他の事業者たちと「ケアネット富山」という連合団体を結成し、行政との交渉窓口として県と市を巻きこんで創業支援制度を成立させた。また全国の事業者をネットワークして「小規模多機能ケア全国セミナー」を二〇一〇年までに計七回にわたって開催し、介護保険改訂にあたっては厚労省に対する圧力団体としての役割も果たしている。他の事業者を育成することは近視眼的に見ればライバルを育てることであり、事実富山市内の一部の住宅地では小規模多機能施設は市場飽和状態に陥っている。だが長期的に見れば、同じビジネスモデルをディフュージョンすることで、社会的な存在感を高め、連携によって政治的発言力と行政との交渉力とを強化する戦略的な活動なのだ。これこそ「運動であり事業である」(サラモン)[Salamon 1999]という二重性を持つ市民事業体の特徴であろう。逆にいえば、運動体であることと事業体であることとのバランスをどのように維持するかは、「福祉経営」にとっても重要な課題なのである。

「福祉経営」が「(福祉)ニーズを満たす」という目的を持つのは、京極の用語に対応させれば「福祉経営の公準」である。朴もまた、「福祉経営」が対象とする「福祉事業体」は「必要 need に即応する組織」と定義する。「当事者主権」の用語で、わたしが「ニーズ中心」を主張するのはそのためだが、そのうえで、朴は、上野が利用者ニーズを過度に強調することを批判する。なぜなら朴が論じる「福祉ガヴァナンス」においては複数の多様なステークホルダー(利害関係者)のあいだの利害の調整を図ることが必要とされるからである。地方自治を主題とする朴の福祉ガヴァナンスに、利用者から納税者に至る多様なステークホルダーが関与するのは当然だが、わたしの関心は朴とは異なっている。ニーズのないところに福祉は存在しない。当事者ニーズとその満足は、福祉の原因であり結果である。複数のステークホルダーのあいだに異なる利害があることは当然だが、その利害に優先順位をつけるとしたら、当事者ニーズを第一義に置くべきであるという本書の「当事者主権」の理念は変わらない。「福祉経営」が「福祉を実践する」という「目標」を持っている限り、「当事者ニーズ」は第一の公準であるというべきだろう。たとえ有権者の合意という「公共の意思決定」が調達された場合でさえ、税金という公共の資源を当事者がのぞまないサービスのために用いるとすれば、それは「福祉」ではなく、有権者の自己満足や自己欺瞞のために資源動員したと言われてもしかたがない。事実、障害福祉政策のもとでは、人里離れた僻地に大規模コロニーをつくるなどして障害者を健常者から隔離し、管理する政策が公然とおこなわれてきた歴史がある。同じことはハンセン病患者についてもおこなわれてきた。これは「障害者福祉」ではなく「健常者福祉」と呼ぶべきものであり、否、福祉政策どころか、「障害者抑圧政策」と呼ばれるべきものであろう。センの「潜在能力アプローチ」が示す通り、福祉が「社会的弱者」の必要に応えるという政策目的を持っている以上、当事者ニーズを第一義に置くことの重要性は、何度でも強調されなければならない。福祉目的あっての福祉経営なら、この本来の目的は、忘れられてはならないのである。

京極は福祉の「公準」に、公平性と接近性をあげる——もっとわかりやすく言えば、必要な人にはいつでもだれでも利用可能なサービスがゆきわたる――が、それはどちらかといえば公的福祉の責任であろう。協セクターの福祉事業体が「公平性」と「接近性」に責任を持たなければならないとは、わたしは必ずしも考えない。むしろそれは利用者＝消費者の「選択」にかかっている。介護保険が高齢者福祉を「恩恵から権利へ、措置から契約へ」と転換したと言われるとき、要介護者もまた「利用者」「消費者」へと変貌した。となれば誰にでも同じ標準化されたサービスが供給されるという「公平性」や「接近性」より、ここではむしろ、「消費者」となった人々の「賢い選択」が問われていることになる。

このような公準の設定が目標とするところには、「よいケア」とは何か、どうすれば「よいケア」が手に入るのか、という究極の問いが存在する。労働市場でワーカーが「競争優位」を求めて雇用機会を選択するように、サービス商品市場でも「競争優位」を求めて消費者の選択がある。複数の選択肢があるところでは、「よいケア」は「賢い消費者」にしか選べない、というべきであろう。

10　おわりに

「二一世紀における福祉経営学の確立はわが国社会福祉の学問的課題の一つである」として、京極は「福祉経営学会（仮称）」の設立を提唱する。福祉経営学は予感的にのみ語られており、彼自身によっては実践されていない。

福祉経営研究が必要とされていながら実践されていないということについては、三富紀敬は次のように指摘する。

> ケアワークに関する費用便益分析は、著者（三富）の知る限り日本の調査研究に存在しない。なぜ研究の一領域として存在しないのであろうか（かっこ内引用者）。［三富 2005: 327］

福祉経営の研究対象は「費用便益 cost-performance」分析に尽きるものではないし、誰の費用で誰の利益かについても、複数のアクターが関与するために、一般の営利企業のようにはいかない。だが三富の指摘は傾聴に値する。

本書は部分的であれ、以上の提唱に応えようとするものである。わたしは協セクターの市民事業体がその提供するケアの質だけでなく、福祉経営のうえでも、他のセクターの事業体に比べて相対的に優位性を持つという仮説に立つが、それを次章以降で検証してみたい。

第11章　生協福祉

1　生協福祉とワーカーズ・コレクティブ

ＮＰＯと並ぶ協セクターの担い手として、生協に高い期待を寄せる論者は多い［川口 1994; 京極 1998, 2002, 2003a, 2003b］。

日本にＮＰＯが登場するずっと以前から、生協が、「市民参加型福祉」の担い手としての経験と実績を積んできたことには疑いがない。

生協福祉という用語を最初に使用したのは前出の京極高宣である。京極は自著に『市民参加の福祉計画』［1984］とタイトルを冠しているが、後に二〇〇二年刊の『生協福祉の挑戦』のなかで、生協を住民の自発的参加にもとづく共助の典型例としたうえで、回顧的に以下のような「告白」を寄せる。

> 私がこうした考え方をする上でどこからヒントを得たかというと、ここではじめて白状させていただくと実はその一つは生協からである。協同組合的視点あるいは、生協的な視点をもう少し福祉に入れられないかと当初（一九七〇年代）から思っていたわけである。［京極 2003b: 16］

日本にある生協は全部で約六〇〇、組合員総数は二二〇〇万人。うち生活クラブ連合会に属する生協は二六組織、数のうえでは少数だが、この生活クラブ系生協はワーカーズ・コレクティブという独自の活動スタイルを選んできたことで研究者の注目を集めてきた。これらの人々が、先駆的に生協福祉を担ってきたのである。

本書でわたしが対象とした生協福祉事業の事例は生活クラブ系生協のワーカーズ・コレクティブ活動である。ワーカーズ・コレクティブは社会的企業の一種として、協セクターの市民事業のモデルケースになると考えられるからである。

『日本型ワーカーズ・コープの社会史』の著者石見尚［2007］もまた「社会的企業」に言及する。ワーカーズ・コレクティブまたはワーカーズ・コープとは「行政には手が届かない部面に手を差し伸べること」ができ、また「民間企業が果たすことのできない社会機能を備える」、「市民社会にとって公益性のある事業を担う（中略）柔軟な事業組織」である。石見は「社会的企業（中略）の中核としてワーカーズ・コープを育成することは、世界の共通認識になっている」とまで言う［石見 2007: 252-253］。

石見が生協やワーカーズ・コープを「社会的企業」に含め、ＮＰＯに言及しないことには理由がある。たんに法人格が違うだけでなく、協同組合や共済組合を「非営利セクター」に含めるかどうかには議論があったからである［Evers & Laville 2004=2007］。というのも協同組合は出資者に対して利潤の配分を禁じていないからというものだが、非営利セクターからの協同組合のこの除外を、ボルザガとドゥフルニは「アメリカン・バイアス」［Borzaga & Defourny 2001=2004］と呼ぶ。協同組合がもともと公益や共益のために生まれた組織であり、利潤の配分にも一定の制限のもとにあることを指摘して、エヴァースとラヴィルは「サードセクター」に所属するとし、その根拠を市場経済ではなく、社会的経済に分類されるからとする。

ワーカーズ・コレクティブとワーカーズ・コープの歴史とその間の異同についてもふれておこう。「ワーカーズ・コレクティブ workers collective」または「ワーカーズ・コープ（コーポラティブ）workers cooperative」は、「労働者（生産者）協同組合」と訳され、もともとは一九世紀のヨーロッパで、アソシアシオニスムやサンディカリズムとともに社会主義の系譜のひとつとして、ロバート・オウエンやシャルル・フーリエらの協同主義から発生した［Mellor et al. 1988=1992］。消費者協同組合や労働組合とならんで、生産の協同を目的とする。日本には生産協同組合、労働者協同組合、高齢者協同組合等の長い歴史があるが、本書が対象とするワーカーズ・コレクティブは、八〇年代以降消費生活協同組合のなかから、主として組合員女性を担い手として成立した共同出資による労働組織のうち、介護保険下の指定事業所へと参入した福祉事業体を対象とする。介護保険に参入した事業者には、他に農協系や高齢協系の事業体も存在するが、ここでは生協系に限定する。

ワーカーズ・コレクティブとワーカーズ・コープとは互換的に使われることが多いが、本書では対象とする担い手自身（生協系の事業体）が採用する用語、ワーカーズ・コレクティブを使用する。このふたつのあいだには日本語圏では微妙な、しかし決定的な違いがある。ワーカーズ・コレクティブは主として生協活動から生まれた女性を担い手とする事業体であったのに対し、ワーカーズ・コープは、労働組合運動のなかから、工場閉鎖や自主管理の動きにともなって、主として中高年の男性の職場づくりとして成立したものだからである。高齢協もこの系譜に属する。ワーカーズ・

コープが世帯主男性の雇用創出という切実な必要から生まれたのに対して、ワーカーズ・コレクティブは既婚無業女性の「新しい働き方」〔天野正子〕〔天野 1997〕として誕生した。したがって両者は担い手の経済階層とジェンダーにおいて対照的である。石見の著書が両者を含むのは水と油を共にしたような印象がある。

このうち、介護保険に参入したのは、ワーカーズ・コレクティブと高齢協、そして農協婦人部など、すなわち女性と高齢者であった。それは介護労働が、せいぜい家計補助収入にしかならない（既婚女性にとっては夫の収入に対して、高齢者にとっては年金収入に対して、補助的な）低い水準に抑えられていることの反映でもあろう。

厚労省による在宅介護サービス提供事業者の開設主体別分類では、生協系と農協系が区別されていない。同じ協同組合法人といいながら、今やゆうちょ銀行を除いて日本最大の金融機関であり、政治的な利権団体となった農協を、協同組合のほんらいの意味であるアソシエーションと見なす論者は少ない。巨大化した協同組合は官僚制化し、生協といえどもその傾向からまぬがれない。不祥事で打撃を受けた雪印乳業が、北海道の酪農家の協同組合からスタートしたことを知って、驚く人が多いかもしれない。農協は今やそれ自身の利害を最優先する組織集団と化し、組合員民主主義は形骸化している。

したがって農協と生協とを分類上区別するのは妥当であろう。というのは、都市型の生協はまがりなりにも組合員民主主義を維持しているだけでなく、もっとも大きな違いは、農協と生協とでは「地域」の意味が異なるからである。農業という生業の共同をもとに成り立った農協には、加入・脱退の自由は――理念上はともかく実際には――ないにひとしい。ところが都市型の生協は、「消費」という活動の一点のみでむすびついた共同性であり、他に居住の近接や生業の共同を前提しているわけではない。このような集団は部分的な帰属しか求めないアソシエーションであり、従来の意味の地域コミュニティと混同してはならない。

よく誤解されるが、生協が地域密着型だというのはまちがいである。生協組合員の組織率は高いところでも地域住民の一〇％を超えない。わたしが八〇年代に実施した「女縁」の調査〔上野 1988; 2008b〕によれば、生協に加入するのは「安全な食材」を求めるという付加価値のためだが、生協に加入したとたん地域の商店街での買い物が減少するというトレードオフを多くの組合員は経験する。また供給にばらつきのある生協にすべての消費材を頼るという生協ロイヤリティの高い組合員はそれほど多くはなく、地元の商店やスーパーと生協での購入とを組み合わせているのが現実である。生協は六〇年代の「流通革命」を通してスーパーマーケットという業態と競合したが、価格破壊効果をもたらしたわけではなかった。むしろ「安全」という付加価値におカネとエネルギーとを使う用意のある階層の人々だけを組織することで、「選ばれた集団」となってきた。生協関係の先行研究〔佐藤・天野・那須 1995〕は、生協組合員が地域住民の平均よりも、学歴・経済階層ともに高いことを実証している。

班購入方式のせいで、近隣共同体と見なされているふしのある生協組合員の「共同性」は、居住の近接にそれほど依存していない。高密度に集積した都市の集合住宅で、二〇〇戸の世帯のうち五人が班を構成するとしたら、これを「居住の近接」で説明できるだろうか。彼女たち自身の言い方を借りれば、生協にあるのは、むしろ「地域から浮いている」人たちの共同性なのである。

事実、生協福祉に強い関心を持っている京極自身が、次のように語っている。

> 今までは組合員同士の狭い世界の活動で、厳しい言い方をすると、あまり地域に目を向けないという感じがあったのですが、地域の仲間としてやっていかなければならないという意識が育ってきているという印象を受けている。
>
> [京極 2002; 2003b: 91-92]

京極の語る変化は、介護保険以後の変化をさしている。わたしの観察も京極と重なる。

2　介護保険と生協の福祉事業

介護保険はＮＰＯにドラスティックな変化をもたらしたように、生協福祉にも大きな変化をもたらした。というより、歴史的にはその存在がなきにひとしかったＮＰＯに比べると、生協系福祉事業にはそれ以前からの歴史があり、むしろ介護保険の制度設計者の側から、生協は期待をかけられていた。その大きな制度的変化とは、在宅介護サービスにかぎって、生協系福祉サービスの「員外利用」制限がはずされたことである。これは従来、生協に対して都道府県の境界を越えないことや、員外利用の制限をするなど、さまざまな規制をかけてきた行政の姿勢からは例外的な決定であった。

この制度的変化が、官の側が生協を応援しようとする善意の動機からもたらされたと想定することには、過去の経緯からして無理がある。実際には九七年成立後、三年間の準備期間を経て未曾有の経験に乗り出す介護保険のスタートにあたって、十分な数のサービス提供事業者を確保できるかどうかは、政府にとって死活問題であった。生協系の福祉事業はその不足を埋めるために要請されたものであり、「員外利用制限の廃止」は官僚のご都合主義の結果にほかならない。事実この期待はあたり、介護保険初年度の開設事業者別分類では、生協を含む協同組合が三・四％を占めるに至った。

だが、介護保険制度同様、たとえ「不純な動機」からであっても、政策意図と政策効果とのあいだにはずれが生じる。介護サービスの「員外利用制限の廃止」は、生協にその後大きなインパクトをもたらした。生協が「地域に目を向けるようになった」という京極の指摘もその変化のあらわれのひとつである。

介護保険施行後、「員外利用制限の廃止」があってもなくても、生協系介護事業が急成長したであろうことは想像にかたくない。というのは生協組合員になるにはわずかな加入金を支払えばすみ、実際介護保険開始前の共助型生協福祉活動のもとでは、この「員外利用制限」をクリアするために、申し込んできた利用者に事後的に生協に加入してもらう、という裏ワザを実施してきたからである。だが、低料金とはいえ完全に無償のボランティアではない生協福祉サービスの利用者は、「結局、おカネを払える人たちばかりでしたねえ」(グリーンコープ関係者)となる。つまり経済階層によるスクリーニングがおこなわれ、生協福祉はこの意味でも、低階層を含む「地域」の現実に向き合わずにすんできたのである。

「員外利用制限の廃止」以後の生協福祉は、利用者の面でもワーカーの面でも脱生協化が進行した。経営的に自立できる条件がもたらされたこともあいまって、生協系福祉事業体のなかには、生協本体からいちじるしく自立性を高めたところもあり、生協にとっては予想外の展開を各地で見せている。生協から生まれた生協福祉は、介護保険制度のもとで、生協本体を食い破って成長する動きを予感させたのである。

3　生協福祉への期待と自負

生協福祉に以前から強い関心を寄せてきた京極によれば、「他の事業体には見られぬ生協福祉の優れた特色」とは以下のようなものである。

(1)生活者＝消費者の立場を持ち、福祉サービスの受け手と担い手が同じ組合員として共通性を持つ
(2)日常的な広いネットワークを基盤として成立する
(3)日常的な相互援助を母体に福祉リーダーを輩出するなど人材養成の効果がある
(4)大規模生協においては福祉活動や福祉サービスの提供が総合的で多様な「福祉のデパート的展開」が可能となる

[京極 2003b: 35-36]

田中らのあげる「NPOの特質」と比較すれば、(1)が当事者性、(2)が地域密着型、(3)が自己実現、(4)がネットワーク型にそれぞれ対応するだろう。(1)の「同じ組合員としての共通性」は「員外利用制限の廃止」で崩れたが、それでもなおNPOと同じように「利用者と担い手の相互性」という意味での当事者性はそこなわれていない。(2)を「地域密着型」と対応させることには「地域」のスケールの点から留保があることはすでに述べたが、田中のい

う「夜逃げのできない」団体である点では、ＮＰＯと生協系事業体とのあいだには共通点がある。

京極はこれらの生協福祉の「優れた特色」を「意外なことに生協組合員にはほとんど自覚されていない現状」があると指摘して、「眠れぬ《ママ》獅子」（「眠れる獅子」のまちがいであろう）が「眠りから覚めて起き上がる」とき、「巨大な影響を我が国社会福祉業界にもたらす可能性がある」［京極 2003b: 38］と熱い期待を語る。

生協福祉の数少ない先行研究者のひとり朝倉美江もまた、生協福祉を「生活福祉」と呼んで、地域福祉の担い手として強い期待を寄せるひとりである。彼女によれば「生活福祉」とは「制度的福祉の限界を、自助や互酬による自立生活支援として生活問題を当事者中心とした住民の主体的、自発的な共同によって解決する方法」であり、「生活問題を解決することを通しながら主体的・自発的に人と人との相互支援関係を蓄積し、共同を形成していく／問題解決をめざすと同時に、家族やコミュニティを強化・再生する機能を持つ」［朝倉 2002: 31-33］とされる。このように形成されるコミュニティを、彼女は「福祉コミュニティ」と名付ける。生活福祉の担い手である生協は、この福祉コミュニティを形成するための重要なアクターと見なされる。

京極や朝倉らから「熱い期待」を寄せられなくとも、生協の担い手自らが「コミュニティ福祉」の名のもとに、地域福祉のアクターとして名乗りをあげてきた。外野席から期待されるまでもなく、生協自身が、福祉の担い手として強い自負を持っている。成田直志は生協の担い手自らの発言を引用して、次のように言う。

> 地域購買生協の福祉活動・事業（以下、生協の福祉と略す）の取り組みは、「生協が生まれ落ちた瞬間から広い意味の福祉活動が始まっていた」［日本生協連 1993: 30］ものであり、また「もっとも生協らしい」［日本生協総合研究所 1991: 13］活動のひとつでもある（［ ］内本文（注）より引用者追記）。
>
> ［成田 2005: 359］

九〇年代におけるこうした生協の自己認識からすれば、二〇〇二年の段階で（つまり介護保険施行後になって）京極が生協を「眠れる獅子」と呼んだことには、事実誤認がある。わたしの目から見れば、生協は地域福祉について、とっくに「目ざめて」いた。それどころか、地域福祉の概念を先導するような試行的な経験を積み重ねてきたのは、ほかならぬ生協だった。多くの生協は「助け合い」事業を介護保険以前から開始している。京極や朝倉の生協福祉研究そのものが、そのような先進事例を研究対象とし、それらの事例があったからこそ成り立った事後追認的なものだといえる。厚労省の生協に対する「期待」もまた、その実績や経験に「根拠」を持っていた。

たとえば生協福祉の先進的な事例として多くの論者があげるコープこうべの「くらしの助け合いの会」は、八三年に灘神戸生協(当時)で始まり、食事サービス、介護用品供給、福祉情報提供などと次々に事業を拡大し、九五年の阪神淡路大震災に際してめざましい働きを示したことで急成長し、介護保険施行直前の二〇〇〇年三月時点で、奉仕会員一四七七人、登録利用会員八七五人、延べ利用者数七七五九人、年間利用時間数八万

図14　1990年〜2003年度助け合い活動会員数および活動時間数の推移
[成田2005: 365]

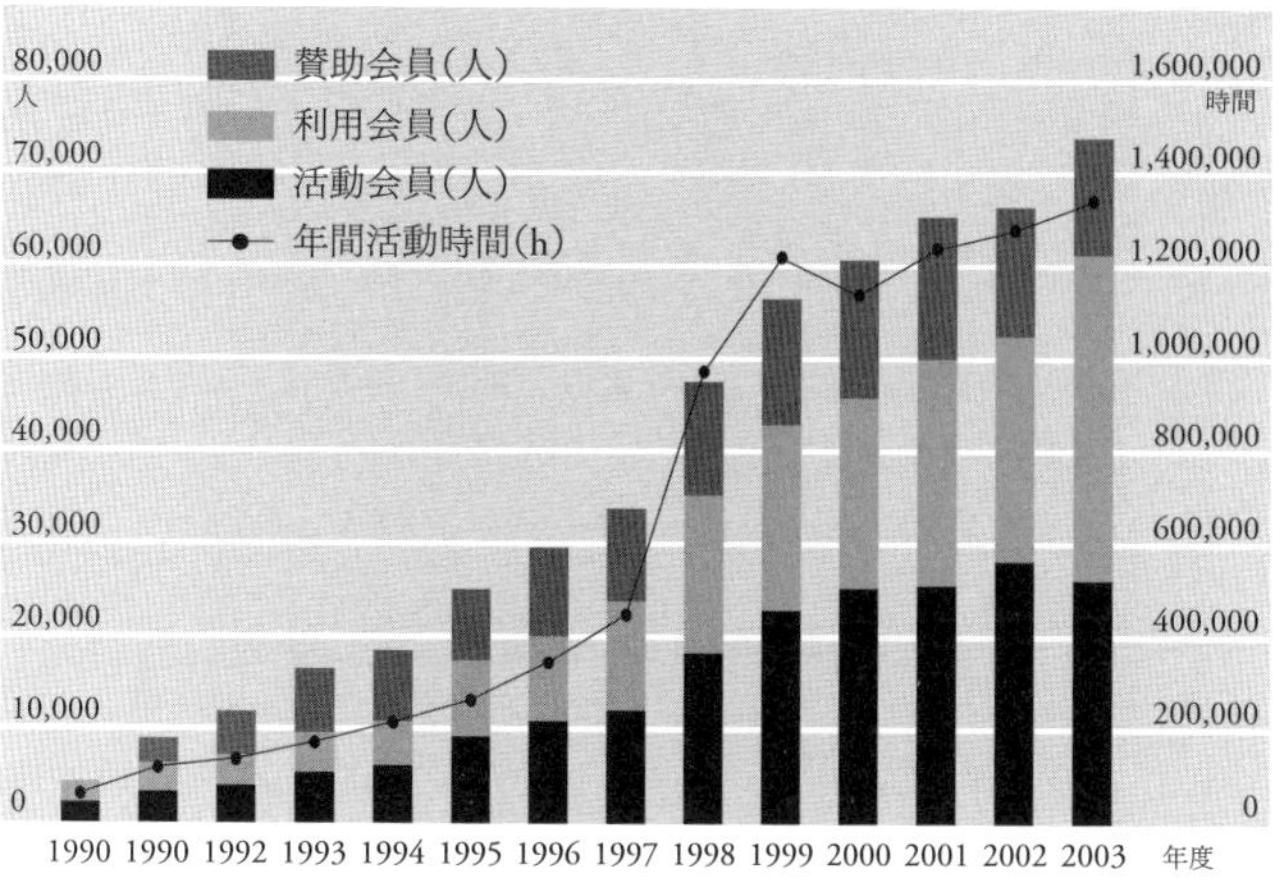

出典:日本生協連ホームページ「数字でみる福祉」

一七五六時間に達した。コープこうべをその先進例とする生協福祉――彼ら自身の用語では「くらしの助け合い活動」――の伸び率を示したのが、図14である[成田 2005: 365]。

生協福祉が研究者から熱い期待や関心を寄せられることには根拠がある。だが、これまでの先行研究には、以下のような限界があった。生協福祉を賞揚する京極[2002; 2003b]がその対象とした事例は、二〇〇一年当時で、コープこうべのほか、みやぎ生協、生活クラブ生協(千葉)、コープかながわ、生協ひろしまの五生協であり、いずれもこの分野では先進事例というべきものである。生協関係者に導かれて、急ぎ足で現地を視察したとおぼしい京極のレポートは、「コープこうべ福祉文化憲章」や「コープかながわ福祉活動のめざすもの」など、その情報源の大半が担い手の側の刊行物に依存しており、しかも理念や目標に関するものが中心となっている。

他方、朝倉[2002]の調査対象はコープこうべと共立社鶴岡生協、いずれも「西の神戸、東の鶴岡」と言われた生協の老舗である。それぞれ都市型と農村型の代表例としてとりあげられているが、研究の内容の大半は、生協福祉の意義と理念、そして組織事例の紹介に割かれている。実態調査と言えるものは、「助け合い」活動を「創設した組合員および現在運営の中核を担っている組合員」六名と、神戸の利用者六名と鶴岡の利用者二名、計八世帯へのヒヤリング調査であるが、実施したのは介護保険前の一九九九年であり、

介護保険施行後の二〇〇〇年八月の「捕捉《ママ》調査」(補足調査の誤植と思われる)[朝倉 2002: 181]の内容が含まれているとはいうものの、介護保険移行前後を示すようなデータは見あたらない。朝倉のいう生協福祉の意義と理念についてはわたし自身も共感するものの、主として当事者が情報発信した資料をもとに組織事例を再構成するのは、組織の自己イメージをなぞる結果にしかならない。「実態調査」の対象として「生協組合員の中でもくらしの助け合い活動を実質的に担っている活動家・リーダー層を選定」[朝倉 2002: 146]すれば、組織の代弁者になる傾向が強いことは、あらかじめ予見できる。事実、六人の事例レポートはいずれも団体の歴史的な軌跡を、個人史における成長や成熟と重ね合わせるような肯定的なものばかりである。利用者調査の結果もまた、生協福祉に高い評価と期待を寄せるものばかりだが、「利用者満足」が当事者の発言からはあてにならない指標であることは7章で詳述した。とりわけ介護保険以前のように利用者のサービス選択肢がいちじるしく限られたところでは、他の選択肢と比較する材料すら持たない場合が多く、不満をいうどころか、「来てもらえるだけでもありがたい」という利用者が大半なのが現実であろう。

4 ワーカーズ・コレクティブ成立の背景

ワーカーズ・コレクティブを推進した母体は、生活クラブ生協である。生活クラブ連合会の二〇〇八年度実績は、会員単協二九、組合員総数三一万人、総供給高八七〇億円に及ぶ巨大な組織である。そのなかで、ワーカーズ・コレクティブは五八二団体、一万七〇〇〇人を数え、福祉事業に限れば(高齢者福祉と子育て支援を含む)事業者数五四四、担い手の数は一万一七四四人、利用者数四万四八六九人に対して総事業高八三億円にのぼる。福祉事業体としては、「日本最大規模」を自負する[岩根 2009: 139]。ワーカーズ・コレクティブ第一号が誕生したのは、一九八六年。それから約四半世紀のあいだに、これだけの急成長を遂げたのである。

八〇年代後半から九〇年代、まさに介護保険前夜にワーカーズ・コレクティブが成立し、急速に成長した背景には以下のような複合的な要因が関与していると考えられる[上野 2006b: 136-137]。

(1)「民主主義の学校」である生協の組合員組織でリーダーシップや活動のノウハウを身につけた女性(理事長や理事の経験者)に、次の受け皿を用意する必要があった。

(2)九〇年代以降の長びく不況圧力とホワイトカラーのリストラのもとで、組合員女性のあいだにも就労圧力が高まった。

(3)にもかかわらず、労働市場の性差別と年齢差別のせいで、パートを含む労働市場のなかに四〇代後半以降の女性の雇用機会はほとんどないも同然だった。

(4)他方で、経済のソフト化・サービス化は進行し、女性を担い手とする労働集約型産業の需要は拡大した。

(5)急速な人口高齢化のせいで、医療福祉部門は不況のもとでも成長産業部門となり、さらに二〇〇〇年の介護保険で市場はいっきょに拡大したばかりか、福祉労働の市場価格も安定した。

(6)同じ不況圧力のもとで生協もまた経営のリストラに迫られただけでなく、食べもの生協から福祉生協への事業の拡大と転換を図った。

以上の複合的な要因群のもとで、「いわば意欲と能力はあるが行き場のない中高年女性労働力(プッシュ要因)と、他方生協における経営のリストラのもとでのアウトソーシング(プル要因)とが協働して、ワーカーズ・コレクティブを生んだ」[上野 2006b: 137]。

だがこれだけでは生活クラブを含む一部の生協がワーカーズ・コレクティブを採用した理由の説明にはならない。というのは上述の同じ要因群は、そのまま他の(日本生協連合加盟系の)生協がパート労働を採用した理由と重なるからである。日生協系の生協がパートを積極的に導入していった時期に、生活クラブ系生協はそれに追随しなかった。逆に生活クラブ系生協がワーカーズ・コレクティブを導入しつつあった時期に、日生協系の生協はこれを模倣しなかった❖1[上野 2006b: 141]。その理由についても後論しよう。

5 生協福祉の三類型

本研究では、ワーカーズ・コレクティブ活動を積極的に展開した生協のうち、以下の三つ、生活クラブ生協神奈川、生活クラブ生協千葉、そして九州一円に展開するグリーンコープ連合を選んだ。その理由は、(1)早い時期からコミュニティ福祉を生協事業の一部として位置づけ、先駆的かつ自覚的に事業を展開してきたこと、(2)とりわけワーカーズ・コレクティブという労働者参加型の事業体を組織し、生協組合員が自ら担い手となる福祉サービスを提供してきたこと、(3)介護保険導入以降のプロセスで、以上の三事例がドラスティックな変化を遂げ、いわば福祉経営の三類型というべき興味深い分化を示していることによる。

その三類型とは以下のとおりである。

(1)分離型……神奈川
(2)直営型……千葉
(3)共同経営型…九州

このうち生活クラブ生協神奈川は、長期にわたって理事長をつとめてきた横田克巳の理論的指導のもとに、八〇年代からワーカーズ・コレクティブという「新しい働き方」を先駆的・実験的に実践してきた実績を持つ。八九年には福祉を生協事業として位置

❖1 上野[2006b]注(13)を参照。亀田篤子さんのご教示による。

づけ、「福祉クラブ生協」を設立、さらに九二年には社会福祉法人「いきいき福祉会」を設立して施設経営にのりだした。他の生協は、神奈川の経験に学びながら、それとの距離をはかって地域特性に合わせた独自の展開を図ってきた追随事例である。その点で、神奈川の経験は欠かすことができない。神奈川のワーカーズ・コレクティブは、初期には業務委託・資金援助等で生協本体との連携を保ってきたが、NPO法の施行後、生協から独立してNPO法人化する傾向が強まり、介護保険によって事業体としての経済的自立が可能になるとさらにその傾向は強まった。生活クラブ生協神奈川とはゆるやかな「協同・連帯」を掲げているが、事業体としての独立性は高く、初期投資に生協が出資しているとか、担い手が生協組合員出身であるとかの共通点をのぞけば、事業体の分離・独立性が高い。

　他方、生活クラブ生協千葉は、専務理事を長くつとめてきた池田徹のリーダーシップのもと、ワーカーズ・コレクティブを導入しながら、介護保険を契機に神奈川とは対照的な選択をした。それは九〇年代に神奈川に追随して展開を遂げてきた生協傘下のすべての福祉ワーカーズ・コレクティブに対し、介護保険の導入に当たって解散・改組を提示し、介護保険指定事業者に参入すべく直営介護ステーションへの再編を断行したことである。この再編によって、介護事業は生協グループ直営事業の一部門となった。この選択は、神奈川の先行例を反面教師としながら池田が採用した経営戦略である。九八年には介護保険導入をにらんで社会福祉法人「たすけあい倶楽部」(二〇〇四年に社会福祉法人「生活クラブ」と名称変更)を設立、介護ステーションのほか、特別養護老人ホーム「風の村」、ケア付き高齢者住宅「サポートハウス高根台」、在宅介護支援センター、デイサービスセンターなど多岐にわたる福祉事業を展開している。二〇一一年には「生活クラブ風の村」と改称、池田が理事長を勤めている。

　もうひとつ、西日本に展開するグリーンコープ連合は、千葉と同じく生活クラブ生協神奈川を先行例としながら、これも長らく専務理事をつとめてきた行岡良治の強いリーダーシップのもとに、神奈川や千葉とは異なる中間的な戦略を採用してきた。それはワーカーズ・コレクティブの独自性を認めながら生協ブランドの統一性のもとに、生協本体のワーカーズ・コレクティブへの支援・管理を維持するという共同経営方式である。九五年にグリーンコープ連合福祉連帯基金を設立、この戦略的な創業支援システムを契機としてワーカーズ・コレクティブは急成長した。介護保険以後二〇〇三年には社会福祉法人「煌《きらめき》」を設立し、ワーカーズ・コレクティブによる介護事業はこの傘下に統合されることとなった。二〇〇八年に社会福祉法人「グリーンコープ」に改称し、行岡はその理事長に就任した。

　生活クラブ系生協から生まれたワーカーズ・コレクティブは、他に生活クラブ生協東京や、生活クラブ生協北海道などにもあるが、これらのワーカーズ・コレクティブは生協から支援や管理を受けない代わり、独自に法人格を取得して独立性を高めたケースが多く、以上の三類型のなかでは神奈川の「分離型」に近い。生協福祉事業の展開例としては、ほぼ以上の三類型に尽くされると考えられるために、この三事例は比較と検討に値する。

　このうちわたしがもっとも深く関わったのはグリーンコープ連合である。九四年にグリーンコープ連合が福祉連帯基金を設立するにあたって、組合員の合意形成をめざした講演会の講師をつとめたことからコンタクトが生まれた。九八年にはワーカーズ・コレクティブ連合会のメンバーから基金の顧問就任を懇請され、九九年に基金のもとにワーカーズ・コレクティブ研究会という共同研究グループをたちあげた。ワーカーズ・コレクティブ設立から五年、創業期を経て第二期の成熟期に入っていたワーカーズ・コレクティブを対象に、二〇〇〇年の介護保険導入にそなえて実態の把握と経営課題を検討するためであった。また介護保険移行期という歴史的な転換期にあたって、ワーカーズ・コレクティブという「新しい働き方」の実験がいかに変化に対応するかという千載一遇の過渡期を見逃さないためでもあった。これ以降の記述がグリーンコープ連合を主とするのは、このケースについては事例研究から得られた一次情報がきわだって豊かであるという事情による。二〇〇五～〇六年にかけては調査チームを組んで生活クラブ生協神奈川と同千葉の事例について比較研究を実施した。❖2 その調査結果をも分析にとりこむこととする［グリーンコープ福祉ワーカーズ・コレクティブ研究会 2000; 東京大学社会学研究室・グリーンコープ福祉連帯基金 2001; 東京大学社会学研究室・建築学研究室 2006］。

6　ワーカーズ・コレクティブの前史

ワーカーズ・コレクティブ（W. Coと略称することが多い）の定義は、その担い手によれば次のようなものである。

> 地域に必要なものやサービスを市民事業として事業化し、自分たちで出資、経営、労働を担うという新しい働き方の組織形態。
> ［福祉クラブ生活協同組合編 2005: 233］

消費協同組合と同じく、「出資、運営、利用」の協同の三原則を、労働においても実現したものである。

また、NPOワーカーズ・コレクティブ千葉県連合会のHP❖3によれば、「ワーカーズ・コレクティブとは」以下の条件をそなえた労働組織である。

❖2 この調査研究には二〇〇四～〇七年度の科研費基盤研究A「ジェンダー・福祉・環境および多元主義に関する公共性の社会学的総合研究」（研究代表・上野千鶴子）を受けた。

❖3 http://www33.ocn.ne.jp/%7Ewcochilda/index.html2006.3.30

同じ目的を持った仲間が集まって、地域に根ざした有用な事業を興します。／全員で事業資金を出資して経営を担い、また、雇用されない労働を、全員で作り出します。／働くことを通じて、社会的な自立、経済的な自立、精神的な自立をめざします。／すべてのことは、話し合いで合意を取りながら決定します。／事業で得た成果は、みんなで話し合って適正に配分します。／労働の報酬は正当な対価として受けますが、営利を目的としない非営利事業です。

このなかには、(1)公益性、(2)地域密着性、(3)経営参加と労働の自己決定、(4)非営利性と適正利潤等の、協セクターの事業体の特徴が網羅的に含まれている。

ちなみに、神奈川が掲げる「非営利・協同」も、千葉にいう「非営利」も、持ち出しのボランティアを意味しない。営利企業と非営利法人との組織目標の違いは、前者が「最大利潤 maximal benefit」をめざすのに対して、後者が「適正利潤 optimal benefit」を求めることであり、「適正な」利益や報酬を排除しない。この「新しい働き方」が経済的自立を志向するかどうかについては、論者によって温度差があるが、ワーカーズ・コレクティブが事業であってボランティア活動でないことは担い手によって了解されている。

そしてまた、生協が扱う食材をけっして「商品」とは呼ばず、「消費財」を「消費材」と名づけるように、市場的な財の循環に対して生産と消費の「もうひとつの流通の回路 alternative circulation」をつくろうとする資本主義批判の思想的伝統は、ワーカーズ・コレクティブのなかにも継承されている。それだけでなく、従来型の公共団体——すなわち本書では官——によって独占された公的セクターに対する批判をともなっていた。ワーカーズ・コレクティブの理論的指導者のひとり横田は「税金資本セクターと産業資本セクターに対し、参加型システムによる市民資本セクター」をつくりだすことを意図しており、その結果として「三セクターの相互牽制関係をつくり社会制御する」[横田 2002: 277]という遠大な目標を掲げる。以上のように日本のワーカーズ・コレクティブは、その実態に比べて過大な期待を背負わされてきた。

ワーカーズ・コレクティブそのものの出自は、福祉とは無関係である。初期のワーカーズ・コレクティブは、総菜、リサイクル、編集、配送などの生協の業務委託から始まった。佐藤慶幸グループの事例研究[佐藤 1988; 佐藤・天野・那須 1995]で有名になった生活クラブ生協神奈川のワーカーズ・コレクティブ第一号、「にんじん」(八二年設立、企業組合法人格取得)は、生協のデポ(消費材の保管や集配、店頭販売などをおこなう店舗)の業務委託から始まったものだし、もうひとつ、天野正子の事例研究で有名な「凡」(八四年設立)は、食材加工の企業組合である。もともと食材の共同購入を目的とする購買組合だった消費者生協が、福祉を事業化するまでにはいくらかの時差があった。

福祉サービスを事業化した福祉ワーカーズ・コレクティブが成立したのは横浜市の「サービス生産協同組合グループたすけあい」(八五年設立)が最初である。次いで川崎市に「サービス生産協同組合たすけあいだんだん」(八六年設立)が設立された。

生協の福祉活動のパイオニアには、先に紹介したコープこうべのくらしの助け合い活動がある[朝倉 2002]。一九四九年、組合員の互助会である「家庭会」から派生して、家事サービスグループとして「四つ葉会」が誕生した。六二年に灘生協と神戸生協とが合併してコープこうべがスタートするのにともなって両者の「家庭会」も合併した。六九年には生協内に福祉文化事務局が設立され、組合員の福祉は生協の事業のひとつとなった。八三年には「くらしの助け合いの会」が発足しており、神奈川の福祉ワーカーズ・コレクティブの成立と、ほぼ時期を同じくしている。その背後に高齢化にともなう組合員家庭の家事援助と介護ニーズがあったことが、朝倉によって指摘されている。「助け合い活動」の名の通り、組合員の互助を目的として、奉仕会員、(被)援助会員がともに登録し、有償ボランティア活動をおこなうものであった。八三年当時で登録会費が年一〇〇〇円、二時間一単位の活動に対する謝礼が七〇〇円、交通費は(被)援助会員の実費負担、謝礼は全額(被)援助会員から奉仕会員にわたすしくみだった。

生協の福祉活動には、以上のふたつの系譜、ワーカーズ・コレクティブ型と組合員互助型(有償ボランティア型)とがある。同時期に成立していながら、前者と後者とのあいだにある違いは、ワーカーズ・コレクティブの活動が「経済行為」であることに対して、後者はあくまで「組合員活動」の一環としての助け合いボランティアであることである。

有償ボランティアとは奇妙な概念である。有償だがボランティアであることは「くらしの助け合いの会」の「奉仕」という用語法にもあらわれている。謝礼はあくまで「謝礼」であり、「賃金」でも「報酬」でもない。しかも謝礼の水準は地域最低賃金をはるかに下回っており、「奉仕の心」がなければやっていけないレベルに抑制されていた。❖4

他方、ワーカーズ・コレクティブは、賃労働であることを否定するために「賃金」という用語を採用しないが、サービスと貨幣との交換についてはもっと自覚的である。「利用者」、「利用料」、「報酬」という用語法のなかにも両者の違いがあらわれている。だが、奇妙なことにワーカーの「報酬」はほとんどの場合地域最低賃金をわずかに下回る程度に設定されており、労働者の「賃金」とは差別化されている。ワーカーズ・コレクティブの「ワーカー」という用語はもともと、「労働者」という意味だが、「雇用者」でないことはたしかだとしても、ワーカーズ・コレクティブの担い手が

❖4 有償ボランティアのなかには、時間貯蓄やローカルマネー方式のシステムを採用するところもあり、いずれも「市場交換」から差別化する意図をはっきり持っていた。

自分たちを「労働者」と見なしているかどうかは疑わしい。「ワーカーズ・コレクティブ」を翻訳せずにカタカナことばのまま流通させたことにも、「労働」と「労働者」という概念を忌避する担い手の戦略が働いていたといえるかもしれない。

7 ワーカーズ・コレクティブの成長

ワーカーズ・コレクティブのパイオニアである生活クラブ生協神奈川の事例に戻ろう。八七年に生協傘下の家事介護ワーカーズ・コレクティブが二団体設立、八八年には福祉クラブ生協設立趣意書がつくられ、準備期間を経て八九年に一〇二〇名の賛同を得て設立総会を開催、同年に神奈川県から生協として認可を受けた。その後ワーカーズ・コレクティブの団体数もメンバー数も拡大し、二〇〇八年度実績で団体数八一、メンバー数二六一八、総事業高約三八億円、福祉事業に限れば約七億円にのぼる事業体となった。二〇〇〇年の介護保険施行以後は、三四団体から八年間で八一団体へと急増。それ以前の一一年間の伸び率と比べて、急速な伸張を示している[5]【図15】。

生活クラブ生協千葉も九州のグリーンコープも、神奈川の経験を参照しながら、それとの距離をはかりつつ独自の展開を遂げてきているが、その戦略はそれぞれの生協の設立年度や成熟度によっても影響を受けている。またワーカーズ・コレクティブ活動がどの歴史的時点で始まったかによっても違ってくる。

千葉と九州についても簡略に経過を追ってみよう。

生活クラブ生協千葉は七六年設立。九四年からワーカーズ・コレクティブによるホームヘルプ事業を開始、九五年実績で一三事業所、利用時間二万一三三八時間、事業高五二〇〇万円だったものが、介護保険直前の九九年に二一事業所、事業高約二億五〇〇〇万円に。介護保険施行後の二〇〇五年には一一事業所、事業高七億九〇〇〇万円へと急成長している[6]【図16・17】。九九年から二〇〇〇年にかけて事業所数が半減しているのは、先述したようにワーカーズ・コレクティブを解散して直営ステーション化するという大胆な経営改革がおこなわれたせいであり、事業所数は減っても、事業高は順調に伸びている。

九五年には八街《やちまた》市に高齢者福祉施設「風の村」(特別養護老人ホーム定員五〇名、ショートステイ定員七名、デイサービスセンター、居宅介護支援事業所併設)の建築準備がすすみ、その開設を射程に入れて、社会福祉法人格の取得をめざした。九八年に社会福祉法人「たすけあい倶楽部」を設立、そのもとで「風の村」は二〇〇〇年オープン、介護保険施行に先行して開設された先駆的なユニットケア施設として全国的に有名になった。社会福祉法人「たすけあい倶楽部」は、二〇〇四年には社会福祉法人「生活クラブ」と改称して、生協から「たすけあいネットワーク事業」を切り離す「分離・統合」を実施。生活クラブ・千葉グループは、食の生活クラブ生協千葉と福祉の社会福祉法人生活クラブ、それに加えてボランティア活動を組織する生活クラブ・ボランティア活動情報センター（VAIC）の三本柱で構成されることになった。これには収益事業とそれ以外とを

❖5 生活クラブ生協神奈川関連の福祉活動の全貌は、本文でのべたとおり、各団体の自立性が高いためにつかめない。ここでは福祉クラブ生協に所属するワーカーズ・コレクティブに限定して出典から数値を図表化したが、これを見るだけでも事業の伸びがよくわかる。また介護保険事業高を相対的に抑えていることもわかる。

❖6 介護保険施行にあたって団体数が半減しているのは訪問介護ステーションに統合したためだが、九九年から二〇〇〇年にかけて事業高は急増しており、利用時間の八割を介護保険が占めている。

図15　福祉クラブ生協（生活クラブ生協神奈川の関連団体）1987 ～ 2003
（出典：福祉クラブ生協2005）

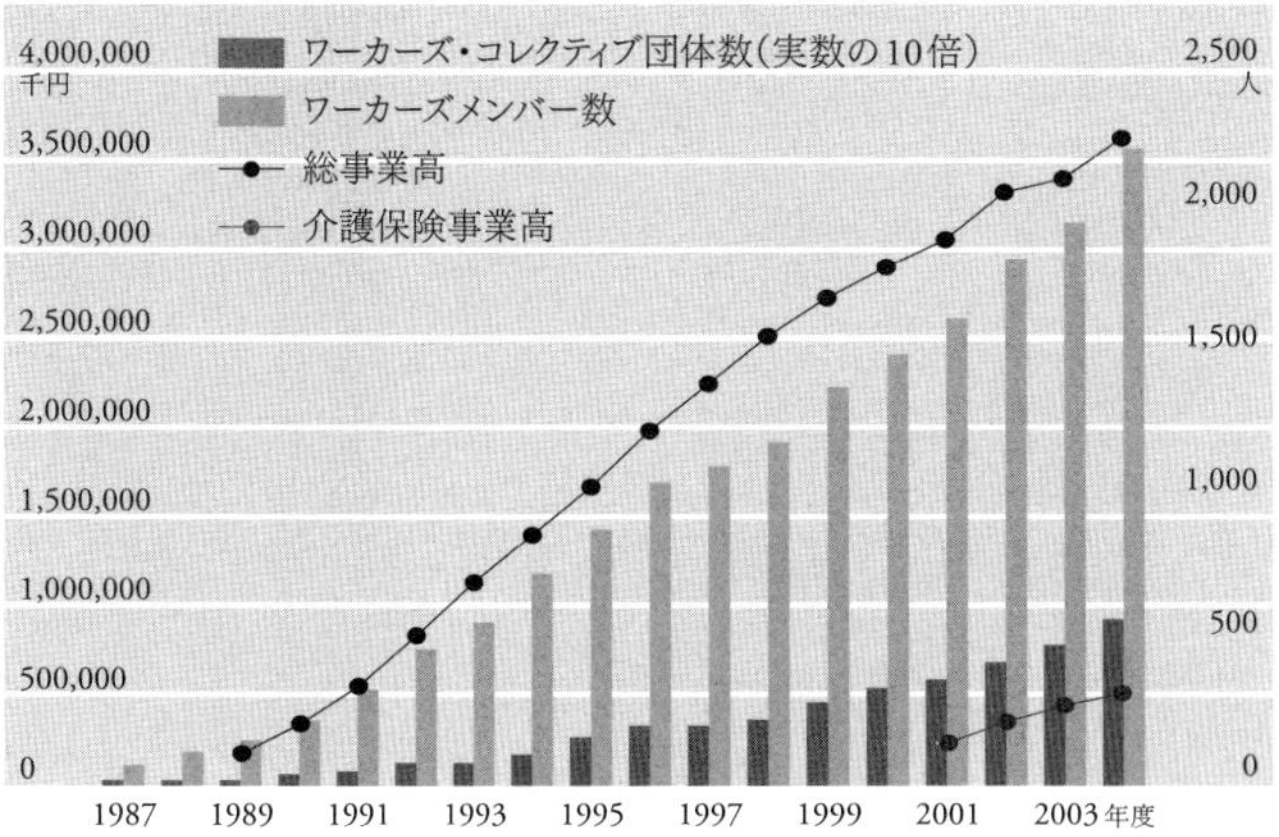

図16　生活クラブ生協千葉 1995～2005（資料：福祉クラブ生協千葉より提供）

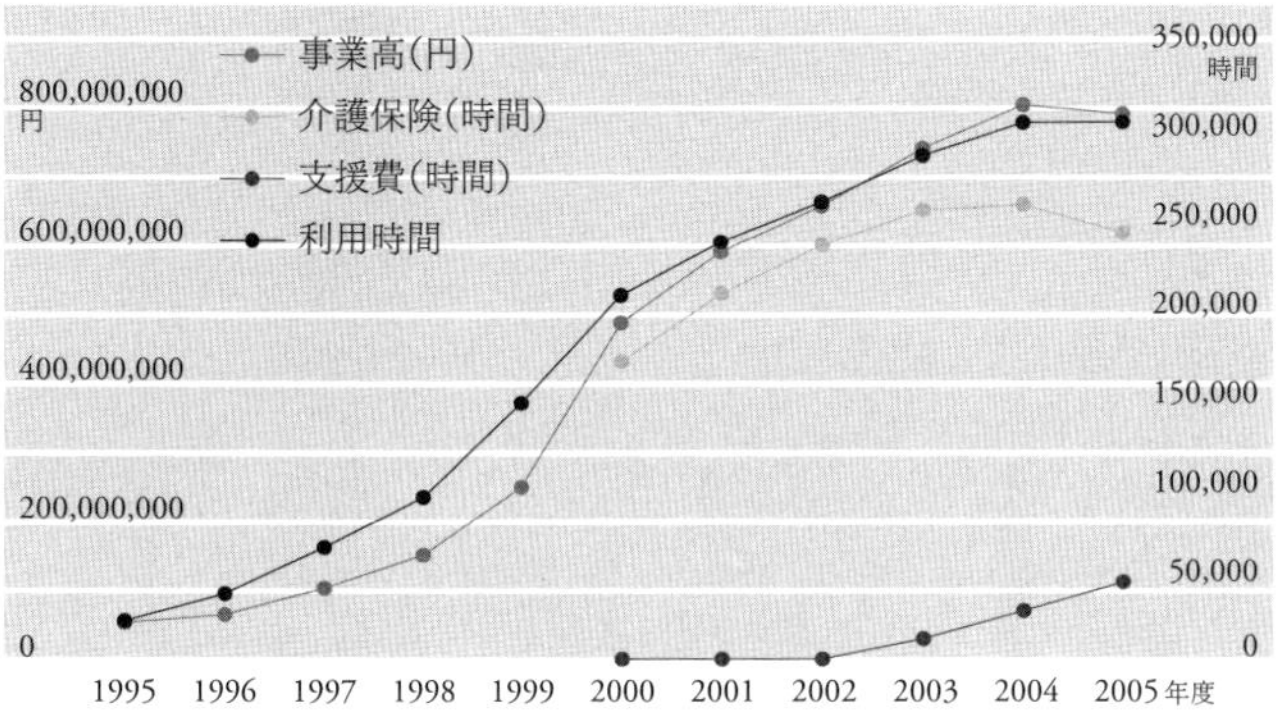

図17　生活クラブ生協千葉　事業所数

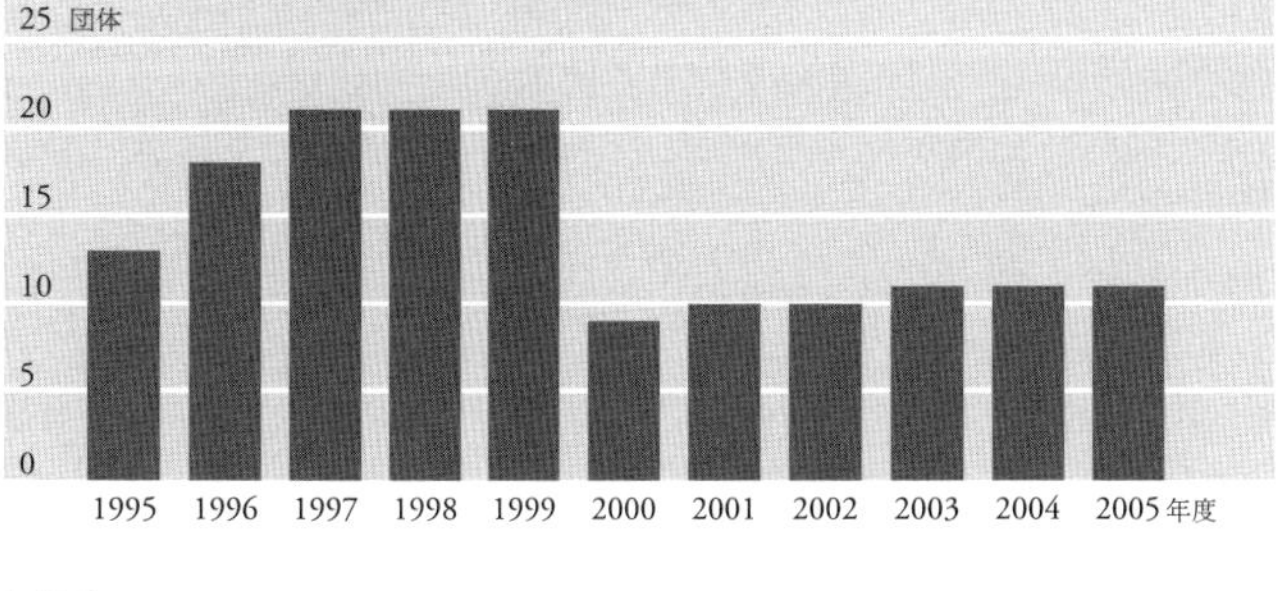

分離し、生協の経営権を強める池田の経営戦略が働いている。先行の神奈川の事例を「反面教師」として学んだ千葉の選択の結果と考えられるが、それについては後論しよう。

九州のグリーンコープ連合は、九州、山口、広島にまたがる一四の地域生協の連合組織であり、本部は福岡に置かれている。一九八八年設立と、比較的若い生協であり、高齢化に悩む他の老舗生協と比べると組合員の年齢構成も比較的若い。グリーンコープ連合は以上の先行例をにらみながら、さらに自覚的な戦略を採用してきた。九四年にグリーンコープ福祉連帯基金を設立。すべての組合員から毎月一〇〇円の無償の供与を受けるという基金の設立は、二年以上かけて組合員の激論を経て組織決定された。その組合員拠出金に加えて、共同購入における値引き分、共済事業手数料収入を原資として、約四億円からなる基金のプールができたのである。これは、ワーカーズ・コレクティブを設立するための創業支援システムとなり、また地域に施設展開していくための初期投資の資金となった。そのねらい通り、九五年にふたつの団体が産声をあげたあと、介護保険前夜の九九年末までに五四団体、メンバー一五九二、利用時間一七万一四六〇時間にのぼっている[7]【図18】。二〇〇三年には社会福祉法人「煌《きらめき》」を設立。法人化してからの実績は、「煌」傘下の団体だけで二〇〇五年度で三一団体、メンバー二一三六人、利用時間六一万四〇〇〇時間、事業高九億六〇〇〇万、うち介護保険事業が八億円にのぼる。「煌」に加入していないワーカーズ・コレクティブを含めて、介護保険後のワーカーズ・コレクティブの団体数、ワーカー数、事業高の推移は図19のとおりである[8]。団体数が減少しているのは、グリーンコープ・ブランドのもとで訪問介護事業を統合するにあたって地域再編をおこない、ワーカーズ・コレクティブの統廃合を実施したためである。いずれの場合も事業高は順調に伸びているから、一団体あたりの事業高は増えていることになる。

介護保険は、採算性のある事業を可能にすることで、福祉NPOに大きな変化をもたらしたように、福祉ワーカーズ・コレクティブにも変容をもたらした。その変化を論じるにあたって、介護保険前夜のワーカーズ・コレクティブについて、まず変化の前のその実態を把握しておこう。

8 介護保険前夜のワーカーズ・コレクティブ

設立年度やワーカーズ・コレクティブ活動のスタート時期に若干の時差はあるが、多くの福祉ワーカーズ・コレクティブが八〇年代から九〇年代にかけて成長した要因には、ケアをめぐる需要と供給の大きな変貌がある。別の言い方をすれば、受け手の側のニーズの拡大と、担い手の側のサービス(労働)の供給とに、大きな社会史的な変化があったといえる時期に、ワーカーズ・コレクティブは急成長したのである。

このうちニーズの変容については、5章で高齢社会化の進展を論じたように、日本は一九七〇年に人口高齢化率七%の「高齢化社会」に突入し、九四年に高齢化率一四%の「高齢社会」の段階に入った。八三年に「高齢化社会をよくする女性の会」(九四年に「高齢社会をよくする女性の会」と改称)が発足、八〇年代には主として中高年女性にしわよせされる家族介護の負担が、ようやく社会問題化されつつあったことはすでに述べた。

図18　グリーンコープ連合1996〜1999
(出典:グリーンコープコープ2000、
東京大学社会学研究室・グリーンコープ福祉連帯基金2001)

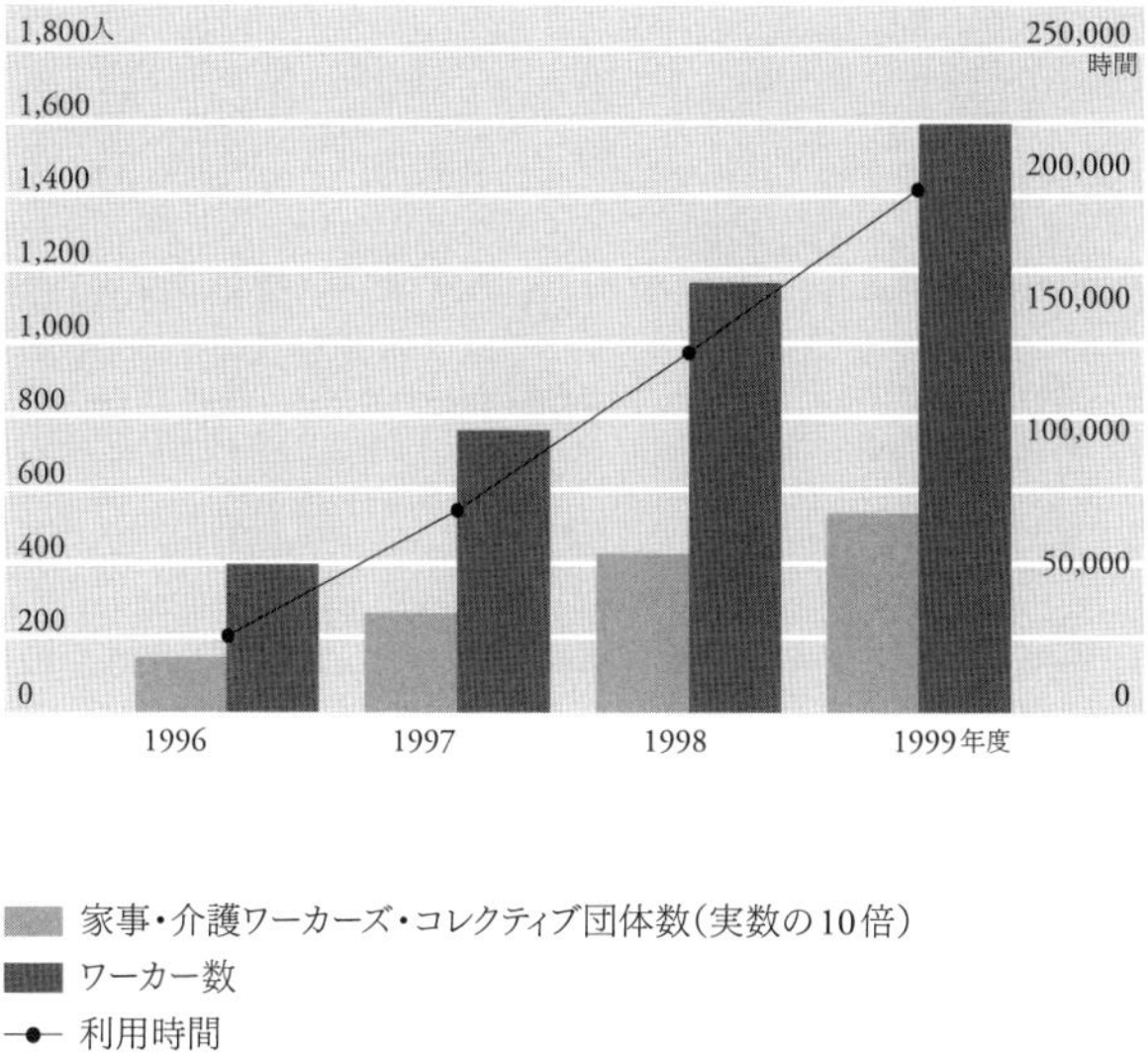

図19　グリーンコープ連合2000〜2005
(資料:グリーンコープ連合より提供)

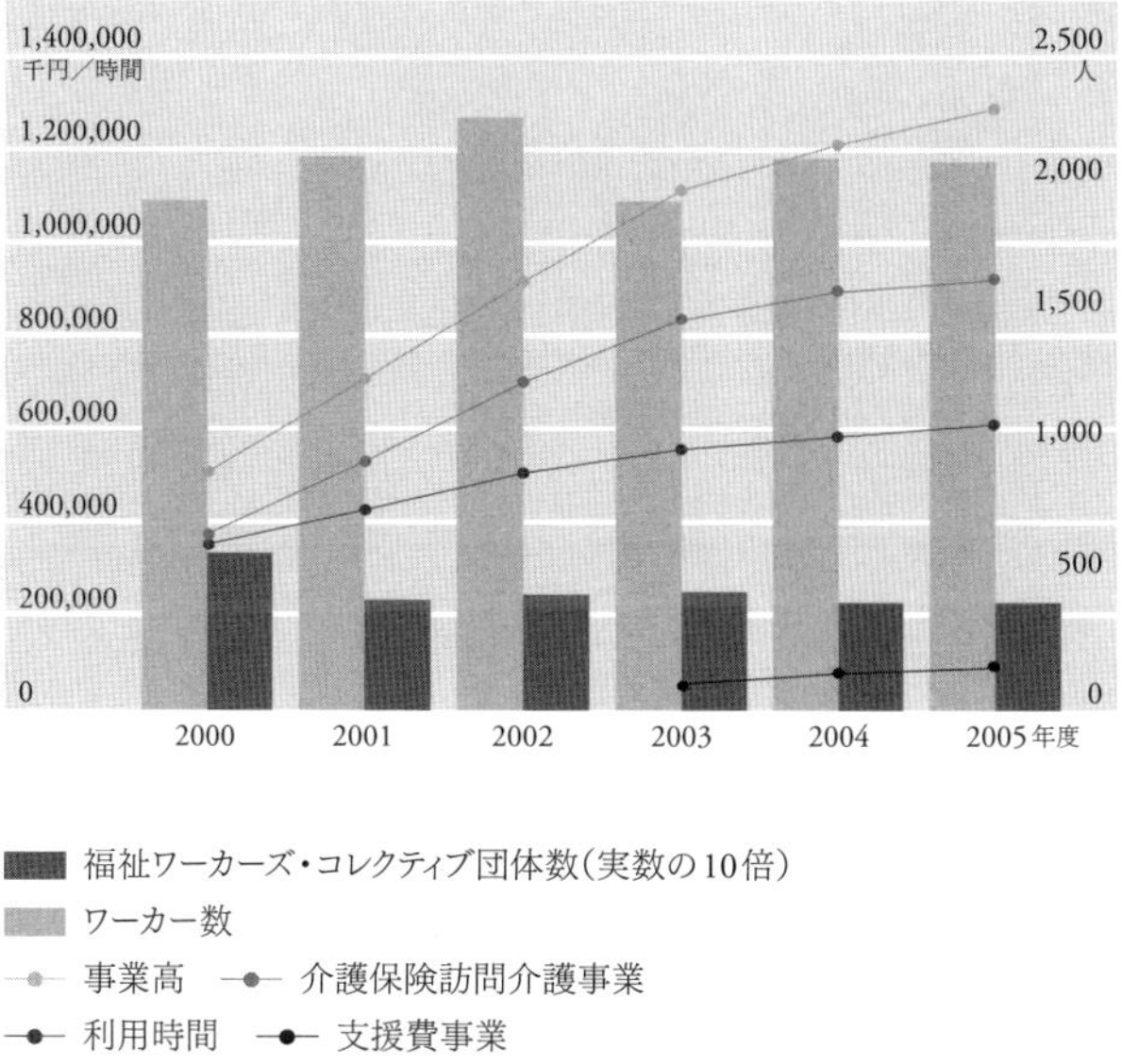

❖7 ワーカーズ・コレクティブには介護に直接関係する家事介護ワーカーズ・コレクティブの他に、子育て支援、配送、店舗、総菜、食事ワーカーズ・コレクティブがあり、本書ではこのうち家事介護ワーカーズ・コレクティブのみを扱う。

❖8 社福法人「煌」に加盟していないワーカーズ・コレクティブもあるため、グリーンコープ連合傘下にあるすべてのワーカーズ・コレクティブ団体数、ワーカー数を示した。介護保険施行後順調に事業高は伸びており、その伸びを介護保険事業が支えていることがわかる。

他方サービス（とその提供者）の供給の変容についてはどうだったろうか。

生協傘下のワーカーズ・コレクティブの発展については、生協組合員の九九%が女性であり、その大半が既婚者であるという事情を抜きに考えることはできない。女性が担い手の大半を占める組織でありながら、同時期に社会的な影響力を持ったフェミニズムと無縁な運動であったとよく批判されるのは、組合員女性の生協加入動機が、主として妊娠や出産をきっかけとする「食の安全」への志向によっており、性別役割分担のもとで妻＝母役割を遂行することを目的とする生活保守主義を前提にしていたことを考えると、少しも不思議ではない。また同時期の流通革命のもとにおいて、生協がスーパーマーケット並みの「価格破壊効果」を持つことも、またそれをめざすこともなかったことを思えば、生協の組合員とは「食の安全」に付加価値を見いだすことのできる、意識と経済階層の高い人々であった。

先行研究によれば、生活クラブ生協神奈川の組合員の学歴・経済階層は、同地域の女性の平均を上回っていることがわかっている。八四年に組合員五八五人を対象にした調査によれば［佐藤 1988: 300-302］、中心的な年齢層は三〇〜四四歳で合わせて六六・九%、全体の六〇・三%が一二歳以下の子どもを持ち、専業主婦率は六六・五%。世帯年収は六〇〇万円以上が五五・〇%、うち生協の役職経験者では一〇〇〇万円以上が一九・八%もいる。居住年数は一〇年以上が組合員全体で三二・三%、役職経験者に限ると五一・一%、持ち家率も六割と高い。本人学歴は短大・高専以上が四三・九%、大卒に限ると二一・一%。同世代の女性の学歴平均と比べても相対的に高い。夫の学歴も「大卒以上」が六割を占めており、職業は「大企業の中間管理職」が多い。調査から得られた組合員の平均的なプロフィールは「東京近郊の住宅地に住む、ホワイトカラー・サラリーマンを夫に持ち、子育て真っ最中の、あるいは子育てから解放されつつある、比較的学歴の高い主婦」［佐藤 1988: 309］というものである。これには神奈川という地域の特殊性も指摘することができるだろう。全国四七都道府県のうち既婚女性の無業率、いいかえれば専業主婦率がもっとも高いのが神奈川県だからである。

生協組合員のうち、ワーカーズ・コレクティブ活動に参加しているメンバーの学歴・経済階層は、一般組合員の平均をさらに上まわっていることも調査から明らかにされている［佐藤 1988］。

女性の社会史的変貌にとって八〇年代前半は重要な画期をなす。というのは、八三年に既婚女性の有業率が五割を超し、専業主婦が少数派に転じたからである。先述したように、神奈川で全国初のワーカーズ・コレクティブ「にんじん」が誕生したのが八二年。神戸で「くらしの助け合いの会」がスタートしたのが八三年。そして「高齢化社会をよくする女性の会」が発足したのも八三年である。この時期に生協がワーカーズ・コレクティブや有償ボランティア活動に吸収した人々は、既婚女性の職場進出が雪崩をうってすすむ時代に、無業のままにとどまった女性たちであった。

「女の時代」と謳われた「女性の職場進出」なる社会現象の実態が、子育て期を終えた既婚女性の周辺労働力化であったことは、今日ではよく知られている。たしかに中高年女性の雇用機会は拡大したが、その労働条件は低賃金・不安定雇用の非正規労働であった。二〇〇〇年代の今日、ことあたらしく「労働格差」が問題視されているが、同じような労働に従事しながら合理的な根拠のない差別的処遇による「格差」は、すでに八〇年代当時から明らかだった。大沢真理[1993]はそれを「身分差別」とはっきり呼ぶ。時給七〇〇円、月収八万円のパート労働者の妻と、年収五〇〇万円の正規雇用者の夫とでは明らかに経済階層の上では「地位が違う」のだが、この「身分違いのカップル」は、ジェンダーによって「自然化」されていた。つまり労働現場でどのように差別的処遇を受けていようとも、妻の経済階層は夫の経済階層に帰属すると、本人のみならず階層理論もそう見なしてきたのである。逆にいえば、非正規雇用の正規雇用との「格差」が社会問題化されるようになったのは、それが脱ジェンダー化された、すなわち若年男性の参入によって「男のあいだの問題」になってのちのことである。それまでは「働いても働いても自活できるだけの給与がもらえない」ワーキング・プアの水準は、そのまま中高年女性パートの給与水準だった。彼女たちが離婚してシングルになれば、たちどころに貧困ライン以下に転落する現実が待っていた。シングル・マザーが顕在的ワーキング・プアであるのに対し、パート就労の主婦は夫に経済的に依存するほか生きていくことのできない潜在的ワーキング・プアだったのだが、誰もそう呼ばなかっただけである。

こういう時代を背景に、無業のままにとどまった既婚女性とはどういう人々であったのだろうか。各種のデータが明らかにするのは、女性の就労の主要な目的は経済動機であり、経済動機がなければ女性の多くは就労を選ばないことを示している。日本人の経済五分位階層別妻の有業率は、経済階層と有意に相関しており、夫の所得の高い妻ほど無業率が高い。つまり八〇年代前半以降、専業主婦であることは、相対的に優位な経済階層に属することの指標となった。

だが既婚女性が「無業のままにとどまる」とは、「家庭にとどまる」ことを少しも意味しない。彼女たちが専業主婦にとどまったのは、家事専業ではなく、趣味や活動に専業する自由を確保するためだったという観察から「活動専業・主婦」という造語が生まれた。[❖9] ワーカーズ・コレクティブに参加した生協組合員女性とは、同世代の既婚女性たちが大挙して周辺労働力市場に入っていくのと同時代に、そうしないですんだ相対的に豊かな階層の女性たち

❖9「活動専業・主婦」という卓抜な造語をしたのは芝実生子である。金井淑子がこれに注目して自らの著作で拡めた。

であった。彼女たちは「おカネのため」ではない「新しい働き方」を選んだが、「新しい働き方」とは、家計を維持しなくてはならない彼女たちの夫やシングル・マザーには許されない、ゆとりの産物だった。

そう考えれば、有償ボランティアの「奉仕」に対するいちじるしく低い「謝礼」の額も理解できるし、ワーカーズ・コレクティブの低報酬の謎も解ける。「地域最低賃金よりわずかに下回る報酬水準」は、経済動機で就労する層をスクリーニングする効果がある。当事者たちがそう意図したかどうかは別として、彼女たちは市場労働と差別化するために、自ら低い報酬を選んだことになる。❖10

経営サイドから見れば、生活クラブなど一部の生協がワーカーズ・コレクティブを推進したのと同時代に、日生協系の生協はパート労働を導入した。彼らがそれを意図したかどうかは別として事後的に判定すれば、生協における経営の合理化を、生活クラブ系生協はワーカーズ・コレクティブ方式で、日生協系生協はパート労働で、それぞれ達成したといえる。ワーカーズ・コレクティブ労働と非正規雇用とは、労働力の柔軟化のふたつの選択肢であった。この違いにも階層差が関係していたと考えられる。

八〇年代は流通業においても、労働の柔軟化が急速にすすんだ時代であった。流通革命とコスト削減の名のもとに、大型小売業がパートタイム労働者の導入という雇用の柔軟化を図っていたのと同じ時期に、多くの生協も流通業界に追随した。生協へのパート労働者の導入である。パート賃金差別は、男性稼ぎ主型の賃金体系から理論的かつ実践的に帰結する性差別賃金である。世帯主男性を対象とする家族給システムが性差別賃金の原因であり結果であることは、家父長制のジェンダー分析からすでに明らかだから、他の民間営利企業と同じく、生協も家父長的な性差別賃金を採用したことになる。初期の理論的指導者が学生運動や労働組合運動の出身者だった事情で、生協では専従労働者の労働組合が比較的強く、労働者の権利を重視する傾向があった。生協は、その大半が女性だった非正規労働者の犠牲のもとに、専従職員つまり男性正規雇用者の利益を守ったことになる。もちろん男女平等を設立理念や組織目標としない生協が、家父長制賃金を採用することをさまたげる理由はない。また、女性組合員たちがパート賃金差別に対してとりわけ異議を申し立てたということもきかない。主として女性を担い手とする生協にある、性差別への「感度のにぶさ」［天野正子］［佐藤・天野・那須 1995: 61］はここにも明らかだ。

だが同じ時期に生活クラブ系生協は、パート労働化を選ばなかった。ワーカーズ・コレクティブ方式の採用は、高学歴だが他に雇用機会のない中高年の女性層に、パート以外の就労の機会を提供することとなった。店舗管理や総菜づくりのような仕事は、理念への共感、経営参加や自己決定という「働き方」のスタイルを除けば、一般の中高年女性に開かれたパート職と労働の内容や条件において大きな違いはない。高学歴・高経済階層の担い手たちが、パート職同然の非熟練の現業職に進出したのは、「ワーカーズ・コレクティブ」という理念先行型のキーワードがなければありえなかっただろう。ワーカーズ・コレクティブの「パートよりわずかに下回る程度」の低賃金は、パート職と差別化するための、彼女たちの「プライドの値段」だった。他方、生協にとっては、委託契約の名の下における生協業務のアウトソーシングとワーカーズ・コレクティブの導入は、結果として経営合理化として機能したのだから、生活クラブ系生協は、高学歴でモチベーションが高く低賃金の労働力を、しかも経営コストの負担なしで採用することができたのである。

❖10 この労働の差別化と階層性については、上野［2006b］、榊原［2003］を参照。

第12章

福祉ワーカーズ・コレクティブ
グリーンコープの

1　はじめに

わたしを生協福祉の研究へと導いたのは、グリーンコープ連合のワーカーズ・コレクティブの女性たちである。

グリーンコープ連合が一九九五年に福祉連帯基金を立ち上げるにあたって、わたしに講演依頼がきた。九州に拠点を置くグリーンコープ連合は、先行する生活クラブ生協系の福祉事業をにらみながら、独自の経営戦略を考えてきた。そのひとつが、ワーカーズ・コレクティブの創業期支援を可能にする福祉連帯基金の設立である。全組合員から毎月一〇〇円の寄付を集めて、他に仕入れの還付金などを加えて初年度原資四億円の基金を設立しようという計画は、総代会で提案されてから末端の班会議、各種の機関会議を経て、最終段階に入っていた。月に一〇〇円といえども年間一二〇〇円、神奈川と違って組合員の多くが地域平均の世帯と大して変わらない経済階層に属しているグリーンコープでは、何のために無償でおカネを拠出しなければならないかをめぐって組合員のあいだで激論が闘わされていた。その最終段階の立ち上げにあたって、なぜそれが必要かという組合員向けの講演でエールを送ってほしい、というのが依頼の内容だった。わたしは事情をただちに理解し、彼女たちの要請に応えた。その講演録が残っている[上野 1997]。二会場を使って終日行われた講演会シリーズは、会場のあいだをバスで聴衆が移動し、一言も聞き漏らすまいとする熱気にあふれたものだった。

基金立ち上げ後の初年度にワーカーズ・コレクティブ二団体が産声を上げた。その後、九九年の介護保険前夜までには四七団体にまで育っていた。連帯基金からは、すべてのワーカーズ・コレクティブに対して無条件で年間六〇万円の助成金が支出され、これが創業支援効果を持った。また四億円規模の原資は、ワーカーズ・コレクティブが訪問介護事業からデイサービス事業へと展開するに際して、初期投資の潤沢な供給源となった。生協がインフラに投資し、各ワーカーズ・コレクティブが委託契約を結べばよかったからである。志は高いが足腰の弱い市民事業体にとって、初期投資のリスクがなく、ランニングコストだけを考えていればよいというのは有利な条件だった。この経験を通じて、わたしは生協がワーカーズ・コレクティブに対して果たしたこの創業支援の役割を、「公益」団体である官セクターが市民事業体に対して担うべきだと強く感じるようになった。

介護保険が始まる前に、保険指定事業所に参入するか否かをめぐって各ワーカーズ・コレクティブが議論を重ねていた当時、ワーカーズ・コレクティブ連絡会のメンバーからわたしにあてて、グリーンコープ連合福祉連帯基金の顧問になってほしい、という依頼がきた。なぜ上野に、といぶかったが、ただの名前だけの顧問でなく、彼女たち自身が自分たちの問題解決のための自己分析に乗り出すつもりならそれに伴走しよう、と引き受けたのが、本書のもとになった研究のきっかけであった。時は介護保険前夜、この誰もが経験したことのない歴史的な変化を目前にして、福祉ワーカーズ・コレクティブが介護保険後を生き抜いていけるかどうか、という問いがかかっていた。

そのとき、わたしを東京までわざわざ説得にきたワーカーズ・コレクティブ連絡会の三人の女性が、わたしに言った説得のことばを忘れることができない。彼女たちはこう言ったのだ。

「(生活クラブ生協)神奈川でできることは神奈川でしかできません。でも、九州の地方都市で成功する事業なら、日本中、どこへでも持って行けます」

わたしはこのことばに心を摑まれて、彼女たちに協力を約束した。先にも触れたことだが、神奈川は特殊な地域特性を持ったエリアである。全国四七都道府県のうち、既婚女性の無業率(つまり専業主婦率)が一位、ということは既婚男性の雇用者率も高いことを意味する。住民の学歴も経済階層も全国平均より高い。それに加えて、天野らの調査によれば、生協組合員の学歴・経済階層が、県民平均より高いばかりでなく、ワーカーズ・コレクティブのメンバーの学歴・経済階層はさらに高い。つまり、高学歴・高経済階層で食材の安全という付加価値におカネを支払う意識と余裕を持ち、時間資源にも余裕のある女性たちが、ワーカーズ・コレクティブの担い手であることがわかっていた。このワーカーズ・コレクティブの供給源にあたる女性層が、神奈川には集中しているという地域特性が、神奈川の生協活動を支えていた。だが、神奈川を離れたら日本の多くの地方はそうでない。日本のどこにでもある地方都市で、平均からとびぬけているわけではない女性たちが担い手となって、持続可能なビジネスモデルを作りたい、という彼女たちの熱意に、わたしは説得されたのである。

2　アクション・リサーチという手法

分析に入る前に、この調査研究の独自の手法について一言しておきたい。調査に際して採用したのがフェミニストのアクション・リサーチの方法である。女性が自分自身の課題を解決するために、運動から調査を生み、調査から運動を生む方法、今なら「当事者研究」と言ってよい。

調査の経緯を述べると、九八年にグリーンコープ福祉連帯基金のもとでワーカーズ・コレクティブ研究会を設立し、そのなかから研究者と担い手とからなる計一二名のワーキング・グループを立ち上げた。内訳は社会学の研究者が上野(福祉連帯基金顧問・当時)を含めて四名、グリーンコープ連合傘下の地域生協の現役の理事長および副理事長が計四名、ワーカーズ・コレクティブ代表が二名、グリーンコープ福祉連帯基金理事会室に勤務する組合員事務局員が二名である。ワーカーズ・コレクティブ代表および組合員事務局担当者はいずれも地域生協の理事または理事長経験者である。したがってこの構成は、グリーンコープ連合で福祉ワーカーズ・コレクティブ活動を牽引してきた現役のリーダー層であったといえる。活動の担い手が自らを研究対象とするという自己言及的調査方法を採用したために、まず第一段階として、ワーキング・グループのメンバーを調査者として研修するところから始まった。調査設計をやりながら、フィールド調査におけるインタビュー手法に始まり、一次情報の収集と分析の手法を習得し、調査のノウハウを獲得することと調査の実施を同時並行的にすすめた。わたしはいまでも確信しているが、現場情報を持っている人々が調査のノウハウを獲得するほうが、調査スキルを持った専門家が現場情報の収集にのりだすよりも、はるかに効率がよいだけでなく、質の高い調査研究ができると思う。

これは運動の担い手自らが研究者と共同して、自らの課題を理論的・実践的に解決していくことをめざす「アクション・リサーチ action research」と言われる方法である。したがって研究には当事者性が問われ、研究の帰結がすぐさま実践へとフィードバックする点で、「第三者性」を標榜するいわゆる「客観的・中立的」な調査研究とは違う。調査対象に大きな負担のかかるフィールド研究や事例研究では、「誰のための」「何のための」調査かがつねに問われてきた。調査結果は研究者に領有され、結局学会での業績競争の資源となるだけという批判も聞かれてきた。だが、アクション・リサーチでは、当事者が自らを研究対象とするという自己言及的調査方法を採用することで、調査結果のフィードバックを直接的に当事者に返すことが可能となる。研究の「第三者性」よりは「当事者性」を重視するのは、(1)問題はつねに現場で発見されるだけでなく、(2)研究は研究対象の利益へと還元される必要がある、という方法上・調査倫理上の合意を参加者が共有していたからである。したがって研究対象とした事業の「当事者性」だけでなく、研究そのものの「当事者性」も担保されることとなった。

この共同研究の「当事者性」は調査にいちじるしい利益をもたらした。それは調査対象であるグリーンコープ連合に属する各種団体が、煩瑣で負担の重い事例調査に全面的に協力してくれたことである。その効果は分析の結果から明らかになるが、同時に調査対象との距離が近すぎることにともなう制約も受けることとなった。すなわち、対象にとってポジティブな情報しか入りにくいという限界である。その限界を避けるための工夫も凝らした。たとえば、事例調査にあたってワーカーズ・コレクティブの代表および中核メンバーのインタビューに加えて、周辺的なメンバーや離脱したメンバーのインタビューを実施した。

この限界はとりわけ利用者調査にあたって顕在化した。というのは、面接に応じてくれる利用者は、(1)結局利用者としてとどまることで事業者を選択している人々であり、また(2)事業者を通して紹介を受けたために事業者と関係のよい利用者に限定されたからである。だが、すでに7章で述べたように、ケアサービスの「利用者満足」はあてにならないことが多い。その限界を克服するために、地域で競合する他の事業体やケアマネジャー、行政の関係者の証言を参考にした。ここでは以上の利点と限界とに留意しつつ、分析を加えたい。

3 ワーカーズ・コレクティブの担い手たち

グリーンコープのワーカーズ・コレクティブの担い手は、どんな女性たちだったのだろうか？　介護保険導入前にさかのぼって、そのプロフィールをスケッチしてみよう［グリーンコープ福祉ワーカーズ・コレクティブ研究会 2000］。

一九九九年の時点で全四九家事介護ワーカーズ・コレクティブに所属する全登録ワーカー一三一〇人を対象に、年齢、性別、婚姻関係、家族構成、職業、資格、収入、生協活動歴、介護経験等について、質問紙調査をおこなった。有効回答数六六七、回収率五一％。

調査の結果明らかになったワーカーズ・コレクティブのメンバーのプロフィールは次のようなものである。調査ではワーカーズ・コレクティブの代表、中心メンバー二種（副代表およびコーディネーター）、一般メンバーの差に注目して、対象を計四つの集団にカテゴリー化した。

ワーカーの平均年齢は四六・一歳、代表の平均年齢は四八・五歳、年齢構成では三〇代が二一・八％ともっとも多い。その九九・六％を女性が占め、既婚率は八八％。首都圏の生協では見られない配偶者との死別・離別者のワーカーが活動していることが特徴である。[❖1] 三世代同居率は二九％、子ども数は平均二・一五人とこれも全国平均より多い。末子年齢が六歳未満のワーカーが一五％近くいることも、他の老舗生協にはない特徴である。

この年齢構成は、ワーカーズ・コレクティブの先進地、神奈川に比べて約一〇歳ほど若いが、その理由は(1)もともと設立年度が一九八八年と比較的遅く、組合員の年齢構成も相対的に若い成長期の生協であったことに加えて、(2)子育て年齢の組合員参加を戦略的にすすめるために九三年以降、組合員活動に託児をつける(これも子育てワーカーズ・コレクティブによって担われている)というしくみが効果をあげたことによる。

最終学歴は最も多い高卒が四九・一％、短大・専門学校卒の合計が三九・四％、大卒が九・七％。全国規模で見た同年齢の短大・専門学校卒の比率が三一％だから、やや高い。とりわけ代表は短大・専門学校卒が五五％、大卒が一〇・五％と高学歴である。配偶者の学歴は大卒が五三・〇％、代表に限ると八三・三％と群を抜いている。

現在の職業(ワーカーズ・コレクティブ以外の)はワーカーの有職率が三五・五％、うちパートタイム就労が二一・八％、代表の有職率は七・九％と激減するが、それはワーカーズ・コレクティブの代表の仕事が他の仕事と両立しがたいことを示す。過去の職業経験は全体で九五・九％だが、このうちフルタイム就労経験者は六七・四％、代表は七九・一％、副代表は八五・二％と高く、一般ワーカーは六六・一％である。

配偶者の職業は、会社員五七・三％、公務員一八・九％の合計でほぼ三分の二を占める。他に多い順に自営業七・九％、団体職員四・六％、会社役員四・六％。農業はほとんどなく、ワーカーズ・コレクティブのメンバーが、給与生活者の無業の配偶者という都市型のライフスタイルの持ち主であることが浮かび上がる。

配偶者の年収は六〇〇～八〇〇万円の層が最大で三〇・八％、八〇〇～一〇〇〇万円の層で一八・八％、一〇〇〇万円以上が一一・二％。代表に限ると年収一〇〇〇万円以上の配偶者が一五・二％にのぼるから、経済階層は比較的高く、彼女たちの動機が経済動機でないことは推定できる。

居住年数は一〇年以上が五七・八％、残りの四二・二％は一〇年未満だが、定住志向は七七・九％と高い。代表に限ると一〇年以上が七七・五％、定住志向は八六・八％とより高くなる。持ち家率は七五％、九州地区平均の持ち家率が六五％だから、これも相対的に高い。

興味深いのは副代表層である。一般ワーカーに比べて居住年数が低く、定住志向も低い(代わって定住志向を問う質問に対して「未定」という回答が増える)うえに、社宅を含む借家の比率が約三割と一般ワーカーよりさらに高い。他方、本人の学歴、フルタイム就労経験率は高く、配偶者の職業に「会社員」が他のカテゴリーよりも多い。このデータから推論できるのは、高学歴の転勤族の妻が、高いモチベーションのもとにワーカーズ・コレクティブに参加するが、今後の生活設計が立たないために代表の地位に就くことができず、副代表として人材活用されているという事情である。裏返しにいえば、副代表を除くワーカーズ・コレクティブのメンバーの多くは、比較的転勤圏の狭い給与生活者の妻と推定される。これは「活動専業・主婦」が、(1)夫の不在による昼間時間資源の持ち主であるという条件のみならず、(2)転勤が少ないという定住性のふたつの条件を満たしているというわたし自身の「女縁」研究[上野 1988; 2008]による発見にも符合する。

彼女たちの組合員活動歴はどうか。組合員比率は九六・一%、代表では一〇〇%である。この時点ですでにワーカーズ・コレクティブの加入資格に生協組合員であることは必須ではなくなっていた。この傾向は員外利用が可能になった介護保険以降にはさらに強まり、ワーカーズ・コレクティブのメンバーのなかには、自分の属する組織が生協と関係していることを知らない者もいる。理事長、理事、支部・地区委員、専門委員、組合員事務局員等の役員経験率も高く、全体で約三分の二、代表はほぼ一〇〇パーセント役員を経験している。役員歴の長さは代表で八〜九年、一般ワーカーで二〜三年、うち理事経験者は代表で三〇・八%、なかには理事長経験者もいる。生協以外の地域活動経験率も全体で八五%、代表で九五%と高く、ひとつの活動で活発な人材は他の活動でも活発であるというマルチな活動ぶりと、地域のキーパーソンとしての代表の姿がうかびあがる。ここから推測できるのは、生協の組合員活動で育った人材が、役員経験ののちに新たな有償の労働の受け皿としてワーカーズ・コレクティブを求めた、という経緯である。組合員活動で培われたリーダーシップは、ワーカーズ・コレクティブ代表としても活用されたことだろう。

興味深いのは彼女たちの介護経験である。介護経験率は全体で三五%、代表では六〇%。生活クラブ生協神奈川での九八年調査によるワーカーの介護経験率六・五%と比べてもその割合は高い。要介護者との続柄は、多い順に実母二〇・三%、義母一九・九%、義父一五・五%、実父一三・七%、配偶者は二・六%と少ない。介護期間は一年未満が三〇・九%、一年以上三年未満が三三・八%だが、五年以上も二〇%を占める。首都圏にくらべて、三世代同居率が高い地域特性があるだけでなく、同居の形態では妻方同居が二一%と高い割合を示している。九州のような男尊女卑の強いと言われているところでさえ、嫁としてだけではなく、娘としての介護負担からも女性が逃れられない現実が見えてくる。

4 ワーカーズ・コレクティブの参加動機

これらの女性たちは、どういう動機からワーカーズ・コレクティブに参加したのだろうか。上記のワーカー調査に加えて、二二ワーカーズ・コレクティブが把握している登録ワーカー(脱退

❖1 以下の首都圏との比較は佐藤[1988, 1996]、佐藤・天野・那須[1995]、天野[1997; 1999]による。

者を含む)全四二三名について、加入動機と脱退理由をアフター・コーディング(事後分類)で統計分析の対象とした。その結果は多い順に以下の通りである【図20】。(1)理念に賛同、(2)看護、保母、ヘルパー、ボランティア等の資格、経験を生かしたい、(3)空いている時間に仕事をしたい、(4)人や社会の役に立ちたい、(5)介護の仕事をしたい、(6)福祉への関心、(7)仕事をしたい、おカネがほしいなど。大別して「人助け志向」と「仕事志向」とのふたつに分かれる。

このデータの貴重なところは、脱退者の脱退理由の記録を含む点である。脱退理由のトップには、(1)他の仕事に移行、という理由がくる。他に多い順に(2)他のワーカーズ・コレクティブに移行、(3)転勤や転居、(4)仕事内容が合わない、(5)健康・身体上の理由、とつづく。さらに加入動機のうちどの動機をあげた人の脱退率が高いかというデータを加えると、「資格を生かしたい」「介護の仕事がしたい」「仕事したい、おカネがほしい」という「仕事志向」が鮮明な動機ほど、脱退者が相対的に多いことがわかる。ワーカーズ・コレクティブの脱退者は、「活動をやめた」わけではなく、「他の仕事にシフトした」のである。

ここからわかるのは、ワーカーズ・コレクティブという「働き方」が、子育てを終えた既婚女性にとって、比較的敷居の低い「職場復帰」のためのリハビリ期間となっている現実である。同じことをワーカーズ・コレクティブ側から見れば、ワーカーズ・コレクティブがボランティア志向のワーカーと仕事志向のワーカーとの選別のふるいとなり、より仕事志向の強いワーカーを他の事業者に奪われるワーカーの「草刈り場」になっているということでもある。

以上のワーカーのプロフィールを、面接調査にもとづく質的情報を含めながら再構成してみよう。この研究では、ワーカーズ・コレクティブの面接対象に、代表や中心メンバーのほか、周辺的なメンバーや脱退者も、意図的に調査対象に加えた。それというのもワーカーズ・コレクティブの先行研究は中心的な担い手が対象の場合が多いために、研究そのものがリーダー層の代弁と化す傾向があるからである。集団に対する関与の動機や濃淡の度合は人それぞれであり、集団目標と個人目標とが重ならない場合が多い。その点ではリーダーは、集団目標と個人目標とが一致する例外的な事例とも考えられる。したがって登録ワーカーとして働くが、生協への思い入れや集団へのコミットメントの相対的に少ないメンバーについても、面接を実施した。そういう一般ワーカーによっても、ワーカーズ・コレクティブ活動は支えられているからである。

ワーカーズ・コレクティブのリーダー(代表、副代表、コーディネーター)を生み出す層には、活動レベルの高い地域密着型の専業主婦(夫には公務員が多い)と、高学歴でフルタイム就労経験のある転勤族の妻というふたつの種類があり、前者は三世代同居にともなう介

図20　ワーカーおよび脱退者の加入動機

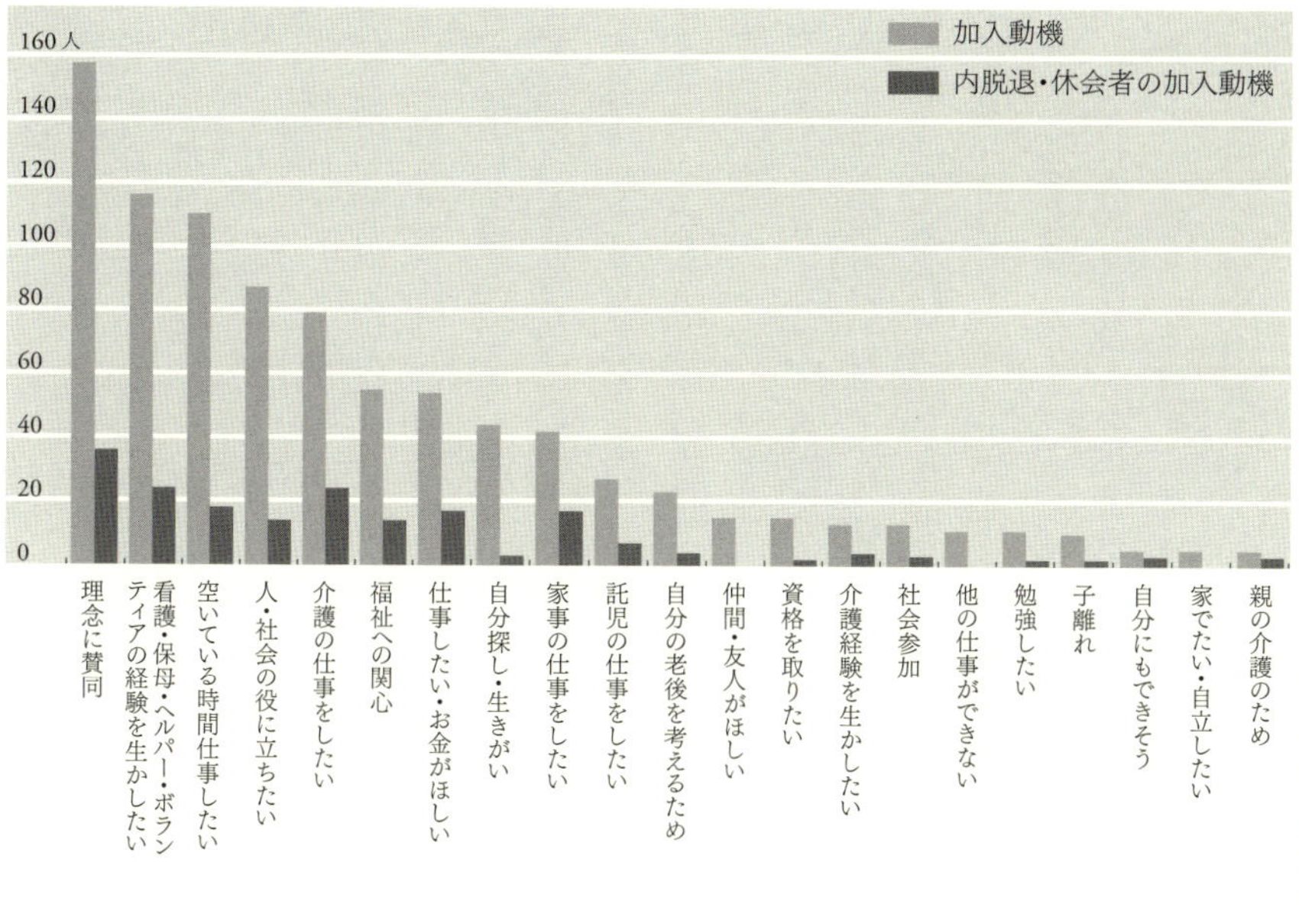

出典：［グリーンコープ 2000: 166］

護経験の持ち主であり、後者は「夫とともに広域転勤、核家族以外の経験がない」ために介護経験を持たない場合が多い。[❖2] このふたつの層は、前者が代表に、後者が副代表にという組み合わせをもたらした。これは町おこしの事例に見られるように、土着の人材に配して、外来の「まれびと」の触媒効果の活用という意味で、絶妙の組み合わせを生んだとも考えられる。[❖3]

リーダー層には、生協役員の経験者が多い。

子ども会から始まった地域活動からPTA会長まで経験した。生協歴は二〇年。常任理事、連合理事を経験。生協メンバーから一本釣りをして仲間に誘い、ワーカーズ・コレクティブ設立の根回しをした（Aさん、代表、五六歳）。

この代表Aさんは八〇年代の終わりに連合理事として生協全国会議に参加、「神奈川などのワーカーズ・コレクティブのケースを

❖2 代表の平均年齢は四八・五歳、副代表は四四・七歳、ちなみにコーディネーターは四七・三歳である。

❖3 村おこし、街づくりのキーパーソンには、（1）土着の人材に外来者（これを「まれびと」と呼ぶ）が関与してネットワークが形成される例と、（2）いったん外へ出てUターンした土着の人材がその両方を兼ね備える場合とがある。いずれも土地の在来資源を外来者の視線で再発見し再評価するところに特徴がある。わたしの「女縁」研究［上野 1988; 2008b］では、外来者（転勤族）の妻がキーパーソンとなり、土着の人材を巻きこむケースがしばしば見られた。

知り、ワーカーズ・コレクティブ構想の種まきをした」と自負する女性である。

べつのワーカーズ・コレクティブの副代表Bさん(五五歳)も、「生協の長い役員経験の中から、生協を辞めたら地域で活動しようと考えてきた。生協の組合員活動を世代交替する意味もあって踏み出した」という。このようにワーカーズ・コレクティブには、生協役員経験者の退任後の受け皿という側面がある。ワーカーズ・コレクティブ創業期には当事者たちが自ら受け皿としての事業をつくりだしてきた。とりわけグリーンコープのような後発生協にとっては、先進的な生協によるワーカーズ・コレクティブのモデルがすでにあることが促進要因になった。

Aさんは「おカネ以外の評価を求めてワーカーズ・コレクティブ活動を始めた」というが、「それでもやっぱり金銭的評価はほしい。ワーカーズ・コレクティブは生協のただ働きよりまし」と言う。この人にとって生協活動はPTAや環境保護運動などの他の地域活動にくらべて「成果の見える、手応えのある」活動だった。役員経験から身につけたリーダーシップや事業への意欲を満たすには、ワーカーズ・コレクティブはうってつけの受け皿だった。逆にいえば、生協は人材を育成する効果を持ちながら、育った人材をその内部で生かす場をつくりだすことには失敗してきたというこれまでの観察が、ここでも妥当するといえるかもしれない[上野 1988; 2008b]。つまり理事や理事長まで経験した人材が、さらに「事業」をめざせば、生協活動の枠の外へ出るほかなかった、とも言える。

他方リーダー層に比べて、一般ワーカーは、平均して組合員活動歴が中心メンバーより短いだけでなく、長期にわたっている場合でもヒラ組合員のままでいることが多い。この人たちにとって、生協に参加する動機とワーカーズ・コレクティブに参加する動機とは必ずしも重ならず、ワーカーズ・コレクティブは生協活動の延長とはとらえられていない。ワーカーズ・コレクティブに参加した時点では組合員ではなく、参加にともなって事後的に組合員になった人もいる。Cさん(四九歳、ワーカー)は、「生協はイヤだが、ワーカーズ・コレクティブは好き」という。彼女によれば「生協は縦型の組織、ワーカーズ・コレクティブは横並びだから」と認識されている。ワーカーズ・コレクティブのなかには、ワーカー不足のためにタウン誌をつうじて一般公募をしたところもあり、組合員ワーカーとのあいだに温度差が生じており、この傾向は介護保険以降、強まっている。

リーダー層、一般ワーカーの両者に共通しているのは介護経験からくる参加動機である。

> 姑も実母もせいいっぱい介護をしたつもりだったが、自分の中に悔いが残っている。老親の看取りのあとボランティアをしたいという気持ちが生まれた(六一歳、ワーカー)。

夫の母は寝たきりで六年間病院へ預けっぱなしでそのまま死去した。もっと早くワーカーズ・コレクティブのサービスがあれば家での看取りも可能だった(五一歳、ワーカー)。

苛酷で悔いの残る介護経験が、彼女たちを、「あのとき、こんなサービスがあれば……」という思いへ向かわせている。彼女たちは親世代の介護をすでに終えているが、次に夫の介護が必要になることを予期しており、その場合にはワーカーズ・コレクティブのお世話になろうと考えている。また将来、自分自身が介護を必要とする状態になったときこそ、ワーカーズ・コレクティブのお世話になって、自分のような思いを子どもにさせたくないと思っている。ワーカーズ・コレクティブの参加動機は「自分の老後のため」ときっぱり言う人もいる。

以上のようなワーカーのプロフィールは、これまでのNPO研究から明らかになった協セクターの市民事業体の特徴、(1)理念性、(2)ニーズ中心、(3)市民参加、(4)労働者の自己決定・経営参加[上野 2007: 122]に対応している。

(1)人助け志向は「公益性」という理念に対応し、(2)「自分たちがほしいサービスを自分たちの手で」供給したいという思いは、ニーズの主体である当事者性のあらわれと解することができる。(3)居住年数の長さや定住志向は市民参加や地域密着性に、(4)ワーカーズ・コレクティブという働き方は労働者の自己決定と経営参加にそれぞれ対応している。だが、「自分たちがほしいサービスを自分たちの手で」というサービスの提供者と利用者とが一致する「当事者性」と「人助け」の理念は、次節で述べるように、利用料金の抑制を招く結果となった。

ワーカーズ・コレクティブの参加動機はポジティブなものばかりではない。経済動機が優先しない代わり、「パートに出るのがいや」というパートとの代替選択肢になっているケースもある。その動機は「おカネに縛られたくない」、「趣味の書道とテニスの時間を優先したい」というもの。「自分で働き方を選べる」ワーカーズ・コレクティブは、その結果として利用の集中する朝や夕方の時間帯や休日・夜間のワークの引き受け手がいないという人手不足に悩まされる結果になった。

それだけでなく、ワーカーズ・コレクティブ参加動機には「他に行き場がない」、「これしかできない」という消極的なものもある。「一般の仕事は、資格や能力を入社試験や経歴できびしくチェックするけれど、ワーカーズ・コレクティブの仕事は自分で「やる」と宣言したらやれる」(五〇歳、ワーカー)という発言に見られるように、労働市場で売り物になる資格も能力も欠いた中高年の女性が、「女なら誰でもできる」非熟練労働としてワーカーズ・コレクティブを選ぶという消去法の選択があることも見逃せない。その点では、ワーカーズ・コレクティブは「使用者がいない」だけでなく、「性差別と年齢差別のない」、「定年のない」働き方でもあった。

ワーカーズ・コレクティブが急成長した九〇年代は同時にバブル崩壊後の不況が長期化した時期でもある。ホワイトカラーのリストラ以前に、まず就労調整にあったのは女性のパート労働者であり、なかでも中高年の女性たちであった。「四五歳以上だと履歴書も見てもらえない」と言われた年齢差別のもとでは、これらの女性たちにはパート就労の機会さえ閉ざされていた。リアルに見れば、ワーカーズ・コレクティブはこういう行き場のない女性たちの受け皿でもあった。

5 ワーカーズ・コレクティブの労働と報酬

この研究の意図のひとつは、ワーカーズ・コレクティブの担い手の労働の評価にあった。したがって、以下「有償労働・支払い労働 paid work」に加えて「無償労働・不払い労働 unpaid work」の概念を採用する。「労働」概念を採用するのは、当事者の意図を越えてワーカーズ・コレクティブ「活動」を他の福祉「労働」と比較可能にするためであり、また事業体としてのワーカーズ・コレクティブの持続可能性を考察するためでもある。現実には介護保険以降、福祉ワーカーズ・コレクティブの「活動」は、担い手にとっても他の事業体の労働条件と比較可能な「労働」に変化している。だが生協関係者に「不払い労働」の概念にいかに抵抗が強いか、そのためにどのような葛藤が生じたかについては、のちに「不払い労働」概念の不使用をめぐって上野とグリーンコープ連合専務理事、行岡良治のあいだで起きた論争が如実に示している［上野・行岡 2003］。

ワーカーズ・コレクティブのメンバーには、「人助け志向」と「仕事志向」のふたつのタイプがあることを述べた。「カネのためではない」と言いながら、ワーカーの報酬はいったいどのくらいなのだろうか。

「自分たちがほしいサービスを自分たちの手で」という理念から、グリーンコープのワーカーズ・コレクティブは当初、「自分なら払える料金」として、利用料一時間七〇〇円という水準を設定した。このうちワーカーが所属するワーカーズ・コレクティブは「コーディネート料」として一〇〇円を受け取り、残額の六〇〇円をワーカー本人に渡す。当時の福岡県の地域最低賃金は六三〇円。それをわずかに下回るという微妙な料金設定である。ワーカーには実働した時間分の報酬しか入らない。

ワーカー調査による本人年収は、一般ワーカーで五万円以下が二三・〇%。月額平均四〇〇〇円強である。月額四〇〇〇円は、週一日か二日、各一件のワークに入って得られる報酬額の水準である。月収の間違いではないかと目を疑うような、極端な低収入である。年収五〇万円までの合計で六六・〇%、五〇万円を超して一〇三万円までで二三・四%、さらにそれから一三〇万円までが八・〇%。累計すれば九三%が配偶者特別控除額(当時)の範囲内に収まる。

ワーカーの四三・五%が「もっと活動を増やしたい」と思っており、コーディネーターの仕事の配分に不満を持っている人もいる。仕事の内容に不満はないが、報酬の低さには不満がある。とはいえ、要求額は時給七〇〇～一〇〇〇円の範囲へのアップと「せめて月に五万円あれば継続できる」とつつましい。仮に地域最低賃金をわずかに上回る七〇〇円の報酬としても、月収五万円を確保するには月に約七〇時間のワークに入らなければならない。週四日、一件あたり一時間のワークを一日四件、移動時間を考えればこれが限度であろう。人口集積率の高い都市部と比べて、地方都市では移動に時間がかかる。移動には実費が出るというものの、無償である。移動と待機の時間を考えれば、同じ時間をパートで就労するほうが時間単価では割がよいだろう。したがって経済動機だけではワーカーズ・コレクティブ活動を続けていくことはむづかしい。

脱退者にも面接調査をする機会が得られたが、このうちDさん(三七歳、未婚)は「ワーカーズ・コレクティブは有償ボランティア。これだけでは食べていけない。しょせん主婦の仕事。やめたいときにやめられる。仕事のえり好みをするワーカーを見て、これは仕事ではないと思った」と批判的である。それならどれだけあれば、と聞くと希望は「月収最低一五万、年二〇〇万円はほしい。民間なら時給一五〇〇円が相場」という答が返ってきた。Dさんは六〇代の両親と同居している。親の持ち家にパラサイトしている地方都市在住のシングルなら、この年収でもやっていけるが、家賃を払ったり扶養家族がいれば、これでは暮らせない。彼女は三五歳になってから初めて人生設計のなかから「結婚」という文字が姿を消し、「シングルで生きていく安定と保障がほしい」、「親の老後が心配」とこの仕事にとびこんだ。経験してみて、ワーカーズ・コレクティブでは経済的自立につながらず、夫に生活の基盤を依存している既婚女性でなければ勤まらない仕事だと感じて脱退した。

だが、グリーンコープのワーカーズ・コレクティブのメンバーの経済階層は、神奈川とは違って、それほど地域平均からとびぬけて高いわけではない。代表、副代表などの中心メンバーは相対的に高学歴・高経済階層だが、一般ワーカーには世帯年収四〇〇万円未満の層が一七・七%と高く、死別・離別者も一〇%強いる。地方都市で持ち家があれば暮らしていけるとはいうものの、ワーカーのなかにはパートかワーカーズ・コレクティブどちらの働き方を選ぶかに迷う、すれすれの経済階層がいることは推測できる。実際、ワーカーのパート、自営、在宅勤務等の兼業率は三七・六%、フルタイム就労者も三・二%いる。就労があっての有償ボランティア感覚なのかもしれない。他方代表の兼業率はゼロ、代表の長時間労働と負担を考えると、兼業が成り立つ労働ではない。代表の年収も一般ワーカーとそれほど変わらない。一〇三万円以上の年収を持つワーカーがいるのに対し、回答を入手できた三八団体の代表三八名のうち、一人の例外を除いて一〇三万円の壁の範囲に収まる。代表の仕事はすこぶる忙しく、都合がつかなくなったワーカーの臨時の穴埋めにワークに入る以外に、自らワークに入ることができるだけの余裕もない。ワークに入らなければ収入は発生しないから、ワークに入れないことで代表は所得の機会を失っているともいえる。逆に収入のほしい代表は、自分がワークに入る時間を増やすという選択をしている。代表の収入を支えているのはグリーンコープ福祉連帯基金から助成金として支出される年額六〇万円から出る月額五万円の代表手当と、兼務していることの多いコーディネート料、有償の事務所当番などの合計額であり、月額一〇万円に満たない。代表の時間利用調査からは、代表の実働時間は平日で一日平均一〇時間を超えることが判明。これでは他の仕事との兼務は無理である。

わたしたちはＮＨＫ時間利用調査の手法にならって六団体の代表六人に、休日を含む一週間にわたる詳細な時間利用調査を実施した。代表の労働時間、とりわけ不払い労働の実態を調べるためである。代表がワーカーズ・コレクティブ関連活動に従事している時間のうち、そのあいだに報酬が発生している有償労働時間と、ワーカーズ・コレクティブ活動を維持するためには欠かせないが報酬の発生しない無償労働時間とに分類して活動内容と時間[4]とを記入してもらった。その結果得られたのが上のようなデータである【表3】[5]。

六団体の代表のワーカーズ・コレクティブ関連活動時間は週間合計で平均五二・八四時間、フルタイム労働者の標準労働時間四〇時間を軽く超える。これでは残業の多い正規雇用者と変わらない。有償時間と無償時間の内訳は、前者が七・四二時間に対して後者が四五・四二時間、圧倒的に無償時間が長い。月収は一万円から七万円台までとばらつきが大きく、平均は約四万円。以上の活動時間の合計で時間単価を割り出すと平均一七五円となった。いまどきこれだけ負担の重い長時間労働を、誰が時給一七五円で引き受けるだろうか。

別途詳細な時間利用調査票に記入してもらったデータからは、平日平均一〇時間五分、土日も家に持ち帰りの仕事をしていることがわかった。そこから浮かび上がるのは代表の次のような生活である。生命維持のために必要な一次活動時間の合計は平日で八時間二一分、うち睡眠が六時間二〇分、食事が一時間三一分。睡眠時間は全国平均より少なく、寝る間を惜しみ、食事時間もゆっくりとれない様子がうかがえる。家事時間は三時間三五分、ＮＨＫ調査(九五年)の全国平均四時間三二分と比べても短く、家事を手抜きしていることも推測できる。余暇時間も平日平均で一時間五一分と極端に少ない。その内容はほとんどが新聞を読んだりＴＶを見たりの受動的な在宅余暇活動であり、かろうじて休日に外出するにとどまる。これでは自己研修や情報収集の余裕もない。もともと代表には、地域活動のキーパーソンであり、趣味も豊かな

表3　ワーカーズ・コレクティブ代表の活動実態

団体名	ワーカーズ・コレクティブ関連活動時間			月間収入	時間単価
	週間合計	内有償時間	内無償時間		
A	30.50	4.00	26.50	11,800	96
B	59.25	11.50	47.75	50,000	210
C	53.00	0.00	53.00	26,000	122
D	67.50	5.25	62.25	72,200	267
E	47.75	12.25	35.50	10,000	52
F	59.00	11.50	47.50	72,300	306
平均	52.83	7.42	45.42	40,383	175.50

マルチタレントの人材が多いのに、ワーカーズ・コレクティブ以外の活動に費やす時間はほとんどとれない。寝て食べて、お風呂に入るので精一杯、家事を手抜きして、仕事に邁進する姿は、ワーカホリックのサラリーマン・ライフを想起させる。総じて代表のクォリティ・オブ・ライフは低く、本人たちもそれを認めている。代表はなぜそんなに忙しいのか？　家事介護サービス、自立支援というワークを支えるための資料作り、ワーカー間の調整、苦情処理、外部団体との会議参加など、直接業務に関わらない仕事が多いだけでなく、移動の時間もとられる。ある代表の移動時間は一日の二三・七％に達していた。仕事があれば時間帯も夜の九時すぎまでずれこみ、休日・夜間の自宅への仕事の持ち帰りもある。もともと福祉の仕事がしたくてワーカーズ・コレクティブ設立に動いた代表は、自分でワークに入れないディレンマをかかえる。代表の仕事の約三分の二は無償労働であり、しかも他のメンバーには目につきにくい「見えない労働」であることが多いために、メンバーの認識も薄く、感謝されない。わずか月額五万円の代表手当(それすら返上してワーカーズ・コレクティブの財源にくりこむ代表もいる)だが、その価値を理解しないワーカーもいる。

　時間利用調査という、煩瑣で手間のかかる、しかもプライバシーに関わる調査にこれだけの協力が得られたのは、この調査が対象とする担い手による対象者自身の研究だったからである。この研究結果はただちに調査対象へとフィードバックされ、実践的な効果をもたらした。代表自身はもとより、ワーカーズ・コレクティブのメンバーの多くが、代表のオーバーワークと無償労働の

❖4 ワーカーズ・コレクティブに関わる行為が「活動」か「労働」かについては議論があるが、ここでは有償、無償を含めて「活動」とした［上野 2006b］。

❖5 本書に採録するにあたって、『福祉ワーカーズ・コレクティブ研究会レポート'99』の計算式にまちがいがあったため、数値を訂正した。

実態を知り、それに対して問題意識を持つに至った。それは(1)代表の負担を軽減し、責任を分散すること、(2)無償労働を有償化し、正当に評価すること、そして(3)そうしなければ創業期リーダーに続く次の代表の後継者が育たないという危機感である。これはのちに代表手当の引き上げにつながったが、この調査はそれに対する正統性を付与する効果を持った。アクション・リサーチが効果を持った例である。

6 ワーカーズ・コレクティブの利用者と利用料金

以上のようなほとんど無茶ともいえる代表の活動実態の背景になっているのが、利用料金システムである。「自分がほしいサービス」を「自分なら払える料金」で利用したいという理念から、グリーンコープのワーカーズ・コレクティブは、スタート時(九四年)に利用料金を一時間七〇〇円に設定した。うち一〇〇円が運営費、民間企業で言えば経営コストである。しかもワーカーズ・コレクティブはグリーンコープ連合のもとに統一事業としてスタートしたから、地域格差があるにもかかわらず、利用料金は一本化されており、各団体が自主的に決定する権利を持たなかった。

「家事や介護はタダ」と考えてきた多くの人々にとって、七〇〇円といえども家族以外の人手を有償で利用することに対するハードルは高い。利用料金で断られたというケースもあるし、料金分の仕事に対する視線がきびしいとも感じている。7章の利用者調査が示すように、グリーンコープのワーカーズ・コレクティブを選択する利用者の動機の多くは、「低料金」(他と比べて)に集中している。「利用者は結局おカネをはらえる人」(代表、五五歳)という担い手の観察はあたっている。例をあげると、夫婦世帯で老々介護を担っている世帯に家事介護支援に入っているケースでは、寝たきりの要介護状態の夫が元校長や元市長など、地方名士で経済的に豊かな世帯であるケースが多かった。

利用者が有償の家事介護サービスに対する購買力を持った経済階層である点で、ワーカーズ・コレクティブは措置時代の官セクターの事業者とは違っている。したがって「人助け」が理念といっても、ワーカーズ・コレクティブの有償サービスは、困っているが利用料金を負担する経済能力がない人たちには手が届かない。生協のような有償の介護事業体にとっては「公益性」といってもあくまで会員間の互助活動にとどまっており、救貧や弱者救済に責任が持てるわけでもないし、持つ必要があるともいえない。[6] むしろこうした弱者救済こそ真の意味の公的福祉、すなわち官セクターの役割であり、協セクターとは役割分担すべきだろう。

ワーカーズ・コレクティブは介護保険施行前からの利用者を、介護保険以後も引き継ぐことで移行期に軟着陸を果たした。一部の民間企業がスタートして一年も経たないうちに、営業不振から事業所の統廃合を決めたことを思うと、介護保険施行の前後にともなうワーカーズ・コレクティブの健闘ぶりは特筆してよい。それというのも、ワーカーズ・コレクティブが介護保険に便乗して突然生まれた事業体ではなく、保険施行以前から地域で利用者を確保して実績を積み上げてきたことによる［上野 2002c］。移行の一時期、利用者数は減少しないものの、利用時間の減少が起きた。だがこれも介護保険の高めの公定価格の設定のおかげで、収益は増加し、財政的には安定した。介護保険施行後、保険利用が低料金の家事援助に集中したため、民間企業は人件費比率の高さから苦戦を強いられた。だがワーカーズ・コレクティブはそれ以前の料金設定がいちじるしく低かったために、一五三〇円の家事援助でもそれ以前と比べて利用料金が倍増する結果となった。介護保険はワーカーズ・コレクティブにとってはかっこうの追い風となった。

他方、利用者にしてみれば、家事援助一時間七〇〇円の利用料が、保険にともなって利用料一五三〇円（施行当時）の一割負担、一五〇円程度になったのだから、明らかに負担軽減である。身体介護四〇二〇円の一割負担約四〇〇円でも、それまでの利用料よりは安い。ワーカーズ・コレクティブは保険外利用料金を低料金に維持した（二〇〇六年時点で保険外利用の「生活応援事業」の利用料は平日一時間一三〇〇円、祝祭日と時間外で一六〇〇円、深夜で二〇〇〇円である）ために、利用者から歓迎された。ワーカー報酬は保険施行後九〇〇円からさらに一二〇〇円までに上がったものの、保険内利用・保険外利用で報酬には差をつけていない。したがって保険外利用については収益のあがらないボランティア価格に近い。

利用者との関係で、ワーカーがしばしば不満をもらすのは「家政婦扱いはイヤ」ということ。「人助け」動機でワーカーズ・コレクティブに参加した女性たちが、相対的に経済階層の高い利用者から、「都合のよい時間に使える低料金で便利な家政婦」と見なされていることを推測させる。「高齢社会をよくする女性の会」代表で造語の名人である樋口恵子は、介護ヘルパーを「社会の嫁」と呼んだが、それを引いて「わたしたちは「社会の嫁」。困ったときのワーカー頼みで、しょせん使いやすいしろうと集団、地域の便利屋だ」と自嘲気味に言うワーカーもいる。時給六〇〇円の報酬水準に満足している人は少ない。「正当な評価がほしい」と思うが、「自分が利用者になることを考えると上げられない」とか、「福祉の仕事におカネはとれない」という意見だけでなく、「報酬を高くとると、価値ある仕事だというプライドが崩れる」という、報酬とプライドとのディレンマもある。金銭の授受にともなう利用者との力関係を、逆転しているのが「低報酬」がもたらすプライドなのである。

このディレンマがもっともよくあらわれるのが、働く女性の「子育て支援」である。家事介護ワーカーズ・コレクティブには介

❖6 介護保険施行以後には、ワーカーズ・コレクティブの利用者に生活保護世帯と障害者単身世帯とが含まれるようになったが、いずれも介護保険と支援費制度の利用者である。

護のほかに、育児期のフルタイム就労女性からの「子育て支援」サービスへのニーズがある。子育て支援はいったん引き受けると介護に比べて利用時間の連続性、継続性、安定性が高いために、事業体にとっては実のところ都合のよい利用者である。にもかかわらず、代表が異口同音に証言するのは、代表の懇請や誘導にもかかわらず、ほとんどのワーカーが働く女性の子育て支援(彼女たちは「キャリアウーマン支援」と呼ぶ)に入ることを忌避することである。女性が家事サービスを利用するのは、その女性の機会費用が高く、家事サービスの代替費用を上回る場合である。言いかえれば家事サービスを外注してもなお自分の収入が上回れば、女性は就労を継続する傾向があることが経済学ではわかっている。こういう女性には教師や公務員など、高学歴の専門職女性が多い。そういう働く女性のニーズに応えて、ワーカーが低料金で子育て支援をすることは、彼女たちの「育児放棄」を補完することにつながる、とワーカーたちは感じている。その背後には、主婦役割を誰にも後ろ指さされることなく果たしてきた、という彼女たちの強烈なプライドがある。そのプライドは、同じ女性が仕事を優先して、母親の役割を果たさないことへの批判につながっている。

代表のひとりは、「働く女性の両立支援というたいせつな役割が理解されていないようで、説得するのですが、だめです」と嘆く。この代表が解釈するように「フェミニズムの浸透が足りない」という意識の問題ではなく、むしろワーカーの女性たちが「主婦役割」を果たしてきたからこそのプライドと、その背後にある階層のディレンマが、「キャリアウーマン支援」への拒否感にはあると考えられないだろうか。すなわちワーカーの女性たちの世帯年収は高いが、自分自身の機会費用は低いという屈折、利用者より相対的に高経済階層に属しながら、自分より機会費用の高い若い女性に使われなければならないことに対する屈辱感が、ネガティブな反応を引き出したと思われる。❖7

低料金にともなうプライドがはっきり示されるのは、あれほどいやがられる子育て支援に例外があることだ。ワーカーが子育て支援に入っている二例のうち、一例は離別母子家庭、一例は子どもが障害児のケースであった。「困っている人を助ける」という「福祉」目的であれば、働く女性の子育て支援も許容される。そしてこの階層要因と主婦アイデンティティとが、パートに劣る低料金を「プライドの値段」として支えているのである。

7　ワーカーズ・コレクティブの経営コスト

調査対象の四九ワーカーズ・コレクティブの事業高は、トップは月間利用時間八〇〇時間を超えるものからボトムは一〇〇時間に満たないものまで、さまざまである。11章図18・19で示したように、設立以来利用時間はうなぎのぼりに増加しているが、事業規模の拡大は少しも経営の安定をもたらしてくれなかった。調査時点の九九年には、ワーカーズ・コレクティブは創業期を経て地域に根をおろし、事業体としての成熟期に入っていたはずだが、経営の先行きが見えない危機感が、今回の共同研究プロジェクト発足の背景にはあった。

事業高がグループ内で一位にあたるワーカーズ・コレクティブの代表、Aさんは言う。

「設立当初は無我夢中で走った。利用時間五〇〇時間を超したあたりから、少しはラクになるかと思ったが、少しもラクにならない。どうしてかを考えてみたかった」

答はかんたんである。

利用時間五〇〇時間なら事業高は三五万円にのぼるが、うちワーカー報酬が三〇万、事業所の取り分は五万円にすぎない。利用者と時間数が増えれば増えるほど、コーディネート、調整、事務処理、経理、人事管理、苦情処理等のマネジメント業務は相関して増える。介護事業のように労働集約型で「規模のメリット」が働きにくい業種では、事業規模が拡大すれば経営コストが低下する、ということにはならない。ワーカーの手取りのほか、コーディネーターには一件あたりのコーディネート料を支払っており、他に事務所当番も有償化されている。月額五万円では事業所を維持する経費も出ない。わたしたちの共同研究がスタートした頃には、これではやればやるほど赤字になる、という負担増加の悪循環に陥っていた。

結論を先取りすれば、グリーンコープの料金体系には「経営コスト」という発想がもとからなく、当初からボランティア感覚だった、ということがいえる。民間事業者なら「非常識」ということになるだろう。グリーンコープ連合は傘下のすべてのワーカーズ・コレクティブに対して、福祉連帯基金から年間六〇万円の助成金を無償で支出してきた。この金額は代表手当月額五万円の一二ヵ月分という算定からきたものである。この助成金のシステムそのものが、ワーカーズ・コレクティブを組合員のボランティア活動の一環ととらえ、その活動費を生協が負担するという考えから来ている。表3にあげた代表の月収のうち五万円を切っているケースは、事業所の経営コストがこの代表手当分にまで食いこんでいることを証明している。代表は誰よりも長時間働きながら誰よりも報われない——本人の使命感や自己満足以外には——労働をひきうけていたことが、調査からは明らかになった。

ちなみにワーカーズ・コレクティブの「ボランティア価格」は、自治体が呼びかける住民の有償ボランティア活動の報酬と似ている。多くの自治体は住民相互の互助活動の促進のためにボランティア登録をうながし、七〇〇円から八〇〇円程度の低額の利用料金を設定して、事務局に一〇〇円程度の手数料を支払うか、も

❖7 「高齢社会をよくする会・北九州」では「遠くの祖母より近くのグランマ」の標語のもとに乳幼児を抱えた若い母親への子育て支援に取り組んで好評を得ているが、(1)年齢差が大きいこと、(2)有償ボランティアであることで、関係の非対称性が維持されている。

しくは全額をボランティアが受けとるしくみを導入している。だが忘れてならないのは、利用者と提供者とをつなぐコーディネートの役割を自治体職員が担当しており、その職員には税金から給与が支払われていることだ。したがって一見「低料金」に見える自治体有償ボランティアは、人件費コストを含めれば相対的に高い負担を住民が税金から支払っていることになる。これでは独立採算を要求される協セクターの有償ボランティア活動と、官セクターの有償ボランティア活動とが、同じ条件のもとで競合する場合、協セクターの事業体にとってはいちじるしく不利になる。その点では官セクターが主導する有償ボランティア活動は、(1)地域住民の自発的な有償ボランティア活動の組織化を促進するどころか阻害しており、(2)市民事業体の成立と維持を妨げる効果があるといわざるをえない。さらに踏みこんでいうなら、(3)福祉労働の労働市場における価格破壊に手を貸しているとさえ、言ってよいだろう。

8　経営コストと時間費用

ワーカーズ・コレクティブの経営コストを明らかにするにはどうすればよいか？

彼女たちには経営コスト意識がなく、それを事業体の収支に組みこんでいないために、収支決算書からコストを読みとることがまったく不可能であることはただちに判明した。それどころかワーカーズ・コレクティブの年間剰余金と事業高とのあいだには何の相関もないことも判明した。九八年度の収支は、三八団体中五団体を除いてすべて黒字。当期剰余金は平均一一万九〇〇〇円にのぼる。代表やワーカーの活動実態を見れば、にわかには信じがたい数字である。

その謎はすぐに解けた。各団体は年度末に剰余金をどの程度に設定しようかと配慮し、「はじめに答ありき」の姿勢で収支決算書を作成しているという事情がわかったからである。こういう内部にたちいった情報がえられるのも、担い手自身によるアクション・リサーチならではのメリットである。

その背後にあるのは、(1)基本的な経営コスト意識の不在と、その結果(2)収支のつじつまを合わせるために代表の無償労働の負担が重くなる、という悪循環であった。だが、すでに見たように代表のワーカーズ・コレクティブ関連活動時間は、私生活にしわよせがくる程度に長時間で負担の重いものであり、生活の片手間におこなうような水準を越えている。利用時間の増加にともなって、その負担は限界を迎えていた。

経営コストを貨幣費用で計上したデータがないとなれば、貨幣費用ではなく時間費用で測定してはどうか？　その調査結果が次の図【図21】である。ワーカーズ・コレクティブ四五団体を対象に、代表の時間利用調査と同じ手法で、収益活動時間と収益外活動時間とを一ヵ月間にわたって詳細に記録してもらい、その合計を出

図21　ワーカーズ・コレクティブの運営コスト

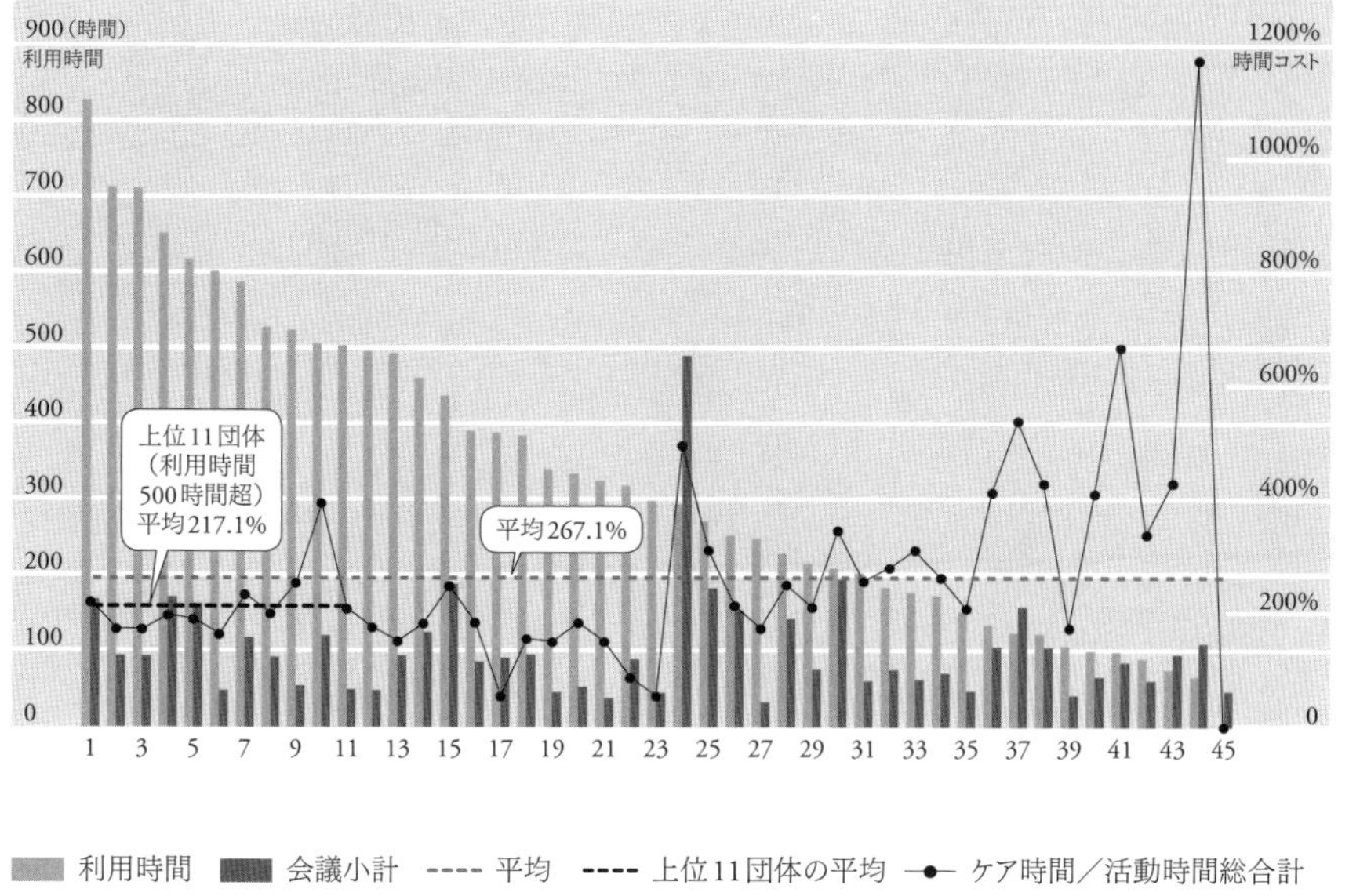

して、活動総時間数の収益活動時間に対する比率を算出した。これで収益活動一時間あたりに発生する経営コストを、時間費用で測定することが可能になる。収益外活動時間には、ワーカーズ・コレクティブにつきものの会議の延べ時間を含めた。民間企業のような雇用関係と違い、横並びの「自己決定」労働では、ワーカーのあいだの意思決定に時間コストがかかる。会議時間は、「時間数×参加者数」で算出した。一般に主婦は時間費用に敏感とは言えないうえに、会議慣れしている生協関係者は会議をコストと考えない傾向があるが、民間企業にとっては従業員が会議に参加しているあいだにも賃金が発生しているから、会議時間がコストであることは常識である。

　調査の結果、おどろくべき発見が得られた。図21は対象ワーカーズ・コレクティブを利用時間の多い順にならべたものだが、事業高の少ない団体ほど相対的に経営にかかる時間コストが高いとは言えるものの、はっきりした相関は見られない。全四五団体の平均は二六七・一%だが、事業高の大きい団体では平均以下、ほぼ二〇〇%の水準に収斂している。利用時間の少ない団体の分散が大きいためにそれを除外し、利用時間五〇〇時間超を安定した事業を継続できる事業高の規模と想定したうえで、利用時間五〇〇時間を超える上位一一団体に限れば平均は二一七・一%となる。[❖8] 事業高が大きく、経験を積んだ団体では経営効率があがっていることがわかる。会議時間を見ると、全団体の月間会議時間の平均は九五・六時間。なかには会議時間が利用時間を上回っている団体もあり、これでは経営効率がよいとはいえない。

この調査結果から読み取れることは何か？ ここでは月間五〇〇時間超の上位一一団体の平均値、二一七・一％を採用する。収益事業一時間に対する経営コストは時間費用でほぼ二倍、すなわち五〇〇時間の利用時間があれば、ほぼ同じだけの五〇〇時間の付帯業務が発生することになる。これでは利用時間が伸びれば伸びるほど代表の首が回らなくなるという悲鳴にも、根拠があることが証明された。

それだけではない。この二一七・一％という数字をどう解釈したらよいだろうか？ この水準は効率のよい経営といえるだろうか、それともそうではないのだろうか。この数値は、「合理化」によって少なくできれば少ないだけ「経営効率」がよいと言えるのだろうか。

収益外活動時間には、コーディネートやワーカー間の調整、会計処理のようになくてはならない業務のほかに、ワーカーズ・コレクティブにつきものの会議(月に一度の全体会議、中心メンバーによる運営会議、利用者情報を共有するケア会議、代表が参加する外部の会議等)や研修が含まれる。上意下達方式でないワーカーズ・コレクティブでは、合意形成と意思決定のためになくてはならないのが会議である。会議参加の時間はワーカーに報酬は支払われない。会議参加が一部のワーカーにとっては否定的なコストと見なされていることは、「ワーカーズ・コレクティブはめんどうくさい働き方」という発言からもうかがわれる。だがこれは、ワーカーの経営参加と合意形成のためのコストなのである。

そう考えれば会議の時間コストは、削減してはならない性格のものである。この意思決定コストが、協セクターの「市民参加型福祉」、労働の「自己決定」と「経営参加」を支えているからである。月間利用時間五〇〇時間を超えた成熟期のワーカーズ・コレクティブがのきなみ平均的な時間コストに収斂している事実も、彼女たちの経営努力がけっして不十分なわけではないことを推測させる。そのうえで、上位団体における時間費用から見た経営コストの平均値二一七・一％は経験的にみて妥当な数値だというのがわたしの判断だが、それにしても利用高が上がり、経営努力をしてみてもなお追いつかない収支構造が、最初から利用料金のシステムに組みこまれていたというほかない。

この事情は介護保険後に大きく変化した。利用者にとっては負担減だが、事業者にとっては(これまでの水準からみて)破格の高額の利用料金が設定されたからである。ワーカーズ・コレクティブにとっては制度の変更にともなって、利用料がほぼ倍額に上昇した。経営努力なしに同一の利用時間数に対して事業高が倍増したのだから、介護保険はワーカーズ・コレクティブにとっては福音であった。それにともなってワーカー報酬も保険施行時には八〇〇円へと上昇し、地域最低賃金を上回るばかりか、非熟練パートの賃金水準も超えるに至った。[9] 民間事業者のケアワーカーの時給一一〇〇～一三〇〇円(当時)と比べるとこれでも相対的に低いが、それはワーカーズ・コレクティブが独自の料金体系を持っているからである。介護保険指定の民間事業者が保険外利用を公定価格のまま利用者一〇割負担で応じているのに対し、ワーカーズ・コレクティブは保険外利用をボランティア価格に近い低料金で引きうけた。ワーカーの報酬も、保険内利用と保険外利用とで差をつけない、家事援助と身体介護で差をつけない、資格の違いで差をつけない、という「横並び」のシステムを維持している。こうした横並びの平等意識と会議時間の長さに象徴される労働の自己決定・経営参加方式が、ワーカーズ・コレクティブの担い手の意欲を支えている。

9　経営コスト比較

介護保険は官／民／協のセクターの事業体を、出来高払いという同じ条件のもとの競争に投げこんだ。そのうち官セクターと協セクターの介護事業体経営コストを、九四年に首都圏で比較調査したデータがある**【表4】**。神奈川生活クラブ運動グループ福祉協議会に設置した「福祉政策懇話会」が、九四年に調査し、九五年の同会の総会議案書に紹介したものである。[10] このデータを見ると、一時間あたりのホームヘルプ事業にかかる事業コスト(人件費、施設費、備品費、その他の合計)[11]は高い順に、平塚市一万五八五五円、川崎市九七七五円、川崎市社会福祉協議会二五一五円、横浜市ホームヘルプ協会二一四五円、ワーカーズ・コレクティブ「たすけあいだんだん」(川崎市)九四〇円、ワーカーズ・コレクティブ「結」(横浜市)八八六円となる。セクター別に分類すれば高い順に、自治体直営の二団体の平均が一万一八〇円、いわゆる「第三セクター」の自治体外郭二団体の平均が二三三〇円、これに対してワーカーズ・コレクティブ二団体の平均が九一三円である。ワーカーズ・コレクティブ二団体のコストはいちじるしく低いが、人件費率は八〇%以上、このコストでも利用料金を一時間一〇〇〇円以上に設定しないと利益は上がらない。この数値がグリーンコープと同じく計上されない無償労働を含んでいる可能性は高い。

このレポートでは「ワーカーズ・コレクティブの考える必要経

❖8 以上の数値は既刊の報告書[グリーンコープ連合福祉ワーカーズ・コレクティブ研究会 2000]や論文[上野 2002c]で紹介してきた「一九八・四%」という数値と異なっている。今回本書をまとめるにあたって一次データにあたり、算定しなおしたところ、収益関連事業時間の計算の仕方がまちがっていることが判明し、改めてすべての事例について計算をやり直した。これまでの数値を訂正し、こちらを決定稿としたい。

❖9 現在はもっと上昇し、民間事業者と肩をならべる水準に達している。

❖10 生活クラブ神奈川の小川泰子氏の提供による。

❖11 「その他」については川崎市社会福祉協議会については管理職人件費および福利厚生費、横浜市ホームヘルプ協会については手数料徴収事務およびサービス事業費である。

費モデル」として利用時間年間六〇〇〇時間、月間に換算して五〇〇時間という事業体のコストが別に試算されている。[12] それによるとモデル経費は二二三五円。一見したところ「三セク」の二団体と接近した数字だが、ワーカーズ・コレクティブ必要経費モデルのなかには事務所の家賃・光熱費が含まれているのに対し、官セクターの団体はいずれも施設費が「不明」、つまり「他部署との併用等によって算出不可能」とされている。官セクターは自治体に初期投資もランニング・コストも負っているから、そのコストを背負わずにすむ。代わって、ワーカーズ・コレクティブになくて「三セク」にあるのが、おそらく役人から天下りしたであろう「管理職人件費」である。自治体直営事業に「管理職人件費」が計上されていないのは、公務員給与に含まれているからで、実際には市民は税金でコストを負担している。他方ワーカーズ・コレクティブ二団体に管理者の人件費が計上されていないのは、そもそもその部分が無償労働で維持されているからであろう。このモデル経費でも人件費率は八五％以上、利用料金を一〇〇〇円前後に設定すれば確実に赤字だし、モデル経費にもとづく利用料金設定をすれば二〇〇〇円を超すから、一〇〇パーセント自己負担なら利用者が激減するだろう。介護保険の料金設定にしたがえば、家事援助（二〇〇〇年度）一五三〇円では確実に採算割れし、生活援助（二〇〇三年度以降）二〇八〇円でも採算ベースにのらない。

　こういうデータを見ると、自治体直営事業なるものがいかに非効率でコスト感覚がないかがよくわかる。介護保険がサービスのアウトソーシングという方式を採用し、自治体自らがサービスの提供主体とならないという選択をしたのは正しかった。介護保険以前の「措置」時代に、経営コスト感覚なしに事業を運用してきた自治体直営事業や社協のような外郭団体が、保険施行後に突然独立採算制を要求されて混乱に陥ったのも無理はない。

　以上の貨幣タームによる事業コストを、わたしたちの得た時間タームによる経営コストと比較することは、算定の方法がもともと違うからできない。だが、月間利用時間五〇〇時間規模の事業体で、それぞれ独立に算出された経営コストのデータからは、官セクターに対して、協セクターが経営コストのうえでも相対的に優位にあることが証明される。

　民間企業については経営コストの入手がむづかしいが、介護保険以後の事例で、経営コストは約三〇パーセント、人件費比率が七割を超すと経営を圧迫するというN社の内部情報を得た。介護事業のような労働集約型の産業では、人件費比率がそのまま経営コストにはねかえる。公定価格が一定ならば、先述した経営コストの差は、そのまま逆算して労働分配率の差としてあらわれる。とはいえ、労働市場は流動的だから、各セクターのあいだでケアワーカーの賃金差を大きくすることはむづかしい。そうなれば協セクターと民セクターの事業体の経営は、直接に人件費で圧迫される。民間企業がそれに対して講じた対策は、利用単価の高い身

表4　高齢者ホームヘルプ事業におけるコスト比較

	実施主体 / 項目	平塚市	川崎市	川崎市社会福祉協議会	横浜市ホームヘルプ協会	たすけあいだんだん（W.Co・川崎市）	W.Co「結」（横浜市）	W.Coの考える必要経費モデル
	年間ホームヘルプ事業時間数（単位：時間）〔A〕	5,635	42,000	300,490	1,348,780	7,088	5,858	6,000
ホームヘルプ事業費（単位：千円）	1.人件費関連（給与・事業者負担保険費・研修費等）〔B〕	59,647	338,608	653,589	678,622	5,855	4,973	11,420 人件費・活動経費・保険・研修費
	2.施設費関連（事務所建設・維持管理費・水光熱費等）〔C〕	不明	不明	不明	不明	144	57	1,320 事務所（10坪）家賃・水光熱費
	3.備品関連等（事務用品・車両維持管理・交通通信費等）〔D〕	不明	29,860	63,015	398,723	664	160	578 交通通信費・事務用品費・印刷費
	4.その他〔E〕	—	—	49,338	1,816,324	—	—	95
	費用計（B+C+D+E）＝〔F〕	59,647	410,546	755,672	2,893,669	6,663	5,190	13,413
1時間あたり事業コスト（F÷A）（単位：円）		10,585	9,773	2,515	2,145	940	886	2,235

生活クラブ運動グループ福祉協議会1994年調べ

体介護へのシフトだった。

厚労省は民間企業に介護保険に参入してほしいという期待のもとに、利用料金を高めに設定した。だが介護保険施行後誤算が起きたのは、利用が単価の安い家事援助（施行当時の名称、二〇〇三年以降は生活援助と変更）に集中したことだった。スタート時の家事援助の利用料は一五三〇円。ワーカーの報酬七〇〇円台なら経営コスト二〇〇％でも十分にやっていけるが、民間企業ならこの時給ではワーカーは集まらない。経営コスト三〇〇パーセントを前提にすれば、身体介護四〇二〇円でようやく時給一二〇〇～一五〇〇円台の賃金水準を維持することができる。ただし民間企業では夜間や食事時の集中利用にも対応しなければならないから、「都合のいいときにだけ働きたい」ワーカーズ・コレクティブ型のワーカーには敬遠される。

以上のように協セクターの非営利事業体は民セクターの営利企業にくらべても経営コストが低く、労働分配率で優位に立つことが証明された。逆にいえば、低料金でもやっていけるのが協

❖12　表4の出典には以下の説明が付記されている。「右端の表はW.Coが活動を円滑に進め、発展させていくために必要な経費を神奈川W.Co連合会が試算しモデルとして表したものである。人件費の内訳は、事務局一名、コーディネーター一名。五〇〇〇事業時間につき一名と考え計算上一・二名、活動経費（ワーカー報酬のこと）はW.Co「結」の実績をもとに一時間七二〇円として計算した」。数値の合計額は計算式と合わない部分があるが、原典のまま挙示した。

セクターの事業体の有利な点なのだが、介護保険の官／民／協セクターの事業体のあいだでの競合のもとで、利用者にとっては、料金だけがワーカーズ・コレクティブを選ぶ理由だったのだろうか？

10　ワーカーズ・コレクティブのサービスの質

ワーカーズ・コレクティブが主としてその（保険外利用の）低料金のおかげで利用者から歓迎されている事実は否定できない。協セクターの相対的な優位性は、提供するサービスの質でも確保されているだろうか？

7章で紹介した利用者調査の結果からは、グリーンコープ連合のワーカーズ・コレクティブの評価はたしかに高いが、継続利用をしている利用者の満足は、比較可能な指標にならないことはすでに指摘した。それに対してワーカー側の自己評価は高く、他の事業体に対する競争優位の根拠として「主婦感覚」がキーワードとしてしばしば用いられる。

ワーカーズ・コレクティブの担い手の主婦意識は強い。主婦役割を「手を抜かずにやってきた」という自負があるからこそ、前述したように、働く女性の子育て支援にも消極的である。その点では彼女たちにとって生協活動は、性別役割分担を解消するどころか、それを遂行するためにこそ選ばれたといえる。各種の調査からも、生協組合員の加入時期は圧倒的に出産後、加入動機は「子どもに安全な食材を」というものであることがわかっている。

彼女たちは家事援助に対して自己評価もプライドも高い。訪問介護は利用者の家庭が職場である。利用者の暮らしの流儀に合わせて臨機応変の柔軟さが要求されるし、気配りや気働きも重要である。彼女たちは「身体介護はマニュアル通りにできるが、家事援助にはマニュアルはつくれない（ほど、むづかしい）」という。ワーカーズ・コレクティブの報酬体系のもとで家事援助と身体介護とで差をつけないのも、「どこまでが家事援助で、どこからが身体介護か、線引きがむづかしい」だけでなく、難易度が変わらないという現場の認識による。その経験から、介護保険の報酬改定にあたっては、グリーンコープ連合は一貫して「身体介護と家事援助の報酬一本化」を要求してきた。保険施行三年目の「見直し」に際して、家事援助と身体介護の複合型がなくなり、家事援助が「生活援助」と名を変えて二〇八〇円に上がったのは、第一に民間事業者がこれまでの低料金ではやっていけないからであり、第二に身体介護との差を相対的に縮小するためであった。

「主婦感覚」には、「プロにはない……」という積極的なインプリケーションがある。そこには他人の家庭を職場とすることへの臨機応変な対応や柔軟さ、家族の都合を優先してきた忍耐力や気配りに対する高い自己評価がある一方で、家政婦扱いを拒否するプライドがともなっている。そしてこのプライドを支えるのが、低料金なのである。この「主婦感覚」には、利用者のニーズに応じて介護保険の不適切利用になりかねないフレキシブルな利用を招く側面があり、また「心のケア」や「お話相手」をも務めるという「あたたかさ」、「しろうとらしさ」が付加価値として加わっている。ただし、これらの価値は、ワーカーの面接から得られた自己評価であり、利用者が同じ特質を肯定的に評価しているかどうかはたしかめられなかった。

だが同時に「主婦感覚」は、「プロにならなくてもよい」という自己正当化のためにも動員される。それは低料金とともに、低い報酬への自嘲としてあらわれ、「料金に見合った仕事」、「しょせん二万円(の収入分の)の責任しかとれない」(ワーカー)という発言につながる。先にあげたシングルの脱退者(三七歳)は、仕事をえり好みする仲間のワーカーを評して「しょせん主婦の仕事」と表現した。

介護保険は利用者のサービス対価性への要求を高めた、と代表の多くは証言する。ワーカーは「主婦の気配り」に加えて「プロの介護能力」を要求されるようになったのだが、この変化はそれ以前から潜在していたワーカーの二極化を促進することになった。それは「仕事志向」と「人助け(ボランティア)志向」との分解、責任も仕事もそして収入ももっと増やしたい「ばりばりワーカー」と、低収入でもいいから自分の都合の範囲で社会に参加している実感を持ちたい「ときどきワーカー」への二極化である。これにともなって「横並び」のワーカーの間に温度差が生じて合意形成がむずかしくなり、ワーカーズ・コレクティブにつきものの「会議」を、コストと考えるワーカーも登場した。介護保険以後、収入動機から非組合員のワーカーが参入してくるにつれ、創設期メンバーとのあいだに理念の継承をめぐるギャップも生まれるようになった。

このような担い手の変化に対処して、ワーカーズ・コレクティブの解散、介護ステーションの直営化とケアワーカーの雇用者化という大胆な経営再編を打ち出したのが生活クラブ生協千葉だが、それについては後述しよう。

11 ワーカーズ・コレクティブの創業支援システム

ワーカーズ・コレクティブについて特筆すべきは、協セクターの市民事業体にとってなくてはならない創業支援システムを自覚的に採用していることである。もともと市民事業体には資金力もノウハウもない場合が多い。だからこそ、NPOのような市民事業体は資本集約型でもなく知識集約型でもない労働集約型の産業部門(ケアワークはそのひとつである)に集中しているのだが、ワーカーズ・コレクティブが雨後の筍のように育つには、たんに利用者ニーズの拡大という市場の変化だけでなく、生協本体からのソフトとハードにわたる創業支援があった。その点では巨大な組織力を持ち、資金力にまさる生協がワーカーズ・コレクティブの苗床であったという歴史的経緯の重要性は、もっと評価されてよい。

初期の神奈川のワーカーズ・コレクティブが、生協との「業務委託」契約から出発したことも一種の創業支援と言えないこともない。経営にはしろうとの組合員女性たちが、事業継続の不安なくスタートできたのは、生協に依存することができたからである。だが業務委託以外には神奈川のワーカーズ・コレクティブは生協からの支援をあまり受けておらず、むしろ生協からの自立志向を強め、独自に企業組合法人格やＮＰＯ法人格を取得するようになった。その分離があまりに行きすぎたために再統合が課題となったのが、神奈川のケースである。

神奈川は九二年に生活クラブ運動グループ福祉協議会を発足。「市民参加」型の「地域福祉」をめざして、生活クラブ運動グループ五団体[13]の間をつなぐのが目的だった。二〇〇二年にはそれを発展的に解消して、生活クラブ運動グループ福祉事業連合に改組、「非営利・協同」の旗印のもとに「コミュニティ・オプティマム」福祉を実現することをめざしている。会員団体は一二、準会員団体は二、会員団体のうち消費生協が六、福祉生協一、社会福祉法人二、ＮＰＯ法人が一、ワーカーズ・コレクティブ連絡会が一である。[14]

ワーカーズ・コレクティブのなかでも神奈川の場合はＮＰＯ法人格の取得率が高く、各法人の独立性は高い。神奈川の創設期のリーダーであり、長く理事長を務めた横田克巳は、二〇〇五年のわたしたちの面接調査に対して次のように答えている。

> 生活クラブ神奈川ではワーカーズ・コレクティブを外だし(アウトソーシング)して自立して自在にやっていくというスタイルをとった。結果、福祉ワーカーズ・コレクティブでも(組合員出身という以外の)人的関係以外は薄まってくる。生活クラブ運動グループ福祉連合をつくって、「非営利・協同」のブランド性を高めていきたかったが、(過去の経緯から困難があり)十分な統一性がもてなかった(かっこ内引用者)(ヒヤリングより)。

今回の調査には含めなかったが、生活クラブ生協東京も、ワーカーズ・コレクティブと生協本体との関係が、よく言えば「自立」、悪く言えば「放任」にあたる点で、神奈川と似ている。その設立以来のカリスマ的リーダーである岩根邦雄は、最近の回想[2010]のなかで、「組合員に冷たい指導部」を自認する。「豚もおだてれば木に登る、登ったら梯子を外してやるぞ」と言いながら「木に登らせて梯子を外す、そうやって組合員の自主自立をはかっていく、組合員への「冷たい扱い」をするのは(中略)それを可能にする組合員に対する心からの信頼、自分たちが一緒にやっているという絆があったわけです」[岩根 2010: 164]というが、その結果、東京や神奈川ではワーカーズ・コレクティブがそれぞれ独立し、ＮＰＯ法人格を取って自立性を高めるようになった。

設立当初には「生協組合員がつくった」団体という性格を持っていても、やがて後発の参入者が増えていけば、「生協系」であることも忘れられていく。そうなれば介護事業の「生協らしさ」は、雲散霧消してしまう。多くの生協系ＮＰＯが直面しているのは同じような問題である。この先行例を見て、むしろ「生協ブランド」にこだわり、求心力を高めようという経営戦略を採用したのが、生活クラブ生協千葉とグリーンコープ連合だった。これらふたつの生協はむしろ神奈川を先行事例として戦略的に独自のモデルをつくりあげてきた追随事例というべきものだが、横田は「グリーンコープや千葉の実績を見守って、次の改革の根拠にしていきたい」とまで発言し、分散独立から再統合の課題に自覚的である。この三生協は互いを参照しながらそれぞれ独自の路線を歩んできた。

横田はまた生協福祉の理論的指導者であるが、「コミュニティ・オプティマム」(略称コミオプ)福祉という概念をつくりだした。「コミオプ」福祉とは、彼ら自身の定義によれば国家が保障するナショナル・ミニマム(最低限の福祉水準の保障)に、自治体がシビル・ミニマム(自治体の選択による市民的な福祉水準の保障)を追加した上に、地域住民の参加型福祉によって「最適福祉水準」を達成することをいう[福祉クラブ生活協同組合編 2005: 231]。この「コミオプ」福祉は、「コミュニティ・ビジネス」、「コミュニティ・ワーク」、「コミュニティ価格」という概念と連動しているが、それについては後述する。

ワーカーズ・コレクティブが事業展開をすすめるにつれ、ただちに直面したのが資金不足である。創業資金のみならず、新たな事業展開に際しても、市民事業体には初期投資の資金力がない。これに対して神奈川の生活クラブ運動グループ福祉事業連合は「生き活き未来ファンド」という市民バンク、市民の福祉事業への融資と助成のシステムを持っている。前身は九一年の生活クラブ福祉活動基金(通称「生き活き基金」)で、二〇〇三年に改組したが、現在でも一件あたりの助成額の上限が一五〇万円と低く、これではフローの援助にはなってもストック形成はできない。神奈川が福祉事業に対する資本形成(「市民資本」と呼ばれている)に自覚的だったとはいえず、むしろワーカーズ・コレクティブにひっぱられるようにして、新たな資金ニーズに応えてきた、というのが実態だろう。この場合も、生協の福祉活動が、あくまで組合員互助活動としてとらえられ、事業としては受けとめられていなかったという前史が影響しているかもしれない。

生活クラブ生協神奈川の福祉活動への初期投資を最初にうながしたのは、九三年の社会福祉法人「藤雪会」の設立による。設立に深く関わった又木京子[2007]の証言によると、八九年、地域の高

❖13 この五団体とは以下の通りである。生活クラブ生協、福祉クラブ生協、コミュニティクラブ生協、神奈川ワーカーズ・コレクティブ連合会、神奈川ネットワーク運動。

❖14 会員一二団体は以下の通りである。生活クラブ生活協同組合神奈川、横浜北生活クラブ生活協同組合、横浜みなみ生活クラブ生活協同組合、かわさき生活クラブ生活協同組合、湘南生活クラブ生活協同組合、さがみ生活クラブ生活協同組合、社会福祉法人いきいき福祉会、社会福祉法人藤雪会、特定非営利活動法人MOMO、特定非営利活動法人かながわ福祉NPO事業センター、福祉クラブ生活協同組合、神奈川ワーカーズ・コレクティブ連合会。準会員二団体は神奈川ネットワーク運動、ネットワーク横浜。

齢者から自治体に福祉事業目的の土地の寄付の申し出があり、自治体がこれを断ったために偶然彼女のもとへ話がまいこむことになった。高齢の寄付者からの設立資金の現金寄付が約束されていたが、ご本人がそれを果たす前に亡くなったため、又木は生協へ資金協力を依頼する。これが「全国初の生協が支援する社会福祉法人」、藤雪会の誕生である。九三年、この土地に通所施設併設の在宅介護支援センターがオープンした。

この経験から、又木は「市民資本」の必要性を痛感し、その後NPO法人「MOMO」が二〇〇〇年にサービスハウスポポロを開設するにあたって、二五〇人の会員から四億円を調達するなど、抜群の資金調達力を発揮する。サービスハウスポポロは、定員四〇人の入居者、二室のショートステイ、介護保険のデイサービスセンターを併設するケアハウスである。築四〇年の鉄筋コンクリート四階建ての建物を改築する費用に一億円がかかった。NPO法人「MOMO」は、もともと生協のワーカーズ・コレクティブ活動を背景に生まれたものだが、「市民資本」の形成へのニーズは、裏返しにいうと生協の資金力に頼れないということの表現でもある。生協の「アウトソーシング」戦略はワーカーズ・コレクティブの自立性を高めたが、その結果皮肉にも、ワーカーズ・コレクティブは組織的にも資金的にも生協本体から独立した団体となるだけの力量をつけるに至った。

その点ではグリーンコープの福祉事業戦略は、はるかに自覚的なものといえる。九四年に全組合員から月額一〇〇円の無償の拠出を受ける福祉連帯基金を設立。初年度で原資は組合員拠出金に、共同購入の割戻金一%を加えての計四億円にのぼる巨大な資金力を持つに至った。二〇〇三年に社会福祉法人「煌《きらめき》」を設立し(二〇〇八年に社会福祉法人グリーンコープに改称)、そこに主要なワーカーズ・コレクティブ事業を移管してからは、法人資産は固定資産と流動資産とを合計して四億五四〇〇万円(二〇一〇年時点で一一億九三〇〇万円)という資金力を持っている。このもとで西日本八県にわたる二四団体二一三一人の家事援助ワーカーズ・コレクティブによる年間五万四六〇〇件、利用時間六八万一〇〇〇時間にのぼる居宅支援事業のほか、デイサービス・センターが二六ヵ所、年間利用者六九〇〇人という規模の介護事業をおこない、その他に居宅介護支援事業所を開設している(二〇一〇年度実績)。年間事業高は一七億二二〇〇万円にのぼる事業体に成長した。ちなみにグリーンコープ連合本体は、組合員総数四〇万三〇〇〇世帯、出資金総額一六九億円、供給高六一〇億円に達する、今や巨大生協である[15](二〇〇九年度実績)。

グリーンコープ連合では福祉連帯基金の設立にうながされて、九五年にワーカーズ・コレクティブがふたつ産声をあげた。福祉連帯基金はすべてのワーカーズ・コレクティブに規模と事業高の大小を問わず、年間六〇万円の助成をおこなってきた。[16]グリーンコープでは創業支援システムがワーカーズ・コレクティブを活性化させたのであって、ワーカーズ・コレクティブが成立してから事後的に支援システムの重要性が認識されたのではない。

わたしたちの調査の結果、ワーカーズ・コレクティブの事務所開設にあたって各単位生協が「母屋の庇を貸す」インフラ支援をしていることが判明した。事務所設備・備品調査によると、回答のあった全四六団体のうち、事務所の設置場所は生協デポ(店舗)や活動センターなど生協施設の一角を利用したものが三五(八四%)、独立した事務所を構えている団体が六、個人宅が四である。生協施設を利用している団体は一件を除いて家賃負担をしていない。その家賃負担も月額五〇〇〇円と破格の安さである。他方、独立事務所を維持している団体の家賃負担は月額一〜二万円、首都圏と比べれば負担は小さいが、負担ゼロの団体とは不公平感がある。起業に不可欠な「事務所三種の神器」ことファックス、コピー機、パソコンのうち、ワーカーズ・コレクティブが独自に所有しているのはファックス機能のついた電話機のみ、それも自己所有率は四割程度であとは生協から借用しているばかりか、電話代の負担まで生協に依存しているケースもある。コピー機、印刷機も生協所有のものを借用。パソコン保有率はわずか四・三%だが、介護保険前夜の調査時点ではパソコンはワーカーズ・コレクティブの必需品ではなかった。机、椅子等の什器類も生協からの借用物や中古品を使っている。水道・光熱費負担もなく、インフラのみならずランニング・コストも生協に依存度が高いことがわかった。

NPO法が施行されたのは九八年。今日では各地に自治体のNPO支援センターなどの設置が相次ぎ、市民事業体の創業支援、とりわけ事務所インフラの無償もしくは低額利用の重要性が認識されている。九五年のワーカーズ・コレクティブのスタート時にはまだその認識は広まっていなかった。母体の単位生協によってワーカーズ・コレクティブ支援に熱心なところや冷淡なところなど温度差があるが、各単位生協はそれと自覚せずに、実質的にワーカーズ・コレクティブの創業支援を手厚くおこなっていたことになる。

興味深いことに、この事務所備品調査を実施するまでは、ワーカーズ・コレクティブの担い手から、単位生協の応援が少ないことに対する不満が聞こえていた。調査結果から生協本体にどれほど依存しているかが明らかになって、当事者たちにむしろおどろきが生まれた。代表をつとめる共同研究者のひとりは、あとでこう言ったものである。「わたしたち、感謝が足りなかったわね」。

事後的な発見とはいえ、協セクターの市民事業体にとって生協が特別重要な位置を占めるのは、この資金力、組織力、インフラ、

❖15 社会福祉法人グリーンコープの情報提供による。

❖16 事業高を伸ばして成長した団体では、「助成金返上」が課題となっているが、上述したように収支決算が経営コスト感覚を持たずになされているところでは、「収益」の算出根拠もあてにならない。「助成金返上」のなかには、生協支配から自立したいという隠れた動機がみてとれよう。

人材の結びつきの効果による。この「基礎体力」があるからこそ、生協は行政の支援や制度の変化を待たなくとも、独自に先駆的な福祉事業を実践することができたのである。

裏返しにいえば、このような基礎体力を持たないふつうの市民が、意欲と体力だけで市民事業にのりだす際の物心両面の負担の重さは想像にかたくない。のちに章をあらためてNPOの小規模多機能型居宅介護の事業所、富山型の先駆的モデルといわれる「このゆびとーまれ」の事例を検討したいと思うが、創業期支援を欠いたところで初期投資を含む創業者のリスクと個人負担がどれほど重いかが例証されよう。富山の場合には事後的に行政との交渉によって公的な創業支援システムが成立したが、その制度の利益は、後発組の事業者が「フリーライダー」として享受することとなった。

この発見からの教訓は、協セクターの事業体の成長を望むなら、なんらかの公共的な創業支援システムが必要だということである。そして生協は実績主義で先行投資をしようとしない自治体をあてにせず、市民事業体の創業支援という「公益」事業を、官セクターに代わって肩代わりしたことになる。

12 介護保険以後の生協福祉事業の展開

介護保険は福祉NPOを変容させたように、生協福祉事業をも大きく変質させた。組合員の「助け合い」事業であり、有償ボランティアの一種であった福祉事業を、採算性のある福祉事業、それも同じサービス商品市場とサービス労働市場とで、他の官製事業者や民間事業者と対等な競争のもとにおかれた「ビジネス」に変えたからである。「ビジネス」という表現を生協の担い手たちはきらうかもしれない。だが消費財をいくら「消費材」と言い替えても、生協が流通市場のもとでの経済的交換行為の主体であることに変わりがないように、サービスという財と金銭との交換もまた経済行為にほかならない。そしてそのサービス商品の価格についても、サービス労働をになう労働力商品の価格(賃金)についても、市場の動向に無関心ではいられない。サービス商品市場と労働力商品市場のもとでは、それぞれ消費者と労働者が移動することによって、価格が平準化する。サービス商品市場では価格が安いほうへ、労働力商品市場では賃金が高いほうへと。自由な市場におけるこの移動をさまたげることはできない。

生活クラブ生協神奈川の理論的指導者、横田克巳[2002]は、「コミュニティ・オプティマム」福祉という理念にもとづく「コミュニティ・ビジネス」、「コミュニティ・ワーク」、「コミュニティ価格」という一連の概念を提示する。「コミュニティ・ビジネス」は非営利の社会的企業を指すが、持ち出しの奉仕活動ではなくビジネスには違いなく、採算性や継続性を、したがって経営を無視しては成り立たないことまでは合意されている。彼によれば「コミュニティ・ワーク」とはコミュニティに必要な価値を生産し、直接に交換するボランタリーな働き方、「コミュニティ価格」とはコミュニティ・ワークの価値にもとづく「もうひとつの価格」であるとされる［横田 2002: 276］。市場労働とは違うものの「もうひとつの働き方」が「支払い労働」であることは前提されているが、その労働に対する「もうひとつの価格」、すなわち「コミュニティ価格は市場価格の五〇～七〇％でよい」と横田は言う。だがなぜ「五〇～七〇％」なのか？　彼はその根拠をあげていない。「自分がしてあげたサービスはいずれ自分に戻る」ことを前提とした互助型の交換だから、という理由がしばしばあげられるが、それなら無償のボランティアか時間貯蓄のような方式もある。「コミュニティ価格」は少なくとも貨幣タームに換算されることを拒否していない。「参加型福祉」の「ホームヘルプ一時間当たり八〇〇円前後の価格」とは、「わたしなら払える」だけではなく、「この程度はあげたい／もらいたい」という地域の相場感を反映している。事実、この価格は、地域最低賃金をわずかに下回るという絶妙の価格設定なのである。神奈川の利用料八〇〇円、九州の利用料七〇〇円の料金設定の違いも、地域格差を反映している。神奈川の一時間当たり八〇〇～一〇〇〇円の価格は横田の指摘どおり「ちょうど、今日の都市部におけるパート労働の平均的時給に近いレベルになった［横田 2002: 95］。

この価格の収斂はたんなる「偶然の一致」なのだろうか？　むしろわたしには「必然」と見える。すなわち「中高年女性向けの非正規・非熟練労働の水準」に合わせて、「コミュニティ・ワーク」も「コミュニティ価格」もつくられてきており、ワーカーズ・コレクティブという「コミュニティ・ビジネス」はそれを正当化する装置として機能した、というのがわたしの推論である。

コミュニティ価格は半分程度でよいといいながら、介護保険指定事業者に参入していったワーカーズ・コレクティブが、保険内利用について自分たちのサービスを自発的にディスカウントして提供したケースはない（むしろ、この介護保険事業の公定価格のおかげで、ワーカーズ・コレクティブの財政基盤は安定した）。コミュニティ価格は保険外サービスについてのみ適用されるが、これは10章で田中尚輝らが主張する福祉NPOの特質、すなわち「枠外サービス」のボランティア価格と一致する。この低料金のおかげで、ワーカーズ・コレクティブのサービスは利用者に歓迎され、結果として「選ばれた」のは事実である。

食材の流通に関して生協が供給する「消費材」については、横田は決して「コミュニティ価格」とは言わない。食べもの生協も流通革命のもとにおかれたが、だからといって生協が、スーパーマーケットと競合するような価格破壊効果をもたらしたわけではない。それどころか生協の「消費材」には、「安全」という付加価値に対して、市場よりも高い価格さえ与えられた。生協組合員とはその付加価値を認めて、対価を支払うだけの意思と能力のある人々に限られた。それに対して介護サービスという労働集約型の産業において、低料金の「コミュニティ価格」を唱えることは、そのままサービス労働者の低賃金を許容することにつながる。考えてみれば農業も労働集約型の産業だが、「食の安全」という公共的価値に貢献しているから生産者も低料金の「コミュニティ価格」で受忍せよ、という議論はどこからも登場しない。ただ福祉ワーカーズ・コレクティブのケアワーカーの労働だけが、「コミュニティ価格」の対象となるのだ。

サービス（つまり利用料）のコミュニティ価格と労働（つまり賃金）のコミュニティ価格とは違うものだが、利用者からの代金以外に原資がないところでは、両者は直接に連動する。介護保険は労働の価格（賃金）にも大きく影響した。同じ労働をしながら賃金が相対的に低ければ、労働者は高いほうへと移動する。自由な労働市場のもとで、それを防ぐことはできない。介護保険以後、ワーカーズ・コレクティブの多くでワーカー報酬がいっきょに上昇したのも、他の事業者の賃金動向をにらんでのことである。生協とて社会から孤立して存在しているわけではない。介護保険のサービス市場のもとで、利用者からもワーカーからも「選ばれる」ための競争にさらされている。

生協福祉の「コミュニティ価格」は、その労働の提供者が女性、とりわけ夫に経済的に依存可能な高経済階層の既婚女性であったことと切り離して考えることはできない。[17] もし今日の介護サービス事業のように男性ワーカーの参入が想定されていたら、かれらは「コミュニティ価格」を唱えただろうか？ むしろワーカーズ・コレクティブから男性の参入を排除し、既婚女性の労働として固定化し、他の労働市場との分離をつくりあげるために「コミュニティ価格」は設定されたのではないか。このような「意図の論理」による解釈が「邪推」であるとしても、「結果の論理」からみればコミュニティ価格は以上のような効果をたしかにもたらした。「コミュニティ価格」（と呼ばれる低料金）は、皮肉にも他の労働市場から自分たちを分離し差別化するための「プライドの値段」だった、と言いたい思いに駆られる。

13 「プライドの値段」

わたしがそう判定するには根拠がある。マルクスによれば、貨幣とはすべての商品を共約する商品のなかの商品、一般的商品である。互いに比べることもできない異質な財のあいだを、交換可能にする強力な「共約可能性 commensurability」が貨幣の持つ機能である。この貨幣の共約可能性はあらゆる財をのみこんでいく。

もし非営利の協セクターの労働を、他の市場労働から「分離」しようとすれば、一番てっとりばやい方法は、この共約可能性を断つことである。つまり労働と貨幣との交換をおこなわず、(1)労働を名誉や権威のような他の威信財に置き換えるか（そうすれば骨惜しみなく人助けする立派な人、という名誉が得られる）、さもなければ、(2)貨幣から分離し流通が限定された別の交換財に置き換えるか（エコ・マネーがこれにあたる)、または(3)労働を同じような労働とのみ交換可能にする物々交換方式(時間貯蓄がこれにあたる)を採用すればよい。市場労働への忌避感から、以上のような限定的な交換システムを採用する事例は多く、その理念は評価に値するが、成功事例は数少ない。これほど人の移動の激しい社会では、交換システムの完結性や永続性を保つことがほとんど不可能だからである。そのために複数のローカル・マネー間で移転の可能なレートやルールをつくりだしたり、ローカル・マネーに貨幣と等価な交換機能を限定的に与えたり(地元商店街でのみ使用可能など)という修正案がつくりだされたが、どれも弥縫策にすぎない。

　市場を忌避するあまり貨幣を拒否するのは、得策でないばかりか、その必要もない。貨幣そのものは善でも悪でもない。もともと貨幣とは、資本主義的な市場システムの成立以前から、それとは独立に成立したものだ。貨幣には尺度、交換、貯蔵の三つの機能があり、その機能に代替するものは他に考えにくい。生協が消費財を消費材と言い替えても、貨幣との交換をやめるわけではないように、生協の提供するサービスも、貨幣との交換をやめる理由も必要もない。貨幣を用いたからといって商品市場システムにそのまま巻きこまれるわけではない。事実、介護保険のサービス商品市場は、価格の統制された市場、すなわち準市場 quasi market であって、価格メカニズムの働く自由市場ではない。

　だが生協には労働力の有償化に対する根深い拒否と嫌悪があるように見える。ワーカーズ・コレクティブのサービスの低料金、そしてそれがもたらす労働の低賃金は、市場労働の相場との差別化のために採用された「プライドの値段」というべきものであり、この背後には担い手の階層要因があると見てよい。というのはこの「プライドの値段」は確実に、経済動機の強い担い手を選別して排除する効果があったからである。だからこそ、調査が示すように、ワーカーズ・コレクティブの担い手があれほど長時間にわたる無償労働をこなしながら、それを「不払い労働」と認識させることを妨げる障壁が存在してきたのであろう。

　ワーカーにとって「プライドの値段」というべき低賃金は、経営サイドから見ればどのような効果があるか? 高学歴・高経済階層でモチベーションの高い労働力を、安価に使うという効果をもたらしたことは(たとえそれが意図されたものでなかったとしても)否定できない。その際のキーワードが「主婦感覚」である。そしてこのプライドはもっぱら「主婦であること」から発しているから、自らの性役割を不問に付すばかりか、それを果たそうとしない同性へのきびしい視線を生む。急いで付け加えなければならないのは、この時期には「主婦であること」は相対的に高い階層の標識となっていたことである。なぜなら、夫の収入というシングル・インカム・

❖17 ワーカーズ・コレクティブの労働に、ジェンダー要因のみならず階層要因が働いていたことについては次章を参照。

ソースに依存できる階層でなければ、「主婦」という地位は維持できなかったからである。

だが、介護保険は採算性のある「ビジネス」として介護事業体を成り立たせる条件を提供した。ワーカーズ・コレクティブのなかに潜在していたワーカーの二極化、当事者のことばを借りれば、「ばりばりワーカー」と「ときどきワーカー」との分解を促進する効果を持った。理想的には、「多様な働き方」を許容するのが望ましいといいながら、実際には異質な人々を含む人事管理はむづかしく、とりわけ経営参加と自己決定を謳うワーカーズ・コレクティブで、貢献度の違うメンバーのあいだの「横並び」を維持することは困難になる。またワーカーの保険・保障を確保していくために、生協との「雇用」関係を形式上でも採用しなければならなくなってくる。このような環境の変化に対する対応が、生協によって分岐することになった。それが先にあげた生協福祉の三類型である。

第一の分離型の先駆的なケースである神奈川は、介護保険の始まる前から事業体の独立性がいちじるしく高く、生協育ちの人材はそれぞれ地域の社会的起業家として離陸していった。その結果として神奈川では地域福祉の担い手の層が厚いが、そのあいだの連携は彼女たちが生協の出身者であるという人的なネットワークを除けば、組織的には薄い。「非営利・協同」ブランドをつくりだせなかったことを、生協指導者は「失敗」と見ている。

第二の共同経営型であるグリーンコープ連合では、各ワーカーズ・コレクティブを統制しながらグリーンコープ・ブランドの共通性のもとに、生協福祉を事業として展開しようとしていることがうかがわれる。ワーカーズ・コレクティブの自律性と統制とのバランスはつねに挑戦を受けているが、同時にこのシステムはリスクを分散することで、生協が負担を背負わずにすむ巧妙なしくみであるともいえる。二〇〇三年の社会福祉法人「煌」への統合以後の状況は追跡調査していないからたしかなことはわからないが、生協出資の社会福祉法人が、人的な統制以外に、いつまで生協本体との連携が維持できるかどうかはむずかしい課題であろう。生協福祉が「生協的」であることを保障するものは「生協が始めた」ということ以外に何もないことは、先行の事例を見ても予測可能である。

千葉は以上のふたつの類型に対して、直営型という第三の選択肢を示した。これはワーカーの分解をワーカーズ・コレクティブの分解に置き換え、彼女たちに団体としてビジネスかボランティアかという選択肢を迫ったものである。九四年に生協としてホームヘルプ事業を始めるにあたって、それまで一〇団体あったたすけあいワーカーズ・コレクティブのうち五団体がワーカーズ・コレクティブを解散し、生協傘下の「ケア・グループ」に移行した。その後九八年に特別養護老人ホーム「風の村」の開設を射程に入れて、社会福祉法人「たすけあいクラブ」を設立。二〇〇〇年の介護保険施行にあたってケア・グループを県下一一の介護ステーションに再編し、各ケア・グループは直営ステーションに移行するかどうかの選択を迫られた。ワーカーは生協と雇用関係にある職員となり、福祉事業は生協ブランドのもとの直営事業となった。さらに二〇〇四年には社会福祉法人「たすけあいクラブ」を社会福祉法人「生活クラブ」へと改称(二〇一一年からはさらに「生活クラブ風の村」と改称)、生協のもとにあった「たすけあいネットワーク事業」を生協から分離して統合するという「分離と統合」を果たした。事業としての福祉サービスとボランティアとを分離したのも、この「分離と統合」戦略の一環である。その結果、現在、生活クラブ千葉グループは、生活クラブ生活協同組合、社会福祉法人生活クラブ、ボランティア活動情報センター(VAIC)を三本柱としてその連携のもとで活動している。この一連の改革は生協福祉事業の担い手の層の交替を促進した。一部のワーカーズ・コレクティブは再編に応じずワーカーズ・コレクティブのままにとどまったが、多くはケア・グループを経て介護ステーションに移行し、代表はステーション長として経営責任を持ち、年収は一挙に三五〇万円に上昇した。[18] フルタイムの仕事としてのステーション長の責任と負担は重く、設立当初からステーション長を経験している女性(四〇代)は、「主婦の片手間ではできない」と答える。九〇年代にワーカーズ・コレクティブ代表手当月額一万円からスタートした報酬が、年収三〇〇万円台に達した短期間の変化は急激なものである。それでもステーション長のひとりは「負担に見合わない」という。この改革は経営的才覚や事業意欲のある代表に挑戦のチャンスを与え、またステーション間の人事異動を可能にした。この改革を主導した社会福祉法人「生活クラブ」の理事長池田徹は、二〇〇七年のわたしたちの面接に答えてその成果を「成功だった」と自己評価する。

事業ならば経営戦略の成否は成果によって判定されるほかない。以上の三つの生協の三つの類型はいずれも事業高の増加を示しているが、地域差があるためにこれを事業高の違いだけから単純に判断することはできない。前章でのべたとおり、「福祉経営」の「効率」が、事業体の持続可能な経営に加えて、サービスの利用者と提供者、双方の利益の最大化によって図られるとすれば、その判定は総合的になされなければならない。

協セクターの介護事業体は官／民に比べてほんとうに相対的に優位性があると言えるのか？　次章以降でもひきつづき検討していく。

❖18 当初は年俸四〇〇万円を賞与を含めて一七等分し、月ごとに支払われたが、しだいに賞与分が減額され三五〇万円の水準に落ち着いたという。

第13章 生協のジェンダー編成

1 はじめに

生協が、わけても福祉ワーカーズ・コレクティブの活動が、主として女性によって担われていることに疑いはない。だが生協は女性の運動ではあっても、女性運動ではなかった。

生協のフェミニズムとの関係は、長いあいだ争点になってきた。生協はジェンダーとは非関与な消費者運動であり、それどころか多くは男性を指導者としていただくPTA的な集団であること、生協組合員は、加入書に自分の名前ではなく夫の名前を記入する「よき妻」であり、その活動の主たる動機は「母として妻として」家族の食の安全を守りたいという伝統的なジェンダー意識であることは、かねてより指摘されてきた。組合員活動はそのジェンダー役割に抵触しない範囲でおこなわれ、班長や総代、理事などと、組織の上部に上がっていくことを通じて家事がおろそかになる程度に活動が優先されるようになるのは、「予期せぬ効果」であって、あらかじめ意図されたものではなかった。生協とフェミニズムとの関係は「疑わしい suspicious」ものと考えられてきた。

その生協から生まれたワーカーズ・コレクティブが介護事業への参入を通じて、おのずから大きな変貌を経験している。本章では、生協とジェンダーの関係を検討することを通じて、生協がワーカーズ・コレクティブに果たした役割のみならず、その反面、ワーカーズ・コレクティブが生協に対して果たす役割をも検討してみたい。

2 生協のジェンダー意識

生協活動を支えてきたのが、これまで主として女性であったことは紛れもない事実だが、「消費者」「生活者」という非ジェンダー的な用語で担い手が語られてきたせいで、担い手のジェンダー的な性格は脱色されてきた。「消費者」「生活者」という呼び名のなかには、組合員のジェンダー性を故意に無視する脱ジェンダー化の政治が働いていたのではないか、という疑わしさすら感じられる。天野正子は「フェミニズムに対する、生活クラブの鈍く低い感応性……。その理由の一つは、生活クラブのかかげる「生活者」概念それ自体に内在している」[天野 1996: 61]と指摘する。

「消費者」には「生産者」の用語が、「生活者」には「労働者」の用語がそれぞれ対応する。実際には消費と生産、生活と労働の分割のなかに、それぞれの領域への排他的な性別配当が組みこまれていた――これを近代家族のもとの性別役割分担と呼ぶ――のだから、生協は「消費」と「生活」へとわりあてられた女の集団を前提していた。しかもそれは他方で「生産」および「労働」とのあいだの相互依存ぬきには成り立たないのだから、この女性たちは、自分たちが依存しかつ貢献すべき男性の存在を前提としていた。つまり彼女たちの多くが、既婚の無業女性、俗にいう専業主婦であったことは少しも不思議ではない。八〇年代の生協運動を研究した佐藤慶幸ら[佐藤編 1988]の調査によれば、生協組合員の離婚率は、当時徐々に上昇傾向にあった世間一般の平均離婚率よりきわだって低いという特徴を持っているが、それは生協組合員の家庭が夫婦円満だから、ということを少しも意味しない。むしろ、離婚したとたん組合員にとどまることがむづかしくなるために、母集団のなかから離婚者が退出することによって、組合員の低い離婚率は支えられてきた。

このような事実をもとに、これまで生協とフェミニズムとの関係は、どちらかといえば対立的なものと見なされてきた[金井 1989, 1992; 天野 1996; 今井 1995]。伝統的な社会主義婦人解放論は労働婦人を解放運動の中心に据えてきたし、リベラル・フェミニズムも経済的自立を通じて女性解放を語ってきた。両者の立場から見れば、夫の「生産」と「労働」に依存しながら、他方で「消費」と「生活」を専一に引き受ける女性とは、家父長制と資本制の相互依存[上野 1990; 2009]を体現する存在であり、既存のジェンダー秩序を再生産する保守的な役割を果たすと見なされるからである。

他方で、担い手の女性たちもまた、フェミニズムから距離を置いてきた。生協の組織理念がそうであるように、組合員女性の第一の関心も「安全な食材の確保」であって、「男女平等」でもなければ、「性別役割分担の打破」でもない。二〇〇三年度の全国組合員意識調査が明らかにするように、生協加入動機の最上位にくるのが子どもの出産にともなう食の安全への関心であり、その動機づけは子どもの成長とともに薄れる。組合員女性は、「妻として母として」の役割遂行のためにこそ生協に加入しており、その役割から降りようとは思っていない。組合員活動への積極的な参加が夫との葛藤を引き起こす可能性は(もしあるとすれば)、事後的に生じたものであり、意図的にもたらされるわけではない。もはや主婦であることが「運命」ではなくなった「選択の時代」[1]に、家父長的な婚姻制度のもとに自ら選択して入っていく専業主婦の女性たちには、フェミニズムを敬遠する十分な理由があった。ましてやリブが主張した女性のセクシュアリティの解放などは、婚姻制度のもとでは封印されざるをえなかった。

だが、社会と女性の変貌は、生協の変化よりも急速である。脱工業化の過程でわたしたちが経験しているのは、生産／消費、労働／生活の分割線そのものが、急速にゆらぎ、シフトしているという現実である。ワーカーズ・コレクティブもまた、消費者協同組合から労働者(生産者)協同組合へのシフトを意味していた。

生協がその性差別的な社会環境を与件として成立したことは、以上に見た通りである。その性差別に対して、生協が異議申し立てをしてこなかったとしても、生協の組織目標がそこになければ、べつだん責められるべきことではない。女性の多い集団が、かならずしも性差別への異議申し立てを集団目標としないことは、不思議でも何でもない。従来のフェミニズムの生協批判はここでとどまる。だが、生協組織そのものが、ジェンダーを構造的に再生産してきたといえるか、またワーカーズ・コレクティブもそのジェンダーの効果だったかどうかは、より核心的な問いであろう。

3 生協の「男女共同参画」

ジェンダー代表性、わかりやすくいえば集団における性別構成比は、もっとも単純で形式主義的な性差別の指標である。ジェンダー(センシティブな)統計がまっさきに指標化するのも、ジェンダー代表性、つまり母集団の性別構成比に見合った集団の性別構成比が達成されているかどうかという尺度である。問題点を先取りしておけば、このリベラリズムの指標は、集団の目標や理念を問わない点で、純粋に形式主義的なものであり、結果として現状を追認する保守的な傾向を持っている。[2] この指標は、生協自身が自らの「ジェンダーバイアス」を問題化するにあたって、自ら採用した指標でもある。

「生協における男女共同参画」の歴史を追跡した仲宗根迪子[2000]の報告によれば、一九八〇年代末になって生協におけるジェンダーバイアスが「生協内外から指摘された」という。[3] その背後にあるのは、八七年の政府による男女共同参画促進のための「西暦二〇〇〇年に向けての新国内行動計画」であり、さらにそれに先立つ国連女性差別撤廃条約署名以降の、国内女性政策の進展であった。[4]

八〇年代後半と言えば、第二波フェミニズムが成立して二〇年近く、生協の歴史のうえでも二〇年以上経つから、「女の組織」としての生協が、ジェンダーを意識するうえでは、たしかに遅い。八五年に男女雇用機会均等法が成立してから、どの企業もタテマエ上「差別是正」をめざさなければならなかったから、生協のジェンダー・コンシャスネスも、一般企業なみに遅く、一般企業なみ

に外圧に対する反応であった点で、生協も他の企業組織と変わるところはない。❖5

仲宗根の簡潔なまとめに沿って、日本生活協同組合連合会内の「男女共同参画」への動きを見ていこう。八〇年代の「外圧」にともなって、九一年には日本生協連女性評議会が会長諮問機関として発足した。九三年に「生協の意思決定における女性の参画の現状と今後の方向について」の答申が出た後、「生協における男女共同参画に関する意識調査」を実施、九四年に『男だから女だからはもうやめよう』というパンフレットを発行。九六年度には日本生協連理事会は行動計画策定委員会を設置し「男女共同参画を促進するために生協がめざすこと」を総会に提出。九七年には女性評議会を発展的に解消して新たに全国女性会議❖6と理事会男女共同参画小委員会とを設置、九九年には男女共同参画小委員会が「男女共同参画促進に関する重点課題の提言」をまとめた［仲宗根 2000: 11］。

さらに二〇〇〇年度に実施した「生協組織における男女別参画状況調査」にもとづいて、二〇〇一年には男女共同参画小委員会が「男女共同参画促進に関する第二次中期的行動課題（以下「中期計画」と略称）」というレポートを提出、同委員会は二〇〇三年には『女

❖1 戦後一次から三次にわたる「主婦論争」は、「主婦であること」が選択できない時代の論争であったが、八〇年代以降、専業主婦が少数派に転じるに及んで、主婦であることは「選択」の結果となった［妙木 2010］。林真理子は、主婦はその「自己決定」にリスクをともなう「自己責任」をとるべきだという論を展開するに至った。事実、八〇年代を通じて進行した階層分解の過程で、専業主婦にとどまることのできる人々は、経済階層が高い集団に属していることがあきらかとなった。

❖2 たとえば「軍隊の男女平等」や「右翼団体における男女共同参画」を想起してみればよい。

❖3 生協における女性組合員比率の高さを考えれば、「ジェンダーバイアス」とは一見、男性組合員の参入比率の低さを指すかと思われるが、ここでいう「ジェンダーバイアス」とは、意思決定過程における（役員、理事等の）女性参加比率の低さを指している。

❖4 仲宗根のレポートが収録されたのと同じ号の『生活協同組合研究』二九五号、「男女共同参画の考え方と実践」特集号（二〇〇〇年八月号）には、ジャーナリストの竹信三恵子の論文が収録されているが、それによれば、「生協にジェンダー視点が欠けている」という問題提起の「直接のきっかけは、一九九九年の「男女共同参画社会基本法」の成立と言ってよいだろう」［竹信 2000: 5］とある。これでは仲宗根の指摘と一〇年以上の時差があり、あまりに遅すぎる。ここでは生協のインサイダーである仲宗根の指摘のほうを採用する。二〇〇一年に日本生活協同組合連合会男女共同参画小委員会が出した「男女共同参画促進に関する第二次中期的行動課題」という報告書のなかでも、「日本の生協では、一九九〇年頃から生協における男女共同参画について問題提起がなされ」［日本生活協同組合連合会 2001: 8］たという指摘がある。この見解は日生協連内の公式見解と言ってよいだろうし、仲宗根の指摘ともほぼ一致する。

❖5 本章のもとになった「生協のジェンダー分析」［上野 2006b］は、もともと「生協学」の試みである『現代生協論の探求〈理論編〉』［現代生協論編集委員会 2006］の要請を受けて書かれた。学問のあらゆる分野で「ジェンダー」がアジェンダのひとつに加わるPC（Politically Correct）的な動きが見られるようになったのが九〇年代以降だったとすれば、「生協学」のような書物に、「ジェンダーから見た生協」という章が一章だけ、含まれるという「政治的に正しい」選択も、他の伝統的なディシプリンと時期的に見て変わるところがない。

❖6 九七年から二期四年間の活動の後、二〇〇〇年に解消された。

性が輝く元気な職員組織のマネジメント事例調査』(以下『女性職員マネジメント調査』と略称)の報告書を出している。

以上のような生協の男女共同参画の歴史を追ってみて、改めて確認できるのは、生協にとって「男女共同参画」があくまで国内外の政治・政策からの「外圧」によってもたらされたものにほかならない、という事実である。それは初期からの生協の用語法によくあらわれている。問題が登場した時点から一貫して「男女共同参画」という行政用語が用いられており、「男女平等」も「差別是正」も使われていない。ジェンダー研究の分野では、「男女共同参画」という耳慣れない造語が、「男女平等」を避けたい行政の婉曲語法として採用されたことは周知の事実であり、それを快く思わない女性運動の担い手のあいだには、この用語を使用しないという原理主義まであるくらいだ。このような用語に対するセンシティビティのなさそのものが、この問題が生協の内部から内在的な問題として提起されたわけではないことの証左になろう。

4 活動と労働の二重構造

生協組織は協同組合法人としての二重構造を持っている。一方は組合員組織であり、他方は職員組織である。組合員組織は共同購入の班から地区、さらに単位生協、連合へと至る代表制民主主義によるピラミッド型の組織構造を持っている。他方職員組織は、雇用関係にもとづく指揮命令系統を持つ点で、タテ型の企業組織と変わらない。職制を選挙で選ぶわけではないから、職員組織には「民主主義」はない。どちらもハイラーキー型の構造を持つが、組合員組織は下意上達の、職員組織は上意下達の意思決定の流れを持つ点が違う。そして職員組織は組合員組織と雇用関係を持つことで、そのもとに従属する。ここまではタテマエである。

だが、代表制民主主義もまたひとつの権力構造には違いないから、いったん階層化された組織構造のもとでは、組合員は選挙を通じて自らの意思決定権を委譲することで、上部の決定にしたがう集団成員のひとりとなる。このような古典的な代表制民主主義が長期にわたって維持されてきたこと自体、生協の体質の古さを物語る。多くの生協の成立が、ネットワーク型の「新しい社会運動」の登場と時期を同じくすることを考えれば、このハイラーキー構造は、旧来の「党型」、「労働組合型」の組織に無批判であるばかりか、それを踏襲したものである。他方で、代表制民主主義のもとで任期ごとに交替する理事や理事長と比べて、職員組織の幹部は、形式的には組合員理事長の支配下にあるとはいえ、実質的に経営をめぐる意思決定権を握ることになる。いわば民主政体における官僚制支配が容易に成立し、専務理事は名目だけの理事長に対して実権派のごとき存在となる。タテマエ民主主義のもとでの以上のような権力配置は容易に予想がつくばかりでなく、多くの組合員理事長が職員組織のトップである専務理事とのあいだで実際に経験していることでもあろう。❖7

ところで生協の「男女共同参画」は、以上のような組織構造をそのままにして、そのジェンダー構成比を適正に変更すれば目標が達成されると言えるだろうか？　前節で検討したリベラリズムのジェンダー代表性の指標を採用すれば、答は「イエス」となる。生協連合が自らに課した「課題」も、その域を出ない。どのような数値が「適正」であるかについては異論もあろう。社会全体を母集団と考えればその性別構成比にふさわしく、一方での「男性組合員の増加」と他方での「女性職員の増加」が目標となるだろう。もし組合員集団を母集団と考えれば、職員組織もそのジェンダー比を反映した女性の占める労働組織になればよいことになる。だが、リベラリズムの形式主義はここで思考停止に陥る。組合員に男性が参入しないのは、食と家庭が「女の役割」と男女双方によって考えられているからであり、職員に女性が定着しないのは、雇用労働が家庭責任と両立しないような労働形態を維持しているからである。つまりジェンダー規範の上に成り立っている組織が、それを再生産する構造を維持したまま、数値目標だけの「男女共同参画」を掲げても論理矛盾に陥るだけであろう。リベラリズムのジェンダー代表性を達成するためだけでさえ、ジェンダー規範そのものの解体に踏みこまなければならないことはフェミニストによってとっくに主張されてきたが、その「目標」は生協にとっては「外在的」であった。

ここまでは聞き慣れた生協に対するジェンダー批判であろう。

わたしが採用したいのはここでも「不払い労働」という概念である。生協におけるジェンダー配置を分析するために「不払い労働」の概念は、理論的にも実践的にも、強力なツールとなる。というのも第一に理論的には、生協はこれまで組合員組織がおこなうことを「活動」、職員組織がおこなうことを「労働」と呼んで分離してきた、言い換えれば比較不可能なカテゴリーのもとに置いてきたが、「不払い労働」の概念は両者を「労働」という上位のカテゴリーに包括することで、比較不可能なものを比較可能にする概念装置だからである。第二に実践的には、「活動」と「労働」とを区別し分離することで維持されてきた生協組織の二重構造が今日揺らいできている、その現実を説明する変数として有効だからである。

ワーカーズ・コレクティブの誕生は、生協にとっては外在的な、女性の歴史的な変貌によってもたらされた。すなわち女性の労働が不払い労働から支払い労働へと移行していった時代の変化と重なっている。

5　生協組織の歴史　——二重構造から三重構造へ

組織構造のジェンダー分析、とりわけ労働組織の編成を「ペイド／アンペイド」という分析カテゴリーにしたがって歴史的に回

❖7 生協創設者の多くが専務理事のポストに就き、「長期政権」を守ってきたのは、代表制民主主義の以上のような形式主義を予測した上で、意図的に設計された「実権派」の権力維持の装置によるのではないか、とあやしまれるほどである。

顧すれば、どの生協も設立の時期のいかんを問わず、おおむね以下のような段階をたどって変容してきている。それというのも後発の生協は、先発の生協の組織構造を模倣するからであり、また生協法人格の獲得に当たって一定の組織原則が要請されるからである。したがってどの生協も、互いに似たような組織構造を採用してきた。

第一期　創設期(活動と労働の一致)
第二期　活動と労働(ペイド／アンペイド・ワーク)の二重構造
第三期　労働のフレックス化／活動の労働化(パートタイム／ワーカーズ・コレクティブの導入)
第四期　三重構造(ペイド／半ペイド／アンペイド・ワーク)

伊藤美登里は生活クラブ生協神奈川を事例として、これとよく似た時代区分を立てている[伊藤 1995]。

I　専従主導の時期(創立前後から七三年まで)
II　「分業と協業」の時期(一九七四年から八四年まで)
III　「運動は組合員、経営は専従」の時期(一九八五年から九〇年まで)

わたしの時代区分では第一期が伊藤のI「専従主導の時期」にあたり、第二期がII「「分業と協業」の時期」と、第三期がIII「「運動は組合員、経営は専従」の時期」に対応する。伊藤の時代区分は参考になるが、ここで独自に区分を立てるのは、以下の理由による。(1)伊藤の時代区分は生活クラブ生協神奈川の事例に特化したものであり、一般的なモデルを志向していない、(2)生活クラブ生協神奈川は創立期が古く、他の追随事例と年代的にずれがある、(3)時代区分が九〇年までを対象としており、それ以降のフォローがない、(4)命名に見られるように生協独自の用語法を採用しており、汎用性がない。わたしがここで採用するのは、生協用語に代わって、より汎用性の高い概念である「活動 activity」と「労働 labor」という用語である。労働には、支払い労働と不払い労働の両方を含める。

生協とりわけ生活クラブ系生協の担い手たちは、自分たちの活動を表現することにおいて誰よりも雄弁であり、かつ特異な語彙を用いてきた。したがって生協活動を論じるためには、当事者自らがつくり出した解釈モデルである「一次モデル」(盛山和夫)に幻惑されないように配慮する必要がある。当然のことながら、本人たちが現実にやっていることと、やっていると申告することとのあいだにはずれがあるからだ。伊藤が生協の専従職員というインサイダーの位置にいることは、その点で有利でもあり、不利でもある。だが、生協活動の歴史を長期のタイムスパンで見る上で、伊藤の先行研究はおおいに参考になる。

第一期と第二期は伊藤の論文でも論じられている。わたしが主として扱いたいのは、第三期以降の変容である。第三期は女性の労働力化が急速にすすんだ八〇年代と、やや遅れて労働市場の柔軟化が男女を問わず進行した九〇年代に対応している。その結果として成立したのが生協組織の三重構造であり、そこにおけるジェンダー配置の再編である。この第三期にワーカーズ・コレクティブが位置する。

多くの生協はその創設期を、「食の安全」を求めた牛乳や卵の共同購入運動から始めている。ここには運動と事業の未分化、別の言い方をすれば「活動」と「労働」の一致が成り立っていた。

創設期の運動が事業化するにあたって生協という法人格を手に入れるために組織整備が要請された。それは一方では組合員組織の代表制民主主義という意思決定機構の整備であり、他方では専従職員との雇用契約にもとづく労働組織の整備である。成長期の生協は雇用を急速に拡大し、企業型の労働組織を確立した。そしてそれは同時代の企業モデルを踏襲したものであり、日本型雇用と言われる労使関係を含んでいた。結果として生協は、他の一般企業と変わりないサラリーマン型の労働形態を持つ職場のひとつとなり、求職者にとっては雇用の選択肢のひとつとなるに至った。

今日の知見からは、日本型雇用と呼ばれる終身雇用・年功序列給与体系・企業内組合の三点セットは、五〇年代から六〇年代にかけて大企業を中心に急速に普及し定着した、と言われる比較的歴史の新しいものであることがわかっている。一種の賃金後払い方式ともいえる年功序列給与体系のもとでは、雇用保障が不可欠となる。この三点セットは経営側と労働側との利害の共有によって合作で成立し、定着した。この大企業モデルを、生協の雇用組織も踏襲したのは、生協の創設者の多くが組合運動の出身者であり、労働者の権利を擁護する企業理念を持っていたからとも考えられる。だが、ここで守られた「労働者の権利」とは、男性正規雇用労働者の権利にほかならなかった。

ジェンダー研究では、この日本型経営の三点セットは、組織的・構造的に女性を排除する間接差別の効果を持っていることが立証されている［大沢 1993］。この雇用慣行のもとでは、理念上、正規雇用者のモデルが男性ジェンダー化されているだけでなく、経験的にも、勤続年数の長期化を前提としたこの雇用慣行の恩恵にあずかるのは男性集団にいちじるしく偏る効果がある。しかもこの賃金後払い方式は、平均的な男性労働者のライフサイクルを前提とした生活給——「家族給 family wage」ともいう——保証となっており、シングルインカム・ソースで労働者の標準世帯が維持できるように設計されている。

フェミニズムは家族給の性差別性を早くから指摘してきた。夫ひとりが家計の大黒柱であるという「男性稼ぎ主 male bread winner」モデルがこの家族給の理念にはあり、それが労働市場における男女賃金格差を長きにわたって正当化してきたからである。したがって、かつて某政党が唱えた「母ちゃんが働かずにすむ賃金を父ちゃんに」というスローガンほど、反フェミニズム的なものはない。

実際に、生協の専従職員の男性比率は八割以上といちじるしく高い。しかも、勤続年数が長いほど、職務上の地位が上がるほど、男性比率が高くなることは、他の企業組織と変わらない。二〇〇三年刊行の日本生活協同組合連合会男女共同参画小委員会調査報告『女性が輝く元気な職員組織のマネジメント事例調査――生協の事業と組織の発展をめざして』では、「女性正規職員の減少」傾向を指摘したうえで、「なぜ女性正規職員が減少するのかについて今回十分な調査ができなかった」[日本生活協同組合連合会 2003a: 14]と反省を述べるが、歴史的な背景を考えれば、その理由を推論することは十分に可能である。第一に、フルタイム就労を志向する女性にとって生協より有利な雇用機会が拡大したからであり、第二に既婚女性にとってはフルタイム雇用よりはパートタイム雇用を選好する傾向が見られるからである。日本型雇用はいったん退職した正規雇用者の再参入をいちじるしく不利にすることを通じて、年齢差別とあいまって、間接的な女性差別を帰結する。このデータは、生協にもまた、他の多くの民間企業と同じような性差別があることを証明する。

他方で、生協は組合員「活動」に、その食材の流通という事業の多くを依存してきた。共同購入のための班の編成から始まって注文のとりまとめ、配達の受け取りから分配に至るまで、組合員「活動」なしには流通は成り立たない。そのために時間的にも肉体的にも負担が重く、実際には無業の主婦でなければ担えない流通のしくみを、生協はつくりあげてきた。配送業務までは「労働」だが、分配は「活動」であるのは、それが班をもとにした「運動」だと考えられたからであった。だが女性の労働力化がすすむにつれ、外でやれば報酬をともなう活動が、内でやれば無報酬なのはなぜか、という素朴だが根源的な問いが立てられるようになった。班「活動」においても、負担の分配をめぐって、働く女性がフリーライダーであることへの反発が強まっていった。

生協が以上のような「男性中心型」の企業組織のひな型を、ほとんどためらいもなく採用したことには事後的であれ、説明が要るだろう。「運動」から始まった生協活動は、組織的に見れば男性集団にフルタイム雇用の雇用機会を提供するに終わった。そしてそのことに組合員(女性)の側から、疑問が出されたふしもない。結果として(女性)組合員は「消費者」として(男性)労働者組織の「市場(マーケット)」となった。組合員活動は消費と見なされ無償であり、活動と労働の分離への疑いは差し挟まれてこなかった。

生協の組織構造のもとでは労働とは男性のものであり、女性が労働者になる可能性は顧慮されていない。労働組織は、見かけ上ジェンダー中立性を持っており、女性の参入は排除されていないが、そこに女性が参入するためには、男性労働者と同じ条件で働くことが期待されており、その(男仕立ての)ルールのもとで就労継続ができなければ、女性労働者自身の自己責任と見なされる。このような組織のあり方を「直接差別」ではなく「間接差別」と呼ぶ。見かけ上ジェンダー中立的なルールは、その実、組織的・構造的に女性を排除する「ジェンダーに偏りのある」ルールとして作用する。戦後日本の企業組織が維持してきたジェンダー秩序を、生協もまた何の疑問もなく再生産してきたのである。

組合員の家庭で夫と妻のあいだの「性別分離」が成立していただけではない。生協では組合員であれば労働者ではなく、労働者であれば組合員として活動できない、という組織上の分離が成立しており、これがジェンダー分離と対応していた。生協の事業の編成そのもののうえで、「活動」と「労働」の分離がおこなわれ、それが前者の無償性と後者の有償性を正当化してきたと考えられよう。

6 配送は「男の仕事」

日本型雇用慣行が間接的に女性を排除しただけではない。生協にはもうひとつ、男性を積極的に採用する固有の口実があった。それは班の共同購入のための食材、とくに牛乳の配送が新人の業務であり、それが男の力仕事である、と考えられていたからである。

今井千恵は生活クラブ生協神奈川を事例に、急成長期の専従労働において、「男性は業務、女性は事務か組織」という「性別役割分担」による配属が「定着」したことを指摘している。

> このように性別によって配属が異なっていたことは、生活クラブ生協全体に共通していたし、他生協にも共通していた。
> 〔今井 1995:303〕

結論を先取りしておけば、このジェンダー配置にはなんら根拠がない。九一年には生活クラブ生協神奈川は「女性職員を配送業務にいち早く配属」〔今井 1995: 302, 305〕している。これは新物流システムの技術革新に支えられていたが、それだけでなく、「配達コースを男性の七割とすること、「クレート(コンテナ)」を三〇キロから二〇キロへと軽量化すること」〔今井 1995:306〕などの配慮をともなっていた。また九〇年代以降急速に普及したデポ(店舗)の集配や個配業務の多くは、しだいにワーカーズ・コレクティブに委託されてきている。ワーカーズ・コレクティブは主として女性からなっており、女性が担うことになんのハンディもないことはすでに証明ずみである。もし筋力が違えば、一回の配送量や重量単位を減らせばすむだけであり、また報酬の基準を時間単価から出来高払いに変えればコストは変わらない。力仕事の能力も、性差より個人差に還元される。❖8

付け加えるなら、長い間、班の共同購入という方式を採用してきた生協にとって、配送業務を専従職員が担うことは、組合員との唯一かつもっとも重要なインターフェイスの場面であるから、専従が責任を負ってやるべきであり、容易に他にゆだねることはできない、とされてきた。今井のインタビュー調査によれば、この論拠が、配送業務に携わる男性職員の昇進格差を説明する要因とされてきた。すなわち「配送業務は「経営にとってなくてはならない基本的な」業務を担い、「その業務をつうじて班の誕生からかかわり、組合員との緊張関係を保ちつつ、組合員の自立を援助していく役割をともっている」とみなされており、このため「すべての職員が、配送業務を経験し、それから他の業務につくことが望ましい」と考えられている[9]」[今井 1995:310]。

九一年のこの答申によって、女性職員の配送業務への配置が促進され、昇進格差の是正が図られた。だが、その後も生協組織全体の男女昇進格差がなくなったわけではないから、配送業務が昇進のための条件であるという説明は、結果として成り立たない。事後的に考えれば、男女昇進格差を説明するための変数として、配送業務の有無(主として肉体的能力に還元される)が正当化根拠として用いられたと考えるほうが適切ではないだろうか。今井自身も「配送業務に携わることが昇進の機会を拡大するという説明は信憑性が乏しい」[今井 1995:311]と結論する。

配送業務のワーカーズ・コレクティブへの委託が始まった頃には、もはやこの論拠を持ち出す人はいなかった。反対にこのように重要な組合員とのインターフェイスこそ、ワーカーズ・コレクティブのような組合員の自発性にゆだねるべきだというレトリックが登場した。この時期は長びく不況のもとでの経営リストラの時期にあたっており、生協も配送のような定型化された業務をアウトソーシングしたいという動機づけを持っていたに違いない。経営合理化のためには、かつての論拠はかんたんに忘れられ、くつがえされる。

だが、ふりかえって見れば、この当時、専従職員の人事や雇用に対して、組合員が関心を寄せていたとは思えない。しかも力仕事や汚れ仕事は男に、という性別役割分担意識を疑っていたふしもうかがえない。ここに働くのが階層要因である。組合員の所属する経済階層と、専従職員がリクルートされる経済階層とのあいだには、ギャップがあった、という仮説は立てられないだろうか。この仮説を検証するためには、組合員世帯の平均所得と職員世帯の平均所得とを比較すればよいが、そのデータの入手はむずかしい。だが、いくつかの傍証から証明することができる。佐藤慶幸らのグループによる首都圏生活クラブ生協の調査によれば、組合員女性の学歴と経済階層は地域の平均を上回っていることがわかっている。一方、生協職員の賃金水準は一般企業に比べて相対的に低く抑えられてきた。生協職員の労働条件改善の要求は一貫しておこなわれてきたが、「経営と労働」の「一体性」、言い換えれば「運動と労働の一致」を前提にしてきた生協では「経営的に安定するまで職員全体が低い労働条件のもとで就労することになった」と、先述の今井は証言する[今井 1995:305]。

したがって、多くの組合員女性にとって、夫や子どもが生協の専従職員になる可能性はほぼ考えられず、ましてや自分自身が生協の労働者になることは選択肢のなかにない、そのような条件を背景に、女性による組合員組織と男性による専従職員組織のジェンダー秩序が成立した、と言えないだろうか。今井は「専業主婦の組合員たちは、お金には余り困らないことを前提に、「代価を求めない、お金をもらわないことに価値を見いだし」ているので、雇われて働きたくないと考えている」と指摘する。組合員活動が「生協の事業に対して責任を負わないし生活がかかっていないという意味では、依然として「気楽な稼業」なのである」[今井 1995: 319]と手きびしい。この表現のなかに、女性専従職員と組合員女性とのあいだの潜在的なテンションを見てとることもできよう。

生協の事業が職員の労働だけでなく、組合員の活動によっても支えられていることは、周知の事実である。だがこの組合員の「活動」が「不払い労働」であるとして問題化されるのは、もっとのちになってからのことである。組合員組織と職員組織の二重構造は、「不払い労働」と「支払い労働」との二重構造でもあるが、ここでは職員労働との比較そのものが、隠れた要因である階級という変数のみならず、ジェンダーという変数の自明性によって抑制されてきた、と考えることができよう。

7　パート労働の導入

八〇年代以降、組合員女性の有業率が高まるにつれ、班「活動」そのものが成立しにくくなる。生協「運動」の原点であった共同購入の原則を曲げてまで、個別配達(個配、戸配)やデポをつくらざるをえなかったのは、そうしなければ組合員の獲得自体が危ぶまれるようになったからであった。事実、「運動」の理念を尊重して共同購入の原則を曲げなかった誇り高い老舗生協のなかには、組合員の高齢化と事業高の停滞とに苦しむところもあった。逆にマーケットの変貌にいちはやく対応し個人加入や個配を積極的におし進めた後発型の生協は、同じ時期に成長を遂げている。運動の理念より、事業を優先したと言えよう。他方で「安全な食材」という付加価値は市場化されてきており、生協の独占物ではなくなりつつあった。消費者にとって生協は「安全」と「便利」を求める流通業の選択肢のひとつにすぎなくなり、「活動」は組合員にとって負担ととらえられるようになる。❖10

ちなみに共同購入から個配へという流れは、生協の論理にとってはある意味否定的な移行だったかもしれないが、歴史的に見れ

❖8 力仕事の配送業務といえば、家族経営の酒屋の配達を妻や娘もまた担ってきた。また行商を支えてきたのは、漁村でも農村でも伝統的に女性だったし、もっこ担ぎのような日雇い仕事も、多くの女たちが担ってきた。歴史的にいえば、家事のうちもっとも重労働であるはずの水汲み労働を、男性が代わって担ってきた例はめったにない。つまり女が配送業務を担えない理由は何一つないのである。

❖9 今井の引用中、かっこ内は生活クラブ神奈川協同組合労働プロジェクト『協同組合労働プロジェクト答申』[1992: 6-7]よりの引用による。

ば、店舗という近代的な植物型マーケティングの段階をとばして、有職主婦時代にふさわしいポストモダン型の動物型マーケティングに偶然にも対応していたと言えるだろう。[11] 時間資源がますます稀少化する今日、無店舗宅配サービス型の流通は、ITと結びついて、もっとも合理的な流通の様式だと考えられるようになってきた。保冷庫や宅配ボックスのような技術インフラがともなえば、個配はますます促進されるだろう。また高齢化によっても動物型の移動マーケティングには新たな需要が生まれるようになった。移動弱者である高齢者は、ただちに買物弱者ともなるからである。

生協の個配には、共同購入の場合と違って配送費用がべつにかかる場合が多いが、そのことは逆に、それまでの共同購入にも見えないコストがともなっていたことを裏づける。配送を配送業者に外注すればコストがかかるのはもちろんだが、生協の職員が配送しても賃金が発生する。同じ業務を組合員が担ったときにだけコストは発生しない。それは実は、「見えない労働」を誰かがコストとして支払っているのではないかという疑念につながる。

組合員の「活動」が、その実「不払い労働」ではないか、という疑念はこういう過程を経て拡がっていった。すなわち生協の職員「労働」は、組合員の「活動」という名の見えない労働、報酬をともなわない「不払い労働」に依存しているのに、同じことを職員がおこなえば報酬をともなう労働となり、組合員がおこなえば「不払い労働」となる。配送業務だけではない。会議への出席なども経営という意思決定への参加だが、それも「活動」の名において無償だった。八〇年代から各地の生協では、代表者の会議出席に対して交通費やいくばくかの「手当」を支出するようになっていくが、それは同じ時期に既婚女性の有業化が進んだことと無関係ではない。同じ時間、外で働けば有償になるのに、生協活動のために費やす時間やエネルギーはなぜ無償なのかという問いは、女性にとって他の選択肢が登場して初めて登場したものである。

8　生協版フレックス労働化

八〇年代以降、生協の組合員組織と職員組織の二重構造に、変化が生まれる。

有償の職員「労働」と無償の組合員「活動」とのあいだに、そのどちらでもないカテゴリーの「非正規の労働」もしくは「有償の活動」が導入されるからである。それは労働市場のフレックス(柔軟)化の生協版と言ってもよい。事後的に類型化してみれば、「非正規の労働」はパートタイム型、「有償の活動」はワーカーズ・コレクティブ型に対応している。前者と後者のあいだには歴史的に時差があり、またこのふたつのフレックス化ヴァージョンを採用した生協にも違いがある。前者は主として日生協系の生協によって、後者は主として生活クラブ系の生協によって採用された。そしてその両者の戦略の違いは、双方の階層要因の違いをも反映していたと考えることができる。

生協のフレックス労働化を押し進めた要因には以下の三つを考えることができる。第一は、流通革命のもとでの経営合理化圧力である。生協もまた市場で生き残るためには、他の流通業と競合しなければならなかった。第二は女性の有業化の進行である。組合員女性を「無業の主婦」と前提することはもはや不可能になりつつあった。第三は日本型雇用の崩壊による組合員女性の就労圧力の高まりである。生協もまた、組合員女性に対して雇用機会を提供する必要に迫られるようになった。第三の要因は九〇年代の不況期以降に、遅れて登場した。というのも多くはホワイトカラーを夫に持つ組合員女性にとって、就労圧力は長期不況期になってから初めて経験されたものだったからである。

八〇年代に多くの生協は、他の流通業(例えばスーパーマーケット)と同じように、パートタイム労働者を導入した。しかも地域の「相場」価格で、つまり最低賃金に毛が生えた程度の低賃金労働として、パートタイム労働者を職場に組み込んだ。雇用の柔軟化の過程で、正規雇用者だけからなる企業内組合は正規雇用者の利害だけを代弁し、そのことによって使用者と共犯関係を結びながら、自らパート差別の当事者となっていった。ここにおいても、「パート身分」(大沢真理)と呼ぶ不当に低い処遇を問題化することを妨げたのが、フルタイムとパートタイムとのジェンダー構造である。

大沢真理[1993]はフルタイムとパートタイムとのあいだの賃金格差を、短時間雇用という雇用形態の差では合理的に説明することはできず、「パート身分」とでもいうべき「身分差別」を前提にするほか説明できない、と論証した。この身分差別を支えているのがジェンダーである。つまり「パート」だから賃金が安いのではなく、「女が就く仕事」として「パート労働」がつくられているために、賃金が安く設定されている。この「女」とは、夫の経済力に依存するために家計補助的な収入しか求めないとされる既婚女性が想定されていた。実際には、家計支持型の収入を求める母子家庭の母親も、パート労働に就いている(それしか選択肢がない!)のだから、この想定は、現実によって裏切られているにもかかわらず、パートの賃金格差を正当化するために動員されてきた。フルタイムとパートとの賃金格差は、現在二分の一とも三分の一ともいわれており、パート労働法などでは、この不当にいちじるしい賃金格差を、「社会的に許容可能な合理性のある範囲(七割程度)」に縮小することがめざされている。

❖10 六〇年代の流通革命が果たした「低価格」という要素は生協の運動理念のなかにもともと含まれていない。「安全」という付加価値が高くつくことは組合員にとって初めから了解事項だったし、事実生協が流通業における価格破壊効果を持ったことは一度もない。

❖11 植物型マーケティングとは固定店舗を構え、顧客をその場に移動させるような商業の形態、これに対して動物型マーケティングとは、行商や配達のような事業者のほうが移動する商業の形態をいう。店舗を固定するような商行為の歴史は近世以降のものであり、比較的新しい。

パート労働者の処遇においては、生協もまた同じ時期の家父長的な企業と変わるところがなかった。生協におけるパートタイマー導入のプロセス、その雇用条件や賃金設定の戦略等については、前述の「中期計画」では、「パート賃金は地域の市場賃金で決まる要素が強い」[日本生活協同組合連合会 2001: 14]と指摘する。それに続けて、したがって「一挙に公正な処遇をめざすことはむずかしい」とするのは、パート差別の不当さを一方では自覚していながら、性差別的な労働市場における賃金格差に生協もまた便乗した、というほかないだろう。

だが、パートの導入は女性組合員にとってはどういう意味を持ったのだろうか？　ここで考慮に入れる必要があるのは階層要因である。八〇年代は主婦の階層分解が急速に進行した時代でもあった。育児に専従するために余儀なく職場を離れた多くの女性のうち、育児期が終わった後も専業主婦にとどまった女性と職場に(不利な条件で)復帰した女性とを分岐させる最大の変数は、夫の収入であった。この経済動機というミもフタもない現実の前で、ポスト育児期になっても専業主婦であり続けることは特権へと変化した。

ここで組合員女性とパート就労女性とのあいだに、階層差があると仮定してみることができる。組合員は、自分の属する生協にパートで出るとは考えられない階層の女性だった、とは言えないだろうか？　言いかえれば生協のパート労働者問題は、組合員と職員の「谷間」に落ち込んで、どちらからも問題化されなかったと考えられる。

以上の仮説を検証するためには、組合員女性とパートタイム女性とのあいだの世帯収入を比較しなければならないが、ここでもデータの入手は困難だろう。もうひとつの傍証として、パートタイム女性の組合員加入比率を調べることも可能だが、生協を職場とするパート女性は、事後的に組合員加入をしている蓋然性が高いと想定されるから、これも証明にはならないだろう。だが少なくとも、生協側の経営戦略としては、組合員女性に就労機会を与えるという意図からパート導入を図ったとは思えない(それなら、募集対象を組合員に限定するなどの条件をつけたはずである)。パート導入の時期にもよるが、多くは八〇年代に進行した経営リストラとパート導入期においては、(1)組合員のあいだの就労圧力はまだ十分に高くなく、またたとえ就労圧力があったとしても、(2)その当時、相対的に高学歴の組合員女性にとって、生協が提供するパート就労と、彼女たちが求める就労機会とのあいだにはミスマッチがあったはずだからである。

そこで組合員労働の無償性が大きな意味を持ってくる。組合員はパートとの差異化のゆえにこそ、労働の無償性に固執したとはいえないだろうか。ここでは賃金と労働の価値とのあいだに、奇妙なアイロニーが生まれる。理事や総代のような責任のある労働だからこそ、無償でやりとげる必要があり、逆にパートは無責任な時間労働だからこそ、有償となる。ここでは無償性は、逆説的に労働の価値の担保となる。

この事情は過渡期のボランティア団体と似ている。リサイクルや家事支援などのボランティア団体は、しだいに収益をあげ、有償化への道を歩み始めていたが、彼らの設定する有償ボランティアの報酬は、奇妙なことに、共通して地域最低賃金を下回るように設定されていた。つまり、パートに出れば最低限保証される賃金を下回ることで、パートに出るほかない階層を暗黙裡に排除し、「カネのためではない」という「自発性」を担保するものが、この低価格の設定だった。利用者からの「ありがとう」は、この低価格を補償するものとして、「やりがい」のなかに組みこまれた。

こういうボランティア団体で一時、皮肉な現象が起こった。どうしても「自発的な」メンバーのやりくりだけで事業がまわらない時間帯に、パートやアルバイトを余儀なく入れる場合がある。そのときの賃金水準が、メンバーの報酬より高い、という事態が発生したのである。その場合も、ボランタリーなメンバーと、パート雇用者とのあいだの賃金の逆転現象は、かえってメンバーの労働の「責任」と「価値」の証明と見なされる傾向があった。

同じ時期に組合員活動の部分的な有償化が進行したことは、示唆的である。それでなくても負担の多い組合員活動に対して、はじめは会議参加の交通費、さらに役職者への手当が、少額ながらつけられるようになる。だが、時間給換算すれば最低賃金にも満たないこれらの報酬は、第一に組合員の労働がそれなしには成り立たないアンペイド・ワークであることへの認識が高まったことから来ており、第二に、それが「賃労働」ではないことの証明のために、賃労働より低い水準の報酬に抑えられなければならなかった。

9 ワーカーズ・コレクティブの成立

八〇年代後半から九〇年代にかけて、生活クラブ系生協ではワーカーズ・コレクティブが誕生し、急速に普及する。もともと消費生活協同組合であったものに、生産者協同組合もしくは労働者協同組合にあたる「新しい働き方」が登場したことは、「消費」と「生産」の分断をのりこえる画期的な動きだった。そしてまた生協の組織構造のもとに、「活動」と「労働」のはざまに「有償の活動」というどちらにも属さないカテゴリーが生まれたことを意味している。

初期のワーカーズ・コレクティブは、ほぼ生協の傘のもとで成立しかつ継続した。生協の店舗や売り場、配送事業の委託、パンや総菜づくりなど、食べもの生協のもとでの活動に限定されていた。天野正子の事例研究でいちやく有名になったワーカーズ・コレクティブ「凡」は、生協の安全な食材を使った加工食品を事業化したものである。スタート時は地域最低賃金を割る時給で、理念先行型の事業であったものが、やがて経営が安定するにつれ、分配金が増えて、地域水準を上回るようになっていく。

ワーカーズ・コレクティブが福祉サービスに展開していくにつれ、生協から自立するための条件がととのうようになった。福祉ワーカーズ・コレクティブもスタート時は、地域最低賃金以下の、いわば有償ボランティア価格であったものが、介護保険の導入でいっきょに経営的に安定してきた。それどころか生協の新しい事業部門として、生協に貢献する稼ぎ手とさえなってきたのである。

ワーカーズ・コレクティブのメンバー(以下、ワーカーと呼ぶ)の賃金水準はどうやって決まるのだろうか。ここにもパートと同じく、「地域労働市場の相場賃金」という機制が働いている。ここでは介護保険という歴史的な条件のもとにおける福祉ワーカーズ・コレクティブの事例に則して考えてみよう。

介護保険以前の福祉ワーカーズ・コレクティブの多くは、有償ボランティア価格を設定することによって、(1)パートに出ざるをえない経済階層の女性を結果として排除し、(2)低報酬によって自発性と労働の価値とを担保し、(3)その見返りに利用者の「感謝」を「見えない報酬」として評価し、他方で(4)ボランティア性によって労働の質と責任を問われずにすむ言い訳としてきた。

だが、介護保険は、福祉労働の景色を一変させた。身体介護・家事援助と格差はあるものの、相対的に高めの公定価格の設定と、ヘルパーの資格化という条件をともなって、介護労働は平均的なパート賃金を上回るようになったからである。市場のパイの拡大と保険制度の導入によって、介護保険に参入した福祉NPOは、NPOのなかでも強い財政的基盤を持つ特権的なNPOとなった。

介護保険は生協の福祉ワーカーズ・コレクティブにとって、経営上の転換を促した。まず第一に、保険指定事業所への参入について、政府は生協の介護事業の員外利用制限をはずすという制度的な措置をとった。それというのも、保険開始にあたって、サービスの供給が需要に追いつかないのではないかとおそれたからで、それまでの生協活動に対するさまざまな制約を考えれば、まことにご都合主義的というほかないものである。だが、この措置は、生協の福祉サービス事業拡大にとって追い風となった。第二に、それにともなって、多くの福祉ワーカーズ・コレクティブはワーカーの募集にあたって組合員の限定をはずした。その結果、福祉ワーカーズ・コレクティブは、生協本体に対して相対的な自律性を高めることになった。

自ら出資金を出してまで働くワーカーズ・コレクティブは、理念上、労働者の経営参加が前提だから、雇用労働と違って強制性と搾取性を持たない。余剰が出ればその分配については、集団による自己決定が可能なはずである。介護報酬そのものが低くおさえられている場合には、余剰を問題にする余地すらないが、介護保険以後は余剰金を出して、場合によっては税金を負担しなければならない事業体すらあらわれた。だが、現実にはワーカーズ・コレクティブにおいても、介護労働の地域市場価格に見合った賃金設定がおこなわれている。その理由は、以下のとおりである。

(1)介護労働の公定価格のうち、介護保険施行後の利用が低料金の「家事援助」(二〇〇三年以降は「生活援助」)に集中し、実際に賃金を上げることがむづかしい。

(2)「家事援助」が「身体介護」にくらべて低料金に設定されたことそのものに、「家事は女なら誰でもできる」非熟練労働である、というジェンダー観が影響している。

(3)事実、生協系福祉ワーカーズの多くは、「主婦感覚」で「家事援助」に関わっており、専門性の認識や自己評価が高くない。

(4)そうは言っても、競合する他の事業体(公営ヘルパーや民間企業等)と比べて、労働力移動の可能性を考えると、地域相場以下に低く設定することはできなくなった。

民間企業の福祉ワーカーの賃金水準は時給一三〇〇〜一五〇〇円程度、労働の配分や密度を考えればけっして高いとは言えないが、地域最低賃金水準は軽くクリアしている。初期に最低賃金以下でスタートした多くの福祉ワーカーズ・コレクティブも、介護保険以後は時給九〇〇〜一二〇〇円水準を達成するようになり、非熟練パートの賃金水準を脱している。

ここで階層要因はどのように働いただろうか。介護保険施行にあたって、それ以前から存在していた各地の福祉ワーカーズ・コレクティブの多くが、保険指定事業所に名のりをあげるかどうかに、迷いを示したことはよく知られている。主婦の「ボランティア感覚」で出発したワーカーズ・コレクティブは、(1)介護保険にともなう責任の増大と、(2)「労働」への変化に抵抗を示した。ここでは賃金の低さこそが、「ボランティア性」(労働の無償性と活動の自発性)の担保であり、市場価格を受け取れば、ただのサービス労働者となってしまう。とりわけ、家事サービスへの社会的評価の低さから、家事援助のサービス労働者は、「家政婦さん扱い」されてきた。福祉ワーカーズ・コレクティブのワーカーたちは、この「家政婦さん扱い」に大きな抵抗を示した。報酬の低さを利用者の感謝で補償することこそ、彼女たちの階層的なプライドのための選択だったと考えられよう。

だが、実際には理念先行型の福祉ワーカーズ・コレクティブに、介護保険後は、非熟練パートより相対的に有利な職場として参入してくる新規のワーカーたちがいる。彼ら・彼女らは組合員でさえないケースが増えてきた。もし福祉ワーカーの賃金が、IT労働者や医療関係者のように、一種の専門職パートと見なされる程度の水準(時給一八〇〇—二五〇〇円程度)に届けば、階層要因は逆向きに、つまり高経済階層の就労を促進する方向に働くだろう。そうなれば、福祉労働は社会的評価も高く、報酬も有利な、専門職の一種となるからである。だが、そうなる可能性は低い。❖12

生協本体にとって、ワーカーズ・コレクティブは、増殖する異型細胞、つまりガンのごとき存在だと、わたしは考えている。つまり自らが生み出しながら、自己免疫系を破壊することで、生命体本体を変える力を持った新しい生命組織なのである。ワーカーズ・コレクティブの担い手たちは、経営と事業のノウハウを身につけ、リーダーシップを発揮し、猛烈サラリーマンなみに仕事に献身している。もし、生協組織が、その活動の一部をつぎつぎにアウトソーシングしていくパートナーにワーカーズ・コレクティブを選ぶならば、その際、専従職員との競合は避けられない。成長したワーカーズ・コレクティブは、生協パート職員の賃金水準をすでに超え、さらに労働のクォリティにおいてもパートに比べて、はるかに高いパフォーマンスを示すことが証明されている。同じことは、専従職員との比較においても言えるだろう。

だが、ここで問題となるのが、職員組織の「参入障壁」である。日本型企業に合わせてつくられてきた職員組織は、容易に参入・移行を許さない。そしてその参入障壁こそが、パート雇用との賃金差別を正当化している。先述の『女性職員マネジメント調査』は、「女性パートの増大・戦力化・基幹化」をめざして「正規とパートの行き来ができるようになる」［日本生活協同組合連合会 2003a: 114］ことを提言している。それに加えて、わたしはワーカーズ・コレクティブのメンバーと、正規雇用の職員、さらにパートのあいだのジョブ・カテゴリーの移動がもっと自由になればよいと考えているが、この「提言」は、かんたんには実現されないだろう。すなわちそのためには、職員の正規雇用を守ってきた労働組織そのものの大胆な組み替えが、不可避だからである。

10 労働のフレックス化と組織再編

パートやアルバイトなどの差別賃金を、「半ペイドワーク」と名づけたのは、前田陽子である。❖13 のちにこの用語は、朝日新聞のジャーナリスト竹信三恵子を通じて人口に膾炙《かいしゃ》するようになった。この卓抜な用語を使えば、この第三期に、生協の労働は、組合員のアンペイド・ワーク、パートおよびワーカーズ・コレクティブの半ペイドワーク、そして正規雇用の専従職員のペイドワークからなる三重構造をつくりあげたと言ってもよい。

正確にいえば、前田のいう「半ペイドワーク」は、生活クラブ内の組合員の「有償の諸活動」を指していた。この概念が急速に普及したのは、いわば身分差別というほかないパート等の差別賃金を言い当てていたからである。言いかえれば、「半ペイドワーク」は、両者をひとつのカテゴリーに統合することによって、ワーカーズ・コレクティブ「活動」をパート「労働」と比較可能にする道を拓いた。

組織としての生協は互いを模倣すると言いながら、日生協は生活クラブ系生協がワーカーズ・コレクティブを導入しつつあった時期にこれを模倣しなかった。反対に生活クラブ系の生協は、日生協系の生協がパートを積極的に導入していった時期に、それに追随しなかった。❖14 代わりに彼らが創設したのがワーカーズ・コレクティブである。❖15 ワーカーズ・コレクティブは労働者自主管理型の「新しい働き方」とし、担い手の主体性を積極的に引き出すように組み立てられている。実際にはワーカーズ・コレクティブが担当したのは、他の生協でならパートが担ったような定型的な業務（配送や販売、食品加工など）のアウトソーシングだったのだから、パート労働の機能的等価物と見なすことができる。しかも労働市場のマクロ・トレンドの文脈のもとでは、両者は同じ労働のフレックス化の異なるヴァージョンと解釈できる。それだけでなく、同じ時期に組合員女性のあいだに就労圧力が高まっていたことを考えれば、フレックス化への対応が、ふたつの異なるヴァージョンに分かれ、そのあいだに時差があったことには、説明が与えられなければならない。ここでもわたしの採用する説明変数は、ジェンダーに加えて階層要因である。

　日生協系の生協の組合員は、パートに出ることに対してより抵抗の少ない、言い換えれば就労圧力のより高い相対的に低経済階層の女性だったというのがわたしの仮説である。事実、日生協連による『二〇〇三年版全国生協組合員意識調査報告書』は、一九九七年に実施した同種の調査と比較して、「組合員所得の減少くっきり」〔日本生活協同組合連合会 2003b: 12〕と報告している。年収六〇〇万円までの所得階層が五〇%を占めており、これは同年の平均世帯年収六六〇万円を下回っている。二〇代、三〇代では、この階層がそれぞれ七四%、五二%となる。それにともなうもうひとつの変化は「三〇代、四〇代でパート就労する組合員が増加」〔日本生活協同組合連合会 2003b: 13〕したことである。

　それに比べて、生活クラブ系生協が採用したワーカーズ・コレクティブのような「新しい働き方」は、目前の現金収入にこだわらなくてもすむ経済階層にだけ許されたぜいたくな実験だった。それだけではない。泥つきの野菜をトラックで運搬して販売するという「汚れ仕事」を、地域最低賃金以下の低賃金で高経済階層の女性が担うには、「理念」という名の付加価値が必要だった。労働の自主管理という「経営参加」が、さらに主体性を担保する。だが、

❖12「諸般の理由」のうち、もっとも可能性が高いのは外国人福祉労働力の導入である。地域最低賃金を下回る条件でも働くことに同意する人々が登場すれば、福祉労働の市場価格破壊が起きることは容易に予測できる。

❖13 前田陽子は生活クラブ神奈川生協組合員、神奈川ネットワーク運動から立候補して現在鎌倉市市議。「半ペイドワーク」の初出は一九九六年の前田陽子「半ペイドワーク考」（『アンペイド・ワーク　新しい公・共圏をつくる政策・制度研究会情報誌』2号）である。この経緯については本人から証言を得た。

❖14 後発の生活クラブ系生協、グリーンコープではわずかな時差をともなって両者が混在している。すでに他生協の経験があきらかになった後にスタートした後発生協では、先行事例に追随することにためらいが少なかったことが考えられる。

❖15 亀田篤子の教示による。本章のもとになった旧稿〔上野 2004a; 2006b〕では、時期区分をパート導入期／ワーカーズ・コレクティブ成立期と時間的に配列していたが、それはわたしがもっともよく事例として知っている九州グリーンコープを念頭においたからであった。事後的に考えれば、パート導入／ワーカーズ・コレクティブ成立とは時期的な区分ではなく、経営戦略上の類型であることがわかる。グリーンコープは両者の混合型である。だが、各生協の類型別の分化については、別途、説明が与えられなければならないだろう。

ここでも生協本体からの「委託」という外注形式のもとでは、「経営」の範囲は最初からきわめて限定されたものである。

パート型とワーカーズ・コレクティブ型の分化には、ふたつの生協の組織戦略も関わっていると考えられる。日生協はワーカーズ・コレクティブの採用をためらったが、それはワーカーズ・コレクティブという「異型細胞」が組織の内部に誕生することに対する危惧があったからだと、内部の関係者の証言を聞いたことがある。事実、パートの導入は雇用関係をゆるがさないばかりか、職員組織の優位を維持する効果がある。見てきたようにパートの導入によって職員の女性比率は高まるが、正規雇用の優位は動かず、そのジェンダー比も変化しない。賃金のうえではペイド／半ペイド／アンペイドの三重構造が成立しても、組織構造のうえでは職員／組合員の二重構造は温存される。その点では日生協系の生協のほうが、より性差別的な保守性を持っていると言えよう。

他方、ワーカーズ・コレクティブはそれを採用した生活クラブ系生協にとって「獅子身中の虫」となった。ワーカーズ・コレクティブの活動は、「活動」と「労働」の分離を踏み越え、ペイドワークに対する半ペイドワークの不当性を問題化する根拠を与えたからである。

この「異型細胞」が生協の組織構造のうえでどのような位置づけを獲得するかについては、まだ答が出ていないばかりか、事実、各生協のワーカーズ・コレクティブに対する対応の仕方には、多様性がある。首都圏の生活クラブ生協はワーカーズ・コレクティブの設立を積極的に支援しながら、生協本体との距離を維持している。北海道ではワーカーズ・コレクティブは生協からなんの支援も受けていない。九州のグリーンコープでは、生協がワーカーズ・コレクティブ設立に関与し共同経営を謳いながら、それが経営権に参加することに対して警戒的である。千葉では積極的にワーカーズ・コレクティブの解散を促して介護を生協の直営事業にしてしまった。このような対応の違いこそ、育ちつつあるワーカーズ・コレクティブの位置づけに対して生協が困惑を示したことのあらわれだろう。

というのも生協におけるワーカーズ・コレクティブの拡大は、組合員の労働参加を通じて、組合員と職員の分離にもとづく二重構造から成り立っていた生協を、実質的な組合員主権に変える契機を持っているからである。それは生協が「活動」と「労働」の一致という創設期の理念に、ひとまわりして回帰することを意味する。だが今度は、外からやってきた男性活動家という創設者たちによってではなく、彼らがその内部で育てた女性組合員自身の手によって……。

そう考えれば、ワーカーズ・コレクティブという「異型細胞」が、「労働」としてはパートと比較可能な位置づけを持ちながら、「活動」としてはパートと比べることのできない組織構造上の重要性を持っていることが見てとれる。だからこそ生協にとっては、パートの導入は「事件」ではないが、ワーカーズ・コレクティブの設立は「事件」だったのだ。「活動」と「労働」のこの両義性は、担い手自身によっても自覚されている。この両義性があるからこそ、ワーカーズ・コレクティブ「活動」は、パート「労働」とは違うという「反動」も起きる。❖16

生協は社会の真空地帯に存在するわけではない。以上に見たように、生協という組織もまた、労働組合の共犯関係からなる家父長的な労働組織をつくりあげ、結果として構造的に女性を排除し、さらに流通革命の時期には他の流通業と同様に女性パートを差別賃金で導入し、ジェンダーにもとづいたパート身分差別に加担した。その点では、生協といえども、女の労働については少しもジェンダー・コンシャスではなかったし、他の企業なみに性差別的な構造を温存してきた。

九〇年代以降、ワーカーズ・コレクティブが成長するにつれて、事情は変化した、とわたしは考えている。もっとも大きな変化は、組合員女性が生協労働の担い手になった、ということである。組合員は、いまでは生協のパートに出るかもしれないし、ワーカーズ・コレクティブに参加するかもしれないし、場合によっては生協の職員に応募するかもしれない階層の人々になった。それというのも、第一に組合員と生協労働者との階層格差が縮小したからであり、第二にそのあいだに生協の事業体としての社会的地位が上昇し、また中産階級の子弟の就職先としてNPOのような非営利の事業体への関心が高まったからでもある。これまで「生産」と「消費」、「労働」と「生活」のジェンダー配当によって、不問に付されてきた生協の労働問題は、ようやくジェンダー化されるべき内発的な契機を持つにいたった。

労働のフレックス化の趨勢に抵抗することはできない。このような状況のもとで、正規雇用を守れ、というかけ声は、もはや反動にしかならない。すでにその労働の多くをパートに依存している生協にとっても、「パートをすべて正規雇用に変えよ」という標語を掲げることは、時代錯誤にすぎない。労働のフレックス化はOK、しかし差別的処遇は反対、というジェンダー公正の立場に立つなら、ジョブ・カテゴリー間の処遇の格差が縮小するほかない。逆に、ジョブ・カテゴリー間の処遇格差が縮小すれば、そのあいだの移動障壁も低くなるだろう。女性組合員の労働力化という「内圧」が高まるにつれ、生協組織はいやおうなく、組織の再編を迫られるだろう、というのがわたしの予見である。

❖16 たとえばグリーンコープ連合で「アンペイド・ワーク」という概念を使わない、という専務理事の提案による「言葉狩り」がおこなわれたのも、「活動」と「労働」とを分離したまま維持するためのしかけだったと解釈できる。またこの提案にワーカーズ・コレクティブの担い手が一定の支持を与えたのも、この分離を維持することが、職員組織の利益になるだけでなく、組合員自身にとっても理念やプライドといった「カネで買えない価値」によって、職員「労働」に対して相対的な優位を確保することが可能だったからでもあろう［上野・行岡 2003］。

それだけではない。ワーカーズ・コレクティブは経営自主管理の理念を持った働き方である。思えば創設期の生協は、運動と事業が一致した労働者自主管理型の組織ではなかっただろうか。その点では、グリーンコープ連合の理論的指導者のひとりである石三修が、「すべての生協業務をワーカーズ・コレクティブへ」と唱えるのは決して荒唐無稽な標語ではない。というのも、彼がいう通り、「生協はもともとワーカーズ・コレクティブだったから」である。

11 ふたたび生協とフェミニズムをめぐって

ここまでの論述のなかで、わたしは「一般企業と比べて」「他の企業なみの」という表現をくりかえし批判的に使用してきた。そのなかには、協セクターの生協には、「一般企業」とは異なっていてほしい、というわたしの期待が込められている。本書が生協に対して過度に批判的だという印象を与えるとするなら、それは生協に対する裏返しの期待のあらわれであろう。そのわたしの批判的なスタンスに対して、反批判を寄せる人たちもいる。生協もまた効率重視の事業体であり労働組織にほかならないのだから、それが一般企業と同じ行動をとったからと言って少しもおどろくにあたらない、わたしの生協批判は、むしろ生協に対する見当違いの過剰な期待から来るものだ、と。[17]

だが、生協に対するこのようなシニカルな見方にわたしは与《くみ》しない。理由は第一に、生協自身が組合員主権や組合員民主主義を理念として掲げる団体だからであり、第二に、組合員女性とはフェミニズムが共に闘うべき姉妹だからであり、第三に、生協の変貌のなかには、生協をフェミニズムの方向へと内発的に導いていくプロセスが見て取れるからである。生協は自らの成長によって自らを食いやぶるダイナミズムを包摂している……それが、わたしの関心を生協につなぎとめる理由である。

❖17 本章のもとになった上野[2004a; 2006b]に対して、読者から寄せられた感想の一部である。

第14章

協セクターにおける先進ケアの実践
――小規模多機能型居宅介護の事例

1　NPOが支える小規模多機能型居宅介護

協セクターのうち、生協とならんで、住民参加型地域福祉の担い手として注目をあつめてきたのがNPOである。本章ではそのなかでも、地域密着型といわれる小規模多機能型居宅介護事業所の先進事例を扱い、それを支える労働と経営の実態を明らかにしたい。

最初に三年に一度の介護保険「見直し」のうち二〇〇六年における小規模多機能型介護事業の位置づけを論じ、回り道をして協セクターにおける社会福祉法人の位置を再論することで、NPOや有限会社法人格の持つ意味を確認しておく。次に具体的な事例として、富山型小規模多機能共生型デイサービスを対象に、そのなかでも「富山型」を全国に知らしめた「このゆびとーまれ」を事例としてとりあげる。施設概要と歴史、創業資金について見たあと、「このゆびとーまれ」でおこなわれている小規模多機能共生型のケア実践について、先行の研究報告書と現場の観察データにもとづいて、報告する。とりわけ共生型の効果について、どのような検証がおこなわれているかを検討し、実際の面接調査によって得られた一次情報にもとづいて、利用者と家族、およびワーカーとボランティアの経験を分析する。そのうえで、小規模多機能型事業所が強調する「家族的な介護」とは何か？　を検討するが、それは利用者にとって「よいケア」とは何かという問いに答えるためである。最後にこのような経営を成り立たせるための条件を福祉経営から見た「富山型」の節で論じる。

2　介護保険「改正」における小規模多機能型居宅介護事業

二〇〇五年の介護保険「見直し」にともなって、小規模多機能型居宅介護事業[1]は、一躍期待と注目をあつめるようになった。小規模多機能型居宅介護事業とは、「通い、泊まり、暮らし、さらには訪問介護を含む複合的なサービスを提供する、多機能で小規模な介護事業」を指す。もともとは待ったなしの利用者ニーズに現場が柔軟に対応するなかで自然発生的に生まれ、やがてそれが社会的に認知されて制度化されるに至った経緯を持っており、「民が官を変えた」――本書の用語を使えば、協セクターにおける実践が先行し、官の制度化があとで追いついた――「市民参加型」福祉の実践例としてモデルケースとなる事例である。しかもその先駆的な実践の大半が、協セクターの市民事業体によって担われている点においても、協セクターの果たす役割の大きい分野である。

小規模多機能型居宅介護事業は、厚労省が設置した「高齢者介護研究会」(座長・堀田力さわやか福祉財団代表)が二〇〇三年に発表した『2015年の高齢者介護――高齢者の尊厳を支えるケアの確立へ向けて』のなかで、はじめて政策課題としてとりあげられた。その後、二〇〇五年の介護保険法一部改正によって、「地域密着型サービス」のひとつである「介護予防小規模多機能型居宅介護」として位置づけられ、注目をあつめるようになった。制度化にあたってはさまざまな問題があるが、少なくとも理念のうえでは、小規模多機能型居宅介護事業は以下のねらいを持っている。(1)地域密着型居宅支援、(2)二四時間三六五日の切れ目のない暮らしのサポート、(3)小規模で家庭的なサービス、の三つである。詳論しよう。

(1)地域密着型居宅支援

高齢者が要介護状態になっても、住みなれた住宅や地域をはなれずにすむように地域に密着したサービスを提供する。

(2)二四時間三六五日の切れ目のない暮らしのサポート

通所型のデイサービスを基本に、必要に応じて泊まり(ショートステイ)や、暮らし(グループホーム)を柔軟に組み合わせ、さらには緊急時や夜間の訪問介護を提供することで、二四時間三六五日、切れ目なく高齢者の暮らしをサポートする。

(3)小規模で家庭的なサービス

デイサービスの登録者の上限を二五名、デイサービス利用者の定員一五名、ショートステイの定員を九名とする小規模なサービスを提供する。したがって大規模施設は不要となり、民家改造型の一般住宅の外観と内装を持った家庭的な雰囲気での介護が可能となる。

この背後にあるのは、高齢者の暮らしを、その暮らしの場を変えないで、あるがままに支えようという「個別ケア」の理念である。高齢者の暮らしに「休日」はない。したがってサービスの提供にも休みはない。高齢者が自分の住みなれた住宅と地域で、二四時間三六五日、安心して暮らせるようにサポートする――施設型の集団ケアから脱して、個々の高齢者の「尊厳を支える」個別ケアへ、という理念であった。

だが、タテマエの理念の背後にある政策決定者のホンネには、介護保険の利用抑制と、そのさらに背後にある、ネオリベラリズムのもとの行政改革路線に沿った社会保障費抑制の意図があった。介護保険の施行が、在宅支援の目標に反して、施設志向を強化する「予期せぬ効果」を生んだことはよく知られている。インフラ投資の要らない在宅介護に比べて、施設介護のコストは高くつくため、厚労省は、施行後三年目の介護報酬改定で施設事業者の報酬を相対的に削減し、さらには六年目の改訂で、在宅利用者との負担のバランスを図るという名目のもとに、施設利用に「ホテルコスト」を導入するなど、あの手この手で施設から在宅への誘導をおこなってきた。小規模多機能型居宅介護は、そのような居宅支援の強化の一環であり、また「介護予防」という名称が示すように、二〇〇六年改訂の「予防事業」へのシフトの反映である。小規模多機能型事業は、施設でも自宅でもない中間施設で、「自宅でない在宅」(外山義)としてサービスを提供することで、高齢者の在宅を支援する事業となった。

このように政策の動機と理念とのあいだにはずれがある。同じように政策の意図と効果のあいだにもずれがある。何度も書いたように、たとえ「不純な」動機からつくられた政策でも、それがないよりは、あることによってもたらされる「意図せざる効果」があれば、歓迎したほうがよい。そして政策の運用や修正によって改善が図られる可能性のほうを評価したい。小規模多機能型居宅介護は、もともとNPOなど市民事業体の先駆的な試行や実践のなかから生まれ、政策がそれに追随したものであった。だが、厚労省がモデル事業として制度化したことで、民間の試みとは似て非なるものになった。

小規模多機能型居宅介護事業は、最初から、多機能型として成立したわけではない。

小規模多機能型居宅介護事業所には、その出自から見て以下の三つのタイプがある。

(1)訪問介護事業所が通所サービスを併設したケース、(2)通所型サービス(宅老所やデイホーム)からスタートして、泊まり、居住へとサービスを拡張していったケース、(3)認知症高齢者対応のグループホームが、認知症者でない高齢者をも対象に、通所、ショートステイ等のサービスを複合化していったケース、である。

資本力の弱い市民事業体にしてみれば、(1)から(3)の順で、初期投資が少なくてすむ。11章で論じたように、多くは中高年の主婦層を担い手としたワーカーズ・コレクティブが、訪問介護事業に集中したことには理由がある。事務所インフラと人手さえあ

❖1 「小規模多機能型居宅介護事業」は介護保険法の用語。他に「小規模多機能ホーム」「小規模多機能型デイ」「小規模多機能サービス」「小規模型介護」などさまざまな呼び名がある。

れば、訪問介護事業は誰にでも始められたからである。だが、周知のように訪問介護は待機時間や移動時間を含めればいちじるしく労働効率が悪く、ワーカーの賃金水準は低い。これに通所介護を併設することで、空いている人手を使えるだけでなく、安定した長時間利用が確保できるから、利益率は格段にあがる。生協は訪問介護事業所に併設して、各地にデイホームを展開していったが、これには生協の大きな資金力がものを言った。というのも、バリアフリーのデイホームを開設するための土地・家屋、改装等に必要な初期投資は、ワーカーズ・コレクティブの担い手の個人的負担の限界を越えていたからである。

NPO系の通所サービスは、不動産価格の安い地方都市に多い。利用可能な住宅インフラが潤沢であるだけでなく、首都圏に比べれば初期投資も相対的に安いからである。だが、仮に住宅インフラが利用可能だとしても、生協型の福祉事業はデイサービスどまりで、ショートステイやグループホームにはなかなか展開していかない。というのは、担い手の既婚女性にとって、夜勤がネックになるからである。したがって相応の初期投資が必要で、夜勤をともなうショートステイやグループホームの事業者は、訪問介護の事業者と重ならないことが多い。市民事業体は「市民参加」を前提とするが、その事業に参加する市民が、ジェンダーや年齢、階層から見てどのような市民であるかは、事業の種別によって変わってくる。

福祉医療機構内に設置された「小規模多機能サービスに関する研究会」が、二〇〇五年一二月に発表した『小規模多機能サービスに関する調査報告書』によると、二〇〇五年一〇月における居宅サービス事業所のうち、NPOの比率が五%を超す介護事業は、訪問介護五・四%、通所介護五・五%、認知症対応型共同生活介護五・八%となっている。

狭義の居宅介護支援事業に限れば、NPOの比率は二・八%と低いが、他方で事業所そのものの総数が、介護保険施行時の一万七一七六(二〇〇〇年)から二万七三〇四(二〇〇五年)へと急上昇していることを考えれば、NPOの比率は小さくても、事業所数は増えていると思われる。

福祉ジャーナリストの浅川澄一は二〇〇七年三月末現在の福祉医療機構のデータにもとづいて、全国事業所数五六〇、設置主体別でいうと、このうち九・八%をNPOが占めていることを歓迎して、「NPO法人と同様に、事業規模は零細だが高い志を持つ法人が多い有限会社と合わせると三分の一に達する」[浅川 2007: 26]ことを「喜ばしい」と評価する。もっとも多いのは、株式会社で三〇・二%、有限会社と合わせると、企業法人で五割を超える。そのうえで「従来の福祉サービスの主役であった社会福祉法人は(中略)主役の座から完全に降りたと見ていい」[浅川 2007: 26]とまで述べる。

3　協セクターにおける社会福祉法人の位置

ここで少し遠回りをして、再び「協セクターとは何か?」について検討しておきたい。協セクターに、従来型の社会福祉協議会や社会福祉法人を含めるかどうかについては、これまでも議論があった。協セクターを日本型の「第三セクター」と区別し、福祉事業体のなかで八〇年代末から九〇年代以降に登場した生協や有償ボランティア団体、とりわけ九七年の立法化以降急速に登場したNPO法人を総合する名称として「市民セクター」や「協同セクター」を用いる用語法が定着してきたが、本書の「協セクター」もそれを踏襲したものである。

だが9章で挙げた「社会的企業」という用語法を用いれば、営利法人か非営利法人かは便宜的な区別にすぎない。営利法人に分類される株式会社や有限会社でも、社会的企業の条件に合致する法人はある。事実、NPO法施行前に事業体としてスタートした団体のなかには、法人格が必要だったために便宜的に企業法人格を取得したものも多い。NPO法施行後も、経理公開や内部留保の禁止などの煩瑣な規制をきらって、有限会社を選好する団体もある。またこれまでは資金力の弱い市民事業体は有限会社法人格を取得する傾向が強かったが、株式会社の設立条件が、二〇〇三年に資本金一円からと、いちじるしく緩和されたために、株式会社法人格を取得する市民事業体も出てきた。したがって、協セクターの市民事業体をその法人格からだけで判断することはむづかしい。

また「社会的企業」の概念には、NPOのような事業体が含まれているが、NPOのなかには、事業を目的としない運動体やボランティア団体も含まれる。したがってNPOすなわち社会的企業ということもできない。

さらに福祉事業の発展にともなって、NPOや生協のなかには、社会福祉法人格を取得するための参入障壁もしだいに低くなり、現行のNPO法のもとでは寄付行為への課税免除などが認められずNPO法人であることのメリットが少ないことを考えると、租税免除などの「特権」のある社会福祉法人格をとることは、はるかに有利である。現在の「社会福祉法人」というカテゴリーには、旧来型の法人と、新規参入した法人とが混在しており、そのことが分類をさらに困難にしている。

浅川は次のように断言する。

> 日本の高齢者ケアの担い手が大きく転換している(中略)。社会福祉法という特別の法律によって守られ、福祉のすべてを引き受けてきた社会福祉法人の時代は終わりつつある。これからの高齢者ケアの原則といわれる「地域密着型ケア」では、グループホームと小規模型介護が先導役であり、それらを運営する主勢力は社会福祉法人ではない。民間サービス事業者

に変わろうとしているのだ。［浅川 2007: 26-27］

「社会福祉法人はなぜ小規模介護に手をあげないのか」という問いを立て、浅川は「ある大手の社会福祉法人の理事長の言葉」を引用して、以下のような答を用意する。

> 我われは、介護保険前の戦後の長い措置時代に、役所にすっかり飼いならされてしまった。役所から箸の上げ下げまで監視されているうちに、視線はつねに役所に向けられ、利用者は遠い存在になった。納税義務がないことも社会性や向上心を奪った。［浅川 2007: 27］

多くは特養の経営者である社会福祉法人には、現在でも市場における競合は存在しない。待機高齢者が列をなす現状では、利用者に不満があっても退去はできず、他に選択肢はない。いったん退去したら二度と戻れなくなるおそれから、状態が改善しても一時退去を避けることになり、結果として老健のような施設でも滞在が長期化する傾向がある。「利用者本位」とは名ばかりで、「家に年寄りを帰してほしくない」という利用者家族の利益に奉仕していることは、周知の事実である。十分な介護資源と選択肢の多様化、そのもとでの健全な市場競争……「利用者本位」のサービスのためにはそれらの条件が必須である。

地域密着型の小規模多機能型介護事業は、特養のような大型施設に比べて、初期投資が相対的に少なくてすむという理由から、市民事業体の参入を促した。だが、介護保険改正にともなうモデル事業化によって新たな問題が発生している。

そのひとつは包括契約と定額制の導入である。通所、ショートステイ、訪問介護、居宅支援のすべてのサービスが上限なしで定額で受けられることは、利用者にとって一見有利に見える。だがこの制度の意図が、「社会保障費抑制」にあることは明白だった。多くはデイホームや訪問介護事業所からスタートした事業体にとっては、人手やインフラの限界から、これらすべての条件を満たすことがむずかしいばかりでなく、全体として収入は抑えられる結果になる。要介護度が重度の利用者に集中すれば収入は確保できるが、その反対に負担は増える。逆に要介護度が軽度の利用者が多ければ、事業者の収入は抑制され、反対に利用者にとっては利用実態に合わない定額を徴収されるなど不利益感が残る。事業者によっては自衛のために定額の上限に合わせてサービス供給量を抑制する傾向もあり、結果として利用者にとっての「利用抑制」となっている実情がある。

包括契約にはもっと深刻な問題がある。一事業者がひとりの利用者のすべてのサービスを提供することになるために、ケアマネジャーが不要とされることである。これでは利用者の囲い込みとなり、他の事業者との健全な競争は育たないばかりか、ケアマネジャーによる外からの目も入らない。それ以前の「見直し」では、ケアマネジャーの所属事業所への誘導を避けるために、複数の事業者を利用した場合には報酬加算をする制度までつくったのに、それに逆行する制度である。一事業者との包括契約で、ケアマネジャーも入らないとなれば、第三者の視線が入らない、いわば介護の密室化がすすむ。これでは高齢者の権利擁護はむずかしい。浅川[2007]は包括契約・定額制の導入が、ケアマネジャーを不要にしたため、小規模多機能型事業所へのケアマネジャーからの利用者紹介が著しく減少し、営業努力が困難になったという現場の声を紹介している。逆になじみのあるケアマネジャーとのつながりを断ちたくないために、包括契約をためらう利用者もいる。ケアマネジャーは利用者と事業者をつなぐ役割を果たすだけでなく、利用者の立場に立って事業者を監督・監視する外部の目の役割をも果たす。包括契約によるケアマネジャー排除は、介護保険が当初掲げたケアマネジャー導入の理念に反するものであろう。

もうひとつは、小規模多機能型施設は一中学校区に一つ、とするようなプロバイダーの総量規制である。小学校区制が子どもの教育に関する「選択の自由」を奪ったとして見直されている今日、「地域密着型」の名における介護施設の総量規制は時代に逆行するものだろう。浅川は、隣接する地域にありながら自治体の境界の線引きのせいで、遠くの施設に行かなければならない利用者の不合理を例にあげているが、他方、わたしたちの調査の中からはその逆の事例、隣家にデイホームがあってもわざわざ少し離れた施設を選ぶケースも確認されている。とりわけ「小規模」施設では、人間関係の濃密さがプラスにもマイナスにも働く。ひとつの施設が合わなければ、別の選択肢がある……その多様性と選択の自由こそが、利用者にとっては重要だろう。

10章「市民事業体と参加型福祉」で論じたように、協セクターにおける「市民社会」は「地域社会」と同じではないし、「市民」は「住民」と同義ではない。多くの市民事業体は「志の共同」から出発しており、「居住の隣接」や「地域の共同」から自動的に関係が生まれるわけではない。わたしが「選択縁」とよぶものは、町内会や小学校区のような地縁とは峻別されなければならない。高齢者が地区ごとに指定された施設に通わなければならないとしたら、「選択の自由」を奪うばかりでなく、事業者間の健全な競争をも抑制することになろう。

4 富山型小規模多機能共生型デイサービスの展開

本書の問いの一つは、協セクターにおける市民事業体の持続可能な経営とは何か、というものであった。上述したように、二〇〇五年介護保険改訂で一躍「地域密着型」サービスの主人公におどりでた小規模多機能型居宅介護事業の多くは、NPOや有限会社など、資本力の小さい市民事業体によって担われている。これ以降扱うのは、富山型と呼ばれる小規模多機能共生型デイサービスのうち、そのもっとも先駆的なモデルとして全国的に有名な「このゆびとーまれ」の事例である。富山には「このゆびとーまれ」以外にも、「富山型」と言われる小規模多機能型の介護事業所がいくつもあり、調査時点(二〇〇五年)には三二の事業所からなる「富山ケアネットワーク」(略称「富山ケアネット」、代表・惣万佳代子、二〇一〇年時点で五五事業所に増加)を構成していた。調査にはそのなかから複数の事業所を選んで、対象に含めた。[2]

事例を扱うに際して、福祉医療機構内に設置された「小規模多機能サービスに関する研究会」の調査報告書(以下「小規模多機能調査報告書」と略称)[小規模多機能サービスに関する研究会 2005]から得られたデータを随時参照したい。というのも、この調査は、(1)小規模多機能型居宅支援介護事業を介護保険改訂時に制度化するにあたって、その「先駆的な事業者の経営実態を調査・研究する」という「趣旨」で実施されたこと、(2)事例数が一九と少ないがどれも「先駆的な事業所」として注目を集めていること、また(3)研究会の構成メンバーの多くが自ら先駆的事業所の実践者であることから、[3] その結果として(4)調査内容が網羅的で、事業収支に至るまで詳細なデータが得られること、による。報告書の冒頭に「これら事業が安定的に運営されるための諸条件を分析することを目的として」調査・分析をおこなった、とある。その点で、本書と関心を共有しており、他事業者の例が参照できる貴重な資料と言えるからである。一九団体のうち法人格はNPOが六、社会福祉法人が五、有限会社が二であり、これまで論じてきた小規模の「市民事業体」や「社会的企業」に該当する団体が多い。設立年度は小規模多機能事業所に特化した事業所九団体のうちで、介護保険以前が五団体と、その先駆性がうかがえる。

「小規模多機能型」も「共生型」も、もともと行政用語ではない。現場のニーズから必要に迫られて登場し、名称がないままに実践が先行し、事後的に命名されたものである。前述の「小規模多機能調査報告書」によれば「既存のサービス形態にとらわれず、利用者のニーズに対応して生まれたもの」である。具体的には「日中の通い、一時的な宿泊、緊急時や夜間の訪問サービス、さらには居住するといった、切れ目のないサービスを一体的・複合的に提供する」ものとして考えられているとするが、このすべてに該当する事業所は多くない。

富山型は、「小規模」には違いないが、「通い・泊まり・暮らし」さらには「訪問介護」のすべてを網羅する厚労省の名づける「多機能」とは必ずしも言えず、デイサービス事業が中心である。また富山型の特徴として「赤ちゃんからお年寄りまで」、さらに障害者を含む「共生型」があげられるが、富山ケアネットに所属する団体には、かならずしも「共生型」とはいえない事業所[4]も含まれている。

富山県が発行している「富山型デイサービス」のパンフレットによれば、「富山型」とは「高齢者、障害者、児童等が障害の有無に関《ママ》わらず利用できる」デイサービス事業をいう。そのパンフレットから引用しよう。

> 赤ちゃんからお年寄りまで、障害の有無に関わ《ママ》らず、誰もが一緒に身近な地域でデイサービスを受けられる場所、それが「富山型デイサービス」です。
>
> この形は、平成五年、病院を退職した三人の看護師の方々が開設した「このゆびとーまれ（富山市）」から始まりました。民家を使い、家庭的な雰囲気のもと、対象者を限定せずにサービスを提供するこの施設は、従来の縦割り制度にはない柔軟なサービスの形として、開設当初から全国的に注目を集めました。
>
> 当時は介護保険もなく、行政の支援が不可欠でした。そして事業者や周囲の要望によって、平成九年度から民間デイサービス施設に対し、補助金が交付されることとなり、この「障害の種別や年齢を超えて一つの事業所でサービスを提供する」という方式と、縦割り行政の壁を打ち破った、日本で初めての柔軟な補助金の出し方をあわせて、「富山方式」、「富山型」と呼ばれるようになりました。
>
> ［富山県厚生部厚生企画課 2005］

「「富山型デイサービス」は、富山から全国に発信した、新しい形の福祉サービスです」と高らかに宣言する、自治体が発行するこのパンフレットの文章は、いささか行政の自画自賛気味のところはあるが、行政が民間（協セクター）の実践に追随していった経緯を正直にたどっている。

「このゆびとーまれ」は、当時日赤病院に勤務していた三人の看護師、惣万佳代子（現代表）、西村和美（現副代表）ともうひとりによって、一九九三年に民営デイケア事業としてスタートした。当初は「無謀」とも思われたスタートを「突っ走ってよかった……。安定のことを考えたら今の「このゆび」はないですから」と、惣万は回想の中でふりかえっている［惣万・西村 2003］。ボランティア事業に共通の、「自発性、無償性、先駆性」のいずれをもともなっていた。

パンフレットは「行政の支援が不可欠」と記しているが、「このゆびとーまれ」が行政から「在宅障害者（児）デイケア事業」の指定

❖2 訪問調査の対象とした富山型事業所は以下の通りである。NPO法人にぎやか、同おらとこ、同しおんの家、有限会社あさひホーム。

❖3 研究会メンバーは以下の通りである。高橋誠一（東北福祉大学総合福祉学部社会福祉学科教授・座長）、塩原修蔵（公認会計士）、篠崎人理（社会福祉法人新生寿会・きのこ老人保健施設長）、高井睦美（NPO法人虹の会・宅老所虹の家施設長）、宮島渡（社会福祉法人恵仁福祉協会・アザレアンさなだ施設長）、山崎敏（株式会社トシ・ヤマサキまちづくり総合研究所所長）、他にオブザーバーとして池田武俊（厚労省老健局計画課認知症対策推進室室長補佐）、池田昌弘（NPO法人全国コミュニティライフサポートセンター理事長）。

❖4 高齢者のみを対象とし、子どもや障害者（児）を扱わないデイサービスの事業所も「富山型」に含まれている。

を受けるのは、開設三年後の九六年になってからのことである。翌九七年には富山民間デイサービス育成事業から補助金の交付を受け、当初は高齢者だけが対象だったのが、翌年に条件が緩和されて障害者／児も含まれるようになる。現場の活動に合わせた「お年寄りと障害者／児の壁を取り払った柔軟な補助金の出し方が、のちに「富山方式」といわれる」と「このゆびとーまれ」のホームページにはある。[5] 九八年にはいちはやくＮＰＯ法人格を取得、富山県下における認証第一号となる。二〇〇〇年の介護保険法施行にあたっては指定事業者に名のりをあげた。二〇〇五年には富山県と富山市など三市二町村が共同して小泉改革のもとの構造改革特別区域に申請し、「富山型デイサービス推進特区」に認定された。特区とは「地域からの発案により、既存の規制を緩和して「これまで国の規制により取り組みたくても出来なかったことが、特区内でできるようになる」制度である。これによって「それまで高齢者と身体障害者だけだった介護保険指定のデイサービス事業所の利用が、知的障害者と障害児に広」がり、また「障害者の指定デイサービス事業所では、それまで利用できなかった障害児の受けいれが可能と」なった[6]［富山県厚生部厚生企画課 2005］。

富山型福祉特区はその後、全国に拡大することとなった。富山型デイサービスは、現場の実践が国の制度を変えた例として、全国的に有名になる。上述の経緯を見てもわかる通り、「そこにニーズがあるから」という民間の待ったなしの実践が先行し、行政はそれに追随し、事後的に協力してきた。「行政に求めるのは、せいぜい現場の邪魔をしないこと」とある事業体の経営者がいうように、富山型は行政がつくりあげた事業ではない。ケアの現場では、多くは民間非営利の市民事業体が自前でつくりあげてきた事業モデルが、事後的に制度化されてきたという歴史がある。制度はあとから追いつく、のである。小規模多機能型介護事業もそのひとつであり、制度化されたときには、似て非なるものとなっている場合も多い。

創業者の惣万と西村は、著作や発言も多く［惣万 2002, 2003; このゆびとーまれ 2003］、介護業界のカリスマとして各種の講演会やシンポジウムなどにひっぱりだこである。[7] また「地域共生ホーム全国セミナー in とやま」を二〇〇二年から二〇〇七年まで三回にわたって開催するなど、自ら積極的に情報発信に努めている。また調査時に二〇〇二年度からすでに三次にわたって、県の協力のもとに、月一回半年間の「富山型民間デイ起業家育成講座」を実施してきた。受講者の人数は二〇名まで、熱心な受講者が全国から通ってくる。これまでの実績では、受講者の約六割が実際に起業したという。彼女たちの先駆性や献身的な努力については賞賛を惜しまないが、情報発信能力の高いこうしたリーダー的な立場の人々の回想や記録だけを追っていてもわからないことも多い。

富山型デイサービスについては、ふたつの先行研究がある。ひとつは富山型デイサービス施設調査研究委員会『富山型デイサービスについて(平成一六年度報告書)』[2005](以下『富山型報告書』と略称)、もうひとつは平野隆之編『共生ケアの営みと支援——富山型「このゆびとーまれ」調査から』[2005](以下『このゆび調査』と略称)である。前者は県内にある富山型のデイサービス二一施設に対してアンケートおよび面接調査を実施し、利用実態をまとめた報告書であり、研究チームの一人、関好博(富山短期大学福祉学科講師)にヒヤリングする機会を得た。後者は惣万・西村をはじめ、ワーカー、利用者、家族への面接調査およびスタッフの記録した日誌を分析した二年間の調査をまとめたものである。以下の記述や分析には、以上のふたつの先行研究をも参照している。

ここではパイオニア事例である「このゆびとーまれ」および関連の団体を対象に、利用者、家族、ワーカー、ケアマネジャー、ボランティア等を含む多元的なアクターの視点から、事例にアプローチしてみたい。以下の引用データはとくに出典挙示がない限り、わたしたちの調査報告書[東京大学社会学研究室・建築学研究室 2006]にもとづいている。

5 「このゆびとーまれ」の施設概要と歴史

調査時点(二〇〇五年七月)での施設概要は以下の通り。

富山市内の住宅地、富岡町に創業者のひとり、惣万が父から相続した土地に新築の建物を建てて九三年に民間デイサービス所として開設。普通の住宅をたんにバリアフリーにしただけの二階建ての建築であり、図22・23の写真のように周囲の住宅地に溶けこんでいる。フロアプランは図24の通りである。その「本家」の向かいに、惣万・西村名義で土地を取得、「このゆびとーまれ・向かい」(通称「向かい」)を二〇〇五年に併設。他に少し離れた茶屋町にショートステイとグループホームを事業とする「このゆびとーまれ茶屋」がある。

デイサービス部門に限れば、「本家」と「向かい」の二ヵ所で定員二八名、利用者は高齢者、障害者/児、乳幼児を合わせて一日平均三〇人。利用者内訳は、六五歳以上の高齢者が約半分、そのうち九割以上が介護保険適用対象者、一八歳未満の子どもが三分の一、うち障害児と健常児の比率は六対四、他に成人が約二割いるが、うち六割は介護保険適用対象者、四割は在宅障害者である[惣万・西村 2003]。利用料金は当初から介護度に応じて、一日二五〇〇円から五〇〇〇円、介護保険適用者と障害者はこの限りでない。

事業内容は、高齢者在宅支援サービス(通所介護、いきがい対応型デイサービスなど)、障害者(児)在宅支援サービス(通所介護、在宅障害者(児)デイケア事業など)、居宅介護支援事業(ケアプラン作成など)、その他(乳幼児の預かり、疾病を有する人たちへの在宅支援事業など)。開所時間は午前七

❖5 http://www.geocities.jp/kono_yubi/
❖6 二〇〇五年四月現在で一〇市二町村が特区認定を受けていた。
❖7 したがってこの事例については、利用者、職員を除いて、実名を採用する。

時半から午後六時まで、場合によっては八時まで延長する。暮らしに休みはないという理由から、年中無休である。

職員は二八名、うち常勤職員一五名。他に、有償ボランティア六名、無償ボランティア四〇名［惣万・西村 2003］。富山短大福祉学科の学生をボランティアとして受けいれている関係もあって、調査期間中にも学生の出入りが絶えない。平均三〇名の利用者に常勤・非常勤合わせて職員二八名は手厚いケアと言えるし、ボランティアの協力があるからこそ、スタッフが本来の介護業務に専念できる態勢がある。高齢者より障害児のケアにほとんど一対一対応しなければならないほどの人手をとられ、開けっ放しの玄関からは、認知症の利用者がすたすたと歩いて出るのを、ひとりのスタッフがつきっきりで追いかける。認知症高齢者の行動を抑制せず、当事者ニーズに沿った個別ケアを実践するには、これだけ手厚い人員配置が必要だとわかる。

もとは富山赤十字病院の看護師だった三人の創業者が、「このゆびとーまれ」を開設したことには、「退院許可が出ながらも家に帰れず、転院する患者を何人も見送った」［惣万・西村 2003］苦い経験がある。家族が高齢者を受けいれられず、家に居場所のない高齢者が「社会的入院」を長期化させる現場にいたからであった。高齢者医療（キュア）が高齢者介護（ケア）へとシフトする時代の動きを、彼女たちは自発的な実践で先導した。富岡町の土地は、惣万が亡くなった父から遺産として相続した私有地であり、建築資金は、赤十字病院に二〇年間勤めた退職金を充てた。周囲からは「無謀」と反対を受け、開業当初は当日利用の高齢者が一日に二人という時期もあったという。高齢者のデイケアという考え方になじみがなく、一日あたりの利用料二五〇〇円も高いと思われた時代である。

副代表の西村には、左半身麻痺の母がおり、「このゆびとーまれ」で働きながら母の介護と両立させた。西村は「本家」の二階を住宅としており、母を「このゆびとーまれ」で看取るのが望みだったが、グループホーム「このゆびとーまれ茶屋」の開設に間に合わず、病院で亡くなった。

「子どもからお年寄りまで」の「共生型」は、開設当初からの理念である。創業期からの「いつでも誰でも受けいれる」という理念は現在まで続いており、申し込みを「断らない」から「ウェイティングはない」と言い切る。創業してまもない頃、朝早くに障害のある小さな兄妹を玄関に断りもなく置いていった母親がいた。一日その子たちの面倒を見たら、「あそこは障害児を預かってくれる」と評判を呼んで、次々に利用者が来るようになった。障害児の受け皿がないことを痛感し、高齢者も障害者も共に預かるようになった。

最初の助成金は開設後三年目に、障害児を持つ親たちが「在宅障害者（児）デイケア事業」の委託を受けるべく、行政に対して署名運動をしたことによる。その後、高齢者には高齢者のみの助成事業が、障害者には障害者のみの助成事業が、という福祉行政の縦割りに阻まれ、思うような展開ができなかったところへ、度重なる行政との交渉と、行政側の姿勢の変化から、今日のような「富山方式」の「共生型事業」が認められるようになった。

九八年にNPO法人格を取得したのは、「社会的信用と継続性を重視したから」(惣万、ヒヤリング)。二〇〇〇年施行の介護保険が射程にあった。

介護保険以前の収入は主として利用料とデイケアの委託費、その他に寄付金である。財政的に苦しかった。介護保険施行によって経営は安定した。「経営ができるのは、介護保険さまさま」と惣万は言う。

図22　「このゆびとーまれ」外観

図23　「このゆびとーまれ」室内風景

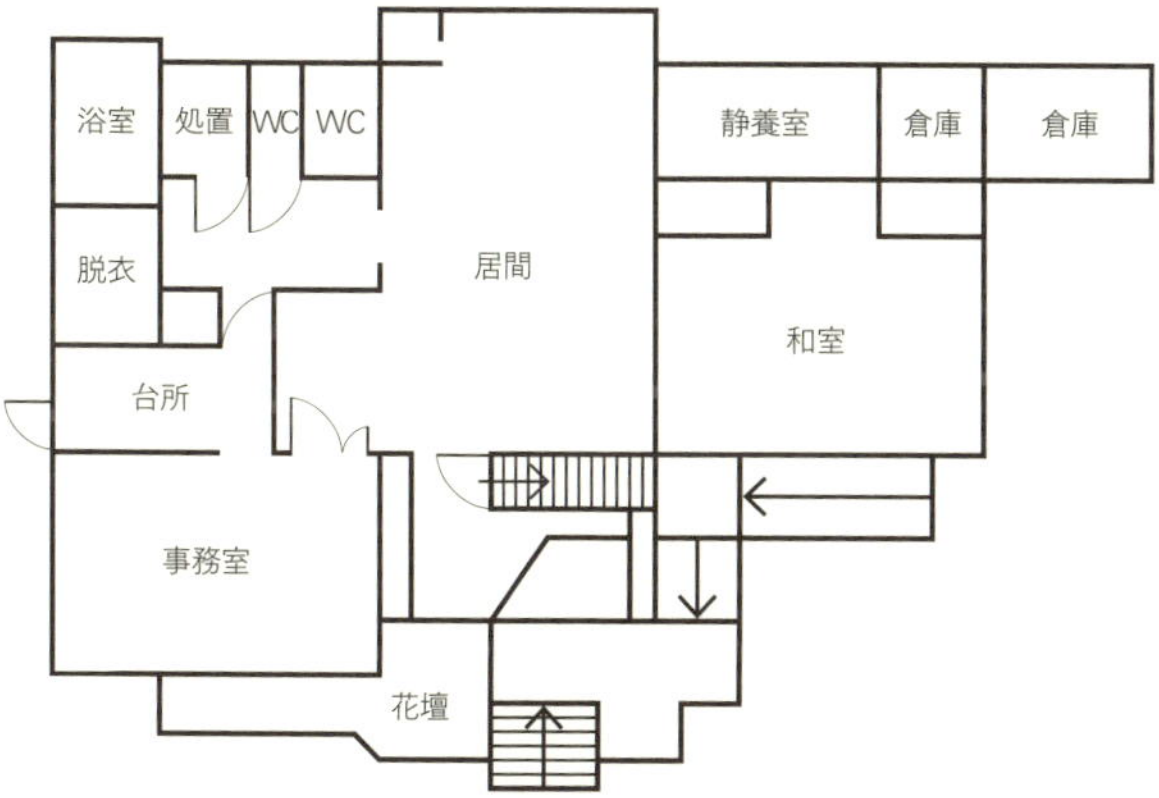

図24　「このゆびとーまれ」平面図

実感としてお年寄りよりも子どものほうがたいへんだし、人手がいる。障害児の方が高齢者よりもスタッフの負担が大きい。子どもがいるほうがよっぽど骨が折れる（惣万、ヒヤリング）。

とくに夏休みは行き場をなくした障害児がたくさんくるのが課題。代表の惣万によれば「利益が出るのは高齢者のみ。年寄りで稼いで、子どもにつぎこんでいる」（惣万、ヒヤリング）という実態が浮かび上がる。高齢の利用者は「共生型」をどう評価しているのだろうか？

年寄りは、子どもはうるさいがだいたいかわいいという。遠くからも来るのは子どもがいてにぎやかだから（惣万、ヒヤリング）。

うるさいのが嫌いな高齢者は、よその静かなデイサービスに行けばよい、「このゆびとーまれ」は、選択肢のひとつでいい、とはっきりしている。事実、高齢者だけのデイサービスは、一般に動きが少なく空気の重いところが多いが、「このゆびとーまれ」は、高齢者のあいだを動きの大きい子どもたちが走り回り、なにより雰囲気が明るいことは、他施設に見られない特徴である。高齢者と子どもたちとの相互作用があるかどうかを、共同研究者である建築学のチームによる定点観測で検証したが、高齢者は子どもの動きを視線で追ったり、なにげない見守り行動をしており、「共生型」は高齢の利用者にもポジティブな効果を持っているように思われる。

動きの緩慢な高齢者と、動きの大きい子どもが空間を共有することで、介護事故が起きることはないのだろうか？　この問いに対して、惣万は開設以来「一二年間、お年寄りの骨折などはなかった」（惣万、ヒヤリング）という。二〇〇三年のインタビューによれば「自慢できることは、この一〇年間で転倒して骨折などの事故がゼロということ。現在も記録更新中」［惣万・西村 2003］という。二〇〇五年のインタビューでも、この記録は「更新」された。二〇〇九年の「一六周年」では、「開設以来一六年間介護事故無事故」を誇った。[8] 事故らしい事故といえば、障害児が一人、爪がはがれて血が出たぐらい。多動性の障害児を見守るケアの現場としては、このくらいの事故はあっても不思議はない。手厚い職員配置とボランティアの数の多さが、事故を未然に防ぐ見守りを可能にしている［平野編 2005］。

先行研究の『このゆび調査』は、事故の少なさの理由を以下のように分析する。

「物理的な小規模性から来る特性として、見守り、日常生活の継続性が基本であり、このことが施設内の無事故にもつながっている」、「裸足や靴下で過ごせることにより、これも転倒予防になっている」。

施設における「車椅子による長距離の移動は、それ自体、事故発生率を高めている」と『このゆび調査』が指摘するように、「住居でも日常生活では一〇米以上の移動は長いと考えられる」のは、言われてみれば当然であろう。住宅スケールの「このゆびとーまれ」の建物では、トイレは居間に併設しており、尿意をもよおした利用者をワーカーがトイレに誘導しているが、その移動距離は数歩の範囲内である。

6 創業資金

市民事業体にとって最大のネックは、志はあっても資金力がともなわないことである。その点ではあらためて、生協系事業体の資金力の大きさが高く評価される。

「このゆびとーまれ」の初期投資は、創業者個人の私的所有地と退職金の投入という、まことに旧来型の「篤志家」の志によって担われた。したがって現在も土地は代表者の個人所有であり、建物は代表・副代表の共同名義、一部は住宅として使われている。

その後、向かいがたまたま引っ越したことから、その土地にあった老朽家屋をとりこわして木造二階建ての「向かい」を新築した。「向かい」は、富山県産の杉材を用い、ゆったりしたリビングに台所、ショートステイ用の個室三室を備えたうえに、冬の対策に床暖房を入れた快適な建物である。「このゆびとーまれ」は住宅地の奥まった一角、奥に駐車場がある袋小路に面しており、路上を通行する車両が少ないことから、子どもやお年寄りが外へ出ても安全性が高い。さらに道路をはさんだ「向かい」を新設することによって、袋小路全体が一体感を持った区画となり、両方を行き来する人が増えて、もともとあった開放性がさらに高くなった。加えて隣家が空いたのを月額四万円で借り上げ、病気の人や、静かな雰囲気を好む利用者のために提供している。この「はなれ」で、ターミナルケアも実践した。

「向かい」の開設は二〇〇五年四月。その時までに富山県と富山市による「富山型デイサービス住宅活用施設整備事業」がスタートしていた。そのため県から二〇〇万円、市から三〇〇万円の補助金が出たが、惣万・西村の個人で二八〇〇万円を負担しており、土地はふたりの共同名義、家屋はNPO名義である。「貸してくれる銀行はあるが、利息が高いので借りたくない」(惣万)。代表、副代表の手当を高めに設定することで次期投資のための資金を蓄積し、次々に「向かい」、「このゆびとーまれ茶屋」などに投資してきた。

創業期の資金繰りの苦労話は、この種の市民事業体につきものである。建設費は四〇〇〇万円、退職金に加えて銀行に融資を依

❖8 この記録は二〇一〇年に開設一七周年を迎えて、一七年間無事故へと更新された。

頼したが断られ、国民金融公庫から六〇〇万円借りて、これは一〇年間で返済した。また開業時、報道などの影響で見知らぬ人たちからの小口の寄付が積もり積もって、一五〇〇万円に達した。そのうちのひとり、中島教之《のりゆき》という僧侶が、「ここは富山にできた新しい寺だ」として、東京でたくさんの寄付を集めてくれた。開業時には賛助会があり、二年目には小口の寄付で一〇〇〇万円集まった。茶屋町でグループホームを開所する際には、二〇〇〇万円無利子で借り入れた。

これらの資金調達には創業期のメディア効果があずかっていた。このメディア効果は株式上場にも似た一種の創業者利得ともいうべきもので、二例目以降の追随者には効果が逓減する傾向がある。このメディア効果は、職員採用の場面でも効力を発揮した。

先述した福祉医療機構の「小規模多機能調査報告書」によれば、対象とした一九事業所のうち、自己所有の三事業所を除いて他は賃貸。賃貸料の平均は月額六万円(この他に無償貸与一件)、平均契約期間三〇年と破格の好条件である。改修費の平均は約八四〇万円。自己所有の三事業所については、取得費用が平均三九六〇万円、うち自己資金一六五〇万円、借入金一三三〇万円、寄付金九八〇万円となり、補助金はいずれの場合もゼロ。「報告書」は「既存の建物の改修などの例が多く、初期投資も少なく大きな問題とはなっていない」。「賃借料、減価償却費の合計額の比率は所有の形態によって大きく変わらず、収支に及ぼす影響は少ない」としているが、他方「新設した場合には多額の先行投資を要し、小規模事業所にとっては少なからぬ負担となる」と指摘している。行政がこのような事業モデルに理解も支援もないところでは、創業者の自己資金に依存するほかない。

行政による創業支援事業にあたるのは、二〇〇四年にできた県の「富山型デイサービス住宅活用施設整備事業」である。新築の場合に上限一〇〇〇万円まで、増改築に際して上限三〇〇万円まで、助成することができる。これも富山ケアネットを窓口とする行政との粘り強い交渉の結果生まれたものであり、「向かい」はその適用対象第一号となった。創業期には行政から何の支援もなかったものが、市民事業体の主導で行政を動かしてきた成果と言える。

担当部局は厚生企画課、つまり高齢者福祉担当でも、障害者福祉担当でもない。担当者とのヒヤリングで、「どちらからも抵抗がありましたでしょう」と水を向けると、この事業を牽引してきた県の担当者(四〇代、男性)は、「県としては縦割りにはしないかたちでやっていきたいが、他の課からはいやがられることもある」という答が返ってきた。市の障害福祉課の担当者(三〇代、男性)も「介護保険課との連携はあまりない」と証言する。また「国との交渉では富山型を担当できる窓口がない、国レベルは、いちばん縦割りが激しいところで、それを変えるのは容易ではない」(県)と指摘する。

二〇〇三年には小泉政権下の構造改革特区構想のもとで、県と市を巻きこんで「富山型デイサービス推進特区」を申請。「高齢者から障害者(児)、子どもまで」の共生ケアに、介護保険と支援費制度を相乗りできる規制緩和が認定された。その後、二〇〇六年の障害者自立支援法の施行にともなって、地域限定だった福祉特区が全国に適用可能となった。これは地方の先進的な一事業所のケア実践が、全国のルールを変えた希有な例となった。ここでもNPOと行政は二人三脚を実現した。

県の担当者は現場と密に連絡を取る姿勢があり、助成の対象も「富山型と言ってもいろいろあるが、あまり細かいことにこだわらないように柔軟に運用している」という。したがってこの事業へのレイトカマー(後からの参入者)は、制度のフリーライダー(タダ乗り)となるわけだが、「それでいい」と惣万は言う。

「ケアネットとはつねに連絡をとりあっていて、それを踏まえて予算をつくる。自身でケアネットの会合に参加したり、直接施設に行って要望を聞いたりもする」(県)「民間の土壌がしっかりしていて、民間同士のつながりがしっかりしているので、行政が制度運営について困ることはあまりない」(市)と、民間主導の動きに行政が追随してきたことを率直に認める。富山型についての理解は深く、積極的かつ柔軟に支援していこうとする姿勢がある。県の担当者は、県知事が交代したときには、「このゆびとーまれ」の現地視察をもくろみ、知事の「啓蒙」にあたっているという。

富山では創業者の熱意と創意、そして行政の担当者の使命感と柔軟な姿勢が、市民事業体の創業支援事業を可能にした。だが、いずれも個人的な力量や資質に大きく依存している点には限界がある。また「富山ならではの潤沢な住宅資源を活用したい」(県)というように、「持ち家率全国一位」の地域特性も見逃せない。不動産取得に高額の資金がかかる大都市圏では、小規模多機能型施設を開設する初期投資は個人の負担能力を越えるだろうから、もっと積極的な公的支援が必要になるだろう。「小規模多機能調査報告書」にある賃貸の一事例は、貸し主が「市町村」というもの。公共団体が土地家屋の所有者となり、協セクターの事業者との賃貸契約や事業委託をすすめる方式(生協はワーカーズ・コレクティブとのあいだで、このような事業委託契約を結んでいる)が、もっと普及してもよいだろう。

7 小規模多機能共生型のケア実践

「このゆびとーまれ」では、どのようなケアがおこなわれているだろうか？

先行するふたつの調査報告書は、「このゆびとーまれ」とは利用者本人が自分らしく過ごすことができる「居場所」、「「このゆびとーまれ」に集う家族やボランティア、実習生、見学者などすべての人々が環境の一部」となる日常生活の場と表現する。他のデイサービスと違うのは、日課やプログラムのない「計画されていないケア」である。それは「本施設での生活を日常生活に近づけたいという」スタッフの意図によってもたらされている［平野編 2005］。

事実、訪れた「このゆびとーまれ」の景観は、一見何のルールもないかのように雑然としており、ワーカーが私服を着用していることもあって、誰が利用者で誰がワーカーかがにわかには判別できない。わたしたち調査チームのメンバーも、ただちにボランティアに引き入れられ、多動性の児童のあとをおいかけまわすことになった。食事どきのほかは決まった日課もなく、排泄介助も、入浴介助も、利用者の様子を見ながら個別に対応があり、にぎやかながらゆるゆると一日の時間が過ぎていく。トイレも風呂もリビングに隣接しており、移動距離が短いから、転倒の危険も少なく粗相をすることも少ない。移動介助の負担も少ないだろう。一見したところ、「何もしていない」ケア、別の言い方をすれば究極の個別ケアと言えるかもしれない。

このケアは「見守りケア」と呼ばれるが「見守りとは、当然無作為ではなく、利用者とのコミュニケーションは常に（従来型施設よりは、格段に高い頻度で）保持しているという、特有の（個別の）ケアをしていると捉えることができる」。したがって「見守りケア」は「ながらケア」でもあり、「スタッフが身につけるべき重要な技術である」［平野編 2005］とされる。

このようなケアの技量はどうやって獲得されるのか？

「自分の援助の方法がわからない時、いちばんに聞く相手はリーダーでもなく同僚でもなく、利用者であるという。利用者に聞き、利用者から学び、利用者の望むケアを提供しようとする姿勢が（ワーカーから）読み取れる」（かっこ内引用者）と平野は指摘し、「利用者本位」、「当事者主権」が実践されているかのように聞こえる。だが『富山型報告書』は同じケアを、「よく言えば柔軟、悪く言えば未だ手探りで進んでいる」と表現する。他方で、「多様な経歴を持つ同僚の行う多様なケアを盗むという、いわば職人的なケアが要求される」［平野編 2005］と指摘される。「柔軟なケア」には、「高い能力」が要求されるのである。『富山型報告書』は、「スタッフの再教育や新たな資格取得に向けての機会をどのように確保するか」を課題として提示している。

にもかかわらず、「このゆびとーまれ」では、ワーカーの研修は三日間と短く、ケアカンファランスにあたるミーティングは月一回。おどろくべきことに、利用者のインテイクは実施されていない。インテイクとは、利用者の生活歴や家族状況を聞き取り、それを現場のスタッフと共有することで標準的なケアを実現するための方法であり、先進的といわれる施設では重要なプロセスとして位置づけられているが、「このゆびとーまれ」では利用者の背景を知らないまま、ワーカーは相手に対面し、臨機応変で柔軟な対応をすることが求められる。小規模サービスの共通点として、経営者が経営に専従するほどのゆとりがなく、自らケアに入ることによる影響力、いわば背を見て学ぶ無言の研修が、もっとも効果を発揮しているようである。「小規模多機能調査報告書」［2005: 16］

図25 「このゆびとーまれ」デイサービス利用者 出典:［東京大学社会学研究室・建築学研究室 2006: 352］

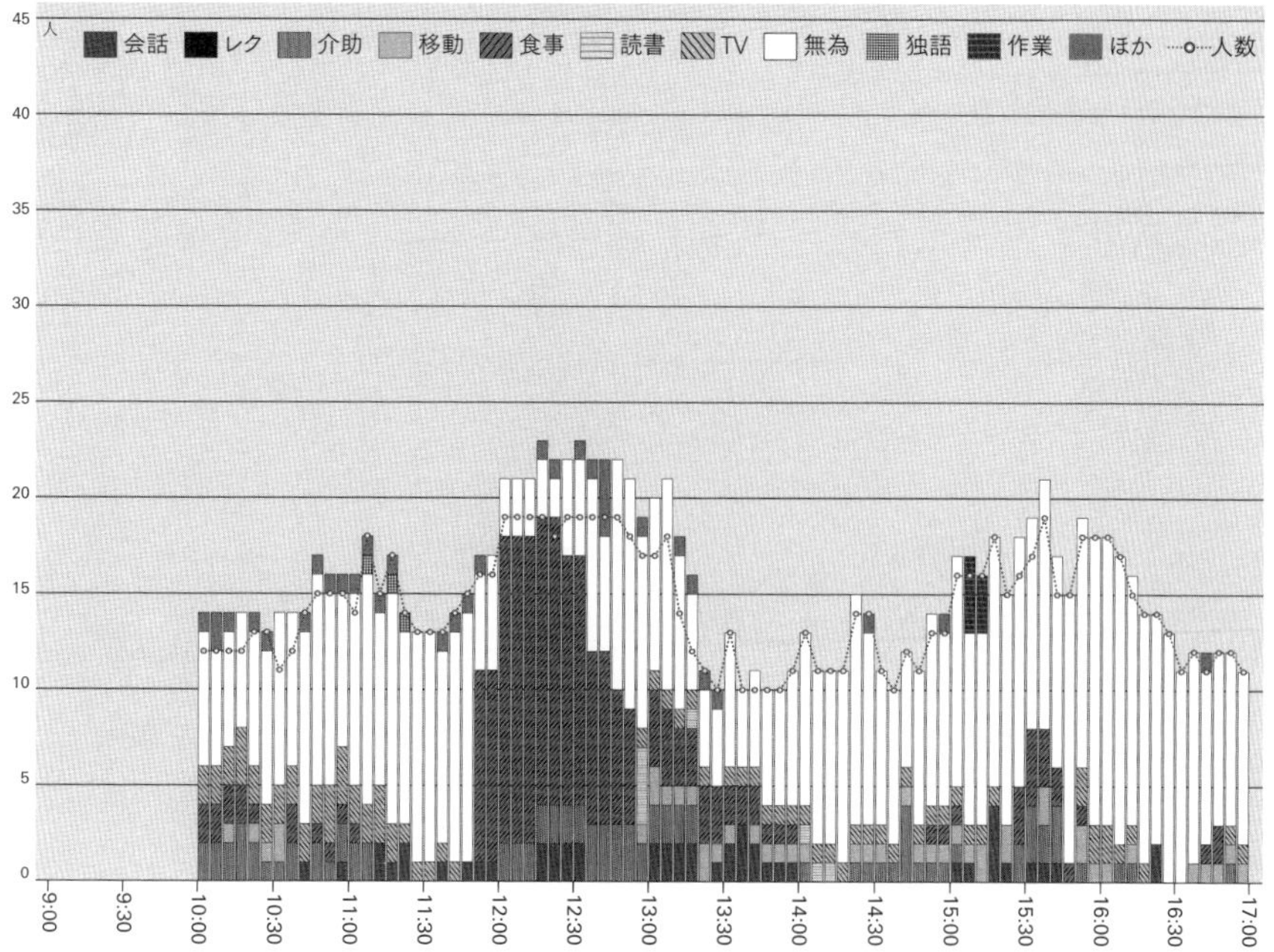

が「経営者はその多くがマネジメントのみならず利用者の処遇にも携わっており、その熱意によって事業が支えられている」と指摘するように、「経営者の重要性」は大きい。

ふたつの先行研究のうち、『このゆび調査』は、面接にもとづくていねいな調査ではあるが、モノグラフの通例として、当事者の発言、つまり「当事者がしていると自己申告すること」を中心にまとめた結果、事例の賛辞に傾きがちな傾向が見られた。「利用者とのコミュニケーションが、従来型の施設よりは格段に高い頻度で」成立していると、「捉えることができる」と推測するが、実証しているわけではない。私たちの研究では、建築学のチームが特養併設デイ、社協経営のデイなど計四施設のデイサービスの定点調査を実施し、実証データを比較した[9]【図25】。図25からわかるのは、「このゆびとーまれ」の以下の特徴である。

(1)他のデイサービスで「レクリエーション」という分類に含まれる活動が「このゆびとーまれ」ではいちじるしく少なく、「無為」に分類される行為が多い。

(2)食事介助が他施設のように一定の時間に集中していない。

(3)会話はあまり多くないがコンスタントに記録されており、他施設のように波が少ない。

❖9 詳細は報告書［東京大学社会学研究室・建築学研究室 2006: 333-362］参照。

（4）ワーカーの人数も波が少なく、ボランティアを含めてつねに一定数が確保されている。

「このゆびとーまれ」の以上の特徴は、社会福祉法人経営の特養「ラポール藤沢」併設の通所型デイサービスにおける同様の調査データ**【図26】**と比べると、よりいっそうはっきりする。図26では「会話」と「レクリエーション」にあたる活動が一日の特定の時間帯に集中しており、職員の誘導によって「皆さん、ご一緒に」の集団活動がおこなわれていることが推察される。

調査を担当した建築学の研究者岡本和彦は「無為」とは何か、と問いかける。他施設のようにレクリエーションが全員参加の時には、「無為」はゼロに減るが、それは強制でもある。そのうえで、相対的に活動の波の少ない「このゆびとーまれ」について、次のような観察を述べる。

昼食の時間は決まっているが、他の人とは違う時間に食べていたり、おやつも様々な時間に食べるため、どの時間帯にも食事が数人記録されているのは大きな特徴である。子どもや障害者を含む多様な利用者が同一のプログラムで一日を過ごすことは困難であり、昼食という大きな行事でも体調や気分によって時間をずらす人がいても当然であろう。食事は、排泄、入浴と並ぶ重要なケアであり、食事をする人がいる限りそれに対応するスタッフが必要となるが、これを可能にしているのはボランティアを中心とするスタッフの数の多さである。

［東京大学社会学研究室・建築学研究室 2006: 353］

それに加えて、現地調査ではじめてわかったことがあった。「このゆびとーまれ」には、二名の高齢者が宿泊している。というよりも、そこに居住している。どこに寝泊まりするのかとたずねると、「そこに布団敷けば寝れるやろ」と、惣万は畳敷きの和室を目で示した。

ショートステイを提供していない「このゆびとーまれ」では、このふたりはショートステイの利用者ではない。デイサービスの事業所に宿泊するのは、「独自事業」だが、利用料金はデイサービスの最長利用時間である一〇時間分しか請求していないから、むしろ無償のボランティアと言ってよい。そのうちのひとりの女性は、複雑な家庭の事情を持っており、家族はいるが、経済的に余裕がないわけではないのに引き取りに来ない。家族がこのように放り出した高齢者を引き受けてお世話することは、結果的に家族の介護放棄を補完することにならないか、とたずねたわたしに、代表の惣万はこう答えた。

「たしかにその通り。だが、行き場のない年寄りを見捨てるわけにはいかない」。

もうひとつ、「このゆびとーまれ」の介護の志の高さを示すエピ

図26 「ラポール藤沢」デイサービス利用者　出典：[東京大学社会学研究室・建築学研究室 2006：355]

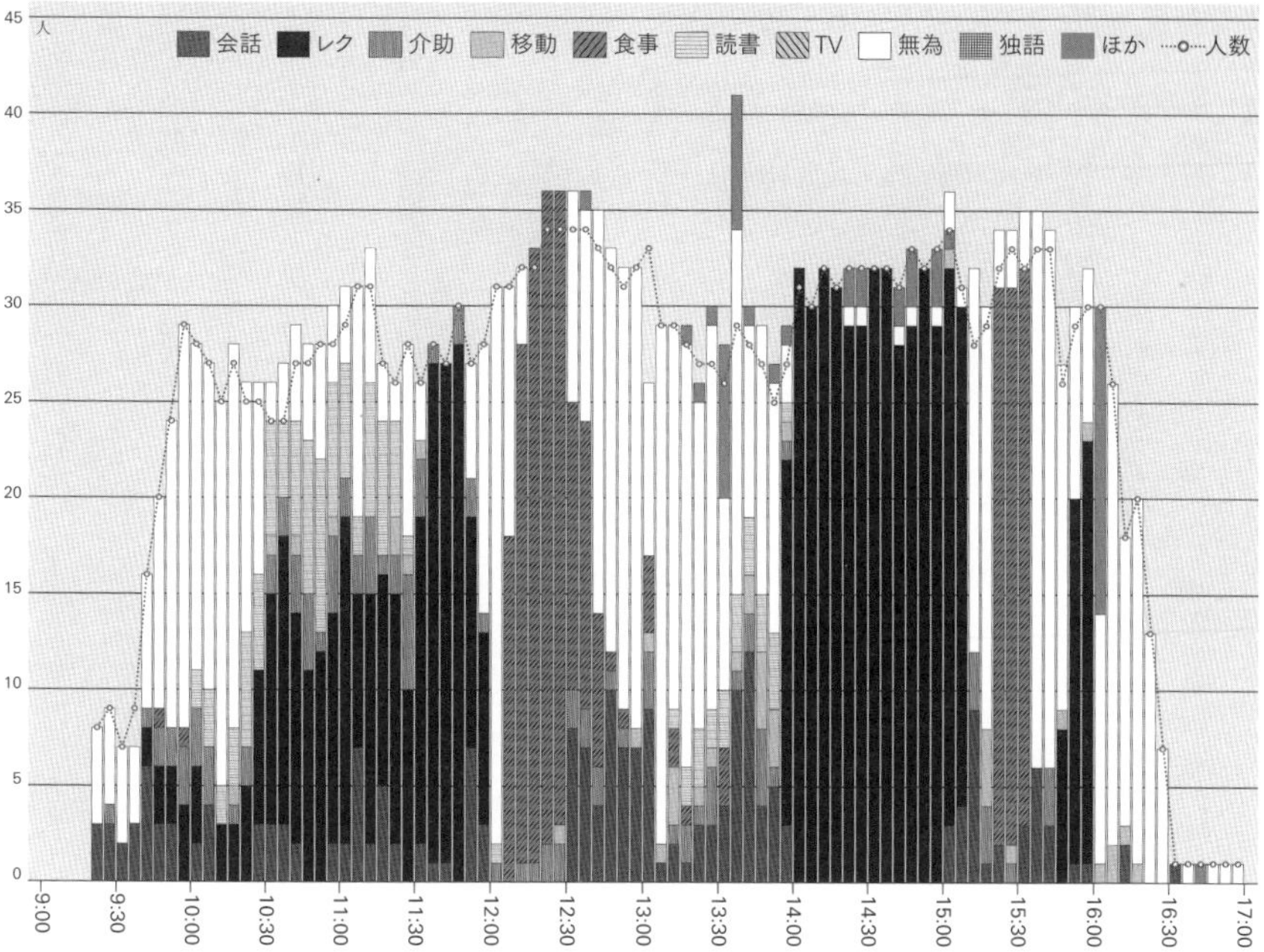

ソードがある。デイサービスはもともとターミナルケアをする役割を持っていないが、彼らは隣家を借りて「はなれ」とし、これ以上やることがないとして病院から退院をすすめられた高齢者の終末ケアを実践した。医師は退院をすすめ、本人もそれを望んだが、家族は在宅介護に不安を示した。そこに介入して、「いつも通っていた「このゆび」に来るか」という提案を、本人が受けいれた。本人の選択だけでなく、医師の信頼と、家族の同意がそろわなければ、デイサービスでのターミナルケアは成り立たない。惣万と西村は、静かな「はなれ」の一室を病室とし、ベッドの脇に毎夜添い寝して、利用者を看取った。惣万と西村のふたりが看護師資格を持っていることも看取りには有利に働いたであろう。この「家族も及ばぬ介護」は利用者家族からは、たいへん感謝された。デイサービスの事業の範囲でできることではない。

8　共生型の効果

「富山型」は「小規模多機能」ではあるが、つねに「共生型」であるとは限らない。

『富山型報告書』[2005]は、「富山型デイサービスについては、現在、確たる定義はない」という。「高齢者・障害者(児)・乳幼児の複合利用をもって「富山型デイサービス」の特徴とされることが多い」が、一二の対象施設を「実際に訪問調査する中で、必ずしもその通りではないことが明らかに」なっている。「キーワードとしてよく用いられているほどには、いずれの事業所においても障害者(児)や乳幼児を積極的に受けいれている実態でもないことがうかがえる」。

私たちの調査でも、訪問調査した関連五施設のうち、「共生型」は二施設に限られた。だが、行政は「共生型」の有無にかかわらず、「富山型」を小規模多機能デイサービス事業所の総称として用いており、富山ケアネットも多様性を含んだ事業体の連携となっている。

「共生型」の効果はどうだろうか?

「お年寄りの感想は、子どもはうるさいがかわいいという」(惣万、ヒヤリング)、「子どもはイヤだと思う人はもともと来ません。(中略)「子どもがおるから気が晴れる」というお年寄りが利用してくれているんです」(西村)。他方、乳幼児については、「富山では待機児はゼロに近い状態。それでもここに来てくれるのは、「このゆび」なら優しい子に育つと親が選んでくれているんです」(西村)[惣万・西村 2003]。

こういうと高齢者、子どもの双方にいいことずくめのように聞こえるが、実際には他に受け皿のない障害児の利用が多く、そのことは施設側に大きな負担を強いている。「多動児や奇声のある障害児・者や精神障害者を受けいれると、逆に高齢の利用者が落ちつかなくなったり利用をやめたりするというデメリットも指摘され」、「多動の子が利用することでスタッフ一人が張り付くこととなり、他の業務が手薄になる旨の懸念も、現実には持たれている」と『富山型報告書』は指摘する。経営側も「年寄りで稼いで、子どもにつぎこむ」(ヒヤリング)というように、手のかかる障害者(児)の世話は、事業者側にとっても、ワーカーにとっても負担は大きい。わたしたちの調査でも、多動性の児童に一人のワーカーが張りついて走りまわるシーンが観察されたが、ボランティアの多さが常勤スタッフが重度の要介護者に集中することを可能にしていると言えよう。

利用者からは、次のような声が聞かれた。

小さい子どもから大人まで、このゆびではいろんな人がいて楽しみ。このゆびに来ることが楽しみ(男性、六〇代)。

通所は二週間おきだから、次に来たときにはハイハイしていなかった子がハイハイしていたり、その子が近くまで来たり、声かけるとここまで来るのでだっこしてお守りするという変化を楽しみにしてまた火曜日に来る。子どもって(成長が)早いな、と思う(かっこ内引用者)(女性、九〇代)。

定点観測からは、高齢者と子どもとの交流、たとえば子どもの動きを目で追ったり、そばを通る子どもに手を出したり、おむつ交換を見守る行為が観察された。もともと高齢者同士に自発的な交流が期待しにくいことから言えば、子どもの存在が刺激になっていることはうかがわれる。『富山型報告書』の調査メンバー、関は「日課がないぶん、子どもの存在がコミュニケーション・ツールの働きを果たしているのではないか」(ヒヤリング)と指摘する。

『富山型報告書』は、「高齢者と障害者、子供が一緒に生活する是非については、現在のところ利用者に対する悪影響はないようであるが、子供に対する教育効果や高齢者に対する安らぎについては主観的な評価しか得られておらず、客観的な調査が必要である」、したがって「「富山型＝良い」と評価するにはまだ早い」とクールである。

9　利用者と家族

「利用者は〝ケアする―される〟という心理的負担感を感じさせないスタッフとのかかわりあいに、自分が大切にされているという心地よさを感じている」と『このゆび調査』は述べる。この報告書は、家族から見た利用者にとっての「このゆびとーまれ」の意義を、以下のように分析する。

第一は「行く場所」としての社会参加の意義、第二は自分らしく過ごせる「居場所」としての意義である。「自分たち家族の都合や希望で利用を強制されているのでなく、本人自らが「このゆびとーまれ」の利用を選択している」と、利用者家族は語る。

その先行研究の分析を裏付ける発言が、わたしたちの調査でも得られた。

　週に五日もいかなくてもいいと思うが、本人が進んで行く(家族、女性、五〇代)。

　(認知症の妻は)ここではお昼(ごはん)を全部食べる。最初の頃は、建物に入るのがいやで、一～二時間外でごねていたこともあったらしいが、一～二ヵ月で送迎の車が着くと自分からすすんで入るようになった。本人も今のところ、毎日行く気になっている(家族、男性、六〇代)。

面接調査が可能な利用者五名(九〇代女性一名、八〇代女性一名、七〇代女性二名、六〇代男性一名)に対するヒヤリングからは、高い満足度がうかがわれた。

　家もよいがこのゆびもよい。ここに来ると勇気がもらえる(男性、七〇代)。

　ここにいれば家に比べて寂しくない(女性、七〇代)。

既婚女性の就労率の高い富山では、三世代同居といっても実態は日中独居の高齢者が多い。女性の労働力率の高い地域では家族介護資源が少ないため、施設やデイサービスに対する需要が高い。デイサービス利用のニーズはもともと家族のニーズだが、利用者の満足度が高いことが、家族の後ろめたさを軽減していると、平野[2005]は指摘する。本人の「自発性」を強調する家族の発言は、それを裏づけるものであろう。

その他にも、「からだのあちこちが悪いので、病院と同じように看護師のいるこのゆびがいちばん安心できる。病院から許可が出てこのゆびに来ている、このゆびがなかったら入院しているだろう」(男性、六〇代)。「入院生活は苦痛だった。あんなところで寝ていたくなかった。痛い目にあってご縁でここに来た」(女性、九〇代)と、代表、副代表のふたりが看護師であることも、安心の理由になっている。

「このゆびで不自由なことはない。このゆびは誠実、このゆび以上のところはとりあえず考えられない」(六〇代)という同じ男性が、「欲を言ったらきりがない、特別イヤなことはない。よいところも悪いところも含めてこのゆびだと認識している」というように、「居場所」としての「このゆびとーまれ」には、一〇〇パーセントの肯定だけがあるわけではない。

利用者のワーカーに対する評価は、すこぶる高い。

職員はみんなやさしい(女性、七〇代)。

スタッフはよく教育されていてよい。スタッフにされてイヤだったことはいっこもない(男性、六〇代)。

このような高い評価は、利用者本人に対してだけでなく、ほかの利用者へのケアを目撃することでも生まれている。

男の人でも、おばあちゃんを抱いて寝さしたりするし、やっぱりここの人はえらいと思う。気持ちのもちようだが、なかなかできないしごとだ。スタッフの善行は来世で必ず報われる(利用者、女性、九〇代)。

四歳の子をクルマに乗せて、ここの男の子と女の子(職員)が笑っている。聞いてみると「病院から退院してきました」と言って、ふたりはうれし涙で泣き出した。それを見たとき、わたしも思わず涙が出た。こんなに真剣になって、と思わずもらい泣きしてしまった(かっこ内引用者)(女性、九〇代)。

他の施設を経験したことのある利用者には、サービスの比較ができる。利用者のなかには、他の施設への不信感を述べて「このゆびとーまれ」を評価した人や、高齢者施設と児童施設とが別々にある事例を「イヤな感じ」(女性、八〇代)と評した利用者もいた。

利用者家族の評価も高い。

このゆびがなかったら、どうしていたか。このゆびのおかげで生活を変えなくてすむ。実の娘だけれど、実の母親だけれど、(介護は)たいへん(女性、五〇代)。

夫婦二人暮らしなのでここに来るまではずっとひとりで自分が面倒をみていた。目が離せなくて困っていたが、このゆびに来てからは、自分はとてもラクになった。このゆびに来る前は、ずっと二人いっしょにいたが、妻がこのゆびに来てからは仕事に打ちこめるようになった(男性、六〇代)。

認知症の妻を預けている夫は、生活を支えるためにも仕事を辞めるわけにはいかず、心からほっとした様子がうかがえた。そして「このゆび」を他の事業所と比較検討して選んだことも証言した。

近所にデイはたくさんあるが、本人はそれを見て抵抗があった。特養に預けたいと思ったが、本人がイヤがりあきらめた(男性、六〇代)。

「このゆびとーまれ」に連れてきたときも最初は中に入るのをイヤがったが、いまは「すすんで」行くという。

また介護保険の恩恵をも強調した。

介護保険がなかったらここにも連れてこられなかっただろう。自己負担が月に一〇万円を超えたらきっときついだろう(男性、六〇代)。

「このゆびとーまれ」の雰囲気を見て、「いずれ自分も利用したい」と思う家族もいる。妻を預けている障害者の夫は、「ゆくゆくは二人で利用したい」(男性、四〇代)という。

だが、「このゆびとーまれ」で「居場所」を見つけることができるかどうかは、利用者のコミュニケーション志向とそのスキルにも依存している。関は「コミュニケーション能力が高い利用者が富山型施設で生き残る」(ヒヤリング)と指摘する。事業者と利用者が、その選好にもとづいて互いに選択しあうには、十分な選択肢がなければならない。

「来れば楽しいが、(家を)出るときは前の晩からうれしいような気の憂いような複雑な気分になる。まだここに来るのがイヤなんじゃないかと思う。ひとりでいろんな人のなかにいるわけだから、不安でね」(女性、九〇代)と率直に語る利用者もいた。ホンネであろう。

他の事業所で、デイサービスに週二日通う利用者が、「ここに来るのが楽しい」と発言するのを聞いて、「それなら毎日いらっしゃりたくありませんか」と尋ねたところ、「週に二回くらいがちょうどよい」という返事が返ってきたことがある。デイサービスを探して、選んで、勧めるのは、本人ではなく在宅介護に限界を感じた家族である。高齢者は自宅にいることを望むが、不安や寂しさからデイサービスを選ぶ。デイサービスがいくら「居場所」を提供しても、そこで暮らしたいわけではない。そのバランスは、個人によって違うことが、利用者の発言からはうかがわれる。デイサービスが「居宅支援事業」の一環として位置づけられるのも、このためである。デイサービスがあるからこそ、利用者は地域と自宅にとどまっていられるのである。

10 ワーカーとボランティア

このように利用者にも家族にも高く評価されるケア実践を支えているのは、どんなワーカーだろうか？

『このゆび調査』によれば、「このゆびとーまれ」の「主要なスタッフ」の観察から得られた、かれらに共通する能力は以下のようなものである。(1)高い生活支援技術、(2)高い調整力、コーディネート力、(3)人間関係構築力、(4)高い介護技術、(5)強い共生理念、(6)地域への積極的な働きかけができる能力。もうひとつの『富山型報告書』も、ワーカーには「高い能力が求められる」ことを指摘する。

とりわけ富山型の「共生ケア」には「ケアに従事する職員(スタッフ)の動機付け」と「ケアに従事する職員(スタッフ)の研修」が不可欠であるとするが、これだけの高い動機付けと高い能力を持つワーカーは、いかに調達され、かつどのような労働条件のもとで働いているのだろうか？

「このゆびとーまれ」の職員、常勤・非常勤合わせて二八名(うち常勤一五名)は、「小規模多機能調査報告書」の一九事業所平均一五人(うち常勤六・八人、非常勤八・二人)と比べてもきわだって多い。そのうち有資格者(のべ数)は看護師四名、ケアマネジャー三名、社会福祉士一名、社会福祉指導主事二名、保育士三名、小・中・高等学校教諭三名、介護福祉士三名、ヘルパー二級三名、管理栄養士一名、調理師一名と高学歴・有資格者が多いことが特徴である。他に有償・無償のボランティアがおり、手厚いケアを可能にしている。「小規模多機能調査報告書」の調査は事業者に向けて実施されているため、人件費の合計はデータにあるが、職員の給与のデータはない。ちなみに一九事業所の人件費比率の平均は六一％、対して「このゆびとーまれ」の人件費比率は二〇〇二年度の収支で七二％。民間企業では人件費比率が七割を超すと経営的に立ちゆかないと言われているから、「このゆびとーまれ」がどれほど人手にお金をかけているかがわかる。

わたしたちの調査では、常勤・非常勤のそれぞれに、月額給与をたずねた。

面接した四名の常勤職員のうち、経験のある三名の月額給与は一七―一八万円、入職一年目のもうひとりの常勤職は一三万円である。二名の男性は三〇代の大卒者。「学歴が高い」のが、「このゆびとーまれ」の職員の特徴だが、地域最低賃金(時給)六四八円、1LDKの家賃相場が五・一八万円と、いかに生活費の安い富山でも、大卒三〇代でこの給与は割に合わない。にもかかわらずおどろくべきことに、面接からは、給与に対する不満は誰からも聞かれなかった。

ただし以上の回答は本人から得られたものであり、手取額と思われる。代表によれば、二〇〇二年度で「若い職員の初任給は一四〜二〇万円、ボーナスは五ヵ月分出せている」[惣万・西村 2003: 867]という。その後、詳細な賃金表を見せてもらう機会を得たが、それによると二〇〇六年度実績で代表・副代表を除く常勤職員で年収三〇〇万円超が一六名、うち四〇〇万円を超える職員も二名いる。月額給与は額面で二〇〜二七万円、ボーナスが四〜五ヵ月。年収三〇〇万円は決して多いとは言えないものの、地方都市で単身者が生活するには十分な額だが、既婚者なら共働きでなければ子どもを産み育てることはできないだろう。

常勤の大卒男性二人は共に子どものない共稼ぎの三〇代の既婚者。Aさんは脱サラで転職組。「年収は以前の仕事にくらべかなり下がったが、金銭面でも奥さんは理解してくれている」という。Bさんは首都圏で生協職員をしていたが、妻が介護福祉士の資格をとったことに影響されて、福祉の道に転じた。特養で働いた後、妻とふたりで「このゆびとーまれ」にパートとして入る。四ヵ月後に正職員となった。「特養のほうがお給料はよかったが、子どもがいないので給与の確かさよりは楽しさ。おカネに執着はない」という。女性のひとりCさん(三〇代)は富山県出身で社会福祉事業大卒。「おカネはあるにこしたことはないが、報酬に見合った生活をすればよい。ひとり暮らしは無理だが、自分が生きるには十分な報酬」といい、「報酬に見合うほど、自分が働いているか自信がない」と謙虚である。もうひとりの女性、Dさん(二〇代)は短大卒の介護福祉士有資格者。手取り給与一三万を「めちゃめちゃちょっと」というが、「ここの給料だけで大丈夫」という。

男性職員を支えているのは、妻の理解と協力、それに仕事と職場への高い自己評価である。Bさんは、将来の展望として社会福祉住環境コーディネーター資格をとって、「いずれは(「このゆびとーまれ」とは別の事業所の)経営者になりたい」(かっこ内引用者)と希望している。そのための準備として「このゆびとーまれ」で現場研修をしているという気持ちが、低賃金の報酬を補っている。すでに富山に住宅を購入しており、富山型の創業者になるという意欲が、Bさん夫婦を支えている。このままでは子どもを産めない、という気持ちもあり、将来に不安もあるが、「このゆびとーまれ」で働くことを中心にライフプランを立てている。昇進・昇給のない小規模のデッドエンドの職場で、低賃金で働くには、そういう将来目標がなければむづかしいかもしれない。

「このゆびとーまれ」の職員は総じてモラルが高い。職員の定着率も高く、過去の離職者はひとりのみ。「スタッフは時間外の仕事もいとわない」(惣万)、「自分から働きたいと言ってくる人が多いので、おのずと姿勢が違う」(西村)と評価が高い。職場の理念に共感して入ってくるこれらの人々にもメディア効果は作用している。特養で働いていたAさんは前の職場で「理想と現実のギャップ」を感じ、「このゆびとーまれ」には最初、無償ボランティアとして参加した。Dさんは短大福祉科の卒業研究で富山型デイサービスの比較研究をし、他施設と比較して「このゆびとーまれ」を選んだ。

職員には「このゆびとーまれ」が好きで、「このゆびとーまれ」を生活の一部として組み入れ、「このゆびとーまれ」で過ごすこと自体を楽しんでいる人が多い。小規模多機能施設は、利用者に「居場所」を提供しているだけでなく、それがそのまま、職員にとっても「居場所」となるよさがある。「生活の場」だから、他のデイサービスのように全員参加の決まったイベントなどはしない。特養経験者のAさんはボランティアで入ったとき、「ここは何もしていないと思い、魅力を感じた」という。

ケアマネジャーは時給八〇〇円の非常勤。他の事業所のケアマネジャーに比べていちじるしく低いが、代表との個人的な関わりから「このゆびに拾ってもらった」と不満は聞かれない。

経営者の人柄や施設の魅力に惹かれて人材が集まってくるのが、富山型の特徴である。経営者といえども、代表、副代表ともに日常的にケア業務に入っており、ここでも「小規模多機能調査報告書」にいう「経営者の重要性」が確認できる。

「このゆびとーまれ」の特徴は有償・無償のボランティアの活用だろう。有償ボランティア六名にはかつて「このゆびとーまれ」の利用者だった知的障害者三名が含まれている。登録ボランティアは一〇〇名を超え、「小学生から八〇代まで」の多数のボランティアの出入りは、雰囲気を開放的にしているだけでなく、多様な見守りを可能にしている。代表の惣万はボランティアの意義を「オンブズマン効果」という。

つねに風通しをよくして第三者の目にさらされていたら、よい介護をしようといういい意味での緊張感がうまれて、自然と質が保たれる。
［惣万・西村 2003: 886］

また他方でボランティアの存在が「このゆびとーまれ」を地域とつなぐ強力なサポーターの役割を果たす。「このゆびとーまれ」のケアの評価者でもあり、広報役にもなる。

有償ボランティアは「週五日勤務で八時半から一六時まで」（男性、二〇代）と固定シフトが組まれている。月額給与は月に一万円くらい。ボーナスは年二回、二～三万円。このボランティアの賃金の回答は、本人から得られたものである。賃金表によれば、これより多い。代表の惣万は、障害者の福祉雇用ではなく、ゆくゆくは「このゆびとーまれ」で働く障害者のグループホームを作りたい、生活保護から脱して「このゆびとーまれ」の給料でやっていけるようにしたい、と希望を語るが、その水準にはまだ遠く及ばない。が、有償ボランティアのほうは、給与がどんなに低くても、毎日行く「居場所」があること、そこで期待される役割を果たして評価と報酬が得られることにプライドを見いだしているし、その家族からも感謝されている。「このゆびとーまれ」では、誰がケアする側で誰がケアされる側かの境界があいまい、と言われてきた。もと利用者の有償ボランティアはその象徴的存在としてメディア露出度も高いが、賃金や労働条件に課題が残る。また無償ボランティアから有償ボランティアに転じる採用枠が少ないために、ボランティア同士のあいだに軋轢もあるようだ。

ボランティアとワーカーの仕事の違いは、責任の有無。無償ボランティアの仕事は主として子どもの世話が中心である。有償ボランティアは「皿洗い、洗濯、子どもの世話」などやや責任もあり、負担も重い仕事が割り当てられている。「このゆびとーまれ」の特徴として、見学者とボランティアの区別がつかないということがあるが、裏返して言えば、その日初めて来た見学者でもできる程度のことが、ボランティアの仕事、とも言える。無償ボランティアのなかには、「(利用者について)詳しく知らされていないことで、不安になることもある」(女性、一〇代)、「新しい人がひっきりなしに来るので、ボランティアってなんだろ、と考えたりする」(女性、五〇代)という発言もあった。

ボランティアもリスク管理上は、ひとつの役割を担っている。「ボランティアの仕事は見守り。目配りとか、けががないかの心配りをする」(無償ボランティア、女性、四〇代)という発言がそれにあたる。多様な利用者がおり、特に動きの大きい子どものいる場合には、専門的な知識がなくても「見守り」の役目を果たすボランティアの存在は、事故防止にも役に立っている。このようなボランティアの存在があるからこそ、職員はさらに手のかかる重度の利用者のケアに集中できる態勢があるといえよう。

11 「家族的な介護」とは何か

「富山型」について、謎だと感じることがある。それはどの事業者も「家族的」という表現を、肯定的な標語として掲げていることである。たとえば利用者向けパンフレットには「笑顔の大家族」(「このゆびとーまれ」)、「親子じゃないのに家族です」(「にぎやか」)と書かれている。

ふたつの報告書も「このゆびとーまれ」の雰囲気を「暖かく、家庭的」と評している。

もちろん民家(改造)型の小規模で畳のある空間、茶碗や箸がひとりひとり違う、スタッフが私服、食事やおやつが手作りで温かい、台所が近くて食事の支度の匂いが漂ってくる、などのハード面の要因もある。他に高齢者と子どもの交流がある、何でもうちとけて話せる、何らかの役割を利用者が見つけて「居場所」を作れる、最期まで看る徹底した個別ケアなどのソフト面の要因もあげられている。だが、利用者のなかには「役割がある」ことを、「仕事に来ている」ととらえている人もいるし、自宅ではない場所を「家庭」ととりちがえているわけでもない。また家族が「なんでもうちとけて話せる」場所だというのは、DVや虐待の経験者にとってはたんなる「神話」にすぎないだろう。共生型といっても高齢者と子どもの両極しかおらず、生産年齢が欠けた構成を「家族」と呼ぶことに対する抵抗もある。

「家族のような」、「家庭的な」という表現は、スタッフの側からも「よいケア」の代名詞として用いられる傾向がある。同じ傾向は生協福祉の担い手にも見られた。「主婦的、家庭的」であることが、プロの介護より「よいケア」であることの自負として用いられる場合があった。

わたしがこれを「謎」と考えるには以下のような理由がある。

介護保険がもともと、介護を家族責任ととらえ、公的な福祉サービスを家族介護の支援・代替・補完的な性格を持った福祉補完主義の政策理念にもとづいて成立したものであることは、くりかえし述べてきた。萩原清子のことばを借りれば、公的福祉は「減点主義」、裏返せば「家族(介護)満点」論に立っているということでもある[萩原 2000]。小規模多機能型デイサービスの「二四時間三六五日のケア」をさして、「介護機能あってこその家族と考えた場合、まさに家族の代替機能を果たしている」[『富山型報告書』2005]と評価する見方は、これを裏づける。家族を「介護機能あってこその家族」ととらえるべきかどうかについては、すでに5章の「家族介護は「自然」か」で批判的に論じたが、たしかに現実の家族はともかく、ありうべき「家族」が規範的に語られるなかに、介護機能は組みこまれており、したがって「家族的」という用語にもその規範性が響いていることはたしかであろう。

だがその規範性を割り引いてもわたしにとっての謎は、これだけの高い理念と志を持ち「家族も及ばぬ」ケアを実践している人々が、あくまで家族介護を最善のものと考え、自分たちの介護をその補完物、不幸にして家族介護を受けられない人々のための次善の策、二流の代替物と見なしているのであろうか、という深い疑問だった。そのためヒヤリングの際には、「家族的・家庭的」という言葉が出るたびに、その点にこだわって質問をおこなった。

関は「家族的・家庭的」という表現に距離を置いている。

家族に代わって、ではないのに、なぜ家族的と使うのかはわからない。家族に代わってではなく、プロとして、家族とは違う介護をしているという自負があるのも事実(ヒヤリング)。

関はそれに加えて、生協ワーカーに見られたように、「主婦的、つまり家族的である。素人性、つまり専門性がないというエクスキューズもあるのではないか」と批判的に見る。

富山型の事業所はそれぞれ創業者の個性が強く刻印され、多様性が大きく、「個人商店」の趣きを持っているが、そのなかでもきわだって個性的な「共生型」ケアを実践している事業所、「にぎやか」の代表、阪井由佳子（女性、三〇代）が、この問いにヒントになるような答を返してくれた。「にぎやか」は「このゆびとーまれ」とならんで、介護系の情報誌『Bricolage』❖10などでもしばしばとりあげられる富山型のモデル施設である。民家改造型からスタートしたが、NPOとしての融資三〇〇〇万円と日本自転車振興会の補助金二四〇〇万円とで、富山県産の木材を使った暖かみのある二階建ての建物を新築。デイサービスとショートステイ、それとサービスハウスを提供している。利用者は高齢者から障害者、子どもまで。ご本人はシングルマザーで、「「にぎやか」があったからこそ子どもが産めた」といい、四歳になる自分の子どもも「にぎやか」で育てている。

その阪井に、「家族的な介護とは」と問いかけたとき、彼女は、とつぜん「そういえばわたしら、家族にはできん介護、やっとるわね」と言い出した。「家族にできない介護とは」と食い下がるわたしに、阪井が返したのはこんな答だった。

「やさしくなれることやね」

家族でないからこそ、やさしくなれるし、過去の記憶やしがらみがないので気持ちよく介護できる。徘徊の激しい認知症の利用者と阪井は添い寝をしており、そうすると利用者もおちつき、阪井本人もよく眠れるというが、自分の家族（阪井には当時六〇代の母がいた）にはできそうもない。家族にしてあげたいけどできないことが、「にぎやか」では気持ちよくできる。母親が要介護になったら、よそに預かってもらうという。信頼して母親を預けることのできるデイはあるか、という問いに、きっぱり「ある」と、「このゆびとーまれ」の名をあげた。こういう選択肢があることも、富山型が点から面へと拡大してきた効果であろう。

それに加えて、「やさしくなれる」条件には、期間限定ということもあるだろう。五時まで看たら、ここまで看たらOK、という時間と程度の限定である。家族介護の負担感には、どこまでやっても終わらない、どこまでやっても十分とはいえない、という井口高志のいう「無限定性」[2002]がつきまとう。在宅介護が、家族介護者にとって「収容所」[信田さよ子 2003]における「強制労働」[Daly 2001]になるのは、この逃げ場のない閉塞感による。

小規模多機能型事業所が提供している「家族的な介護」とは、けっして「家族に代わる介護」のことではない。本書が前提としている福祉多元社会のモデルにしたがえば、官／民／協／私の各セクターには、他に代替できない役割分担がある。したがって利用者の生死にかかわる意思決定や、心理的なサポートなど、家族（私セクター）には家族でなければできない役割がある。協セクターの事業体は、あくまで対価を代償に、プロでなければできない介

❖10 介護業界の「カリスマ」理学療法士、三好春樹が主宰する会員制情報誌。刊行は月刊ブリコラージュ編集部。

護を提供していると自覚すべきだし、そのことにプライドを持つべきであろう。

「家族のような」という形容詞は、その事実をおおいかくし、家族介護をふたたび理想化することで、福祉を補完主義モデルで捉える結果に終わることになりかねない。

12 福祉経営から見た「富山型」

10章でわたしは、福祉経営を「(1)ケアの受け手とケアの与え手双方の利益が最大化するような、(2)持続可能な事業の、(3)ソフトとハード両面にわたる経営管理をともなう、(4)市民の合意と資源の調達、および(5)社会的設計の提案と実践を可能にする経営」と定義した。

先行研究は、富山型の「共生ケア」には「ケアに従事する職員(スタッフ)の動機付け」と「ケアに従事する職員(スタッフ)の研修」が不可欠であるとする。わたしたちの調査でも、経営者が高い理念を持っており、利用者とその家族から高く評価され、またモラル(士気)の高いワーカーによって支えられていることがわかった。「このゆびとーまれ」のような事例は、どのような条件のもとで成立し、また持続可能なのだろうか?

「このゆびとーまれ」をはじめとするNPO型の先進ケアは、端的に言って、(1)創業者の篤志というべき持ち出しを初期投資とし、(2)意欲と能力の高いワーカーの、(3)サービス残業を含む低賃金で支えられている。それに加えて、(4)メディア効果という無形の創業者利得を得ていることも指摘できる。

(1)初期投資については、関の以下の証言がある。

民家改造型ないし民家併用型でできるのは、首都圏と地方との圧倒的な違い。初期投資のリスクの少なさは、住宅資源の豊かな地方都市型のメリットと言える(ヒヤリング)。

とはいえ、土地建物を含む数千万円の初期費用はふつうの市民に用意できる額ではない。民間金融機関に融資を断られ、小口の寄付に頼り、と綱渡りをしているのが現状である。公的な創業支援制度がようやく整いつつあるが、それも初期の創業者にはメリットがない。

(2)ワーカーについては、見てきたように学歴・資格ともに高く、モラルがいちじるしく高い。「利用者が気になって」と自発的に休日出勤したり、サービス残業もいとわない。共同研究者のひとり、阿部真大のいう「働き過ぎのケアワーカー」[阿部 2007]が生まれる。経営者自ら、介護保険事業外のターミナルケアや宿泊サービスをほとんど無償でおこなっている姿に、ワーカーは尊敬と信頼を寄せ、それに追随する傾向がある。「そこにニーズがあるから」逃げない、逃げられない、というのが非営利市民事業体の志だが、生協のワーカーズ・コレクティブ代表の事例で見たように、それが苛酷な長時間労働を強いている現実がある。

（3）ワーカーの低賃金はいわずもがな。最低賃金が安く、生活費の安い地方都市とはいえ、この賃金水準ではひとりで食べていくのがやっと。結婚して子どもを育てようと思えば、見通しが立たない。富山型の職員で、大卒男性がこの水準の賃金に耐えているのは、自分でも起業しようという見通しがあるからにほかならない。経営者をめざして研修中の過渡期であるとか、この場所そのものが働く者にとっても「居場所」を提供しているとかというプラス・アルファの付加価値がなければ、とうてい満足できる水準とは思えない。

（4）また地元紙やミニコミを媒体とするメディア効果は、利用者の募集にも、ワーカーの募集にも、またボランティアを集めるうえでも、コストのかからない営業上の効果を発揮している。寄付や支援を集めるうえでもメディア効果は無視できない力を発揮した。モデル事業のパイオニアであるということの持つ、一種の目に見えない創業者利得と考えることもできる。またこのメディア効果は、ワーカーにプライドを供給する効果をも持っている。

「富山型」は「富山型」という名のとおり、（1）初期投資が安くつき（土地も建物も安い）、（2）最低賃金も生活費も安い（低賃金でもワーカーが集まる）、地方都市型の事業モデルであり、大都市圏に成立するのはむづかしい、といわざるをえない。不況で雇用機会がなかったり、ジェンダー・年齢・障害等の要因で労働市場でハンディを負っていたりする場合にはワーカーが集まるが、景気が回復し、雇用が拡大傾向になれば、福祉学科を卒業した新卒者でも福祉系の事業所に就職するケースがいちじるしく減少する。富山型でもワーカーの募集に苦労している事業所もある。

裏返していえば「富山型」が成り立つためには、（1）モラルの高いワーカーが、（2）低賃金で働いてくれるという条件がなければならない。そのためには、将来の起業の見通しや、資格の取得のようなキャリアプランが立たなければ、ワーカーをつなぎとめるのはむずかしいだろう。

介護保険は、施行前から創業していた事業所の経営を大きく安定させた。不採算部門を抱えこんでも、それを採算部門と相殺したうえで、初期投資を回収しながら次期投資につなげるだけの利益をあげることが可能になった。富山型事業所の人件費比率はどこも軒なみ七割以上。民間営利企業なら成り立たないといわれる水準で、経営はけっしてラクではないというが、おどろくべきことに、「このゆびとーまれ」も「にぎやか」も納税団体である。

協セクターの市民事業体の特徴として、わたしは経営効率と労働分配率の高さをあげた。経営者自らが陣頭に立ち、研修はオン・ザ・ジョブでおこない、口コミとメディア効果で宣伝費もかからない小規模多機能型事業所の経営コストは相対的に安いが、だからといってかれらは賃金を上げようとはしていない。労働分配率すなわち人件費比率七割は事業体としてはほぼ上限だが、そのなかで、ワーカーの賃金を上げることよりも、賃金水準を抑えたまま(1)ワーカー配置を増やすことでより手厚い利用者サービスを提供することと、(2)次期投資にまわすことを選択している。NPO型の事業所のワーカーの賃金は、民間営利企業に比べてけっして高くないし、それどころか低めに抑制されている。逆にいえば、市民事業体の経営者も、ケアワーカーの賃金について「相場」感を持っており、それ以上を支払わない傾向がある。❖11

NPOだからといって、賃金が安くてよいことにはならない。納税の余裕があるなら、労働分配率と賃金を上げるという選択肢はないだろうか。NPOで働くことが、民間営利企業で働くより労働条件が低いという「常識」は、いつまで続くのだろうか？　誇りを持って働くモラルの高い労働者が、よい労働条件を得ることを妨げる理由は何もない。

「このゆびとーまれ」の代表・副代表の給与は、ご本人によれば「たくさんもらっとるがやちゃ」と月額七〇万、ボーナスなしで年俸八四〇万。これだけの労働と献身、リスクと投資に対するリターンとして、けっして多いとは思えない。個人所有の土地・家屋をNPO法人に無償で提供しているだけでなく、そのうえ、そのなかから次期投資のための蓄積をしてきた。「向かい」や「茶屋」の土地・家屋が取得できたのもそのおかげである。多くのベンチャー企業のオーナー経営者が多額の利益を上げていることを考えれば、社会的企業の創業者が、公共的な利益のためにリスクをともなう投資をして、その仕事から得る報酬が少なくてよい理由はない。社会的に価値のある仕事に対して、それに見合う社会的評価と報酬がともなうのは、あたりまえではないだろうか。

福祉経営の条件のうち、(4)市民の合意と資源の調達、および(5)社会的設計の提案と実践についても「このゆびとーまれ」は、条件を満たしている。人の出入りの多い開放性の高い空間や、一〇〇人を超えるボランティアの存在は、彼らが地域の人的資源の高い調達能力を持っていることを示す。しばしば迷惑施設として近隣コミュニティから嫌がられることのあるデイサービスもグループホームも、地域から支持を得てすっかり溶けこんでいる。

また政策提案能力についても、二〇〇三年度から県と市を巻きこんで「富山型小規模多機能施設起業家セミナー」を実施してきた。調査時点で三期、一期二〇名の定員で合計六〇名の修了生のなかから実際の起業家率は約六割と驚異的な高さである。富山型はこうやって事業モデルの種まきをしながら、点から線へ、線から面へと拡大してきた。住宅地に多い富山型施設のあいだでは、一部に利用者のとりあいが起きているとさえ言う。だがこうして増えていった施設をネットワークして「富山ケアネット」という連合団体を組織し、惣万がその代表の座に就いている。調査時点で二六団体だった加盟団体は、二〇一〇年には五五団体に増加した。この連合体を交渉の窓口として、県と市に創業支援制度を要求して作らせたり、「富山型福祉特区」を実現したことはすでに述べた。

惣万によれば、「介護保険の利用者のうち一〇パーセントが小規模多機能の利用者になればよい」(ヒヤリング)と言う。彼女はこのモデルが利用者のすべてを包摂できるほど有効なものであるとは、小規模多機能施設の効果を過大評価していない。だが利用者のうち一〇パーセントでも巨大な数にのぼる。この事業が存在することによって、彼女らの初心であった、社会的入院をいくらかでも削減することができ、「最期まで在宅で」と願う高齢者の在宅支援をすることが可能だとしたら、このモデルは老後の生き方についてのオルタナティブ・ビジョンをもたらしたことになる。

二〇〇六年介護保険「改訂」によって厚労省は、小規模多機能型をこれからの事業モデルと位置づけながら、包括契約・定額制を導入することで、その経営状況を悪化させた。包括契約・定額制は、社会保障費総量規制のもとで提案された制度であり、事業者・利用者ともにメリットが少なく、実際その事業所に名のりをあげる事業体は多くない。皮肉なことに「小規模多機能型」のモデルとなった「このゆびとーまれ」そのものが、この制度に参入していない。制約の多い制度の内外で――一方では制度を活用しながら、他方では制度をはずれながら――現場のニーズに応じて柔軟なサービスを提供している先進的な事業体が、経営を存続させていることは、綱渡りに似た「奇跡」であるというほかない。

❖11 同じことは前章までで論じた生協系の事業体についても言える。グリーンコープ連合のワーカーズ・コレクティブの多くは、介護保険事業に参入する前にも利益を計上していたが、それは自分たちの労働の対価を安く見積もったうえでのことだった。その前提としてワーカーズ・コレクティブは福祉連帯基金の傘下にあり、利用料についても報酬単価についても自己決定権を持たない、という事情があったが、労働分配率を上げるという発想は、当事者からも基金側からも生まれることがなかった。

第15章 官セクターの成功と挫折
——秋田県旧鷹巣の場合

1 官セクターと協セクターの境界領域

協セクターが営利を目的としない事業体であるように、非営利の公共性の担い手として、言うまでもなく官セクターの事業体がある。

「新しい公共性」や「市民セクター」「非営利協働セクター」等の名前で呼ばれている協セクターに、社会福祉法人や社会福祉協議会、福祉公社を含めるかどうかは、ずっと悩ましい問題になってきた。社会福祉法人は措置時代の救貧対策の一種であった特別養護老人ホームなどの施設を、行政からの委託のもとに運営してきており、入居者が「利用者」と認識されることも、その権利が主張されることも少なかった。また社会福祉協議会や福祉公社は、その名の通り、官出資の外郭団体であり、その人事も経営も行政の監督下にあった。

社会福祉法人や福祉公社は、従来の意味での「第三セクター」に分類される。だが、協セクターの事業体が登場したとき、彼らが自らを「第三セクター」に分類されることに抵抗したことを思い起こしてほしい［上野 2007］。福祉ＮＰＯの論者の多くも、社会福祉協議会や社会福祉法人と一線を画そうとする。半官半民の「第三セクター」は、日本では主として官出資の行政の外郭団体を指す用語として使われてきた。「新しい公共性」の担い手として、サラモンの言う「非営利セクター」［Salamon 1992, 1999］やペストフ［Pestoff 1992］、エヴァースとラヴィルの呼ぶ「第三セクター」［Evers & Laville 2004］とは似て非なるものであり、「疑似政府組織ＱＵＡＮＧＯ」と呼ばれるものである。❖1

九〇年代の行政改革路線以降、自治体が福祉サービスを直営する方式は避けられる傾向にあり、徐々に外部の団体に委託されるようになった。その委託先は、主として社会福祉法人、社会福祉協議会、福祉公社のような公益団体、実際には行政の外郭団体が多かった。行政の外郭団体を本書では、官セクターに含めるが、その問題点は、すでに明らかにした経営コストの非効率性のほかに、どんなものがあるだろうか。

本章では、協セクターの相対的な優位性を官セクターの事例と比較することで、論じてみたい。その際、とりあげるのは、官セクターのモデル事例、かつて「日本一の福祉の町」の名前をほしいままにした秋田県旧鷹巣町（現北秋田市）の財団法人たかのす福祉公社「ケアタウンたかのす」である。本章の目的は官セクターをおとしめることではない。官セクターの実践のうちもっともすぐれた達成がその後たどった挫折の道をあとづけることによって、官セクターに何ができ、何ができないか、そしてその経験から協セクターが学ぶべきことは何か、を明らかにすることが目的である。

2　「日本一の福祉」をめざした町

日本で最初の福祉公社は、首都圏の福祉先進地域として知られる武蔵野市の財団法人武蔵野市福祉公社（一九八〇年に任意団体として創設、八八年に財団法人）である。原資約四億円は一〇〇パーセント武蔵野市が出資。八一年には全国で初めての有償在宅サービスの提供事業を始めた。現在全国に福祉公社は計三二団体（全国福祉公社等連絡協議会登録団体数による）、そのなかにたかのす福祉公社もある。

たかのす福祉公社の事例をとりあげるのは、以下の理由による。

たかのす福祉公社、なかでも公社が経営する介護老人保健施設「ケアタウンたかのす」は、デンマーク型福祉をモデルに、ハード、ソフト共に「日本一の福祉」にふさわしい内容を誇り、一時は年間四〇〇〇人を超える参観者が全国から訪れる日本における福祉のメッカともいうべき存在だった。だが自治体の政策転換とともに縮小・撤退を余儀なくされ、その地位を失墜した。介護保険施行前後を挟む一〇年あまりの短期間のあいだに、成功と挫折の両極をドラスティックに経験したことで全国的に知られるユニークなケースである。

「ケアタウンたかのす」の事例は、その背後に、地方自治をめぐる熾烈な対立があることでも知られる。官セクターの福祉サービスは、直接に自治体の福祉政策に依存する。鷹巣福祉の成功と挫折は、同時に地方自治の成功と挫折のユニークな事例としても、研究者の関心を集めた。この事例のなかからは、政治に翻弄される官セクターの可能性と限界が見えてくる。

二〇〇五年の市町村合併で北秋田市の一部となり、今は町名すら地図からなくなった鷹巣町だが、本章では旧鷹巣町を対象地域

❖1 同じような悩みを欧米のNPO論者も持ってきた。というのは、欧米には伝統的に非営利の奉仕団体として、宗教団体（新旧のキリスト教会）が組織の上でも規模の上でも大きな役割を果たしてきたからである。国家とも市場ともあきらかに区別されるこの宗教的な領域を、「新しい公共性」「第三セクター」に含めるかどうかについては、多くのNPO論者は否定的である。

として扱う。人口概況などの地域特性は、旧鷹巣町を対象とする。現地調査を実施したのは二〇〇五年、❖2 その際利用した統計データ等は、二〇〇三年度から二〇〇四年度のものである。あとで述べるが、この時期は「ケアタウンたかのす」の運命が暗転した転機にあたっていた。したがってこの前後を比較することには、大きな意味があるだろう。以下、データは特に説明がないかぎり、主としてわたしたちが独自に実施した調査レポートである『住民参加型地域福祉の比較研究』[東京大学社会学研究室・建築学研究室 2006]による。

たかのす福祉公社の事例を対象とした先行研究は、これまで主として成功事例としてのみ扱ってきており、その後の挫折をフォローアップしていないことが多い[岩川・大熊・飯田 2006; 橘 2000; 外山 2000]。二〇〇三年の転換期以降、最近になって、鷹巣の挫折を主題とした研究があらわれるようになった[大友 2004; 大友 2008; 朴 2007, 2009; 明路・塚口 2009]。本書は、それらの先行研究の影響と恩恵を受けている。鷹巣を事例とする研究は、(1)なぜ鷹巣福祉が成功したのか？ だけでなく、(2)なぜそれが挫折したのか？ というふたつの問いに同時に答えなければならない。そしてそれが官セクターのいかなる特質と関わっているかを考察する必要がある。

3 「ケアタウンたかのす」の背景と概要

本章が扱うのは、たかのす福祉公社とそのもとにある「ケアタウンたかのす」である。「ケアタウンたかのす」は一九九九年開設、定員八〇名の介護老人保健施設である。他にショートステイ(定員三〇名)、デイサービス(ケアタウン三〇名、サポートハウス二〇名)、配食サービス、訪問介護、訪問看護、居宅介護支援事業、在宅介護支援センター、補助器具貸与事業(補助器具センターたかのす)を付設した総合的な介護施設である(調査当時)。

二〇〇八年三月までたかのす福祉公社と「ケアタウンたかのす」とは一体のものだったが、指定管理者の変更によって同年四月から「ケアタウンたかのす」の管理運営主体は北秋田市社会福祉協議会に移管。たかのす福祉公社は、「ケアタウンたかのす」の事業のうち、訪問看護、居宅介護支援事業、販売事業等に事業を縮小した。本章では主として老健部門の事業を中心に論じる。

「ケアタウンたかのす」は、北秋田市(旧鷹巣町郊外)の広大な土地に、コンクリート平屋建て延べ床面積八五九三平方メートルの建築である。当初の計画では、「ケアタウン」の名称どおり、この地に住宅、学校、運動場、プールなど総合的な施設展開をおこない、福祉を中心とした「まちづくり」を実現するはずだったが、その試みは道半ばにして頓挫した。飛行場ができることを前提に、外からの人口流入を見込んで、活気のあるまちづくりを目指した。この建築の設計指導をしたのは、8章に登場する建築家、外山義(当時東北大学教授)である。全室個室のユニットケアを全国に先駆けて実現した「ケアタウンたかのす」は、福祉関係者の注目を集め、多くの参観者を集めた。二〇〇二年から厚労省はユニットケアを新型特養の設置基準としたため、この施設はそのモデルとしてもハードとソフトの両面から注目を集めた。

合併前の旧鷹巣町は人口二万一〇〇〇人(二〇〇三年)、人口高齢化率二八%は、同年の全国平均一九%よりも高い。二〇〇四年の市町村合併で、周辺の森吉町や阿仁町など山間部を統合してできた北秋田市の人口は約四万人、高齢化率は三二%と高くなった。うち後期高齢者率は一五・七%、全国平均八・七%の倍近い。

青森県との県境に近く、北に白神山地を背負ったこの地域は、過疎化しつつある地方の一典型だった。その土地が「日本一の福祉の町」として注目を集めるには、以下のような経緯があった**【表5参照】**。

一九九一年に理想家肌の若き新町長、岩川徹(当時四二歳)が当選。町のために何ができるかと、住民のヒヤリングをおこなうなかから、高齢化率の高い地域特性を受けて、高齢者介護が町民の高い関心領域であることを知る。青年会議所の初代理事長で、自民党鷹巣副部長だった岩川は、最初から「福祉のまちづくり」を掲げて当選したわけではなかった。岩川が「福祉のまちづくり」を掲げたことで、議会は自民党が野党に回り、与党は共産党が中心というねじれ構造を招いた。

多数派野党との対立構造のもとで、岩川は、九二年に住民参加の地方自治を求めてワーキンググループを組織、当初は六〇名、最盛期で一〇〇名を超える町民が集まった。ワーキンググループは「子育て支援」「遊園地づくり」など一五のテーマにもとづいて小グループに分かれたが、そのなかで「高齢者福祉」が中心課題となった。

岩川はワーキンググループを、「議会に対する住民の不満があったから生まれた」(ヒヤリングより)という。ワーキンググループに参加した個々の町民ニーズは多様で、行政への不満を持つ者や、悩みをどこへ持っていけばよいかわからない人々に、自発的な参加や要求の場を与えたことで、活気が生まれた。一般に住民投票やワーキンググループのような住民参加型の直接民主主義の手法は、政策決定や政治参加に議会政治のような代表制民主主義とは別のバイパスを用意し、「第二議会」として機能することから、議会の反発が強い。ワーキンググループに依拠した町長と議会との対立構造は、その後もくりかえされることになる。

「福祉のまちづくり」をめざした岩川は、九二年に世界的な福祉先進国として知られるデンマークを訪問。この頃から、鷹巣は「日本のデンマーク」をめざすようになる。高齢者の在宅を支える福祉を目標とする過程で、鷹巣町は社会福祉協議会の在宅ヘルパーを五人から三〇人に増員、九三年には全国の自治体で初めての「二四時間対応の在宅ヘルパー派遣」を実施したことで、注目を

❖2 二〇〇五年三月に予備調査、七月に本調査、翌二〇〇六年に追加調査をおこなった。

集めた。

デンマークの高い福祉水準が、マンパワーや財源のみならず、「利用者デモクラシー」に支えられていることを知った岩川は、住民参加のワーキンググループ方式に確信を深めた。鷹巣がデンマークから学んだのは、福祉の水準だけではなかった。

九三年にはワーキンググループが高齢者総合福祉施設の建設を提言、それを受けて翌九四年に高齢者総合福祉施設「ケアポートたかのす」計画関連予算案を、町は議会に提案する。「ケアポートたかのす」は当時最先端であった全室個室の特別養護老人ホームの建設計画である。❖3 総工費三〇億円のこの計画には、その半額にあたる一五億円の建設補助金の提供を、日本船舶振興会（現日本財団）から受ける予定だった。❖4 だが、議会はその提案を否決した。このとき、町内有権者の六五%にあたる一万一五七八名の署名をもとに、早期建設要求が議会に提出されたが、議会はそれを無視、そればかりか岩川町長の予算の無駄遣いを譴責するために地方自治法第一〇〇条にもとづく、一〇〇条委員会を議会内に設置して事情聴取をおこなうなど、対決姿勢は強まっていた。

この議会による否決を、鷹巣住民自治の転機ととらえる論者は多い。鷹巣にデンマーク型福祉の理念を持ちこんだ「伝道師」ともいうべき大熊由紀子は、二〇〇三年の時点で、次のように証言する。

> もしも、ここの町の議会がものわかりがよくて、ワーキンググループの個室化計画に一五億円が出ると言うときに、「それは結構ですね」とOKしていたら、今の鷹巣町はなかったかもしれません。（中略）鷹巣には、個室化に反対する議員さんがいた。それで、町民の皆さんが目覚めて、ここまで来たのかもしれません。福祉反対派の議員さんがいらっしゃったからこそ、ここまで鷹巣は進んだのかなぁとも思います。
>
> ［岩川・大熊一夫・飯田 2006: 50］

九五年に岩川町政一期目が問われる町長選で、岩川は一四一一票の差で対抗馬を退けて当選。だがそれ以降も、議会とのねじれ構造は続いた。再選後、岩川とワーキンググループとは、「ケアポート計画」を再編、在宅支援を中心として高齢者を短期間で自宅へ帰すために、特養ではなく老健施設を中心とした「ケアタウンたかのす」計画に取り組む。当初の予定では、「タウン」の名前通り、住宅、ケアハウス、子ども館、学校などを含む総合的なまちづくり計画であった。九六年二月に「ケアタウンたかのす」関連予算を議会に提案。議会はこれをいったんは否決する。緊張が高まるなかで、三月には町議選があり、町長派と反町長派の勢力が拮抗。町は内容を見直した「ケアタウンたかのす」予算案を再度議

❖3 九一年には全国に先駆けて全室個室の「ケアポート庄川」（富山県庄川市）が開設。「ケアポート」の名称はそれに影響されたものと思われる。

❖4 この補助金は、全室個室の介護施設をモデル事業として助成するものだった。

表5　鷹巣福祉年表

（「ケアタウンたかのす」パンフレット2003年版をもとに作成、2004年以降は上野により追加）

1991年	4月	岩川徹町長選に当選
1992年	4月	学識経験者・福祉専門家による「福祉のまちづくり懇話会」発足
	6月	「福祉のまちづくり」懇話会ワーキンググループ発足
1993年	2月	ワーキンググループが高齢者総合福祉施設の建設を提案 →自治体初の24時間対応ホームヘルプサービス実施
1994年	3月	鷹巣町、高齢者総合福祉施設「ケアポートたかのす」計画 予算案を議会に提出、有権者65％にあたる11,578名の 早期建設を求める署名を議会に提出、議会は否決
1995年	4月	岩川町長再選、2期目に入る
	5月	「ケアポート」に代えて「ケアタウンたかのす」計画に取り組む
1996年	2月	「ケアタウンたかのす」計画予算案を議会に提出、議会は否決
	3月	町議選
	6月	見直した「ケアタウンたかのす」計画予算案を新議会に提出、可決
1997年	3月	ワーキンググループが施設の基本設計を提言
	9月	建設工事着手
1998年	4月	ケアタウン探検隊に一部を開放、700名の町民が参加し 90項目にのぼる改善案を提言
	12月	ケアタウン完成、たかのす福祉公社が財団法人の認可を受ける
1999年	3月	「ケアタウンたかのす」一般公開、4日間で2,600名の見学者
	4月	岩川3選、対立候補なし 「ケアタウンたかのす」オープン
2000年	4月	「補助器具センターたかのす」オープン
2001年		鷹巣町高齢者安心条例制定
2002年	4月	「サポートセンターたかのす」オープン
2003年	3月	議会、公社運営費補助金7000万円全額削除を議決
	4月	岩川落選、岸部陞新町長誕生／公社、暫定予算で運営開始 →初代専務理事・看護部長辞任
	5月	ケアタウンたかのすユニオン結成／公社運営費補助金が議会で復活可決
	7月	「フードセンターたかのす身体障害者通所授産施設」オープン
	9月	「ケアタウンたかのす」業務改善調査、議会で4調査員報告
	11月	「調査員報告を聞く町民の集い」
	12月	松葉町グループホームの廃止を町議会で可決
2005年	3月	松葉町グループホームの廃止を決定／公社理事長に松橋雅子就任
	4月	市町村合併で北秋田市誕生、新市長に前鷹巣町長、 岸部が当選／旧鷹巣町、介護保険上乗せサービス廃止、利用者全額負担に
	9月	北秋田市議会、高齢者安心条例を廃止
	10月	「ケアタウンたかのす」財政支援ゼロ宣言
2006年	4月	北秋田市、「ケアタウンたかのす」に指定管理者制度を導入、 たかのす福祉公社が指定を受ける（契約期間2年）
2007年	9月	北秋田市、「ケアタウンたかのす」の指定管理者を 市社会福祉協議会に決定、翌年4月から移管（契約期間10年）
	11月	たかのす福祉公社はこれを不服として提訴に踏み切るも2009年に秋田地裁は全面棄却
2008年	4月	「ケアタウンたかのす」の指定管理者、市社会福祉協議会に移管 ／たかのす福祉公社、業務を縮小して続行
2010年	7月	北秋田市長選に岩川が出馬、落選。公選法違反容疑で長期にわたり拘留の上、告訴。
2011年	4月	岩川公選法違反一審秋田地裁で敗訴、上告中。

会に提出、同年六月に一人の議員が反対から賛成に転じることで一二票対一一票でからくも議会を通過した。その後九七年に現在地に用地取得、同年九月に着工し、九八年一二月に完成、九九年四月に開所した。在宅複合施設「ケアタウンたかのす」(老健、短期入所施設、デイサービスセンター、在宅介護支援センター、給食サービスステーション、ヘルパーステーション等)の総工費は、約二六億円。財源は国と県からの補助金が約五億円、地方債が一三億円、地方交付税五億円、一般財源から三億円。九四年の時点で日本船舶振興会から得られるはずだった補助金はすでになかった。

鷹巣町を全国に有名にしたのは、記録映画監督羽田澄子である。一九九七年の『住民が選択した町の福祉』と、一九九九年の『続・住民が選択した町の福祉　問題はこれからです』の二作は、全国で自主的な上映委員会によって上映された。羽田は九四年に川崎市のシンポジウムで岩川に会い、鷹巣町に関心を持った。九五年に鷹巣町で記録映画のロケーションに入った。羽田のカメラは、岩川を町議会が査問した一〇〇条委員会の模様や、九六年二月の議会での「ケアタウンたかのす」予算の否決とその後一票差で可決した再議決の様子、その前後の議会と町民との緊迫した対立の状況をとらえている。タイトルの『住民が選択した町の福祉』は、たしかに「選択」には違いないが、決して平坦とは言えない道のりを示し、それからの波乱をも予想させる。二作目の『続・住民が選択した町の福祉　問題はこれからです』は、「ケアタウンたかのす」が着工して以来のワーキンググループの設計への提言や、建設途中での「ケアタウン探検隊」への公開と改善案の提示、そして九九年三月の一般公開から四月の開所までを追っているが、オープニングをクライマックスとするドキュメンタリーは、手放しの賞賛ではなく、むしろ副題の「問題はこれからです」が象徴するように、今後の課題を暗示している。羽田の予想通り、「ケアタウンたかのす」はその後、思いがけない運命に翻弄されることになった。羽田はその後も鷹巣町の取材を継続し、二〇〇六年には三作目『あの鷹巣町の　その後』を発表している。羽田のみならずとも、あの鷹巣町のその後から目が離せない「鷹巣ウォッチャー」は全国にたくさんいることだろう。

「ケアタウンたかのす」オープンに湧いた九九年の町長選挙は、対立候補なしの無風状態で、岩川町政は三期目に入った。だが、それから四年後、四選を狙う岩川の前に対立候補が現れ、鷹巣福祉を批判のターゲットとした。「日本一の福祉は要らない、身の丈福祉が町にはふさわしい」というものだった。二〇〇三年の町長選の結果は三〇〇〇票あまりの大差をつけられての、岩川の敗北だった。新町長は厚生連傘下の北秋《ほくしゅう》中央病院という地元の民間病院の院長岸部陞《すすむ》。公約は、(1)合併による特例債をもとにした地域振興、(2)総合病院の建設、(3)財政を圧迫する福祉の見直しである。岩川は鷹巣福祉を守るために、市町村合併には慎重派だった。二〇〇五年には周辺四町村を統合して合併がおこなわれ、北秋田市が誕生、新市長選では、当時鷹巣町長であった岸部が岩川派の対抗馬、元鷹巣町議の小塚光子を破って当選、北秋田市長となった。二〇一〇年の市長選では岸部市政の後継者と目される元秋田県議、津谷永光と岩川が一騎討ちとなったが、岩川は大差で敗れた。その後公選法違反容疑で岩川は逮捕され、長期にわたる拘留のあと釈放、裁判で無罪を主張したが二〇一一年四月一審で有罪、現在控訴中である。

したがって「ケアタウンたかのす」の黄金期は九九年オープンから岩川落選の二〇〇三年にわたる約四年間と短い。それ以降、「ケアタウンたかのす」は、凋落の道をたどる。

二〇〇三年に、すでに前年度予算で可決していた町の民生費予算のうちから、たかのす福祉公社運営補助金七〇〇〇万円の全額削除が提案され、議会で可決。同年四月からは暫定予算でスタートすることになるなど、政権交代の影響はただちに現れた。それまで一般財源からの補助金を前提に運営されていた「ケアタウンたかのす」は、(1)合併にともなう同一自治体内の他の介護施設と違った特別扱いはできないこと、(2)すでに施行されていた介護保険法の枠内で他施設と同様に独立採算をめざすこと、を市から要求された。二〇〇五年度には翌年春をめどに導入が予定されていた指定管理者制度を視野に入れて、たかのす福祉公社は自発的に「補助金ゼロ宣言」を出すにいたる。同年一二月には指定管理者に応募、二〇〇六年四月にたかのす福祉公社は、「ケアタウンたかのす」の指定管理者に指定される。だが、契約期間は二年と異例に短いものだった。

二〇〇七年には「ケアタウンたかのす」の二期目の指定管理者の公募が開始され、たかのす福祉公社と北秋田市社会福祉協議会の二団体が応募、選考委員会での選考を経て、九月議会で社協に決定、二〇〇八年四月から一〇年間にわたって社協が管理することとなった。この選考過程が不透明であることを不満として、たかのす福祉公社は北秋田市を相手に二〇〇七年一一月、提訴に踏み切った。二〇〇九年には秋田地裁は公社側の訴えを全面的に棄却した。二〇〇八年四月からは、「ケアタウンたかのす」の管理は社協に移管、たかのす福祉公社は、わずかに残るデイサービスとホームヘルプ事業とを残して、事業を整理、雇用を縮小せざるをえなくなった。その過程で労働組合との対立が激化、かえってユニオンから提訴されるなど、さまざまな困難を抱えるにいたった。

鷹巣福祉の成果は、「ケアタウンたかのす」以外にも次々に失われていった。二〇〇一年、岩川町政時代に全国に先駆けて制定された鷹巣町高齢者安心条例は、高齢者の拘束や虐待を防止するものだったが、二〇〇五年に「介護する人が萎縮する」との理由で、廃止された。[5]また、たかのす福祉公社の事業の一環として設置さ

❖5「高齢者安心条例北秋田市議会で廃止「介護する人が萎縮」」『朝日新聞』秋田版、二〇〇五年九月二九日付。「なぜ廃止？　北秋田高齢者安心条例」『読売新聞』「座標軸」二〇〇五年九月二九日付。

れた認知症高齢者のためのグループホームも、利用者が現にいるにもかかわらず、二〇〇五年に廃止された。廃止のいきさつにも、不透明なものがある［大友 2008］。

この衰退の過程を、鷹巣町に指名されて「ケアタウンたかのす」の「業務改善調査」にたずさわった調査員のひとりとして、大友信勝がレポートしている。「自治体福祉の光と影」と題した大友の論文［大友 2008］は、現在の行政に批判的だが、鷹巣福祉の「光」をもたらしたのも、「影」をもたらしたのも、同じ住民である。その一面だけを見るわけにはいかないだろう。

4 「ケアタウンたかのす」のケア実践
——ハード面

まず、たかのす福祉公社とそれが運営する「ケアタウンたかのす」のケア実践について、ハードとソフトの両面から検証してみよう。

外山義設計指導のもとで、地元の設計事務所が設計した「ケアタウンたかのす」は、全室個室というだけでなく、プライベート、セミプライベート、セミパブリック、パブリックの空間的ゾーニングをもとにした日本で初のユニットケアを導入したことでも知られる❖6【図27・28】。「この建物が日本の福祉施設を完全に変えた」と、設計に携わった地元の一級建築士、茂木聡は言う（ヒヤリングより）。「ケアタウンたかのす」の成功は、二〇〇二年に厚労省が新型特養の設置基準をユニット型施設に切り替える要因となった。

廊下に通りの名が付き、街区に通称が与えられた全部で一四のユニットは、それぞれ八室の個室からなっている。計画者が全室個室にこだわったのは、介護施設が高齢者の居住の場であり、尊厳を維持するケアのためには、個室が前提という北欧型の理念があったからだ。当時四床から六床の多床室が常識であった特養や老健施設に全室個室を持ちこむのは、「ぜいたく」と反発を受けた。だが、岩川町長は「自分が入りたくなるような」施設、「子どもたちが親を預けることが誇りになるような」最高の施設をめざした。地域の高齢者が実際に居住している自宅よりもはるかに整った設備や居室、そして地域の民間住宅とはかけ離れた洋風の設備やインテリアは、むしろ在宅との落差を強調することで、施設入居にともなうスティグマを解消し、家族が高齢者を施設に預けることへの罪悪感を軽減する意図と効果を持っていたことだろう。

広大な敷地に散在する一四のユニットからは回廊を通じて中央のシンボルタワー、ガラス製のピラミッドが見え、その位置関係から自分の居場所がわかるようになっている【図29】。地価が安いからとはいえ、延べ床面積八五〇〇平方㍍の建物は空間的に潤沢に思えるが、一年のうち約半年を雪に閉ざされる積雪地帯の土地柄を考えれば、生活がこのなかで完結しがちな高齢者にとって、建物内を移動できることは重要である。事実、一日一回車椅子でこのピラミッドのある空間に散歩にくることを習慣にしている入居者もいた。ガラス張りの空間は、自然の気配が感じとれるようにと、外山が設計したものである。だが、冷暖房完備の鉄筋コンクリート平屋建ての広大な建物は、高い光熱費負担をともなった。運営補助金を町から打ち切られたあと、年間約二〇〇〇万円の建物の維持管理コストは公社の重い負担となり、わたしたちが調査した時点では、ピラミッド部分の暖房を切って光熱費を節約するということも起きていた。

❖6　8章参照。

図27　「ケアタウンたかのす」平面図

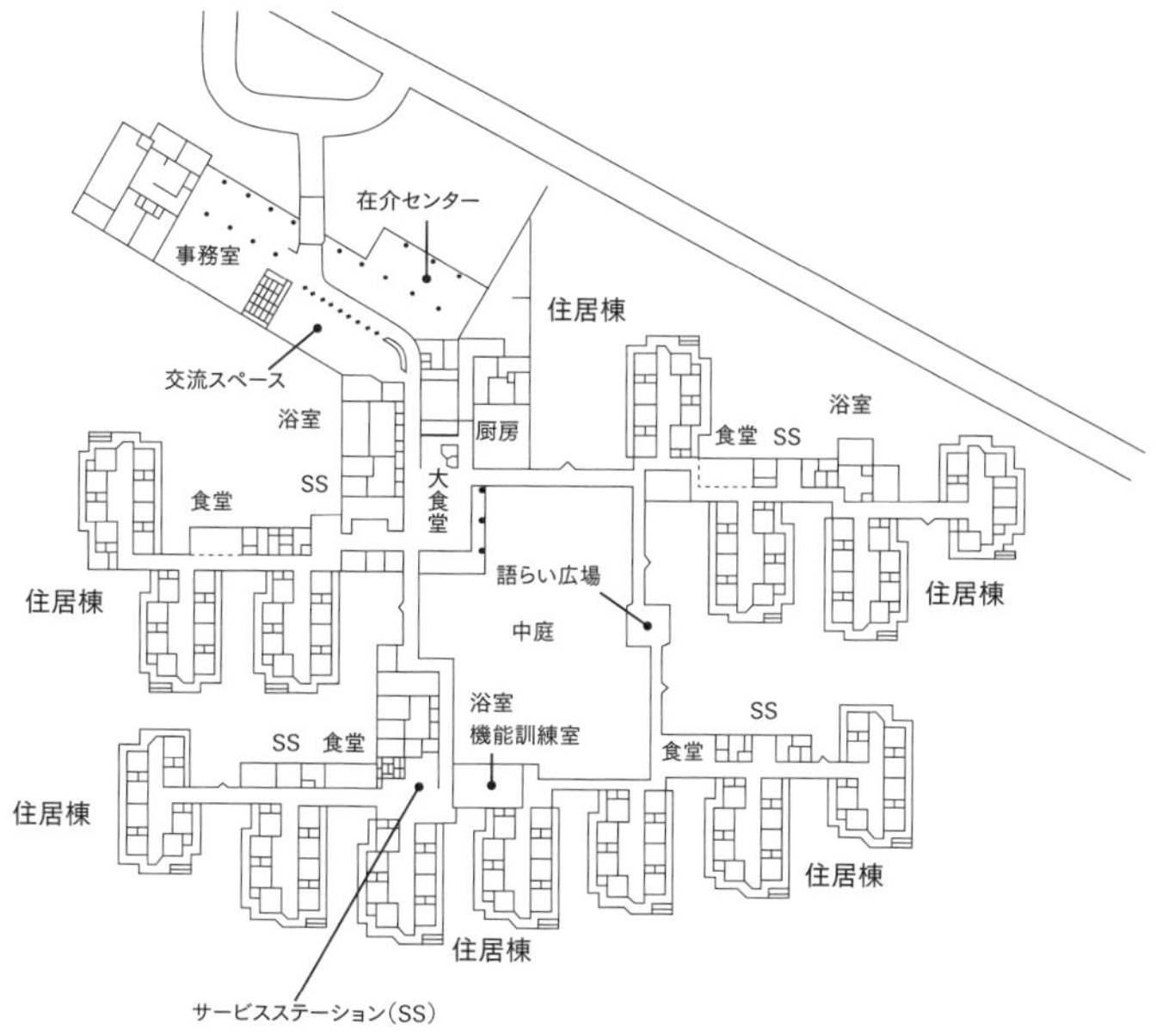

図28　「ケアタウンたかのす」
ユニットケアの空間モデル

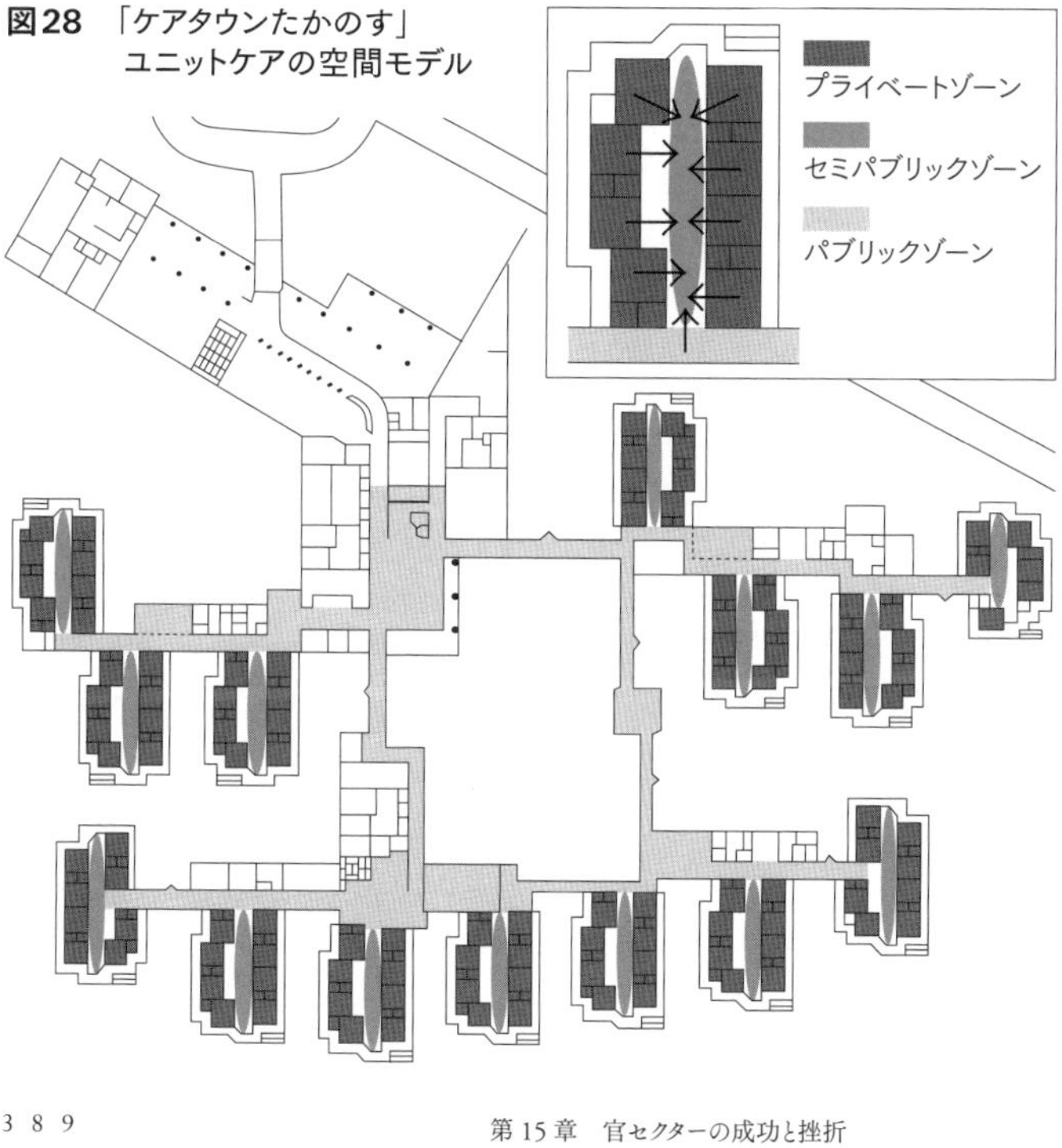

「ケアタウンたかのす」は、基本設計の段階から住民参加方式を採用したが、とりわけ完成前に「ケアタウン探検隊」を組織して工事中の建物を公開した。一般に設計施工者は、工事の完成まで建物を公開することをいやがる傾向があるが、この工事途中での「住民参加」も異例であった。ケアタウン探検隊は設備の改善点を提案し、その多くは取り入れられたが、そのいずれもが設備のグレードを上げる方向の提案であり、結果としてコスト増につながったと茂木は指摘する（ヒヤリングより）。

ユニットケアの効果については、8章の「よいケアとは何か――集団ケアから個別ケアへ」ですでに論じたが、再録してみよう［東京大学社会学研究室・建築学研究室 2006: 3364］。

(1)入居者は個性とプライバシーが確保された生活空間を持つことができる。

(2)個室の近くに交流できる空間を設けることにより、他の入居者と良好な人間関係が築けて、相互の交流が進む。

(3)自分の生活空間ができ、少人数の入居者が交流できる空間もあることで、入居者のストレスが減る（認知症高齢者の徘徊などが少なくなる例も多い）。

(4)家族が周囲に気兼ねなく入居者を訪問できるようになり、家族関係が深まることにもつながる。

(5)インフルエンザ等感染症の防止に効果がある。

「ケアタウンたかのす」でも、以上の諸点は確認されたが、その反面、建物が入り組んでいるために死角が多いことや、職員の移動の距離が長くなることなどハードに直結した問題点のほか、一人職場の問題点も明らかとなった［上野 2008: 116-118］。職員が個室に入って個別ケアをする場合、共同スペースに誰もいなくなる時間が多いことや、夜間の一人勤務のストレス等がそれである。

オープニングから六年目の二〇〇五年調査時点で、ユニットケアは空間的に見て利用者にどのように認識されていただろうか？観察から明らかになったのは、各ユニットの入り口がのれんで目隠しされていたこと、そしてユニットと廊下との境界で、履き物を脱ぐ習慣が定着していたことだ。職員に聞くと、当初は靴のまま出入りするように設計されていたところ、次第に利用者が境界で履き物を脱ぐようになり、その習慣を職員も尊重して定着したものだという（職員が先行したという証言もある）。のれんは参観者があまりに多いことから、扉に代わって目隠しとしてつけるようになった。自分のユニットを覚えられない利用者を誘導する効果もあった。その変化は、ユニットが設計者の意図通り、セミプライベート・ゾーンとして利用者に認識されていることの指標と解釈することができる。利用者は自発的に廊下というパブリック・ゾーンからプライベート・ゾーンを隔てる象徴的な「結界」を、目隠しと履き物の着脱でつくりだしたのだ【図30】。

だが、これが「家族的なケア」かどうかについては疑問が残る。

利用者はユニットの隣人を選ぶことができない。ユニットの共有空間は、「居間」というより「町内」の感覚で認識されており、利用者にとってのプライベート・ゾーンは、個室に限定される。共有空間にあまり出てきたがらない利用者をも、日中は個室からユニットのセミプライベート・ゾーンへ連れ出すのは、死角をなくしてケアをやりやすくしたいという職員側の都合からである。

8章でも述べた通り、ユニットケアの質はハードの条件だけでは決まらない。それには人的条件が深くかかわってくる。それについては次節で論じよう。

5 「ケアタウンたかのす」のケア実践 ——ソフト面

「ケアタウンたかのす」の職員構成は表6のとおり。参考のため、「ケアタウンたかのす」がまだ政権交代の影響を受けていない二〇〇三年七月時点でのデータを、調査時点の二〇〇五年一〇月のデータと比較した。二〇〇三年から二〇〇五年にかけて職員は二〇五名から一八二名へと一一%減、うち常勤職員比率は七二・七%から六九・二%へと低下した。低下したとはいえ、常勤職員比率約七〇%は、他施設に比べて高い。常勤職員の平均勤続

図29　「ケアタウンたかのす」ガラスのピラミッド

2005年3月撮影

図30

のれんの目隠しと履き物の着脱によりパブリック・ゾーンとプライベート・ゾーンの境界線が形成されている。

表6　「ケアタウンたかのす」職員内訳

職員数	2003年7月	2005年10月
常勤職員（含嘱託職員）	149名	126名
臨時職員	16名	21名
パート職員	40名	35名
計	205名	182名

年数は非常勤職員に比べて長く、離職率も低い。経験の蓄積がものをいうケアの現場では、ベテランの職員や中間リーダーがいることが重要であり、これらの人材の離職率が高いと職場に大きな損失をこうむる。労働条件はワーカーの定着率を高める重要な条件のひとつである。

個別ケアとチームケアを理念とする「ケアタウンたかのす」の人員配置は、国の基準が利用者に対して三対一であるのに対し、一・四対一を目標とした。二〇〇五年時点で人手不足のために一・五対一までに低下したが、それでも国の基準に対して倍の人員配置を維持していた。

ケアの質を維持するためには、何よりも人手が重要であり、そしてその人材に対して、常勤雇用を基本とした身分保障をするべきだというのが、たかのす福祉公社の初代理事長である当時の町長岩川と初代専務理事飯田勤[7]の信念であった。結果として高い常勤雇用率は人件費比率を押し上げ、二〇〇三年時に約七〇%、財政が圧迫された二〇〇五年時に約八〇%に達し、支出を抑制した再建案では、職員のリストラしかない、という状況であった。事実それ以降も、「ケアタウンたかのす」の先行きに不安を抱いた職員の離職は続き、常勤職の欠員の補充はなく、非常勤職員で置き換えられる状況が続いた。

職員の待遇を年収三〇〇万円水準に置いた武蔵野市福祉公社が、初年度の採用に大卒男子の応募を得たことで注目を集めたように、たかのす福祉公社も職員の全国募集に踏み切り、多くの県外応募者を獲得した。この事実ものちに反対派から、「ケアタウンたかのす」が地元の雇用創出に結びつかなかったと非難を浴びるもとになったが、実際の採用人事の結果は、鷹巣出身者が五割、鷹巣以外の秋田県内出身者が四割、純粋な県外出身者は一割にすぎない。これも別な見方をすれば、働き盛りの年齢の人口が、外部から流入してくることで、生活関連の産業も潤うから町の活性化につながるはずである。

ケアの質については、どのようなソフトの条件があったのだろうか。「ケアタウンたかのす」のスタートにあたって、採用人事から人材管理までを担当したたかのす福祉公社の初代専務理事飯田のヒヤリングから、再構成してみよう。飯田は「ケアタウンたかのす」のオープニングから岩川町長落選まで四年半勤めたのち、岩川の町長落選の報を聞いて、直ちに専務理事の職を辞した。

飯田によれば、ケアの質を決定するのは、(1)人手、(2)研修、(3)利用者本位の理念の三つであるという。(1)人手は手厚い人員配置を可能にするワーカーの数、(2)研修はワーカーの人材としてのレベルアップ、(3)利用者本位とは個別ケアにもとづく高齢者の尊厳の重視である。順に述べていこう。

(1)人員配置については、一・五対一を切るのが目的、一・四五対一は達成したかったとし、岩川町政下では一時期、実際にその水準が達成された。身分保障のある常勤職員としてワーカーを待遇したいという目標も、高い割合で達成されている。だが、労働条件だけがワーカーの質を決めるわけではない。

「ケアタウンたかのす」が力を入れたのは、(2)職員研修である。個別ケアで先進的な実践をしている国内のモデル施設に派遣するだけでなく、デンマークにも職員を派遣した。また施設内の多目的ホールで頻繁に開催された研修会に、国内外の専門家に講師に来てもらった。デンマーク型のケアをめざして、デンマークからOJT(On the Job Training)研修に講師を招いたこともある。❖8 これらの研修は勤務時間外におこなわれたが、出席率は高く、職員のモチベーションも高かった。政権交代後の財政の圧迫は研修費用にもしわよせされ、何より人手不足から余裕を失った職員の時間外研修出席率も低下したという。

それだけでなく、全国から毎年四〇〇〇人規模で訪れる視察者や外部からのボランティアの存在も、職員のプライドとモラルに影響したことだろう。全国区のメディア効果によるコーポレート・アイデンティティ、「日本一の福祉の町」のブランド効果などは、職員の採用にもモラルにも、ポジティブな効果を与えていたはずだ。

飯田は人材管理のうえで、中間リーダーの重要性を指摘する。「ひとりのスーパーマンは要らない、職員ひとりひとりのレベルアップが大事」という。「研修の成功は中間リーダーにかかっている」として、「研修で人を出すなら誰を出すかが問題だし、何を学ぶべきかについての企画力が備わっていないと研修の効果がない」という。中間リーダーを育てることが必要だが、それには時間がかかる。政権交代後は、中間リーダー層の退職が相次ぎ、厳しい状況にあった。

最後に、(3)個室ユニットケアは利用者本位の個別ケアを理念とする。ユニットケア施設のハードを支えるソフトは、利用者に応じた個別ケアとそれを支えるチームケアとの組み合わせである。

❖7 飯田は九〇年に厚生省(当時)に二種国家公務員として入省、生活保護関連の業務を担当した。九三年に鷹巣町長から厚生省へ人材派遣の依頼があり、それに応じた。市町村へ厚生省の役人が出向するのは異例のことであった。飯田は鷹巣町の福祉保健課に所属し、ワーキンググループとともに「ケアポートたかのす」計画を担当。九四年にケアポート計画が議会で否決されてから、地方政治に関心を持ち始めた。鷹巣で三年勤めてから厚生省を退職、「デンマークでは住民の声をどう政策化しているか、知りたい」という動機からデンマーク留学を決意した。デンマークでは国民成人学校へ入学、留学の成果の第一は、障害者の多い国民成人学校で障害者と健常者の支え合いのしくみを学んだこと、第二は特養での介護経験のあるA氏との出会いである。A氏はその後、認知症ケアのスペシャリストとして「ケアタウンたかのす」のソフトをつくり出すキーパーソンとなった。鷹巣へ戻る予定があったわけではないが、岩川とデンマークで再会、「北欧なみの介護」と「介護の社会化」を目指さないかという誘いに乗って、三四歳で「ケアタウンたかのす」の専務理事に就任、「鷹巣に行ったから人生が変わった、鷹巣へ行っていなかったら、今でも霞ヶ関にいるだろう」(ヒヤリング)と言う。

❖8 ことばがわからないながら、デンマークの専門家は終日施設内でのケア実践を観察し、的確なアドバイスを職員に与えた。こうした交流はデンマークへ研修へ出かける機会のない職員にも、刺激を与えた。

ユニットケアでは職員が「一匹狼」になりやすい、と飯田は指摘する。また夜間には一人職場の不安がともなう。職員のひとりよがりを是正し、不安をとりのぞくのがチームケアである。

北秋中央病院からスカウトされて初代看護部長に就任した成田康子は飯田とともに、利用者本位の個別ケアのソフトをつくりだしてきたリーダーのひとりである。そのために彼女が重視したのが、利用者ひとりひとりの個人史にもとづく生活の場の継続としてのケアである。そのため新規の入居者については、朝のミーティングで家庭背景や生活歴など、情報の共有に努めた（ヒヤリングより）。また専門領域を越えたチームケアの実現のために、看護と介護の一貫性を唱えた。看護職も入浴介護などにあたり、介護職も投薬等の看護知識を学ぶ。職場の階層秩序を崩し、協働を可能にするためである。双方の負担が増えるが、両者共に人材としてスキルアップすると成田は指摘する。「ケアタウンたかのす」では、事務職であってもいつでも介護に関わる体制が要求された。後述するが、「業務改善調査」のために、成田にインタビューした大友信勝は、これを「（ユニットケアの）ハードをいかしていくソフト」（かっこ内引用者）［大友 2004: 63］と呼ぶ。だが、成田も、政権交代時に、飯田とともに職を辞した。

ケアの質を判定する指標となる認知症ケアとターミナルケアについてはどうか。

飯田は「認知症ケアができれば、どんな高齢者ケアもできる」と考える。「ケアタウンたかのす」は認知症ケアでも、全国に先駆けた実践モデルだった。「認知症でも本人の意思を尊重したケアをする」ことが基本、拘束や隔離はしない。拘束をしないですむためにも、人手は不可欠だった。現場の観察によれば、実際にはそれぞれのユニットには比較的要介護度の似通った利用者が集められており、認知症の利用者は同じユニットに集められていた。他の施設のようには施錠はしていないが、重度の認知症者のみのユニットで一人勤務をこなす職員の負担は重いことが推察される。「ユニットにいると脱けられないアリ地獄」（職員・男性・三〇代）という声も聞かれた。他に市街地に民家を改造したグループホームが開設され、「ケアタウンたかのす」の職員がケアにあたっていたが、家族に評判のよかったこの施設も、政権交代後閉鎖の対象となった。

ターミナルケアはどうか。ターミナルケアの実践例は、開設後二〇〇〇年度に四名、二〇〇一年度に一〇名、二〇〇二年度に一一名、二〇〇三年度に三名、二〇〇四年度に六名。二〇〇三年に看護部長が交代したあと、ターミナルケアの件数は激減した。末期医療のために積極的に入院させるケースが増えたためと想定される。

特養のようにデッドエンドではなく、短期入所を経て家庭へ帰すことが目的の老健施設にとっては、年に二桁台に達するターミナルケアの事例は異例に多いといわれてもしかたがないかもしれない。だがこれも、現実には行き場のない高齢者をやむなく看ていることの結果である。自身医師である老健管理者（男性・七〇代）は「儲かるわけではないが、やむをえずやる」という。薬剤を投与しても病院とは違って請求できないし、「ターミナルケアがひとりいると、施設側は持ち出しで人手の負担も重いが、本人と家族の要望でやむなく引き受けている」（ヒヤリング）という。このターミナルケアの多さは、町長選のなかで、「『ケアタウンたかのす』は入居者を死なせている」と対立陣営からのネガティブ・キャンペーンに使われることになった。

それに加えて、ユニットケア施設そのものが厚労省の政策転換のために翻弄されることになった。二〇〇五年一〇月から厚労省は個室ユニットに「ホテルコスト」を導入。それまでの利用料に居室費用がかかるようになった。「ケアタウンたかのす」の場合は、利用料月額約六万円が約一四万円に上昇、費用負担能力のある利用者か、さもなければ利用料が減免される生活保護世帯の利用者しか、入居できないことになった。利用者の家族のなかには、個室を二人部屋仕様にして継続利用を求める声もあったが、ホテルコスト導入後、退去を余儀なくされたケースもある。地域の経済水準からすれば、月額一四万円の利用料は高いと思える。地元住民の安心のために公費を投じてつくった施設が、富裕層のためのものとなれば、反発も起きるだろう。かつて「新型特養」を推奨し、そのあとで「梯子をはずした」厚労省の政策転換には、現場から怒りの声が湧いた。

6　「ケアタウンたかのす」の利用者

以上のような「ケアタウンたかのす」のケア実践は、利用者とその家族からどのように受けとめられていただろうか？　わたしたちは、利用者とその家族にもヒヤリングを実施した。

その前に「ケアタウンたかのす」の利用実績について概況を述べておこう。二〇〇二年度の実績によれば、定員八〇名の老健施設の年間延べ利用者数は一二八人、年間延べ利用日数は二万八〇〇五日、一日平均利用者数は七六・七人。定員三〇名のショートステイは年間利用者数二〇九人、延べ利用日数一万二八日、一日平均利用者数二七・五人。他に二ヵ所の通所介護、配食サービス、訪問介護、訪問看護、グループホームなどの事業もほぼフル稼働している。老健退所者の行き先は計七一件中、在宅が三八件、医療機関が九件、介護保険施設が一三件、死亡が一一件。老健から在宅に戻る率が高く、本来の意味で「老健」の役割を果たしている。死亡件数が多い理由は、ターミナルケアのところで論じた。

利用者の多くはケアマネジャーの紹介で入所しており、他の施設と比較してケアの質を判定するだけの情報を持たない。介護保険を利用している意識も薄く、対価を支払っているという自覚も少ない。7章で述べたように、「利用者満足」を指標として「ケアの質」を評価するのは、適切でないことがわかる。

だが、他施設利用の経験のある利用者や、家族からは高い評価が聞かれた。病院から移動してきた利用者や六人部屋の他の施設を利用した経験のある利用者とその家族には、個室に対する評価は高い。

利用者からも家族からも高い評価を受けているのがスタッフのケアである。「本人のパニックを心配していたが、プライドを配慮してくれたのでパニックがおこらなかった」(家族・女性・六〇代)、「トイレに行く前にそそうしてしまったが、全然イヤな顔をせずにそっと直してくれた」(家族・女性・六〇代)、「誰に何を尋ねても、とげとげしい答は返ってこなかった」(家族・女性・六〇代)など、具体的・個別的なスタッフとの信頼関係のエピソードが多く聞かれた。入所してから利用者の状態が改善されたという証言もある。自分も将来入所したいという家族もいた。とりわけターミナルケアを経験した家族の感謝の気持ちは大きい。

家族はスタッフに感謝しつつ、「ワーカーの過剰労働が一番の問題」とよく見ている。「ケアタウンたかのす」のワーカーは、時間外の研修だけでなく、サービス残業や休日出勤などをすすんでこなすモラルの高いワーカーであることは家族によっても証言されている。

だが、町長交代によって「市政の影響で利用制限が始まるのではないか」(利用者・女性・八〇代)という不安を持っている利用者もいた。利用者の一人は、二〇〇三年の町長選に施設に迎えに来た婿の車に乗って投票所へ。婿に言われるまま、対立候補に投票したという(ヒヤリングより)。この利用者(女性)は対立候補の主張について知らず、それが自分の生活にどう影響するかを自覚していなかった。

7 「ケアタウンたかのす」のワーカー

「ケアタウンたかのす」のケアの質が、ソフトとハードの両側面において、利用者とその家族から高い評価を受けていることは確認されたが、ワーカー自身はそれをどう認識しているのだろうか。

「ケアタウンたかのす」に応募し採用された人々の前職は、事務職員、電機屋など、さまざまである。かならずしも介護職経験者ばかりではない。なかには岩川、飯田の理念に共鳴して、「自分の人生をやりなおしてみようと思って」(厨房職員・女性・四〇代)応募したという女性もいる。たかのすブランドがモチベーションの高い人材を引き寄せた効果がうかがわれる。

たかのす福祉公社の常勤職員の給与は老健職員で「手取り二二、三万」、居宅支援で「手取り一六万くらい」。通所の非常勤職員が「一二万くらい」。既婚男性ワーカーが「報酬には満足」(居宅支援・男性・三〇代)と述べているように、生活費の安い地方都市では報酬額にあまり不満は聞かれない。

スタッフのモラルは、利用者とその家族の証言によっても裏づけられるように、二〇〇五年調査時においても、すこぶる高かった。臨時職員でもふだんから時間外勤務が当たり前、終業時間は決まっているが、その通りに帰る職員は少ない。デイサービス部門の臨時職員でも「終わりは六時半だから終わり、ではなく、納得するまでやって帰る」とモチベーションは高い。臨時職員の女性は、「一生懸命働いていると、親から「それ以上やってもおカネもらえないんでしょ」「あんた使われているんだよ」などと言われる」という。賃金以上の働き方をしていることを、家族が裏づけているケースである。

だが政権交代後の二年間のあいだに、退職した職員の補充はおこなわれず、調査時点では、職員の不安や焦燥感を聞くことが多かった。かつての「ケアの質」を少なくなった人手で維持したいという執念が感じられたが、それとともに以下のような証言も聞かれた。

過去二年間、ケアの質は確実に下がった。もちろん極端に目に見える形の身体拘束などはない。スタッフが利用者の横に坐ったり、一緒にテレビを見たりするなど、利用者との関わりをもっと持ちたいが、その余裕がない、利用者の生活を守りたいし、サービスの質を落としたくないが、これからサービスの質を落とさないとは言えない(老健常勤職員・男性・三〇代)。

政権交代に当たって、それまで全面的な庇護者だったはずの町と対決姿勢をとらなければならなくなる危惧から、二〇〇三年五月にたかのす福祉公社には初めて労働組合、「ケアタウンたかのす」ユニオンが組織された。二〇〇五年七月の調査時には、全職員一八二名のうち一七七名が加入、加入率九七%、そのうち正職員一二二名、臨時職員二〇名、パート三四名。当時の理事会とは公然たる「労使協調路線」を標榜していたが、ユニオンは理事会との団体交渉で、「将来にわたって安心して働きつづけるために」基本給の昇給を要求した。補助金打ち切り騒ぎのさなかの賃上げ交渉に、理事会は困惑を隠さなかった。たかのす福祉公社が自ら「補助金ゼロ宣言」を出すなかで、この先、職員数の減少、正規職の非正規職への置き換え、賃下げというリストラ案が浮上してくることを避けられない状況のもとで、ユニオンが「労使協調路線」を貫けるかどうかはすでに疑問視されていた。その後、指定管理者が社協に移ることが確定してからは、ユニオンの激しい切り崩しが始まったという。経営が移管しても、事業の継続性から言って、ワーカーを総入れ替えすることはむずかしい。公社から社協へと異動することが決まったワーカーに、ユニオン関係者の多くの姿はなかった。

二〇〇七年秋の時点で社協が確保した人員の報告によれば、医師一、看護師一五、介護職員七〇に加えて事務職員等を加えた職員数は計一五三名。二〇〇三年時の医師一、看護師一六、介護職員八一、その他合わせて計二〇五名の陣容と比べれば、約四分の三の人数である。社協の高坂祐司会長は「一七〇人の応募者のなかから一〇九人を採用、現在管理運営をおこなっている福祉公社の職員も多く含まれている」と言う。岸部市長は「利用者や家族が不安なく利用できるサービスの提供」を謳うが、同時に「効率的な施設の運営」を言うことも忘れない。[※9] 管理者移管にともなう利用者への説明会で市側は、「サービスの質は維持」と強調するが、新体制でそれが可能かどうかは、移管以降の実態の検証を待たなければならない。

8　「ケアタウンたかのす」のケアの質を可能にした条件

飯田は「ケアタウンたかのす」の職を辞した後、外山義が設計し社会福祉法人生活クラブが運営する、同じように全室個室のユニットケア施設として全国に有名な「風の村」（千葉県八街市）の施設長に請われて就任、一年間の約束で勤務した。その後、東京都内にある（飯田の表現によれば「ふつうの」）特養の施設長として異動した。三つの施設を体験した飯田の実感は、「ケアの質は、ケアタウンたかのす、風の村、都内特養の順」だという。その基準は、人材、ケアの質、ハード（建物）の三点。「風の村」では常勤職と非常勤職とがほぼ半々、都内特養は個室でなく四人部屋である。

「介護保険制度の独立採算内では、高いケアの質は達成できない」と、飯田は断言する。その「ケアタウンたかのす」の「高いケアの質」は、何によって支えられていたのだろうか？

鷹巣福祉の特長は、「福祉に行政が責任を持つことを明確にしたこと」と、岩川は言う。

> 福祉の現場の人は、ひたすら理想のケアを求めてくれればいいと思った。行政が福祉に責任を持つことを明確にした以上、経営責任は公社理事会が持つことになるが、最終的には行政の責任である（ヒヤリングより）。

たかのす福祉公社は一〇〇パーセント自治体出資、理事長は町長が兼任することになっていた。町長交代にともなって、岸部新町長（のち北秋田市長）は町長が理事長を兼務することに難色を示し、理事会での選挙によって、理事のひとりだった松橋雅子が当選、調査当時も理事長職にあった。一級建築士の資格を持つ松橋は、「ケアタウンたかのす」を生みだしたワーキンググループの一員である。

岩川のいう「行政の責任」とは、具体的には自治体が福祉予算を組んで、「ケアタウンたかのす」を全面的に公的支援することを意味した。岩川町政最終年度、二〇〇二年の予算は、総額七九億七〇〇〇万円、うち福祉予算を含む民生費は二四億九〇〇〇万円、三一・二％を占める。全国平均の二四％よりは高いが、突出した額ではない。合併後の二〇〇四年の北秋田市の民生費比率は二五・八％と全国平均なみに低下した。他方、転換期直前のたかのす福祉公社の二〇〇三年度予算は総額九億八〇〇〇万円、うち鷹巣町からの事業委託費が九億七〇〇〇万、補助金八〇〇万円、事業収入三〇〇万円、その他二〇〇万円である。

　鷹巣福祉は、たしかに行政に依存してきた。事務局次長（当時）の証言によれば、「人件費比率八〇％、赤字覚悟で行政のバックアップのもとに経営」してきた。介護保険事業だけでも二〇〇五年度に八二〇〇万円の赤字、町の一般会計からの補助金八〇〇〇万円はこの赤字補填に充てられた。政権交代直後二〇〇三年三月議会で、七〇〇〇万円の補助金はいったん全額削除されたが、六月にはふたたび可決、二〇〇五年二月には公社が自発的に立てた「業務改善三カ年計画」を市長が認め、同年一〇月には公社側から「補助金ゼロ宣言」をした経緯がある。

　一般財源からの支出のもとは税金である。二〇〇五年調査時点での保険料は月額三八九四円、全国平均が三二九三円だから割高だが、他の市町村と比べてもとびぬけて高いわけではない。

　鷹巣福祉は、たんにおカネだけで実現したのではない。自治体首長の強いリーダーシップ、ワーキンググループという住民参加の手法、議会とのねじれ構造による危機感と緊張、デンマークモデルという理念の導入、個別ケアを可能にしたハードとソフト、メディアからの注目とブランド効果、それに応えた職員らの高いモラル……等々の要因があいまって、からくも実現したものだ。

　だが地方自治のモデルケースと言われ、二一世紀の住民参加型福祉を牽引する立場にあった鷹巣福祉が、ごく短期間で暗転したのはなぜか？

　鷹巣とならんで全国的に名を馳せた地域福祉のモデル事例に、長野県泰阜《やすおか》村がある。泰阜村は村長松島貞治の強いリーダーシップのもとで、村営の二四時間在宅介護サービスを実施し、市町村合併にも同調しない考えで、異彩を放っていた。松島は、鷹巣福祉の危機を論じるシンポジウムの席で、「泰阜村の福祉は、村民ではなく、行政が守っています」と明言した。そこには、自分が自治体首長の座にある限り「泰阜村の福祉」を守り抜く、という強い自負がうかがわれた。だが、それは同時に、松島政権の終了とともに福祉も消える、ということを意味している。福祉が地方自治体の政策課題になることは、その反面首長の交代でかんたんに政策がひっくりかえることをも意味する。だが、高齢者の生活と介護は継続性を必要とする。福祉が政策の争点となるとき、何が起きるのか？

　鷹巣の事例を、北秋《ほくしゅう》地域が昔から非妥協的な政争の激しい地域だからと、その政治風土の特殊性に帰する見方もあるが、条件さえ同じなら似たようなことが他の自治体でも起きないとは限ら

❖9　北秋田市HPより〈http://www.city.kitaakita.akita.jp/index.html〉。二〇〇七・一二・一〇市社会福祉協議会情報。

ない。次節ではそれを検証してみたい。

9　業務改善委員会報告

二〇〇三年町長選挙のあと、新政権下の議会によって、「ケアタウンたかのす」の業務改善委員会が設置された。八月一日に設置、報告書の〆切りは九月一六日、四人の委嘱委員は委員会を開催して顔を合わせる機会を一度も持つこともなく、各自が報告書を提出するという異例づくめのものだった。その委嘱を受けた委員のひとり、大友信勝の詳細なレポート［大友 2004; 2008］が、経過を赤裸々に示してくれる。

業務改善委員会の委嘱を受けたのは、大友のほか、地元の会社経営者、元秋田県福祉事務所長、医療介護系企業取締役の計四人。大友は社会福祉学の研究者で東洋大学教授（当時、現職は龍谷大学社会学部教授）、元秋田県庁職員の経歴があり、公社側から推薦されていた。だがそれ以前に岩川らとの接触はなく、町政に対して「中立」の立場に立ってくれる専門家としての期待を寄せられていたが、どのような調査結果が出るかは、大友にも推薦者にも予想がつかなかったことだろう。他の三名は新町長派の人選であり、このうち「ケアタウンたかのす」の「放漫経営」にもっとも批判的だった会社経営者は、こののち町の社会福祉協議会の会長職に就いた高坂である。合併にともなって、鷹巣町の社協は、北秋田市の社協に統合、高坂がひきつづき会長職に就いた。この高坂会長のもと、二〇〇八年四月から社協は「ケアタウンたかのす」の指定管理者を引き受けるに至った。

大友はこの調査に短期間で集中的に取り組んだ。その事情は大友自身の介護系雑誌への連載［大友 2004］に詳しい。彼の報告書は、「ケアタウンたかのす」のケアの質が高い水準で維持されていることを、ヒヤリングや観察にもとづいて実証しながら、このケアの質を維持するためのコストが決して不当とは言えないこと、地域福祉の責任が行政にあることの妥当性を主張したものだった。他の三者による報告は、「ケアタウンたかのす」のケアの質の高さは同意しながらも、そのようなケアが「町民の血税のムダ使い」によって維持されていることに批判的であることで共通している。大友以外の報告書は、「公社の行政からの自立」「独立採算・自主経営」「サービス利用者の受益者負担」「効率的な経営」「一般的な企業感覚」などを求めるものであった。

大友は報告書のなかで、「ケアタウンたかのす」に対する非難に対して、ひとつひとつ事実をもって反論している。第一の「福祉にカネをかけ過ぎて町の財政が危機になった」という非難に対しては、（1）たしかに選挙戦の争点になった二〇〇二年度予算の経常収支比率は悪化しているが、その主たる理由は地方交付税の大幅減額のためである、（2）同年に民生費は前年より減額しており、（3）「福祉のやりすぎで教育にカネが回らない、学校に雨漏り」という批判に対しても、教育費は増額していることを示す。（4）他方、町の借金である自治体起債率は秋田県内の他の市町村に比べても七・六％と低く、六九市町村中下から二番目、むしろ「健全財政」に入る。合併が予定されていた周辺自治体のうち、相川町の公債率は一四・七％、森吉町一八・六％、阿仁町一六・一％、いずれも高齢化率においても鷹巣町を上回る。鷹巣町にとって合併にメリットがあるとは考えられない状況だった。

第二に、「多くの税金をかけて特定の人しか利用できない」といった「ケアタウンたかのす」へのネガティブ・キャンペーンは、大友によれば、「入所判定委員会が調査にもとづいて優先順位を公正に決めるために、議会有力筋による「口利き」が通用しない事への中傷」だという。「多くの入居者が死亡している」という中傷についても、利用者と家族の希望で公社にとっては負担となるターミナルケアをあえて実践した結果だった。

議会報告が終わった後、一一月に「調査員報告を聞く町民の集い」が開催された。大友のもとへ出席依頼状が届いたのは数日前のことであり、費用負担は自弁で、となっていた。自身の父親のターミナル期にあったにもかかわらず、大友は集会に参加、他の三人と違って唯一「ケアタウンたかのす」の実践を肯定的に評価したことで、反対派の町民から激しいヤジを浴びせられ、その場で立ち往生する。その緊迫した光景を、羽田監督の三作目のカメラは現場で捉えている。

以上の事情を、大友は以下のように推測している。

（鷹巣福祉を非難する）いずれの風聞にも、住民と当事者、職員、「福祉のまちづくり」関係者を分断させる効果を狙った、周到な準備、意図が読みとれ、世論を誘導し、次の着手を準備しているかのような、背後に何か政治的、社会的なスケールの大きな仕掛けがあり、その意図が透けてみえた（かっこ内引用者）。　［大友 2008: 92］

業務改善調査についても、大友は「予断と偏見を持って、最初から結論ありきでなされていた」と見る。

大友について十分な予備知識を持っていたとは言いがたい推薦者たちにとっては、彼の報告は予想を越える大きな影響を及ぼしたことだろう。こうして大友は鷹巣福祉をめぐる重要なアクターのひとりとして、その存在を鷹巣福祉の歴史に刻むことになった。

10 鷹巣の挫折の検証

「住民が選択した町の福祉」は、同じ住民によって否定されてしまった。なぜこんなことが起きたのだろうか？

二〇〇三年町長選のドラスティックな敗北の原因を、岩川陣営と公社の関係者はくりかえし検証してきた。一部の人々は、「今でも理由がわからない」「悪夢のようだ」という。

大友は町長選挙における岩川の敗因を、（1）市町村合併による「夢の特例債」と、（2）「福祉偏重批判」からくる風聞のボディ・ブローが効いたせいだと分析する。「夢の特例債」は、少し考えれば「幻」だとわかるようなウソ、「風聞」の方は根拠の薄弱なデマである。かつて岩川町政を選んだ町民は、それほど欺《だま》されやすい有権者だったのだろうか？　大友はさらに、市街地にあるグループホームが理不尽な理由で閉鎖されたいきさつ、そして町の社会福祉協議会がつなぎ資金の不足のために理事長交代を余儀なくされたこと、指定管理者の選考過程における疑問等をあげて、「誰かがシナリオをつくった」［大友 2008: 100］かのような事件と見ている。一種の「謀略」説ともいえるが、それならそのような謀略にのせられるほど、鷹巣の町民は欺《あざむ》かれやすい人々だったのだろうか？　鷹巣福祉退潮期を描き出す大友の筆致は、不公正に対する怒りにあふれているが、とはいえ、ともすればその原因を地方自治の未成熟に帰すような議論とつながっている。

だが、不思議なのは、同じ鷹巣町民が、ほんの少し前には「地方自治のお手本」「利用者民主主義が可能にした住民参加型福祉」の担い手、と呼ばれていたことだ。同じ町民が「鷹巣福祉」をいったんは選択し、そして短期間でそれを覆したことになる。結局は移り気で欺されやすい有権者が、そのときどきの時流に乗って選択した結果に、自ら翻弄されているにすぎない……としたら？　これは「身の丈福祉」どころか「身の丈民主主義」、一種の愚民政治説と同じになることだろう。

この謎をどう解けばよいだろう？

ここでは以下の三点にわたって検証してみよう。（1）「ケアタウンたかのす」へのネガティブ・キャンペーンが成功した理由、（2）合併がもたらした夢、（3）ワーキンググループの失速、である。

（1）「ケアタウンたかのす」への ネガティブ・キャンペーンが成功した理由

人口二万二〇〇〇人、高齢化率二七・二％、高齢者数六〇〇五人（二〇〇二年度）の自治体で、約三〇億円かけてつくった立派な施設に、老健定員八〇名、ショート三〇名、デイ五〇名、年間のべ利用者実数五七六名（介護施設のみ、二〇〇二年度実績より）は高齢者人口六〇〇五人の約一割。後期高齢者に限れば二五三七人の約四人に一人が利用者となる。これに世帯当たりの平均構成員数二・八七人をかけてみると、ざっと一七〇〇人程度の町民が、利用者もしくは家族として、「ケアタウンたかのす」の恩恵を受けていることになる。人口の約七・五％である。業務改善委員のひとり、高坂の試算によれば、介護保険の赤字分を補填している町の一般財源からの老健入居者ひとりあたりへの補助額は年間一三五万円。この負担は、「ぜいたく」であり、「不公平」だろうか？

たしかに高齢者介護の負担は、家族に要介護の高齢者がいるかどうかによって、大きな不公平がある。「ケアタウンたかのす」に高齢者を入居させている利用者家族は、鷹巣福祉から大きな恩恵を受けていることだろうが、そうでなければ、自分にメリットはない。「ケアタウンたかのす」内部のケア実践がどんなに質の高いものであっても、それを他と比べることができなければその価値を知ることはできない。積雪地帯という土地柄もあって、閉鎖性の高い施設内の情報が、利用者を家族に持たない一般の町民に知られることがなかったことは推測できる。また「日本一の福祉の町」という全国メディアの報道に、地元民が接することもあまりないと考えられる。[10] ケアタウンたかのすユニオン関係者は、「日々のケア実践に夢中で、ケアタウンの活動を住民に伝える努力をしてこなかったことを反省している」(ヒヤリング)という。

不公平感に加えて、「ケアタウンたかのす」の施設が、地域の居住条件を越えたグレードの高いものであったことも反感を誘ったと思われる。聞きとりからは、地域の高齢者には自宅に個室を持たない者もあることから、「個室はぜいたく」という声も聞かれた。元看護部長は、「自己主張しない利用者から、どうやってニーズを聞き出すか」を課題としていたが、地域性、世代要因、それに加えてジェンダー要因から、利用者の権利意識が弱く、「ケアタウンたかのす」におけるケアが、「分不相応」と受けとめられていたことは想像にかたくない。貧しい地方自治体に「日本一の福祉」は要らない、「身の丈福祉」で十分、という主張が支持を得る基盤があったことだろう。「年寄りにカネを使って、子どもや若者が置き去りにされている」という世代間対立をあおるネガティブ・キャンペーンも、功を奏した。この背後にエイジズム(「年寄りは年寄りらしく分相応に」)という差別視があることは容易に見てとれる。

デンマーク型福祉という見たことも聞いたこともない遠い外国のモデル、公募に応じてやってきた他の市町村や他県の出身者たち、そして次々に訪れる外部からのアドバイザーや視察者たち……「ガイジン」への反感も手伝ったかもしれない。[11] 「「ケアタウンたかのす」は地元の雇用創出効果がなかった」というネガティブ・キャンペーンも寄せられた。ポジティブに考えれば他地域からの働き盛りの人口流入は町を活性化させるし、新しい「観光資源」として全国から参観者をひきつける「ケアタウンたかのす」は、宿泊や飲食で地元におカネを落としてくれることで、地域に経済効果をもたらしたはずだった。

政権交代後、「ケアタウンたかのす」の参観者は激減した。いったんは全国ブランドとなった「鷹巣」は、合併後、地名からも消えてしまった。それは、前町長の痕跡を消したいという新体制の執念のようにすら思える。資源の少ない地方の過疎化する自治体にとっては、地域のブランド・イメージだけでも大きな資源であり、それを利用しない手はないと思えるのに、新体制はその遺産をも

❖10 地元紙『秋田魁新報』の占有率は高く、全国紙を併読しない読者には、全国メディアの情報は伝わりにくい。
❖11 原発立地に反対する市民運動の切り崩しのために、よその土地から助っ人にくる「ガイジン」に対するネガティブ・キャンペーンが利用される様子を、山秋真[2007]は活写している。

捨て去った。

(2)合併がもたらした夢

もうひとつは合併特例債、「この先一〇年で一二〇〇億円」の誘導である。これは合併後一〇年間に入ってくる予定の地方交付税を概算した額に実際の特例債二〇〇億円を加えた額だが、特例債はすべて公共事業にしか使えないうえ、借金には違いない。平成の大合併を誘導した合併特例債の期限は二〇〇五年度、この年度に駆け込み合併を果たした自治体は多く、北秋田市もそのひとつである。その前年度に地方交付税が大幅に減額、これが町の財政を硬直化させて、岩川町政に打撃を与えた。中央政府の行革路線から見れば、地方交付税が今後減額されていくことは予想される事態であり、交付税見込みを含む「一二〇〇億円」は、大友の表現によれば「幻の特例債」というべきものである。またハコモノにしか使えない特例債は、地方の活性化を公共事業依存体質によって果たそうとする旧態依然たる政治手法に拠っており、その「特例債バブル」に浮かれた自治体のなかには、それ以降持ち重りするハコモノ負担にあえいでいるところも多い。

だが「夢(幻)の特例債」がもたらした、「大型事業で建設業が伸びる」、「大型店を建設し若者に雇用を創出」、「地域医療の中核病院を建設して安心をもたら」して、県北の中核都市をめざす、というバラ色のシナリオは、多くの有権者に説得力を持ったと見える。また全国を巻きこんだ合併ブームは、「バスに乗り遅れるな」という焦燥感を、多くの弱小自治体に与えた。鷹巣でも、「合併しないと陸の孤島になる」というキャンペーンが張られた。

(3)ワーキンググループの失速

鷹巣福祉の特徴のひとつは、住民参加型自治の成果だということであった。「ケアタウンたかのす」の産みの親、ワーキンググループ参加者は最盛期で約一五〇人、町民ほぼ一〇〇人あたりに一人が参加したことになる。「ケアポートたかのす」の早期実現を求める九四年の議会への署名には一万一〇〇〇人以上の有権者が参加。九八年のケアタウン探検隊には町民七〇〇名が参加。これだけの規模と拡がりのある「草の根民主主義」が、なぜ覆ったのだろうか、と誰しも疑問を持つことだろう。

ワーキンググループの最盛期は、「ケアタウンたかのす」完成直前のケアタウン探検隊の頃である。自分たちでつくりだした施設で、自分たちの要望がひとつひとつ実現されていく手応えを味わった。「ケアタウンがわれわれのゴールだった」(男性・九〇代)

関係者へのヒヤリングからは、「ゴールを達成したあと、その成果に安住して活動が停滞した」という反省の声が聞かれた。メンバーが固定化し、会合も活発に開かれなくなった。政権交代後は、「活動停止状態」にある。

ワーキンググループについても、その過程でいくつかの問題点を指摘できる。当初は多様なニーズに合わせていくつものワーキンググループができたが、しだいにそれが高齢者福祉中心になっていった。ワーキンググループは、「岩川さんなしにはできなかった」(男性・六〇代)という声もあるように、岩川町政の伴走者として位置づけられ、完全に自発的なものとはいえなかった。ワーキンググループは「第二議会」として、多数野党の占める議会をバイパスする装置として機能した。ワーキンググループからのちに町会議員や市会議員を送り出したり、合併後の市長選ではワーキンググループ側の対立候補が立ったが落選、議会多数派とはならなかった。ワーキンググループと岩川町政との「蜜月時代」は、ワーキンググループの要望を行政が聞き入れるという形で実現され、請願型の住民運動のパターンを脱していなかった。ワーキンググループ自らが、なんらかの事業の担い手になったわけではない。

だが、現在の北秋田市にも、ワーキンググループの経験を持つ人的資源が、潜在的に一〇〇人以上の規模でいることは確実である。これらの人々が休眠状態をいつまでも続けるだろうか。達成したゴールが失われようとしている現在、この人たちが次にどんな動きをするかは、まだ予断を許さない。

11　ネオリベ改革に翻弄された鷹巣福祉

鷹巣福祉の成功と挫折を説明するために、カメラを引いて、よりマクロな社会変動を文脈として考えてみたい。それは九〇年代に始まるふたつの大きな政治的改革、(1)地方分権改革と(2)社会保障基礎構造改革である。その背後にあるのは、福祉国家の危機をもたらし社会保障費の抑制を帰結した、グローバリゼーションのもとのネオリベことネオリベラリズム的な政治改革である。(1)地方分権改革は地方の自立と行政のスリム化を求め、(2)社会保障基礎構造改革は福祉の「民活」化と受益者負担の原則をもたらした。その両者があいまって、二〇〇〇年施行の介護保険法が成立したことは、周知の事実である。介護保険には、そのスタート時から、光と影の両面がある。

地方分権改革は、「地方の自立」「地方主権」の名のもとに、中央政府の責任を次々に地方自治体に移管した。九五年に地方分権推進法を制定し、二〇〇三年の地方自治法の大胆な改正で、地方自治体は、大きなフリーハンドを持つことになった。「三割自治」の制約のもとにあった自治体にとっては、自主的な改革の絶好のチャンスが訪れたとも言えるが、法律上は自治の裁量権を大幅に与えながら、それを実現するための財源の自主性は与えないという矛盾した政策だった。もともとの動機は、中央政府の財政破綻を避けるための行政改革から生まれたものであり、中央政府の負担の軽減を意図していた。介護保険そのものが、中央政府管掌の医療保険の財政破綻を繕うという「不純な動機」からつくられたものであることは誰の目にも明らかで、だからこそ介護保険事業主体であることを期待された全国市町村会がこぞって「国の責任転嫁」と批判したことは記憶に新しい。

社会福祉基礎構造改革の推進者であった炭谷茂(元厚生省社会援護局長)によれば、社会福祉基礎構造改革とは、「上から与えられるもの」「してあげるもの」としての社会福祉を、「福祉サービスの利用者が、提供者と対等の関係となってサービスを選択できるようにし、権利としての社会福祉を確立しようとするもの」であり、「我国の社会に根付いていた社会福祉観を百八十度転換するものである」[炭谷 2003]。彼の表現には、改革の担い手の自負と熱意とがあふれているが、同時にこの改革が「受益者負担」の原則と、「自己決定・自己責任」のネオリベ的な価値観と結びついていることを忘れるわけにはいかない。その通り、介護保険は、高齢者福祉を「措置から契約へ」、「恩恵から権利へ」と変えた。官による恩恵としての福祉のスティグマをなくそうとした制度設計者の意図は達成されたが、同時にそれは中間層が施設入居への抵抗感をなくすことと同義であった。結果として、在宅福祉を支援するはずだった介護保険が、高齢者の施設入居を促進する結果になったことは、よく知られている。

歴史の「もしも if」を考えるのは無意味かもしれない。だが、もし、(1)地方分権改革と(2)社会保障基礎構造改革のこのふたつの改革がなく、地方自治が岩川が町長初当選当時の九〇年代初めの状態のままであったら?　自治体首長の強いリーダーシップと、ワーキンググループの参加型民主主義とのクルマの両輪のもと、行政が住民に保証する官製福祉は、高水準のまま継続していたかもしれない。九〇年代の不況と人口減少とで、税収減もあったし地方交付税も減額されたが、二〇〇三年度においても鷹巣町の民生費比率は突出した額とは言えず、自治体起債率も高くなかった。高額の施設建設は公共事業投資をもたらし、関連施設の需要も拡大した。雇用創出効果、参観者の落とす滞在費や観光関連の支出等の経済効果も少なくなかったはずだ。

その代わり、行政主導による恩恵としての福祉観は変わらず、官製福祉のスティグマはなくならなかったかもしれない。利用者の権利意識は生まれず、他の施設との競争も生まれず、初期の理念の継承がむずかしくなれば、「ふつうの施設」に堕すどころか、もっとも効率の悪い官製施設のひとつと化す可能性もある。鷹巣福祉のケアの質を支えていたのは、人材の数だけではなく質、担い手のプライドとモラル、それに数多くの参観者やボランティアなど外からの評価や監視の目であった。

介護保険は、福祉の世界に、受益者負担と独立採算制という、かつてなかったルールを持ちこんだ。その結果、官/民/協のすべての事業者がイコールフッティングで平等な競争のもとへ投げ込まれることになった。公社はこの変化への対応を予想してつくられたものではなかった。

官/民/協の事業者のうち、公社や社協は初期投資が行政依存だから、資金調達に苦慮する民や協の事業体よりも、一見したところ有利な立場にある。たかのす福祉公社が潤沢な資金をもとに、福祉器具貸し出し事業に乗り出したとき、同種の事業を予定していた同地域の民間事業者は撤退を余儀なくされた。官セクターの事業は、民業を圧迫する効果がある。❖12

介護保険が公社や社協など官セクターの事業者に持ちこんだのは、「経営」という概念である。わたしたちの共同研究者のひとり朴姫淑は、鷹巣福祉の経営上の特徴を、経営と管理の分離ととらえる。組織上は公社の理事会が経営責任を持つが、理事長は町長が兼任だったから、実質的には自治体首長が経営責任を負うのと同じである。岩川の発言、「行政が現場に対し責任を持つから、福祉の現場の人は、ひたすら理想のケアを求めてくれればよいと思った」を引用して、朴は「経営は行政、現場はケアだけ」という役割分担体制と呼ぶ。専務理事は現場のケア実践の最高責任者だが、経営の最高責任は町長にあった。飯田の辞職以来、専務理事職も空席のままで、ケア実践の責任者不在の状態が続いた。元鷹巣町助役で事務局長(当時)の男性の証言によると、「ケアタウンには経営本部はない」、「事務部は役所から来る予算を配るだけ、指揮命令系統がない」(ヒヤリング)と指摘する。

官セクターも協セクターと同じく「公益団体」であるなら、田中尚輝が言うように、「NPOのふたつの顧客」論があてはまる。第一の顧客はサービスの利用者、第二の顧客は会費を払ってその事業を支援してくれる会員である。自治体の場合には、「第二の顧客」は住民すなわち有権者にあたる。NPOにも「経営」は不可欠だが、それは以上のふたつの側面、第一のサービス・マネジメントのみならず、第二の資金調達マネジメントにも向けられなければならない。第一のマネジメントでは、ワーカーのモラルの調達を、第二のマネジメントでは応援団の同意の調達を、なしとげることが目的である。鷹巣福祉は前者については成功したが、後者については手薄だったと言えるかもしれない。いや、たしかに全国レベルのメディアや鷹巣ウォッチャーなど外部の応援団の同意を調達することには成功したかもしれないが、彼らは有権者でもなければ、納税者でもない。足もとの自治体住民の同意を調達する政治手法として、いったんはワーキンググループという手段を採用したにもかかわらず、それが拡がりと深まりを持つ前に、メンバーの固定化と高齢化、そして目標達成感から活力を失っていった。住民が行政との緊張感のなかで権利を闘いとるという姿勢がなかったこと、また獲得した権利を既得権としてそれに安住してしまったことも、活力を削ぐ原因にあげられよう。事実、ワーキンググループは議会との対決のなかでこそ盛り上がりを経験している。逆に岩川町政三期目の選挙は対立候補なしの無風選

❖12 NPOに対する公的支援にも同じような民業圧迫の効果がある。まったくのイコールフッティングで競争するなら、非営利団体だからといって特別な支援や保護を受ける理由はない、というのが民間事業者の言い分である。

挙だったことで、関係者が緊張感を失っていった。

「ケアタウンたかのす」の業務改善調査委員のひとりで、のちに北秋田市社協の理事長職に就いた高坂は、自身会社経営者であり、「ケアタウンたかのす」の指定管理者として、「ケアタウンたかのす」に企業経営と同じ経営手法を持ちこもうとした。介護保険下で独立採算制を求められる事業体に、効率と収支バランスは不可欠である。だが、本書で論じてきたのは、福祉経営は、一般の企業経営とは異なる、ということであった。

ここでもう一度、10章で述べた福祉経営の定義を繰り返そう。福祉経営とは(1)ケアの受け手とケアの与え手の双方の満足が最大化するような、(2)持続可能な事業の、(3)ソフトとハード両面にわたる経営管理に加え、(4)市民の合意と資源調達および(5)社会的設計の提案と実践を可能にする経営のことであった。

「ケアタウンたかのす」の経営はこの福祉経営の定義にかなうだろうか?

(1)ケアの受け手とケアの与え手の双方の満足の最大化については、先進ケアを実践するモデル施設を比較したわたしたちの共同研究のなかで、政権交代前の「ケアタウンたかのす」は、利用者の満足度とワーカーの満足度とが一致していた稀有な例であった。同じく共同研究者のひとりである阿部真大は、報告書のなかでそれを次のように表現する。

> 利用者の満足度は高いが、ワーカーの満足度は低い。❖[13] ワーカーたちのぎりぎりの献身によって、現在の(先進施設の)ケアの質は担保されている。これは非常にアンバランスな状態である。(中略)だが、調査のなかで唯一、この状態を打破したということができる場所があった。それが元・福祉の町、旧鷹巣町である。(中略)行政の全面的なバックアップを受けた「ケアタウンたかのす」においては、利用者の満足度とワーカーの満足度とが、非常に高い水準で安定していた。(中略)もし旧鷹巣町が昔のままであったならば、迷いなく、「官」が理想的なケア実践を可能にすると結論づけていただろう。
> [東京大学社会学研究室・建築学研究室 2006: 290]

事実「ケアタウンたかのす」ユニオンの関係者も、「ユニオンの設立目的はケアタウンを守ること。それは利用者、職員、サービスを守ることである。利用者と職員は同じ人間であり、どちらかを優先することはできない。利用者の生活の質、職員の生活の質を同じ比重で考えて行動していくこと」(男性・三〇代)をユニオンの原則としているが、これまで述べてきたケアの相互行為性から見れば、しごくもっともな原則と言えよう。

だが、見てきたように、(2)事業の持続可能性については、官セクターの事例には、思いがけない落とし穴があった。第一は政権交代による政策転換、第二に国の制度改革による環境条件の変更である。第一は、第二の条件に規定されて起きたとも言える。国の制度は地方の行政にとって選択の余地のない与件となるものであり、そのもとで福祉政策が変わることは、地方にとってはちょうどゲームの最中にルールを変更されるのと同じ効果がある。そう考えれば鷹巣の挫折は、九〇年代のネオリベ的な行革路線と、そのもとでの社会保障改革の波に翻弄された悲劇のケースと言えるかもしれない。しかも国政レベルの制度改革は一貫性を欠き、地方の自立を謳いながら財源を与えず、新型特養を推奨しながらのちにホテルコストを発生させるなど、「二階にあげてから梯子をはずす」態のものだった。

効率と収支バランスを求めるなら、「ケアタウンたかのす」の経営改革は、(1)人員配置を厚労省の基準通り三対一水準にまで落とすことで利用者のサービスの質を低下させ、(2)常勤を非常勤におきかえることで人件費コストを削減するというシナリオしかない。非常勤職員は経験年数が少なく、離職率が高く、交代が激しいことから人材のうえでもサービスの質は低下するだろう。つまり「福祉経営」の基準からすれば、ケアを受ける側の利益も、ケアを与える側の利益もともに切り下げることを通じて、はじめて「持続可能な経営」が可能になるというほかない。

こうした比較は、介護保険のもとでの「経営」の条件が、利用者とワーカーの条件をともにきわめて低い水準で維持することを前提としていることを白日のもとにさらす。他の先進ケアの施設の経営者の多くも断言するように、「介護保険の枠内では、理想のケアはできない」のである。

(3)ソフトとハード両面にわたる経営管理という点からはどうか？ 全室個室ユニットケアという施設は、高額の公共投資がなければ実現できなかっただろう。三〇億円に近い公共投資は、政府や自治体のような公共団体にしか可能ではなかったことはたしかだろう。[14] だが、ユニットケアはハードだけの条件で成り立つわけではない。「ユニットケアに対応するソフト」(飯田)をともなってこそ、初めてその設計意図を達成することができる。いったんソフトの条件が切り下げられれば、「ケアタウンたかのす」はハードの側の条件から、かえって状況を困難にする要因がある。広大な建物は維持管理コストが高くつくために施設管理費負担を重くし、またユニットケア型の施設はもともと職員の手厚い配置を要求するのに、削減された人手のもとでは職員は労働強化で対応せざるをえない。それがさらなるモラルの低下と離職率に結びつくことは容易に推測できる。そうなれば、「ケアタウンたかのす」は、全国どこにでもある「ふつうの施設」になるだけでなく、ハードの

❖13 調査データにもとづいて正確に表現すれば、「ワーカーの満足度は高いが、労働条件は低い。労働条件に対する不満は抑制されている」と言うべきであろう。

❖14 資金力という点では、11章の「生協福祉」の章で論じたように、協セクターのなかでも生協系の事業体は稀有な資金力を持っている。担い手のひとり、社会福祉法人生活クラブ理事長の池田徹[2008]は、そのことに自覚的である。

条件がかえって足かせとなって「ふつう以下の施設」になるかもしれない。そこに残るのは、不満を言うこともできない利用者と、他に選択肢のない家族である。かつてあった高齢者安心条例も廃止されたいま、利用者を拘束や虐待から守る条件もない。日本全国どこにでもある高齢者福祉の貧しい現実が、ここにも生まれるだけ、となるのだろうか。

(4)市民の合意と資源の調達において鷹巣は最大の失敗をした。それは有権者の選択として表れた。鷹巣が教える教訓は、「第二の顧客」(田中尚輝)の合意は一度調達されたらそれで終わりということはなく、何度でも継続的にその合意を調達する努力がなされなければならないということである。民間企業にとってはこの「第二の顧客」すなわち株主の合意調達は、もっと過酷な要請となる。なぜなら信頼を失墜した企業からは、どんな老舗であれ巨大企業であれ、株式市場の投資家たちはいっせいに容赦なく資金を引き揚げるからである。自治体の福祉政策においても市民にどんなリターンがあるかという説得は、たんなる広報の域を越えたものであろう。

(5)社会的設計の提案と実践において、鷹巣は「デンマーク型福祉」を提案したが、それはネオリベ型の社会保障構造改革のもとの介護保険の受益者負担原則にのみこまれていった。もし旧鷹巣町民が高福祉高負担の合意にもとづく、高い福祉水準を「地方自治」の名のもとに実現していたら、鷹巣町は日本における例外的なモデルとなったであろう。だが平成の大合併は地方を平準化する(それも住民サービスを低い方に)波であり、鷹巣もまたこの高波に呑まれてしまった。もとより財政力のない自治体に国からの自立性を求めることにも限界があったと言えよう。鷹巣の悲劇は鷹巣だけの悲劇ではない。

12 鷹巣の挫折から何を学ぶか

鷹巣の挫折から協セクターが汲みとるべき教訓とは何か？

二〇〇四年にわたしは大友と次のようなやりとりをした。すでに書いた文章から、少し長いが引用しよう。

わたしは福祉に関心のある何人かの研究者とともに、大友さんを招いて勉強会をした。約四時間にわたってじっくり、大友さんから裏話を含めてヒヤリングをしたのだが、そのなかで忘れられない発言があった。それというのも、このところわたしは福祉NPOに深い関心を持っており、地域福祉を託す担い手は、効率の悪い官(行政)でもなく、信用できない民(営利企業)でもなく、市民が非営利で事業を担う協(市民社会)のセクターに期待するのがベストで、そのためにはNPOのような団体を意図して育てなければならないと考えてきたからだ。

「鷹巣に協にあたる担い手はいるか」と水を向けると、大友さんはわたしの質問の意図を即座に理解して、次のように答えた。

「鷹巣は住民をワーキンググループに組織することで、官が協を育てている最中でした。それが道半ばにして、政変で挫折したのです」。 〔上野 2004b〕

住民参加型地域福祉とは、たんに地方政治の意思決定に住民が参加することだけを意味しない。自らが受益者であるだけでなく、地域福祉そのものの担い手に「参加」することを意味する。そのことによって、官からの相対的自立を達成し、官との交渉力を身につけていくことが必要であろう。そうでなければ、いつまでも官に「お願いする」依存体質はなくならないだろう。「善政」であれ、温情的庇護主義であれ、官は官には違いない。こういう言い方をしなければならないのは、自治体と住民自治とが乖離しているからだ。公共団体とは言いながら、自治体が公益を代表しているとはかならずしも考えられない現実をわたしたちが知っているからである。だからこそ、公益の担い手を、官に委ねるだけでは十分ではなく、協セクターの存在理由がある。わたしが官セクターを公セクターと名づけないのはその批判意識からである。

ある協セクターの事業体の責任者が言ったことばが忘れられない。

「行政に依存しない。だから行政にふりまわされない」

わたしたちが研究の対象としてきた多くの協セクターの事業体は、制度の変更によって影響されることが少なく、むしろ介護保険のような制度改革の移行期を成功裡に軟着陸してきた。もともと自助努力で何の公的支援もなしに走ってきた協セクターの事業体にとっては、介護保険はかえって追い風になったくらいである。彼らはむしろ自分たちに使い勝手のよい制度を要求し、制度をつくりかえてさえきたのだ。協セクターの実践の強みは、制度があるからサービスがある、ということにはない。むしろ制度がなくても――そこにニーズがあるから――サービスがある、という初心を持ちこたえてきたところにある。一部の事業体にとっては、「(困った)制度があるにもかかわらずサービスがある」という場合さえあるだろう。

最後にもうひとつ、ある福祉NPOの関係者の発言を紹介したい。

「行政には期待しない。わたしたちがやることの邪魔をしないでくれさえすればよい」

第16章 協セクターの優位性

1 協セクターの競争優位

前章までの検討を通じて、福祉多元社会のもとで、「介護の社会化」の担い手として、官／民／協／私の四セクターのうち、協セクターが他の二セクターに対して相対的に優位にあることを論じてきた。介護保険制度のもとのサービス提供事業において、準市場におけるイコールフッティングの競争のもとでは、官／民／協の三つのセクターのうち、官および民と比較しても協セクターの事業体が、相対的に優位にある、すなわち利用者にとってもワーカーにとっても利益が高く、かつ経営的に見ても持続可能な選択肢である、と判定することができるだろう。さらに市民の合意と地域資源を動員し、新しい事業モデルや制度設計、運用のルールづくりにおいても高い提案力や実践性を持つことを見てきた。これに対して例外を設けるとすれば、15章で検討したように、現行の介護保険よりは手厚い財政的支援のもとに、ソフト・ハード両面において高度なケアを達成した官セクターの事例(旧鷹巣町)をあげることができるが、公的資金を投じたこのような事例は例外的というべきで、事実、有権者の合意の調達に失敗して「鷹巣福祉」は挫折した。

こういう比較をおこなうのは、利用者から見て、どうすれば「質のよいケア」を得ることができるだろうかという究極の問いに答えるためである。

協セクターの事業体のなかには、「先進ケア」のモデルとして全国的に名をはせた事例がいくつも誕生した。そのなかには固有名をもって語られるカリスマ経営者やカリスマ管理者なども生まれた。だが、どんな事業体も、経営者や管理者だけの力で維持することはできない。質のよいケアが、モラルの高いワーカーによって維持されているとき、それを支える条件はいったい何なのか？ それは篤志家の経営者や管理者の人格的な力量や偶然によって成り立ったものなのか、それとも他にも移転可能な、そして持続可能な実践なのだろうか？

2　労働条件と人員配置

先進ケアの福祉経営が効率ではなく、最終的には「ケアの質」で測られるとすれば、それを客観的に測定する指標は、これまで（1）ワーカーの労働条件と、（2）ワーカーの人員配置とのふたつであった。

福祉事業体が供給する財はサービス財であり、その生産者はケアワーカーであり、その直接的な生産コストは人件費である。福祉事業では人件費率が、経営コストを押し上げる最大の要因となる。先進ケアと言われるモデル施設の人件費率は七割に達するが、この数値はこれ以上では経営が成り立たない限界値であることはしばしば指摘されてきた。

出来高払い制の介護保険制度のもとで、官／民／協セクターの各事業体は「同一の条件下の競争」に入るが、福祉経営の担い手である経営者の力量は、限られた原資を限られたケアワーカーのあいだで、どのように分配するかにかかっている。そのひとつの解は、ケアワーカーの労働条件を上げ、フルタイム雇用という雇用保障と高い賃金水準を確保することだが、そうすれば必然的に雇用できるワーカーの数が少なくなるために、利用者に手が回らなくなるか、さもなければワーカーの労働強化を招く。もうひとつの解は、ワーカー配置を手厚くするためにワーカーを増員することだが、そうすればひとりあたりのワーカーの労働条件を切り下げなければならなくなる。その結果、パートタイム、登録ワーカーなどの不安定雇用が増え、ワーカーの労働条件は悪化する。

ケアワーカーの労働条件と「ケアの質」が相関しているであろうことは容易に推測できるが、それを実証した研究は多くない。三富紀敬［2005］はサービスの担い手である介護専門職の労働条件と社会的地位が、「サービスの水準にどのような影響を及ぼすか」についての研究が不可欠である——そうした研究が日本に欠けていることを前提としたうえで——と注意を喚起する。

三富の言う「労働条件」とは、具体的には雇用形態と賃金の組み合わせからなる。もうひとつ「社会的地位」も重要な指標だが、これを客観的な指標で測定するのはむずかしい。一般に職業の社会的地位が賃金と連動すると見なせば、賃金がやはり最大の指標になるだろう。福祉労働者の低い労働条件が、他の職種に比べていちじるしく高い離職率を招いていることは知られているが、そのことと「介護の質との相関関係」も推測の域を出ない。離職者が多ければ、平均勤続年数は短くなるから、その結果として「経験」が重要視されるケアサービスにおいて、質が低下する傾向にある、と推論することはできるが、労働条件と「ケアの質」との相関を正面に据えた研究は見あたらない。

例外的に、佐藤博樹・大木栄一・堀田聰子による共同研究『ヘルパーの能力開発と雇用管理』[佐藤・大木・堀田 2006]が、ヘルパーの介護能力と経験年数、さらに介護能力と報酬(時間給)とのあいだに相関関係があることを実証データで示しているが、このデータには致命的な欠陥がある。というのは「ヘルパーの能力」を、当事者の「自己評価」で置き換えているからである。統計学的に見れば、介護能力と報酬との相関は疑似相関にすぎず、たんに経験年数と報酬との相関であると見なすこともできる。さらに時間給の分散を見ても、自己評価による「介護能力得点」の四段階評価のうち、トップとボトムの差は、身体介護で一五七六円から一五三一円までと四五円の差、生活援助で一〇九八円から一〇六八円までと三〇円の差にすぎず、月間二〇〇時間働いても月額九〇〇〇円から六〇〇〇円の差にしかならない。公定料金のもとでは、ケアワーカーの資格や経験・能力のいかんを問わず、介護報酬に違いは生じない。ワーカーにとっては、サービス管理責任者やケアマネジャー等の管理職・専門職にならない限り、労働条件の向上はのぞめないしくみになっている。

ただし、佐藤らの実証研究は、雇用管理のあり方がワーカーの「バーンアウト」というストレス要因と相関していることを明らかにした点で功績がある。同一の労働条件のもとでは、「雇用管理の取り組みが十分」かどうかが、ワーカー離職率に直接関係する、つまり経営者やサービス提供責任者の役割の重要性を指摘したことである[佐藤・大木・堀田 2006: 149]。

だが、いくつかの先進ケアのモデル施設を事例調査した結果から、ワーカーの労働条件や利用者に対する職員配置などの客観指標のみで、かならずしも「よいケア」が測れるわけではないと、わたしは考えるようになった。なぜなら、先進ケアを実践する人々は、まったく同一の条件のもとで他の施設にはまねのできないケアを実践しているからである。先進ケアを支えているのは、たんに「低い労働条件のもとで働くワーカー」ではなく、「低い労働条件にもかかわらず高いモラルと能力でケアを実践する人々」の存在だった。どうすればそういうことが可能なのか?

結論を先取りすれば、「先進ケア」は、以下の三つの要因、(1)高い理念をもった指導力のある経営者が、(2)高いモラルと能力をもったワーカーを、(3)低い労働条件で使う、という条件が満たされたときに、はじめて成立する。

先進ケアを支える福祉経営を考察することは、それがいかなる「奇跡」のもとに成り立っているのか、それがなぜ「奇跡」であるのか、その「奇跡」を通じて現状の介護保険の限界がいかに示されるか、を明らかにすることにある。

3 「生協らしい」福祉とは

生協福祉が協セクターのなかで大きな役割を果たしてきたことを述べてきた。「ケアの質」から見て、生協福祉は他の事業者と比べて優位にあると言えるだろうか。また生協福祉は、どこが「生協らしい」のだろうか。

東京大学社会学研究室とグリーンコープ連合との共同研究では、調査結果から利用者のあいだに満足度が高いことは示されたが、「利用者満足度」調査があてにならないことは以下の理由による。(1)他の事業者との複数の利用経験がなければ比較することができない、(2)調査時期から見て、利用者の大半は利用経験が浅く、比較対象を持たない、(3)事業者を通じて対象者をサンプリングしたために、現に利用を継続している満足度の高い利用者に偏るというサンプリングバイアスがある、(4)利用者側に不満がある場合は、黙って辞めていく傾向がある。一方でクレイマーやモンスター利用者の事例が報告されながら、実のところ事業者には利用者の不満はなかなか伝わらない。まして他の事業者との比較はむずかしい。

また調査からは、「グリーンコープの福祉サービスを選んだ理由」に、「ワーカーとの意思疎通がうまくいっている」という理由のほかには、価格訴求を上げる割合が高かった。保険外利用の「生協価格」が選択の理由であることが推察される。ワーカーズ・コレクティブ系の事業所は、社会福祉法人や民間事業所が、身体介護など高価格のサービスや、プライムタイムの需要を独占したうえで、家事援助(生活援助)などの低価格帯のサービスに需要が集中し、また他の事業者がやりたがらない時間帯の需要に応じる傾向がある。結局、「低価格」で「使いやすい」サービスであることが主たる訴求要因であり、利用者は(選択しているのは主としてその家族だが)「ケアの質」など問題にしていないように見える。もっとも「ケアの質」を問題にするほどの選択肢が与えられていない、という事情もあるだろう。

それならサービスを提供する側にとっては、自分たちの「ケアの質」はどのように捉えられているだろうか。

グリーンコープのワーカーたちの表現によれば「主婦らしい介護」がキーワードになっていた。それは彼女たちが、自分たちの主婦としてのキャリアを、ケアワーカーとしては有利だと考えていることを示す。彼女たちが「主婦らしい」という形容詞にこめたのは次のような特質である――「よく気がつく」、「気配りがある」、「柔軟に対応する」、「何にでも応じる」。だが、「よく気がつく」、「気配りがある」とは、相手のニーズを言われるより前に察して先回りして充足するような態度のことだし、それは夫婦関係や親子関係のもとでは培われてきたかもしれないが、利用者とのあいだでは、自己流のケアをどこでも通すことを意味する。「主婦らしさ」はしばしば「柔軟に対応する」に結びつけられるが、これも、利用者の多様な要求に「臨機応変に」応えることを通じて、相手の要求を断れず、心ならずもサービス残業をしたり、「不適切利用」を招くこともある。また何に対してもスタンバイしている姿勢は、待機の時間の長い主婦の特性かもしれないが、逆に何に対しても専門性を持てないことの裏返しでもある。「主婦らしさ」は低料金の家事援助を積極的に引き受け、逆に責任と負担の重い身体介護を忌避する結果にもなる。「主婦らしさ」は「素人らしさ」とつながり、質の低さに対する言い訳ともなる点で、本人たちがそれを肯定的に使うわりに、実際は両義的である。

4 「生協らしさ」とワーカーズ・コレクティブ

この「生協らしさ」を、神奈川のふたつの事例で検証してみよう。そのひとつは生活クラブ生協神奈川を出資法人とする社会福祉法人いきいき福祉会経営の特別養護老人ホーム「ラポール藤沢」（五〇床）である。

社会福祉法人いきいき福祉会は、一般の社福法人と変わるところがなく、ケアワーカーとは通常の雇用関係にある。一九九四年開設後すでに一八年を経過した「ラポール藤沢」は、すでにその創業母体である生協から自立しており、理事長と施設長とが生協関係者であること以外に、生協との特別の関係を示唆するものはない。設立後に採用された職員のほとんどは生協と無関係であり、「ラポール藤沢」が生協によって設立されたことを、知らないかもしくはそれに頓着していない。生協福祉はもともと組合員の老後を助け合いで支えるという「共助」の理念から作られたものだが、特養部門の利用者は生協関係者とは限らず、当初の目的にかなう使われ方はしていない。それというのも、神奈川地区では、生協組合員の経済階層が相対的に高く、組合員にとっては多床室を主とした「ラポール藤沢」が魅力的な選択肢に思えないという事情がある。設立当初には高齢者介護施設の絶対的な不足から緊急性を求められたであろう特養建設も、介護保険後には各種の有料介護施設の急速な普及や、高齢者施設の設備の高級化にともなって、今日の水準からはいささか見劣りがするものとなっている。

「ラポール藤沢」のケアの質の外部評価は、藤沢市の他の特養に比べて高いとは言えない。藤沢市内特別養護老人ホーム施設長会が二〇〇五年二月に実施した『藤沢市内特別養護老人ホーム――入居者家族へのアンケート調査』によれば、「ラポール藤沢」の評価は、「居室・設備」への満足度は一二施設中最も低く、「食事の内容」、「入浴やトイレ介助」が平均以下、「職員の態度」、「入居者とのコミュニケーション」でやや平均を上回る程度である。したがって特養部門に限れば、当初は理念の高さがあったにせよ、現実の「ラポール藤沢」は「普通の特養」のひとつと化している。

「ラポール藤沢」の「生協らしさ」は、ワーカーズ・コレクティブの参入にある、と理事長の横田克巳も施設長（二〇〇五年調査当時）の小川泰子もヒヤリングで強調する。このうち二〇〇六年に厨房ワーカーズ・コレクティブ「花もめん」は撤退し、デイサービス部門にのみワーカーズ・コレクティブ「実結《みゆい》」が残った。厨房ワーカーズ・コレクティブは受託事業の拡大と管理栄養士の導入によって、労働強化と自立性の喪失を経験し、撤退を決めたところだった。他方、デイサービス部門の事業委託を受けたワーカーズ・コレクティブは、当初、施設職員である部門管理責任者の管理のもとに置かれていたが、しだいに自立性を高め、自分たちのなかから管理責任者を選ぶに至り、デイサービス部門全体の業務委託を引き受けることになった。そのあいだに配分額も向上し、時間給は厨房ワーカーズ・コレクティブよりもデイサービス担当のワーカーズ・コレクティブの方が高くなった。この違いはどうして生まれたのだろうか。

厨房ワーカーズ・コレクティブは、早朝から長時間にわたる立ち仕事という激務に加えて、衛生管理上の理由で他の職員や利用者から隔離され、そのうえ生協組合員の誇りだった食の安全へのこだわりまで管理栄養士に否定されるにいたって、モラルの喪失を経験している。もともと食材の共同購入から始まった生協は、食にこだわりがある。初期のワーカーズ・コレクティブの多くが、弁当や総菜、加工食品の製造を事業化したものであったことを思えば、ワーカーズ・コレクティブが新設特養の厨房を担当するのは自然の流れだった。だが、ラポール藤沢の入居者五〇食に加え、藤沢市の配食サービス二〇〇食等の負担が増えるにつれ、厨房ワーカーの労働量は格段に増えていった。「一日揚げ物を揚げつづける日もあった」と代表(女性、五〇代)は回想する。産地の確かな生協の食材を用いることは「花もめん」のプライドでもあったが、生協の食材はけっして安価とは言えず、コストを圧迫した。

介護保険の二〇〇六年改訂で食費が圧縮され、要介護状態に応じて個別食の指導が始まるとさらに経営は圧迫された。食事指導のために管理栄養士が導入されると、破局は決定的になった。それまでは栄養士をワーカーズ・コレクティブが推薦して採用していたのを、それに代わる管理栄養士資格を持った人材を確保できなかったために、施設側が独自に管理栄養士を採用したからである。衛生管理のために、食器洗浄に特定の洗剤を用いるよう指示した管理栄養士と、できるだけ危険な薬剤を使わないという理念で動いてきたワーカーズ・コレクティブとのあいだに対立が起きたが、意思決定権を持たないワーカーは不承不承管理栄養士の指示にしたがった。もともと過重労働のもとにあったワーカーの多くはこの経緯でモラルを喪失し、何度かの調整の結果、撤退を決めるに至った。

施設長も理事長も、そのあいだに、ワーカーズ・コレクティブから独自の提案が出てくることを期待し、それを促したという。だが面接調査では、質量ともに重い負担を限られた人数で回すだけでせいいっぱいで、その期待に応じる余力はなかった、という声がワーカーズ・コレクティブ関係者から聞かれた。

撤退の理由のひとつは、ワーカーズ・コレクティブ「花もめん」が法人と契約していた内容が、厨房の労働部分についてだけであり、食材についても人事についても、経営権を持たなかったことがあげられよう。彼女たちの意思決定権は労働のシフトと委託契約料の配分に限られた。民間企業なら事業高が増えれば業績は好転する。だが、厨房ワーカーズ・コレクティブでは、低賃金のまま労働時間だけが長時間化し、そのような労働条件で新規採用者をリクルートすることが困難であり、それがまた現職のワーカーにしわ寄せされるという悪循環が続いた。メニューと食材の決定は栄養士の仕事だった。生協の安全な食材を使うことにワーカーズ・コレクティブ側はこだわったが、生協の食材が価格面で高くつくことは前提されており、経費節減にはつながらなかった。食材の予算管理もまた法人の管轄下にあった。栄養士とワーカーズ・コレクティブとの関係がうまくいっているあいだはよいが、両者の意思疎通に問題が起きると、ワーカーはたんなる手足になってしまう。自分たちのあいだから栄養士を送り出すことや、あるいは管理栄養士を仲間として調達するような専門性への志向は、彼女たちにはなかった。

さらに問題を悪化させたのが、「厨房のドア」である。衛生管理上の理由で、「厨房のドア」は固く閉ざされていた。ドアに隔てられて、厨房の外部の職員は厨房で何がおこなわれているかを知らず、また厨房のワーカーは厨房の外部の利用者と接触することがいちじるしく少なかったのである。

厨房職員のモラルにとって、末端ユーザーつまり入居者との交流が大きな意味を持つことを証言した事例がある。わたしたちが調査で訪れた愛知県西尾市の社会福祉法人「せんねん村」では、二〇〇六年の改訂にともなって大胆な厨房改革を実施した。厨房職員の発案で、ユニットケアの各ユニットへ出前し、配食の最終過程を利用者の目の前でおこなうようにしたのである。広大な敷地に二階建ての木造建築が拡がる「せんねん村」では、この提案は厨房職員の負担の強化を意味した。だが、自らの発案を実行できるようになった職員はその負担を引き受け、その結果として、利用者の残食率が目に見えて減るという効果をもたらした。自分たちの労働の成果が利用者に直接届いているという手応えは、厨房職員のモラルを高めることに大きく貢献し、労働強化への不満は聞かれなかったという(理事長ヒヤリングより)。

この事例の成功は、厨房という労働についてわたしたちに教訓を与える。ケアワーカーなら利用者との直接交渉から得ている生きがいや手応え、感謝などを、厨房ワーカーは意識的に努力しない限り手に入れることができない。「ラポール藤沢」で衛生管理の名のもとに厨房を隔離したことは、厨房ワーカーの孤立につながった。だが、もし厨房が組織上法人と分離されていなかったら、ケアワーカーと厨房ワーカーとの連携はもう少しスムーズにできたかもしれない。施設職員にとってもワーカーズ・コレクティブは、そのなかで何がおこなわれているかよくわからない組織内の自治区だったからである。

「花もめん」撤退後、「ラポール藤沢」では厨房を外部の業者に委託することを決定した。すなわち、低賃金の過酷な労働でも引き受けてくれるような労働者をパートタイムで雇用する業者に外注したのである。労働条件が変わらないままたんなる雇用労働となれば、厨房労働はますます自己決定権のない疎外労働と化すだろう。「ふつうの特養」が選ぶ経営合理化の道を、ラポール藤沢も選んだ。この事実からも、ワーカーズ・コレクティブを支えていた担い手と、一般の施設労働者との経済階層の違いが推察できる。

他方、デイサービス業務の委託を引き受けたワーカーズ・コレクティブ「実結」は、これとは対照的な道をたどった。当初、デイサービス部門には施設職員の責任者がいて、ワーカーはその指示に従っていたが、その責任者を外してワーカーズ・コレクティブに全面委託することで、事業の自立性を高めた。その代わり、ワーカーズ・コレクティブのなかからデイサービス部門の責任者を選定し、法人の職員とすることを法人側から要求した。有償ボランティア感覚から始まったワーカーズ・コレクティブにとっては大きな決断だったが、人材を得て、デイサービス部門はいわば施設内自治区となった。ワーカーズ・コレクティブ代表から専従のサービス提供責任者、フルタイムの施設職員になった女性(五〇代)にとっては想定外の展開であっただろうが、彼女はその選択を「忙しくなったが後悔していない」という。デイサービスには、地域の女性がボランティアに来ているが、彼女たちのヒヤリングによれば、「特養にはボランティアに行きたくないし、自分が将来入ろうとも思わない。だが、ここのデイサービスには、自分も来てもよい」(女性、六〇代)と評価が高い。

興味深いのは、デイサービス部門には、人員配置のアンバランスを補うためにパートタイム労働者が雇用されていることである。委託事業費のなかから配分額としてわたされる「実結」メンバーの報酬は、パートタイム労働者よりも低いこともある。現在でも会議コスト等の見えない労働を算入すれば、時間給はパートより低いかもしれない。だが、「実結」のメンバーはワーカーズ・コレクティブという働き方を選んでおり、他方パートの職員はそれを傍目に見ながらパートのままで働くことを選択している。どちらの場合も、その多くは配偶者特別控除年間限度額一三〇万円の壁のうちで収入を抑制してきており、賃金に対する不満は聞かれない。不満が聞かれたのは、ワーカーズ・コレクティブに属する二〇代のシングル男性ワーカー(月額給与一六万円)のみ。だが彼にはワーカーズ・コレクティブとは何かの認識がなく、会議の話も「ちんぷんかんぷん」という。他方、それまでデイサービスを担当していた常勤の施設職員(男性、三〇代)は、子どもが生まれたばかりで、このままでは「子どもを食べさせていけない」と賃金の低さに不満を漏らす。同期六人中三人が、すでに経済的理由で離職したという。

デイサービス部門のワーカーズ・コレクティブは、創業期から長期にわたって継続してきたメンバーが多い。彼女たちは、施設職員の管理のもとで経験を積み、自信をつけ、その管理から自立してきた実績を持つ。メンバーのなかから専従の有給職員を生み出すことにも抵抗がなかった。利用者との直接のインターフェイスから感謝と信頼を寄せられ、仕事に誇りを持っている。会議を含めて八時、九時までサービス残業をいとわないばかりか、休日にもイベントへのボランティア参加を積極的におこなっている。メンバー以外にも数多くのボランティアが曜日を決めて出入りし、開放性に富んでいる。スタッフが多いので、利用者のレクリエーションもカラオケ、手芸、書道、碁などメニューが多く、全員いっせいに参加する集団レクリエーションは特別な時にしかしない。複数の利用者が同時に複数の活動にめいめい自由に参加しており、利用者の自発性が尊重されている。

法人の「ラポール藤沢」側から見れば、「デイサービスはラポールの稼ぎ頭」でありながら、年間一定額の事業委託費のもとで収益を上げてくれるワーカーズ・コレクティブの存在は、管理コストがかからないだけでなく、モラルの高いワーカーが多く、低い労働条件のわりに離職率の低い、ありがたい労働力であろう。

「ラポール藤沢」のデイサービス部門の「成功」は、逆説的なことにそれが法人管理から自立したことによる。それは厨房ワーカーズ・コレクティブが法人から自立することができずに撤退したことと対照的である。「ラポール藤沢」のデイサービス部門の成功は、(1)モラルの高いワーカーが、(2)低い労働条件で働いてくれることによって維持されている。その背後にあるのは、生協福祉の理念や、ワーカーズ・コレクティブに託した自発性である。そしてもちろんこの低賃金を支えているのは、彼女たちが生協組合員という相対的に高学歴・高経済階層に所属しており、雇用者の夫の扶養家族として、収入を抑制する動機を持っているからである。管理責任者としてフルタイムの専従労働者になった「実結」メンバーは、「月給は上がったが、世帯で見ればかえってソンをした」(女性・五〇代)という。またこの種の「成功」が、デイサービス部門に限られるのは、ひとつには主婦役割を背負った彼女たちに、施設勤務に求められる夜勤が不可能だからであり、もうひとつには、ホームヘルプ部門と比べて相対的に長時間の安定就労が見込める事業部門だからである。

そう考えれば生協福祉の「高い理念」とは、低賃金でモラルの高いワーカーを動員するマジックワードとして機能していると、皮肉な見方をすることもできる。事実、多くのワーカーズ・コレクティブは、創業期メンバーと後発組との理念継承のギャップに悩んでいる。この「理念」を共有しないレイトカマーにとっては、「ワーカーズ・コレクティブらしい」働き方や、会議の多さなどは理解に苦しむ「コスト」としか見えないだろう。

5 労働の自己決定の逆説的効果

生協福祉のめざましい成功例として、もうひとつの事例をあげておこう。同じく生協福祉のパイオニアであった生活クラブ生協神奈川のワーカーズ・コレクティブから出発し、しだいに自立性を高めて九三年に社会福祉法人「藤雪会」を設立、さらに二〇〇〇年にNPO法人MOMOのもとで、神奈川県厚木市にサービスハウス「ポポロ」を開設した事例である。

サービスハウス「ポポロ」(定員四〇名)は、デイサービスとホームヘルプ、ショートステイ等の介護保険事業を併設するケア付き共同住宅である【図31】。企業の独身社員寮だった築四〇年の鉄筋コンクリートの建物を借り上げて改修する費用に一億円がかかった。その個室を周辺価格よりも割安で賃貸に出し、介護の必要な利用者にはケアマネジャーをつけてケアプランを作成し、地域の介護資源を利用してもらう。同じ事業所がデイサービスを提供しているが、地域の他の事業者と比較して利用者に選んでもらえばよい

図31　ポポロ平面図

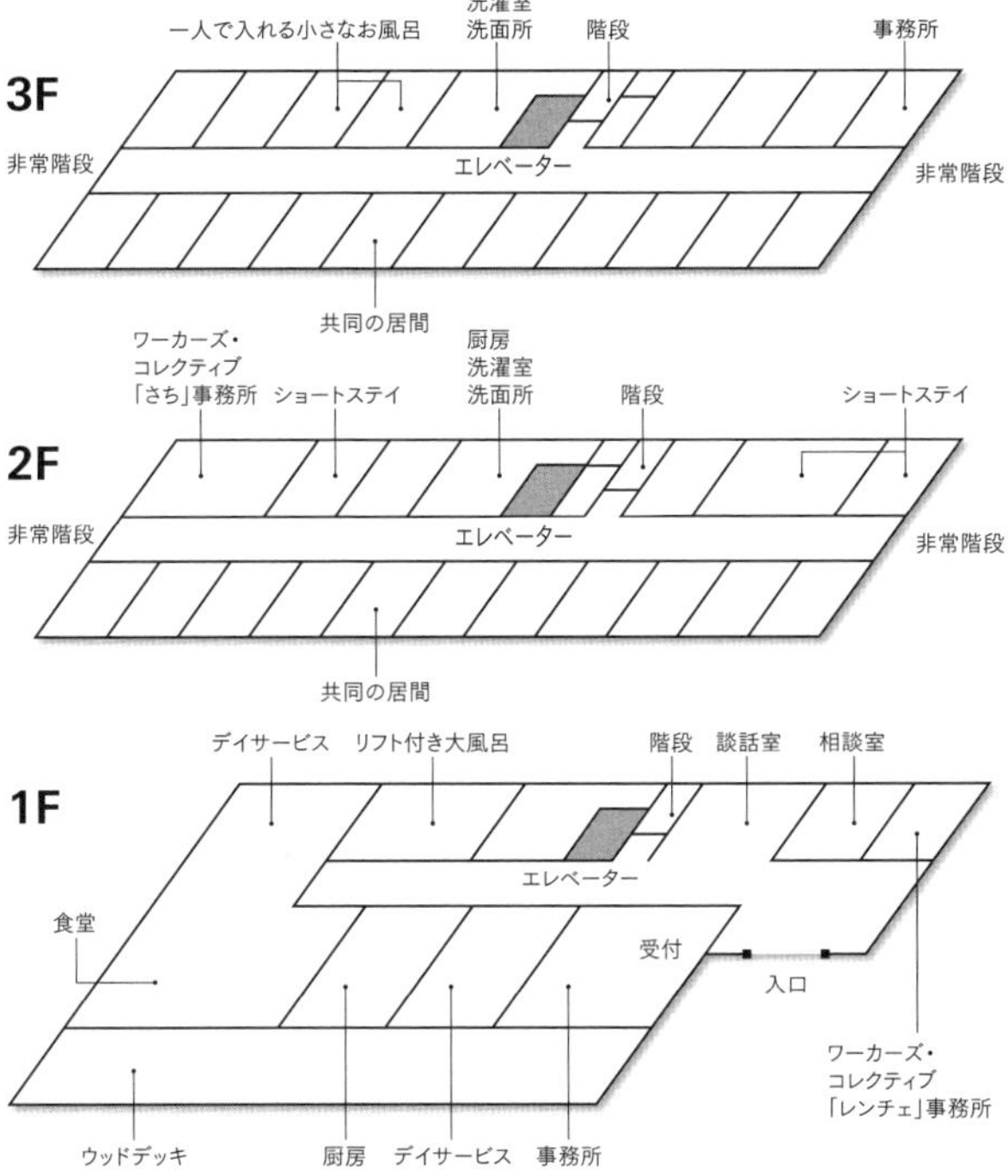

図32　ポポロ中山平面図

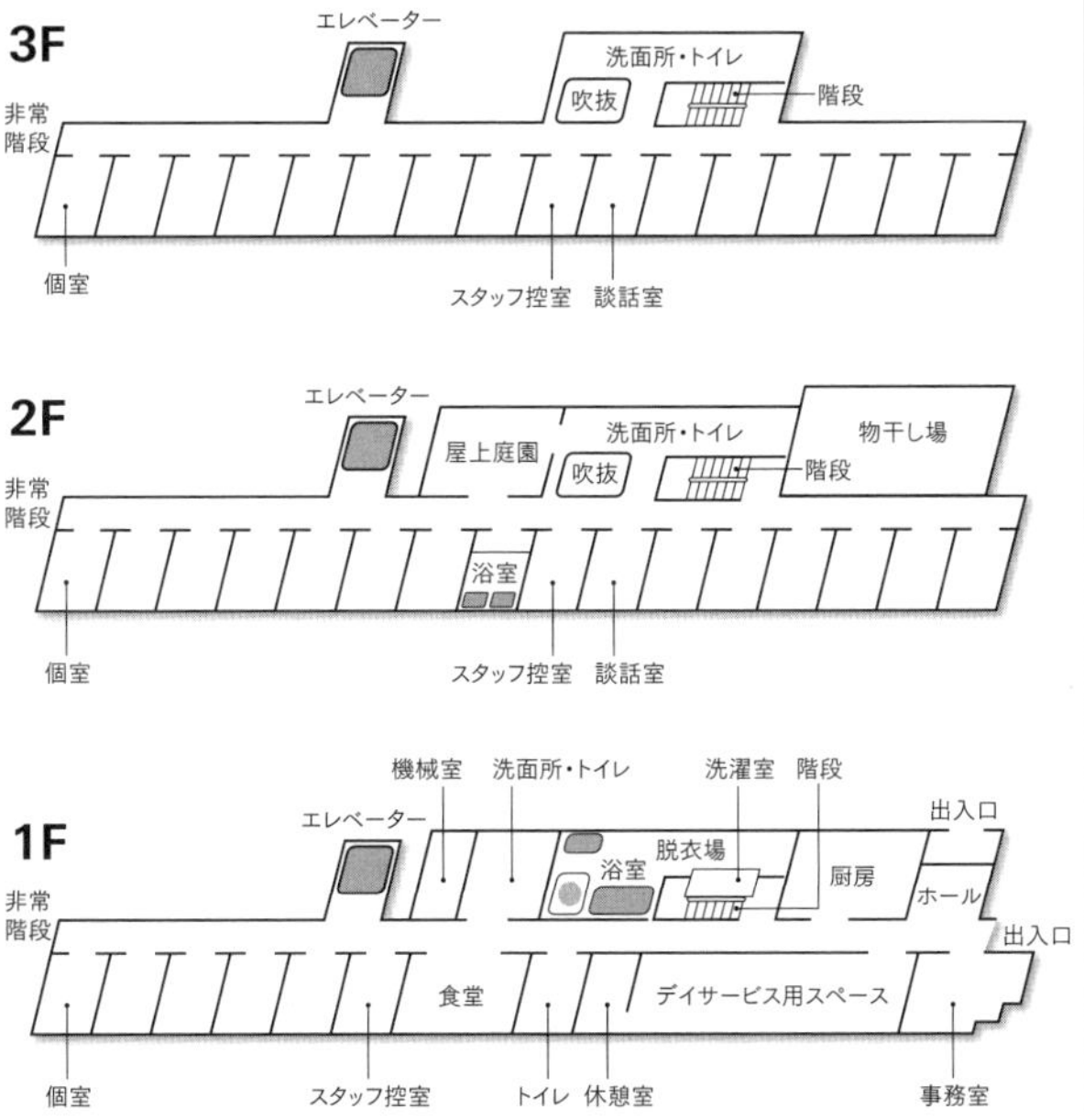

と考え、囲い込みをしないで他の事業者が自由に出入りする風通しのよい施設をめざそうとしている。このような選択は、都市型で地域介護資源が多様で潤沢であることに加え、自分たちの提供するケアの質によほどの自信がなければできることではない。ポポロは好評でただちに満室となり、二〇〇三年に第二のケア付き共同住宅、「ポポロ・中山」(定員二五名)【図32】を開設するにいたった。

創業者の又木京子[2007]は、もと生協組合員でありワーカーズ・コレクティブ・メンバーも経験している。創業資金の調達にあたって金融機関があてにならないとなると、二五〇人の市民から四億円の原資を市民ファンドとして集めた実績を持つ、社会的企業家というべき人物である。

社会福祉法人「藤雪会」が経営するデイサービス施設には、九二年に設立された「ケアセンターあさひ」があるが、これはワーカーズ・コレクティブによって運営されていることで「生協らしさ」を保っている。ワーカーズ・コレクティブは労働の自己決定、すなわち職員の労働条件と利用者に対する職員配置を、個々の職員の労働強化とサービスの質のバランスを考慮して、会議でみずから決定している。その結果、規定の職員配置よりは多い人数を採用することになり、少ない人数で回すよりは職場の余裕が増えることで職員はゆとりをもって利用者に接することができるし、利用者の満足度も上がったという。

より多くの職員配置は、ワーカーにも利用者にもともに歓迎されている、と又木は言うが❖1、その背後には限られた原資の分配方法についてのワーカー間の合意形成があった。「ケアセンターあさひ」の人件費率はほぼ七割、限界値に達している。原資を増やせないとすれば、より多くの職員を配置することは、ひとりあたりの分配を減らすという意思決定と引き替えである。その「合意形成」が労働者自らの自己決定で可能になるのが、ワーカーズ・コレクティブという労働者自主管理の働き方である。モラルの高いワーカーたちが、自己決定によって、自らの労働条件を切り下げる。そしてその結果に対して、ワーカーと利用者の双方が満足している……。これを「福祉経営」の成功例として語ることに、わたしはとまどいを感じる。

経営者によって押しつけられれば紛争のタネになりかねない労働条件の切り下げを、当事者の自己決定でもたらす……皮肉に見ればワーカーズ・コレクティブはそのための仕組みとして機能している。生協福祉の理念やワーカーズ・コレクティブの自己決定は、ワーカーの自己搾取の手段として作用しているのではないか? そしてそのようなモラルの高い自己犠牲的なワーカーによってかろうじて支えられている地域福祉の「先進ケース」とは、これもまたあやういものではないだろうか? そしてその背後にあるのも、ワーカーズ・コレクティブを「新しい働き方」として選ぶことが可能な——言い替えれば「福祉で食わなくてもよい」——一部の高学歴・高経済階層の既婚女性の存在である。

「ワーカーズ・コレクティブの未来」が語られるたびにわたしが疑問を抱きつづけてきたのは、生協福祉の担い手である高学歴・高経済階層の無業の既婚女性が、これから先の時代には、層として再生産されなくなる可能性が高いからである。現在の福祉労働市場が中高年の既婚女性と若年層の男女とに二極化していることはよく知られている。ワーキング・プアと労働力移動の問題は後者に限定的に語られてきたが、それは既婚女性が家計補助労働力としか捉えられてこなかったからである。もはや前者の集団としての再生産が望めなくなれば、ケアワーカーの供給は深刻な問題となるはずであろう。「生協福祉」が一時代のノスタルジアとして語られる時代が、近い将来に来るかもしれない。

6　地域特性

本書では協セクターの事例として生協福祉のほかに、NPO「このゆびとーまれ」と、官セクターの「ケアタウンたかのす」を比較対象に選んだ。いずれも「先進ケア」で知られる(知られた)モデル施設だったからである。

経営者が高い理念を持っており、利用者とその家族から高く評価され、またモラルの高いワーカーによって支えられている、「このゆびとーまれ」のような事例は、どのような条件のもとで成立し、また持続可能なのだろうか？

「このゆびとーまれ」をはじめとするNPO型の先進ケアは、端的に言って、(1)創業者の篤志というべき持ち出しを初期投資とし、(2)意欲と能力の高いワーカーの、(3)サービス残業を含む低賃金で支えられている。それに加えて、(4)メディア効果という無形の創業者利得を得ている、という点については先にもふれた。

これに対して、旧鷹巣町のたかのす福祉公社の事例は、官セクターの成功と挫折の両面をこれ以上ないドラスティックな形で示してくれる。この事例から、わたしたちが学ぶのは以下のことである。

第一に、官セクターは行政依存体質を脱することができないために政権交代によって大きな影響を受け、事業の一貫性が損なわれる場合がある。その影響を被るのは、職員のみならず利用者でもある。

第二に、旧鷹巣町の事例は、九〇年代の社会保障基礎構造改革、地方分権改革等の中央政府の政策転換に翻弄された悲劇とも言えるものである。中央政府の制度改革に巻きこまれていなかったら、そして現在でも高齢者福祉が旧来の制度のままだったら、旧鷹巣町は現在でも「日本一の福祉の町」を誇っていたかもしれない。だが裏返しにいえば、制度改革に対する官セクターの脆弱さを露呈

❖1　二〇〇七年一月ケアセンターあさひ創立一五周年記念イベントにおける又木京子へのヒヤリングによる。

したともいえる。

こうした官セクターの教訓から学んだばかりではないだろうが、協セクターの担い手のあいだには、行政依存や制度による管理や制約に対する強い警戒心が共有されている。たとえばヒモ付きの助成金はもらわないとか、委託料を事業高の一定割合以上に増やさないとか、非課税という点で有利だとわかっていても行政からの干渉や規制の多い社会福祉法人格はあえて取得しないとかの選択である。すなわち、官からの自立であり、協セクターのある経営者の発言を借りると「官にふりまわされない」経営がめざされている。

また各モデルの地域特性も無視することはできない。

(1)大都市郊外型＝生協福祉

生協福祉は、その担い手、すなわち高学歴・高経済階層の無業の既婚女性の層としての存在に大きく依存する。その供給源は主として大都市圏郊外地域に限定されるだろう。グリーンコープの場合は地方都市型だが、いずれも初期投資を資金力の大きい生協に依存していることが特徴である。というよりも、それ以前に生協が培った人材、ノウハウ、組織力、資金力が前提にある。だが、配偶者特別控除額を限度に雇用調整をおこなうような女性の層が減少し、生協福祉も他の雇用機会とならぶ選択肢のひとつとなったら、相対的に雇用機会が多く賃金水準の高い大都市圏では、ただちに人材難が起きることだろう。生協が専業主婦依存体質を脱しなければならなかったように、生協福祉事業にも同じことが言えるが、そうなったときに生協福祉が「生協らしい福祉」でありつづけることができるかどうかは疑わしい。事実、介護保険以後の生協福祉の担い手には、生協に縁もゆかりもなかった人々が新たに参入しており、彼らにとっては生協福祉とは、「生協が始めた福祉」にすぎない。同じことは利用者についても言える。利用者はそれが生協ブランドだからサービスを選択しているとは限らない。あるワーカーが自嘲的に呼んだように、「使いやすい気のいいおばさん」以上でも以下でもないかもしれない。

(2)地方都市型＝小規模多機能型

「富山型」は「富山型」という名のとおり、(1)初期投資が安くつき[2](土地も建物も安い)、(2)最低賃金も生活費も安い[3](低賃金でもワーカーが集まる)、地方都市型の事業モデルであり、大都市圏に成立するのはむづかしい、といわざるをえない。裏返していえば「富山型」が成り立つためには、(1)モラルの高いワーカーが、(2)低賃金で働いてくれるという条件がなければならない。そのためには、将来の起業の見通しや、資格の取得のようなキャリアプランが立たなければ、若いワーカーをつなぎとめるのはむずかしいだろう。

複数の「富山型」の取材を通じて、わたしは小規模多機能施設に事業の継続性や後継者問題を期待しないようになった。「小規模・多機能」であることが象徴するように、小規模多機能施設には経営者の個性や理念が強く刻印される。経営者が交代すれば、施設の雰囲気もサービスの質も激変するであろう。組織はＮＰＯのような法人格を持っているが、小規模多機能施設の特徴をつくりだしているのは組織的なものというより、人格的なものである。そう思えば、小規模多機能施設は一種のサービスの「個人商店」と見なしてよい。すなわち経営者一代限りの期間限定サービス商品を提供していると考えれば、よく理解できるだろう。事実、高学歴ワーカーは、後継者になるよりは自ら起業者になることをキャリアプランに置いているようであった。なかにはハードを譲り受ける選択肢もあろうが、たとえそうなってもソフトは別のものになる。ニーズのある限り、ニーズのある地域で、複数の小規模多機能施設がつねに誕生や消滅をくりかえしていると考えれば、つねに一定のサービスは供給されていることになる。その点でも小規模多機能施設の参入障壁をいっそう低くするための創業支援制度は不可欠なのである。

(3)農村型

旧鷹巣町は、人口二万を下回る農村部、林業・農業以外の生業が少なく、官主導・公共事業依存体質がなくなっていない地域である。そこで強いリーダーシップを持った指導者が「善政」を敷けばよいが、それも官主導のヴァージョンのひとつにすぎない。福祉公社は全面的に官に依存してきた。行政改革と町村合併の嵐に呑まれた鷹巣の事例は悲劇と言えるかもしれないが、官に依存しない協セクターの誕生と成長が望まれる。ワーキンググループはその萌芽だったからである。現に鷹巣の経験は、複数のＮＰＯを地域に遺した。そのひとつは福祉公社退職者が興したものである。

だが農村型だから官主導の運命にあるとばかりはいえない。もともと村落共同体には入会地のような共同所有・共同管理の歴史があった。「共・協セクター」の語源である「コモン common」は、ほんらい英語で中世までの「入会地」を指す用語であった。その共同の理念がもっとも具現化されたものが、農協である。ゆうちょ銀行に次いで日本最大の金融機関であり、久しく保守系政治の圧

❖2 初期投資については、『富山型調査報告書』を担当した関好博の以下の証言がある。「民家改造型ないし民家併用型でできるのは、首都圏と地方との圧倒的な違い。初期投資のリスクの少なさは、住宅資源の豊かな地方都市型のメリットと言える」(ヒヤリングより)。富山の「このゆびとーまれ」では土地を除いて建物の新築に四〇〇〇万円、九州ではグリーンコープが取得したデイサービス用の民家は、七〇坪の土地に四五坪の平屋がついて二〇〇〇万円台、改装費に一〇〇〇万円という事例がある。また空家となった古民家を借り上げているところもあり、初期投資のリスクは小さい。

❖3 調査当時(二〇〇五年)における各調査地の地域最低賃金は以下のとおりである。旧鷹巣六〇八円、富山六四八円、千葉六八二円、藤沢七一二円。１ＬＤＫの家賃相場は以下の通り。旧鷹巣四・五万円、富山五・二万円、千葉五・一万円、藤沢七・二万円。

力団体であった農協を、その出自である「協同組合」として認識している人々は少ないが、農協もまた労働組合や生協と同じく「共益」と「互助」を理念とする組合法人である。介護保険のスタートにともなって、農協の一部には、婦人部などが介護保険事業に参入するところが出てきた。三ちゃん農業と化していちじるしい高齢化・ジェンダー化が進んだ農業部門の担い手に、介護保険は新たな雇用機会をもたらしたのである。また高齢者協同組合（高齢協）などのなかにも、介護保険事業に乗り出すところがあらわれた。

そこにニーズのある限り、サービスは成立する。二分の一の財源を税金に負う介護保険は、限界集落と呼ばれるような高齢化率の高い過疎地にも、雇用機会をもたらす可能性を持っている。人口七〇〇人ほどの島根県隠岐諸島知夫里島《ちぶり》で高齢者の看取りを含むデイサービス施設NPO法人「なごみの里」を開設した柴田久美子のように、農村型NPOの発展の可能性も高いと考えたい。❖4

7　おわりに

モデル施設事例の比較研究を通じて、わたしたちが達した結論は、以下のようなものである。

上記の事例は、いずれも「よいケア」すなわち利用者満足度の高い、質のよいケアを提供している（していた）が、それはケアワーカーの低い労働条件と過大な献身によって支えられている。ケアを相互行為ととらえる本書の立場からすれば、「先進ケア」は利用者にとってはたしかに先進的だが、ワーカーにとっては先進的とは言えない。「先進ケア」が「先進的」である理由は、客観的には低い労働条件に対して、主観的にはワーカーの不満が少ないことにある。すなわち先進ケアの経営者の管理能力とは、このワーカーの不満を抑制する能力にあると言えば、言い過ぎになるだろうか？

ワーカーの不満は、彼ら自身の高いモラルや経営理念への共感によって抑制されている。裏返しに言えば彼らが高いモラルや理念への共感を失ったときに、彼らは「ただのワーカー」に転じ、先進施設は「ふつうの施設」に転落する。そうなれば必然的に、労働条件の不満が聞かれるようになり、離職率は高まることが予想されよう。インタビューのなかでも、実際、経営者へ不信感を持ったり他の業種と比較したりという契機によって、賃金の低さや労働条件の悪さについて容易に不満が噴出する傾向があった。

経営者や管理者は、これらのワーカーのモラルの高さや献身を、彼ら以上に自己犠牲的な「頭の下がる」献身を自ら率先しておこなうことで調達している。だがこれも、モーレツ社員に発破をかける彼ら以上にワーカホリックな管理職と見えるのではないか？先進ケアを支えるのが創業者や経営者のこのような献身であるとすれば、後継者や追随者を生むことがむずかしいだけでなく、このような事業は「例外的な事例」と見なされることだろう。

事例ごとに見れば、ワーカーを支える要因は他にもさまざまあげられる。富山型では、利用者との個別の関係や職員にとっての「居場所」効果、メディアの注目度によるプライドやモラルの向上、ワーカーの起業志向による「研修」意識などがある。生協の事例では、行き場のない中高年高学歴女性の自己実現志向や事業への参加意識、地域からの信頼やニーズに応える使命感や達成感、成長型の事業展開の醍醐味などがあろう。皮肉に見れば、地域社会への貢献のような高い志や生協福祉の理念、ワーカーズ・コレクティブの参加意識などは、賃金を抑制しつつ動員を調達する自己搾取の装置として機能している現実を、否定することはできない。またメディアの注目は創業者利得ともいうべきもので、旧鷹巣町の事例でも、「日本一の福祉の町」が持った全国区のブランド効果は、コーポレート・アイデンティティと同じく、ワーカーのモラルを高めるのみならず、多くの人材を県外から集める効果を持った。もちろんどの事例においても「質の高い」ケアから生まれる利用者の満足や感謝という「報酬」の大きさについては、言うまでもない。

だがこれらの目に見えない利得を、「報酬」と見なして労働条件の低さを補償するものと考えることは許されない。ケアを「労働」と見なすことには、ケアはその相互行為自体のなかから、相手の成長や感謝という見えない報酬を得ている、という言説の罠が待ち受けている。この言説はしばしばケア労働の（貨幣タームでの）報酬の低さを正当化するために動員されるが、だからといってケア労働の価値が低く見積もられてよいことにはならない。

その点では、官セクターのたかのす福祉公社を対照事例として扱ったことには次のような意義がある。すなわち政権交代前のたかのす福祉公社は、モラルの高いワーカーと彼らの労働条件の（相対的な）高さが一致していた稀有な例だからである。わたしたちの共同研究者である阿部は、報告書のなかで「利用者の満足度は高いが、ワーカーの満足度は低い。ワーカーたちのぎりぎりの献身によって、現在の（先進施設の）ケアの質は担保されている」［東京大学社会学研究室・建築学研究室 2006: 290］と指摘した。阿部の「利用者の満足度は高いが、ワーカーの満足度は低い」という表現を、もっと正確に言いかえれば、「ワーカーの満足度は高いが、労働条件は低い。労働条件に対する不満はないか、あっても抑制されている」というべきであろう。すなわち先進的なモデル施設とは、ワーカーのモラルの調達に成功したケースであるという、あらゆる経営にとっての「真理」が得られるが、ここでも重要なことは「低賃金で」という条件である。そしてその低賃金は、現行の介護保険の介護報酬規定によって制約されている。

❖4「なごみの里」は、その後知夫里島を去って本土へ移転、二〇一一年一月に介護報酬の不正請求を理由として島根県から「出雲なごみの里」の指定事業所取消し、「江津なごみの里」の三ヵ月効力停止の行政処分を受けた。同年四月には米子に拠点を移し、一般社団法人「なごみの里」として再出発した。

事例研究の対象となった施設の経営者は、例外なく、以下のように断言した。

「介護保険の制度の枠内では、わたしたちがのぞましいと思うケアは絶対にできない」

言い替えれば「先進ケア」は、制度から逸脱することではじめて「先進的」たりえているのである。

生活クラブ生協神奈川の組合員から出発し、「ラポール藤沢」の施設長(当時)の小川泰子は、「わたしたちのやっていることはずっと消費者運動だと思っています」(ヒヤリングより)と発言した。生協は「安全な食材」を求めて市場とは別の「もうひとつの回路」を作り出す運動だった。同じように、ワーカーズ・コレクティブは「自分がほしいサービス」を求めて、サービス提供者の側に回った。彼女たちには、「よい食材」は、「賢い消費者」でなければ手に入らない、という信念がある。そこに「よいケア」が加わった。「ケアの質」を問うには、ケアする側とケアされる側、両方の成長が必要とされるだろう。

以上の含意を、当事者である利用者の側から見ればどうなるか? 介護保険下の準市場という同一の条件のもとで互いに競合する複数の事業者のなかから、どうすればほんとうに自分にとって「よいケア」が得られるのだろうか? 本書で述べてきた事例の比較分析は、価格ではケアの質は測れないことを論証する。むしろ公定価格のもとでは、「質のよいケア」にも「質の悪いケア」にも同じ料金が発生する。となれば「誰がケアの提供者か?」を考慮する必要があることになろう。ケアのプロバイダーのうち協セクターの役割に高い期待をわたしが持つのは、この理由による。

第Ⅳ部

ケアの未来

第17章

ふたたびケア労働をめぐって
――グローバリゼーションとケア

1 ケアの人材崩壊

ケア労働の値段はなぜ安いか？

本書はくりかえし、この問いを問いかけてきた。

とりわけ二〇〇六年改訂後の介護保険法のもとで介護報酬はのきなみ減額され、介護事業者は経営難にあえいでいる。そのしわよせは人件費の抑制となってあらわれ、協セクターの事業体のなかには、時給を一〇〇円下げざるをえなくなって、代表者が事業所のワーカーに頭を下げて回ったところもある。その結果は、ただちにケアワーカーの人材難となって現象した。ワーカーの募集をかけてもなかなか欠員が埋まらないだけでなく、離職率も高くなった。地域では「福祉崩壊」が言われ、その原因は「人材崩壊」にある、とまで言われた。ニーズがあっても、人材が不足するためにサービス提供に応じられない事業所も生まれた。

人材崩壊は、ケアワーカーの育成機関にも影響を及ぼし、介護保険施行時には鳴り物入りでスタートした介護福祉士養成の専門学校が、各地で定員割れを起こしている。福祉職に将来を見いだすことができないと考える若者やその家族が、福祉系のコースを忌避するようになったからである。

多くの福祉現場の担い手と接触していると、彼らが福祉という仕事に、やりがいや使命感を感じていることはひしひしと伝わってくる。だが、責任と負担の重い職場で、働いても報われない、もしくは不当に低い報酬と評価しか返ってこない、と感じるワーカーは多い。

二〇〇〇年代に入ってから、日本の経済は長期にわたる好況を経験した。が、それは、輸出関連企業にとっての好況であって、労働者にとっての好況ではなかった。グローバリゼーションのもとでは、資本と生産拠点の国際移動にともなって、「雇用回復なき景気回復」が起きる。日本でもセオリーどおりの現象が起きた。しかもそのあいだに、九〇年代以降の不況期を通じて、日本企業の労働分配率は一貫して低下の一途をたどっており、好況の果実は、すこしも労働者には回ってこなかった。

そのもとで起きたのが、格差の拡大とワーキングプアと言われる人々の登場である。「ワーキングプア」の定義は、「フルタイムで働いても年収二〇〇万円以下の水準」をさす。あるいは、就労しているにもかかわらず、同一世帯条件の生活保護世帯の給付水準に収入が及ばない場合にも、「ワーキングプア」と呼ばれる。生活保護の給付水準は、憲法にいう「健康で文化的な最低限度の生活」が営める水準に設定されている(ことになっている)。もちろん何が「健康で文化的」かは時代と社会と歴史によって変動するから、その時代の社会的合意に依存する。いまのところ、生活保護を打ち切られて餓死したという事件は聞くが、生活保護世帯から餓死者が出たという報道は聞かないから、生活保護の給付水準はそれなりの妥当性を持っていると考えられる。

「ワーキングプア」の年収がその生活保護給付の水準より低い、ということは、保護給付の側の問題ではなく、端的に労働者の賃金が(まっとうな)労働力の再生産コストを下回っている、という搾取の事実をあらわす。したがって生活保護世帯の給付水準をワーキングプアとの釣り合いを考えて切り下げるというのは、まったく見当違いの政策であるだけでなく、その反対に再生産コスト割れを許す労働行政そのものを見直すことこそが必要であろう。

ワーキングプアの典型的な例として、しばしばあげられるのが、ケアワーカーである。平均月額報酬一六万円、施設勤務の正職員で二二万円、年収は二〇〇万円台、これでは親の家にパラサイトしないと食べていけないだけでなく、将来に希望が持てないという理由で、多くの若者が職場を去る結果、介護施設の職員の離職率は、三年以内に約二分の一と、きわめて高い。昨今の不況と派遣切りのもとでも、労働市場のミスマッチは解消しなかった。すなわちだぶつき気味の製造業の派遣労働者が、介護労働市場へとシフトすることは少なかった。その理由のひとつを労働力の性格、すなわち自動車産業などの製造業派遣の多くは男性であり介護のような「女性職」には適応できないとする見方もあるが、それだけでなく大きな賃金格差があったことも見逃せない。常勤であっても全産業平均から月額で約一〇万円低いと言われる介護職への参入は、製造業からの転入組にとってはもっともやりたくない選択であったことだろう。有効求人倍率が一・〇を上まわっているにもかかわらず、介護職の充足率はあいかわらず低い。不況が長引くなかでも、介護職は労働条件の向上がないまま、平均して年間二〇%以上あった離職率が近年二〇%以下に低下したと言われる。だがそれも不況のせいで、代替選択肢が減少したからにほかならない。つまり介護職とは不況期向きの職種なのであり、景気が好況に転じればこの離職率はただちに上昇するだろう。慢性的な高失業率のもとでの介護市場の継続的な労働力不足は、介護職の労働条件の低さを物語って余りある。

他方、ホームヘルプ事業の多くは登録ワーカーに支えられており、平均月収は七万円台。配偶者特別控除一三〇万円の枠内で就労調整をしているからという理由もあるが、労働者ひとりの再生産コストに遠く及ばない。結果として、ケアワーカーは、若年施設労働者と中高年ホームヘルプ女性労働者とに「二極化」していることが指摘されてきた。つまり、いずれの場合も再生産コストを下まわる条件で働いてくれる労働者の存在を前提に、ケアワークの労働市場が成立してきた、ということを意味する。

介護保険の二回にわたる改訂が、利用者に対しては要介護認定の切り下げや「不適切利用」を制限することで利用抑制をもたらし、事業者と労働者に対しては報酬切り下げで労働条件の低下をもたらしたことは周知の通りである。不満や批判の声は大きいが、いずれも改訂前との比較であり、介護保険施行前の状態と比べようとする論者はいない。そのくらい介護保険は日本社会に定着しており、もはや介護保険のない状態に戻ることは、どんな保守系の政治家にとっても、現実的な選択肢にはなりえないであろう。二〇〇九年度の三回目の改訂では、介護現場の悲鳴に応じて、ようやく介護報酬の三%増の改訂が実現したが、その三%増がケアワーカーの賃金にまわる保証はない。

2　ケアワーカーの賃金はなぜ安いか

ケアワーカーの賃金が低く抑えられるのは、介護保険の利用報酬が低く抑えられているからである。ケアワーカーのうち、利益率がもっとも低く[❖1]、人材崩壊がもっともはなはだしいホームヘルプ事業を例にとってみよう。もとより介護報酬一時間当たり身体介護四〇二〇円、生活援助二〇八〇円の価格設定は、一〇割自己負担すると考えれば、利用者感覚からはけっして安くない。だが、これには(1)経営コストの無視、(2)利用料金格差の不合理、(3)地域係数の不備などの事情がある。

まず第一に、経営コストの無視から考えてみよう。すでに12章で、協セクターの事業者に経営コスト意識が希薄なことは指摘してきた。旧来型の社会福祉法人系は措置時代の特権意識と慣習から、新規に登場してきた市民事業系は有償ボランティア時代の「無償の奉仕」感覚から、経営コストをシビアに考える態度を持ってこなかった。だが、わたしたちの調査が実証的にあきらかにしたように、利用量規模の一定程度大きな市民事業体で、経営コスト二一七%という数値が得られた。これは営利企業系の経営コストよりは効率がよいことがわかっている。介護事業に「規模のメリット」が働きにくいことを考えると、このコストは、事業高が

❖1 ホームヘルプ事業のなかには、人件比率が売上高の八〇%を占める事業者もいるという。

伸びても軽減されない。となれば、労働者への分配率は、身体介護なら四〇二〇円の約二分の一である二〇〇〇円程度の時給を支払えるが、生活援助の二〇八〇円の約二分の一では一〇〇〇円前後になる。これでは人材は集まらないだろう。

これをもたらした原因の第二は、利用料金格差の不合理である。介護保険施行の当初から身体介護と生活援助(初期は家事援助)利用料金の二本立ての不合理は、現場の事業者およびワーカーによって一貫して指摘されてきた。利用者家庭を「職場」とするホームヘルプ事業で、臨機応変の対応が必要とされるワーカーの仕事を、どこまでが身体介護でどこからが生活援助かの境界を引くことはむずかしい。実際にふたを開けてみれば、介護保険の利用は当初は低価格帯の「家事援助」に集中した。また介護保険改訂にともなう時間利用の細分化と不適切利用の指導の強化にともなって、現場でのワーカーの自由裁量の余地はいちじるしく少なくなり、利用者にとって不便なだけでなく、ワーカーにとって「働きにくくなった」という声は多い。二〇〇三年の第一次改訂で、厚労省が加えた変更は、身体介護と家事援助の「折衷型」二七八〇円を廃止し、その代わり、「家事援助」を「生活援助」と名称を変えて一五三〇円から二〇八〇円へと増額したことである。「高齢社会をよくする女性の会」がそれ以前から政府に対して要求してきたように、一本化して中間の価格、かつての「折衷型」の料金、約三〇〇〇円前後に設定されれば事態は少しは改善されたかもしれない。この価格帯なら、労働分配率をその半分とすれば一五〇〇円前後となり、専門職パートの水準に近くなる。

第三に、地域係数の不備をあげる論者は多い。介護保険の報酬は、正確にいうと価格ではなく、医療保険と同じく点数制である。これに一ポイント一〇円をかけると、標準報酬額になるが、地域の経済格差を勘案して地域係数がかけてある。この地域係数の不備を指摘する論者のひとり田中雅英[田中雅英 2008]によると、賃金係数の全国平均を一〇〇とすると、東京二三区は一一〇・三、低いところで青森市の八三・五と開きがある。にもかかわらず、介護保険の地域係数は東京都区部で一〇・四八、青森市で一〇・〇〇ときわめて分散が小さい。また最低賃金(二〇〇八年)を比較しても、最高の東京都七三九円と最低の沖縄県六一八円とでは、約二〇%近い大きな開きがあるにもかかわらず、両地域間の地域係数の差は、四・八%にすぎない。

このことは、平均賃金が高く、雇用機会の多い大都市圏の介護事業者に不利に働く。そこではケアワークとは、「最後に選ばれる職業」、つまり中高年の女性や定年退職男性、低学歴者のように、労働市場で相対的に資源を持たない人々が入職するか、もしくは不況で失業率が高く他に行き場がない人々が参入する職場となる傾向がある。この人々は、景気が回復して他のもっと有利な選択肢が登場すれば、ケアワークから退出していくだろう。介護の人材崩壊で起きているのは、予想された通りの事態である。結果として、相対的に人件費が安くかつ生活費も安い地方都市では、ケアワーカーが定着する傾向がある。先進的なケア実践で知られる福祉系NPOの多くが、地方都市の事例であることは偶然ではない。

もうひとつ、施設ワーカーのケースもみておこう。二〇〇六年改訂で、施設入居者の介護報酬が切り下げられた。初期に施設利用が集中し、かつ相対的に単価があがったことで、多くの介護老人施設が利益を上げたことはよく知られている。しかもその事業の多くが社会福祉法人系の団体によって担われたため、免税特権まで持っていたことは、羨望や批判の対象となった。介護保険料原資の適正配分から考えれば、利益が上がっている部門を薄くし、もともと政策意図にあった在宅支援の強化を誘導すべく、報酬改定をおこなうのは当然ともいえる。[2]

介護施設の利益があがった理由のひとつに、収入増にもかかわらず、施設側がケアワーカーの基準配置を手厚くする方向へも、ワーカーの労働分配率を高くする方向へも、利益を投じてこなかったことがあげられる。その結果、ケアワーカーの責任と負担は少しも軽くならず(もちろん利用者の待遇は少しも改善されず)、低賃金水準はそのまま維持された。改訂にともなう報酬の抑制はただちに経営を圧迫し、ワーカーの賃金を上げる選択肢はますます遠のいた。だが、かりに経営が安定していた時期に賃金上昇を実現していたとすれば、報酬抑制の効果はただちに経営難としてあらわれただろう。相対的に高賃金で正規雇用を維持していたたかのす福祉公社が、介護保険以後の独立採算制の導入にともなって危機に陥ったことをみればよい。たかのす福祉公社のような事例を例外として、ほとんどの介護事業体は、ケアワークを低賃金労働と見なし労働条件を改善しようとはしてこなかった。

以上の事情は、いずれも、制度と政治が、そしてつまるところ有権者である国民が、ケアワークの社会的評価をその程度に低く見ていることを示す。すなわち政府は介護報酬を低く抑え、事業者は労働者の賃金を上げようとせず、利用者はできるだけ低価格のサービスを使いたいと選好してきたのである。

自分は受けたいが、自分からやりたくはない労働……ケアワークの実態から浮かびあがってくるのは、こういうホンネである。

わたしたちの調査からもわかることは、介護職を選んだ人たちは、仕事の内容には不満を持たないが、報酬に対しては強い不満

❖2 その誘導のひとつが、施設利用者に対する「ホテルコスト」の発生だった。他方で高齢者専用賃貸住宅にケアサービスを組み合わせるというケアハウス事業が増大していることを考えると、ホテルコストの発生には合理性がある。在宅で設備のととのった家に住んでいる高齢者と、低コストの住宅に住んでいる高齢者とのあいだで、資力に応じて住環境に差があるように、施設も部屋貸しの賃貸と考えれば、設備投資の大きさに応じてホテルコストが発生するのも当然であろう。これまでは施設の多床室があまりに劣悪な住環境であったためにそれが問題にならなかっただけである。ただし、ユニットケアをホテルコストの対象とすることには、わたしは同意できない。現行一五平方メートル程度の個室ユニットは、高齢者ケアにとってミニマムの水準だと考えるからである。

を持っていることだった。

しかし、いくらあれば十分なのか？　実際の調査からわかるのは、彼らの要求水準がきわめてつつましいものであることだ。九州の地方都市在住の、持ち家に親と同居している三〇代シングル女性の希望額は年収二〇〇万円。北陸の地方都市の三〇代大卒男性は、年収三〇〇万円台で「不満はない」という。八九年に政府が「ゴールドプラン一〇ヵ年計画」で九九年までにヘルパー一〇万人増員を計画したときの予算措置が、標準年収三〇〇万円だった。武蔵野市福祉公社がスタート時、標準年収三〇〇万円で募集をかけたところ、大卒男子が応募したという実績もある。年収三〇〇万円でも、妻も介護職でダブルインカムなら年収六〇〇万円、これなら子どもを上級学校へ上げられない額ではない。「介護職では結婚も子育てもできない」というが、それは男性がシングルインカムで家計を支える旧来型の家族給を前提にしているからだ。この前提のなかには、「男性稼ぎ主」型のジェンダー規範が埋めこまれている。家族や夫婦のあり方を変えれば、ひとりあたり年収三〇〇万円はやっていけない額ではない[3]。問題は、介護職の賃金がその水準にすら及ばないことである。

介護職のあまりの低賃金に対して、「高齢社会をよくする女性の会」は、二〇〇七年「介護人材確保のための緊急提言」をおこない、「介護従事者の賃金に一人月額三万円を上乗せする「三万円法」の制定を」という一大キャンペーンを実施し、合計で一五万人以上の署名を集めた。その成果は、二〇〇八年五月、国会で「介護人材確保法」という異例の決議をもたらした。わずか五行の法律であり、もとより「努力義務」にすぎない国会決議に法的拘束力はないが、危機感の共有だけは達成されたといえよう。

月額三万円の算定根拠はなんだろうか。月額三万円なら年額三六万円。フルタイムの施設労働者の平均月収二二万円に加算すれば、ようやく年収三〇〇万円に届く額である。度重なる夜勤に加え、重い負担と責任を背負う仕事に対して、この報酬が適切かどうかは、またべつの問題である。だが、現状では、月額二〇万円を下回る一部のケアワーカーの賃金は再生産コストを割っていること、それはこれまでは若者と既婚女性、つまり「家族」というバッファ（緩衝材）に負担を吸収できる特殊な条件を持った労働者を前提に、この職種が構築されてきたことの証であること、その点では、若者も既婚女性も、労働力の再生産に使用者側が責任を持たなくてもよい使い捨ての労働力と見なされてきたことを、はっきりと認識しておかなければならない。

その点で、「ワーキングプア」の問題化の歴史そのものが、示唆を与える。労働力再生産コスト以下で働く若者や女性は昔からいたが、今日のように「ワーキングプア」として問題化されることがなかった。「ワーキングプア」が問題化されるようになったのは、彼らがもはや、若くなく、女でもなく、依存していた親の高齢化にともなって、家族が緩衝材としてのキャパシティを失ったからである。同じような問題意識を持つ同世代の仲間たちと『フリーターズ・フリー』という雑誌を創刊した貴戸理恵[2008]は、以上に加えて、高学歴者ですら「ワーキングプア」になる時代が来たからだ、と分析する。裏返せば、ジェンダー、年齢、学歴がこれまでは「ワーキングプア」の問題を隠蔽してきたともいえる。若くて、若くなくても女で、また男でも低学歴であれば、どんなに低賃金でも、誰もそれを問題にしてこなかったのだ。

図33　財・サービスを生産し所得をもたらす諸関係：日本の場合

		使用される労働	
		商品化（賃金労働）	非・商品化
生産された資源	商品	① 営利企業、NPO 有給職員による事業 **雇用処遇は「男性稼ぎ主」中心**	② 自営業、生産協同組合員、奴隷を使用した市場向け生産 **性別格差**
	非商品	③ 公共部門、NPO有給職員による公共的サービス **土建政府、「男性稼ぎ主」型福祉政府**	④ 家事労働ほか **性別格差**

［大沢2008b: 8］

3　労働とサービスの商品化・非商品化

大沢真理[2008b: 8]は、財・サービスの生産関係について、図33のような四分法を提示している。

わたしたちがここで問題にしている介護保険下のケアワークについて、この四分法はどんな説明力を持つだろうか？　介護保険のもとで成立しているのは、公定価格で統制された準市場であり、介護サービスは正確にいえば商品ではない。したがって労働＝商品化／サービス＝非商品化の組み合わせ、すなわち②が該当する。だがこれは雇用労働（賃労働）に対してのみあてはまる。本書のいう協セクターの事業体、大沢の用語では「非営利協同組織」では、労働は商品化されていない。大沢は「生産関係のこうした四分法では、非営利協同組織はどこに位置するのか」と問いを立て、それに「四つの生産関係すべてにまたがる」と自ら解を与える。ワーカーズ・コレクティブが提供する介護サービスは、非商品化された

❖3　実際、母子家庭の平均年収は二〇〇六年度で約二一〇万円、これでシングルマザーは苦しいなかから子どもを扶養家族として育てているのだから、単身者で年収三〇〇万円は不十分とはいえない。またシングルマザーの持ち家率はいちじるしく低く、彼女たちはこの年収から家賃負担までしていることを考えれば、パラサイトもしくは自己所有の住宅インフラさえあれば、年収三〇〇万円はゆとりの家計であろう。

労働によって非商品化されたサービスを提供することになるから、このモデルでは、家事労働と同じく、④に位置することになる。

ちなみに、多くの介護事業体は介護保険の枠外事業をも提供している。介護保険は要介護度認定別に利用料制限があり、それが利用者ニーズに合わないことは、当初から指摘されてきた。介護保険下の準市場は、周辺需要を生むことで介護サービス商品市場をも活性化した。その周辺需要の規模は、介護保険財政規模の約四倍に達すると言われている。[4] この枠外利用については、事業者が自由に価格を設定できるため、①の領域に位置する。だが保険外利用については、民セクターと協セクターとの違いがきわだった。

保険外利用については営利企業は原価計算および市場の価格メカニズムにしたがうはずである。価格メカニズムは需要と供給のバランスで決まるが、それだけが価格を決定するわけではない。価格がコスト割れをした場合には、供給側は市場から退出するから、少なくとも価格は原価以上でなければならない。にもかかわらず、営利企業の保険外利用は、市場の価格メカニズムを採用していない。民セクターの多くの事業所は、保険内の利用料金に準じて利用者一〇割負担としているところが多い。身体介護四〇二〇円の料金設定はスタート当初から割高感があったが、厚労省が事業者の参入を促すために高めに設定したことは知られている。もし統制なき市場メカニズムに委ねれば、介護料金はおそらくもう少し低めに収斂したことだろう。利用者一割負担だからこその割安感から身体介護のサービスは利用されているが、一〇割負担となれば一部の高額所得者を除いて利用が伸びないことは、経験的にも証明されている。事業者がこの料金設定を変えないのは、利用者のあいだに定着した高め相場感を維持したいためであろう。

他方、非営利の市民事業体はこれとはまったく違う戦略をとっている。保険外利用については、有償ボランティア価格、生協関係者によっては「コミュニティ価格」と呼ばれる低料金が設定されており、初期は七〇〇円程度、最近になって八〇〇〜一二〇〇円程度に上昇してきた。この料金が担い手に報酬としてわたるときには(賃金とは呼ばれない、なぜなら担い手は賃労働者ではないからだ)、まことに不思議なことに地域最低賃金をわずかに下まわる水準に収斂することを指摘したが、介護保険施行後、この報酬額は地域最低水準を上回る傾向があり、結果として介護保険の「生活援助」を提供するワーカーの時間給に近づく傾向がある。ここからわかるのは、「有償ボランティア」とはその実「ボランティア」ではなく「低賃金の労働者」の婉曲語法であり、したがって商品化された労働へと移動する可能性を持った人々であるという事実である。事業者はそれを承知しているからこそ、営利企業と非営利組織のあいだで、ワーカーの賃金には収斂が起きる傾向がある。

介護保険指定事業所の非営利事業体の多くは、保険内利用は準市場における公定料金で、保険外利用はボランティア価格で提供してきた。経営コストからいえば、採算割れが明らかなこのソンな事業を、あえてやるところにＮＰＯのＮＰＯたるゆえんがある、と田中尚輝［2003］は強調する。生協福祉事業の主導的な推進者であった横田克巳［2002］も、「コミュニティ価格は市場価格の五〇—七〇％程度でよい」とする。その根拠はまったく示されていないが、生活援助サービスに限れば、いわゆる助け合いサービスの利用料金は、公定価格二〇八〇円の約半額に近い。そしてワーカーズ・コレクティブの担い手の言い分を信じれば、それは「自分なら出せる料金」だという。原価割れを承知のうえで提供するこの種の保険外サービスが、「愛の労働」である家事労働と同じく、④に分類されることにもけだし理由があるとしなければならない。

結果として、介護保険内外のサービスは、以下の三層に分解する。第一は保険内利用を利用者一割負担の公定価格で提供する準市場サービス、第二は、保険外サービスを利用者全額負担のもとに公定価格に準じる市場価格で提供するサービス、第三は同じく保険外サービスを採算を度外視した低料金で提供するボランティア価格のサービスである。そしてそのそれぞれに、それにふさわしい労働力が配置されている。

4 労働と労働力

大沢の四分法は一定の説明力を持っているが、決定的な限界がある。それは労働と労働力とを区別していないことである。❖5 すべての賃労働が、「労働力の商品化」を意味するのではない。労働力の商品化と労働の商品化とは違う。この区別を導入するのは、ケアワーカーの低賃金を説明するのに有力な概念、「不完全に商品化された労働力」を分析概念として採用するためである。

マルクス理論は、労働についてのすぐれた分析装置を持っており、それは今でも使用に耐える。それは労働と労働力の区別である。労働力とは労働を生産する主体である労働者の潜勢力を指す。労働とは労働力の行使にともなう生産行為をいう。労働力も労働もどちらも商品化されるが、労働力を商品化することと労働を商品化することとは違う。

岩波版『経済学事典　第二版』によれば、労働力とは「人間の生きた身体のうちに存し、なんらかの有用物を生産するたびに発揮される肉体的ならびに精神的諸能力の総和」であり、他方、労働とは「労働力の発揮（使用・消費）状態」❖6［大阪市立大学経済研究所 1979: 1371］を指す。

労働力の商品化とは前出の『事典』によれば、「自ら所有する労働力を自由に処分しうると同時に、生産手段から〈解放〉されているがゆえにそれを販売しないかぎり〈飢える自由〉を持つ賃労働

❖4 初年度で一六兆円市場と言われた。

❖5 「商品化された労働力、つまり賃労働」と大沢は書いており［大沢 2008: 7］、これ以降、「労働力」の概念は登場しない。

❖6 福田義孝による「労働力」の項の記述は、九二年刊の第三版に至っても基本的に変わっていない。

者」となることである。労働力を商品化するとは、労働力市場でそれと引き替えに賃金を得るほか、生活の手段を持たない状態にあることを指す。資本主義とは労働力の商品化が大規模に成立した歴史の産物である。

他方、労働を商品化しても労働力を商品化しない人々が、フリーランスの「自営業者 self-employed worker」と呼ばれる人々である。請負や一人親方と呼ばれる働き方がそうである。偽装請負とはそれを口実にして、使用者が労働力の再生産費用を支払わずにきたものである。

労働力商品の価値とは「その生産に必要な社会的平均労働力量によって」、すなわち「(1)明日もまた〈正常的生活状態〉で労働を反復しうるに必要な生産手段の価値、(2)労働力の補充・世代的再生産に必要な家族の生活手段の価値、(3)特定の労働を遂行するに必要な熟練や技能を修得するための〈育成費〉によって」規定される[大阪市立大学経済研究所 1979: 1371-1372]。このうち(1)が労働者個人の労働力の再生産費用、(2)が労働者の世代的再生産費用(「家族給」と呼ばれてきた)、(3)が労働者の人的資本の形成費用(教育訓練費)である。本章ではこのうち、(1)労働者個人の再生産費用のみに限定して論じる。

この労働力商品の価格は、もちろん労働市場における需要と供給のバランスからなる価格メカニズムに従うが、同時にその原価である労働力再生産費用(つまり生計維持訓練費)を下回らないように設定される。再生産費用を割れば、他の商品同様、労働力も市場から退出するはずだからである。労働力の価格が再生産コストを下まわるのは、(1)労働力が十分に商品化されていない場合か、(2)供給過剰の場合、そして(3)退出しても他の選択肢がない場合である。(1)労働力が十分に商品化されていないとは、市場外の領域に労働力の再生産が依存している場合である。その市場外の領域には、戦前なら農村、戦後には家族が機能していた。最近になって「ワーキングプア」の問題化にともなってエコノミストのなかから、「日本では家族が不況のバッファ(緩衝材)として機能してきた」ことを再発見するかのような発言が出てくるようになった。そしてその「発見」は、近代家族がその機能を失うことによって、逆説的にもたらされたものである。

(2)の供給過剰説は、これまで「労働力予備軍 reserve army of labor force」説によって説明されてきた。そして労働力予備軍を排出する領域もまた、農村と家族であったから、(1)と(2)とは連動していたが、ここに至って(2)に新たに「外国人」という変数が付け加わったことが、グローバル時代の大きな変化である。(3)の退出オプションがなくなることは、バッファであったはずのふたつの市場外領域、すなわち農村と家族の解体を意味する。

分析に入る前に、労働・労働力と商品化との関係についての四象限図式を提示しておこう【図34】。

この図式にしたがえば、以下の四つの労働と労働力の組み合わせが成立する。

第Ⅰ象限　労働力商品化＋労働商品化
第Ⅱ象限　労働力非商品化＋労働商品化
第Ⅲ象限　労働力非商品化＋労働非商品化
第Ⅳ象限　労働力商品化＋労働非商品化

　これをケアについて適用してみよう。ケアという相互行為は、生産する側からみれば労働、消費する側からみればサービスとなる。大沢図式では労働の商品化・非商品化、サービスの商品化・非商品化という変数が分類軸になっていた。それに加えて労働力の

図34

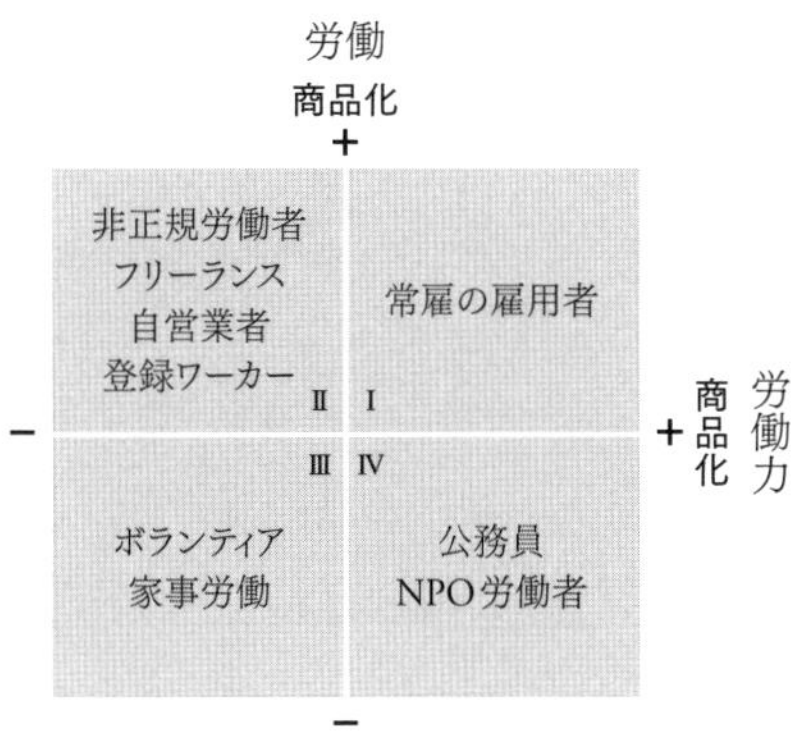

商品化・非商品化、労働の商品化・非商品化という分類軸をもちこむのは、労働力の完全な非商品化ではなく、「不完全に商品化された労働力」というカテゴリーを分析にもちこむためである。なぜなら介護労働力市場には、この種のアクターがいちじるしく多く登場するからである。

　ケアワークとは、ケアというサービス生産労働である。ケアサービスは商品になることもあればならないこともある。介護保険の枠内サービスは公定価格によって統制された公共サービスの一種だから商品ではないが、それを提供する労働は商品である。べつな言い方をすれば、介護サービス(労働)は準市場のもとに置かれているが、介護労働は市場のもとにある。この労働の商品化・非商品化と労働力の商品化・非商品化とを区別することがこの図式の主要な目的である。

　商品化された労働力は労働力市場を自由に移動する。身分制や奴隷的拘束から自由な労働力の成立が、資本制のもとの労働力市場の前提だからである。カネという資源がわずかな利ざやの差を求めて、金融市場を自由に、それどころか高速で移動するのをわたしたちは目の当たりにしているが、基本的には労働力もより労働条件のよいところへと移動する(はずである)。この「労働条件」のなかには、賃金のみならず、働きやすさや生きがいなど多様な要因が含まれていると考えられるが、とりあえず賃金インセンティブがもっとも高い説明変数であると想定されており、また経験的

にも妥当する。介護労働力市場でいえば、サービスを提供する事業体が営利法人であれ非営利法人であれ、労働力の移動を食い止めることはできないから、結果としてワーカーの賃金は収斂する傾向にある。わたしたちの例からいえば、生協系の福祉ワーカーズ・コレクティブが民間営利企業の「人材の草刈り場になる」という危機感は、これにもとづいている。民間企業のほうが賃金・保険保障ともに手厚い場合には、労働者にとっては移動を選択することが「合理的」である。それにもかかわらず、ワーカーがワーカーズ・コレクティブやＮＰＯ系の事業体を去らない場合には、賃金に代わる「理念」や「生きがい」のような「非経済動機」や「非貨幣的報酬」を説明変数に持ってこなければならない。

介護事業体には、しばしば労働力が商品である常雇の雇用者と非商品である非正規や登録ワーカーがともに含まれる。準市場のもとで公定価格のサービスを生産する労働の提供者であることにおいて、第Ⅲ象限と第Ⅳ象限に分類される労働力には違いがない。だが、このふたつをあえて区別するのは、商品化された労働力と、非商品化された労働力、べつな言い方をすると、「不完全に商品化された労働力」とを区別するためだとした。完全に商品化された労働力とは労働力市場以外で、換言すれば賃労働以外の手段で、自らの再生産コストを調達することのできない労働力を言う。「自由な労働力」とは、労働力市場以外のすべての制約から自由な、つまり労働力市場に完全に依存せざるをえない労働力のことを指していたからである。他方、後者には、ＮＰＯやワーカーズ・コレクティブ、非常勤やパートのケアワーカー、有償・無償のボランティアが含まれる。ケアワーカーの低賃金を支え、サービス商品の採算割れを許す条件は、第Ⅱ象限と第Ⅲ象限に位置する「不完全に商品化された労働力」にある。

5　不完全に商品化された労働力

すべての人々の賃労働者化はますます進行するというマルクスの予言に反して、労働力の商品化は歴史的には進行しなかった。マルクスの最後の後継者と見なされる世界システム論の論者ウォーラーステインによれば、自分の労働力を完全に商品化した賃労働者の数は、世界史的にみて頭打ちになり、かつグローバルな配置のもとで局所的になりつつあるという。それが彼のいう「中核地域の労働者」である。世界システムにおける中核地域とは、欧米や日本のような先進工業諸国の一部であり、そのもとでの常雇の雇用者とは、再生産コストを一〇〇パーセント労働力市場から調達できる、つまりシングルインカムで自分自身および世代の再生産までが可能な大黒柱労働者、「男性稼ぎ主 male bread winner」型の雇用を指していた。この正規雇用のパイは、資本制の発展にもかかわらずいっこうに増える気配がなく、かえって有利な既得権として希少財化され、分配を統制されるようになった。代わって増えたのがウォーラーステインが「半周辺」および「周辺」

と呼ぶ地域の労働力である。「半周辺」とは中核地域の周辺にあってそれを支える非商品的な労働力、「周辺」とは、さらにその外部にあって商品化されない労働力である。したがって資本制は、労働力商品から利益を得るのみならず、商品化されない労働力からも利益を得る。これがグローバリゼーションの時代にふさわしく、ウォーラーステインがマルクスに対して加えた修正である。ウォーラーステインの『資本主義世界経済』[Wallerstein 1979=1987]は、副題に「階級・エスニシティの不平等、国際政治」とある。階級に加えて、国籍や人種、民族という変数を労働力の配置にもちこんだのが、彼の世界システム論だが、これにもジェンダーが欠けていた。

この「半周辺」に、地域的な「周辺」だけでなく、社会的な「周辺」、すなわち「女性」という変数を持ちこんだのが、フェミニスト版世界システム論者マリア・ミース[Mies, Thomsen, Werlhof 1988=1995; Werlhof 1991=2004]だった。半周辺には、資本制のただなかにある非商品化された労働力、主婦が含まれ、この主婦の不払い労働によって中核地域の男性労働者は支えられている、というが彼女の主張であった。

もういちど、ケアワークに戻ってみよう。第Ⅱ象限と第Ⅲ象限には、不完全に商品化された労働力が位置する。この労働力が完全に商品化されずにすんでいるのは、市場の外部にその再生産コストを依存しているからである。

このなかには、農民、主婦、若者、学生等が含まれる。❖7 戦前には農村が、戦後には家族が、「半周辺」労働力の供給源となってきた。このなかで、若者が❖8「家族」への依存から押し出されることをもって、「ワーキングプア」が初めて問題化したと言える。それには過渡的雇用形態と見なされていた若者の非正規雇用が予想外に長期化したこと、それとともに親世代の高齢化がすすみ、家族が依存を受けいれるキャパシティを失ったことが理由としてあげられよう。「家族」への依存から押し出されるのは、離別・死別の女性も同じである。だが、これまで彼女たちシングルマザーを「ワーキングプア」と呼んできた用例はない。「依存」がジェンダー規範となっているところでは、依存を失っても逸脱としか見なされず、問題はジェンダー化される、すなわちジェンダーによって自然化され、隠蔽される。

❖7 興味深いことに、これらの人々が、有償・無償のケアワークの主たる担い手となってきた。初期の助け合い事業の担い手は主婦だったし、施設ワーカーの多くは未婚の若者である。また介護保険が始まってからは、農協の婦人部が介護事業に乗り出している。学生は以前から障害者の介助ボランティアの主たる供給源だった。

❖8「若者」とは不思議な用語である。山田昌弘の『パラサイト・シングルの時代』においても、山田の共同研究者であった宮本みち子の『ポスト青年期の親子関係』においても、調査対象者は二五～三四歳まで、と限定されている。また厚生労働省や総務省の「フリーター」調査においても、対象年齢を一五～三四歳としている。年齢に上限を設定する理由は説明されていない。三五歳をすぎれば、彼らは「若者」「フリーター」カテゴリーから除外され、過渡的生活形態はライフスタイルの一種、しかも階層的な上昇をのぞめない不利な経済階層の集団となる。また同じ年齢層に属しても既婚女性は「フリーター」に含まれない。「ワーキングプア」は、脱ジェンダー化、脱年齢化を果たしてはじめて、問題化されたのである。

ケアワーカーは、施設労働の若者と訪問介護の中高年主婦とに二極化しているが、近年になってここに退職男性が参入してきた。年金インフラがあっても十分ではなく、わずかでもフロー収入を必要とする階層の人々である。中核地域のただなかにあるこのような半周辺労働力の増加を、「労働の主婦化」と呼んだのはマリア・ミースとクラウディア・フォン・ヴェールホフ[1986]である。主婦の働き方を典型とすることからそう呼ばれた「主婦化」された労働が、やがて主婦以外の人々にも波及することを彼女らは予言し、その通りになった。

「不完全に商品化された労働力」に対して、労働力市場における彼らの購買者は、再生産コスト以下の賃金水準で彼らの労働を調達することが可能になる。結果としてこれらの人々は、一種の労働ダンピングに応じていることになり、たとえ理念や善意からであれ、労働の価格破壊に加担する結果になる。わたしはワーカーズ・コレクティブやNPOの担い手たちに対して、自ら労働ダンピングをしないように、労働の適正な評価を要求するように、と主張してきた。それは労働力の完全な商品化を求めることと誤って捉えられたが、それとは異なっている。労働者には、自分の労働だけを売って、労働力を商品化しない自由がある。

非常勤雇用やパート労働など一般に労働の柔軟化と呼ばれる現象は、労働の商品化にはあてはまるが、労働力の商品化にはあてはまらない。ポスト工業社会でトレンドであった労働の柔軟化そのものが悪いわけではなく、日本では、それがそのまま、労働の価格格差と結びついてしまったことが問題なのだ[上野・辻元 2009]。柔軟な労働が低賃金の労働である合理的な根拠は少しもない。雇用保障のない非正規の労働なら雇用保障のある正規労働より賃金を高くする必要すらあるだろう。事実、初期の派遣労働は、相対的に高賃金の専門職に限定されていたが、たびかさなる派遣労働法の改訂は、この制限を緩和する方向に働き、労働者の保護を掘り崩してきた。正規労働が、労働力の再生産コストに見合う価格で売買されていることを前提に、非正規の労働についても「同一労働・同一賃金」を要求することには合理的な根拠がある。

6　グローバリゼーションとケアワーク

だが、その前提に、労働力市場が国内で閉じている限り、という条件があることを、わたしは自覚してきた。労働力の価格を守れ、という主張は、国内労働市場が完結している場合にしか成り立たない。グローバリゼーションすなわち労働力の国際移動の時代には、この価格は底割れしてしまう。そうなればILOのいう、ケアワークを「まっとうな仕事 decent work」に、という主張もふっとぶことだろう。なぜなら再生産コストの水準がまったく異なる人々が、異なる社会からこの労働力市場に参入してくるからである。

グローバリゼーションとは、「情報、カネ、モノ、ヒトの国際移動の増加とそれにともなう国内外の秩序の再編過程」と簡略に定義することができる。移動の速度はこの順番で速く、ヒトの移動はいちばん最後にやってくる。九〇年代以降のグローバリゼーションが特筆すべきなのはこの「ヒトの国際移動」が大規模なスケールで起きたことであり、したがってグローバリゼーションが最終段階に入った、ともいえる。とはいえ、ヒトの自由な国際移動を阻む国籍や国境という要因は、いまだに強固であり、ウォーラーステインが言うように、世界システムはいまでも人種・国籍・文化などの格差から利益を得ている。

他方、カネ(すなわち資本)のほうはとっくに国際移動を果たしてしまっており、ヒト(労働力)の移動の前に資本と雇用の国際移転が起きている。為替格差のせいで再生産コストすなわち賃金が安い地域へと資本移転が生じ、その結果、相対的に人件費の高い先進工業地域では「雇用の空洞化」と言われる現象が起きている。こういう先進地域では、かりに好景気が訪れても「雇用回復なき景気回復」となる傾向がある。すでに資本と生産拠点のグローバル化を果たしているトランスナショナルな企業は好況の果実を味わうが、国内労働者にはその果実の分け前は回ってこない。

先進諸国が慢性的な高失業率を経験しているのはそのためである。高失業率はなかでも若年層を直撃した。いいかえれば「ワーキングプア」が問題化されはじめた日本社会は、九〇年代以降、二〇年遅れでようやく欧米なみの若年慢性高失業率社会へと追いついたともいえる。それというのも九一年にバブル景気が崩壊するまでは、日本企業は世界的な産業構造の転換を、社内リストラなどの手段でのりきることで、日本型雇用を守ってきたからである。それについては、使用者と労働者、とりわけ正規雇用の既得権を持った男性正規労働者とのあいだに、政治的な取引が成りたった。日本の労働者団体が急速に保守化したのはこの労使協調路線のためである。そのあいだにも労働の柔軟化は進行していたが、それがジェンダー化されているかぎり、(男性)労働者団体は一顧だにしてこなかった。そして九一年バブルの崩壊以後、使用者側はこの日本型雇用を守ることすらむずかしくなった。労働規制緩和がすすみ、労働者団体の交渉力はいちじるしく低下した。

製造業と比べてケアワークの特徴は、資本の移転が不可能なだけでなく、生産調整も出荷調整もできないことである。ケアとは、生産された労働がその場で消費されるという特性を持ったサービスであり、その生産のためには、労働者を消費者のいる場に運ばなければならない。したがって資本の移転とは逆方向の労働力の移転が起きる。ケアサービスの市場が拡大した欧米諸国では、のきなみケアワーカーの国際移動が起きている。つまり、移民を受け入れている社会でケアワークに就いているのは外国人労働力が圧倒的なのである。だが不思議なことに、それは国内慢性高失業率を維持したままの移民の導入である。どういうことか?

❖9 柔軟化それ自体が悪いわけではない。上野・辻元[2009]では、「よい柔軟化」と「悪い柔軟化」について論じている。

というのも、ケアワークとは、「まともなドイツ人(フランス人、アメリカ人等々)」なら就きたがらない種類の低賃金の労働だからである。グローバリゼーションの時代には、ケアワークの価格を守れといった主張は、国内労働市場が閉鎖性を持っているといういささか牧歌的ともいえる条件の下でのみ成り立つ。

日本についてはどうだろうか? 日本政府は長きにわたって労働力の国際移動をきびしく制限してきた。二〇〇八年、経団連が史上初めて「移民一〇〇〇万人時代」と言いだした。極端な少子化による人口減少を食い止めるには、これくらいの規模の人口の社会増を確保しなければならないという財界の危機感のあらわれだった。日本政府の公式用語にはこれまで「外国人労働者」という言葉はあっても、「移民」という言葉はなかったのに、財界が「労働開国」へ向けて一歩踏み出したかと思われた。そのなかに「介護の労働開国」がある。

中長期にわたる介護労働力不足の予測、および介護の人材崩壊などの事情を受けて、日本政府は、二〇〇八年からケアワーカーをアジア諸国から「輸入」する政府間協定EPAに踏み切った。

だが、ケアワーカーはほんとうに不足しているだろうか? 介護福祉士資格保有者四七万人に対して、実際に就労しているのは二七万人、活性化率は約六〇%、資格があるのに職に就いていない休眠人材が多いことが知られている。この「不足」は、絶対数の不足ではなく、「作られた不足」、すなわちこの労働条件ではなり手がいない、という意味での社会的な不足である点で、看護師不足と事情が共通している。賃金水準を上げたり、長時間勤務や夜勤の負担などの労働条件を緩和すれば、この「作られた不足」が解消するだろうことは予測できる。同じように激務で知られる医師という職業のほうは、高収入と高い社会的評価をともなうために、志望者は少しも減少していない。ケアワーカーに外国人を導入しなければならないのは、このように労働条件を抑制したままの「労働力不足」を解決するためである。すなわち、日本人なら就きたがらないであろう労働条件に、発展途上国の外国人ワーカーなら同意してくれるであろうことが予測されているからである。したがって外国人ワーカーの導入が一般的になれば、ケアワーカーの労働条件の改善をめぐる議論など、どこかへふきとんでしまうことだろう。

7 グローバリゼーションのインパクト

ケアワーカーの国際移動は、日本の介護市場に何をもたらすだろうか? これも予想にすぎないが、検討してみたい。

図34に戻れば、外国人ケアワーカーは、このうち、第Ⅱ象限と第Ⅲ象限とに参入してくることになる。というのも外国人ワーカーは、日本の労働力市場では「不完全に商品化された労働力」だからである。その理由はいくつもある。

第一に、社会的に標準とされた再生産コストに対する合意が、ここでは成り立っていないからだ。何が「最底辺の生活」かについての合意が底割れすれば、彼らは一般の日本人ワーカーよりも低い再生産コストに満足するだろう。実際に報告されているように、ワンルームマンションでの四人の雑居生活や、独房のような三畳の独身寮での生活に耐えたうえで、なお故国に送金するような労働者、そのうえ労働ビザを失うことをおそれて使用者とのトラブルを避ける従順で離職率の低い労働者が増加すれば、彼らと職場を同じくする日本人ワーカーたちが労働条件の向上を求めることはむずかしくなる。

第二に、彼らの多くは女性（なかには既婚女性もいる）だが、故国に家族を持っている。その家族は現物経済を含む現地の経済のなかで生きており、子どもがいる場合でも、親族によって育てられている。したがって使用者は、その世代間再生産コストを支払わなくてもすむ。

第三に、人口増加と人材輸出圧力をかかえたアジアの諸国はフィリピン、インドネシアに限らず多いから、日本との為替格差が大きい限り、労働力の供給は「無尽蔵」と考えられるだろう。法律や政策で統制しない限り、ヒトの国際移動の圧力を食い止めることはできない。つまり、国内労働力市場が閉鎖性と完結性を失うことで、労働力需給に価格メカニズムが働かなくなる可能性がある。そうなれば、使用者はいくらでも労働力を買いたたけるようになるだろう。

第四に、外国人居住資格をめぐって、彼らが法的弱者の立場におかれる可能性もある。ビザをとりあげて管理するような使用者がいるだけでなく、使用者とのトラブルから労働ビザを失うことをおそれるワーカーもいる。離職したり、滞在期限を過ぎたりして不法滞在者となれば、国内労働力市場の正規のプレイヤーとしての資格を失い、健康保険を含むありとあらゆる保障をも失う。これら不法滞在者たちは、労働力市場の影のプレイヤーとして、使用者にとっていくらでも搾取可能な労働力となることは、すでに建設業や風俗業の現場で実証されてきた。

以上のような外国人ケアワーカーは、将来にわたって二層に分解することが予想される。ひとつは介護保険内サービスを提供する日本人と同じ有資格労働者。もうひとつは保険外サービスを低料金で提供する無資格または準資格労働者である。保険外サービスであれば、資格も国籍も問わない。前者は第Ⅲ象限に、後者は第Ⅱ象限に位置する。ちょうど協セクターの市民事業体が担ってきた分野と競合するようなかたちで、外国人ケアワーカーたちは労働力市場に参入してくるだろう。

そして営利企業もまた彼らを雇用して、保険外サービス利用を高額料金帯と低額料金帯とに二極化して提供するだろう。「日本語を話せる有資格ワーカーのお世話を保険外でお受けになりたいあなたにはこちらの高額メニューを、とくにワーカーに指定のない低額メニューなら無資格外国人ワーカーを派遣します」、というわけだ。

低料金サービスが外国人ワーカーによって担われるようになれば、協セクターの市民事業体の低料金を裏で支えてきた「プライド」要因は崩壊する。これまでも、保険外サービス利用について、生協系サービスを選択する利用者の選択基準が「料金の安さ」であることは知られていた。ミもフタもない価格訴求を糊塗してきたのが「生協らしさ」という理念だが、サービス競争が価格競争に還元されてしまえば、「サービスの質」をめぐる議論などふきとんでしまう。

ひるがえって考えれば、「サービスの質」をめぐる議論は、参入するプロバイダーが「同じ条件でequal footing」競争したときにのみ、成り立つ議論だった。介護保険準市場下で、同一の公定価格の条件のもとでなら、はじめて「質の違い」が、そしてその「質の違い」がわかる「賢い消費者」であることの意味がきわだつ。だが、保険外サービスにおいて、サービス商品市場の自由競争が始まれば、価格以外の判定基準が作用することを期待するのはむずかしい。というのは、ケアサービスの市場化の歴史が教える通り、ケアというサービス商品に限っては「市場淘汰」が働かない、つまり悪貨が良貨を駆逐する傾向があることを、わたしたちは見てきたからだ。

8 再生産領域のグローバル化とケア労働の国際移転

伊藤るりと足立真理子[2008]はその共同研究において、「再生産領域」という概念を設定し、アジアにおける女性ケアワーカーの国際移動についての経験的研究を組織してきた。「再生産領域」とは、「生産領域」と区別して設定された概念であり、そこでの再生産関係は、「再生産様式」として概念化される。足立が指摘するようにクロード・メイヤスーが提唱した「再生産様式」は、上野[1990; 2009d]によってさらに生命の再生産過程をすべて含む広義の「再生産様式」として定式化された。本書で論じてきたのは、この「再生産過程」に、狭義の生命の再生産、すなわち出産・育児のみならず、生命を支え、看とる行為、介護や介助までを含む広義の含意を与えることの正当性だった。というのも、生産も再生産も社会的な概念であり、再生産過程に何を含めるかは、歴史的に決定されるからである。

ケアワークの国際移動がもたらす「ケア・チェーンcare chain」がこれまで主として問題にしてきたのは、狭義のケアワーク、すなわち育児労働である。

シンガポールや香港のキャリアウーマンの育児負担は、フィリピン人家事労働者によって解決されており、「仕事か家庭か」という日本の働く女性の悩みは日本ローカルなものにすぎない。労働力の国際間価格格差のあるところでは、機会費用の高い女性の家事労働は、機会費用の安い女性の労働によってかんたんに代替される。入管法のきびしい規制のもとで家事労働者のような非熟練労働者の導入が統制されていなければ、日本でも同じような代替選択肢が登場し、これを採用しないキャリア女性は例外的となるであろう。

ケア・チェーンことケアの連鎖とは、次のような現象を指す。労働力の国際移動の経験研究によれば、外国に出稼ぎに行く女性労働者には、経済圧力というプッシュ要因のほか、よりよい雇用機会への要求や家計への貢献、外国への好奇心などの主体的なインセンティブが働く。彼女たちには言語資源のみならず、海外渡航機会へのアクセスのような有利な条件がそなわっている。その結果、送り出し国側の女性労働者には、都市部の中程度以上の学歴保有者が多い。予想に反して、貧困だけが彼女たちを押し出す理由ではなく、国際移動には彼女たちのエイジェンシーが関わっているのである[10][Parreñas 2001=2001]。なかには夫による家庭内暴力から逃れるためという理由もある。こうして家父長的な規範から離脱した彼女たちは、国外からの送金によって自分の家族を養うことを通じて、親族ネットワークでのプレゼンスを高める。彼女たちの多くには、親や子どもがおり、外国で他人の子どもをケアしているあいだ、彼女自身の子どもは彼女の親か、もしくはさらに機会費用の小さい田舎からの出稼ぎの家事労働者がケアしている。その家事使用人の家庭にはおそらくその子どもがおり、その子どもはまたその親か他人がケアしている……。したがってケア・チェーンの末端には、再生産機能を失った家族の解体が見られることだろう。世界システムの「中核」地域では、移民労働力による生産労働のみならず、再生産労働もまた不可欠なファクターとして組みこまれているのだ。

同じことは介護のケア・チェーンについても言えるだろう。先進諸国の高齢者を発展途上国のケアワーカーが世話し、そのケアワーカーの老親の世話は、さらにコストの安い別のケアワーカーが世話し、そのケア・チェーンの末端では、誰からもケアを受けることのできない高齢者が遺棄される……。この想定はたんなる悪夢ではない。再生産コストの国際格差と同じく、要介護水準の国際格差を前提として、先進諸国の高齢者は発展途上国の低賃金労働者のおかげで、手厚い介護を受けることができているのだ。たとえば、アメリカの高齢者施設の利用者と介護者とのあいだに、みごとな人種間ハイラーキーが成立していることをみれば、そのことは如実に実感できる。

グローバリゼーションのインパクトは、さらにおそるべき予想をわたしに抱かせる。育児については子どもを親のもとから移転することに同意する親が多いとは思えないが、介護については高齢者を移転させることができる。すでに国内でも、初期投資と人件費コストの安い地方に、都市部の自治体の高齢者施設が移転している。二〇一〇年三月に群馬県渋川市で起きた高齢者焼死事件は、東京都民の高齢者が都の生活保護の受給者として、都外の無

❖10 レイチェル・パレーニャスは「グローバリゼーションの使用人」[Parreñas 2001=2001]で、国際移動するフィリピン女性たちのエイジェンシーを活写している。

届けの有料老人ホームで居住していたことを白日の下に曝した。それというのも、都内の施設は不足しているのに対し、都外ではコストの安い施設を確保できるからだった。また地方には、大都市圏の自治体の福祉施設を誘致しているところもある。介護保険では、サービスを受ける場所と給付を受ける自治体が一致しないことは、すでに慣行として受け容れられている。同じように、要介護高齢者の国内移動ばかりでなく、国際移動が起きないとも限らない。労働力再生産コストの高い日本へ外国人労働者を移転するより、初期投資も人件費もランニングコストも安く、かつ移民統合のための国内ソーシャル・コストもかからない外国へ、要介護高齢者を移転することに、さほどの抵抗があるとは思われない。すでにフィリピンでは先駆的な事業展開の例が見られる［稲葉 2008］。日本では低年金の重度の要介護者でも、フィリピンでは月額約三万円程度で二四時間介護のヘルパーを雇うことが可能なのだ。フィリピンで得ている介護水準を維持しようとすれば、彼らに帰国の選択肢はない。事業者のなかには、日本人向けの介護施設を、日本に送り出す介護士候補者の研修施設として活用したいと考えている者もいる。EPA協定で来日したフィリピンやインドネシアのケアワーカーで、日本で介護福祉士資格の取得に失敗して四年の滞在限度期間のあとに帰国する者や、有資格者で経験を積んだあと帰国する者が増えれば❖11、国外で介護保険事業を実施することも不可能ではなくなるだろう。一定の認可条件を備えていれば介護保険の国外利用が可能になるように、制度の改革が起きないとも限らない。ましてや保険外事業なら、なおのこと自由な市場にゆだねられることになるだろう。

そうなれば日本で日本人有資格ケアワーカーによる介護を受けるということ自体が、特権になっていくかもしれない。グローバリゼーションは、ケアする側にもケアされる側にも、従来の議論の基盤を掘り崩す効果を持つのである。

9　ふたたび「ケアの値段」をめぐって

一九九〇年の著作『家父長制と資本制』［上野 1990］の末尾で、わたしは次のように書いた。三たび、引用しよう。

> 最後に、ありとあらゆる変数を問わず、労働の編成に内在する格差の問題が残る――それは、なぜ人間の生命を産み育て、その死をみとるという労働（再生産労働）が、その他のすべての労働の下位におかれるのか、という根源的な問題である。この問いが解かれるまでは、フェミニズムの課題は永遠に残るだろう。
> ［上野 1990: 308-9; 上野 2009d: 389］

今から二〇年前に投げかけられたこの問いは、今日に至るまで解かれていない。それどころか、この二〇年のあいだにグローバリゼーションという新たな環境の変化を経験して、本章で述べたように、問いはさらに複雑さと深刻さを増した。

グローバルなケア・チェーンとは、機会費用格差や国際為替格差を背景に、潜在能力の高い女性が潜在能力の低い女性に、再生産費用を移転することを意味する。その格差には、人種、民族、国籍、年齢、文化など、ありとあらゆる変数が関与するだろう。もっとわかりやすく言えば、わたしたちの社会の女性のケア労働は、もっと条件の悪い他の女性たち(外国人、移民、高齢、低学歴、非熟練等々)の負担において「解決」される、というオプションが登場するということである。そしてその選択肢が目の前に利用可能なかたちで提示されたとき、それを選ばないことは誰にとってもむづかしいことだろう。❖12

「ケアの値段」をめぐる議論は、それが一国内市場で閉じているあいだは「ジェンダー公正 gender justice」を問うことができたが、グローバリゼーションの時代には、もはやそれすら牧歌的に聞こえるほど、事態は変化した。6章で紹介した「家事労働の値段」の機会費用計算法に、「(国内)女性労働者の平均賃金」ではなく、「外国人労働者の平均賃金」を代入すればおそらくその評価額はもっと下がるだろう。その機会費用格差を拡大させるのがグローバリゼーションである。そしてこの点では日本は、諸外国にくらべていちじるしく厳格な出入国管理法のもとで、家事労働者(非熟練労働者に分類されている)の導入を排除しているからこそ、こうした「平和な」議論が成りたつ例外的な国なのである。そしてこの例外的な条件がいつまで続くかにはなんの保証もない。

二〇年以上前に、わたしは女性の労働参加がすすむ半面で、男性の家事参加がいっこうにすすまない現状を評して、「男性の家事」は第一にロボット化(家庭電化)によって、第二にアウトソーシングによって代替される蓋然性が高いと予測したが、そのとおりになった。機会費用の高い男性がそれをなげうってケアという無償労働に参入する可能性は、今日でも低いと言わざるをえない。フェミニストの唱える「平等主義夫婦」が成りたちにくいのはそのためである。育児よりも介護においてこの傾向は強まるだろう。

❖11 協定では介護福祉士取得のための国家試験に合格すれば滞在期間を更新して在住することができるが、取得に失敗すれば四年間の滞在を上限として帰国しなければならない。ただし不合格者に対して「準介護福祉士」の資格を与えることで在留期限を延長する可能性もある。

❖12 移民先進国であるアメリカで、キャリア女性が移民女性をベビーシッターとして採用することは、ひろくおこなわれている。公的な育児支援が整備されていない現状で、かつ女性間の機会費用格差が大きいアメリカでは、それがもっとも手近なオプションだからである。また英語リテラシーの高くないニューカマー移民(主としてヒスパニック人口である)にとっては、最初に就くことのできる、資格も能力も問わない労働がベビーシッターであり、したがってもっとも低賃金の労働でもある。だがそのために、クリントン政権の初期に、司法長官の指名を受けた女性候補者が、あいついでふたりまで「不法滞在者」を雇用した責任をとって指名辞退を迫られるという事件が起きた。「法の番人」であるべき司法長官が過去に不法行為に荷担していたことが問われたからである。だがアメリカでキャリアを積んだエリート女性のうち、スネにキズを持たない者がどれだけいるだろうか。そしてこの「不法行為」の責任は、母親には問われてもその夫には問われない。

介護を引き受ける男性は家族介護者の約三割にのぼっていることがデータからわかっているが、彼らは(1)定年退職者か早期定年を選ぶことで仕事に代わる代替的な責任を引き受けた夫か、(2)失業やパラサイトで同居しており、他に代替選択肢のなかった息子介護者である。もし稼得能力があれば、彼らは自分の収入でホームヘルパーや家政婦を雇ったことだろう。また自分で食事の用意をするテマをかける代わりに、コンビニの総菜や弁当を購入するだろう。とりわけ育児については言われないのに介護についてはロボット化が言われるのは、介護が誰によっても代替可能な非人格的な労働と考えられていることを示唆する。夫にとっても息子(育児の場合は父親)にとっても、介護は育児よりもやりたくない労働なのであり、代替選択肢があればそれを外注することにためらいを示すことはあまりないだろうと想定される、たとえそれが外国人であっても。

そう議論したからといって、わたしは「労働開国」に反対する排外主義の立場に立つわけではない。グローバリゼーションとは、その是非を問うことをゆるさない世界史的な趨勢であり、好むと好まざるとにかかわらずそれに対応するしかない歴史的な変化である。先にあげたように、グローバリゼーションの定義を「情報、カネ、モノ、ヒトの国際移動の増加とそれにともなう国内外の秩序の再編過程」とするならば、とっくに起きている「情報、カネ、モノ」の国際移動に加えて、「ヒトの国際移動」を阻止する理由はすこしもない。そこに新たな生存の機会を求めて国境を越えて移動する人々の存在を、国家という人為的な壁で食い止める理由はなにひとつないのだ。

もしそうならわたしたちの解はただひとつになる。日本国内における労働条件を国籍、人種、民族、年齢、ジェンダーにかかわらず公平に適用し、そのうえで再分配の政治の範囲に含めることである。そのなかには「国民」の名を冠した年金もふたつの保険(健康保険と介護保険)も含まれる。[13] 彼ら・彼女ら外国人労働者が日本に定住したいと考えるかどうかはわからない。だが、もし彼らが日本で老後を迎える選択肢を持ち、それを「安心」の資源とするならば、日本社会に貢献した彼らに、日本は「再分配」で報いることになろう。

だがここでもまた、そのような人々が引き受ける「ケアワークの値段」を問わなければならない。グローバルなケア・チェーンがケア労働を外国人に移転しつづけるあいだは、一九九〇年にわたし自身が問うた「フェミニズムの課題」は、解かれたわけではなく、たんに先送りされたままである。その意味でも本書は、『家父長制と資本制』の直接の続編なのである。

❖13 国民年金と国民健康保険は、成立後国籍条項が緩和された。介護保険は成立当初から国籍条項を欠いている。

第18章

次世代福祉社会の構想

1 「市場の失敗」「家族の失敗」「国家の失敗」

「百年に一度の恐慌」と言われるグローバルな経済危機は、市場万能主義者の頭に冷水を浴びせた。マルクスの資本主義分析が息を吹き返したかのように脚光を浴び、自由市場が一定の周期で好況・不況の波をくりかえさざるをえないことを予言した「コンドラチェフの周期」が再評価されたりもした。市場のプレイヤーひとりひとりにとってもっとも合理的な選択の集積が、集まってパニックをひきおこす「合成の誤謬」を、今度の金融危機では、どんな市場原理主義者も否定できない事態に至った。

ネオリベラリズムの発信源であるアメリカですら、市場への国家の介入を正当化する政権が支持を集めた。雇用、健康、安全、育児と教育など、これまで「社会保障」の名で呼ばれていた分野への、社会資本投資の重要性が唱えられるようになった。これまでだってこうした「セーフティ・ネット」の重要性を主張してきた人たちはいなかったわけではないのだから［神野 1998; 神野・金子 1999; 神野・宮本 2006］、これらの人々の主張の正しさが、破綻によって証明されたと言うべきだろう。実際に痛い目に遭わない限り学習しない、かのように。

ところで社会保障はこれまで「市場の失敗」に対する補完性原則で成り立ってきた。すなわち財サービスの分配が市場の自動調節機能を通じて働くことを前提に、その市場メカニズムがうまく機能しない場合や、市場での交換資源を持たない弱者、つまりシングルマザーや高齢者、病人、障害者などを限定的に対象としてきた。すなわち、市場が社会に対して持つ網羅性を前提に、その「市場の失敗」を例外や逸脱としてきたのである。現に「セーフティ・ネット」という命名そのものが、市場の優位を前提に、それから漏れる対象を救済するという考え方を前提としている。

わたしは5章でこれに「家族の失敗」を付け加えた。「市場の失敗」はこれまで「家族」という市場外のブラックボックスに吸収されることで解決を期待されてきた。市場が家族に暗黙のうちに依存してきたその相互関係を分析の対象としたのが、マルクス主義フェミニズムであった。[❖1] すなわち市場が自己完結性を持たないこと、市場が市場外の領域に依存してきたことを明らかにしたのである。

それに加えて「国家の失敗」を付け加える必要があるだろう。市場と家族が、その一方もしくは両方があいまって個人の福祉 well-being に十全に機能すると前提する代わりに、市場も家族も限界を持った制度であることを前提に、「市場の失敗」「家族の失敗」を最終的に救済するアクターが国家だと考えられたのが「福祉国家」論だった。だが、それについても市場と家族を特権的な地位に置く理由はない。また国家に包括性を認める必要もない。福祉多元社会論は、その福祉国家に限界を認めるところから出発した。「市場の失敗」「家族の失敗」にならんで「国家の失敗」が明らかになったこともまた、二〇世紀の歴史的発見だったからである。

文明史的に考えれば、二〇世紀は市場、家族、国家という一九世紀的な概念が席捲し、猛威をふるったあと、その限界をそれぞれに示した時代だったといえよう。

第一の市場については、市場システムが全域的でも網羅的でもなかったことがあきらかになった。カール・ポランニ[Polanyi 1944=1975]が言うように、近代市場社会とは市場優位の社会ではあるが、市場が全域を覆った社会ではなかった。経済システムが変動するとき、それは先行する分配システムに新しい分配システムが置き換わるように変化するのではなく、旧システムに新システムが付け加わるにすぎない。ポランニのいう分配の四類型、贈与、互酬性、再分配、(市場)交換のシステムは、歴史上いつの時代にもそのいずれもが存在してきたのであり、(市場)交換のシステムが優位に立った場合でも他の三つの分配領域がなくなったわけではない。市場万能主義を標榜するかのような近代経済学ですら、「家族」という贈与の原理が支配する私的領域、交換原理が侵入しない/できない「愛他性 altruism」の原理がはたらく領域を前提としなければ成り立たなかった。

第二に家族について言えば、この家族というブラックボックスに分け入り、(近代)家族の機能不全を指摘してきたのがジェンダー研究だった。多くの実証的な家族研究の功績は、近代経済学が想定する「愛他性」の原理が私領域を覆っているどころか、市民社会におけるルールすら通用しない無法地帯、父=夫による専制支配が成り立っていることを暴き、家族が「愛の共同体」であるという「家族神話」を解体したことである。それだけではなく、市場における競争資源に恵まれない人々、市場が一人前のプレイヤーとして認めない依存的な人々を市場は私領域に放逐したが、その負担に家族、とりわけ近代家族は堪えきれず、機能不全に陥った。家族を「依存の私事化 privatization of dependency」と喝破するファインマンの著書の日本語訳を、『家族、積み過ぎた方舟』[Fineman 1995=2003]と題したのはわたし自身だが、それは市場によっては自立できないあらゆる依存的な存在の受け皿となる究極のセーフティ・ネットと見なされた家族が、実際には期待どおりには機能していないこと、それは最初から背負うには「重すぎる積み荷 overloaded」であり、早晩、座礁を運命づけられていたことを含意していた。❖2 それに加えて、そのための責任と負担が、誰の肩に重くかかっているか、その分配にいちじるしいジェンダー不公正があるということをも。

第三の国家については、国家の必要性と限界もまた明らかになった。一九二九年の恐慌では市場の破綻が明らかになったあと、それに介入する国家の役割が肥大した。その後、社会の全領域の国家化というおそるべき全体主義の時代を経て、わたしたちは国家を、それによって翻弄されるものではなく、道具として馴致すべきものであることを学習したはずだった。ネオリベ改革のもとでは「最小国家」論、「小さな政府」説がふたたび支配的になったように見えたが、一九二九年の大恐慌でいったんは破産を宣告された市場万能主義が二〇世紀の後半にふたたび甦ったのにはいくつかの歴史的理由があるだろう。そのひとつは東西冷戦の終結であり、もうひとつはグローバリゼーションの進展だった。すなわち東西冷戦は市場主義の勝利に終わり、かつての東側諸国を一元的な市場のもとにまきこんでいくことでグローバル・マーケットの新たなフロンティアをつくりだしたからである。だがネオリベの市場万能主義にも破産が宣告されるに至った。国家と市場の相互依存性、国家による市場の統制は、市場優位の原則においてさえ無視できない前提となった。市場経済派と計画経済派の対立は、そのいずれを選ぶかの二者択一ではなく、どの経済体制もなにがしか混合経済体制へと収斂していかざるをえなくなったのである。だが同時に国家の過剰な役割やゆきすぎた介入に対しても警戒心がなくなったわけではない。それどころかグローバリゼーションの進展にともない、資本も個人も国境を越えた活動を拡大し、国家は桎梏ともなった。その結果国民国家という一九世紀の装置の耐用年数が尽きたとも言われるようになった。

市場は全域的ではなく、家族は万全ではなく、国家には限界がある。となればそのいずれもの限界を前提としたうえで、制度的な多元性を組みこんでいくことが福祉多元社会だと考えてはどうなのだろう。福祉多元社会は、もとは福祉国家論の破綻から出発

❖1 マルクス主義フェミニズムに関する上野の代表的著作、『家父長制と資本制——マルクス主義フェミニズムの地平』[上野 1990]は、著者自解を加えて岩波現代文庫から増補新刊された[上野 2009d]。

❖2 ファインマンは続編にあたる『ケアの絆』で、近代法における「自律した個人」の前提そのものを「自律神話 autonomy myth」と呼んで根底的に批判している[Fineman 2004 =2009]。

したが、それ以前に、福祉国家論の成立そのものが、「市場の失敗」と「家族の失敗」を前提していた。福祉多元社会とは、当初は対人的な福祉サービス供給者の多様性を指す限定的な用語だったが、しだいに、複数の社会的領域のあいだで福祉をめぐる責任と負担の分配の最適混合のシステムと再定義されるようになり、本書もそれを踏襲している。「社会保障 social security」とは個人の福祉を保障する社会的な安全保障のことであり、決して逸脱や例外的な事態にのみ対処する社会的な技術のことではない。

『人間の経済』[Polanyi 1977=1980]を唱えたポランニは、「経済」の実在的定義を「継続的に物質的な要求を充足するような人間と人間の環境との相互関係の制度化された過程」とした。そうなれば、福祉多元社会を構成する四つの領域、官/民/協/私は、それぞれポランニの再分配、交換、互酬性、贈与に対応する経済領域だと考えることもできる。(市場)交換メカニズムで配分できない資源は他の配分メカニズムに依存せざるをえず、これらの多元的な配分原理は相互に対立するわけではなくて、競争的または補完的に共存していると考えられる。そしてその配分原理のあいだに一貫性のないことこそが、それらのあいだの「最適混合」が必要であり可能である、まさにその理由なのである。

3章で述べたアマルティア・センらは「人間の安全保障 human security」という概念を提唱しているが、この概念の画期的な意義は「国家の安全保障」から「個人の安全保障」へと、安全保障の焦点をシフトしたところにある。どこの国籍に属そうが、どこに暮らそうが、どんな社会的属性を持っていようが、個人の生存、生活、尊厳を守るという考え方は、グローバル時代の脱国家的な安全保障概念にふさわしい。[3] そして個人の「必要 needs」には、当該個人の潜在能力に応じて差があることをセンは知悉していた。そうなれば人間の安全保障を達成するための資源の配分には、個人個人のニーズに応じて格差があって当然であろう。センらの「人間の安全保障」の考え方は、「(あくまでも個人の)ニーズ中心」という「当事者主権」の立場と重なる。

本書で論じてきたように福祉多元社会を構成する四つの社会領域、官/民/協/私のすべてのセクターにおいて、それぞれのセクターの能力と限界を前提としたうえで、それらを相互補完的に組み合わせる多元的な社会のデザインが求められている。そのなかでも本書は、とりわけ協セクターの可能性に力点を置いて論じてきた。市場、家族、国家のすべての領域の限界と破綻があきらかになった今日、協セクターの重要性は強調するまでもないが、協セクターとは文明史的に見れば、近代化の過程で市場・国家・家族のトリオが破壊した共同性の再構築の役割を担って、それらの三つの領域の破綻があきらかになるとともにその登場が要請されるに至った新しい共同性の領域であるといえよう。だがその「新しい共同性」は、決してかつての共同体の復活でもなければ再現でもない。脱市場、脱国家、脱家族の、ということはそれらのいずれでもないが、そのすべてを経過したあとの、個人を基礎とした共同性であることだ。そしてそれは、いまだ形成途上にあるからこそ、よりいっそう強力に推進されなければならない領域なのだ。

2　福祉多元社会の責任と負担の分担

本章の課題は、わたしが中西と共著で刊行した『ニーズ中心の福祉社会へ——当事者主権の次世代福祉戦略』〔上野・中西編 2008〕におけるビジョンを提示することにある。福祉多元社会を、人間の安全保障を実現するための責任と負担の最適混合と考えるなら、各領域は以下のような役割を分担することになるだろう。参考のために、福祉多元社会のモデルを再掲しよう【図35】。

図35　官／民／協／私の4セクター

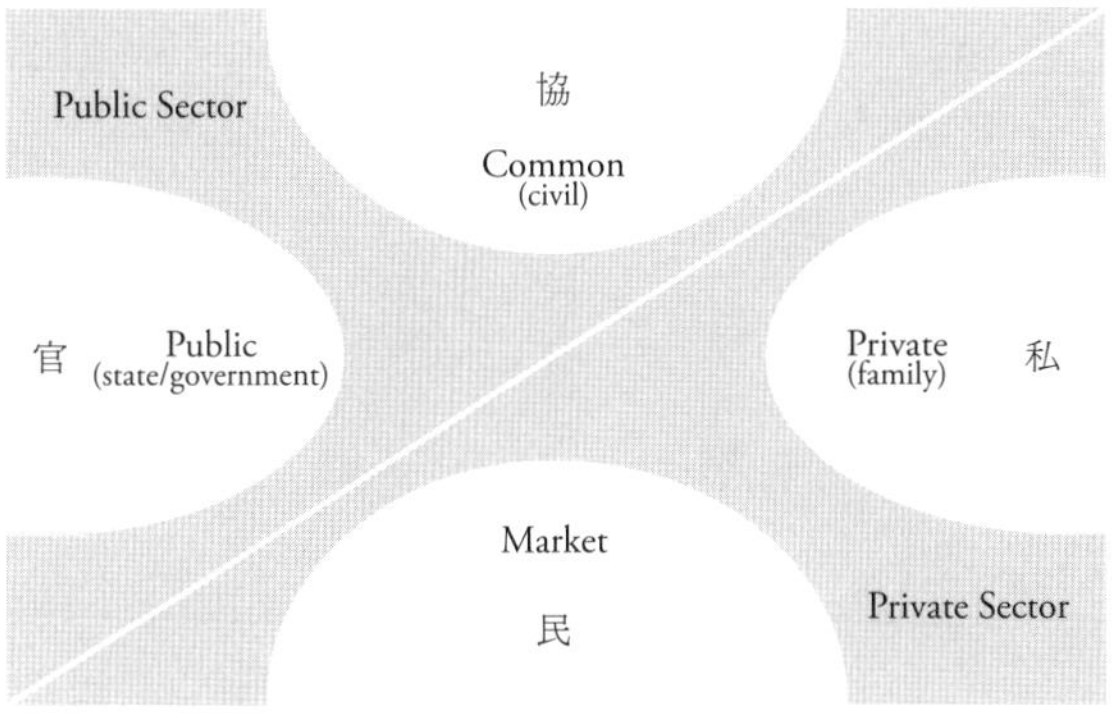

(1)官セクター（中央政府と地方政府）
所得の再配分と財・サービスの給付についての最適解の制度化、およびその運用上の管理と監督

(2)民（市場）セクター
労働と交換を通じての資源の最適配分、ビジネスモデルの開発と競争による効率化、法令遵守と企業の社会的責任の達成

(3)協セクター
当事者ニーズの顕在化と事業化、当事者の権利擁護、民セクターとの連携および官セクターとの協働と政策提言

(4)私セクター
代替不可能な情緒関係の調達とケアにかかわる意思決定

❖3　個人の安全保障は、国家の安全保障とはしばしば対立する。たとえば国家の安全保障のために個人の生命、財産を差し出せと要求するのは本末転倒であろう。したがって「国家の安全保障」の手段として動員される戦争ほど「人間の安全保障」に反するものはない。

順次詳論しよう。

(1)官セクター(中央政府と地方政府)

その成員に対して強制力のある公的権力を行使できるのは官セクターのみである。官セクターの最大の役割は、市場による分配を是正し緩和する再分配の規模と方式とを決定することである。社会保障政策と呼ばれるものがこれにあたる。社会保障のグランドデザインを語るのは本書の射程を超えるが、その展望は上野・中西共編著[2008]で大沢真理と広井良典が論じている。本書ではこれまで論じてきたように高齢者介護を中心に限定的に論じるが、そこからでも一般解への応用を導き出すことは可能だろう。

(2)民(市場)セクター

市場交換とその主要なアクターとしての企業法人(会社)は、近代が生み出した文明史的な発明品であった。このしくみのもとで(1)多様な行為者が、(2)有限責任のもとで、(3)自由な意思決定をすることが可能になった。そして東西冷戦の結果、最終的な「市場の勝利」をもたらしたのは、国家という単一のアクターによる決定(計画経済)より、多様なアクターの自由な意思決定の集積(市場経済)のほうが合理性が高い、という歴史的解であった。だがこの合理性が「局所合理性」にとどまり、局所合理性の集積が全体システムにおける不合理性に至る「合成の誤謬」を防ぐことができないこともまた、歴史的に証明されてきた。したがって市場は「レッセ・フェール(自由放任)」になってはならないし、なりえない。市場には官セクターの財政による介入や法令による監視もまた、与件として組み込まれなければならない。そうなれば市場に登場するアクターがコンプライアンス(法令遵守)やCSR(企業の社会的責任)を守ることは当然であるだけでなく、情報の公開性をもとに消費者が市場選択するメカニズムが機能することによってのみ、市場の合理性が保たれるのである。

(3)協セクター

協セクター(「協同セクター」、「協働セクター」、「市民社会セクター」など論者によってさまざまな呼称で呼ばれる)は、官セクターと協働して「公益」を支える非営利民間団体(本書では「市民事業体」)の集合を指す。「公共性」とも言われる分野の「公」と「共」とを、英語の「パブリック」に対して「コモン」の概念に対応させる用語法がある。協セクターを「コモン」と呼ぶのは示唆的である。「コモン」とは、共同所有の入会地を指す中世の用語だったが、土地の共有権を廃し私有権のみを認めてきた近代法のもとで、コモンは徹底的に破壊されてきた。近代化とは「共同体から自由な個人」を析出する過程だったと言われるが、家族史やジェンダー研究があきらかにしたのは、その自由な「個人」とは、近代家族を統括する家長男性であることだった。国家も市場も家族も、あげて伝統的な共同体からの解放を追い求めてきたのが近代だったのである。だが破壊したものの代替物は登場せず、その破壊のコストは高くついた。国家の残余カテゴリーである「市民社会」は、ようやくその実質をあらわしつつある。というのは、「私益」を追求するアクターがプレイヤーとなる市場ではなく、「公益」を追求する市民活動の場である協セクターがようやく「目に見える」活動になってきたからである。

(4)私セクター

最後に家族には家族しか担うことのできない責任と役割が残る。官/民/協/私の最適混合を考えることは、家族の責任を外部に移転することでも免責することでもない。家族には生活史にさかのぼって築きあげてきた代替不可能な情緒関係とコミットメントがある。現在でも子どもに対する親権者は第一義的に出生に関与した家族であるし、終末期医療において生死にかかわる意思決定を本人がおこなえないときに代行するのも家族である。5章で指摘したように法律が介護義務を定めていない場合でも、高齢者の介護責任をすすんで引き受けようとする者の多くは家族である。ただしここでいう「家族」の内容は、多様化し、変化している。親族規範のうえでも、長男規範、嫁規範、血縁規範などは弱体化しているし、「家族」のなかにはもはや血縁にも性にもよらない集団が登場している。だが、家族が再生産の制度であることをやめない限り――それに代替する制度が見つからない現在、とうぶんのあいだ家族は再生産の制度でありつづけるだろう❖4、たとえそれが母子ダイアド(二者結合)のようなミニマムの単位になったとしても――人間の生の初めと終わりに家族が果たす役割はなくならないだろう。

3 連帯と再分配

社会保障を支える理念は、これまで「補完性原則」、「残余原理」と呼ばれてきた。それは家族と市場の自動調節機能を過大評価した結果であることを述べた。しかも国家もまた失敗するとすれば、社会保障をたんに「補完性」や「残余」でとらえるのではなく、財・サービスの分配および再分配のシステムとして「人間の経済」に埋めこまれたものと考える必要がでてくる。そのためのキーワードが、「連帯」と「再分配」である。「連帯」には再分配の範囲(境界)が、「再分配」には、その規模と方法、回路が選択肢として登場する。

「社会保障の政治経済学」を掲げる権丈善一は、社会保障とは「貢献原則に基づいて分配された所得を、必要原則に基づいて修正するものだ」[権丈 2009: 61]という。同じことを一九世紀にもっと

❖4 再生産工場または子ども牧場のような再生産の制度が家族に代替されないかぎり、人間の再生産コストはシステムに内部化されえない。そしてそのなかに長期にわたる社会化過程を含むとしたら、再生産費用は莫大なものになるだろう。家族に代わる再生産の制度が想定できないのは、ヒトの社会化はただ人と人とのあいだ、すなわち人間関係のなかでしか達成されないからである。

簡明に「能力に応じて働き、必要に応じて受けとる」と表現した理論家がいる。マルクスである。近代経済学に対してすっかり評判の悪くなったマルクスの経済理論は、別名「政治経済学 political economy」とも呼ばれるが、このディシプリンを看板に掲げる権丈はマルクスを意識しているのだろうか。

権丈は、「社会保障で解くべき問いは、社会保障財源調達問題一本に絞られる段階に入った」[権丈 2009b: v]という。そして「負担増のビジョンを示さない政党には拒否権を発動すべし」[権丈 2009b: 55]とまで主張する。

社会保障の大きな役割には、所得の再分配が含まれる。すなわち社会保障の根幹には貧困の問題の解決がある。だが本書では、「社会保障」の内容を、権丈のいう「医療・介護、保育・教育」の四項目に限定しよう。すなわちいずれも市場における「貢献原則」による配分が機能しない人々——いったいどれだけの人々が市場で一人前のプレイヤーになれるだろうか？——換言すればセンのいう潜在能力が低いために「ニーズ」の帰属先となった人々、本書で言う「当事者」への支援(広義のケア)を提供するサービスの再分配問題に限定する。

財源調達問題が最大で最終の問題であるとはいえ、それ以外の問題群にすでに解が与えられているわけではない。その他の問題には、(1)どれだけの規模の財源を、(2)いかなる方法で、調達し、かつ(3)いかなる分配原則で、(4)いかなる利用原則のもとに、(5)どんな資源を、(6)どのような媒介の回路を通じて、(7)誰に、配分するのかという問いが残っている。整理すれば調達問題と分配問題である。再分配については武川正吾[2006]が論点を的確に整理しているので彼の図式をもとにしたうえで、さらにそれだけでは十分でないため、それにいくつかの項目を付け加えて以下の項目を設定する。さらに選択肢は有限だから、その組み合わせも提示しよう。

(1)再分配の規模……高負担／中負担／低負担
(2)再分配の財源調達……税方式(消費税／累進課税／法人税)／保険方式
(3)再分配の配分原則……選別主義／普遍主義
(4)再分配の負担原則……無償／応益負担／応能負担
(5)再分配の資源……貨幣給付／サービス給付
(6)再分配の媒介(回路)……公共(官／協)／民間(市場)
(7)再分配の範囲……加入者／国民／住民(居住者／移民)

武川は以上を単純化したうえで、以下の四つの問いを立て、社会政策をめぐる有権者の「価値意識」についての実証研究をおこなっている。二〇〇〇年のSPSC調査❖5(「福祉と生活に関する意識調査」)に基づくそのデータを参照しよう。武川が挙げる再分配の四つの項目とそれに対する回答の結果は以下のとおりである[武川

2006: 190]。

Ⅰ　再分配の規模……高福祉 vs 低負担　五四・七 vs 四四・三％
Ⅱ　再分配の方法(1)……必要 vs 貢献　四四・八 vs 五四・三％
Ⅲ　再分配の方法(2)……選別 vs 普遍　六〇・八 vs 三八・五％
Ⅳ　再分配の回路……官 vs 民　七一・八 vs 二七・四％

武川によれば「伝統的な福祉国家」とは、「大きな政府」と「脱商品化」の組み合わせ、すなわち上述の選択肢のなかでは、Ⅰ再分配の規模における高福祉高負担、Ⅱ再分配の方法(1)における必要原則、Ⅲ再分配の方法(2)における普遍主義、Ⅳ再分配の回路における公共部門中心の選択を意味している。以上の結果から、武川が引き出す結論は、日本人は高福祉高負担、貢献原則、選別主義、公共部門中心への支持が高いというものである。

だがこの解釈にはいくつかの留保が必要である。第一にⅡ再分配の方法(1)における必要原則と貢献原則とは、権丈のいう「貢献と必要」とは水準が異なっている。この再分配原則に関する問いが「年金や医療をはじめとする社会保障の給付は、保険料などの支払の実績に応じて受けとれるようにすべきである」となっているように、(1)年金と医療という種類の異なる再分配の財の給付が同じ問いに含まれており、(2)税方式と保険方式との混同、および(3)応益負担と応能負担の混同を招くようなワーディング(問いの文章化のしかた)が用いられている。したがって設問のしかたが変われば回答が変化する可能性があり、この結果をもってただちに「貢献原則に支持が高い」とは言えない。第二に再分配の回路を「公共部門中心」、のちにエスピン-アンデルセンの用語を用いて「脱商品化」の選択と解釈しているが、エスピン-アンデルセン自身がのちに批判を受けたように、「脱商品化」の選択肢には、言い換えれば「公共部門」には、狭い意味での公(官セクター)と共(協セクター)の下位の選択肢があり、「脱商品化」すなわち国家化とは限らない。二〇〇〇年、介護保険施行の年に実施されたこの調査が、「公共部門」について狭い解釈しか持たないことは、調査者のみならず被調査者を含めた時代の限界であろう。

ともあれ、武川のデータで確認しておけばよいのは、調査対象者のマジョリティが「高負担」に同意していることである。

OECD諸国に比べて日本の国民負担率、すなわち税・社会保険料のGDPに占める割合が低いことはよく知られている。日本の社会保障給付費の問題点としては、(1)社会保障給付費の財政支出に占める割合そのものは国際水準並みだが、総額が小さいために全体が抑制されていること、(2)その内訳が高齢者福祉に偏

❖5　SPSC調査とは二〇〇〇年に武川グループが実施した社会政策と社会意識に関する大規模な質問紙調査である。対象者は全国の満二〇歳以上の男女五〇〇〇人、サンプリングは層化二段無作為抽出法による。調査員による留め置き回収法で、回収率は七九・八％である。

り、医療、教育、保育への支出がアンバランスに低いことはすでに常識となっている。そうなれば唯一の解は、「国民負担率を上げる」ことしかない。

国民はいかなる負担増にもただちに反対するだろうか？　興味深いことに、武川のデータをはじめとして各種の国民意識調査が明らかにするのは、回答者のほぼ六割が「高福祉高負担」（それがどの程度の規模かを別にして）に合意を与えていることである。すなわち今日の「福祉崩壊」「医療崩壊」の現状は、社会保障給付費の規模を引き上げることでしか解決されないことに、多くの人々はすでに気がついているのだ。権丈も次のように指摘する。

> いまや市民の多くは、社会保障制度が長期にわたり有効に機能していくことが保障されるのであれば、その費用負担を受け入れる覚悟を持つに至っている（後略）。　［権丈 2009a］

次に（2）再分配の財源調達方式についてはどうか？　上野・中西の『ニーズ中心の福祉社会へ』のなかで、共著者のひとり広井良典は、（1）社会保障財源において、保険から税への比重を高めていかざるをえないことを前提に、（2）所得税の累進性強化、（3）消費税の税率アップ、（4）相続税、環境税、土地課税等の強化または新設を提唱している［上野・中西編 2008: 209-210］。同じく共著者のひとりである大沢真理は、九〇年代を通じて（1）法人税率の大幅な減税（三七・五％から三〇・〇％へ）、（2）所得税の累進性のいちじるしい縮小（個人所得税の最高税率が五〇％から三七％へ）、（3）さらに資産所得と相続税に対する優遇措置が拡大したことを指摘する［上野・中西 2008: 188］。すなわち九〇年代の日本（政府）は、企業と資産家・高額所得者を優遇することで格差を容認するネオリベ改革へと政策の舵を切ったのである。大沢はこの試算にもとづいて、現況で要請される規模の社会保障給付財源調達には、九一年段階への（1）法人税率の回復、（2）累進課税率の回復のふたつがあればすむと言う。

保険方式から税方式へと財源を移行せざるをえないのは、広井によれば、（1）高齢化にともなって保険原理（拠出と給付の均衡）が成り立ちにくくなっていることと、（2）社会保険が前提とする共同体的基盤とその基礎となる企業（雇用）・家族の画一性がゆらいでいるからである［上野・中西編 2008: 209］。雇用をもとにした「企業中心」（大沢）の福祉が成立しにくくなっていることは、同時に家族給をもとにした世帯単位の税・社会保障の制度設計を無効にする。

上野・中西が提唱する「ニーズ中心」とはあくまで「当事者ニーズ中心」であることで、社会保障の単位を世帯単位から個人単位へと移行するビジョンをも含む。すなわち雇用の有無や雇用の形態、家族の有無や家族構成等に左右されない再分配の原理の構築である。

4　ニーズ中心の福祉社会へ

――「社会サービス法」の構想

再分配の財源調達問題については経済学者にゆだねよう。わたしたちにとってより重要な課題はその分配方式の側面である。上野・中西が『ニーズ中心の福祉社会へ』で提言したのは、結論的にいえば、以下の選択肢の組み合わせからなる制度の構築である。(3)再分配の分配原則については普遍主義を、(4)再分配の負担原則については無償もしくは応能負担を、(5)再分配の資源については貨幣給付よりはサービス給付を、(6)再分配の媒介(回路)については協セクターの育成を。それらを総合する制度を実現するのがユニバーサルな「社会サービス法」である。

社会保障を所得の再分配に還元するだけでは、十分ではない。権丈が言うように、所得と必要(ニーズ)は「独立に発生する」[権丈 2009: 61]。3章のニーズ論に立ち返れば、ニーズのうち、購買力に裏付けられたものだけを需要(デマンド)と呼ぶなら、所得をともなわないことによって購買力と結びつかないニーズが、狭い意味での福祉ニーズだと言える。このニーズを満たすには、ふたつの選択肢、ひとつは所得そのものを再分配することを通じて購買力を与えることで必要を満たす手段を手に入れること、もうひとつは直接的にニーズを満たす対人サービスを公的責任において供給することである。以下に示すいくつもの理由で、わたしと中西は後者を支持している。

(1)福祉ニーズを満たす対人サービスは、水や電気のようなライフラインと同じく生命と健康を支えるインフラであるから、この供給には、市場ではなく公的セクターが責任を持つ必要がある。

(2)ライフラインにあたる対人サービスは、市場メカニズムのもとでの需給と価格の変動にさらされてはならない。一方で価格破壊を、他方で価格の高騰を防止するために、価格統制のもとで準市場のもとに置かれるべきである(脱商品化)。

(3)購買力がいくらあっても市場に購買可能なサービスの供給があるとは限らない。市場に供給をゆだねることは、ライフラインにあたる対人サービスを提供する公的責任を免責することになる。

(4)とりわけケアという対人サービスは、サービスの受益者と購買者とが一致しない場合が多く、この場合はサービス利用者にとって何がよいサービスであるかの市場選択が機能しない。

(5)購買力は他のどんな選択肢へも向けられる。当事者が当事者たりえない場合(アルコール中毒者がアルコール消費にカネを使う、生活保護受給者がギャンブルに消費する等)も想定しなければならない。また現金給付がサービスの再家族化を促進する場合もある。したがって、貨幣給付よりは現物給付の方に合理性がある。

そのうえで、中西が提唱するのはユニバーサルな「社会サービス法」の制定である。その内容は(1)「財源を確保したうえ」で、(2)「当事者主権」に基づき、(3)高齢・障害を統合した、(4)税負担による、(5)公的機関がサービス提供を保障する制度の構築である〔上野・中西編 2008: 248〕。わたしはそれに加えて、ケアを必要とする高齢者・障害者・乳幼児を含めた老・障・幼統合のユニバーサルな「社会サービス法」を提案したい。

介護保険が成立したときから老・障統合は政策課題でありつづけてきた。というのも障害者団体が自負するように、「措置から契約へ」「恩恵から権利へ」という介護保険の理念そのものは、障害者団体の長きにわたる権利獲得運動のなかから生まれたものであり、介護保険はいわば、歴史的にはあとから成立した障害者支援費制度をモデルとしたものであったからである。にもかかわらず、老・障統合が政策のテーブルに上がるたびに、障害者団体の激しい反対に遭ってきた。そのうえ、二〇〇五年の障害者自立支援法の制定にあたって、障害者団体は大きな抵抗を示した。というのも二〇〇三年の支援費制度のもとでは応能負担（支払い能力に応じた負担）であったサービス給付が、二〇〇六年には応益負担（受益に応じた負担）に移行したからである。もともと障害者年金は一級障害者で年額一〇〇万円に満たない給付水準にとどまる。多くの障害者は現在の市場社会では「貢献原則に応じた」分配を受けとることができない人々である。収入のない障害者には、たとえニーズはあっても購買力がともなわない。そのため支援費制度から自立支援法への移行にともなって、それまで使えたサービスを使えなくなることで地域での自立生活からの撤退を余儀なくされた障害者もいたし、それにともなう家族の負担増が見られ、「障害者に死ねというのか」という怨嗟の声も聞かれた。

それ以前の支援費制度でも、老・障統合への激しい抵抗があったのは、介護保険に付された利用料上限が受け入れられなかったからである。二四時間要介助の全身性障害者にとっては、利用料制限は文字どおり「死ね」というに等しい。このときは障害者団体が車椅子で厚労省に押しかけるなどの示威行動をともなう運動によって、この上限は撤廃された。自治体ごとに温度差はあったものの、この制度は在宅障害者の潜在ニーズを掘り起こす効果を持ち、そのせいで支援費制度の費用が政府の予想を越えてうなぎ登りに昇ったことはよく知られている。

介護保険と障害者自立支援法とがいずれも「自立支援」を謳いながら、その「自立」の概念がいちじるしく違うことはあまり知られていない。介護保険における「自立」とは、介護を受けない状態のことを指す。これに対して自立支援法における「自立」とは、介助を得て自分の行動を自己決定できる状態を指す。障害者は「介護」という用語を忌避して「介助」を用いる。「介護 care」と「介助 assistance」の用語の違いにも、高齢者と障害者の「自立」概念の違いが表れている。「介護」とは「依存的な存在」へのケア、「介助」とはニーズはあるが「自立した個人」への援助だと考えられているからである。このような対照性が生まれたのも、3章で論じたように、障害者に比べて高齢者が「当事者になる」契機を持たず、権利を闘いとってこなかったからにほかならない。

このような理念の違いは、ふたつの制度の使い勝手の違いとして表れる。同じように障害の程度が固定するなら、高齢者も障害者認定を受けて障害者自立支援法の適用対象となったほうがはるかに有利である。とりわけ違いが突出するのは「社会参加の権利」である。移動に障害があるからというだけの理由で社会参加が阻まれている障害者の「ニーズ」に自立支援法は応えており、その社会参加には「学校へ行くこと」や「職場へ行くこと」、「友人を訪ねること」「教養娯楽活動に参加すること」などが含まれる。自立支援法が提供するサービスのなかには、そうした移動介助サービスが含まれている。もしこの移動介助が高齢者にも自由に使えるなら、彼らはなにもデイサービス施設などに通わなくてもよい。行きたいところへ行き、会いたい人に会い、趣味の活動を仲間とシェアすることもできるだろう。徹底して個人のニーズを中心としてサービスが組み立てられることにおいても、自立支援法は介護保険より「当事者主権」のうえで、一歩も二歩も先を行っている。

したがってもし老・障統合があるとすれば、それは障害者福祉の水準に高齢者福祉の水準を合わせることを意味するのでなければならず、その逆、高齢者福祉の限定的な水準に障害者福祉の水準を合わせるようなことは、今日においても将来にわたっても絶対にあってはならない。これが危惧されたために、老・障統合案が提示されるたびに、そのつど障害者団体は反対してきたのであり、その反対には根拠がある。これに対してもし高齢者の不満が障害者福祉の「優遇」に向かうようなことがあったとしたら、それは社会的弱者の分断支配という、まちがった政治的な誘導といわざるをえないだろう。これまでも高齢者福祉の一歩先を行ったのは障害者の政策提案だった。障害者福祉が到達した水準によって高齢者福祉も大きな恩恵を受けてきたのだ。というのも超高齢化社会とは、大なり小なりだれもが「中途障害者」となる社会であり、その意味で障害者は「先を行くモデル」(小山内美智子)を示しているからである。

介護保険法が保険方式になり、かつ利用者の応益負担になったことに対して大きな反対が聞かれなかったことには重要な背景がある。それは年金制度の確立である。そのおかげで、多くの高齢者には障害者にはない購買力があるからだ。事実、介護保険の利用料負担をめぐる各種の調査結果を見ると、利用料は年金を含む利用者本人のフトコロからでており、最重度の要介護度5の利用者、利用上限額(約三六万円)の本人一割負担約三・六万円でさえ、年金で負担できる限度額を超えないように家族によって調整されていることがわかる。[6] このことは、世帯分離の傾向以前に、たとえ同一世帯内に居住している場合でも、高齢者とその子世帯とのあいだに家計分離が定着していることを推定させる。

二〇〇八年度の介護保険財政報告はおどろくべきことに、黒字の結果となった。介護認定を受けた利用者の多くが、利用料の上限までを使っていないこともその理由のひとつであろう。こうした利用抑制の傾向には、二〇〇六年改訂で介護サービスが使いにくくなったことも理由にあげられるが、それだけでなく、実際には高齢者のカネの管理をしている家族が、本人の年金の範囲内で利用料が収まるように利用をコントロールしていることも考えられる。もし年金制度がなかったら? 高齢者に自分の収入がなければ、おそらく子世帯は利用可能な介護サービスがあったとしても、自分たちのフトコロを痛めてまでは利用しないだろう、というのがわたしの予測であった。よほどの富裕層でないかぎり、子世代は経済的な負担に耐えるよりは、ケアの負担に耐えるほうを選ぶだろう。そうやって調達された家族介護の質は、誰からも問われない。したがって高齢者自身に所得が発生するという年金制度の確立と、応能負担と応益負担の組み合わせからなる介護保険制度[7]とは、表裏一体の関係のもとにある。高齢者に購買力があるからこそ、有償の介護保険制度は機能しているのである。

この想定は、日本の介護保険に現金給付を選択肢として導入しなかったことの正当化につながる。日本の介護保険はドイツの介護保険をモデルとしたものだとしばしば言われたが、実際にはその質においても量においても、似て非なるものだった。とりわけドイツの制度との大きな違いは、在宅の家族介護者に現金給付を選択肢として与えるかどうかだった。これに反対したのは、「高齢社会をよくする女性の会」の代表樋口恵子らだったが、それにはいくつかの理由があった。第一に、現金給付は「嫁の介護」を固定化する結果になり「介護の社会化」につながらないこと、第二に、「現金給付」を選ぶ人が多ければ、介護サービスの供給のための基盤整備をするための保険者(自治体)の責任が免責されるという理由からだった。実際にはドイツでは制度施行後、現金給付を選択する利用者がおよそ半分あり、予想どおりサービス提供の基盤整備はすすんでいない。そしてもっとおそろしいことは、現金給付を選んだ家族介護者がいったい在宅でどんなケアをしているかを、誰も知らないことである。

介護保険の老・障統合については、被保険者を四〇歳以上から二〇歳以上に変更し、加齢にかかわらずあらゆる障害に関して、要介護状態が発生したら誰でも必要なサービスが受けられるようにしようという提案は、これまでにもくりかえしあった。仮に障害者を対象に含めても、年齢に応じて要介護(介助)者が発生する確率は年齢が若いほど低いから、財政的には今より安定するだろうことも予想されている。

5 老・障・幼の統合へ

わたしはこれに乳幼児のケアを統合すべきだと考えている。

「ケアの社会化」の巨大な一歩が介護保険なら、二歩めが障害者自立支援法、その完成が老・障・幼統合のユニバーサルな「社会サービス法」である。すなわち年齢と家族構成を問わず、ケアが必要な状態の個人に、対人サービスを権利として給付するという制度である。要支援状態が年齢によって区分される理由はない。またその必要(ニーズ)が、どのような原因で発生したかを問う必要もない。介護保険では1号被保険者を六五歳以上とカテゴリー化し、それ以下の年齢でも要介護状態が「加齢に伴う疾病や障害」からひきおこされたときだけを利用の条件としている。他方で交通事故による後遺障害でも、六五歳以上なら介護保険の利用資格があるのだから、この区分は論理的でもなければ整合性もない。この制限の目的はたったひとつ、利用抑制効果しか考えられないが、その不合理は明らかである。仮に老・障統合で二〇歳以上を対象とした場合には、二〇歳未満はどうなるのだろうか？　支援が必要なことにおいて、年齢の制約は意味を持たない。そして乳幼児がその成長のために他者からの支援の必要な個人であることは、誰もが知っている。

介護保険は「介護の社会化」を(一部)実現したが、「育児の社会化」が、世代間分配の公平から考えても必要であることを、権丈は力説する。日本の社会保障給付費は、高齢者に偏り子育て世代にいちじるしく配分が少ないことはつとに指摘されている。「子育ての社会化は社会保障政策の中で、最も高いと言ってよいほどの優先順位を持っている」と彼はいう。「『子どもは社会みんなで育てる』という考えに基づいた子育ての社会化政策を展開する必要」があるが、それというのも「GDPに占める社会保障費全体の割合が小さいために、高齢期向けの社会保障支出は決して大きくはないのに、(中略)日本では高齢者に優先的にお金が回っているように見えてしまう」ため、「一刻も早く子育ての社会化をはからないと、国民の間に分断が起こり、社会保障全体の安定が危なくな」るからである。彼の目には「すでに高齢期向けの社会保障制度への攻撃が開始され、勢いを増しそうな雰囲気があり、『早く手を打たないと相当に危ない』」と見えている[権丈 2009: 252-253]。

社会保障が世代間対立のアリーナとなることは、社会保障を抑制したい人たちにとって有利にはたらくだろう。老・障・幼を統合した「いつでも、誰でも、必要があるときに」権利として得られるケア・サービスを保障するユニバーサルな「社会サービス法」は、こうした世代間分断を防ぐためにも有効なはずだ。

老・障・幼の統合は、世代間分配公正のためばかりではない。家族の介護力が低下しているだけでなく、家族の育児力も低下している。いな、誤解を招く言い方を避ければ、ファインマンが『家

❖6　わたしたちの共同研究によるグリーンコープ連合利用者調査においても同様な結果が得られた。
❖7　利用料は応益負担だが、保険料は所得に応じて減免される応能負担となっている。生活保護世帯はこの限りでない。

族、積み過ぎた方舟』で論じたように、育児・介護を「私事化」した近代家族そのものが最初から破綻を予期されていたというべきであろう。育児も介護も家族だけが担ってきたわけではないし、家族のあいだだけで子どもが育ってきたわけでもない。失われた共同性に代わって新たな共同性の回復を求める志向が、「育児の社会化」や「介護の社会化」にはある。そして念のために言っておきたいが、「社会化」とは決して「国家化」と同じではない。

育児手当のような現金給付ではなく、直接のサービス給付を再分配の資源とするという点でも、社会サービス法は「当事者主権」の理念に即している。というのも、育児給付は家族介護者に支払われる現金給付と理念上はパラレルだからである。そのうえ育児給付は育児を担当する者の所得保障という含意を持っており、子どもに直接与えられる給付ではない。

ユニバーサルな「社会サービス法」のもとでは、サービス給付の対象に究極の「要介護度5」、寝たきりで自力で寝返りを打つことができず、食事介助が不可欠で垂れ流しの存在、すなわち高齢者のみならず乳児がおのずと含まれることになるだろう。要介護度という用語がふさわしくなければ「要育児度」と命名してもよい。あるいはすべての対象に適用可能な、「要支援度」という用語を採用すればよい。高齢者と乳幼児のひとつの重要な違いは、体重である。介護とは体重との闘いだと言われることがある。それなら要介護(育児)度に「体重係数」をかければよい。また多動性の子どもや発達障害の子どもを見守るケアは、認知症ケアと通じるものがあるだろう。[8]

育児のよいところは介護と違って、成長にともなって「要支援度」が軽減していくことである。なかには要支援度が変化しない障害児や発達障害の子どももいるだろう。その場合も「要支援度」認定が高いままなら、利用可能なサービスが長期にわたって保証されることになる。そうなれば誕生から死まで、生涯にわたって、何歳でも、どんな理由でも、誰でも、ケアが必要な状態になったら必要なサービスを受けることのできる包括的な制度ができることになろう。そしてまた、ケアの必要な状態からそうでない状態へは、そしてその逆の方向の過程にも、なだらかな連続性があり、「障害者」とは特別な人々に与えられる例外的なカテゴリーではないことも、認識されるようになるだろう。

6 誰と連帯するのか

最後に残された問いがある。それは「再分配」の前提となる「連帯」の範囲、すなわち誰と連帯するのか？　という根源的な問いである。すなわち3節に掲げた(7)再分配の範囲をどの範囲にまで拡張するかという、「境界の定義」に関わる問いである。社会保障の権利を「社会権」のような「市民権」の一部と見なすならば、この問いは、誰が「市民権 citizenship」の持ち主なのか、という問いに置き換えることができる。

福祉多元社会論は、それがいかに「多元」社会を謳っていても、主要なアクターとして国家を排除するわけではない。本書は「ケアの人権アプローチ」を採用してきたが、これまで「人権」とはあくまで国家との契約関係において発生する「市民権」に限定されてきた［上野 2006a］。ここでわたしたちは、これまで触れないできた困難な問い、福祉国家に不可避にともなう排外主義や排他性にぶつかることになる。福祉国家論が福祉ナショナリズムと親和性が高いことは、記憶しておく必要がある。社会保障には、原理的に、その受益者の範囲を、(1)加入者、(2)国民、(3)外国人を含めた住民、あるいはそれ以上に、限定したり拡大したりする選択肢がある。国民年金のような社会保険制度は、拠出に応じた受益を原則としている。健康保険や介護保険も加入者のみを受益の範囲としている点で例外ではない。国民健康保険は、スタート当初には加入資格を文字どおり「国民（日本国籍保有者）」に限定してきたが、八一年の改正で外国人定住者にも加入資格を認めた。介護保険制度は、その点、成立の当初から定住外国人の加入を認めた点で画期的な法律である。だが、いずれの場合も保険料負担に応じた加入者のみを受益の対象とする点で共通している。

ユニバーサルな「社会サービス法」の受益者が、定住・非定住を問わず、国籍を問わない「住民」や「滞在者」に提供されるようになることは可能だろうか？　福祉多元社会の四つのセクターが相互補完的に機能している限り、それは可能だと答えたい。外国人住民が言語や文化の滞在コストに耐えてまで日本に在住するとしたら、そこに市場が提供する労働機会があるからこそである。「貢献に応じた分配（雇用を通じた所得）」を彼らが受けとり、その所得に応じた税負担に応じる限り、その人々が「必要に応じた分配」を受けとることを拒む理由は何ひとつない。そのための条件は、まず市場における「貢献に応じた分配」が国籍を問わず公正でなければならない。日本社会の生産・再生産に貢献した外国人労働者たちが、日本における福祉多元社会の受益者になるのは当然のことだろう。彼らみずからの再生産（出産と育児、死と看取りを含めて）をこの社会に託せるかどうか、が問われているのである。

7　当事者運動へ向けて

以上のような構想は紙上のプラン、絵に描いた餅にすぎないと聞こえるだろうか。中西はそれを実現するためのロードマップを提案する。それは高齢者、障害者を問わない福祉サービスのニーズ当事者を組織化し連携した「福祉ユーザーユニオン」二〇〇〇万人の組織化である。二〇〇〇万人という数字は荒唐無稽な数字だろうか。

❖8 直接手を出すことのない「見守り」も重要なケアであることは、育児を経験した者たちがよく知っていることだ。その点でも、認知症研究の第一人者であった小澤勲［2003］が、自閉症など子どもの発達障害の研究から出発したことは示唆的である。

中西は言う。

> 現在、六五歳以上の高齢者は二五〇〇万人、障害者は七二三万人、あわせて三二〇〇万人以上いる。これらの人々は福祉サービスの潜在ユーザーである。そのうち福祉サービスの実際のユーザーは二〇〇八年時点で高齢者三六八万人（介護保険利用者）、障害者四四万人。二〇二五年には高齢化率が二五％になると推定されており、超高齢化にともなって後期高齢者も増加するから、要介護率も増えることが予想される。また慢性疾患や認定・非認定の難病患者、障害認定を受けていない精神疾患の患者たちも、福祉サービスの潜在ユーザーであろう。［上野・中西編 2008: 260］

このように考えれば超高齢社会のもとでは、誰もがサービスユーザーになる潜在的可能性を持っていると言えよう。中西はこれに続けて言う。

> これからニーズが大きくなるいっぽうだとすると、これらの人たちのニーズを満たすためには、まず福祉サービスの財源を大幅に獲得しなければならない。
> だがそれも当事者からの強い要求があってこその成果であろう。要求しないものが向こうから与えられることはない。ニーズの主体である当事者の組織化と連携が必要なゆえんである。［上野・中西編 2008: 260］

介護保険制定にあたっては九六年に設立された「介護の社会化をすすめる一万人市民委員会」の貢献が大きかったことは知られている。たびかさなる介護保険改訂への危機感から、二〇〇八年には「介護保険を持続・発展させる一〇〇〇万人の輪」が設立された。二〇二五年の日本社会の高齢化率予想とされる二五％を考えれば、当事者とその予備軍、家族、事業者、ワーカー、専門家、研究者等々の規模が二〇〇〇万人の規模に達するのは、根拠のない空想ではない。中西がお手本とするアメリカのAARP（全米退職者連盟）は加入者三九〇〇万人を擁し、選挙のたびにあらゆる政党に対して影響力を行使する集団である。日本でも二〇〇〇万人の当事者ニーズを代表する団体ができれば、その政治的影響力は無視することができないだろう。彼らは、政策の影響を受ける人々ではなく、政策に影響を与える人々になるだろう。

なによりも問題なのは、それらの人々が「当事者になって」こなかったこと、そして「当事者主権」を行使してこなかったことである。当事者であること、当事者になること、そして当事者に対する想像力さえあれば、当事者ニーズに即した社会を構想することは可能であるし、その道筋も確実にあることを、わたしと中西はともに提示した。そしてそれは現在の当事者のためばかりではなく、将来にわたって当事者になる可能性に開かれているすべての人々のためでもある。

超高齢社会は、すべての人々に遅かれ早かれ「依存的な存在」、すなわち社会的な弱者になることを予期させずにはいない。加齢は誰にも平等に訪れる。時間という資源だけはすべての人々に平等であり、そして誰にもコントロールすることはできない。社会的強者と弱者との境界が攪乱され、誰もが自分が弱者であることを受け入れなければならなくなるときが来れば、リスクと安全の再分配に対するニーズは不可避に高まるだろう。そのための社会的合意が、前世紀の末、九七年に介護保険法の成立というかたちで達成されたことは、わたしたちに「社会連帯」に対する希望を与える。❖9

「依存的な存在」をめぐるありとあらゆる社会的な課題は、高齢者だけでなく、女性、子ども、障害者、病者などを横断してケアの課題のもとに合流しようとしている。ケアの思想と実践とは、超高齢社会を生きるすべての人々にとって必須の課題なのである。

❖9「社会連帯」ことに「世代間連帯」については、辻元清美と共著による同名の書籍がある［上野・辻元 2009］。

あとがき

謝辞にかえて

本書は過去一〇年余にわたる介護保険下のケアの理論的・経験的研究の成果である。調査は一九九九年から二〇〇七年まで足かけ八年にわたり、数次にわたる予備調査と現地調査、さらに追跡調査、そしてのべ二〇〇件以上の面接を実施した。

本書がなるにあたって、以下の団体と個人から援助と協力を受けた。記して謝したい。

研究助成と資金援助を以下の団体から受けた。

一九九九-二〇〇一年度ユニベール財団研究助成「ケアの市民事業化――福祉ワーカーズ・コレクティブの新しい展開の可能性を求めて」

平成一三-一四年度文科省科学研究費補助金基盤研究(B)「地域福祉の構築」(代表・上野千鶴子)

平成一六-一九年度文科省科学研究費補助金基盤研究(A)「ジェンダー、福祉、環境および多元主義に関する公共性の社会学的総合研究」(代表・上野千鶴子)

キリン福祉財団

グリーンコープ連合福祉連帯基金

本研究は複数の専門分野と大学にまたがる研究者と、当事者からなる共同研究として実現した。

共同研究に参加したのは次の方々である（敬称略、順不同、所属はすべて当時）。

第一次共同研究（「福祉ワーカーズコレクティブ研究会レポート」1999）グリーンコープ連合福祉連帯基金福祉ワーカーズコレクティブ研究会メンバーの肥口征子（グリーンコープ連合福祉連帯基金理事長）、市吉七海、津田ヒロ子、田島いつ子、北岡美賛、太田千賀子、小坂隆子、大隈和子、平畑美和子、高木恭代、松浦由美子、南邦子、井上潔子、眞田龍子、田中俊子、宮本京子、渋田法子、秀島孝子、木村信子、於保さつき、東京大学からは山下順子、この研究会を支えたのはグリーンコープ連合専務理事行岡良治、事務局長片岡宏明、ヒヤリングに応じてくださったのは石三修（グリーンコープ生協おおいた専務理事）、篠原正美（熊本学園大）の方々。

第二次共同研究（「地域福祉の構築」2000）に参加したのは、井口高志、清水智充、明戸隆浩、新雅史、池田和弘、高蕊、瀧川裕貴、三谷武司、皆吉淳平、林培紅、山根純佳、宮崎刀史紀、中村義哉、荒井歩、速水葉子、北原圭輔、芦沢知絵、飯田さと子、榎本純、江守俊哉、太田倫美、岡田邦良、小野関功、河合将彦、小林建治、坂下曜子、島田卓、杉浦将史、立石祐二、田中千絵、久永充大、樋口泰三、藤井喜久、細川万里、松村耕太郎、村井香織、山本俊之、吉田昌司、土屋敦、橋本和明（以上東京大学社会学研究室）、市場留美、深津祐子（以上九州大学）、石田路子（愛知学泉大学）、特別参加に春日キスヨ（安田女子大）。グリーンコープ連合からは、肥口征子、大隈和子、宮中知美、北岡美賛、於保さつき、太田千賀子、平畑美和、加藤律代、市吉七海、脇元田鶴子、組合員事務局からは大園ひろ子、堤公恵、古賀直子、事務局長片岡宏明の方々。

第三次共同研究（「住民参加型地域福祉の比較研究」2005）に参加したのは、山根純佳、阿部真大、荒井歩、朴姫淑、下原良介、野村正之、佐川知子、西田友和、伊集院元郁、考橋織衣、濱田顕

司、谷ひとみ、武岡暢、川本太郎、銚子周一郎、守谷由佳子（以上東京大学社会学研究室）、田中華奈子（農学生命科学研究科）、長澤泰、岡本和彦、松田雄二、吉田真由美、南智英、橋口真依（以上建築学研究室）の方々。他に羽田澄子さんからは鷹巣の映像記録を無償で提供していただいた。外山真理さんからは故外山義さんの資料を提供していただいた。他に調査地では堀江節子、高野咲子、藤田敏二、山口英隆、飯田大輔さんにお世話になった。ヒヤリングには大友信勝、園田真理子、岩川徹、飯田勤、成田康子、茂木聡、松橋一英、松橋雅子、小塚光子、岸部陞、簾内順一（以上北秋田）、惣万佳代子、西村和美、阪井由佳子、野入美津恵、林和夫、山田和子、関好博（以上富山）、横田克巳、小川泰子、江原きみ子、大角ひろ子（以上神奈川）、池田徹（千葉）に応じていただいた。追加調査の対象として中澤明子（せんねん村）、石原美智子（新生苑）、又木京子（ＭＯＭＯ）、市川禮子（けま喜楽園）の各代表と、職員、利用者などの方々にも面接に応じていただいた。堀田聡子さんとは現地調査を一部共同した。さらに各調査地で、面接調査に応じてくださった職員、ボランティア、利用者、家族、ケアマネジャー、医師、看護師、ワーキンググループメンバー、行政担当者など、お名前はあげないが、ご協力いただいた方々は多数にのぼる。これらの方々のご協力がなければ、この研究は実らなかった。心から感謝したい。

本研究は東京大学社会学研究室の調査実習の一環として行われたものを一部含んでおり、他の団体、個人との共同研究として柔軟な組織構成のもとに調査を可能にした東京大学社会学研究室に感謝したい。共同研究の成果は、参加者の誰にとっても利用可能なものとしたが、この研究チームのなかから、ケアを研究主題とする若い研究者が複数生まれたことは、教師として大きな喜びであった。

本研究と同時期にケアに関わる研究会を組織して、中西正司との共編著『ニーズ中心の福祉社会へ』を医学書院から上梓したが、その共同研究者からも多くの刺激を受けている。メンバーは中西正司と上野のほか、大沢真理、広井良典、笹谷春美、春日キスヨ、齋藤暁子、川本隆史、池田徹、立岩真也の各氏、この研究会のサポートには医学書院の白石正明さんがあたり、キリン福祉財団の助成を受けた。本書にはこの研究成果をもとりこんでいる。

また本書の準備と平行して、二〇〇八年に岩波書店から『ケア　その思想と実践』全六巻を上梓した。編者のひとりとして参加した編集過程を通じて、共編者の大熊由紀子、大沢真理、神野直彦、副田義也の各氏からさまざまな示唆を受けた。このシリーズを構想し刊行にもちこんだ編集者は、岩波書店の高村幸治さんである。

本書がなるにあたって、二〇〇五年から二〇〇九年にかけて足かけ四年にわたる計一五回の連載「ケアの社会学」を『季刊 at』誌上に掲載することをすすめてくださった最初の担当編集者、郷雅之、それを引き継いだ赤松結希、落合美砂、さらに単行本を出すにあたって膨大で煩瑣な編集作業にあたってくださった高瀬幸途、小原央明のみなさんに感謝する。これらのひとびとの励ましと忍耐強い伴走がなければ、本書が日の目を見ることはなかった。本書は連載をもとにしているが、構成も内容も大幅に変更を加えたものである。本書の刊行前にゲラを読んで対談に応じてくださった副田義也さんにも感謝する。ゲラを読み抜いて大胆な装丁の提案をしてくださった鈴木一誌さん、大河原哲さんにもお礼を申しあげたい。

最後に通常の書物の三冊分はゆうに超える本書を、読み通してくださった読者に感謝したい。
本書はわたしの『家父長制と資本制』〔上野 1990; 2009d〕の続編にあたり、理論と実証の両輪をそなえた調査研究の成果である。本書のような著作は、研究者の長い人生のなかでも指折り数える程度にしか生まれない性格のものであろう。もとよりどんな研究にもこれで完成ということはなく、多くの限界や不満は残るが、介護保険施行後一〇年余の今日、本書が高齢社会を研究対象とする人たちや、ケアの担い手や実践者のあいだで、なんらかの共有財産になればこれに過ぎるよろこびはない。

二〇一一年初夏

著者

ケア関連年表

	制度	社会政治事象
一九四六(昭和21)年	戦争の引き揚げ者の救済を主目的に(旧)生活保護法が公布、施行	
一九四七(昭和22)年	児童福祉法公布	
一九四八(昭和23)年		イギリスで福祉三法が成立
一九四九(昭和24)年	身体障害者福祉法成立	
一九五〇(昭和25)年	貧者救済を目的に(現)生活保護法が成立	
一九五一(昭和26)年	社会福祉事業法	
一九五二(昭和27)年	母子福祉資金貸付法	
一九五三(昭和28)年		
一九五四(昭和29)年	厚生年金保険法改正	
一九五五(昭和30)年		
一九五六(昭和31)年		「第一回日本ジェロントロジー学会」開催 第一回「厚生白書」発表。「老齢者対策」が一項目としあげられる。 長野県で初のホームヘルプサービス
一九五七(昭和32)年		「老人の健康と福祉を高める国民会議」開催 「青い芝の会」発足
一九五八(昭和33)年	社会福祉事業等の施設に関する措置法成立	
一九五九(昭和34)年	国民年金法成立(国民皆年金制度へ)	デンマークでノーマライゼーション運動により障害者福祉法が成立
一九六〇(昭和35)年	知的障害者福祉法、身体障害者雇用促進法成立	
一九六一(昭和36)年	児童扶養手当法成立	「全国老人クラブ連合会」設立

一九六二(昭和37)年		■「灘生協」と「神戸生協」が合併し、「灘神戸生活協同組合」(現・コープこうべ)となる
一九六三(昭和38)年	■老人福祉法成立	
一九六四(昭和39)年	■母子福祉法成立。厚生省に社会局老人福祉課設置	■アメリカで公民権法成立
一九六五(昭和40)年	■厚生年金保険法改正(一万円年金)、母子保健法成立	■「生活クラブ」発足
一九六六(昭和41)年		
一九六七(昭和42)年		
一九六八(昭和43)年		
一九六九(昭和44)年	■厚生省が「全国老人実態調査」を開始	
一九七〇(昭和45)年		■「青い芝の会」障害児殺し減刑嘆願抗議運動 ■日本で初のウーマンリブ大会
一九七一(昭和46)年	■児童手当法成立	■府中療育センター闘争
一九七二(昭和47)年	■勤労婦人福祉法成立	■アメリカのバークレー自立生活センター設立
一九七三(昭和48)年	■老人医療費公費負担制度(福祉元年)成立	■優生保護法改悪を阻止する全国集会
一九七四(昭和49)年	■雇用保険法成立	
一九七五(昭和50)年		
一九七六(昭和51)年		■国連女性の一〇年開始
一九七七(昭和52)年		
一九七八(昭和53)年		
一九七九(昭和54)年		■イギリスでサッチャー政権成立
一九八〇(昭和55)年		■日本政府が国連女性差別撤廃条約に署名 ■京都で「呆け老人をかかえる家族の会」発足
一九八一(昭和56)年	■母子福祉法が母子及び寡婦福祉法に改正(福祉六法体制の成立)	■アメリカでレーガン政権成立。スウェーデンで社会サービス法成立
一九八二(昭和57)年	■身体障害者家庭奉仕員制度改正(介助の派遣対象が拡大)	■第一次中曽根内閣発足 ■公的介護保障運動による「専従体制」の開始

一九八三（昭和58）年……■老人保健法施行（医療費の一部負担が導入）
■一部の保健所で「呆け相談窓口」が開設
■「高齢化社会をよくする女性の会」発足
■ＰＰＫ（ぴん、ぴん、ころり）運動始まる

一九八四（昭和59）年……■「浦河べてるの家」設立

一九八五（昭和60）年……■共済年金改正四法（基礎年金導入）成立。国庫補助金の負担額が削減される。男女雇用機会均等法成立。
■国連女性差別撤廃条約批准。プラザ合意

一九八六（昭和61）年……■老人保健法一部改正（老人保健施設創設、医療費一部負担引き上げなど）、労働者派遣法施行、障害者基礎年金制度はじまる
■三号保険被保険者の保険料免除が制度化
■「ヒューマンケア協会」設立、「ＤＰＩ世界会議」発足

一九八七（昭和62）年……■社会福祉士及び介護福祉士法成立
■配偶者特別控除制度が制度化

一九八八（昭和63）年……■「全国公的介護保障要求者組合」結成。グリーンコープ連合発足

一九八九（平成元）年……■高齢者保健福祉推進十か年戦略（ゴールドプラン）制定
■ベルリンの壁崩壊
■「ワーカーズコレクティブ連合会」成立

一九九〇（平成２）年……■老人福祉法、身体障害者福祉法、母子及び寡婦福祉法などの改正により、在宅福祉サービスの推進、市町村への権限の一元化・福祉計画の提出の義務化などが定められる
■イギリスでコミュニティケア法成立
■上野千鶴子『家父長制と資本制』刊行

一九九一（平成３）年……■育児・介護休業法成立
■ソ連崩壊。日本でバブル崩壊
■「全国自立生活センター協議会」発足

一九九二（平成４）年……■スウェーデンでエーデル改革

一九九三（平成５）年……■社会福祉事業法等一部改正（民間の常勤ヘルパーを制度の対象とする。ホームヘルパー手当の見直し）
■富山県に民営デイケアハウス「このゆびとーまれ」が開所

一九九四（平成６）年……■定年六〇歳の義務化
■高齢者保健福祉推進五か年計画（新ゴールドプラン）制定
■ドイツで公的介護保険法成立

一九九五（平成７）年……■高齢社会対策基本法成立
■阪神淡路大震災（ボランティア元年）

一九九六（平成８）年……■市町村障害者生活支援事業
■各地の自立生活センターがホームヘルプ事業を委託
■第一次橋本内閣発足

一九九七（平成９）年……■労働基準法、健康保険法、男女雇用機会均等法改正
■イギリスでブレア政権誕生（第三の道）。アジア通貨危機

一九九八（平成10）年……■介護保険法成立　■小渕内閣発足

一九九九（平成11）年……■特定非営利活動促進法（NPO法）成立　■「ケアタウンたかのす」開設

……■労働者派遣法改正（業種拡大）、男女共同参画社会基本法成立

二〇〇〇（平成12）年……■後世年金保険法改正（受給年齢を段階的に六五歳まで引き上げ）、交通バリアフリー法成立。介護保険制度実施。ケアマネジャー制度の発足。ゴールドプラン21制定　■NPO法人「MOMO」設立

二〇〇一（平成13）年……■厚生省が労働省と統合し、厚生労働省となる　■アメリカで同時多発テロ（9・11）

■高齢者の居住の安全確保に関する法律成立　■第一次小泉内閣発足（構造改革路線の確立）

■DV防止法成立

二〇〇二（平成14）年……■ホームレス自立支援法成立

二〇〇三（平成15）年……■母子家庭の母の就業の支援に関する特別措置法、少子化社会対策基本法成立。障害者支援費制度施行　■中西正司・上野千鶴子『当事者主権』刊行

■福祉社会学界発足

二〇〇四（平成16）年……■労働者派遣法改正（製造業の派遣解禁）、厚生年金保険法改正

二〇〇五（平成17）年……■介護保険法改正

■高齢者虐待防止・養護者支援法成立

■高齢者雇用安定法改正（定年年齢が六五歳に引き上げ）

二〇〇六（平成18）年……■障害者自立支援法施行

■三位一体改革による補助金負担額の引き下げ

■老人保健法廃止。後期高齢者医療制度の創設

二〇〇七（平成19）年……■介護保険法再改正

二〇〇八（平成20）年……■リーマンショック、年末に日比谷で「年越し派遣村」

二〇〇九（平成21）年……■上野千鶴子・中西正司編『ニーズ中心の福祉社会へ——当事者主権の次世代福祉戦略』刊行

■静養ホーム「たまゆら」で火災事件。鳩山内閣発足（政権交代）

二〇一〇（平成22）年……■「新しい公共」円卓会議設置。菅内閣発足

参考文献

A

阿部真大 2007『働きすぎる若者たち――「自分探し」の果てに』NHK出版

Abel, Emily, 1991, *Who Cares for the Elderly?: Public Policy and the Experience of Adult Daughters.* Philadelphia: Temple University Press.

Abel, Emily, 2000, "A historical perspective on care", in Meyer, ed., 2000.

阿保順子 2004『痴呆老人が創造する世界』岩波書店

安立清史 1998『市民福祉の社会学――高齢化・福祉改革・NPO』ハーベスト社

安立清史 2003「第2章　介護系NPOとは何か」[田中・浅川・安立 2003]

安立清史 2006「米国のシニアムーヴメントはなぜ成功したか――NPOと社会運動の相補性をめぐって」『社会学評論』57(2)

安立清史 2008『福祉NPOの社会学』東京大学出版会

足立真理子 2003「予めの排除と内なる排除――グローバリゼーションの境界域」『現代思想』31(1)

アグネス論争を楽しむ会編 1988『アグネス論争を楽しむ』JICC出版局

秋元美世・芝野松次郎・森本佳樹・大島巖・藤村正之・山県文治編 2003『現代社会福祉事典』有斐閣

秋山弘子 2008「自立の神話「サクセスフルエイジング」を解剖する」[上野・大熊・大沢・神野・副田編 2008a]

秋山正子 2010『在宅ケアの不思議な力』医学書院

天田城介 2003『〈老い衰えゆくこと〉の社会学』多賀出版

天田城介 2004『老い衰えゆく自己の/と自由――高齢者ケアの社会学的実践論・当事者論』ハーベスト社

天野正子 1988「「受」働から「能」働への実験――ワーカーズ・コレクティブの可能性」[佐藤慶幸編 1988]

天野正子 1996『生活者とはだれか』中公新書

天野正子 1997『高齢者と女性を中心とする新しい「働き方」についての研究』(平成7－8年度科研費基礎研究研究成果報告書)

天野正子 1999『老いの近代』岩波書店

天野正子 2005a「8　老いの変容」佐口和郎・中川清編著『講座福祉社会2　福祉社会の歴史』ミネルヴァ書房

天野正子 2005b「女性と高齢者が担う「働く人びとの協働組合」――その可能性と困難――」[現代生協論編集委員会編 2005]コープ出版

Arendt, Hannah, 1958, *Human Condition.* Chicago: University of Chicago Press. =1994 志水逸雄訳『人間の条件』ちくま学芸文庫

Aries, Philippe, 1960, *L'Enfant et la Vie familiale sous l'Ancient Regime.* Paris: Plon, Editions du Seuil. =1980 杉山光信・杉山恵美子訳『〈子供〉の誕生』みすず書房

有吉佐和子 1972『恍惚の人』新潮社

朝日新聞論説委員室・大熊由紀子 1996『福祉が変わる医療が変わる――日本を変えようとした70の社説+α』ぶどう社

安積遊歩 1999『車椅子からの挑戦――私が幸せになるために私は政治的になる』太郎次郎社

安積純子・岡原正幸・尾中文哉・立岩真也 1990『生の技法――家と施設を出て暮らす障害者の社会学』藤原書店

浅川澄一 2006『これこそ欲しい介護サービス！　安心できるケア付き住宅を求めて』日本経済新聞社

浅川澄一 2007『高齢者介護を変える「高専賃+小規模介護」登場！ケア付き住宅の本命』筒井書房

朝倉美江 2002『生活福祉と生活協同組合福祉――福祉NPOの可能性』同時代社

朝倉美江編 2004『高齢社会と福祉』ドメス出版

新しい社会保障像を考える研究会 2008「提言　新しい社会保障像の構想」『世界』785

■ B

Barnes, Marian, 2001, "From private carer to public actor: the Carer's movement in England", in Daly, Mary, ed., 2001

Beechy, Veronica, 1987, *Unequal Work.* London: Verso.

べてるの家の本制作委員会 1992『べてるの家の本』べてるの家

Boden, Christine, 1998, *Who Will I Be When I Die?* Sydney, Australia: Harper Collins. =2003 桧垣陽子『私は誰になっていくの？——アルツハイマー病者からみた世界』クリエイツかもがわ

企業組合ワーカーズ・コレクティブ凡 2006『ブルーベリーソース物語』ユック舎

Boris, Elizabeth T., Boris, C. & Eugene Steruerle, 1999, *Nonprofits and Government.* Washington D. C.: the Urban Institute =2007 上野真城子・山内直人『NPOと政府』ミネルヴァ書房

Borzaga, Carlo & Jacques Defourny, 2001, *The Emergence of Social Enterprise,* Routledge =2004 内山哲朗・石塚秀雄・柳沢敏勝訳『社会的企業（ソーシャル エンタープライズ）　雇用・福祉のEUサードセクター』日本経済評論社

Bryson, Valerie, 1999, *Feminist Debate: Issues of Theory and Political Practice.* London: Macmillan Press. =2004 江原由美子監訳『争点・フェミニズム』勁草書房

Bubeck, Diemut Elisabet, 1995, *Care, Gender and Justice.* Oxford: Clarendon Press.

■ C

Campbell, Creighton J., 2008「国際比較の中の日本介護保険」［上野・大熊・大沢・神野・副田編 2008e］

Chambliss, Daniel F., 1996, *Beyond Caring: Hospitals, Nurses, and the Social Organizations of Ethics.* Chicago: The University of Chicago press. =2002 浅野祐子訳『ケアの向こう側——看護職が直面する道徳的・倫理的矛盾』日本看護協会出版会

■ D

第一回地域共生ホーム全国セミナー inとやま実行委員会編 2003a『いっしょにできること——「第一回地域共生ホーム全国セミナー inとやま」報告書』全国コミュニティライフサポートセンター

第一回地域共生ホーム全国セミナー inとやま実行委員会編 2003b『地域共生ケアとはなにか——地域共生白書 2003』全国コミュニティライフサポートセンター

Dalla Costa, Jovanna Franca, 1978, *Un lavoro d'amour.* Rome: Edizioni delle donne. =1991 年伊田久美子訳『愛の労働』インパクト出版会

Daly, Mary, ed., 2001, *Care Work: The Quest for Security.* Geneva: International Labour Office.

Daly, Mary & Katherine Rake, 2003, *Gender and Welfare State: Care, Work and Welfare in Europe and the USA.* Cambridge: Polity Press.

Daly, Mary & Standing, Guy, 2001, "Introduction", in Daly, Mary, ed., 2001.

Decalmer, Peter & Glendenning, Frank, ed., 1993, *Mistreatment of Elderly People*: Sage Publications Ltd =1998 田端光美・杉岡直人監訳『高齢者虐待』ミネルヴァ書房

出口泰靖 2004a「第５章　「呆け」たら私はどうなるのか？　何を思うのか？」［山田富秋編 2004］

出口泰靖 2004b「第６章　「呆け」について私はもの語れるのか？：〈本人の『呆けゆく』体験の語り〉が生成される〈場〉」［山田富秋編 2004］

出口泰靖 2004c「第７章　「呆けゆく」体験を〈語り、明かすこと〉と〈語らず、隠すこと〉」［山田富秋編 2004］

出口泰靖 2004d「第８章　「呆けゆく」体験を〈語らず、隠すこと〉と〈語り、明かすこと〉のはざまで」［山田富秋編 2004］

Delphy, Christiane, 1984, *Close to Home: A Materialist Analysis of Women's Oppression,* trans. By Diana Leonard. Amherst: The University of Massachusetts Press. =1996 井上たか子、杉藤雅子、加藤康子訳『なにが女性の主要な敵なのか——ラディカル・唯物論的分析』勁草書房

土場学 2007「テーマ別研究動向（当事者性）」『社会学評論』58(2)

Drucker, Peter F. & Stern, Gary J., 1998, *The Drucker The Foundation of Self-Assessment Tool:Participant Workbook*: Jossey-Bass; Revised Edition =2000 田中弥生監訳『非営利組織の成果重視マネジメント——NPO・行政・公益法人のための「自己評価手法」』ダイヤモンド社

■ E

江上渉 1994「コミュニティからみた在宅福祉サービス住民参加型の場合」[針生誠吉・小林良二編 1994]

江原由美子編 1995『フェミニズムの主張２　性の商品化』勁草書房

江原由美子 2000『フェミニズムのパラドックス――定着による拡散』勁草書房

Ekeh, Peter, P., 1974, *Social Exchange Theroy: the Two Traditions.* London: Heineman Educational. =1980 小川浩一訳『社会的交換理論』新泉社

Esping-Andersen, Gosta, 1990, *The Three Worlds of Welfare Capitalism.* London: Polity Press. =2001 岡沢憲芙・宮本太郎監訳『福祉資本主義の三つの世界――比較福祉国家の理論と動態』ミネルヴァ書房

Esping-Andersen, Gosta, 1999, *Social Foundations of Post-Industrial Economies.* London & Oxford: Oxford University Press. =2000 渡辺雅男・渡辺景子訳『ポスト工業経済の社会的基礎』桜井書店

Evers, Adalbert, & Jean-Louis Laville, eds., 2004, *The Third Sector in Europe*: Edward Elgar. =2007 内山哲朗・柳沢敏勝訳『欧州サードセクター――歴史・理論・政策』日本経済評論社

■ F

Faludi, Susan, 1991, *Backlash: The Undeclared War against American Women.* New York: Crown. =1994 伊藤由美子他訳『バックラッシュ――逆襲される女たち』新潮社

Finch, J. & Goves, eds., 1983, *A Labour of Love: Women, Work and Caring.* London: Routledge and Kegan Paul.

Fineman, Martha A., 1995, *The Neutered Mother, the Sexual family and other Twentieth Century Tragedies.* New York: Taylor and Francis Books Inc. =2003 上野千鶴子監訳／速水葉子・穐田信子訳『家族、積みすぎた方舟――ポスト平等主義のフェミニズム法理論』学陽書房

Fineman, Martha A., 2004, *The Autonomy Myth: A Theory of Dependency.* New York: The New Press. =2009 穐田信子・速水葉子訳『ケアの絆――自律神話を超えて』岩波書店

Folbre, Nancy, 2001, "Accounting for care in the United States", in Daly, Mary, ed., 2001

Frazer, Nancy, 1993, "After the family wage: Gender equality and the welfare state", Political Theory, Vol. 22, No. 4.

藤井正雄 2001「介護における「個」と「家族」の役割」比較家族史学会監修『扶養と相続』早稲田大学出版部

藤森克彦 2010『単身急増社会の衝撃』日本経済新聞社

藤崎宏子 2006「「介護の社会化」――その問題構成」『法律時報』78(11)

藤原智美 2007『暴走老人！』文藝春秋

福祉クラブ生活協同組合編 2005『ワーカーズ・コレクティブ――地域に広がる福祉クラブのたすけあい』中央法規出版

古川孝順・岩崎晋也・稲沢公一・児島亜紀子 2002『援助するということ――社会福祉実践を支える価値規範を問う』有斐閣

■ G

現代生協論編集委員会編 2005『現代生協論の探求〈現状分析編〉』コープ出版

現代生協論編集委員会編 2006『現代生協論の探求〈理論編〉』コープ出版

Gilligan, Carol, 1982, *In a Different Voice: Psychological Theory and Women's Developement. Cambridge*: Harvard University Press. =1986 岩男寿美子監訳『もうひとつの声――男女の道徳観のちがいと女性のアイデンティティ』川島書店

グリーンコープ連合福祉連帯基金福祉ワーカーズ・コレクティブ研究会2000a『福祉ワーカーズ・コレクティブ研究会レポート'99』グリーンコープ連合福祉連帯基金

グリーンコープ連合福祉連帯基金福祉ワーカーズ・コレクティブ研究会 2000b『福祉ワーカーズ・コレクティブ研究会報告書　思いから自立へ――ワーカーズの挑戦』グリーンコープ連合福祉連帯基金

■ H

萩原清子 2000『在宅介護と高齢者福祉のゆくえ』白桃書房

Hall, Edward T., 1966, *The Hidden Dimensions.* New York: Anchor Books. =2000 日高敏隆・佐藤信行訳『かくれた次元』みすず書房

羽根文 2006「介護殺人・心中事件にみる家族介護の困難とジェンダー要因――介護者が夫・息子の事例から」『家族社会学研究』18(1)
針生誠吉・小林良二編 1994『高齢社会と在宅福祉　都市研究叢書10』日本評論社
治田友香 2007「NPO法の成立と日本NPOセンターの取り組み」日本NPOセンター『市民社会創造の10年　支援組織の視点から』ぎょうせい
橋本宏子 1994「8　登録ヘルパーの法的性格」［針生・小林編 1994］
初谷勇 2005「11　戦後社会福祉政策とNPO政策」佐口和郎・中川清編著『講座・福祉社会2　福祉社会の歴史』ミネルヴァ書房
服部良子 2001「ケア・ワークとボランタリー・セクター」竹中恵美子編『労働とジェンダー』明石書店
Held, Virginia, de., 1995, *Justice and Care.* Boulder: Westview Preess.
Held, Virginia, 2006, *The Ethics of Care: Personal, Political and Global.* Oxford: Oxford University Press.
比較家族史学会監修・山中永之佑他編 2001『介護と家族』早稲田大学出版部
樋口陽一 1985「日本憲法学と〝福祉〟問題」東京大学社会科学研究所編『福祉国家4　日本の法と福祉』東京大学出版会
Himmelweit, Susan, 1995, "The Discovery of "Unpaid Work" : The Social Consequencesof the Expansion of "Work"" =1996 久場嬉子訳「〝無償労働〟の発見――〝労働〟概念拡張の社会的諸結果」『日米女性ジャーナル』20
Himmelweit, Susan, 1999, "Caring labor", The Annales of The American Acadmy of Political and Social Science, Vol. 561.
平野隆之編 2005『共生ケアの営みと支援――富山型「このゆびとーまれ」調査から』全国コミュニティライフサポートセンター
平岡公一 2002「福祉国家体制の再編と市場化」小笠原浩一・武川正吾編『福祉国家の変貌』東信堂
広井良典 1997『ケアを問い直す』ちくま新書
広井良典 2000『ケア学――越境するケアへ』医学書院
広井良典 2003『生命の政治学――福祉国家・エコロジー・生命倫理』岩波書店
広井良典 2005『ケアのゆくえ 科学のゆくえ』岩波書店
広井良典 2006「「持続可能な福祉社会」の構想」『思想』983
ひろたまさき 2005『女の老いと男の老い』吉川弘文館
Hobsbawm, Eric & Ranger, Terence, 1983, *The Invention of Tradition*: Cambridge University Press. =1992 前川啓治・梶原景昭他訳『創られた伝統』紀伊國屋書店
Hochschild, Arlie, 1983, *The Managed Heart: Commercialization of Human Feeling*: Univ of California Pr. =2000 石川准・室伏亜希訳『管理される心』世界思想社
本間正明・金子郁容・山中直人・大沢真知子・玄田有史 2003『コミュニティビジネスの時代――NPOが変える産業、社会、そして個人』岩波書店
堀内隆治 2003『福祉国家の危機と地域福祉――地域社会政策論の試み』ミネルヴァ書房
細内信孝 1999『コミュニティ・ビジネス』中央大学出版部
堀田力 2000「家事援助は助け合い組織で」『信濃毎日新聞』2000. 9. 4
堀田力 2001『50代から考えておきたい　「定年後」設計腹づもり』三笠書房
堀田力 2004「流山裁判事件について」『市民福祉サポートセンターニュース』4

■ I

市野川容孝 2000「ケアの社会化をめぐって」『現代思想』28(4)
出井康博 2008『年金夫婦の海外移住』小学館
出井康博 2009『長寿大国の虚構――外国人介護士の現場を追う』新潮社
NPO法人家づくりの会編著 2007『「老い」の発想で家づくり』彰国社
井口高志 2002「家族介護における「無限定性」」『ソシオロゴス』26
井口高志 2006「呆けゆく者の自己をめぐるコミュニケーション――認知症ケア「変革期」における他者理解の問題」（東京大学学位論文）
井口高志 2007『認知症家族介護を生きる――新しい認知症ケア時代の臨床社会学』東信堂
飯田勤・大友信勝・松島貞治 2004「鼎談〈福祉のまち〉秋田県鷹巣町のこれから　〈鷹巣ショック〉から何を学

ぶか」前編・後編『月刊総合ケア』14(6)&14(7)
池田徹 2008「生協の介護事業」[上野・大熊・大沢・神野・副田編 2008f]
池田省三 1999「介護保険制度の"読み方"」『介護保険システムのマネジメント』医学書院
今田高俊 2001『意味の文明学序説——その先の近代』東京大学出版会
今井千恵 1995「女性職員からみた専従労働と生協運動——フェミニズムの視点からみた専従労働と生協運動」[佐藤・天野・那須編著 1995]
稲葉敬子 2008『どこへ行く!? 介護難民——フィリピン人介護士にケアを受けるということ』ぺりかん社
稲沢公一 2002「3 援助者は「友人」たりうるのか」[古川孝順・岩崎晋哉・稲沢公一・児島亜紀子 2002]有斐閣
猪熊律子 2007『社会保障のグランドデザイン』中央法規出版
猪瀬直樹 1986; 2005『ミカドの肖像』小学館、小学館文庫
井上勝也 1978「ポックリ信仰の心理学的背景」『ジュリスト増刊総合特集12 高齢化社会と老人問題』
井上勝也 2007『歳をとることが本当にわかる50の話——老後の心理学』中央法規出版
石田妙・外山義・三浦研 2001「空間の使われ方と会話特性から見た特別養護老人ホームにおける六床室の生活実態」『日本建築学会大会学術講演梗概集』E-1分冊
石井京子 2003『高齢者への家族介護に関する心理学的研究』風間書房
石川准 2004『見えないものと見えるもの——社交とアシストの障害学』医学書院
石川准・倉本智明編 2002『障害学の主張』明石書店
石川准・長瀬修編 1999『障害学への招待——社会、文化、ディスアビリティ』明石書店
石川実 1997「12章 家族と高齢者」『現代家族の社会学』有斐閣
石躍保広 2005「介護のボランティア活動と地域ブログラム」[山田誠編 2005]
伊藤シヅ子 2006「高齢者聞き取り調査——特別養護老人ホームの事例より」『向老学研考察』6
伊藤淑子 1996『社会福祉職発達史研究——米英日3カ国比較による検討』ドメス出版
伊藤周平 1999「介護保険制度のジェンダー問題」女性労働研究会編『女性労働研究』36
伊藤周平 2000『検証 介護保険』青木書店
伊藤美登里 1995「生協運動の発展と専従職員労働」[佐藤・天野・那須編著 1995]
伊藤るり・足立真理子編 2008『国際移動と〈連鎖するジェンダー〉』作品社
伊藤陽一 1997『女性と統計——ジェンダー統計論序説』梓出版社
岩淵勝好 2001『介護革命——制度の検証と課題分析』中央法規出版
岩垂弘 1995「国際共同組合運動からみた社会的経済の転換」協働総合研究所編『非営利協働の時代 研究年報I』
石見尚 2007『日本型ワーカーズ・コープの社会史——働くことの意味と組織の視点』緑風出版
石見尚編 2000『仕事と職場を協同で創ろう——ワーカーズ・コープとシニア・コープ』社会評論社
岩川徹・大熊一夫・飯田勤編著 2006『こんなまちなら老後は安心!』全国コミュニティライフサポートセンター
岩波書店編集部編 1999『定年後 「もうひとつの人生」への案内』岩波書店
岩根邦雄 2009「生活クラブと私の魂胆 その1 六八年革命の流れに棹さして」『atプラス』01
岩根邦雄 2010「生活クラブと私の魂胆 その5 指導者の条件」『atプラス』05
岩崎晋也 2002「なぜ「自立」社会は援助を必要とするのか——援助機能の正当性」[古川・岩崎・稲沢編 2002]
伊予谷登士翁編 2001『現代の経済・社会とジェンダー 第5巻 経済のグローバリゼーションとジェンダー』明石書店
泉原美佐 2005「4 住宅からみた高齢女性の貧困」岩田正美・西澤晃彦編著『講座・福祉社会9 貧困と社会的排除』ミネルヴァ書房

J

神野直彦 1998『システム改革の政治経済学』岩波書店
神野直彦・宮本太郎編 2006『脱「格差社会」への戦略』岩波書店
神野直彦・金子勝編 1999『「福祉政府」への提言——社会保障の新体系を構想する』岩波書店

女性労働研究会編 2002「介護労働の国際比較」『女性労働研究』42

■ K

鎌田とし子・矢澤澄子・木本喜美子編 1999『講座社会学14 ジェンダー』東京大学出版会
金井淑子 1989『ポストモダン・フェミニズム』勁草書房
金井淑子 1992『フェミニズム問題の転換』勁草書房
金井淑子編 2005『岩波講座倫理学 第5巻 性／愛』岩波書店
金子善彦 1994『老人虐待』星和書店
春日キスヨ 1997『介護とジェンダー』家族社
春日キスヨ 2000『介護にんげん模様』朝日新聞社
春日キスヨ 2001a『介護問題の社会学』岩波書店
春日キスヨ 2001b「男性ケアワーカーの可能性――在宅訪問男性ヘルパーを中心として」『介護問題の社会学』岩波書店
春日キスヨ 2003「高齢者介護倫理のパラダイム転換とケア労働」『思想』955，2003.11 岩波書店
春日キスヨ 2008a「ニーズはなぜ潜在化するのか」[中西・上野編 2008]
春日キスヨ 2008b『高齢者とジェンダー――ひとりと家族のあいだ』広島女性学研究所
春日耕夫・春日キスヨ 1992『孤独の労働』広島修道大学総合研究所研究叢書67
春日井典子 2004『介護ライフスタイルの社会学』世界思想社
片多順 1979「中年と老年」綾部恒雄編『人間の一生――文化人類学的探求』アカデミア出版会
加藤秀一 1995「〈性の商品化〉をめぐるノート」[江原編 1995]
加藤春恵子 2003『福祉市民社会を創る――コミュニケーションからコミュニティへ』新曜社
河畠修・厚美薫・島村節子 2001『増補 高齢者生活年表 1925-2000年』日本エディタースクール出版部
川口清史 1994『非営利セクターと協同組合』日本経済評論社
川口清史 1999『ヨーロッパの福祉ミックスと非営利・協同組織』大月書店
河東田博監修 2006『福祉先進国に学ぶ しょうがい者政策と当事者参画――地域移行、本人支援、地域生活支援 国際交流委員会フォーラムからのメッセージ』現代書館
河合克義 2009『大都市のひとり暮らし高齢者と社会的孤立』法律文化社
川本隆史 1995『現代倫理学の冒険――社会理論のネットワーキングへ』創文社
川本隆史編 2005『ケアの社会倫理学――医療・看護・介護・教育をつなぐ』有斐閣
川村匡由編著 2005『地域福祉論』ミネルヴァ書房
河村幹夫 2005『五〇歳からの定年準備』角川書店
経済企画庁経済研究所国民経済計算部編 1997『あなたの家事の値段はおいくらですか?』大蔵省印刷局
権丈善一 2009b『社会保障の政策転換――再分配政策の政治経済学Ⅴ』慶應義塾大学出版会
権丈善一・権丈英子 2004; 2009a『年金改革と積極的社会保障政策――再分配政策の政治経済学Ⅱ[第2版]』慶應義塾大学出版会
貴戸理恵 2004「「〈当事者〉の語り」の意義と課題――不登校経験の言語化をめぐって」『相関社会科学』14
貴戸理恵 2004『不登校は終わらない』新曜社
貴戸理恵 2008「「不登校の“その後”を生きる女性の語り」に向けて」『フリーターズ・フリー』1
木本至 1988「戦後のベストセラー75 昭和47年『恍惚の人』有吉佐和子著」『ダカーポ』1988年1月号
金満里 1996『生きることのはじまり』筑摩書房
金満里 2000「21世紀的課題としての態変の身体の特殊性と普遍性」『イマージュ』20
金満里 2001「21世紀的課題としての態変の身体の特殊性と普遍性 その2」『イマージュ』21
金満里 2003「身体論「政治と身体」」『イマージュ』29
金満里 2004「身体論「皮膚感覚」」『イマージュ』31
木下武徳 2004「アメリカ福祉社会における非営利団体と市場化――社会福祉における進展状況と論点・課題」[渋谷博史・平岡公一編 2004]
Knijn, Trudie, 2001, “Care work: Innovations in the Netherlands”, in Daly, Mary, ed., 2001.
久場嬉子 2001「第2章 「経済のグローバル化」における労働力の女性化と福祉国家の「危機」」[伊予谷登士翁編 2001]
小林篤子 2004『高齢者虐待』中公新書
小林良二 2007「社会福祉対象の認識方法」[仲村他監修／岡村他編 2007]
小林雅彦 2002「思いを力に――住民参加の推進力」[村

田・小林編 2002]
児島亜紀子 2002「誰が「自己決定」するのか」[古川孝順・岩崎晋也・稲沢公一・児島亜紀子 2002]
国立婦人教育会館内婦人教育研究会編 1994『平成6年度版　統計にみる女性の現状』垣内出版
駒村康平 2004「第9章　疑似市場論——社会福祉基礎構造改革と介護保険に与えた影響」[渋谷博史・平岡公一編 2004]
小宮英美 1999『痴呆性高齢者ケア』中公新書
このゆびとーまれ 2003『ともに　10周年記念写真集』特定非営利法人デイサービスこのゆびとーまれ
高齢社会をよくする女性の会 2006『高齢者と家族が介護職員に期待するもの』高齢社会をよくする女性の会
厚生労働省 2006「平成17年　介護サービス施設・事業所調査結果の概況」厚生労働省HP
厚生省 1978『昭和53年度版　厚生白書』厚生省
厚生省 1988『厚生白書　平成10年版　少子社会を考える　子どもを産み育てるのに「夢」を持てる社会を』ぎょうせい
Kuhse, Helga, 1997, *Caring: Nurses: Women and Ethics.* Oxford: Blackwell. =2000 竹内徹・村上弥生監訳『ケアリング——看護婦・女性・倫理』メディカ出版
熊谷晋一郎 2008「身体介助に必要な「怯え」と「覚悟」——「介護されるプロ」、古武術介護を体験する」『看護学雑誌』72(7)
熊谷晋一郎 2009『リハビリの夜』医学書院
草柳千早 2004『「曖昧な生きづらさ」と社会——クレイム申し立ての社会学』世界思想社
桑原隆広 2004「地方行政判例解説　福祉NPO流山訴訟控訴事件」『判例自治』263
京極高宣 1984『市民参加の福祉計画——高齢化社会における在宅福祉サービスのあり方』中央法規出版[京極 2003a]
京極高宣 1997『介護保険の戦略』中央法規出版
京極高宣 1998『改訂　社会福祉学とは何か——新・社会福祉原論』全国社会福祉協議会
京極高宣 2002『生協福祉の挑戦』中央法規出版[京極 2003b]
京極高宣 2003a『京極高宣著作集3　福祉計画』中央法規出版
京極高宣 2003b『京極高宣著作集6　福祉政策の課題』中央法規出版
京極高宣 2006「第10章　福祉社会論からみた生協」[現代生協論編集委員会編 2006]コープ出版
京極高宣・武川正吾編 2001『高齢社会の福祉サービス』東京大学出版会

■ L

Lewis, Jane, 1992, "Gender and Development of Welfare Regimes", Journal of European Social Policy, 2(3).
Lewis, Jane, 2001, "Legitimizing care work and the issue of gender equality", in Daly, Mary, ed., 2001.

■ M

前田拓也 2009『介助現場の社会学——身体障害者の自立生活と介助者のリアリティ』生活書院
牧里毎治・野口定久 2007『協働と参加の地域福祉計画　福祉コミュニティの形成に向けて』ミネルヴァ書房
増田樹郎・山本誠編著 2004『解く　介護の思想——なぜ人は介護するのか』久美
又木京子 2007「10章　厚木市における市民の協同の実践」[大沢編著 2007]
Mayeroff, Milton, 1971, *On Caring.* =1987 田村真・向野宣之『ケアの本質——生きることの意味』ゆみる出版
McGowin, Diana Friel, 1993, *Living in the Labyrinth.* New York: Elder Books. =1993 中村洋子訳『私が壊れる瞬間——アルツハイマー病患者の手記』DHC出版
明路咲子・塚口伍喜夫 2009「北秋田市・鷹巣における福祉の興亡——住民主体は福祉のまちづくりにどう活かされたか」『流通科学大学論集　人間・社会・自然編』21(2)
Mellor, Mary, J. Hannah & J. Stirling, 1988, *Worker Cooperatives in Theory and Practice.* London: Open University Press. Milton Keynes =1992 佐藤紘毅・白井和宏訳『ワーカーズ・コレクティブ——その理論と実践』緑風出版
Meyer, Maddonna Harrington, ed., 2000, *Care Work: Gender, Class, and the Welfare State.* New York & London: Routledge.
Mies, Maria, Veronika Benholdt-Thomsen & Caludia von Werlhof, 1988, *Women: The Last Colony.* Lon-

don: Zed Books. =1995 古田睦美・善本裕子訳『世界システムと女性』藤原書店
嶺学編著 2008『高齢者の住まいとケア――自立した生活、その支援と住環境』お茶の水書房
三富紀敬 2005『欧米のケアワーカー――福祉国家の忘れられた人々』ミネルヴァ書房
三井さよ 2004『ケアの社会学――臨床現場との対話』勁草書房
三浦文夫 1985「社会福祉におけるニードについて」『社会福祉政策研究』
宮本太郎 2001「訳者解説」[Espin-Andersen 1990=2001]
宮本太郎 2009『生活保障――排除しない社会へ』岩波新書
宮本憲一 1995「地方自治と働きがいのある仕事のための協同」協同総合研究所編『非営利・協同の時代 研究年報I』
三好春樹 2001『男と女の老い方講座』ビジネス社
三好春樹 2001「男の介護の功罪」『男と女の老い方講座』ビジネス社
三好春樹 2006「「ユニット・個室」の誤りの理由」『Bricolage』150
三好春樹 2007「「認知症は病気」、よく言うよ。」『Bricolage』154
水野治太郎 1991『ケアの人間学――成熟社会がひらく地平』ゆみる出版
森川美絵 1998「「参加型」福祉社会における在宅介護労働の認知構造――ジェンダー、二重労働市場、専門化の観点から」山脇直司他編『現代日本のパブリック・フィロソフィ』新世社
森川美絵 1999「在宅介護労働の制度化過程」『大原社会問題研究所雑誌』486
森川美絵 2004「高齢者介護政策における家族介護の「費用化」と「代替性」」[大沢編 2004]
森村修 2000『ケアの倫理』大修館書店
森實公輔 2009「介護の現場から何が見えるか1――高齢者介護、福祉の最前線で何が起こっているか、またそこから見えるもの」『αシノドス』vol. 23
本沢巳代子 2000「介護保険と家族介護の社会的評価」『現代思想』28(4)
向谷地生良 2008『べてるな人びと 第一集』一麦社
村田幸子・小林雅彦編著 2002『住民参加型の福祉活動――きらめく実践例』ぎょうせい
妙木忍 2009『女性同士の争いはなぜ起こるのか』青土社

■ N

長澤泰・伊藤俊介・岡本和彦 2007『建築地理学――新しい建築計画の試み』東京大学出版会
内閣府 2005『高齢社会白書(平成17年版)』ぎょうせい
内閣府経済社会総合研究所・国民経済研究所編 2007『国民経済年報平成19年版』メディアランド
内藤和美 1999「ケアとジェンダー」女性学研究会編『女性学研究』5
内藤和美 2000「第4章 ケアの規範」[杉本貴代栄編著 2000]
中河伸俊 1999『社会問題の社会学――構築主義アプローチの新展開』世界思想社
中河伸俊・平英美編 2000『構築主義の社会学――論争と議論のエスノグラフィー』世界思想社
仲正昌樹 2003『「不自由」論――「何でも自己決定」の限界』ちくま新書
中村善哉 2008「「よいケア」とは何か」[上野・大熊・大沢・神野・副田 2008b]
仲村優一他監修/岡本民夫他編 2007『エンサイクロペディア社会福祉学』中央法規出版
中西泰子 2007「若者の老親扶養志向にみるジェンダー――「娘」の意識に注目して」『家族社会学研究』19(2)
中西正司・上野千鶴子 2003『当事者主権』岩波新書
中野敏男 1999「ボランティア動員型市民社会論の陥穽」『現代思想』27(5)
仲宗根迪子 2000「生協における男女共同参画」『生活協同組合研究』295
成田直志 2005「社会福祉と生協」[現代生協論編集委員会編 2005]コープ出版
NHKクローズアップ現代取材班 2010『助けてと言えない――いま30代に何が』文藝春秋
日本高齢者生活協同組合連合会 2004『高齢者・障害者のサービス利用の実態・意識調査』日本高齢者生活協同組合連合会
日本生活協同組合連合会 2001『男女共同参画小委員会答申 男女共同参画促進に関する第二次中期的行動課題』日本生活協同組合連合会
日本生活協同組合連合会 2003a『男女共同参画小委員会調査報告 女性が輝く元気な職員組織のマネジメント事例調査――生協の事業と組織の発展をめざし

て』日本生活協同組合連合会
日本生活協同組合連合会 2003b『全国生協組合員意識調査報告書　詳細版』日本生活協同組合連合会
西山志保 2007「ガバナンスを導く協働（パートナーシップ）の可能性——NPOと行政の公共サービスをめぐるせめぎあい」『社会政策研究 7　特集　市民活動・NPOと社会政策』
野邊政雄 2006『高齢女性のパーソナル・ネットワーク』御茶の水書房
信田さよ子 2003『家族収容所』講談社
信田さよ子 2008「専門家は当事者から何を学ぶか」［上野・大熊・大沢・神野・副田編 2008c］
Noddings, Nel, 1984, *Caring: a Feminine Approach to Ethics & Moral Education*. Berkeley: University of California Press. =1997 立山善康他訳『ケアリング　倫理と道徳の教育：女性の観点から』晃洋書房
野口裕二 2002『物語としてのケア——ナラティヴ・アプローチの世界へ』医学書院
野尻哲史 2010『老後難民——50代夫婦の生き残り術』講談社＋α新書
社会福祉法人ノテ福祉会・特別養護老人ホーム幸栄の里編集委員会編 2004『特養幸栄の里　都市の真ん中で二十年——ユニットケアが気づかせてくれたこと』筒井書房
野崎泰伸 2004「当事者性の再検討」『人間文化学研究集録』14

■ O

O'Mally et al., 1983, "Identifying and Preventing Family-Mediated Abuse and Neglect of Elderly Persons", Annals of International Medicine, 98.
Oakley, Ann, 1974, *Women's Work: the Housewife Past and Present*. New York: Vintage Books. =1986 岡島茅花訳『主婦の誕生』三省堂
落合恵美子 1989『近代家族とフェミニズム』勁草書房
落合恵美子 1994『21世紀家族へ』有斐閣
大江正章 2003「ルポ　秋田県鷹巣町　合併慎重派福祉町長はなぜ敗れたのか」『世界』718
小笠原和彦 2006『出口のない家』現代書館
小熊英二 2002『〈民主〉と〈愛国〉』新曜社
小國英夫他編著 2008『福祉社会の再構築——人と組織と地域を結んで』ミネルヴァ書房
岡部耕典 2006『障害者自立支援法とケアの自律——パーソナルアシスタンスとダイレクトペイメント』明石書店
岡原正幸 1990「3　制度としての愛情——脱家族とは」［安積・岡原・尾中・立岩編 1990］
岡村重夫 1974『地域福祉論』光生館
岡村重夫 1983『社会福祉原論』全国社会福祉協議会
岡野八代 2010「消極的・積極的自由論の手前で」［岡野編 2010］
岡野八代編 2010『自由への問い 7　家族——新しい親密圏を求めて』岩波書店
岡澤憲芙・連合総合生活開発研究所編 2007『福祉ガバナンス宣言　市場と国家を超えて』日本経済評論社
沖藤典子 2010『介護保険は老いを守るか』岩波新書
大熊一夫 1973『ルポ 精神病棟』朝日新聞社
大熊一夫 1985『新ルポ 精神病棟』朝日新聞社
大熊一夫 1988『ルポ 老人病棟』朝日新聞社
大熊一夫 1992『母をくくらないで下さい』朝日新聞社
大熊由紀子 1991『「寝たきり老人」のいる国のいない国——真の豊かさへの挑戦』ぶどう社
大熊由紀子 2010『物語介護保険——いのちの尊厳のための70のドラマ』上・下 岩波書店
奥山恭子 1998「少子高齢社会における扶養と相続」比較家族史学会監修・奥山恭子他編『扶養と相続』早稲田大学出版部
大岡頼光 2004『なぜ老人を介護するのか——スウェーデンと日本の家と死生観』勁草書房
大森彌・東日本監査法人 2002『新型特別養護老人ホーム——個室化・ユニットケアへの転換』中央法規出版
Orloff, A. S., 1993, "Gender and social rights of citizenship: state policies and gender relations in conparative research", Americacn Sociological Review, Vol. 49.
大阪市立大学経済研究所編 1979『経済学事典　第2版』岩波書店
小山内美智子 1995『車椅子で夜明けのコーヒー——障害者の性』ネスコ／文藝春秋
小山内美智子 1997『あなたは私の手になれますか——心地よいケアを受けるために』中央法規出版
小山内美智子 2007『私の手になってくれたあなたへ』中央法規出版

小山内美智子 2008「〝ケアされるプロ〟としての半世紀——日本のケアは変わったか」［上野・大熊・大沢・神野・副田編 2008c］

大沢真理 1993『企業中心社会を超えて——現代社会を〈ジェンダー〉で読む』時事通信社

大沢真理 2007a『現代日本の生活保障システム』岩波書店

大沢真理 2007b「いま、なぜ「生活の協同」なのか　排除を超えてともに生きる社会へ」［大沢真理編 2007］

大沢真理 2008a「三つの福祉政府体系と当事者主権」［上野・中西編 2008］

大沢真理 2008b「福祉の最適混合をめざして」［上野・大熊・大沢・神野・副田編 2008f］岩波書店

大沢真理編 2004『現代の経済・社会とジェンダー　第4巻　福祉国家とジェンダー』明石書店

大沢真理編著 2007『生活の協同——排除を超えてともに生きる社会へ』日本評論社

大田仁史・三好春樹監修 2005『実用介護事典』講談社

大谷強 1999『自治と当事者主体の社会サービス——「福祉」の時代の終わり、マイノリティの権利の時代の始まり　増補改訂版』現代書館

大友信勝 2004「鷹巣町に何が起こっているか——岐路に立つ「ケアタウンたかのす」」全8回、『月刊総合ケア』14(1)-14(8)

大友信勝 2008「自治体福祉の光と影」［上野・大熊・大沢・神野・副田編 2008e］

大山博・炭谷茂・武川正吾・平岡公一編著 2000『福祉国家への視座——揺らぎから再構築へ』ミネルヴァ書房

尾崎力 2001「介護保険とＮＰＯ——「介護保険市民オンブズマン機構・大阪」の取り組みから」［山岡・早瀬・石川編、近畿労働金庫監修 2001］

小澤勲 2003『痴呆を生きるということ』岩波新書

小澤勲 2006『ケアってなんだろう』医学書院

小澤勲・土本亜理子 2004『物語としての痴呆ケア』三輪書店

P

Parrñnas, Rachel Salazar, 2001, *Servants of Globalization: Women, Migration and Domestic Work*. California: Stanford University Press. =2001 小ヶ谷千穂抄訳「グローバリゼーションの使用人——ケア労働の国際移動」『現代思想』30(7)

朴姫淑 2007「介護保険以後「福祉経営」の戦略と課題」『日本の地域福祉』21

朴姫淑 2009「１９９０年代以後地方分権改革における福祉ガバナンス——旧鷹巣町（北秋田市）の福祉政策から」（東京大学学位論文）

Pestoff, Victor A., 1992, "Third Sector and Co-operative Service – An Alternative to Privatization", Journal of Consumer Policy, No. 15. =1993 岩田正美訳「ソーシャル・サービスの第三部門——社会福祉の民営化に対するもう一つの選択肢」『スウェーデンの福祉と消費者政策』（『生協総研レポート』No. 5）

Pestoff, Victor A., 2009, *A Democratic Architecture for the Welfare State*. Oxford: Routledge

Phelan, Shane, 1994, "(Be)coming out: Lesbian Identity and the Politics of Difference, Signs": Journal of Women in Culture and Society, vol. 18, no. 4. Chicago: The University of Chicago Press. =1995 上野直子訳「（ビ）カミング・アウト——レズビアンであることとその戦略」富山太佳夫編『現代批評のプラクティス３　フェミニズム』研究社出版

Pierson, Christpher, 1991, *Beyond the Welfare State?*. Oxford: Basil Blackwell Ltd. =1996 田中浩・神谷直樹訳『曲がり角にきた福祉国家——福祉の新政治経済学』未來社

Polanyi, Karl, 1944, *The Great Transformation*. =1975 吉沢英成・野口建彦・長尾史郎・杉村芳美訳『大転換——市場社会の形成と崩壊』東洋経済新報社

Polanyi, Karl, 1977, *The Livelihood of Man*. =1980 玉野井芳郎・栗本慎一郎訳『人間の経済１　市場経済の虚構性』玉野井芳郎・中野忠訳『人間の経済２　交易・貨幣および市場の出現』岩波書店

S

佐江衆一 1995 『黄落』新潮社

妻鹿ふみ子 2008「ＮＰＯの可能性と限界——ＮＰＯ大国アメリカにおける貧困問題への取り組み」［小國他編著 2008］

Sainsbury, Diane, ed., 1994, *Gendering Welfare State*. London: Sage Publications

最首悟 2005「ケアの淵源」［川本編 2005］

齋藤曉子 2008a「高齢者のニーズ生成のプロセス」［中西・上野編 2008］

齋藤曉子 2008b「高齢者のニーズ生成のプロセス——介護保険サービス利用者の語りから」[上野・中西編 2008]
斎藤道雄 2002『悩む力』みすず書房
榊原裕美 2003「生活クラブ生活協同組合運動の実践と展望——ワーカーズコレクティブの試みの20年後の検証」横浜国立大学大学院環境情報学府修士論文
坂田伸子 2001「7 高齢者虐待の予防対策」[山手監修 2001]
崎山治男 2005『「心の時代」と自己——感情社会学の視座』勁草書房
Salamon, Lester M., 1992;1999, "America's Nonprofit Sector: A Premier (2nd ed.)". New York: The Foundation Center.
Salamon, Lester M., 1997, *Holding the Center: America's Nonprofit Sector at a Crossroads*: The Nathan Cummings Faoundation. =1999 山内直人訳『NPO最前線——岐路に立つアメリカ市民社会』岩波書店
Salamon, Lester M., 1995, Partners in Public Service. Baltimore: The Johns Hopkins University Press. =2007 江上哲監訳／大野哲明・森康博・上田健作・吉村純一訳『NPOと公共サービス　政府と民間のパートナーシップ』ミネルヴァ書房
Salamon, L. M. & Anheieir, 1997, *Defining the Nonprofit Sector: A Cross-National Analysis*. Manchester: Manchester University Press.
三本松政之・朝倉美江編 2007『福祉ボランティア論』
「参加型福祉社会を拓く」出版プロジェクト編著 2000『参加型福祉社会を拓く』風土社
笹谷春美 1999「家族ケアリングをめぐるジェンダー関係」[鎌田・矢澤・木本編 1999]
笹谷春美 2000『家族ケアリングの構造分析——家族変動論の視点から』(平成9－10年度科研費研究成果報告書)
笹谷春美 2001「ケアワークのジェンダー・パースペクティブ」『女性労働研究』39
Sassen, Saskia, 2003 小ヶ谷千穂訳「移民とローカル労働市場」『現代思想』31(6)
佐藤慶幸編 1988『女性たちの生活ネットワーク——生活クラブに集う人々』文眞堂
佐藤慶幸編 1996『女性と協同組合の社会学——生活クラブからのメッセージ』文眞堂
佐藤慶幸・天野正子・那須壽編 1995『女性たちの生活者運動——生活クラブを支える人々』マルジュ社
佐藤博樹・大木栄一・堀田聰子 2006『ヘルパーの能力開発と雇用管理——職場定着と能力発揮に向けて』勁草書房
瀬地山角 1996『東アジアの家父長制——ジェンダーの比較社会学』勁草書房
瀬地山角 2001「3章　高齢社会と家族——労働力再生産システムの転換へ向けて」[京極・武川編 2001]
生活クラブ神奈川協同組合労働プロジェクト 1992『協同組合労働プロジェクト答申』
盛山和夫 1993「『核家族化』の日本的意味」直井優・盛山和夫・間々田孝夫編 1999『日本社会の新潮流』東京大学出版会
世古一穂 2009『参加と協働のデザイン—NPO・行政・企業の役割を再考する』学芸出版社
Sen, Amartia, 1992, *Inequality Reexamined*. Oxford: Oxford University Press. =1999 池本幸生・野上裕生・佐藤仁訳『不平等の再検討——潜在能力と自由』岩波書店
セン、アマルティア・後藤玲子 2008『福祉と正義』東京大学出版会
千田有紀 1999「『家』のメタ社会学——家族社会学における『日本近代』の構築」『思想』898
千田有紀 2011『日本型近代家族』勁草書房
千田有紀編 2011『上野千鶴子に挑む』勁草書房
Shialoff, 1994, "Word, walfare and gender equality: a new typology", in Sainsbury, Dl, ed. 1994.
渋川智明 2001『福祉NPO——地域を支える市民起業』岩波新書
渋谷望 2003『魂の労働——ネオリベラリズムの権力論』青土社
渋谷典子 2007「NPO『活動者』と労働法についての予備的考察——ジェンダー視点を踏まえて」『ジェンダー研究』10
渋谷博史・平岡公一編 2004『講座・福祉社会11　福祉の市場化をみる眼——資本主義メカニズムとの整合性』ミネルヴァ書房
冷水豊 2009『「地域生活の質」に基づく高齢者ケアの推進』有斐閣
清水洋行 2007「NPO研究における社会的企業アプローチの可能性と課題　イギリスとイタリアでの社

会的企業調査をふまえて」『社会政策研究7 特集市民活動・NPOと社会政策』

下村恵美子・高口光子・三好春樹 2005『あれは自分ではなかったか――グループホーム虐待致死事件を考える』ブリコラージュ・ブックス

品川哲彦 2007『正義と境を接するもの――責任という原理とケアの倫理』ナカニシヤ出版

白波瀬佐和子 2006「5章 ジェンダーからみた福祉国家」[武川編 2006]

白崎朝子 2009『介護労働を生きる――公務員ヘルパーから派遣ヘルパーの22年』現代書館

小規模多機能サービスに関する研究会 2005「小規模多機能サービスに関する調査報告書」福祉医療機構

小規模多機能ホーム パンフレット制作委員会 2006『小規模多機能型居宅介護の手引き』全国コミュニティライフサポートセンター

Shorter, Edward, 1975, *The Making of the Modern Family*, London: Basic Books. =1987 田中俊宏訳『近代家族の形成』昭和堂

袖井孝子編著 2004『少子化社会の家族と福祉』ミネルヴァ書房

副田義也 1995『生活保護制度の社会史』東京大学出版会

副田義也 2008『福祉社会学宣言』岩波書店

Sokoloff, Natalie J, 1980, Between money and love: The dialectics of women's home and market work: Prager =1987 江原由美子他訳『お金と愛情の間――マルクス主義フェミニズムの展開』勁草書房

惣万佳代子 2002『笑顔の大家族このゆびとーまれ――「富山型」デイサービスの日々』水書坊

惣万佳代子・西村和美 2003「インタビュー 富山型大家族の日常――「このゆびとーまれ」11年目に思うこと」『訪問看護と介護』8(11)

曽根ひろみ 1990「「売女」考――近世の売春」女性史総合研究会編『日本女性生活史』第三巻東京大学出版会

曾野綾子 1972;1996『完本戒老録』祥伝社

Spector, Malcolm & Kitsuse, John I., 1987, *Constructing Social Problems*: Cummings. =1990 村上直之・中河信俊・鮎川潤・森俊太訳『社会問題の構築――ラベリング理論をこえて』マルジュ社

Standing, Gay, 2001, "Care Work: Overcoming Insecurity and Neglect", in Mary Daly, 2001.

杉本千代子 2006「高齢者虐待防止に関する研究」『向老学研究考察』6

杉本貴代栄 1997『女性化する福祉社会』勁草書房

杉本貴代栄編著 2000『ジェンダー・エシックスと社会福祉』ミネルヴァ書房

炭谷茂 2003『社会福祉基礎構造改革の視座』ぎょうせい

炭谷茂 2004『社会福祉の原理と課題 「社会福祉基礎構造改革」とその後の方向』社会保険研究所

住谷かおる・右田紀久恵編 1973『現代の地域福祉』法律文化社

鈴木宏康 2009『息子介護――40息子のぐうたら介護録』全国コミュニティライフサポートセンター

鈴木広監修 2001『家族・福祉社会学の現在』ミネルヴァ書房

■T

田端博邦 2004「福祉国家と労働政策――ジェンダーの視点から」[大沢真理編 2004]

橘弘志 2000「「福祉の町」鷹巣にみる施設づくり」『病院建築』128

高木光太郎 2001「4章 介護労働者の専門的力量形成」[京極・武川編 2001]

高口光子 2004『ユニットケアという幻想』雲母書房

高口光子 2005a「生活課題」[太田・三好監修 2005]

高口光子 2005b「ニーズ優先アプローチ」[太田・三好監修 2005]

高口光子 2005c「サービス利用者主導アプローチ」[太田・三好監修 2005]

高口光子 2006「介護の問題点はどこにあるか――介護アドバイザーの活動を通して見えてきたこと」『Bricolage』Vol. 150

武川正吾 1996「社会政策における参加」社会保障研究所編『社会福祉における市民参加』東京大学出版会

武川正吾 1999『社会政策のなかの現代』東京大学出版会

武川正吾 2001『福祉社会――社会政策とその考え方』有斐閣アルマ

武川正吾 2005「3 福祉オリエンタリズムの終焉」[武川・キム編 2005]

武川正吾 2006『地域福祉の主流化――福祉国家と市民社会III』法律文化社

武川正吾 2009「社会福祉学におけるカタカナ用語の氾濫」社会福祉士養成講座編集委員会編『現代社会と福祉――社会福祉原論』中央法規出版

武川正吾編 2006『福祉社会の価値意識——社会政策と社会意識の計量分析』東京大学出版会
武川正吾・キムヨンミョン編 2005『韓国の福祉国家・日本の福祉国家』東信堂
武川正吾・イヘギョン編 2006『福祉レジームの日韓比較——社会保障・ジェンダー・労働市場』東京大学出版会
武井麻子 2001『感情と看護』医学書院
竹信三恵子 2000「ジェンダーに基礎を置かないNPO活動——生協活動の新しいリソースのために」『生活協同組合研究』295
田間泰子 2001『母性愛という制度——子殺しと中絶のポリティクス』勁草書房
田中尚輝 2003「第1章　NPOと『介護保険法』」[田中・浅川・安立 2003]
田中尚輝・浅川澄一・安立清史 2003『介護系NPOの最前線——全国トップ16の実像』ミネルヴァ書房
田中雅英 2008「介護報酬の地域係数の是正について」東京都社会福祉協議会提出論文
田中弥生 1999『「NPO」幻想と現実』同友館
田中弥生 2005『NPOと社会をつなぐ——NPOを変える評価とインターメディアリ』東京大学出版会
田中弥生 2006『NPOが自立する日——行政の下請け化に未来はない』日本評論社
立岩真也 1990「7　はやく・ゆっくり——自立生活運動の生成と展開」「8　私が決め、社会が支える、のを当事者が支える」[安積・岡原・尾中・立岩編 1990]
立岩真也 2006「「不払い労働」について1」『現代思想』34(8)
立岩真也 2008「終末期医療全国病院アンケート　福祉やケア不足　延命　苦悩の現場」『読売新聞』2008.7.27
立山善康 1991「実践的課題としての「ケアリング」について」関西倫理学会編『現代倫理の課題』晃洋書房
立山善康 1995「正義とケア」杉浦宏編著『アメリカ教育哲学の動向』晃洋書房
高橋絹子 2003「高齢者虐待の現状と課題」渡辺俊之編『現代のエスプリ 437　介護家族という新しい家族』至文堂
徳永理沙 2003「移動する主体　ケア労働のグローバルな供給回路」『現代思想』31(6)
特別養護老人ホーム「風の村」2002『個室・ユニットケア読本　実践編：特養「風の村」のハードとソフト』ミネルヴァ書房
特養・老健・医療施設ユニットケア研究会編 2007『ユニットケアを味方にする方法——17の試行錯誤に学ぶ』筒井書房
東京大学文学部社会学研究室 2000『集合住宅とコミュニティ』東京大学社会学研究室
東京大学文学部社会学研究室・グリーンコープ福祉連帯基金 2001『地域福祉の構築　福祉ワーカーズコレクティブ研究会2000年利用者調査報告書——地域に根づくか　ワーカーの挑戦』東京大学社会学研究室／グリーンコープ福祉連帯基金
東京大学社会学研究室・建築学研究室 2006『住民参加型地域福祉の比較研究』東京大学社会学研究室・建築学研究室
冨江直子 2007『救貧のなかの日本近代——生存の義務』ミネルヴァ書房
富山型デイサービス施設調査研究委員会 2005『富山型デイサービスについて(平成16年度報告書)』
外山義 2000「ケアタウンたかのす」『病院建築』128
外山義 2003『自宅でない在宅——高齢者の生活空間論』医学書院
富山県厚生部厚生企画課 2005『富山型デイサービス——地域の中のみんなの家』富山県
富山県民間デイサービス連絡協議会 2003『富山からはじまった共生ケア——お年寄りも子どもも障害者もいっしょ』全国コミュニティライフサポートセンター
Tronto, Joan, C., 1996, *Care, in Hirschman*, Nancy J. & Stefano, Christine Di, eds., Revisioning the Political: Feminist reconstructions of Traditional Concepts in Western Political Theory. Westview Press.
坪郷實 2007「福祉多元主義の時代——新しい公共空間を求めて」[岡澤憲芙・連合総合生活開発研究所編 2007]
津止正敏・斎藤真緒 2007「男が「介護」に直面するとき家事にうろたえ、孤立に悩む夫たち、息子たち——全国データが示した"現実"」『論座』146
辻元清美 2005『へこたれへん。』角川書店
鶴見和子・上田敏 2003『患者学のすすめ』藤原書店

■ U

右田紀久恵 2005『自治型地域福祉の理論』ミネルヴァ書

房
右田紀久恵編 1993『自治型地域福祉の展開』法律文化社
右田紀久恵編 1995『地域福祉総合化への途』ミネルヴァ書房
上野千鶴子 1982『主婦論争を読む・全記録』I & II 勁草書房
上野千鶴子 1985『資本制と家事労働』海鳴社
上野千鶴子 1986「老人問題と老後問題の落差」鶴見俊輔他編『シリーズ老いの発見 2　老いのパラダイム』岩波書店
上野千鶴子 1988『「女縁」が世の中を変える』日本経済新聞社
上野千鶴子 1990; 2009d『家父長制と資本制——マルクス主義フェミニズムの地平』岩波書店、岩波現代文庫(増補新刊)
上野千鶴子 1994『近代家族の成立と終焉』岩波書店
上野千鶴子 1997「協同社会」の未来(1996. 1. 26　北九州での講演会記録)『福祉と協同』vol. 4
上野千鶴子 2000「月曜評論　家事援助と身体介護は一体」『信濃毎日新聞』2000. 10. 9
上野千鶴子 2002a『差異の政治学』岩波書店
上野千鶴子 2002b「私の視点　星の数ほどケアマネを」『朝日新聞』2002. 4. 7 朝刊
上野千鶴子 2002c「ケアワークの市民事業化——福祉ワーカーズ・コレクティブの新しい展開の可能性を求めて」『ユニベール財団助成金報告書』ユニベール財団
上野千鶴子 2003a「解説」[Finemann1995=2003]
上野千鶴子 2003b「市民権とジェンダー」『思想』955
上野千鶴子 2003c「ヘルパーは「社会の嫁」か?」『第 8 期女性学連続講演会　ケアの現在——制度と現実のはざま』大阪女子大学女性学研究センター
上野千鶴子 2004a「生協・労働・ジェンダー」『生活協同組合研究』340
上野千鶴子 2004b「政変で挫折した「福祉の町」」『信濃毎日新聞』2004. 6. 28
上野千鶴子 2005a『老いる準備　介護することされること』学陽書房
上野千鶴子 2005b「ケアの社会学　序章　ケアとは何か」『at』1
上野千鶴子 2005c「ケアの社会学　1章　ケアに根拠はあるか」『at』2
上野千鶴子 2006a『生き延びるための思想』岩波書店
上野千鶴子 2006b「生協のジェンダー分析」[現代生協論編集委員会 2006]
上野千鶴子 2006c「ケアの社会学　2章　家族介護は「自然」か?」『at』3
上野千鶴子 2006d「ケアの社会学　3章　介護費用負担の最適混合へ向けて」『at』4
上野千鶴子 2006e「ケアの社会学　4章　ケアとはどんな労働か?」『at』5
上野千鶴子 2006f「ケアの社会学　5章　ケアされるとはどんな経験か?」『at』6
上野千鶴子 2006g「ケアの社会学　2章　家族介護は「自然」か?」『at』3
上野千鶴子 2007a『おひとりさまの老後』法研
上野千鶴子 2007b「ケアの社会学　6章　市民事業体と参加型福祉」『at』7
上野千鶴子 2007c「ケアの社会学　7章　生協福祉の展開 1」『at』8
上野千鶴子 2007d「ケアの社会学　8章　生協福祉の展開 2」『at』9
上野千鶴子 2007e「ケアの社会学　9章　小規模多機能型居宅介護の場合」『at』10
上野千鶴子 2008a「当事者とはだれか」[中西・上野編 2008]
上野千鶴子 2008b『「女縁」を生きた女たち』岩波現代文庫
上野千鶴子 2008c「ケアの社会学　10章　集団ケアから個別ケアへ：ユニットケアの場合」『at』11
上野千鶴子 2008d「ケアの社会学　11章　官セクターの成功と挫折：秋田県鷹巣の場合」『at』13
上野千鶴子 2008e「ケアの社会学　12章　ふたたびケア労働をめぐって：グローバリゼーションとケア」『at』14
上野千鶴子 2008f「介護の日　広告特集　よりよいケアを実現するために」『朝日新聞』2008. 11. 11 朝刊
上野千鶴子 2009a『男おひとりさま道』法研
上野千鶴子 2009b「ケアの社会学　13章　当事者とは誰か」『at』15
上野千鶴子 2009c「ケアの社会学　14章」『atプラス』01
上野千鶴子 2010「単身も安心　在宅支援の充実を」『読売新聞』2010. 3. 16 朝刊
上野千鶴子・肥口征子 2000『思いから自立へ——福祉

ワーカーズ・コレクティブの挑戦』グリーンコープ福祉連帯基金・東京大学社会学研究室
上野千鶴子・前みち子・田中美由紀 1993『ドイツの見えない壁』岩波新書
上野千鶴子・副田義也 2011「『ケアの社会学』をめぐって——ケアすること、ケアされること」『atプラス』07
上野千鶴子・辻元清美 2009『世代間連帯』岩波新書
上野千鶴子・行岡良治 2003『論争 アンペイドワークをめぐって』太田出版
上野千鶴子編 2001『構築主義とは何か』勁草書房
上野千鶴子編 2005『脱アイデンティティ』勁草書房
上野千鶴子・中西正司編 2008『ニーズ中心の福祉社会へ——当事者主権の次世代福祉戦略』医学書院
上野千鶴子・大熊由紀子・大沢真理・神野直彦・副田義也編 2008a『ケア その思想と実践 1 ケアという思想』岩波書店
上野千鶴子・大熊由紀子・大沢真理・神野直彦・副田義也編 2008b『ケア その思想と実践 2 ケアすること』岩波書店
上野千鶴子・大熊由紀子・大沢真理・神野直彦・副田義也編 2008c『ケア その思想と実践 3 ケアされること』岩波書店
上野千鶴子・大熊由紀子・大沢真理・神野直彦・副田義也編 2008d『ケア その思想と実践 4 家族のケア 家族へのケア』岩波書店
上野千鶴子・大熊由紀子・大沢真理・神野直彦・副田義也編 2008e『ケア その思想と実践 5 ケアを支えるしくみ』岩波書店
上野千鶴子・大熊由紀子・大沢真理・神野直彦・副田義也編 2008f『ケア その思想と実践 6 ケアを実践するしかけ』岩波書店
上野雅和 2001「介護と家族法」［比較家族史学会監修・山中永之佑他編 2001］
上農正剛 2003『たったひとりのクレオール——聴覚障害児における言語論と障害認識』ポット出版
梅澤直樹 2001「第3章「再生産労働」の越境化をめぐって」［伊予谷編 2001］
梅棹忠夫 1959「妻無用論」［上野編 1982］
UNDP 1995, "Human Development Report 1995: Gender and Human Development". New York: UNFP
Ungerson, Clare, 1987, Policy Is Personal: Sex, Gender and Informal Care. London: Routledge & Kegan Paul. =1999 平岡公一・平岡佐智子訳『ジェンダーと家族介護——政府の政策と個人の生活』光生館
浦河べてるの家 2002『べてるの家の「非」援助論』医学書院
浦河べてるの家 2005『べてるの家の「当事者研究」』医学書院
後房雄 1996「ワーカーズ・コープ、NPO、社会的協同組合——「市民社会主導の自由主義改革」のために」『NPOと新しい協同組合 研究年報II』シーアンドシー出版
宇津木朋子他 1987『もうひとつの暮らし・働き方をあなたに——ワーカーズ・コレクティブ入門』協同図書サービス

■W

和田秀樹 1999『わがまま老後のすすめ』ちくま新書
若尾典子他 1997『家族データブック 年表と図表で読む戦後家族 1945～96』有斐閣
和気純子 1998『高齢者を介護する家族』川島書店
Wallerstein, Immanuel, 1979, *The Capitalist World-Economy.* Paris & Cambridge: Maison des Sciences de L'Homme and Cambridge University Press. =1987 日南田静眞監訳『資本主義世界経済』I＆II名古屋大学出版会
Wallerstein, Immanuel, 1989, *The Modern World System III: The Second Era of Great Expansion of the Capitalist World-Economy, 1730-1840s.* London: Academic Press. =1997 川北稔訳『近代世界システム 1730～1840s——大西洋革命の時代』名古屋大学出版会
鷲田清一 1999『「聴く」ことの力』TBSブリタニカ
渡辺淳一 2008『熟年革命』講談社
渡辺一史 2003『こんな夜更けにバナナかよ——筋ジス・鹿野靖明とボランティアたち』北海道新聞社
ワーカーズ・コレクティブ連合会 1998『ワーカーズ・コレクティブが市民社会をつくり・かえる』ワーカーズ・コレクティブ連合会
Werlhof, Claudia von, 1991, *Was Haben die Hühner mit dem Doller zu tum?: Frauen und Ökonome.* München: Verlag Frauenoffensive. =2004 伊藤明子訳・近藤和子協力『女性と経済——主婦化・農民化する世界』日本経済評論社
ヴェールホフ、クラウディア＆ドゥーデン、バーバラ／

丸山真人編訳 1986『家事労働と資本主義』岩波書店

■ Y

八木誠一 2004「コミュニカントとしての介護者——介護の豊かさについて」[増田・山本編著 2004]
山秋真 2007『ためされた地方自治——原発の代理戦争にゆれた能登半島・珠洲市民の13年』桂書房
山田昌弘 1994『近代家族のゆくえ——家族と愛情のパラドックス』新曜社
山田昌弘 1999「男に高齢者介護はできない？」『家族のリストラクチュアリング』新曜社
山田富秋編 2004『老いと障害の質的社会学——フィールドワークから』世界思想社
山田誠編著 2005『介護保険と21世紀型地域福祉——地方から築く介護の経済学』ミネルヴァ書房
山手茂監修 2001『福祉社会の最前線——その現状と課題』相川書房
安岡博之 2007『妻はなぜ夫に満足しないのか——中高年「仮面夫婦」のカルテ』角川書店
矢澤澄子 2008「介護保険制度のケアモデルと認知症高齢者グループホーム実践の展開」『東京女子大学紀要論集』59(1)
矢澤澄子 2009「ジェンダー化された介護労働と「家庭的なケア」の陥穽——認知症高齢者グループホームの現場から」『東京女子大学紀要　論集』59(2)
山根純佳 2004『産む産まないは女の権利か』勁草書房
柳原和子 2000『がん患者学』晶文社
横田克巳 1992『参加型市民社会論』現代の理論社
横田克巳 2002『愚かな国の、しなやか市民——女性たちが拓いた多様な挑戦』ほんの木
米山公啓 2009『おとこの老後』集英社
米山久美子 2001「生協福祉活動の展開」[山手茂 2001]
吉田忠彦 2007「日本NPOセンターの誕生まで」日本NPOセンター『市民社会創造の10年　支援組織の視点から』ぎょうせい
吉田民人 2001「「新しい学術体系」の必要性と可能性」『学術の動向』6(12) 日本学術会議
吉田民人 2010「新しい科学論：情報論的・プログラム論的・設計論的転回」吉田民人先生の想い出を語る会編『吉田民人先生の想い出』
吉本隆明 2005『老いの超え方』朝日新聞社
吉岡充・田中とも江編著 1999『縛らない看護』医学書院
要田洋江 1999「第8章　現代家族と障害者の自立——日本型近代家族を超えて」『障害者差別の社会学』岩波書店
湯沢雍彦 1973『図説家族問題』日本放送協会出版会
湯沢雍彦 1998「戦後日本の老人扶養と相続の変容」比較家族史学会監修・奥山恭子他編『扶養と相続』早稲田大学出版部

■ Z

全国社会福祉協議会 1996『特別養護老人ホームの個室化に関する研究報告書』全国社会福祉協議会

人名索引

■I

■J

■K

■L

■M

■N

■O

■P

■S

■T

■U

■W

■Y

著者略歴

上野千鶴子（うえの・ちづこ）

一九四八年生まれ。社会学者、東京大学名誉教授、NPO法人WAN理事長。著作に『家父長制と資本制』『不惑のフェミニズム』（以上、岩波現代文庫）、『近代家族の成立と終焉』『差異の政治学』『生き延びるための思想』（以上、岩波書店）、『ナショナリズムとジェンダー』（青土社）、『おひとりさまの老後』（法研）、『ひとりの午後に』（日本放送出版協会）、『女ぎらい』（紀伊國屋書店）など多数。

ケアの社会学

当事者主権の福祉社会へ

二〇一一年 八 月一五日 初版第一刷発行
二〇二二年十二月 六 日 初版第九刷発行

著者 上野千鶴子

発行者 岡聡
発行所 株式会社太田出版
http://www.ohtabooks.com/
〒160-8571 東京都新宿区愛住町22 第3山田ビル4F
TEL：03-3359-6262
振替口座：00120-6-162166

校正 佐久間聖司
ブックデザイン 鈴木一誌＋大河原哲
印刷・製本 株式会社シナノ

本書の無断転載・複製を禁じます。
乱丁・落丁本はお取り替えいたします。

ISBN 978-4-7783-1241-1 C0030
© Chizuko Ueno 2011, Printed in Japan.